BREXIT aus Versehen

Paul J. J. Welfens

BREXIT aus Versehen

Europäische Union zwischen Desintegration und neuer EU

2., aktualisierte und erweiterte Auflage

 Springer

Paul J. J. Welfens
Campus Freudenberg
EIIW an der Bergischen Universität Wuppertal
Wuppertal, Deutschland

ISBN 978-3-658-21457-9   ISBN 978-3-658-21458-6   (eBook)
https://doi.org/10.1007/978-3-658-21458-6

Die Deutsche Nationalbibliothek verzeichnet diese Publikation in der Deutschen Nationalbibliografie; detail-
lierte bibliografische Daten sind im Internet über http://dnb.d-nb.de abrufbar.

Coverdesign: deblik Berlin unter Verwendung von © destina | Fotolia

Gedruckt auf säurefreiem und chlorfrei gebleichtem Papier

Springer ist ein Imprint der eingetragenen Gesellschaft Springer Fachmedien Wiesbaden GmbH und ist ein
Teil von Springer Nature
Die Anschrift der Gesellschaft ist: Abraham-Lincoln-Str. 46, 65189 Wiesbaden, Germany

Vorwort

Viele Beobachter Großbritanniens werden wohl der Einschätzung zustimmen, dass dieses Land mit großen Traditionen, bedeutenden Erfindungen, historischen Leistungen, entwickeltem Politiksystem und hoher Wirtschaftsdynamik weltweit als ein westlicher europäischer Leuchtturm und ein hohes Demokratie-Vorbild wahrgenommen wird. Umso erstaunlicher kann man die sonderbaren Vorgänge bzw. die hier ausgeleuchteten massiven Politikpannen im Vorfeld der Volksbefragung zur britischen EU-Mitgliedschaft am 23. Juni 2016 finden. Ob die groben regierungsseitigen Informationspannen im Übrigen von juristischer Bedeutung für einige der in Großbritannien vor dem Verfassungsgericht anhängenden Klagen im Kontext des Referendums sind, ist schwierig abzuschätzen.

Der überraschende Ausgang des BREXIT-Referendums steht für eine ökonomisch-politische Weichenstellung historischen Ausmaßes und es ist enorm wichtig, die Impulse und Begleitumstände dieses sonderbaren Referendums in Großbritannien zu verstehen – sowie die Hintergründe für das Referendum einerseits und andererseits die Effekte für UK, Europa und die Weltwirtschaft. Es gibt unübersehbare, ernste Probleme beim Referendumsablauf und enorme Spannungen zwischen den Erwartungen eines Teils der Wählerschaft beziehungsweise der BREXIT-Befürworter und der absehbaren ökonomischen Realität auf mittlere und lange Sicht. Auch die Widersprüchlichkeit des May-Regierungsprogramms ist bemerkenswert. Die Frage, wie die Europäische Union auf den BREXIT reagieren kann oder sollte, ist von großer Bedeutung. Natürlich sind auch denkbare EU-Reform-Ansätze sorgfältig und differenziert zu thematisieren und die Vorbild-Wirkungen für andere Integrationsräume zu reflektieren – dabei ist auch die große Verantwortung Deutschlands und anderer EU-Partner zu bedenken. Ein neuartiger Desintegrationsprozess ist nicht auszuschließen und bei Untätigkeit wohl absehbar. Im weiteren Zeitverlauf werden einige Unklarheiten durch Entscheidungen der Politik beseitigt, aber wesentliche Weichenstellungen für ein Desintegrationsdrama in Europa sind schon gestellt.

Meine ersten Forschungen mit britischen Kollegen – vom Hertford College/ Oxford University – starteten in den 1990er Jahren und richteten sich auf die Sektoren Energie und Telekommunikation, wobei das Vereinigte Königreich in beiden Feldern frühzeitig und sinnvoll dereguliert wurde, schneller als in anderen EU-Ländern. Weitere Forschungsprojekte auch im EU-Kontext (zu Osteuropa) folgten und sicherlich genießen britische Ökonomen bzw. auch ausländische Wirtschaftswissenschaftler an britischen Universitäten hohes Ansehen weltweit. Dass die Kooperation mit Kollegen von diesen Universitäten längerfristig durch den BREXIT schwieriger werden könnte, wäre sehr bedauerlich.

Mit Blick auf die Vorbereitung des Manuskriptes für die Drucklegung danke ich insbesondere meinen Mitarbeiterinnen und Mitarbeitern, nämlich Frau Evgeniya Yushkova, Herrn Arthur Korus, Herrn David Hanrahan, Herrn Samir Kadiric, Herrn Tristan Feidieker und insbesondere Frau Christina Wiens am EIIW sowie Frau Felicitas Bruckmann. Dankbar bin ich auch für Diskussionen mit Cillian Ryan, University of Birmingham; für einen Gedankenaustausch zu BREXIT-Fragen danke ich auch Jackson Janes, dem Direktor von AICGS/Johns Hopkins University, der meine im Nachhinein gesehen im Kern zutreffende BREXIT-Kurzanalyse am 30. März im Vorfeld des Referendums auf der AICGS-Website (Advisor Section) veröffentlichte. Auch einigen führenden Managern danke ich für Anregungen, ohne hier die Namen nennen zu wollen. Für die Textfreigaben von DER SPIEGEL und Rheinische Post danke ich sowie für die freundliche Kooperation mit der NZZ. Die Verantwortung für die vorgelegte Studie liegt allein beim Autor. Schließlich, bei meinem zu TTIP gehenden Vortrag am 27. Juni 2016 beim Congressional Research Service in Washington DC kamen zahlreiche Fragen auf, die auch die Themenauswahl dieser Studie mit geprägt haben. Was also bedeutet BREXIT für Großbritannien, Deutschland, für Frankreich und andere Länder bzw. die EU sowie die Weltwirtschaft insgesamt? Wie dramatisch kann langfristig die negative Desintegrationsdynamik in der Eurozone ausfallen? Welche nationalen und EU-seitigen Reformmaßnahmen sind dringlich – diese Studie gibt neue, wichtige Antworten.

Wuppertal und Washington   Prof. Dr. Paul JJ Welfens
im Sommer 2016   *Präsident des Europäischen Instituts*
                                       für Internationale Wirtschaftsbeziehungen
                                             (EIIW) an der Universität Wuppertal
                                                      IZA Research Fellow, Bonn
                                          Non-resident-Senior Research Scholar
                                            at AICGS/Johns Hopkins University
                                          Alfred Grosser Professorship 2007/2008
                                                              Sciences Po, Paris

Inhaltsverzeichnnis

Abbildungsverzeichnis

Tabellenverzeichnis

Einführung zur zweiten Auflage

Der für den 29. März 2019 zu erwartende BREXIT – der britische Austritt aus der EU – ist eine historische Politikentwicklung, die für Europa und die Weltwirtschaft große ökonomische Bedeutung hat. Der BREXIT ist wie eine Art unerwartetes wirtschaftliches und politisches Laborexperiment in der realen Welt, zu dem bereits eine Reihe von ökonomischen Publikationen erschienen sind: nach dem Referendum vom 23. Juni 2016, aber auch direkt im Vorfeld des BREXIT – darunter vor allem die Studie des britischen Finanzministeriums (Treasury) vom April 2016, die in einer langfristigen Simulation deutliche Negativ-Effekte eines BREXIT herausarbeitete. Befürworter des EU-Austritts haben diese Studie und andere Analysen, die Negativ-Effekte des BREXIT prognostizierten, als „Project Fear" gebrandmarkt: Mit Negativ-Zahlen zum BREXIT sollte den Wählern vor der Volksbefragung und vor einem Ja für den EU-Austritt im Juni 2016 Angst gemacht werden, so das Argument. Nun wird zwar nicht jede BREXIT-Studie für sich beanspruchen können, solide Zahlen zu liefern. Aber es klingt wenig erwachsen, wenn BREXIT-Befürworter die überwältigend negative BREXIT-Mehrheitseinschätzung der Fachökonomen – mit Analyseerfahrung zu Außenhandel und Integrationsdynamik – einfach als „Project Fear" abtun wollen.

Manche Twitter-News der Austrittsbefürworter (LEAVE.EU) weisen nun erfreut auf nicht eingetretene Negativprognosen aus 2016/2017 hin und deuten als angebliches Gegenbild auf steigende UK-Aktienkurse oder erhöhte Direktinvestitionen ausländischer Multis in Großbritannien. Ein Teil der Negativeffekte wird jedoch erst beim EU-Austritt im März 2019 sichtbar werden, und tatsächlich sind die 2017 steigenden Aktienkurse vor allem durch den US-Aktienkursanstieg, das global solide Wirtschaftswachstum und niedrige Zinssätze erklärbar. Hohe britische Aktienkurse sind außerdem positiv beeinflusst durch die Zinssenkung der Bank of England – erfolgt nach dem Referendum im Juni 2016 zur Stabilisierung der Wirtschaft. Hohe Direktinvestitionen in Form der Errichtung neuer Fabriken in UK, was ein Vertrauenssignal wäre, gibt es kaum. Vielmehr ergab sich im Zeichen einer Pfund-Abwertung nach dem BREXIT eine internationale Übernahmewelle. Dies bedeutet, dass ausländische Investoren zu Discount-Preisen britische Firmen günstig übernehmen konnten. 2017 zeigte sich (laut OECD-Zahlen) im Übrigen auch schon der Dämpfungseffekt beim Direktinvestitionszufluss: Dieser ging - bei einem globalen Minus von 18%

© Springer Fachmedien Wiesbaden GmbH, ein Teil von Springer Nature 2018
P. J. J. Welfens, *BREXIT aus Versehen*, https://doi.org/10.1007/978-3-658-21458-6_1

bei Direktinvestitionszuflüssen - um 92% zurück, was fast 7% des Bruttoinland-sproduktes von UK entsprach. Ausländische Firmen reagieren mit Investitions-zurückhaltung in UK auf die großen Unsicherheiten bezüglich des künftigen britischen Zugangs zum EU-Binnenmarkt. Die widersprüchliche BREXIT-Po-litik von Premier May sorgt für eine große Verunsicherung bei Konsumenten und Investoren (zur Empirie siehe Welfens/Baier, http://www.mdpi.com/2227-7072/6/2/46). Von einem großen Vertrauenssignal für die UK-Wirtschaft kann man da kaum sprechen. Die Wachstumsrate des Nationaleinkommens wird damit gedämpft, da ein steigender ausländischer Anteil am UK-Kapitalbestand (Gesamtheit der britischen Unternehmen) heißt, dass künftig ein größerer Anteil der von UK-Firmen erzielten Gewinne ins Ausland fließt. Die ökonomischen Bremsspuren des BREXIT in Großbritannien werden in 2018/2019 schon sichtbar sein, da die Eurozone bzw. die EU27-Länder wachstumsmäßig vor UK liegen werden – der bisher häufige britische Wachstumsvorsprung wird zu einer UK-Wachstumslücke. Die Studie des UK-Finanzministeriums schaute im Übri-gen vor allem auf Handelseffekte des BREXIT, was auf ein Ausblenden einiger Effekte im Kontext mit veränderten Direktinvestitionen hinausläuft.

Die UK-Treasury-Studie vom April 2016 nutzte zur Abschätzung der Effekte eine Modellanalyse und ist methodisch besser als die vielen Studien verschiede-ner britischer Verbände. Der Hauptbefund der Regierungsstudie war, dass bei einem EU-Austritt mit Freihandelsvertrag 10 % Einkommensverzicht zu erwar-ten seien, bei einem EU-Austritt ohne Abkommen 11 %. Das sind erhebliche Größenordnungen, die – sofern bekannt – bei vielen Wählern entscheidungs-relevant sind, auch wenn mit Blick auf die EU-Mitgliedschaft nicht nur Wirt-schaftsfragen entscheidungswirksam sein dürften. Aber das Merkwürdige ist, dass ausgerechnet dieses wichtige Analyseergebnis des Finanzministeriums (Downing Street 11) den Wählern in der Regierungs-Infobroschüre von Premier Cameron (Downing Street 10) im April 2016 vorenthalten wurde. Hätte die Cameron-In-fobroschüre 10 % Einkommensverlust als BREXIT-Folge erwähnt, so hätte sich als Ergebnis eines ordnungsgemäßen Referendums 52,1 % pro EU ergeben; das kann man aus UK-Popularitätsfunktionen errechnen, die den Zusammenhang von Einkommenswachstum und relativer Regierungspopularität anzeigen; also gerade das Gegenteil des knappen BREXIT-Ergebnisses von 2016. Auf Basis dieser faktischen Regelwidrigkeit ergab sich die BREXIT-Mehrheit in der Volks-befragung.

Die angeblich solide BREXIT-Mehrheit hat die neue Premierministerin May aufgenommen und hat nach Abschicken des Austrittsschreibens an die EU-Kommission einen UK–EU-Verhandlungsprozess in Sachen EU-Austritt begonnen, den man seinerseits verwirrend finden kann. Immerhin gab es Ende

2017 ein erstes Zwischenergebnis, da man sich über einen Austrittsvertrag mit bestimmten Punkten grundsätzlich geeinigt hat. Der EXIT-Vertrag enthält einen sonderbaren Passus zur Nordirland-Irland-Grenze, da UK im Fall einer fehlenden abschließenden Einigung zusichert, dass Nordirland dann faktisch in der EU-Zollunion bleiben kann, damit das bisherige weiche Grenzregime fortgeführt werden kann. Da Schottland eine analoge Regulierung fordert, läuft das als Preis für einen harten BREXIT auf einen inneren UK-Zerfall hinaus.

Während die britische Öffentlichkeit seit Juni 2016 fast täglich die BREXIT-Politikwendungen der May-Regierung sieht, hat es bislang in UK kaum eine ernste Debatte über die Umstände des Referendums gegeben. Vielmehr stehen meist die Streitigkeiten im May-Kabinett und die gelegentlichen Verhandlungsfortschritte im Fokus. Auf Seiten der Bundesregierung war man 2016 ebenso wie die EU-Kommission vom BREXIT-Ergebnis überrascht; in Berlin hat das BREXIT-Thema jedoch seit der Bundestagswahl im Herbst 2017 keinen großen Stellenwert, da die geschäftsführende Regierung eher mit sich selbst beschäftigt war – zum EU-Sozialgipfel Ende 2017 reiste die Kanzlerin gar nicht an. Tatsächlich beschäftigt die Anti-Euro-Partei AfD, eine mit 12,6 % der Stimmen in den Bundestag gewählte rechtspopulistische Partei, faktisch den Berliner Politikbetrieb. Das Thema Flüchtlingswelle (und die misslungenen Ansätze von Kanzlerin Merkel, eine EU-Flüchtlingspolitik zu organisieren) beschäftigt die deutsche Öffentlichkeit stark – oft unter der Überschrift Kriminalität von Flüchtlingen und bestimmter Zuwanderergruppen. Die bei Facebook und Twitter stärker als alle anderen Parteien aufgestellte AfD ist den BREXIT-Führungspersonen nahe: Anfang Januar 2018 wurde etwa ein Twitter-Interview von Frau von Storch mit Nigel Farage, Ex-Chef der Anti-EU-Partei UKIP, gezeigt. Aus AfD-Sicht tickt der BREXIT als populistisches UK-Projekt vorteilhaft im Schatten einer in EU-Fragen konzeptionell zum Teil verwirrenden Berliner Regierungspolitik. Populistisch meint hier auch den Vorwurf an die regierenden Parteien und Eliten, den wahren Wählerwillen bisher nicht umzusetzen, und in diesem Kontext ist eine (scheinbare) BREXIT-Mehrheit bei einer UK-Volksbefragung, die eine Pro-EU-Parlamentsmehrheit quasi zwingt, den Willen der Austrittsmehrheit beim Referendum umzusetzen, ein Aufbruchssignal für alle Populisten in EU-Ländern. Italien und Frankreich sind wichtige Zielländer. Aus Sicht der Neuen Politischen Ökonomie ist der BREXIT ein gewichtiger und interessanter Analysefall, zumal sich hier erstmals im Internetzeitalter Desintegration vollzieht; was in der Tat als Einflussmoment zu beachten sein wird.

Der BREXIT wirft in der Tat bei einer analytischen Betrachtung sehr viel mehr Fragen auf als nur UK-bezogene Wirtschaftsfragen zum EU-Austritt. Natürlich kann man bei einer klaren Analyse – wie schon die erste Auflage des Buches gezeigt hat – Grundfragen der EU-Integration, der EU-Instabilität und kritischer EU-Reformerfordernisse erkennen. Aus UK-Sicht und aus EU-Sicht geht es seit Dezember 2017 aber erst einmal formal darum, einen EU–UK-Freihandelsvertrag auf den Weg zu bringen. Das ist als Projekt schwierig, zumal hier ganz unterschiedliche Erwartungen von London und Brüssel zusammentreffen. Die EU27 ist ökonomisch viermal so groß wie UK, und das uneinige May-Kabinett läuft Gefahr, in UK Erwartungen in der Öffentlichkeit zu erzeugen, die Ende 2018 nicht im Verhandlungsergebnis eingelöst werden können.

Mit der vorläufigen Einigung über einen EU–UK-Austrittsvertrag am 8. Dezember 2017 sind die Weichen für Verhandlungen über den künftigen Zugang Großbritanniens zum EU-Binnenmarkt und der EU zum UK-Markt gestellt worden. Aus Sicht der Wirtschaft in UK und EU27 mag man einen umfassenden Freihandel bei Waren und Dienstleistungen wünschen, so wie dies ja bisher im EU-Binnenmarkt der Fall ist: Freier Handel bei Waren und Dienstleistungen, freier Kapitalverkehr und freier Personenverkehr sind dessen Pfeiler, zudem länderübergreifend öffentliche Ausschreibungen sowie keine Zollkontrollen innerhalb der EU. Die May-Regierung aber will keinen freien Personenverkehr, da die Immigrationskontrolle vorrangig ist, worauf die EU-Kommission hat erkennen lassen, dass zumindest im Bereich der Finanzdienste kein Marktzugang zur EU-27 wie bisher erfolgen kann: nämlich einfach von UK beziehungsweise von London aus Bankgeschäfte in der EU27 zu betreiben (UK-Banken mit „EU-Pass"). Finanzdienste als ein starkes handelsmäßiges britisches Überschussfeld von großer ökonomischer Bedeutung für UK haben also wenig Aussichten, in einen EU–UK-Freihandelsvertrag aufgenommen zu werden, der zusammen mit dem Austrittsvertrag dann die Basis für den geplanten UK-Austritt aus der EU am 29. März 2019 sein soll. Die EU-Kommission wird eine Art Kanada–EU-Freihandelsmodell mit UK realisieren wollen, was aus UK-Sicht zu eng ist.

In 2018 soll ein entsprechender Handels- und Kooperationsvertrag geschlossen werden. Ob der dann die notwendige Zustimmung der Parlamente (UK, Europäisches Parlament) und des Europäischen Rates (Staats- und Regierungschefs) finden wird, bleibt abzuwarten. Tatsächlich wird die Europäische Union wohl grundsätzlich gut daran tun, sich auf eine EU-Zukunft ohne UK einzustellen. Für UK heißt BREXIT wohl, dass ein zweites Schottland-Referendum kommt, und dieses Mal könnte Schottlands Bevölkerungsmehrheit für die Unabhängigkeit stimmen – Camerons Warnsatz beim Referendum 2014, wonach jeder Schotte 1400 Pfund pro Kopf verliere, und die Vorteile der britischen EU-Mitgliedschaft, wird dann nicht mehr relevant sein, und Schottland könnte als Bankenstandort von der Verlagerungsdynamik der Banken in London Richtung EU als neues EU-Mitgliedsland profitieren.

Zu den Sonderbarkeiten des BREXIT gehört der potenziell gefährliche Sachverhalt, dass mit dem BREXIT große Risiken für die Finanzmärkte und Banken in der EU und den OECD-Ländern insgesamt einhergehen könnten. Es gibt Marktrisiken und politische Risiken – etwa aus UK-Politikinstabilitäten herrührend –, wie es sie seit 2007-09 nicht mehr gab; daher besteht Anlass, diese Risiken frühzeitig zu untersuchen, um eine Risikoeingrenzung oder -vermeidung zu erreichen. Zuständig für solche Analysen ist der EU-Systemrisiko-Rat (ESRC: European Systemic Risk Board = „Europäischer Ausschuss für Systemrisiken"), der 2010 als Lehre aus der Bankenkrise gegründet wurde und dem alle EU-Länder angehören. Allerdings blockierte ausgerechnet die Bank of England über den ESRB-Vizepräsidenten Mark Carney, der Chef der britischen Nationalbank ist, notwendige Analysen in 2017. Das ist unverantwortlich und hebelt das Mandat des ESRB fast völlig aus, denn es nimmt dem ESRB die Möglichkeit, notwendige Warnungen oder auch Politikempfehlungen in Sachen Begrenzung von absehbaren BREXIT-bedingten Systemrisiken auszusprechen. Man mag UK-Interessen verstehen, die Marktakteure in Sachen BREXIT nicht zu beunruhigen. Aber den EU28-Ländern und ihren über 500 Millionen Einwohnern eine notwendige Risikoanalyse zu verweigern, ist unverantwortlich und inakzeptabel und sicher auch kein gutes Signal zur langfristigen UK-Kooperationsbereitschaft mit der EU. EU-UK-Verhandlungen über ein Freihandelsabkommen kann es eigentlich aus EU-Sicht nicht geben, wenn UK seine gefährliche Blockade-Haltung nicht aufgibt – es droht der Blindflug in die nächste Banken- und Finanzkrise.

Für die Europäische Union könnte die BREXIT-Mehrheit ein Weckruf sein, über EU-Reformen und eine bessere EU-Politik in Brüssel sowie auf der Ebene der EU-Mitgliedsstaaten nachzudenken. Diese haben nach der Eurokrise das Heft des Handelns sichtbar an sich gezogen, nämlich über den Europäischen Rat, in dem die EU-Mitgliedsländer vertreten sind. Die EU ist sich jedoch jenseits der BREXIT-Fragen auch Ende 2017 uneinig über wichtige Politikfelder, insbesondere den Umgang mit Flüchtlingen, die vor allem aus arabischen Ländern und Subsahara-Afrika kommen. Für den Flüchtlingsdruck gilt, dass dieser durch den BREXIT unter anderem noch mit Blick auf Afrika verstärkt werden könnte. Dort, wie in Lateinamerika (Mercosur) und Asien (ASEAN), gibt es regionale Integrationsräume, die sich bisher stark an der EU-Integration orientierten. So hat etwa die 15 Länder umfassende ECOWAS in Afrika bislang eine wichtige Funktion für regionalen Freihandel, ökonomische Entwicklung und Stabilität. Der BREXIT gibt für viele Integrationsräume in der Welt ein Negativ-Signal: das Signal, dass man als Land allein besser zurechtkommen könne und Wirtschafts- und Politikkooperation in einer Region – hier bei 28 EU-Ländern – nicht wirklich wichtig und attraktiv sind. Sofern die regionale Wirtschaftsintegration in Afrika oder Lateinamerika indirekt durch den BREXIT geschwächt werden sollte, könnte sich der Wachstumsprozess in den genannten Weltregionen verlangsamen, und bei wachsendem Nord-Süd-Einkommensunterschied steigt dann der Wanderungsdruck in die EU, was neue politische Konflikte in der EU schaffen könnte. Populismus-Parteien könnten expandieren.

So manche BREXIT-Rede in UK klingt zumindest ansatzweise nach einer neuen Art von „splendid isolation" (großartige Isolation), wie UK dies schon einmal Ende des 19. Jahrhunderts als Politikdoktrin betonte, was letztlich aber nicht klug für Großbritannien war, da dies ungewollt mit den Weg für den Ersten Weltkrieg eröffnete. Allerdings möchten die BREXIT-Befürworter das absehbare künftige Weniger an Handelsintegration EU–UK durch ein Mehr an Freihandelsverträgen mit Nicht-EU-Ländern aufwiegen. Dass dieses Vorhaben gelingen kann, wird hier als kaum möglich eingestuft und in der Analyse begründet – entlang der Argumentationslinie, die schon in der ersten Auflage nicht nur bezüglich möglicher großer Freihandelspartneroptionen für Großbritannien skeptisch war, sondern auch betonte: Gerade der von May hofierte US-Staatspräsident Trump zielt mit strategisch-ideologischer Entschlossenheit auf eine Schwächung der Welthandelsorganisation WTO, die aber für eine britische Freihandelsinitiative als starke internationale Organisation unerlässlich ist.

Diese Problematik und der Widerspruch wurden in 2017 noch viel deutlicher erkennbar, da die USA den Streitbeilegungsmechanismus durch die Blockade von anstehenden Richterwahlen beim WTO-Berufsgericht ab 2019 komplett lahmlegen dürften. Es ist unmöglich für UK, ein großes Netzwerk von Freihandelsverträgen – mit denkbaren Konfliktfeldern – sinnvoll zu organisieren, wenn nicht die World Trade Organization (WTO) als funktionsfähige internationale Organisation Handelskonflikte zuverlässig regeln kann. Man stelle sich vor, das Trump-Bilateralismus-Modell wäre von UK in einem Streitfall zu einem Freihandelsvertrag mit Indien, China, Brasilien oder Japan anzuwenden. UK ist zu klein – anders als die USA –, um auf einer bilateralen Verhandlungsebene in einem Konfliktfall stark aufzutreten. Da war UK bisher als Teil der EU28-Gemeinschaft, die die Außenhandelspolitik in der EU-Zollunion für alle EU-Länder gemeinschaftlich vertritt, gut aufgehoben. Das galt bislang auch mit Blick auf den Multilateralismus, also die internationale Ordnungsfunktion der internationalen Organisationen, was für kleine Länder einen Schutz vor Ausbeutung durch die USA und China darstellt. Mit dem BREXIT und der Hinwendung des Freihandelsakteurs UK zum protektionistischen Trump vollzieht die May-Regierung eine historische Politikwendung, die erkennbar gegen die strategischen britischen Interessen gerichtet ist.

BREXIT bringt aus Sicht Deutschlands und anderer EU-Länder ein doppeltes ernstes Problem: Großbritannien fällt nach dem BREXIT als bislang gewichtiger Partner Deutschlands, der Niederlande und Dänemarks für das traditionelle Handelsliberalisierungsquartett aus, das bislang in der EU zuverlässig das politische Hochdrehen von EU-Handelsprotektionismus verhindert hat. UK fällt aber auch aus als ein Politikakteur für nachhaltige globale Handelsliberalisierung. Vielmehr zwingt UK sich durch den BREXIT auf die Seite der USA unter Trump, der die britische Unterstützung für seine America-First-Politik und vor allem seinen Bilateralismus-Ansatz braucht – der sich gegen den bisherigen Multilateralismus (mit der Welthandelsorganisation WTO als einem Hauptakteur) beziehungsweise die starke international ordnende Rolle internationaler Organisationen und des internationalen Rechts richtet. Trump möchte als Großmacht – natürlich: Supermacht – durch jeweilige bilaterale Verhandlungen das Beste für die USA herausholen. Trump versteht offenbar die Vorteile des Multilateralismus nicht und erkennt gar nicht, dass er und UK sowie einige andere Länder die Welt in Richtung spätes 19. Jahrhundert zurückführen, als bei Abwesenheit internationaler Organisationen wenige konkurrierende Großmächte sich – ohne Politikkooperation – in scharfe regionale und globale Machtrivalitäten verstrickten. Auch wenn UK ein Siegerland des Ersten Weltkrieges war, so erfolgte doch nach 1919 ein politischer Stabwechsel, bei dem die Führungsrolle an die Vereinigten Staaten ging, die schon Wirtschaftsmacht Nr. 1 waren, aber bis 1945 politisch international nicht führen wollten, da der Kongress die US-Mitwirkung am Völkerbund nicht befürwortete.

Dass Trump den BREXIT mehrfach begrüßte, kann man sonderbar finden, denn die USA profitieren weder von einem durch den BREXIT geschwächten UK noch von einer ohne UK schwächeren EU-Wirtschaftsmacht. Offenbar ist aber der BREXIT ein populistisches britisches Großprojekt, das ganz nach Donald Trumps Geschmack ist. Doch der BREXIT wirft viele komplizierte, aber auch einfache Fragen auf: Wie soll man Politiker beurteilen, die lügen? Der Spielraum für populistische Lügen hat sich durch das Internet vergrößert, die Wissenschaft ist da schwach vertreten, und der Satz „Wissen ist Macht" ist in Zeiten des Internets im Bereich der Wirtschaftspolitik – überhaupt des Politischen – weniger zutreffend als früher. „Netzwerk ist Macht" muss es heute wohl heißen – und Macht haben auch Netzwerke, die ohne wissensmäßige Kompetenz aufgestellt sind, aber Tausende oder Millionen digitale Unterstützer haben. Digitale Kommunikationskanäle schaffen Meinungsmacht für bislang Schweigsame, für Verschwörungstheoretiker und politische sowie religiöse Radikale, die anti-wissenschaftlichen Unfug gern als neue Tugend anpreisen und in den digital führenden Ländern wie etwa UK und USA mit ihrem Einfluss die Politik bereits massiv beeinflussen.

Trumps Politik in den USA und der BREXIT mögen für vieles stehen, für eine durchdachte, konsistente Ordnungs- und Kooperationspolitik des Westens jedenfalls insgesamt nicht. Es mutete im ganzen Jahresverlauf 2017 sonderbar an, dass auf den G7-Gipfeltreffen die USA zu einem Bekenntnis Richtung Freihandel von Seiten der beteiligten EU-Länder gedrängt werden mussten. Ergebnis sind zunächst weiche Formelkompromisse, die eine neue US-Politik andeuten. Dass Chinas Staatschef den globalen Freihandel erstmals international öffentlich laut verteidigte, während die USA oft schwiegen, zeigt eine bedenkliche Neupositionierung der Vereinigten Staaten, hochgradig problematisch aus Sicht der Bundesrepublik Deutschland mit ihren hohen Exportüberschüssen. Die USA mit ihrer hohen Leistungsbilanzdefizitquote – durch Trumps Steuerreform 2017 in der Tendenz noch verstärkt – werden vermutlich in Richtung EU27 beziehungsweise Eurozone (mit Exportüberschüssen) mittelfristig noch aggressiver und womöglich auch offen protektionistisch auftreten. Das der US-Populist Trump, beraten vom 81 jährigen Nicht-Experten für Handelsfragen Ross Wilbur (US-Handelsminister) am 1. Juni 2018 gegen Kanada, Mexiko und die EU Einfuhrzölle bei Stahl und Aluminium verhängte, ist sonderbar; zumal als Grund Sicherheitsinteressen angegeben wurden. Die Finanzmärkte werden durch die aggressive Trump Handelspolitik destabilisiert, die BREXIT-Risiken steigen hier indirekt.

Hier gibt es aus Sicht Deutschlands und der EU neue Export- und Wachstumsrisiken, die einstweilen – bei guter Weltkonjunktur – noch nicht als akut erscheinen. Klar ist mit Blick auf den BREXIT: UK war 2016 die zweitgrößte EU-Volkswirtschaft, und den Austritt eines großen Mitgliedslandes nach über vier Jahrzehnten aktiver Mitwirkung wird die Europäische Union nicht ohne Blessuren überstehen. Außerdem entzieht der BREXIT Deutschland in der EU einen strategischen Verbündeten bei der EU-Handelspolitik. Im Übrigen ist UK, üblicherweise mit klar orientierter Regierung ausgestattet, seit dem Amtsantritt der Regierung May mit einer immer wieder widersprüchlichen, verwirrenden BREXIT-Politik aufgetreten, was natürlich auch die internen Gegensätze in der Partei der Konservativen in UK widerspiegelt. Immerhin scheint die EU, anders als UK, eine klare Verhandlungsstrategie zu haben.

Beim BREXIT liegt ein „Politikfall" vor, der viele interessante, gewichtige langfristige Aspekte hat. UK ist zum Beispiel einer der wichtigsten Handelspartner Deutschlands und der EU27. Es stellt sich aus ökonomischer Sicht die Frage, was der BREXIT UK an volkswirtschaftlichen Kosten abverlangt, und welche Kosten sich für Deutschland und andere EU-Mitgliedsländer ergeben. Solange die Verhandlungsergebnisse nicht alle auf dem Tisch sind, gibt es hier eine gewisse Unsicherheit in der Analyse. Allerdings kann man gleichwohl zu Ende 2017 die Hauptaspekte recht gut ausleuchten, und da, wo die Unsicherheit relativ groß ist, können Simulationsszenarien weiterhelfen: etwa ein Szenario, bei dem ein umfassender EU–UK-Handelsvertrag geschlossen wird, der auch Banken und Versicherungen umfasst; oder ein Alternativszenario mit einem im Kern nur auf den Warenhandel fokussierten Freihandelsvertrag EU–UK. Oder es gibt eben den Betrachtungsfall, dass man sich nicht einigen kann, das heißt, dass UK dann den Zugang zur EU zu den Bedingungen hat, die sich aus der Mitgliedschaft von UK und den EU27-Ländern in der Welthandelsorganisation WTO ergeben („WTO-Fall"). Großbritannien kann seinerseits Importzollsätze festlegen – sie sind in der Ausgangslage in 2019 zunächst am EU-Austrittstag so hoch wie die der EU, da alle 28 EU-Länder gleiche Außenzollsätze haben. Aber UK kann seine Importzölle nach dem EU-Austritt dann selbst festlegen, müsste dabei aber allen WTO-Mitgliedsländern einseitige Zollsenkungen (außerhalb eines EU–UK-Freihandelsabkommens) gewähren. Es erscheint als unrealistisch, bei UK weniger als 10 % Einkommensverlust anzunehmen – verteilt über einen längeren Zeitraum, aber größenordnungsmäßig doch so hoch wie der summierte Einkommensrückgang von fünf bis sechs normalen Rezessionen. Es gibt kaum ernst zu nehmende freundliche Modellergebnisse, abgesehen vom veralteten Makro-Modell von Patrick Minford und dem Ifo-Modell in der Analyse für die Bertelsmann-Stiftung 2017, das nur auf 1,7 % als UK-Einkommensverlust kommt. Allein der Vergleich der Prognoserevisionen vom November 2017 und November 2015 beim britischen OBR-Modell zeigt schon gut 4 % BREXIT-bedingten realen UK-Einkommensverlust 2016–2020. Die Analysen des politisch unabhängigen Office for Budget Responsibility (OBR) in London können als seriös gelten. Sobald regionale Analysedaten zu den langfristigen BREXIT-Kosten verfügbar sind, wird man sehen, dass gerade die englischen Industrieregionen die größten BREXIT-Verlierer sein werden. Diese in London regierungsintern vorliegenden Daten könnten Impulsgeber für ein zweites britisches EU-Referendum sein und könnten dann auch zum britischen EU-Verbleib führen, falls sich eine Remain-Mehrheit (pro EU) ergäbe.

Es ist nicht klar, dass die zerstrittene May-Regierung den BREXIT wird umsetzen können, und die Uneinigkeit in UK erweckt zusammen mit ungünstigen Wirtschaftsprognosen in der europäischen Öffentlichkeit den Eindruck, dass Großbritannien der ökonomische Verlierer des BREXIT sein wird. Dass UK große BREXIT-bedingte Anpassungsprobleme haben wird, ist unübersehbar. Aber der politische Lärm in London lässt doch auch die Probleme der EU27 leicht übersehen. Es ist in der öffentlichen Debatte zur BREXIT-Mehrheit eigentlich nie zu hören, dass Deutschland und Frankreich mit ihrer zöger-

lichen Verhandlungsposition zum EU-US-Freihandelsabkommen (TTIP) aus
UK-Sicht massiv gegen britische Interessen verstoßen haben. Der EU-Kommission ist eine vernünftige Interessenbündelung bei TTIP nicht gelungen, und die
Regierungen in Paris und Berlin gaben 2015 das Projekt faktisch auf. Die Einbeziehung britischer Interessen in Brüssel ist über Jahre in wichtigen Feldern nicht
gut gelungen, und TTIP war ein wichtiger Punkt aus britischer Sicht. Deutschlands Wirtschaftsminister Gabriel, der das TTIP-Projekt nicht engagiert befürwortete, spielte dabei mit seiner Zögerlichkeit eine bemerkenswerte Rolle. Im
Übrigen sollte man auch nicht übersehen, welche Schwächen und Widersprüche die EU weiterhin aufweist. Durch Reformen ließen sich diese wohl überwinden. Ob aber gerade das politische Führungsduo Frankreich und Deutschland die notwendigen klugen Reformen anstoßen wird, bleibt abzuwarten. Im
Übrigen droht der BREXIT-Übergangsprozess für die EU27-Länder zeitweise
große Risiken in Form von Finanzmarktinstabilitäten mit sich zu bringen, und
die Saat für eine neue europäische Bankenkrise könnte durch eine neue Bankenderegulierungswelle in UK und USA bald gesät sein. Für die EU27 entsteht mit
dem britischen EU-Austritt die unangenehme neue Situation, dass der größte
Teil des Banken-Großhandelsmarktes in London liegt – reguliert von der britischen Regierung bzw. der Bank of England, deren Kooperation ab 29. März 2019
(UK-Austrittsdatum) in allen EU-Gremien entfällt. Ein Beobachterstatus in
einigen EU-Institutionen mag immerhin fortbestehen.

Die von UK-Regierungsseite beim BREXIT geforderte Übergangszeit für
den britischen Austritt von zwei Jahren könnte die Anpassungskosten in UK
zeitweise drücken und die Sichtbarkeit der BREXIT-Kosten vermindern. Ob
die Vertragsverhandlungen hier eine Einigung bringen, ist unklar. Letztlich wird
die Art der vertraglichen Integrationsbrücke EU–Großbritannien für Europas
Entwicklung auf Jahrzehnte mit entscheidend sein (UK und Großbritannien
werden hier aus Vereinfachungsgründen synonym verwendet, der handelnde
Akteur ist aber United Kingdom). Großbritannien und die EU hatten sich bis
Jahresende 2017 auf einen Exit-Vertrag geeinigt, der den Weg zu einem Vertrag in
Sachen Freihandel EU–UK eröffnet: Einige Sektoren – wie etwa Maschinenbau,
Automobil und Pharma/Chemie – könnten auf beiden Seiten zollfrei sein, und
das hieße Freihandel für etwa die Hälfte des Handels, allerdings ohne den für UK
besonders wichtigen Dienstleistungshandel. Die Klimaindikatoren für die britische Industrie waren zu Jahresende 2017 relativ optimistisch und dürften solche
Hoffnungen zum Ausdruck bringen. Demgegenüber waren die UK-Klimaindikatoren für den Dienstleistungssektor weniger optimistisch. Ein EU-Austritt in
2019 mit nachfolgendem EU-Binnenmarktaustritt 2020 wird in jedem Fall einen
ökonomischen Graben zwischen UK und der EU schaffen, für alle auf Anti-EU-

Kurs befindlichen Parteien in der EU27 einen politischen Austrittsanker bzw. ein Austrittsmodell schaffen und UK zügig an die Seite der USA beziehungsweise der Trump-Politik zwingen. Mittelfristig sind in jedem hier als realistisch eingeschätzten Szenario hohe ökonomische UK-Wachstumsverluste zu erwarten.

Sehr viele Firmen und Politikakteure sind mit Anpassungserfordernissen im BREXIT-Kontext befasst, wobei man erst gegen Ende 2018 die EU-UK-Verhandlungsergebnisse kennen wird. Danach wird es, falls der BREXIT am 29. März 2019 kommt, wohl zunächst eine möglicherweise gerade auf den Finanzmärkten unruhige Übergangsphase bis Ende 2020 geben – jedenfalls bis zum Zeitpunkt der Herauslösung von UK aus EU-Binnenmarkt und EU-Zollunion. Wirtschaftspolitisch liegt die größte Herausforderung bei den Akteuren der britischen Wirtschaftspolitik, deren Kurs zu Jahresende 2017/2018 noch widersprüchlich aussieht, sowie bei der Aufsicht in der EU28 über Banken und Finanzmärkte. Das wenig bekannte European Systemic Risk Board (ESRB) ist gefordert, die sogenannte makroprudenzielle Bankenaufsicht zu leisten, nämlich für die EU28-Länder eine Gesamtanalyse zu den BREXIT-bezogenen Risiken vorzunehmen und dem Europäischen Parlament jährlich zu berichten. Es ist nicht klar, ob der ESRB seine wichtige Aufgabe erfüllen kann. Wie sich etwa die Bank of England dabei verhält, ist von besonderer Bedeutung – und wirklich kooperativ schien die britische Notenbank schon in 2017 nur bedingt zu sein. Wie das 2018–2020 und danach aussehen soll, ist unklar und dabei für die EU27 ein Problem. Denn der größte Teil des Banken-Großhandelsgeschäftes für Firmen aus EU27-Ländern wird von London aus betrieben. Formal ist die Europäische Zentralbank zusammen mit der EU-Bankenaufsichtsbehörde EBA wesentlich für Bankenaufsicht in der EU verantwortlich – aber der wichtigste Firmen-Bankenmarkt der EU27 wird auch 2020 noch in London, dann eben außerhalb der EU, liegen. Was für ein Wirrwarr!

Wie also die in der Eurozone in Sachen Bankenaufsicht dominante Europäische Zentralbank nach dem 29. März 2019 ihre Aufgaben erfüllen soll, ist unklar. Im EU-Ausschuss für Systemrisiken (ESRB) wird die Bank of England zusammen mit anderen UK-Institutionen nur einen Beobachter-Status haben, wie man annehmen kann. Dass die britische Zentralbank ein Interesse daran haben wird, nachvollziehbar den Banken- und Finanzplatz London im Interesse der EU27-Stabilität zu regulieren, ist nicht zu erwarten. Gerade bei einem verminderten Wirtschaftswachstum wird man bei einer UK-Regierung auf eine neue Banken-Deregulierungswelle setzen, was in Kombination mit Trumps US-Bankenderegulierung Impulse für eine neue Bankenkrise und Instabilitäten in den Finanzmärkten setzt. An einer vernünftigen makroprudenziellen Bankenaufsicht, die das Gesamtbild von Risikoelementen – BREXIT, Banken mit hohen

Forderungsausfällen in einigen Euro-Ländern, hohe Instabilität von Wechselkursen und zeitweise hohe Risikozuschläge etwa für britische Anleihen – rechtzeitig in den Blick nimmt und Maßnahmen vorschlägt, um Risiken im Bankenbereich zu begrenzen oder zu vermeiden, werden die EU-Kommission und jeder nationale EU-Finanzminister großes Interesse haben. Die hohen Kosten der Bankenkrise 2007–2009 in vielen EU-Ländern sind in der Politik im Bewusstsein führender Politikakteure sehr präsent. Wenn der ESRB unzureichende Risikoanalysen für die EU28 liefert, was denkbar ist, dann kann ein vernünftiges Risikomanagement seitens der Wirtschaftspolitik in der EU28, der Schweiz, Norwegen und Island sowie anderen Ländern nicht betrieben werden – zum Schaden der Bürgerinnen und Bürger in Europa sowie der Weltwirtschaft.

Es gibt britische Sektoren in der Realwirtschaft, die nach dem BREXIT durchaus eine Fortsetzung der Geltung der EU-Regulierungen anstreben dürften, denn in Sachen Pharmazie und Chemie dürften die sektoralen EU-Regeln als insgesamt markt- und qualitätsförderlich angesehen werden. UK hat die EU-Pharma-Aufsichtsbehörde durch den BREXIT-Kurs der May-Regierung an die Niederlande verloren, aber das schließt durchaus nicht aus, dass die UK-Pharmaindustrie stilles Mitglied im EU-Regulierungsraum bleiben will. Ähnliches könnte für den Flugverkehr UK–EU27 gelten. Bevor man im Rahmen der Verhandlungen EU–UK zu sektoralen Freihandelsabkommen Mitte 2018 auf solche Fragen eingehen wird, dürfte im ersten Halbjahr über die Frage einer britischen Übergangszeit im EU-Binnenmarkt verhandelt werden. Bei Erreichen eines großen Kompromisses EU–UK wird am 29. März 2019 der EU-Austritt von UK kommen; es wird dann ein langjähriger Anpassungsprozess in UK zu beobachten sein. Die EU ihrerseits wird sich neu aufstellen müssen: als eine verkleinerte EU-Gemeinschaft und als ein Integrationsclub, der sich für das 21. Jahrhundert vernünftig positionieren sollte. Zu den EU-Reformoptionen wird man die Frage nach einer Überprüfung der relativ großzügigen Pensionszahlungen für EU-Beamte ebenso zählen müssen wie die wichtige Frage nach der Einführung eines Parlamentes für die Eurozone, wobei eine parlamentarische Regierung mit einer klaren Regierungs- und Oppositionsrolle von Parteien einhergehen sollte. Das Europäische Parlament wäre nur noch ein Parlament für die Nicht-Euro-Länder; ob es seine sonderbare Konstruktion fortsetzen will, wonach eine Art permanente – politisch ungesunde – Koalition faktisch Opposition und Partner gegenüber der EU-Kommission spielt, ist zu hinterfragen.

Die EU wird sich der Frage gegenübersehen, umfassende Reformen zu realisieren. Die jetzige EU – in ihrer aktuellen Konstruktion – ist nicht zukunftsfähig, da sie einen Selbstzerstörungsmechanismus hat. Das ergibt sich indirekt aus den Analysen der Forschungsgruppe Wahlen (Yvonne Schroth: Europawahl 2014,

Präsentation Staatskanzlei, NRW-Landesregierung, Düsseldorf 27. Mai 2014), wonach die Wählerschaft in Deutschland zwar versteht, um welche Themen es bei Kommunal-, Landtags- und Bundestagswahlen geht, nicht aber die relevanten Politikbereiche bei Europa-Wahlen. Konsequenz ist, dass die Wähler Europa-Wahlen von der Wertigkeit nicht höher als Kommunalwahlen einordnen und dazu neigen, eher als sonst radikalen und (zunächst) kleinen Parteien ihre Stimme zu geben. In Frankreich und UK wird das Problem wohl nicht deutlich anders sein, und es erscheint nicht als Zufall, dass die Anti-EU-Parteien Front National und UKIP die Gewinner bei den Europawahlen in 2014 waren – und ohne die nationalistisch-populistische UKIP hätte es natürlich auch kein von Cameron ausgerufenes EU-Referendum in 2016 gegeben. Die populistischen Anti-EU- und Anti-Euro-Parteien investieren die in Brüssel erhaltenen Wahlkampfkostenerstattungen und anderen Gelder in nationale Wahlkämpfe, wodurch aus den Europa-Wahlen ein Treibsatz für die Expansion populistisch-nationalistischer Anti-EU-Parteien in den EU-Ländern wird. Die EU zerstört sich dadurch, so kann man als Perspektive formulieren, auf einfältige Weise auf Dauer selbst. Zugleich wird gerade aus Kreisen der Politik in Deutschland – sicherlich ohne Kenntnis der Zusammenhänge –, die EU weiterhin möglichst politisch klein und mit sonderbar geringer Staatsquote bei 1 % zu halten versucht. Dass die Wählerschaft daher die EU nicht mit relevanten Politikbereichen wahrnehmen kann, haben jene Politiker und EU-Kritiker zu verantworten, die in statischer Interpretation des Subsidiaritätsprinzips eine vernünftige Dimension der EU-Politik verhindern.

Der EU-Zerfallsprozess droht also auch ohne BREXIT, mit BREXIT könnte er jedoch schneller voranschreiten. Es ist nicht so, dass es nicht erhebliche ökonomische Binnenmarktvorteile gäbe. Aber die politische Konstruktion der EU ist teilweise sonderbar, die Eurozone hat unveränderte Konstruktionsschwächen, und die Neigung der EU-Mitgliedsstaaten, in Brüssel zukunftsweisende Reformen auf den Weg zu bringen, ist gering. Die Fähigkeit Deutschlands, große EU-Reformen anzuschieben, ist minimal. Es gibt ernste handwerkliche Probleme der Regierungsarbeit, keine ernsthaften EU-Reformkonzepte und unrealistische EU-Finanzierungsvorstellungen.

Eine irrige Finanzierungsvorstellung ist es etwa, man könnte den Nettobeitrag Deutschlands zur EU einfach um einige Prozentpunkte des Bruttoinlandsproduktes erhöhen: Das seien kleine Beträge und Deutschlands EU-Nutzen sei doch groß. Die ökonomische Wahrheit ist aber, dass zukünftige Beitragszahlungen über Jahrzehnte zu betrachten sind, und wenn man den Gegenwartswert von 0,3 % mehr Beitragszahlungen ausrechnen will – dabei muss man durch den Zinssatz dividieren (Normalzins sei hier mit 3 % angenommen) –, dann sind das

10 % des Nationaleinkommens des Jahres 2016, also 310 Mrd. €. Den EU-Nutzen parallel deutlich zu steigern ist möglich, so dass die Netto-Vorteilsbilanz für Deutschland positiv bliebe. Aber man muss schon ein durchdachtes Konzept für eine neue EU im 21. Jahrhundert erarbeiten, im Internet beziehungsweise in der Öffentlichkeit diskutieren und dann die notwendigen politischen Mehrheiten finden. Tatsächlich ist für das 21. Jahrhundert ein Mehr an Europäischer Union notwendig. Aber eine vernünftige Debatte hierzu fehlt bislang. Letztlich wird es um die Frage gehen, ob man eine Parlamentarische Regierung für die Eurozone oder die EU institutionell längerfristig bauen kann. Der BREXIT könnte zeitweise die jetzige EU stärken, da ein geschwächtes UK-Wachstum und ein Wachstumsrückstand von UK gegenüber der EU die politische Unterstützung für die EU27 erhöhen könnte. Ob aber die Politik national und EU-weit eine sinnvolle und erfolgreiche Reformdebatte zum Projekt EU-Integration zustande bringt, ist unklar.

So wenig man die BREXIT-Mehrheit in UK als Ergebnis eines ordnungsgemäßen Referendums ansehen kann, so wenig heißt das, dass der BREXIT nicht stattfindet. Da die Labour-Partei – oder jedenfalls ihr Chef Corbyn – keine UK-Mitgliedschaft im EU-Binnenmarkt wünscht, haben Pro-EU-Wähler eigentlich keine Stimmen, wenn man von der kleinen Partei der Liberalen im Parlament in London absieht. Hier haben die BREXIT-Befürworter einen strategischen Vorteil, solange nicht der öffentliche Druck für ein zweites EU-Referendum massiv wächst und eine Parlamentsmehrheit ein neues Referendum ansetzt. Es ist im Übrigen ein paradoxer Fall, dass die Mehrheit der Abgeordneten im Britischen Parlament für den EU-Verbleib ist, allerdings meint, einen Pro-BREXIT-Willen ausführen zu müssen (den es aber am 23. Juni nicht wirklich gab, wenn man als Referenzpunkt ein geordnetes Referendum nimmt).

Falls der BREXIT 2019 politisch und 2020 ökonomisch kommt – letzteres im Kontext von Übergangsregelungen EU–UK in Sachen übergangsweiser UK-Binnenmarktmitwirkung –, dann ergibt sich ab 2019/2020 ein zunehmender wirtschaftlicher Anpassungsdruck in Großbritannien. Anpassungsdruck ergibt sich, wenn auch geringer als in UK, auch in Deutschland. Wovon die Höhe des Anpassungsdrucks abhängt, ist einfach zu verstehen: Es kommt dabei zunächst auf den effektiven Exportanteil an – direkt und indirekt via Vorlieferungen an Exporteure von Endprodukten in Richtung UK –, die Höhe der aus UK importierten Vorprodukte und das Ausmaß an Auslandsproduktion in UK. Zudem auf die Exportintensität Richtung EU27-Länder, die hohe regionale Exportquoten in Richtung UK haben – also etwa Niederlande (ca. 10 % der niederländischen Exporte gehen nach UK) und Belgien. Firmen, die relativ hohe Anteile an Produkt- und Prozessinnovationen aufweisen können, werden mit der zu erwartenden realen Pfund-Abwertung eher zurechtkommen als Firmen, die relativ standardisierte und preisempfindliche Produktsortimente haben. Pfund-Abwertung und britische Importzölle werden EU-Exporte Richtung UK verteuern. Direktinvestitionsaspekte gilt es zusätzlich zu bedenken (siehe Welfens/Baier, 2018- http://www.mdpi.com/2227-7072/6/2/46).

Bis Ende 2018 wird man ein erwartetes Verhandlungsergebnis zu betrachten haben. Hierbei wird als unrealistisch angesehen, dass Finanzdienstleistungen Teil eines Freihandelsabkommens EU–UK sein könnten. Denn dass BREXIT bedeuten soll, dass der wichtigste Finanzmarkt für (Euro-denominierte) Finanzprodukte außerhalb der Eurozone beziehungsweise der EU27 liegen könnte, erscheint abwegig und zu riskant für die EU27 und die Europäische Zentralbank. Seitens der May-Regierung wird eine weitgehende Verweigerung von Dienstleistungs-Freihandel EU–UK im Bereich Banken und Versicherungen als eine unangenehme Überraschung betrachtet werden, denn dadurch werden rasch 0,2 % Realeinkommensverluste durch tatsächliche und erwartete Standortverlagerungen von Finanzmarktanbietern aus London in Richtung EU27 zustande kommen. Für die britische Industrie unangenehm wird die Frage der Ursprungszeugnisse beim Freihandel mit der EU werden (außer bei UK in einer Zollunion mit der EU). Denn diese wird mindestens 50 %, wahrscheinlich 60 % Mindestwertschöpfungsanteil in UK verlangen für Produkte, die zollfrei in Richtung EU27 verkauft werden können. Bisherige EU-Produktionsnetzwerke vieler britischer Firmen passen nicht zu solchen Vorgaben; nach dem BREXIT künstlich in UK mehr Wertschöpfung beziehungsweise Produktion hochzuziehen, wird wegen Kostennachteilen mit Marktanteilsverlusten weltweit einhergehen. Es kann sich ein Problem ergeben im Bereich der Versicherungsverträge und der Derivate (Risikoabsicherungen etwa mit Investmentbanken als Partnern): Britische Versicherungen müssten rechtzeitig zur Sicherung von Vertragskontinuität Tochtergesellschaften in der EU27 gründen und EU27-Versicherer mit Kontrakten in UK müssten in UK rechtzeitig eine Tochtergesellschaft gründen. Sofern Derivate-Verträge wegen des BREXIT nicht mehr in der EU27 gelten, steigt aus Sicht der europäischen Versicherungsaufsichtsbehörden die Anforderung an das notwendige Insolvenzkapital. Dies kann faktisch die Erträge von Versicherungen mindern und könnte in einigen Fällen auch zu Unsicherheit für Versicherungskunden führen, die notfalls vor Gericht ihre Forderungen einklagen müssten; kompliziert werden kann der Fall, dass tatsächlich der BREXIT unerwartet als No-Deal-Fall am 29.03.2019 umgesetzt wird.

Wenn UK aus der EU ohne breite Vertragsbrücken ausscheidet, wird Großbritannien sich politisch mittelfristig aus Europa entfernen und stärker die Nähe der USA und auch Asiens suchen. Das zeigte schon in 2017 die internationale

Neuorientierung britischer Universitätsmittel (Newton Funds) für ausländische Forschende mit Interesse an Kooperation mit einer britischen Universität, wobei die May-Regierung die Weichen stärker als bisher in Richtung Asien stellte. Für die EU-Entwicklung und die regionale Wirtschaftsintegration ist der BREXIT eine Zäsur. Die Debatte zu BREXIT wird erst 2018/2019 in Deutschland intensiver werden, weil sich die Unternehmen mit UK-Geschäft – als Exporteur, Importeur oder Produzent in UK – auf den BREXIT einstellen müssen. Zumindest in einigen Sektoren dürfte er für neue Zollhürden und erhebliche neue Handelskosten sorgen. Aus ökonomischer Sicht ist es interessant und wichtig, die Effekte des BREXIT für UK, Deutschland und die EU27-Partner sowie den Rest der Welt zu untersuchen.

Die BREXIT-Mehrheit beim EU-Referendum in 2016 ist zunächst natürlich zu akzeptieren, da hier eine Volksbefragung durchgeführt worden ist. Allerdings war das wohl keine ordnungsgemäße Befragung, wie sich leicht zeigen lässt. Eine normale regierungsseitige Information der Wählerschaft zu fundamental wichtigen Aspekten unterblieb. Die britischen Ökonomen warnen im Übrigen ganz überwiegend vor hohen BREXIT-Kosten. Das zeigte sich bereits bei der Abstimmung auf der Jahreskonferenz der Royal Economic Society in Brighton in 2015; ganz wenige britische Ökonomen haben, so zeigte die Jahreskonferenz in Bristol in 2017, ihre Meinung pro BREXIT geändert („The BBC – at it again?", www.res.org.uk/view/resNewsletter.html). Aber die BBC-Sendungen zu ökonomischen BREXIT-Fragen zeigen der Zuschauerschaft nicht die klare Dominanz der Ablehnung des BREXIT durch die Fachökonomen. Wie soll ein britischer Wähler oder eine britische Wählerin sich da ein vernünftiges Urteil bilden? Woher kommt die neue Lust breiter Wählerschichten am Populismus, an der Abwendung von herrschenden Eliten und Parteien in verschiedenen westlichen Ländern? Das neue Misstrauen gegen die pluralistische repräsentative Demokratie?

Sicher hat die EU auch Schwachpunkte. Überregulierung in der realen Wirtschaft zählt dazu ebenso wie Fehlregulierung. Über die EU und ihre Institutionen sowie ihre Politik kann man sicher kritisch diskutieren. Dennoch ist es ein weiter Weg von einer solch notwendigen Debatte bis zum Austritt eines Landes aus der EU. Im Fall UK – und jenseits dessen – gilt es zu fragen, was die wählerseitige Wahrnehmung der Realität prägt.

Im Internetzeitalter gibt es eine neue Wahrnehmung der Welt, der Chancen und Risiken. Die traditionellen TV-Anbieter sind massiver Internet-Konkurrenz ausgesetzt, was ihre Neigung befördert, schlechte Nachrichten zu senden, denn: „Bad news are good news" („Schlechte Nachrichten sind gute Nachrichten" – im Sinne hoher Einschaltquoten). Das gilt in Europa ebenso wie in den

USA, wobei in den Vereinigten Staaten Globalisierungsphänomene sonderbar stark überschätzt werden. Während die offiziellen Statistiken etwa die Intensität x zeigen, meint die US-Öffentlichkeit gemäß Umfragen, es gebe 3-fach oder 10-fach so hohe Intensitätszahlen, z.B. in Bezug auf den prozentualen Anteil der ausländischen Studierenden in den USA, die Zahl der Übernachtungen ausländischer Besucher oder den Anteil internationaler Telefongespräche. Solche gefühlten Wahrheiten können reale Bedeutung für die Politik in den USA, in UK oder in der EU haben. Im US-Präsidentschaftswahlkampf 2016 lauteten laut PEW-Erhebungen die Top-Sorgen der US-Wähler: 1) Terror-Angst, 2) Furcht vor Cyber-Attacken („Internet-Angriffen"), 3) Angst vor internationalen Wirtschaftskrisen, 4) Furcht vor aus dem Ausland importierten ansteckenden Krankheiten. Letzteres ist, gemessen an Krankheitsstatistiken, eindeutig irrational, aber es kommt Anti-Immigrations-Hetzern in der Politik sicherlich gelegen. In Bezug auf die Kompetenz von US-TV-Fernsehsendern sollte man keine sehr hohen Erwartungen haben, seitdem Ronald Reagan die für TV-Nachrichten wichtige Regulierung aufhob, dass eine ausgewogene Berichterstattung gefordert sei.

Die öffentlich-rechtlichen TV-Programme in UK sind in manchen Bereichen von Inkompetenz geprägt; in den Sozialen Medien ist jeder sein eigener Sender, wenn er will. Die Neigung der Menschen, der Meinung der Regierung oder von Wirtschaftsinstituten und Fachwissenschaftlern zu folgen, ist daher gering. Zugleich ist die Neigung der Menschen, übertriebenen Sorgen zu verfallen, im digitalen Zeitalter besonders auffallend. Das alte Phänomen des Wunschdenkens, das in Deutschland und Italien – sowie in Japan – in den 1920er Jahren eine verhängnisvolle Rolle in der Politik spielte, ist im digitalen Europa und in den USA zu Beginn des 21. Jahrhunderts neu zu sehen. Es wird einige Zeit dauern, bis die neuen rechtspopulistischen Politikführer wie Trump in den USA oder Außenminister Johnson in UK oder auch AfD-Politiker in Deutschland als Helden einer digital beschworenen Scheinwelt entlarvt sind.

Die neuen Meinungsmacher sind die Nicht-Regierungsorganisationen, die oft sozial und digital stark vernetzt sind und natürlich auch eigene Interessen verfolgen. In Deutschland war es Foodwatch, einigen Gewerkschaften, der AfD und anderen Akteuren in einer digitalen und realen Vernetzung möglich, das Transatlantische Freihandelsabkommen zu begraben. Das kostet Deutschland etwa 60 Milliarden Euro, die EU über 300 Milliarden. Das sind erhebliche Kosten für das deutsche bzw. europäische Verweigern von TTIP in der Zeit der Obama-Regierung. Am Ende kam der neue US-Präsident Trump den Anti-TTIP-Populisten in Deutschland quasi zu Hilfe und sagte aus Washington Nein zu TTIP. Derselbe Trump findet BREXIT sehr gut und sieht darin ein willkommenes populistisches Projekt. Die EU-Integration will Trump nicht unterstützen. Wenn die deutsche

Politik die Aussicht auf 2 % Einkommensgewinn nicht den Weg zu TTIP finden ließ, wieso sollte sich dann die Mehrheit der britischen Wähler beim EU-Referendum davon beeindrucken lassen, dass laut verschiedenen Forschungsinstituten hohe Einkommensverluste durch BREXIT drohen? Offenbar erscheinen manche Statistiken Teilen der Bevölkerung zu abstrakt, zumal ein Teil der erwarteten Einkommensverluste ja erst in etwa einer Dekade anfallen wird. Wegen des Internets, in dem sich selten verständliche ökonomische Analysebeiträge finden, ist der traditionelle Politikansatz (Projektidee aufsetzen, Experten befragen, Gutachtenergebnis der Öffentlichkeit mitteilen und auf dieser Basis dann das Projekt umsetzen) nicht mehr realisierbar.

Die Austrittskampagne LEAVE in Großbritannien hatte komplizierten ökonomischen Analysen gegen den BREXIT eine einfache Botschaft auf einem roten Bus entgegenzusetzen: 350 Millionen Pfund EU-Beitrag pro Woche? Besser in das Nationale Gesundheitssystem (NHS) stecken! Und gegen die Brüsseler Politik der EU gerichtet hieß der Satz: Hol dir die Kontrolle – aus Brüssel – zurück. Noch ist nicht alles in Sachen BREXIT entschieden, und man wird sehen, was von den populistischen Sätzen auf dem roten Bus übrig bleibt. Immerhin hat David Norgrove, Chef des britischen Statistikamtes, in einem offenen Brief klar gemacht, dass die Zahl 350 Millionen Pfund nicht korrekt ist: Bei etwa 160 Millionen Pfund liegt der Betrag, den man wöchentlich ins NHS stecken könnte, falls UK aus der EU ausscheidet. Das sind 104 Pfund (etwa 150€) pro Kopf im Jahr; der Gegenwartswert aller künftigen Zahlungen liegt – 3 % Kapitalisierungszins angenommen – bei 2700 Pfund. Dumm nur, dass der BREXIT wohl, als Gegenwartswert pro Kopf ausgedrückt, jeden Briten netto wohl mindestens 5000–6000 Pfund kostet. Sind die nicht-ökonomischen Vorteile des EU-Austritts sehr groß? Es lässt sich zeigen, dass „Hol dir die Kontrolle aus Brüssel zurück" nicht mehr eigene Macht für UK bedeutet, sondern faktisch ein massiv verstärktes Abhängigwerden von den USA. Doch man wird in Washington DC keine britischen Abgeordneten im Parlament sehen (im EU-Parlament gab es immerhin britische Abgeordnete). Allerdings will die May-Regierung unter der Überschrift Global Britain ein verändertes Großmachtkonzept auf Basis einer Vielzahl neuer Freihandelsverträge (nach BREXIT abzuschließen) – realistisch ist das, so zeigt die Analyse, jedoch nicht.

Wirkt der weithin überraschende UK-Austritt auf die EU27 bzw. die Europäische Kommission und die EU-Länder als Weckruf für Reformen? Vermutlich nur in geringem Maße. Denn nach einem ersten Augenblick der Schockstarre im Sommer 2016 haben Brüssel, Berlin und Paris sowie andere Hauptstädte intern so reagiert: Sollen die Briten doch gehen, die waren ja nie wirklich von der EU-Integration überzeugt. Diese Sichtweise übersieht, wie kleinmütig die EU-Kommission manchmal tatsächlich ist. Kein Mut des damaligen Kommissions-Präsidenten Barroso, in der Griechenland-Krise eine historische Rede zu halten. Auch wenn der EU die Milliarden im Haushalt fehlten, um ein großer Akteur zur Bewältigung der Krise zu sein, hätte ja doch der Geist einer klugen Rede Richtung und Mut zur Krisenüberwindung entwickeln helfen können. Kein Mut von Kommissionschef Juncker in London oder in Edinburgh – im Schatten von Adam Smith –, in 2016 eine historische Rede über die Vorteile von Freihandel, Bildung und EU-Integration zu halten. Und schon gar keine Neigung, blaue Info-Busse mit den jeweiligen Netto-Beitragszahlungen (in Prozent des Nationaleinkommens) in alle EU-Länder zu schicken. Letzteres sind ohnehin Zahlen, die die EU-Kommission offenbar nicht gern präsentiert: Pressekonferenz zu den wichtigen Zahlen von 2016 – Fehlanzeige in 2017. Es sieht so aus, als schäme sich die EU der Zahlen. Wenn dem so wäre, müsste man die Budgetstruktur doch dringend ändern.

Demokratie braucht Erfolgsprojekte, Erklärung, Wahrheit; und neuerdings auch eine wirksame digitale Präsenz der Politikakteure. Auch in Deutschland ist der Regierung im Übrigen über Jahre hinweg das Erklären von Politik kein großes Anliegen gewesen. Wo die Erklärung fehlt, da wachsen erst wilde Gerüchte und dann die Populisten. Die können mit eingebildeten Wahrheiten und Gefahren bei Wählern oft punkten, wobei die Populisten in den sozialen digitalen Netzen oft relativ gut aufgestellt sind.

So wird man die EU-Integration wohl nicht halten können, da ja keine gemeinsame Angst vor der Sowjetunion die EU-Länder mehr zusammenhält und die Betonung von eigenen Interessen und Identitäten in vielen EU-Ländern zuzunehmen scheint, angefeuert von neuen, oft digital-modernen, populistisch-nationalistischen Strömungen, die sich gegen „Staatsmedien" und die herrschenden Eliten stemmen. Sofern letztere nicht aufwachen und etwa die BREXIT-Herausforderung als Modellfall einer neuen EU-Problematik verstehen wollen und können, wird sich die Integrationsdynamik in Europa und andernorts abschwächen. Europäische Kooperation und Solidarität könnten untergehen. In Teilen der osteuropäischen EU-Länder will man sich von Brüssel oder westlichen EU-Ländern ohnehin nichts mehr vorschreiben lassen – nach der wiedergewonnenen Freiheit nach dem Ende der Sowjetunion schmeckt die Lust am Nationalismus offenbar sehr. Gegen „die da oben" gerichtet ist aber auch der neue Nationalismus in Katalonien, der einige sonderbare Facetten hat, aber jedenfalls von der Regierung Rajoy nicht ernst genommen wurde. Aus Sicht der USA, Russlands und Chinas ist die EU seit 2010 ein permanenter Krisenfall: Eurokrise, BREXIT, CATALEXIT, Probleme mit der Regierungsbildung in Deutschland. Die Zukunft gehört womöglich nicht Europa bzw. der EU. Seit Jahren sind

Mechanismen der politischen Selbstzerstörung Westeuropas am Werk, die man in Deutschland und anderen Ländern nicht sehen will – auch wenn die Analysen der Forschungsgruppe Wahlen (Yvonne Schroth: Europawahl 2014, Präsentation Staatskanzlei, NRW-Landesregierung, Düsseldorf 27. Mai 2014) die kritischen Fakten aufzeigen. Für eine Reihe von Jahren mag die EU27 jedoch weiterbestehen und ab 2019 auch neue Beziehungen zu Großbritannien entwickeln wollen. Welches Modell der Zusammenarbeit soll und wird dann kommen? Es läuft wohl auf ein Freihandelsabkommen EU–UK hinaus, anschließend auf geringes Wachstum in UK und neue Konflikte.

UK wird sich mit dem BREXIT politisch und psychologisch von der EU zunächst abwenden, obwohl das den eigenen Interessen und auch den geopolitischen Gegebenheiten eigentlich widerspricht. China und Russland werden Druck in Richtung UK aufbauen, die britische Regierung wird sich auf die Seite der USA als traditionellem Partner stellen, nun aber in einer neuartigen Abhängigkeit. Trump wird faktisch in weiten Teilen die Kontrolle über die britische Politik haben, und nicht einmal wenn der US-Präsident sich entscheiden sollte, die Welthandelsorganisation zu blockieren oder zu schleifen, wird die Regierung in London noch eine echte Proteststimme zur Verteidigung liberaler Welthandelsideen und eigener Handelsinteressen erheben können. Als 2017 von Seiten Trumps eine Blockade der Richterwahlen für das Berufungsgericht der Welthandelsorganisation erfolgte, gab es keinen Protest von UK. In einem anderen Fall gab es auf Initiative Deutschlands hin einen G5-Gemeinschaftsbrief an die USA im Dezember 2017, in dem von Seiten der Finanzminister aus Deutschland, Frankreich, Italien, Spanien und Großbritannien mit Blick auf die handelsbeschränkenden US-Steuerpläne unter Präsident Trump ein öffentlicher Protest erfolgte – im Übrigen ohne erkennbaren Erfolg. Wenn UK den BREXIT vor Dezember 2017 schon vollzogen gehabt hätte, wäre eine Beteiligung Großbritanniens an einem Protestbrief von EU-Ländern gegen die USA mit großer Wahrscheinlichkeit nicht erfolgt. UK wird womöglich eine Art Vasallenstaat der Vereinigten Staaten werden.

Der Einfluss der EU27 auf die USA wird im Vergleich zur EU28-Zeit sicher zurückgehen. Der Westen verändert sich durch den BREXIT strukturell. Die transatlantischen Verbindungen lockern sich seit 2016; natürlich auch unter dem Eindruck der neuen Ideologie der Trump-Administration in den USA. Der Chef der Kommission der Europäischen Gemeinschaft für Kohle und Stahl, der Vorgängerorganisation der EU, Jean Monnet, konnte 1953 die USA besuchen und wurde auch von Präsident Eisenhower empfangen. Jean-Claude Juncker, Kommissionspräsident der EU28, erklärte 2017, er werde in die Vereinigten Staaten reisen. Ob er aber vom US-Präsidenten empfangen werde, sei nicht klar.

Da könnte mancher in Brüssel eigentlich nachdenklich werden, wie hoch denn der Stellenwert der EU im frühen 21. Jahrhundert international ist und warum dies so ist.

Dass UK ab 2019 – faktisch seit Juli 2016 - keine Stimme mehr in Brüssel hat, ist sicher auch britischer Machtverlust. Was das Land beziehungsweise die Briten als Vorteil dafür eintauschen, ist unklar. Im Übrigen wird eine massive reale Pfundabwertung es ausländischen Investoren erleichtern, große Teile der britischen Industrie zu einem Discountpreis zu übernehmen, und auch auf diese Weise verliert UK an Kontrolle, faktisch auch an Politikautonomie. Man muss schon ein sonderbares Politik-Koordinatensystem haben, wenn man den Einfluss in Brüssel aufgibt, nur um sich dem noch größeren Einfluss Trumps auszusetzen. Es könnte wie ein „Rückwärts-Kolonialismus" aussehen, bei dem UK ein abhängiger Vasall der USA wird – das historische Verhältnis UK–Nordamerika, mit Großbritannien als Mutterland der USA, wird gerade umgekehrt. Dass US-Präsident Trump den BREXIT für gut befindet, wie er schon im Wahlkampf 2016 betonte, steht für eine weitere grundlegende Änderung der US-Politik von historischem Format. Dass das in Übereinstimmung mit US-Interessen steht, ist nicht ersichtlich.

Die USA unter Trump unterstützen in Abkehr von 60 Jahren Europa-Politik nicht länger die EU-Integration. Zugleich wendet sich Trump gegen den von den Vereinigten Staaten über Jahrzehnte geprägten Multilateralismus, also den verhandelten Interessenausgleich über internationale Organisationen im Rahmen des internationalen Rechts mit traditionell starker Rolle der USA, vor allem auch im Bereich der Wirtschaft (dem Bauunternehmer Trump, der aus dem Sektor der nichthandelsfähigen Güter kommt, sind allerdings internationale Handelsfragen fremd, und ernsthafte volkswirtschaftliche Berater hatte Trump bis Ende 2017 nicht aufzuweisen). Mit der von Trump erfolgten Betonung des Bilateralismus und der offenen US-Blockade der Richterwahlen bei der Welthandelsorganisation scheinen die USA die Welt zurück ins späte 19. Jahrhundert führen zu wollen. Damals war die Weltwirtschaft von der Rivalität der europäischen Großmächte und einem Imperialismus dieser Mächte mit nachfolgendem Erstem Weltkrieg geprägt. Im 21. Jahrhundert spielen in Europa nach einem BREXIT Großbritannien und die EU27 eine Rolle als große Mächte, neben den USA, China und Japan sowie Russland, Indien und Brasilien. Ob die EU als Integrationsraum bestehen bleibt, ist abzuwarten und wird in der hier präsentierten Analyse als zweifelhaft angesehen. Die Europäische Union, die 1957–1991 von wirtschaftlichen Interessen, dem Fokus auf einer friedlichen Einbindung Deutschlands in die internationale Politik und die von den Westeuropäern geteilte Angst vor der Sowjetunion zusammengehalten wurde, hat nach dem Ende der Sowjetunion 1991 keinen neuen nachhaltigen Integrationsansatz gefunden. Die EU hat 1999 die Währungsunion für die EU-Mitgliedsstaaten angeschoben, allerdings ohne Großbritannien und Dänemark. Dabei hat man die von Ökonomen erarbeitete Theorie optimaler Währungsräume bei den Aufnahmekriterien für eine Währungsunion seitens der Politik ignoriert, was ein Teil der Eurozonen-Instabilität erklärt. Ohne Eurokrise hätte es wohl keinen BREXIT gegeben. Denn es bestand in Teilen der britischen Öffentlichkeit und Politik seit der Eurokrise 2010–2015 durchaus die Wahrnehmung, dass man als EU-Mitglied Krisenrisiken aus einem währungspolitischen Integrationsprojekt ausgesetzt sei, das die britische Politik ohnehin auf breiter Front ablehnte und das auch in der Londoner Finanzwelt kaum Unterstützer gefunden hatte. Dass die Eurokrise selbst weitgehend eine Echo-Krise der Transatlantischen Bankenkrise war, für das die USA und UK gemeinsam die Hauptverantwortung tragen, ist ein paradoxer Hintergrund der Eurokrise. Der Wahlsieg populistischer Parteien in Italien ruft im Übrigen neue Fragen nach der Eurostabilität hervor. Aspekte eines denkbaren Italien-Austritts aus Eurozone und EU werden im Text behandelt. Ob die Eurozone und die EU nach dem BREXIT zu einer vertieften stabilen Situation finden werden ist unklar. Denkbar wäre etwa eine stärkere Zusammenarbeit bei der Verteidigung - und Trumps Handelspolitik könnte im übrigen als Katalysator für mehr EU-Integration wirken.

Aber die Eurozone muss als Währungsraum natürlich so gebaut sein, dass sie auch schweren internationalen Krisen trotzen kann, ja sich als vorteilhaft für die Krisenüberwindung erweist. Dass in der Eurokrise dann in der EU Migrationsströme von Südeuropa Richtung Deutschland und UK umgelenkt wurden, ist in Großbritannien auf Seiten von Anti-Immigrationsströmungen als Problem wahrgenommen worden. Mengenmäßig war das Phänomen nicht wirklich bedeutend, aber es half, die politische Stimmung gegen die EU-Mitgliedschaft anzuheizen. In den sozialen Medien vereinigten sich vor dem Referendum am 23. Juni 2016 die Stimmen von zahlreichen radikalen Gruppierungen, Verschwörungstheoretikern, Nationalisten, Nostalgikern und Commonwealth-Träumern zu einer Anti-EU-Stimmung, zu der sich die Boulevard-Zeitungen hinzugesellten. Die vielen warnenden Ökonomen-Stimmen blieben ungehört.

Gegen die Vorstellung, dass UK im Commonwealth auf Dauer eine Führungsrolle spielen könnte, hatte sich Dean Acheson schon 1962 gewandt, der als Ex-US-Außenminister in einer Rede vor Absolventen der US-Militärakademie Westpoint kritisch anmerkte, dass das Commonwealth keine Institutionen habe. Die EU hat immerhin einige funktionsfähige Institutionen. Es spricht im Übrigen vieles dafür, dass der BREXIT hohe ökonomische Austrittskosten haben wird. Das EIIW geht im No-Deal-Fall (WTO-Fall) von fast 16 %

Einkommensverlust für Großbritannien aus. Selbst wenn es einigen sektoralen Freihandel geben sollte, stellt sich die 5000 €-Frage in Großbritannien: Ist ein EU-Austritt einen Einkommensverlust von 4000 bis 5000 € pro Kopf oder rund 10000 € pro Erwerbstätigen wert? Vielleicht für Außenminister Boris Johnson, der gerne neue Commonwealth-Mitglieder per Twitter begrüßt und mit über 50 Mitgliedsländern klingt dieser Club zahlenmäßig nach mehr als die EU – dass im Übrigen Commonwealth-Länder sich mehrheitlich eine politisch UK-Führung wünschen, ist nur Wunschvorstellung des Befürworters eines widersprüchlich-nebulösen Global-Britain-Ansatzes.

Es ist davon auszugehen, dass das Wirtschaftswachstum Großbritanniens nach dem BREXIT gegenüber dem bei fortgesetzter EU-Mitgliedschaft zu erwartenden Wirtschaftswachstum für gut eine Dekade deutlich gedämpft sein wird. In den ersten Jahren nach dem BREXIT wird das kaum weiter auffallen, erst anhaltende Wachstumsdifferenzen der EU zu Großbritannien werden in der Öffentlichkeit schrittweise ein Bewusstsein für die ökonomischen BREXIT-Probleme schaffen. Das kann allmählich zu erheblichen politischen und sozialen Spannungen in UK führen. Denn für die ärmeren Schichten wird niedriges Einkommenswachstum relativ problematisch sein. Man kann daher verwundert die Position der Labour Party in der BREXIT-Debatte betrachten, die unter Parteichef Corbyn durchaus für den BREXIT ist, wenn auch in einer milden Form, bei dem UK dann noch einige Jahre Mitglied in der EU-Zollunion wäre. Dabei spricht grundsätzlich eigentlich nichts dagegen, dass UK einfach dauerhaft Mitglied der EU-Zollunion wird und damit viele Freihandelsvorteile nutzen kann und im Hintergrund wohl sogar an der EU-Handelspolitik mitwirken könnte – und dabei vom großen ökonomischen Gewicht der EU27 in der Weltwirtschaft profitiert. Mitgliedschaft in einer Zollunion mit der EU hieße ja im Übrigen, dass es keine Wanderungsfreiheit der Arbeitnehmer gäbe: UK hätte die volle eigene Kontrolle über die Zuwanderung. Allerdings hätte UK dann in etwa denselben formalen Status wie die Türkei, was sicher gegen die Anspruchswahrnehmung Großbritanniens wäre. Die Türkei erhält dabei im Übrigen Beitrittshilfen, da ja die Türkei ein EU-Kandidatenland ist; UK will aber ausdrücklich kein EU-Land sein.

Die Stärke des Einkommensdämpfungseffektes beim BREXIT hängt wesentlich davon ab, wie deutlich die Außenhandelsbeziehungen, aber auch die Direktinvestitionsnetzwerke zwischen UK und der EU durch den BREXIT beeinträchtigt werden. Neben den Wirkungen beim Außenhandel geht es vor allem um die Wirkungen auf die Direktinvestitionen. Nachdem UK-Direktinvestitionszuflüsse wegen der starken Pfundabwertung 2016 angestiegen waren, fielen diese 2017 nach OECD-Angaben um 92% (globaler Rückgang 18%). Das war ein

Zufluss auf dem Niveau von Schweden. Wenn für britische Firmen der Zugang zum EU-Binnenmarkt nach dem BREXIT teilweise versperrt sein wird, ergibt sich eine Wachstumsdämpfung, gegen die die UK-Regierung mit wirtschaftspolitischen Weichenstellungen vorgehen wird: etwa Senkungen der Körperschaftssteuersätze und eine Deregulierung der Finanzmärkte. Hier wird sich UK wohl mit einer parallelen US-Politik verbinden, was wiederum die EU27-Länder unter Druck setzen wird: Eine neue Transatlantische Bankenkrise ist zu erwarten, sofern es nicht gelingt, eine gemeinschaftliche Bankenregulierung EU27–UK zu realisieren – das erscheint unwahrscheinlich und ist auf der Brüsseler Verhandlungsagenda für 2018 einstweilen nicht zu erkennen.

Dass der BREXIT eine Jahrhundertentscheidung ist, kann man annehmen: 44 Jahre nach dem EU-Beitritt unternimmt UK einen großen Schritt. Gemildert werden könnte die BREXIT-Dynamik durch einen Sturz der Regierung May beziehungsweise eine Parlamentsmehrheit, die für eine Mitgliedschaft in der Europäischen Zollunion stimmt, was einen weichen BREXIT bedeuten würde und UK die volle Kontrolle über die Zuwanderung ließe. Allerdings brächte es Großbritannien auch keine handelspolitische Eigenständigkeit, wobei ohnehin fraglich ist, wo deren Vorteilhaftigkeit für UK sein sollte. UK mit einem Fünftel des ökonomischen EU28-Gewichtes könnte wohl keinen Freihandelsvertrag mit einem Partnerland günstiger aushandeln als die große Europäische Union.

Es ist im Übrigen nicht ausgeschlossen, dass ein BREXIT zustande kommt und UK dann nach einer Dekade des ökonomischen Missvergnügens eine halbe Rückkehr zur EU versucht. Wenn es nach den harten BREXIT-Vertretern geht, ist das allerdings ausgeschlossen. Ein harter BREXIT bedeutet, dass UK weder im Binnenmarkt noch in einer Zollunion aktiv ist. Im Zeitablauf werden sich UK und die EU27 bei den technischen Standards wohl auseinanderleben, da die britische Wirtschaft sich verstärkt auf die USA und Asien ausrichten wird. Die nichttarifären Handelshemmnisse zwischen EU und UK werden daher längerfristig zunehmen, es sei denn, dass die USA und die EU ein Freihandelsabkommen zustande bringen.

Auch zum Jahreswechsel 2017/2018 ist es so, dass es kaum ökonomische Argumente für einen britischen EU-Austritt gibt. Mit einer grob fehlerhaften Info-Politik von Premier Cameron stolperte Großbritannien in einen mehrheitlich eigentlich nicht gewollten EU-Austritt. BREXIT aus Versehen ist daher eigentlich ein EU-Austritt aus politischem Missmanagement, was zu Misstrauen gegen das Modell der britischen Demokratie beitragen wird und durchaus auch zu Fragen nach dem Sinn von schlecht vorbereiteten Volksbefragungen. Es scheint der BREXIT für ein neues Problem westlicher Demokratien zu stehen,

nämlich eine nicht vernünftig bewältigbare Kompliziertheit, die man sich im Westen geschaffen hat.

Oberhalb der kommunalen, regionalen und nationalen Politik macht die EU supranationale Politik in Brüssel, die für die Wählerschaft sehr schwer zu verstehen ist; und dann gibt es darüber noch die Ebene von UN und G20. Vor allem die G20-Weltwirtschaftsgipfel sind eine neue Kommunikations- und Handlungsebene, die man nicht einfach verstehen kann. Die Lektüre weniger G20-Kommuniqués lässt rasch den Eindruck entstehen, dass zu hohen Beratungs- und Reisekosten viele Punkte und Versprechungen formuliert werden, für die sich die Politik nachher gar nicht interessiert. Die sichtbaren Widersprüche dieser Art untergraben die Akzeptanz und Legitimität der G20-Gipfeltreffen.

Die EU-Führung unter Kommissionspräsident Juncker ist – historisch betrachtet – sicher ein Verlierer des BREXIT. Die EU-Kommission beziehungsweise die Regierungen in vielen EU-Hauptstädten und die Cameron-Regierung in London wurden von der BREXIT-Mehrheit im Juni 2016 überrascht. Pläne für einen BREXIT-Fall gab es in London bei der Cameron-Regierung nicht, was man teilweise als Signal verstehen kann, aber auch als Beweis einer insgesamt unprofessionellen, überforderten UK-Regierung. Der Westen ist 2016/2017 an einer historischen Wegscheide angelangt, wobei die Trump-Wahl in den USA, die BREXIT-Mehrheit in der britischen Volksbefragung und die Bundestagswahl in Deutschland – mit 12,6 % für die rechtspopulistische AfD und Monaten mit einer geschäftsführenden Regierung – für drei Destabilisierungselemente stehen. Sachdebatten haben in ihrer Bedeutung abgenommen, emotionalisierte internet- und TV-basierte Diskussionen spielen in den westlichen Ländern eine viel größere Rolle als noch in den 1980er und 1990er Jahren. Die von wissenschaftlicher Forschung ausgehenden Impulse zur Versachlichung gerade der BREXIT-Debatte sind seit Beginn des Jahrtausends geschwächt; im fragmentierten Internet geben oft andere Akteure den Ton an, und die Bereitschaft der Wählerschaft, wissenschaftliche Analyseergebnisse bereitwillig aufzunehmen, hat sich vermindert. Im Internetzeitalter ist jeder Nutzer im Zweifelsfall sein eigener Info-Navigator, und die Präsenz von Forschungsinstituten bei Facebook oder Twitter ist relativ schwach.

Die EU verliert durch den UK-Austritt erheblich an ökonomischem Gewicht, Deutschland einen wichtigen Verbündeten, um protektonistische EU-Politik zu verhindern, und die EU als Ganzes einen wichtigen Nettozahler. Sehr groß ist die Finanzlücke allerdings nicht, die UK hinterlässt. Denn die von UK nach BREXIT-Vollzug zu zahlenden EU-Zölle gehen unmittelbar an die EU. 2017 lagen die britischen Netto-Zahlungen bei kaum 6 Mrd. €; also geht der Streit bei BREXIT zunächst um die Frage, ob den Briten die EU-Mitgliedschaft knapp 100 € pro Kopf im Jahr wert ist: 8 € pro Kopf im Monat scheinen ein Zuviel an

Belastung zu sein, hat es den Anschein (27 Cent pro Kopf und Tag). Wie man die Fakten und Effekte größenordnungsmäßig und inhaltlich der Bevölkerung gut erklärt, ist sicher in Sachen EU nicht immer einfach, denn die EU ist eine – unnötig – komplizierte Institution.

Zu den Merkwürdigkeiten der öffentlichen Debatte gehört das oft beeindruckend niedrige Niveau der TV-Debatten, wobei sich in einigen Fällen eine gefährliche Unkenntnis der Gesprächsmoderatoren zeigt. Am 7. Dezember 2017 behauptete der BBC-Moderator David Dimbleby in der Sendung Question Time, wenn es keinen Vertragsabschluss zwischen UK und der EU gebe, dann hätte man den Freihandels-Fall –das ist jedoch Unfug. Denn No-Deal hieße ja in Wahrheit, dass UK-Exporteure die EU-Importzölle zu zahlen und zudem Einfuhr-Quoten der EU zu beachten hätten. Am 23. Dezember 2017 konnte man bei BBC unter der Überschrift „Brexit: All you need to know about the UK leaving the EU" (Alex Hunt & Brian Wheeler, BBC News: „Brexit: alles, was man über den EU-Austritt von UK wissen sollte") lesen, dass bei einem EU-Austritt Kosten von 44 Milliarden Pfund als britische Austrittszahlung an die Europäische Union entstehen könnten. Von den volkswirtschaftlichen Netto-Austrittskosten, die mindestens 10 % des Bruttoinlandsproduktes von 2016, also 194 Mrd. Pfund betragen werden – fast das Fünffache der Austrittszahlung – erfährt die Leserschaft kein Wort. Das läuft indirekt auf eine Empfehlung der BBC für BREXIT hinaus, da der EU-Austritt UK die Nettobeitragszahlungen erspart (0.4 % des Bruttoinlandsproduktes ergeben langfristig, zu 3 % kapitalisiert, 13,3 % des Bruttoinlandsproduktes von 2016 = 258 Mrd. Pfund; 258 Mrd. Pfund minus 40 Mrd. Pfund Austrittskosten = 218 Mrd. Pfund Nettovorteil = gut 10 % des Bruttoinlandsproduktes von 2016, während eine genauere Betrachtung 10 % Einkommensverlust als Mindestverlust für UK ergibt). Die BBC wird so zu einer Pro-BREXIT-Plattform; Proteste der Royal Economic Society gegen die absurden BBC-BREXIT-Darstellungen wurden vom BBC-Trust zurückgewiesen. Die Antwort der Wissenschaft gegen diese Kompetenz-Blockade bei der BBC kann eigentlich nur eine Art Contra-BBC-TV-Aktion sein.

In den Prognosen der meisten Forschungsinstitute wird der BREXIT bei UK-Zahlen zunehmend als Negativ-Impuls sichtbar. Während in Europa bzw. der OECD die meisten Prognosezahlen im Jahresverlauf 2017 nach oben revidiert wurden, mussten die Produktionsprognosen für UK nach unten revidiert werden. Aus der Revision der Prognoseergebnisse für UK im Vergleich zu den Prognoseergebnissen für andere EU-Länder ergibt sich indirekt eine Möglichkeit, die vorläufigen BREXIT-Effekte abzulesen. Diese sind mittelfristig eindeutig negativ, daran wird auch ein zeitweiliges Ansteigen der Beschäftigung wegen hoher Währungsabwertung bzw. erhöhter Inflation und daher sinkenden Reallöhnen (Phillips-Kurven-Effekt) nichts ändern. Dass die US-Konjunktur und auch die starke EU27-Konjunktur 2016–2019 die britische Wirtschaft mit nach oben ziehen, ist unübersehbar; expansive Geld- und Fiskalpolitik in UK haben 2016/2017 ebenfalls stabilisierend gewirkt. Unter den EU-Ländern ist das Wirtschaftswachstum in UK in diesem Zeitraum trotzdem deutlich auf eine hintere Position gerutscht, auch wenn eine Rezession einstweilen vermieden wurde.

Man kann sich über die BREXIT-Debatte in UK wundern. Über den Stand der EU-Integrationsdebatte in Deutschland, Frankreich und anderen Ländern kann man allerdings nicht minder staunen. Es gibt eine verständliche menschliche Neigung – die sich auch im Beharrungsvermögen der Politik zeigt –, die Dinge im Zeitablauf nicht allzu stark zu ändern und im Übrigen über die eher unangenehmen Themen möglichst wenig zu sprechen. Eine solche fortgesetzte Haltung in der EU27 wird aber auf lange Sicht womöglich den Untergang der Europäischen Union mit sich bringen. Mit oder ohne UK wird die Europäische Union wohl nur bei einem deutlich höheren Budget bestehen bleiben, wobei die erweiterten Ausgabenschwerpunkte sinnvollerweise klugen Grundsätzen folgen sollten: Aus ökonomischer Sicht heißt das vor allem, dass etwa Infrastrukturausgaben, Verteidigungsausgaben und einige Umverteilungsmaßnahmen supranational in Brüssel verankert werden sollten, wie dies in der ökonomischen Theorie des Fiskalföderalismus für die oberste Ebene der Wirtschaftspolitik empfohlen wird (und wie dies in den USA in etwa befolgt wird). Es ist in einem Binnenmarkt mit großer Mobilität der Produktionsfaktoren Arbeit und Kapital klar, dass etwa eine erhöhte Einkommensbesteuerung für Top-Einkommensbezieher ohne eine zentrale Einkommensteuererhebung nicht funktionieren wird. Hocheinkommensbezieher und Unternehmen werden sich im Zweifelsfall durch einen Umzug in Niedrigsteuerländer der EU der verstärkten nationalen Besteuerung entziehen können. Die EU wird durch Trumps Senkung der US-Körperschaftsteuersätze und auch die niedrigen UK-Steuersätze – im BREXIT-Kontext nach 2019 wohl noch weiter abgesenkt – unter Druck kommen. USA und UK sind zusammen ökonomisch groß genug, um die EU27-Länder bei der Unternehmensbesteuerung unter Senkungsdruck zu bringen. Innerhalb der EU wiederum ergibt sich eine Tendenz für Großunternehmen, ihren Konzernsitz in den Niedrigsteuerländern der Europäischen Union anzusiedeln. Ein gewisser Steuerwettbewerb ist aus ökonomischer Sicht sinnvoll, aber ein unbeschränkter Steuerwettbewerb – noch dazu bei Ausbreitung des Phänomens Steueroasen – wird einen stabilen Staat und damit auch politische Stabilität kaum zulassen. Kapital ist zunehmend mobil, auch innerhalb der EU27.

Nirgendwo steht geschrieben, dass in 2030 nicht der größere Teil der EU-Konzernzentralen in Belgien, Niederlande, Luxemburg, Irland, Malta und Zypern beheimatet sein wird; dem kann man seitens der großen Länder wohl nur durch Mindesteinkommenssteuersätze auf EU-Ebene und auch auf G20-Ebene entgegenwirken. Letztere werden bei USA und UK anfänglich sicher keine Zustimmung finden, aber es geht um die strategische Frage einer minimalen Form der Steuergerechtigkeit und damit auch der Stabilität der marktwirtschaftlichen Ordnung. Marktwirtschaft wird auf Dauer keine politische Mehrheit finden, wenn am Ende nur noch Mittelständler und Arbeitnehmer Steuerzahler sind.

Im Übrigen ist die Neigung der Kommission auffällig, sich Legitimität über die Finanzierung von Nicht-Regierungsorganisationen zu verschaffen. Man kauft sich quasi politische Unterstützung, was aber im westlichen Demokratiemodell so eigentlich nicht vorgesehen ist; zumal viele Nicht-Regierungsorganisationen effizient und egozentrisch ihre eigenen Interessen in Sachen Jobs und Spendenaufkommen verfolgen und dabei Befunde der Wissenschaft ignorieren, was letztlich die Glaubwürdigkeit der Wissenschaft in der Gesellschaft schwächt. Die EU-Kommission schwächt also indirekt die Glaubwürdigkeit gerade auch von Forschungsinstituten, womit die Kommission selbst die Möglichkeiten der Politik beschädigt, durch „kooperative Kommunikation" mit Forschungsinstituten die Unterstützung der Wissenschaft für wichtige Projekte zu gewinnen und die argumentative Kompetenz von Wissenschaft in politische Erklär- und Gestaltungsprozesse in der Gesellschaft effizient einzubringen.

Wenn Politik vor der Frage steht, eine sachgerechte Problemlösung auf Basis wissenschaftlicher Analyse zu erreichen oder eine Pseudo-Lösung zum Gefallen einer Nicht-Regierungsorganisation X, dann gibt es eine hohe Neigung der Politik, die Pseudo-Lösung zu realisieren, was kurzfristig bei hoher Stimmenmobilisierungsfähigkeit von X bei Wahlen nützlich für die betreffenden Parteien ist. Aber längerfristig sind sachfremde Pseudo-Problemlösungen – mit hohen Nebenwirkungen und Folgekosten – zum Schaden des betreffenden Landes. Der Westen zerstört damit einen Teil seiner ökonomischen Expansionsbasis und Stabilitätsfähigkeit, nämlich sachrationale Wirtschaftspolitik zu liefern.

Der Aufstieg Großbritanniens zur Weltmacht erfolgte nicht nur durch Industrialisierung, sondern auch durch politische Orientierung an Wissenschaftlern (etwa an Adam Smith oder später an Ricardo und Keynes als Ökonomen) und neuen wissenschaftlichen Institutionen, die Kompetenz für sachgerechte Problemlösungen liefern sollten. Mit der Gründung der Royal Society 1660 (1890 wurde die Royal Economic Society gegründet) begann eine lange Reihe staatlicher Akademie-Einrichtungen, die eine politische Erwartung ausdrückte, dass die Wissenschaft Lösungsimpulse für gesellschaftlich relevante Probleme bringen sollte. Seit der Realisierung der Parlamentarischen Demokratie wirkte dann auch die Wissenschaft unter anderem über öffentliche Anhörungen im Parlament sowie via Zeitungen, Radio und TV auf die öffentliche Meinung ein.

Natürlich gibt es einige Nicht-Regierungsorganisationen mit hoher Sachkompetenz. Aber nicht wenige Nicht-Regierungsorganisationen haben kaum Kompetenz in den politisch aufgenommenen Aktionsfeldern. Diese grundlegenden Zusammenhänge spielten beim BREXIT sicherlich auch eine wichtige Rolle, da BREXIT-Befürworter auf Regierungsebene von den Experten aus der Wissenschaft nichts hören wollten. Justizminister Gove im Cameron-Kabinett sagte gar im TV-Interview, die Öffentlichkeit habe die Nase voll von den Experten. Das sind keine guten Aussichten für eine rationale BREXIT-Debatte in UK und eine rationale Reform-Debatte in der Europäischen Union.

Über eine Vergrößerung des EU-Budgets sollte man aus guten Gründen nachdenken, doch wird man finanzierungsseitig über höhere nationale Nettobeitragszahlungen nicht viel erreichen. Schon die jetzigen Nettobeiträge Deutschlands von knapp 0,5 % des Nationaleinkommens stehen als Gegenwartswert – berechnet mit Blick auf künftige Beiträge (bei einem Kapitalisierungszins von 3 %) – für 17 % eines gesamtwirtschaftlichen Jahreseinkommens. Dreht man die nationale Nettozahlungsquote noch deutlich höher, hat man ökonomisch gesehen keinen Nettonutzen mehr: Der Widerstand gegen die EU-Mitgliedschaft wird dann massiv ansteigen und ab dem BREXIT-Vollzug steht künftig auch ein großes Anker-Land für EU-Abtrünnige bereit. Allerdings ist auch klar, dass eine Brüsseler Mini-Staatsverbrauchsquote von 1 %, wie bisher, für eine sinnvolle Aufgaben-Wahrnehmung der EU unzureichend ist. Eine progressive supranationale EU-Einkommensteuer ist hier erwägenswert, ja auf Dauer unumgänglich, aber die Gesamtsteuerquote sollte dabei im Zuge einer optimierten vertikalen Arbeitsteilung der Politik sinken. Die Bürgerinnen und Bürger könnten eine vernünftige EU-Einkommensbesteuerung durchaus akzeptieren, zumal beim Schließen von Steuerschlupflöchern bei verminderten Steuersätzen eine auskömmliche Einnahmenquote für den Staat bzw. die Finanzierung der EU-Ausgaben zustande kommen kann. Bei den Verhandlungen zwischen der EU und UK sollte die Europäische Union also UK in jenen Bereichen nicht entgegenkommen, die für die Option einer EU-Staatlichkeit in ferner Zukunft wichtig sind.

Ein EU-Budget von deutlich mehr als 1 % wird sich nur realisieren lassen, wenn man tatsächlich dem Europäischen Parlament ein eigenes Steuererhebungsrecht im Bereich der progressiven Einkommensteuer zugesteht. Wie man zu einem Euro-Parlament oder einem echten EU-Parlament – mit parlamentarischer Regierung – kommt, bleibt zu überlegen und zu debattieren. Wenn die EU keine vernünftige Antwort auf die großen Herausforderungen findet, wird der Anteil der Anti-EU-Parteien im Brüsseler Parlament immer weiter zunehmen. Die EU steht – mit und ohne BREXIT – vor dem langfristigen Zerfall, wenn keine durchdachten Reformen kommen.

Dieses Buch soll auf relativ einfache Weise aus der Sicht der Neuen Politischen Ökonomie die BREXIT-Hintergründe, die BREXIT-Entwicklungen und die BREXIT-Nettokosten erklären. Die hier entwickelte Analyse baut auf mehr als zwei Jahrzehnten Wirtschaftsanalysen – auch preisgekrönten Arbeiten – am Europäischen Institut für Internationale Wirtschaftsbeziehungen (EIIW) auf und bezieht auch die Ergebnisse von Forschungsarbeiten ein, die im Kontakt mit Zentralbanken in Europa entstanden sind. Zahlreiche Studien und Befunde aus der wirtschaftswissenschaftlichen Literatur wurden aufgenommen.

Als dieses Buch im Oktober 2016 in erster Auflage erschien, waren die Kernthesen:

- die ökonomischen Kosten eines BREXIT für UK sind hoch,
- Camerons Behauptung, UK würde durch EU-Zuwanderung belastet, ist falsch,
- die Vorstellung, UK könne durch neue Freihandelsabkommen viel Zusatzwachstum erzeugen, ist Wunschdenken,
- die Legitimität des BREXIT ist wegen einer massiven Informationspanne nur schwach,
- die EU bedarf umfassender Reformen.

Jede dieser Thesen gilt unverändert und die Substanz der Analyse aus der ersten Auflage bleibt bestehen. Die Europäische Kommission sieht natürlich die enorme Zerstrittenheit des May-Kabinetts und auch die UK-Probleme im Kontext der BREXIT-Politik. Das mindert in Brüssel erkennbar die Neigung zu EU-Reformen, wobei eigentlich ein gutes Zeitfenster wäre. Von den eigentlich notwendigen EU-Reformen ist auch zwei Jahre nach dem britischen EU-Referendum kaum etwas zu sehen. Junckers Vorschlag vom Sommer 2017, man solle die Eurozone nun rasch erweitern, lässt kein Problembewusstsein erkennen. Man sollte nicht verkennen, dass ein Teil der Pro-BREXIT-Stimmen in UK auch die Furcht zum Ausdruck bringt, in eine nicht gut durchgeplante Eurozonen-Entwicklung hineingezogen zu werden. Dass es aktuell keine weiteren Austrittskandidaten gibt, heißt nicht, dass es in der Zukunft keine neuen Fälle geben wird. Je geringer die BREXIT-Kosten für UK sind und je unstrukturierter die EU27 bleiben, umso größer die Wahrscheinlichkeit künftiger BREXIT-Nachfolgefälle, und damit für den Zerfall der Europäischen Union. Ob die Populisten-Parteien in einer Regierung Conte auf einen Austritt aus Eurozone und EU hinarbeiten werden, bleibt abzuwarten.

Für die Möglichkeit, die erste Auflage des Buches in Deutschland und der Schweiz zu diskutieren, danke ich insbesondere der Deutschen Bundesbank (Hauptstelle Düsseldorf), der Schweizerischen Nationalbank, Kollegen an der Universität Nürnberg (Prof. Gian Luca Gardini) sowie dem 2. Deutsch-Niederländischen Wirtschaftsforum an der Universität Münster. Alle vorgetragenen Überlegungen sind dabei allein die Sicht des Autors.

Die englische Ausgabe des Buches mit dem Titel „An Accidental Brexit" erschien Anfang September 2017 bei Palgrave, London. Am 12. September wurde das Buch an der Georgetown University in Washington DC öffentlich vorgestellt, gefolgt von Terminen in London (u.a. Europa-Institut des University College London). In dieser Buchausgabe, deren Manuskript im Frühjahr 2017 abgeschlossen wurde, wird im Übrigen auch prognostiziert, dass es ein Beschäftigungsplus durch die BREXIT-bedingte Pfund-Abwertung und die daher erhöhte – unerwartete – Inflationsrate beziehungsweise sinkende Reallöhne (Phillips-Kurven-Effekt) geben werde. Dieser Effekt aus 2017 wird sich in 2018 auch zeigen, aber für die Mehrheit der ärmeren Haushalte sind sinkende Realeinkommen und die Aussicht auf ein schwaches Einkommenswachstum wohl mittelfristig ein Problem.

Die vorliegende zweite Auflage enthält ein wegen der Trump-Wahl leicht erweitertes Kapitel zum BREXIT aus US-Sicht und einen neuen Teil IV zum aktuellen Stand der Debatte mit einem Kapitel, das die Entwicklungen seit September 2016 berücksichtigt, sowie einem Kapitel zu den BREXIT-Auswirkungen auf Deutschland bzw. die EU; sowie eine ITALEXIT-Analyse. Einige wichtige neue Überlegungen beziehen sich auf die Frage des Slogans der BREXIT-Befürworter, dass nämlich ein EU-Austritt eine umfassende Kontrolle der Politik auf Seiten von UK bringen wird. Dies ist eine weitgehende Fehleinschätzung, die ökonomische Anpassungseffekte und grundlegende politische Logik – der Neuen Politischen Ökonomie entsprechend – nicht beachtet.

Was die verschiedenen BREXIT-Szenarien in ökonomischer Sicht angeht, so wird im Buch weiterhin (mit einer Ausnahme) nicht auf die Fülle von vorliegenden Berechnungen einzelner Banken oder auch des UK-Industrieverbandes eingegangen – der Hinweis auf die entsprechende Übersichtsstudie des Instituts der Deutschen Wirtschaft im Text mag hier ausreichen. Zu den interessanten neueren Studien zählen u.a. jene des niederländischen CPI und des Tinbergen-Institutes und der niederländischen Rabobank in 2017, die das bekannte UK-NIGEM-Modell, inklusive Zollaspekte, für die Analyse nutzte.

Grundsätzlich kann in der Szenario-Analyse betrachtet werden, welche Handlungsmöglichkeiten die EU nach einem BREXIT neu hat, wobei eine Stärkung der Zusammenarbeit in den Bereichen Verteidigung, Asylpolitik und Finanzpolitik u.a. in der Rede des französischen Staatspräsidenten Macron im September 2017 vorgeschlagen wurde. Von Seiten Deutschlands gibt es zumindest ansatzweise eine gewisse Bereitschaft, Schritte zu mehr Kooperation und Integration längerfristig mitzutragen. Falls der BREXIT kommt, so wird die Macht der großen Länder in der EU (nach Banzhaf-Index) zunehmen.

Es bleibt nach dem Fehlreferendum vom Juni 2016 die Frage, wie das britische Politiksystem den Wählerwillen in Sachen EU-Mitgliedschafft ermitteln und zur Geltung bringen will. Dass ein westliches Politiksystem eines großen Landes wie UK auf Basis eines Fehlreferendums einen historischen Desintegrationsschritt vollziehen wird, ist durchaus vorstellbar – ohne zweites Referendum weiß man aber nicht wirklich, was der britische Wählerwille bei der Frage der EU-Mitgliedschaft ist. Wenn man als europäisch aufgestellter Wirtschaftswissenschaftler von außen auf die BREXIT-Entwicklungen in UK schaut und diese analysiert, hat man vielleicht einen gewissen Vorteil durch den Abstand zu UK selbst. Es versteht sich jedoch, dass – wie im Vorwort zur ersten Auflage erwähnt –, viele Überlegungen nicht ohne Kontakte zu UK-Kollegen hätten entstehen können. Die vorgelegte Analyse hat unter dem Strich den Befund, dass ein BREXIT der britischen Wirtschaft erheblich schaden wird, Negativeffekte für die EU und andere regionale Wirtschaftsintegrationsräume hat und die Vorstellung von Global Britain und „Take Back Control" weithin illusorisch ist.

BREXIT steht exemplarisch für eine politische und ökonomische Absturzgefahr des Westens insgesamt im 21. Jahrhundert. Im Internet-Zeitalter wird sich in den USA, UK, den EU27-Ländern und vielen anderen Ländern ganz massiv die Frage nach rationaler Wirtschaftspolitik stellen. Ökonomen sollten sich daher auf umfassende, neue und digitale Weise um eine verständliche Darstellung ihrer Forschungsergebnisse bemühen – das ist eine schwierige Aufgabe: in Großbritannien, aber auch in Deutschland.

In Sachen Überarbeitung zur zweiten Auflage geht mein Dank für die Unterstützung bei den Forschungs- und Editierarbeiten an Christina Wiens, Tristan Feidieker, Arthur Korus, Fabian Baier, Valeryia Siarheyeva, Vladimir Udalov, David Hanrahan, Kennet Stave sowie Mara Lüdenbach (EIIW). Frau Isabella Hanser und ihrem Team bei Springer gilt besonderer Dank. Dankbar bin ich auch für zahlreiche Gespräche und Diskussionen mit Bürgern, Wirtschaftsvertretern, Journalisten und Fachkollegen sowie Vertretern internationaler Organisationen. Ein ganz herzlicher Dank gilt meiner Ehefrau, Jola Welfens, die viel Geduld für mein Projekt aufbrachte und mit kluger Ermutigung zu diesem Buch beigetragen hat. Die Verantwortung für die Analyse liegt allein beim Autor des Buches.

Wuppertal und London,
Anfang Juni 2018

Teil I

Das Referendum

1
BREXIT: Eine Kampagne und ein fatales Info-Desaster

Noch ist die EU28 der größte Binnenmarkt der Welt. Die Europäische Union entstand in den 1950er Jahren, wobei Großbritannien zunächst abseits stand und Mitglied der 1960 gegründeten Freihandelszone EFTA war, in der Dänemark, die Schweiz, Portugal und Schweden sowie UK als Gründungsmitglieder mitwirkten; 1986 kam Finnland hinzu, später auch Liechtenstein und Island. Es gab in der EFTA keine Zölle untereinander, was handels- und wohlfahrtsförderlich war; jedes Land hatte aber eigene Außenzölle gegenüber Drittländern. Das war in der 1957 gegründeten Europäischen Union anders. Denn diese Länder hatten binnen einer Dekade die Zölle untereinander abgeschafft und sich auf gemeinschaftliche Außenzölle geeinigt (Zollunion). Damit einher ging die Übertragung einer wichtigen Kompetenz von den EU-Mitgliedsländern an die EU, der Außenwirtschaftspolitik. Es gab in den Anfangsjahren von EFTA und Europäischer Union eine gewisse Rivalität untereinander, wobei im Zeitablauf dann die EU als attraktiveres Integrationskonzept erschien, denn die meisten EFTA-Länder wechselten zur Europäischen Union. So auch Großbritannien im Jahr 1973. Nach über vier Jahrzehnten Integrationsgeschichte von UK in der Europäischen Union beendet nun das britische Referendum von 2016 das Kapitel einer ununterbrochenen EU-Erweiterungsgeschichte. Widerlegt ist auch die alte bequeme Politikerweisheit, dass die Europäische Union über Krisen stets zu einer Weiterentwicklung finde.

Wenn Großbritannien 2019 auf Basis des BREXIT-Referendums vom 23. Juni 2016 aus der EU ausscheiden sollte, dann stellt sich gewissermaßen die Frage, wohin? Oder will Großbritannien ernsthaft als Einzelland durchs 21. Jahrhundert gehen? Das ist schwer vorstellbar und natürlich könnte Großbritannien versuchen, eine Art EFTA-Plus zu gründen und damit schon hätte die EU ein Doppelproblem: Mit UK hätte man knapp 1/5 der Wirtschaftskraft verloren, zudem ist Großbritannien als zweitgrößtes EU-Land (Basis 2016) nach einem vollzogenen BREXIT groß genug, unzufriedene EU-Länder längerfristig an sich zu ziehen. Dieser Politikoption wird die EU auch nicht durch eine Art Handels- und Kooperationsvertrag EU-UK vorbauen können. Beim Werben um Mitglie-

© Springer Fachmedien Wiesbaden GmbH, ein Teil von Springer Nature 2018
P. J. J. Welfens, *BREXIT aus Versehen*, https://doi.org/10.1007/978-3-658-21458-6_2

der für eine EFTA+ – und die EU27 beim Werben um neue Mitglieder ihrerseits – könnte aus ökonomischer Sicht eine effiziente neue Integration Europas entstehen; sehr wahrscheinlich ist das nicht, denn die Desintegrationsdynamik der EU könnte beträchtlich und zerstörerisch für ganz Europa wirken. Beim Werben um Mitglieder für eine EFTA+ wiederum könnte Großbritannien durchaus auch auf Subventionierung neuer Mitglieder durch Transferzahlungen und militärische oder politische Schutzversprechungen setzen.

Diese Elemente hat Großbritannien im Übrigen auch beim Schottland-Referendum 2014 in einer Regierungsinfobroschüre (https://www.gov.uk/government/publications/make-sure-you-have-the-facts-when-you-decide-scotlands-future/make-sure-you-have-the-facts-when-you-decide-scotlands-future-with-references) betont, die erklärt, dass Schottland in der britischen Union faktisch Nettotransfers von 1 400 Pfund (etwa 1 600 €) pro Kopf erhalte – letztlich aus England – und dass Schottland als Mitglied der britischen Union militärischen und politischen Schutz genieße sowie die Bürgerschaft Schottlands weltweite Vorteile in der Form der Dienste britischer Botschaften im Fall von Auslandsreisen. Großbritannien könnte in einem Integrationswettlauf gegen die EU möglicherweise zumindest anfänglich erhebliche Finanzmittel einsetzen, denn mit dem BREXIT sind immerhin neun Milliarden € an jährlichen Beitragszahlungen haushaltsmäßig frei geworden. Während Großbritannien politisch handlungsfähig ist und einen insgesamt großen Staatshaushalt hat, verfügt die EU über einen Staatshaushalt von etwa 1/40 – wenn man den Anteil der Ausgaben am Bruttoinlandsprodukt – betrachtet. Falls Großbritannien also seinerseits nach vollzogenem BREXIT auf eine eigene europäische regionale Integrationsstrategie setzen sollte, so wird die EU vor ernsten Problemen stehen.

Die europäische Integrationsfrage ist mit einem vollzogenen BREXIT neu offen und das wird Unruhe in Europa schaffen. Das wird die EU unter Druck setzen, aber ob sie und ihre Mitgliedsländer kluge und rechtzeitige Reformen ergreifen werden, ist unklar. Mit einem vollzogenen BREXIT hätten die USA, Russland und China neue Möglichkeiten, Europa auseinanderzudividieren, falls gewünscht und als nützlich erachtet. Auch diese Option der anderen großen Länder schwächt die Europäische Union. Zugleich ist aber im Vereinigten Königreich, das ja selbst eine Union aus Schottland, Wales, England und Nordirland ist, die eigene Unionsfrage offen. Denn abhängig vom kommenden Vertrag EU-UK, also den Austrittsvereinbarungen, wird Schottland mit seinen fünf Millionen Einwohnern prüfen, ob man im UK bleiben will.

Vor 2025 wird man wohl kaum ermessen können, was ein britischer EU-Austritt politisch für Europa bedeutet. Bis etwa 2030 dürften sich die ökonomischen Anpassungsprozesse hinziehen, die einerseits von der Erwartung einer Wachstumsdämpfung geprägt sein werden. Andererseits wird die neue May-Regierung in Großbritannien massiv versuchen, über interne wachstumsförderliche Reformen und Dutzende eigene neue Freihandelsverträge mehr Wachstum auf den Weg zu bringen – allen voran mit den USA als US-UK-TTIP-Vertrag. Wenn man die politischen Absetzbewegungen bei TTIP in Berlin und Paris im Herbst 2016 betrachtet, dann könnte man vermuten, dass auf Basis der jetzigen institutionellen Struktur der EU die wenig einige Europäische Union kein Freihandelsabkommen mit dem für die EU27 größten Handelspartner wird zustande bringen können. Das aber wirft dann ernste Fragen für die EU-Zukunft auf, denn die EU soll ja eine gemeinsame Außenwirtschaftspolitik vertreten und Verhandlungen für alle EU-Mitgliedsländer führen. Wenn Deutschland und Frankreich dies aber gar nicht zulassen wollen bzw. unterstützen, dann kann die EU27 gar nicht als Zollunion global auftreten; sie wäre zu einer Art EFTA als EU27 degradiert. Deutschland und Frankreich haben die Macht, im Schatten des BREXIT EU-Desintegrationspolitik auch aus der EU27 heraus zu verfolgen. Man wird sich auf Seiten mancher TTIP-Kritiker klar machen müssen, dass Nicht-TTIP auf eine schwere Beschädigung der EU-Integration hinaus läuft und die oft naive Anti-TTIP-Debatte die Europäische Integration in ernste Schwierigkeiten bringen kann.

Auch das wird die EU unter Druck setzen und für neue Diskussionen in Europa sorgen und wohl auch die Länder der Europäischen Union veranlassen, wieder stärker Richtung Nordamerika und Asien zu schauen. Zwischen 2007 und 2015 war die Europäische Union über Jahre vor allem mit sich selbst – und eigenen Krisen – beschäftigt. 2016 kommt mit dem BREXIT ein neuer Impuls, der zu noch mehr politischer Nabelschau führen könnte, während die ökonomischen Expansionskräfte etwa in Asien mit Macht ihre Wirkung entfalten (Anmerkung Juni 2018: US-Präsident Trump hat allerdings zu Beginn seiner Amtzeit TTIP fürs Erste selbst beerdigt. Die Verhängung von US-Strafzöllen bei Stahl und Aluminium zum 1.Juni 2018 ist ein Schritt zur Desintegration des Westens und in der Trump-Begründung einfach verlogen).

Die nach Kaufkraft 2015 schon größte Volkswirtschaft der Welt, China, wird bis 2029 nochmals ihr ökonomisches Gewicht verdoppeln, wenn man 5 % Wirtschaftswachstum pro Jahr annimmt. Das geplante wichtige transatlantische Freihandelsabkommen zwischen der EU und den USA ist infolge politischer Verunsicherung und mangelnder Führungskraft in Deutschland und Frankreich Ende 2016 erst einmal aufgeschoben; durch den BREXIT wird die historische Chance für ein solches Abkommen, das die USA näher an Europa binden könnte, geschwächt. Kaum dass man ein halbes Jahrhundert EU-Integration feiern konnte, steht die EU nun mit dem BREXIT vor großen Herausforderungen und die EU-Integrationsgeschichte vor einem Einschnitt, den die Regierungen in den EU-Ländern nicht erwartet haben – auch nicht die EU-Kommission. Um den BREXIT einordnen, verstehen und analysieren zu können, bedarf es zunächst eines kurzen Blicks auf die EU-Integrationsgeschichte.

Die Idee der europäischen Integration entstand über Jahrhunderte und gewann an Gewicht für die politische Diskussion nach dem Ersten Weltkrieg, wurde aber politisch nicht wirklich angegangen. Trotz einiger Impulse Mitte der 1920er Jahre – mit Aristide de Briand und Gustav Stresemann als Außenministern in Frankreich und Deutschland – gelang es nicht, eine deutsch-französische Aussöhnung mit gleichzeitiger Wirtschafts- und Politikkooperation auf den Weg zu bringen. Es kam noch der Zweite Weltkrieg mit über 50 Millionen Toten. Erst nach 1945 – mit Unterstützung der USA via Marshall-Plan und Hilfen für eine Europäische Zahlungsunion – gelang Anfang der 1950er Jahre ein konkretes Integrationsprojekt, nämlich die Gründung der Montanunion, der Europäischen Gemeinschaft für Kohle und Stahl (EGKS), im Jahr 1952, wobei Luxemburg die politische Zentrale beherbergte, also die Institutionen der EGKS. Die Europäische Union (damals Europäische Gemeinschaft) wurde 1957 gegründet, wobei ihre Gründerländer die EGKS-Staaten waren, also Deutschland, Frankreich, Italien, Belgien, die Niederlande und Luxemburg. Großbritannien wollte hierbei gar nicht mitwirken.

Zwar hat Winston Churchill 1948 in einer Rede in Zürich zur Gründung der Vereinten Staaten von Europa aufgerufen, aber dabei dachte er ausdrücklich an eine europäische Integration ohne das Vereinigte Königreich, dessen Machtposition er am ehesten im Commonwealth – in Verbindung mit den ehemaligen britischen Kolonien – sah. Folgt man den Argumenten auf der Webseite der Leave-Kampagne (EU-Austritts-Gruppe) im Vorfeld des BREXIT-Referendums, dann möchten viele BREXIT-Befürworter in eine solche Positionierung für das Vereinigte Königreich zurückkehren. Die Frage ist nur, ob die alten Commonwealth-Länder eine solche Konstruktion ebenfalls für attraktiv halten und ob das Projekt realistisch ist. Es ist schon paradox, dass einer der konservativen Churchill-Nachfolger nun gerade faktisch die Weichen für einen EU-Austritt in 2016 stellte.

David Cameron wurde 2010 britischer Premier in einer Koalitionsregierung und erst nach einer erfolgreichen Wiederwahl 2015 – mit klarer Mandatsmehrheit für die Konservative Partei im Parlament – konnte Cameron eine starke Regierung bilden. Als Problem erschien ihm allerdings die große Zahl von konservativen EU-Kritikern und dass im Jahr zuvor die Anti-EU-Partei UKIP bei den Europawahlen mit 28 % der Stimmen die Wahl gewonnen hatte. Der Chef von UKIP, Nigel Farage, war einst selbst Mitglied der Konservativen Partei im Vereinigten Königreich gewesen und immerhin 17 Jahre lang hatte er im EU-Parlament gesessen und bis 2016 für einen britischen EU-Austritt gekämpft. Den Anti-EU-Kräften in der Partei der Konservativen wollte Premier Cameron nach seinem glänzenden nationalen Wahlsieg in 2015 einen Riegel vorschieben – durch eine baldige erfolgreiche EU-Volksbefragung. Schon 2013 hatte Premier Cameron verkündet, dass er nach einem neuerlichen Wahlsieg eine Volksbefragung zur EU-Mitgliedschaft des Landes werde durchführen lassen.

Am 20. Februar 2016 berichtet damals die britische Zeitung Guardian, dass Premierminister David Cameron für den 23. Juni ein EU-Referendum ansetzen werde – eine solche Volksbefragung sei anberaumt nach den für Großbritannien guten Verhandlungsergebnissen mit der EU. Diese Vereinbarungen gäben Großbritannien eine Sonderrolle und er unterstütze die Fortsetzung der britischen EU-Mitgliedschaft; im Übrigen hieße die EU zu verlassen, dass die ökonomische und nationale Sicherheit in Gefahr seien. Cameron sagte laut Guardian: „Wir nähern uns einer der größten Entscheidungen dieses Landes, die zu unseren Lebzeiten zu fällen sind: ob wir in einer reformierten EU bleiben oder sie verlassen. Diese Entscheidung geht an die Substanz, nämlich welche Art von Land wir sein möchten und die Art von Zukunft, die wir für unsere Kinder wollen" („We are approaching one of the biggest decisions this country will face in our lifetimes: whether to remain in a reformed EU or to leave. The choice goes to the heart of the kind of country we want to be and the future we want for our children").

Es gab eine offizielle Gruppe von BREXIT-Befürwortern (Leave Campaign), zudem auch eine offizielle – vom Staat anerkannte – Pro-EU-Gruppe, nämlich „Britain Stronger in Europe" (formal The In Campaign Ltd.). Über faktisch kaum vier Monate organisierten diese und andere große Einflussgruppen die Wählermobilisierung für die Volksbefragung am 23. Juni 2016. Hinzu kam von Seiten der gespaltenen Regierung – mit sechs Ministern öffentlich auf der BREXIT-Seite – eine Art regierungsseitige Info- und Mobilisierungskampagne (mit Informationen für die privaten Haushalte, siehe Anhang 1). Premier Cameron hat sich selbst massiv in der Kampagne engagiert, aber mit wenig Überzeugungskraft – vermutlich auch, weil Cameron über so viele Jahre als eine Art britischer Oberkritiker der EU aufgetreten ist. Trotz knapper Umfrageergebnisse war man auf Seiten Camerons sehr zuversichtlich, dass man das Referendum werde gewinnen können, zumal ja auch die Finanzmärkte in den vierzehn Tagen vor dem Referendum nicht an eine Mehrheit für den EU-Austritt glaubten – das Pfund wertete auf. Die als recht treffsicher geltenden Wettbüros meldeten ebenfalls eine Tendenz für eine Pro-EU-Mehrheit.

Hauptthemen aus Wählersicht zu Europa

Die beiden Hauptthemen beim BREXIT waren gemäß Opinion-Research-Um-frage (laut Guardian) in allgemeiner Wählersicht Immigration und Probleme beim nationalen Gesundheitssystem – indirekt wegen Wartezeitfragen auch mit der Zuwandererzahl verknüpft –, die mehr als 50 % Nennungsquote erhielten. Es folgten bei der Frage nach den drei wichtigsten Punkten beim Thema Europa das Thema der Beziehung Großbritanniens zur EU, Wirtschaftsfragen, Armutspro-bleme, Wohnungsmarkt, Armut/Ungleichheit, Niedriglöhne und Arbeitslosig-keit. Mehrfachnennungen von Themen waren bei den Befragten möglich.

Fragte man jedoch nach den „für Sie und Ihre Familie wichtigsten drei Themen", dann lauteten die häufigsten Nennungen: Gesundheitssystem (gut 50 %), Wirtschaft, Niedriglöhne, Immigration (jeweils über 20 %), die Bezie-hung Großbritanniens zur EU, Wohnungsmarkt, Bildungssystem und Armut/ Ungleichheit. Hier sieht man, dass die von der Cameron-Regierung vorgenom-menen massiven Kürzungen bei den kommunalen Finanzzuweisungen und der Budgetausstattung des nationalen Gesundheitssystems als großes Problem wahr-genommen wurden. Das Thema steigender Mieten ist eigentlich kein EU-Thema, zeigt aber Defizite in der britischen Wohnungsbaupolitik an. Bei den Themen Armutsprobleme, Armut/Ungleichheit, Niedriglöhne, Arbeitslosigkeit – Fragen aus der allgemeinen Themenliste – und beim Bildungssystem (hier hatte die Cameron-Regierung Kürzungen gebracht und zudem eine Verdoppelung der Studiengebühren nach der Bankenkrise zugelassen) ist gar nicht die EU gefor-dert. Das sind alles nationale oder regionale Themen. Das negative Referendum-sergebnis ist daher weniger eine Abwahl der EU als ein Protest gegen die Came-ron-Regierung. Immerhin hat der BREXIT indirekt als Ergebnis, dass eine neue Premierministerin an die Macht kam: Theresa May hat denn auch angekündigt, dass sie ein Wirtschaftssystem will, dass nicht nur für wenige Vorteile bringt, womit sie die obige Themenpalette aufgenommen zu haben scheint. Die abseh-bare Politik ihrer Regierung, die die Globalisierung weiter vorantreiben wird, enthält jedoch viele Impulse, die die Ungleichheits- und Armutsprobleme weiter verstärken wird und den Sorgen der Wählerschaft also gerade nicht entspricht, womit die neue Regierung für große Widersprüche steht. Hinzu kommt, dass ja die ökonomischen BREXIT-Folgen kurz-, mittel- und langfristig einen ganz erheblichen realen Einkommensrückgang mit sich bringen (man kann nicht ausschließen, dass es von daher in einigen Jahren eine Bewegung für ein zweites Referendum zur EU-Frage geben wird).

Wenn es um Argumente für und gegen BREXIT geht, so mag man diese wie folgt zusammenfassen (MIX, 2016):

- Die EU hat die nationale Politik unterminiert, Brüssel hat zu viel Macht bekommen.
- Die EU hat zu wenig Legitimität/Verantwortlichkeit, zu viel Macht bei Bürokraten.
- Die EU-Bürokratie und die -Regulierungen untergraben die britische Dynamik.
- UK könnte ohne EU Freihandelsverträge leichter mit anderen Ländern aushandeln.
- Die britischen EU-Budgetbeiträge sind zu hoch.
- Hohe Zuwanderung aus osteuropäischen Ländern bedeutet weniger Jobs und geringere Löhne für die einheimischen Arbeitnehmer in UK.
- Auf Sicherheitsfragen hätte ein BREXIT kaum Auswirkungen, da ja UK immer noch NATO-Mitglied bleibt.

Die Gegenargumente für eine weitere britische EU-Mitgliedschaft heißen:

- Eine Mitgliedschaft ist ökonomisch wichtig, da fast die Hälfte der Exporte in den EU-Binnenmarkt gehen.
- Eine EU-Mitgliedschaft ist eine Basis, um die britischen globalen Handelsperspektiven zu verbessern.
- Bei einem BREXIT könnte UK nicht von den erwarteten Vorteilen eines geplanten EU-USA-Freihandelsabkommens (TTIP) profitieren.
- Auch wenn die EU bestimmte Probleme hat – aus britischer Sicht ist es am besten, sich für Reformen von innerhalb der EU einzusetzen.
- Eine EU-Mitgliedschaft verstärkt die internationale Stimme von UK und dessen Einfluss in der Außenpolitik.
- Die EU hat wichtige transnationale Sicherheitsdimensionen und BREXIT hieße faktisch, eine Teilung und Schwächung des Westens vorzunehmen, was die Fähigkeit beim Kampf gegen Terrorismus oder in der Debatte mit Russland mindert.
- BREXIT steht für einen Sprung ins Dunkle – mit ungewissen Konsequenzen und großer Unsicherheit, wie eine Zukunft nach der EU-Mitgliedschaft aussähe.

Dies sind mindestens einige der Hauptaspekte auf beiden Seiten der britischen BREXIT-Debatte.

Die Mehrheit für BREXIT

Vier Monate nach der Ankündigung der Volksbefragung im Vereinigten Königreich lieferte eine knappe Wählermehrheit ein Nein zur EU-Mitgliedschaft, wobei vor allem ältere Wähler und Wähler aus den mittelenglischen Industrieregionen für den Austritt aus der EU stimmten: Für den BREXIT. Nordirland, Schottland und London hatten hingegen eine klare Pro-EU-Mehrheit. Von London abgesehen waren die meisten Regionen in England mehrheitlich für einen EU-Austritt. Die Jugendlichen im Vereinigten Königreich fühlen sich in dieser historischen Entscheidung für oder gegen die EU-Integration als Verlierer.

Nachdem das BREXIT-Referendum für Premier Cameron schief lief, erklärte er seinen Rücktritt – bis Oktober 2016 sollte der neue Premier gewählt sein und erst dieser sollte dann den Artikel 50 des Lissabon-Vertrages nutzen und offiziell ein EU-Austrittsgesuch gegenüber der Europäischen Union aussprechen. Die Wahl eines neuen Parteichefs der britischen Konservativen erwies sich zunächst als schwierig, da Boris Johnson, der als Ex-Bürgermeister von London die Leave-Kampagne für BREXIT mit angeführt hatte, sich am 1. Juli als nicht willens für eine Kandidatur erklärte. Theresa May übernahm das Amt der Chefin der Konservativen und sie wurde am 13. Juli 2016 neue Premierministerin.

Das Vereinigte Königreich erschien in der BREXIT-Abstimmung geteilt: Das Ergebnis 51,9 % zu 48,1 % zeigt wenig Konsens in Sachen EU-Mitgliedschaft. Eine zweite Abstimmung wird nicht ohne weiteres möglich sein, obwohl man eine neue Volksbefragung auch nicht ganz ausschließen kann und es durchaus gute Gründe dafür gibt. Das Ergebnis vom 23. Juni 2016 ist aus Sicht des demokratischen Prinzips anzuerkennen. Es ist im Übrigen formal Sache des britischen Parlamentes, die wichtigen Entscheidungen zu treffen.

Wenn das Vereinigte Königreich aus der EU austritt, dann ist dies eine Entscheidung für viele Jahrzehnte und sie bedeutet daher eine große strukturelle Änderung für Europa und die britische Wirtschaft. Ob wiederum Schottland nach einem neuen Unabhängigkeitsreferendum sich von Großbritannien ablösen will, bleibt abzuwarten. Für Schottland wäre die EU-Mitgliedschaft zwar attraktiv und die politische Unabhängigkeit ohnehin, aber die ökonomischen Nachteile eines Austritts Schottlands aus dem Vereinigten Königreich wären sicherlich auch erheblich. Zumindest bei einem niedrigen Ölpreis ist das ökonomische Risiko eines schottischen EU-Beitritts erheblich, da das Land ja vermutlich eine Zeit lang auch das britische Pfund als Währung hätte und schon deshalb nicht ohne weiteres der Eurozone beitreten könnte – selbst wenn alle Euro-Beitrittskriterien erfüllt wären. EU-Avancen an Schottland werden im Übrigen die Verhandlungsmacht Großbritanniens beeinflussen.

Beim BREXIT-Referendum stimmten 1,3 Millionen Wähler mehr für den Austritt aus der EU, als Wähler für ein „Bleiben in der Europäischen Union" waren. Dass das Volk in Großbritannien mit der Volksabstimmung im Ergebnis zufrieden ist, kann man kaum behaupten, zumal man eine Spaltung zwischen Jung und Alt sieht. Wenn am Tag nach dem Referendum bei Google UK die Frage „Was ist die EU?" der zweithäufigste Suchbegriff war, kann man auch Zweifel an der Informationsqualität zum Referendum haben. Ob man ein zweites Referendum ansetzen soll? Das ist nicht ausgeschlossen, aber es wäre auch ein wenig sonderbar und müsste vom Parlament in London entschieden werden. Denn die Volksabstimmung ist in der Demokratie die höchste Form demokratischer Entscheidung. In Irland gab es mehrere Fälle einer Quasi-Wiederholung einer Volksabstimmung, aber es ging dabei auch nicht um die Alles-oder-Nichts-Frage: Austritt aus der Europäischen Union oder Verbleib in der EU. David Cameron hat mit dem von ihm angesetzten Referendum sein Land kurzfristig in ein politisches Chaos gestürzt, eine britische Rezession via BREXIT programmiert und die Europäische Union schwer beschädigt.

Das ist sicherlich keine hohe Staatskunst, die das Vereinigte Königreich im ersten Halbjahr 2016 gezeigt hat; die traditionelle Vorstellung, dass Politik und Diplomatie des Vereinigten Königreiches für hohe Qualität und für Rationalität stehen, ist seit dem 23. Juni 2016 erschüttert. Es gibt keinen Austrittsplan. Staatsminister Oliver Letwin sollte als Chef einer Austrittskommission im Cabinet Office den BREXIT administrativ vorbereiten und organisieren. Auch die erste Rede von Exit-Minister David Davis im neuen May-Kabinett am 5. September 2016 blieb ganz unpräzise und betonte dabei, dass man einen Zugang zum EU-Binnenmarkt wünsche, aber keine Migrationsfreiheit von EU-Bürgern.

Die Regierung Cameron hatte offenbar beim Referendum eine sehr riskante Strategie verfolgt, Vabanque gespielt – darauf gesetzt, dass es keine BREXIT-Mehrheit gebe. Boris Johnson, Camerons Gegenspieler, ist als Kandidat für das Amt des Parteichefs der Konservativen nicht angetreten. UKIP-Chef Farage ist quasi nach getaner Arbeit als Parteichef zurückgetreten, was man als sonderbare Auffassung von Verantwortung ansehen kann. Justizminister Gove, der für BREXIT war und Johnson demontierte, konnte selbst als Parteichef-Kandidat nicht antreten, denn er kam bei der Abstimmung unter den Tory-Abgeordneten im Parlament nur auf Platz drei.

Die Anti-Immigrations-Politikerin und Innenministerin Theresa May ist in der Wahlprozedur gegen die BREXIT-Befürworterin Andrea Leadsom angetreten, die in der Cameron-Regierung Staatssekretärin im Innenministerium war;

diese zog nach wenigen Tagen ihre Bewerbung zurück und damit wurde May Chefin der Konservativen Partei und dann auch neue Regierungschefin. Das zunächst bis September 2016 angesetzte Zeitfenster für die Suche nach einer neuen Parteichefin – mit Wahlparteitag – konnte so abgekürzt werden.

Beim Referendum am 23. Juni 2016 ging es in Großbritannien zunächst nur um die Frage, ob eine Bevölkerungsmehrheit in der Europäischen Union bleiben will – die Antwort lautete Nein, allerdings mit deutlichen regionalen Unterschieden und auch großen Differenzen nach Altersgruppen. Camerons kurzer viermonatiger Wahlkampf gegen BREXIT reichte nicht aus, eine Mehrheit der Wähler gegen den EU-Austritt zu gewinnen. Was die BREXIT-Mehrheit angeht, so wird man darunter durchaus eine Reihe von Wählern vermuten können, die von der EU-Integration oder auch dem EU-und Eurozonen-Eindruck enttäuscht sind und sich eine bessere britische Zukunft ohne EU erhoffen. Bekannte britische wissenschaftliche Untersuchungen aus 2015 zeigten eine grundsätzliche Fehleinschätzung zu ökonomischen BREXIT-Wirkungen bei Befragten mit relativ geringer Bildung, aber Premier Cameron folgerte daraus keine Aufgabe für sein Kabinett, gewichtige ökonomische Informationsdefizite gezielt mit Informationen für die Haushalte bzw. die Wähler zu kompensieren.

Im ökonomischen Sinn dürfte der BREXIT für die Menschen im Vereinigten Königreich klare erhebliche Negativeffekte haben. Die britische Regierung selbst hat den langfristigen Rückgang beim realen Bruttoinlandsprodukt in einer offiziellen Analyse auf 3-10 % geschätzt (HM GOVERNMENT, 2016). Eine vernünftige Kommunikation der entsprechenden komplexen Studie, die am 18. April 2016 dem Parlament zugeleitet wurde, gab es gegenüber der Öffentlichkeit nicht. Nicht einmal in den allen Haushalten zugesandten regierungsseitigen Unterlagen wurden die Befunde erwähnt und erklärt – sie wurden faktisch verschwiegen.

Es gibt ganz offensichtlich unter den erklärten BREXIT-Befürwortern kaum wirtschaftswissenschaftliche Hochschullehrer in Großbritannien. Die wichtige LEAVE-Kampagne-Website der BREXIT-Befürworter weist mit einer Reihe von Schaubildern auf Argumente hin, die nahelegen sollen, dass Großbritannien ohne die EU-Länder ökonomisch besser dastehen wird – etwa wenn das langfristige Wirtschaftswachstum im Vereinigten Königreich mit dem der EU insgesamt verglichen wird. Dem kann man allerdings entgegenhalten, dass UK auch in den Jahren 2000-2014 innerhalb der EU ein gegenüber dem EU-Durchschnitt leicht erhöhtes Wirtschaftswachstum erreicht hat.

Zu den ökonomische Realitäten und die Ergebnisse solider BREXIT-Studien vor dem Referendum ablehnenden Top-Politikern zählte der ehemalige Bürgermeister von London, der rhetorisch blendende, aber ökonomisch wenig kompetente Boris Johnson. Die Bank von England hatte im Mai vor dem Referendum gewarnt, dass ein BREXIT negative ökonomische Konsequenzen haben werde: Pfundabwertung, Einkommensrückgang in realer Rechnung, Jobverluste und Inflationsdruck durch Abwertung. Am 16. Juni 2016 findet sich in der Zeitung The Guardian unter der Überschrift „Boris Johnson dismisses Bank of England's Brexit warning" ein Bericht, der besagt: Die britische Zentralbank äußerte sich schon im März 2016 mit Warnungen (Übersetzung PJJW). Boris Johnson hat die Furcht vor einer Pfundabwertung bei einem BREXIT als unfundiert bezeichnet und meinte, dass Mark Carney, der Chef der Bank von England ungebührlich die Wirtschaft herunterrede. Zu einer Kommentierung auf die Warnhinweise der britischen Nationalbank angesprochen sagte Johnson: „Das Pfund ist etwa, wo es schon bisher stand. Es ist im Kurs nicht schwächer als in den letzten Monaten ... Wir sollten das Land nicht herunterreden. Es ist ein großartiges Land mit einer tollen Wirtschaft. Ich denke, sie wird außerhalb der EU blühen". Dass nach dem BREXIT-Entscheid eine Woche später das Pfund binnen kurzer Zeit auf den niedrigsten Kurs seit 31 Jahren fiel und die britische Zentralbank im August 2016 mit ersten Stabilisierungsmaßnahmen eingreifen musste – und dabei 250 000 Jobverluste als wahrscheinlich einstufte –, ist zwar eine Widerlegung von Johnson; aber der ist ja nun Außenminister und die Halbwertzeit seiner Worte kann hier nicht genau bestimmt werden.

Ein Austritt aus der EU bedeutet zunächst eine Entwicklung hin zur Rezession und auch mittelfristige Wachstumsverluste; ob danach eine „Wachstumsdividende" kommt, bleibt abzuwarten – das ist jedoch nicht sehr plausibel. Zwar kann das Vereinigte Königreich einige Importzölle gegenüber Drittländern, etwa beim Agrarhandel, vermindern und dann wegen eines sinkenden Preisniveaus auch ein höheres Realeinkommen erzielen. Dies gilt etwa im Kontext sinkender Agrarzölle, die in der EU relativ hoch sind. Dass Großbritannien jedoch einfachen Zugang zu den Handelspartnern der EU durch eigene Liberalisierungsverhandlungen erhalten wird – bei EU-Austritt sind die 35 EU-Freihandelsvereinbarungen dann ohne UK zu lesen –, kann man jedoch bezweifeln. Es wäre schon extrem sonderbar, wenn ein BREXIT-UK als ein Verhandlungspartner, der kaum 1/5 des ökonomischen Gewichtes der EU28 auf die Waage bringt, bessere Marktzugangskonditionen erhielte als vorher im Club der EU28-Länder.

Viele Politiker und Europa-Experten waren sehr überrascht am 23. Juni und am Folgetag, aber es gab auch absehbare unnormale britische Entwicklungen. Am 30. März 2016 hatte ich in einem Beitrag für AICGS/The Johns Hopkins University geschrieben (WELFENS, 2016c; Übersetzung: der Autor):

Sollte am 23. Juni 2016 eine Mehrheit der britischen Wähler entscheiden, die EU zu verlassen – fast 45 Jahre nach dem EU-Beitritt –, dann würde die EU 17 % ihres Bruttoinlandsproduktes und 12 % der Bevölkerung verlieren. Das Referendumsergebnis würde zeigen, dass Premierminister David Cameron sich einer miserablen politischen Rechnung verschrieben hat, und hier würde sich zeigen, dass seine Kampagne für eine EU-Mitgliedschaft elend schief gelaufen ist. Der große Gewinner der britischen Wahlen von 2015 würde als Premier nach dem schief gelaufenen Referendum zurücktreten, während die Anti-EU-Aktivisten von UKIP sich freuten – wie auch andere EU-Kräfte. Was Camerons Niederlage angeht, so gibt es eine moralische Schuld auf Seiten des Premierministers. Er hatte in 2014 eine spezielle Expertengruppe zum Schreiben eines kritischen EU-Berichtes eingesetzt und das Ergebnis war, dass in keinem Bereich die EU ein ernstes Hindernis für die britischen Interessen und britische Politik war. Die Aufteilung der Kompetenzen zwischen Brüssel und London könnte in manchen Bereichen verbessert werden, aber es gebe keine ernsthaften Widersprüche – ein Befund, der in die britische Öffentlichkeit nicht klar kommuniziert worden war ... Der Hauptgrund, dass so viele Briten so skeptisch zur EU-Mitgliedschaft bzw. in Sachen Immigration sind, ist der Sachverhalt, dass nach der Transatlantischen Bankenkrise die nationalen Finanzzuweisungen an die Kommunen deutlich gekürzt wurden ... In den Kommunen, die sich verminderten staatlichen Diensten und Nachfrageüberschüssen beim Gesundheitsdienst gegenüber sahen, entstand der Eindruck, dass anhaltender Immigrationsdruck aus EU-Ländern (und anderen Ländern) einen Überfüllungseindruck schuf.

Es ist zutreffend, dass nicht allein Cameron für ein zu kritisierendes Element für ein negatives Referendumsergebnis steht. Angela Merkels chaotische Flüchtlingspolitik aus 2015 hat sicherlich solche britischen Wähler bestärkt, die sich vor Immigration und der EU-Immigrationspolitik fürchten ... Gideon Rachmans Beitrag in der Financial Times am 21. März 2016 beschreibt die Welt nach der Transatlantischen Bankenkrise in der Art, dass viele Wähler von den alten politischen Eliten genug haben. Es gebe das Problem „dass die politischen Führungskreise in Washington und London kaum glauben wollen, dass die Wählerschaft letztlich eine Entscheidung treffen könnte, die das Establishment als doch offensichtlich dumm einschätzt. Allerdings, in Großbritannien wie in den USA ist die Politik auf einen populistischen und wenig vorhersehbaren Kurs eingeschwenkt. Hohe Zuwanderungsniveaus und die Furcht vor Terror haben die Versuchung erhöht, dass man die Zugbrücken hochziehen versuchen könnte und sich hinter nationale Grenzen zurückzieht."

Der Brüsseler Terroranschlag vom 22. März 2016 hat die Furcht vor Terrorismus erhöht und viele britische Wähler denken – verstärkt wegen der Leave-Aktivisten – dass man außerhalb der EU halbwegs gesichert gegen Terror-Angriffe ist; das sei ein Argument für BREXIT. Anti-Terror-Spezialisten werden dem nicht zustimmen, aber einfache Antworten sind immer populär.

Die Anti-EU-Unterstützer denken, dass das Vereinigte Königreich Vorteile durch den EU-Austritt hat. Die ökonomische Logik steht dieser Sichtweise komplett entgegen. Der kurzfristige Vorteil ist, dass man etwa 0,4 % des Bruttoinlandsproduktes nicht mehr als Beitrag an die EU zahlt, aber die künftig deutlich schwächere internationale Verhandlungsposition Großbritanniens wird sicherlich mehr kosten als dieser geringe Beitrag. Das Vereinigte Königreich wird auch für Direktinvestoren weniger attraktiv werden, die künftig mehr in kontinentaleuropäischen Ländern investieren. Eine reale Abwertung des Britischen Pfundes wegen des BREXIT bedeutet, dass letztlich für eine gegebene Güter-Importmenge mehr Exportgüter aus heimischer Produktion auf die Weltmärkte gehen, was ein Wohlfahrtsverlust ist.

Darüber hinaus gilt, dass eine reale Abwertung ausländische Investoren leichter an britische Aktiva kommen lässt. Dieser Discount ist ein Vorteil für Investoren aus den USA, Euro-Ländern, Russland und arabischen Ländern.

Das Vereinigte Königreich wird ein schwächerer Akteur in Europa und der Weltwirtschaft werden – genauso wie die EU ohne das Vereinigte Königreich. Die Europäische Union wird nach einem BREXIT zerbrechlicher aussehen und das wird ihr politisches Gewicht international vermindern. Die wahren Gewinner in einer globalen Perspektive sind daher Russland, die USA und China. Aus europäischer Sicht gilt auch, dass Anti-EU-Parteien die Gewinner sind, speziell solche in den Euro-Ländern und das könnte auch neue Probleme für die Eurozone bringen. Seit März 2016 steht Deutschland vor einer politischen Destabilisierung, da die populistische Alternative für Deutschland (AfD), eine Rechtspartei mit Anti-Ausländer-Kurs, zweistellige Wahlergebnisse in drei deutschen Bundesländern erzielte – darunter in der ökonomischen Kraftregion Baden-Württemberg, die für 13 % der Bevölkerung in Deutschland steht.

Eine schwächere EU wird weniger attraktiv als politischer und ökonomischer Partner für die USA und China sein, die beiden wirtschaftlichen Supermächte des 21. Jahrhunderts. Es gibt nichts, was das Vereinigte Königreich gewinnen könnte von weniger politischer Stabilität und vermindertem Wachstum auf dem europäischen Kontinent. Allerdings, das Vereinigte Königreich wird unter verstärkten US-Druck geraten, häufiger die US-Außenpolitik und -Militäraktionen zu unterstützen – und das gibt es auch nicht ohne Zusatzkosten.

Es gibt sicherlich viele Sichtweisen von Wirtschaftswissenschaftlern vor dem BREXIT – die meisten mit warnenden Stimmen, wenn man etwa von dem britischen Ökonomen Patrick Minford absieht. Nach der BREXIT-Volksbefragung ragt in den Reaktionen unter anderem Harold James von der Princeton University heraus, der am 2. Juli 2016 der Neuen Zürcher Zeitung ein Interview gab, das hier nachfolgend ausschnittsweise zitiert wird und als gewichtige differenzierte

Sichtweise eines profilierten Wirtschaftshistorikers eingeordnet werden kann. Harold James zum BREXIT in der NZZ:

Churchill hätte sich zur EU bekannt

Das ist die grosse Frage. Warum verfing denn die Argumentation der Brexit-Gegner nicht? (Frage NZZ)

Ich denke, man hat allzu sehr auf Angstmache gesetzt. Die Botschaft war: Tritt das UK aus, sind die wirtschaftlichen Schäden für das UK immens. Das war die falsche Strategie. Angstmache löst Gegenreaktionen aus. Man hätte meiner Ansicht nach stärker auf die gemeinsamen Stärken in Europa fokussieren sollen.

Kurzum, das Establishment agierte überheblich?

Im Grunde hielt es sich an einen Spruch von Margaret Thatcher: «There is no alternative.» Immer mehr Leute sagten sich: «Da wollen wir mal schauen, ob das stimmt!» Nach der Zustimmung zum Brexit zeigt sich nun, dass es die grosse Alternative nicht gibt. Das Paradoxe an der jetzigen Situation besteht genau darin, dass die Suche nach Optionen im Plural erst begonnen hat. Wir Briten wussten also gar nicht, worüber wir eigentlich abstimmen.

In der Intellektuellendebatte ging es um die grosse Ökonomie und die Souveränitätsphilosophie, aber die Frage nach der unkontrollierten Immigration spielte kaum eine Rolle?

Die Debatte verlief ziemlich abstrakt und fern – nur war es zugleich diese letzte Frage, die am Ende den Ausschlag pro Brexit gab. Im Rückblick muss man sagen: eigentlich ziemlich verrückt.

Viele Briten fürchten um ihren Job – sie interessieren sich nicht für das Wachstum des Bruttoinlandprodukts dank Zuwanderung, sondern für die eigene Arbeitsbiografie. War also doch eine Portion Common Sense am Werk, diese erfahrungserprobte britische Urteilskraft, auf die sich die Briten viel zugutehalten?

Ich fürchte, nein. Denn die politische Urteilskraft muss sich ja zwischen verschiedenen Szenarien entscheiden können. Aber diese Szenarien wurden von den Brexit-Befürwortern nicht einmal im Ansatz entwickelt. Sie beschränken sich auf Polemik gegen den Status quo – und auf hochtrabende Prinzipienreiterei. Sie waren eigentlich talentierte Phantasten!

[...]

Grossbritannien ist die sechstgrösste Volkswirtschaft der Welt.

Machen wir uns keine Illusionen: Die Chinesen und Inder sehen Europa als Einheit und Block. Grossbritannien hat innerhalb der EU mehr ökonomische Macht als ausserhalb. Der Brexit war eindeutig ein Machtverzicht, nicht umgekehrt.

Mag sein – aber der Preis hierfür ist eine Einbusse an politischer Souveränität.

Durchaus. Allein, was wäre die Alternative? Wirklich souverän sind heute bloss Nordkorea oder Kuba. Die totale politische Souveränität ist eine Scheinsouveränität. Grossbritannien wird auch nach dem Brexit neue Zugeständnisse machen müssen – gegenüber Europa und anderen Wirtschaftsräumen. Es geht in der Realpolitik immer um den klugen Kompromiss, also eine Selbstbeschränkung der Souveränität. Dabei ist das wichtigste Kriterium die Widerrufbarkeit des eingegangenen Souveränitätsverzichts.

Eingegangene Verträge müssen jederzeit kündbar bleiben. Gilt dies in der EU?

Klar. Der Brexit-Entscheid beweist ja gerade, dass dieses Kriterium die ganze Zeit über gewahrt war – und weiter gewahrt gewesen wäre, anders als es die Brexit-Befürworter darstellten. Insofern war der Deal Grossbritanniens mit der EU eben ein guter Deal. Es war nie eine Einbahnstrasse.

[...]

Die Schweiz tickt ähnlich – und ziemlich erfolgreich. Im UK hat diese Ambivalenz ebenfalls eine lange Tradition. Sie prägte schon Winston Churchills berühmte Rede in Zürich, die er 1946 hielt: «Let Europe arise». Darin heisst es: «We must build a kind of United States of Europe.» Das ist einer der Sätze, die bis heute nachhallen. Vergessen geht zumeist, dass Churchill zugleich ein ganz anderes «we» adressierte: «We British have our own Commonwealth of Nations.»

Das Commonwealth war nie ein wirksamer Staatenbund, es war eher eine elegante Lösung, das britische Weltreich aufzulösen. Aber ja, es stimmt: Churchill konservierte eine Zweideutigkeit, die bis heute fortwirkt. Ironischerweise ist ja gerade Grossbritannien in sich ein eigener kleiner Staatenbund, mit Schottland, Wales und Nordirland. In den letzten Jahren und Jahrzehnten hat da eine politische Harmonisierung erfolgreich stattgefunden. Die Briten können also mit hybriden Staatsformen bestens umgehen. Dass sie nun davon plötzlich nichts mehr wissen wollten, ist eine Leugnung ihrer eigenen Stärke.

Lassen Sie uns ein Gedankenexperiment wagen: Wie hätte wohl Winston Churchill entschieden, dieser gewiefte Stratege, für oder gegen den Brexit?

Er stand für die Art der Briten, gegenüber Kontinentaleuropa «semidetached» zu sein, also dazuzugehören und doch nicht dazuzugehören. Und er war ein Skeptiker. Aber er war zugleich ein zutiefst historisch denkender Mensch. Als die Deutschen im Sommer 1940 einen Teil Frankreichs besetzten, zögerte er keine Sekunde, sich mit den Franzosen in einer politischen Union zu verbünden. Und auch heute steht Europa vor gewaltigen Herausforderungen – gescheiterte Staaten in Europas Osten und Süden, Terrorismus, Migration. Deshalb bin ich mir ziemlich sicher, dass sich Churchill angesichts der heutigen Bedrohungslage zur EU bekannt hätte.

Die direkte Demokratie ist nun auch auf der Insel in aller Munde, aber eigentlich verhält es sich ja so, dass das konsultative Referendum von oben verfügt wurde. Cameron lancierte es, weil er die Brexit-Frage endlich vom Tisch haben wollte. Die Abstimmung war nicht bottom-up, sondern top-down.

Das ist der Knackpunkt – und wird gerade in kontinentaleuropäischen Debatten im Nachgang zu Brexit zu wenig beachtet. In Grossbritannien ist das Parlament seit der Glorious Revolution der Souverän, nicht das Volk. Die Abgeordneten pflegen einen engen Kontakt zu ihren Bürgern, aber sie sind für das politische Verhandeln zuständig. Das britische Parlament kennt eine echte Debattenkultur, hier werden Alternativen entwickelt, hier geht es zur Sache. Die Bürger hatten über Jahrhunderte Vertrauen in diese politische Kultur – sie erodiert in beängstigendem Tempo. Augenfällig wurde dies jüngst in den TV-Debatten. David Cameron wurde von Zuschauern wie eine komödienhafte Figur vorgeführt. Das sind selbst im debattierfreudigen Grossbritannien ganz neue Töne.

Stellt die Abstimmung vom 23. Juni 2016 – nach 1975 die zweite Volksbefragung zur EU – eine weitere Episode dar oder eine einschneidende Zäsur?

Eine Zäsur, da bin ich mir ganz sicher. Diese Abstimmung war letztlich eine Selbstaufgabe des Parlaments, der wichtigsten Institution im UK – mit noch unabsehbaren Folgen. Was sich schon absehen lässt: Die beiden grossen Parteien, Labour und Tory, werden sich intern zerfleischen, sich wohl spalten und auf jeden Fall an Bedeutung verlieren. Grossbritannien geht den Weg der Länder Kontinentaleuropas, wo die Volksparteien längst zerfallen. Vorreiter hier ist Italien – die Parteienlandschaft wandelt sich seit zwanzig Jahren ständig. Das Resultat kennen wir alle: politische Blockade, Reformunfähigkeit, eine Mischung aus Explosivität und Resignation unter den Bürgern.

[...]

Der demokratisch legitimierte Nationalstaat bleibt hierfür der Referenzrahmen?

Nein, gerade nicht. Es braucht eine neue Politik mit Bürgerinvolvierung auf verschiedenen und vielen Ebenen: lokal, kommunal, regional, zuweilen national, oftmals transnational, global. Souveränität lässt sich nur durch Subsidiarität einlösen, vom Einzelnen bis zur Weltgemeinschaft, also auch und gerade jenseits des nationalstaatlichen Rahmens. Das ist die neue Realität in der grossen interdependenten Welt. Wir stehen hier erst am Anfang – die Transformation hat nun auch in Grossbritannien begonnen.

In diesen Überlegungen von Harold James sind schon einige zukunftsweisende Aspekte für eine moderne Demokratie in Europa im digitalen 21. Jahrhundert enthalten, worauf zurückzukommen sein wird.

Der Austritt des Vereinigten Königreiches wird eine historische Desintegration für die Europäische Union markieren. Auch wenn man auf den faktischen früheren Austritt Algeriens 1962 (Unabhängigkeit des Landes vom EU-Gründungsland Frankreich) und Grönlands 1985 – nach Abspaltung vom EU-Land Dänemark – hinweisen könnte, so muss man einen britischen EU-Austritt doch als etwas historisch sehr Gewichtiges einordnen. Denn die EU verliert mit einem Schlag fast ein Fünftel ihres ökonomischen Gewichtes und mit UK verliert die Europäische Union die wichtigste europäische Militärmacht sowie ein Land mit weltweitem diplomatischem Netzwerk und Sitz im Weltsicherheitsrat. Von daher kann man annehmen, dass das Vereinte Königreich in den Verhandlungen mit der EU in Sachen Binnenmarktzugang wiederum auch bessere Bedingungen erreichen dürfte als etwa die Schweiz oder Norwegen bei ihren Verhandlungen mit der Europäischen Union. Das Vereinigte Königreich ist vom Außenhandel und den Direktinvestitionsbeziehungen her auch der wichtigste Partner der Vereinigten Staaten in der EU.

Das Vereinigte Königreich muss zunächst mit den ökonomischen Folgen der BREXIT-Entscheidung fertig werden. Sinkende Auftragseingänge im Sommer 2016 und drastisch schlechtere Stimmungsindikatoren im Juli/August waren erste Warnlampen.

Britische Anti-EU-Stimmung im Frühjahr 2016 teilweise absehbar

Der EU-Austrittswunsch der Briten war noch im Frühjahr nur teilweise absehbar – etwa in Forschungen von CURTICE (2015). Allerdings zeigt die Eurobarometer-Umfrage der EU selbst noch im Mai 2016, dass 31 % der befragten Briten eine Positiv-Sicht zur EU hatten; kaum weniger als in Österreich oder Deutschland (siehe Tab. 1). Die britischen Zahlen waren deutlich höher als in Zypern und Griechenland, wo es so wenige klare EU-Unterstützer gibt, dass man sich einen EU-Austritt schon als wahrscheinlich vorstellen kann. Eher schon in Richtung kritische Masse gegen eine EU-Mitgliedschaft deutet der Anteil der negativ eingestellten Befragten im Vereinigten Königreich, der im Mai 2016 in der Eurobarometer-Umfrage bei 36 % lag (EU-Durchschnitt 27 %). War die Europäische Kommission allerdings nicht auch durch Cameron und seinen Vorvorgänger Tony Blair gewarnt: Nach Tony Blairs letztem Auftritt im Juni 2007 in Brüssel, sagte der damalige Kommissionspräsident Manuel Barroso: „Ich muss ehrlich sagen, dass in Großbritannien die Debatte um Europa noch immer nicht gewonnen ist" (zitiert nach KIELINGER, 2009, S. 250).

Fast ein Jahrzehnt Zeit hat der Kommission offenbar nicht gereicht, um das Vereinigte Königreich nachhaltig in der EU zu verankern – und in Wahrheit hat die Kommission hierzu auch nicht viel unternommen. Es gibt weder von großen Reden von EU-Kommissionsmitgliedern oder gar dem EU-Kommissionschef im Vorfeld des BREXIT in London zu berichten, noch von der Ansiedlung wichtiger EU-Institutionen außer der Bankenaufsichtsinstitution EBA (und der Pharmaprüfungsbehörde EMA) in London. Immerhin kann man aus deutscher Sicht erwähnen, dass Finanzminister Schäuble in London eine Rede hielt, in der er für einen Verbleib des Vereinigten Königreiches in der EU warb.

In der EU-Eurobarometer-Umfrage vom Mai 2016 waren auch die Negativ-Antworten zur EU-Integration interessant. Stärker negativ waren nur die Krisenländer Zypern und Griechenland mit 41 % EU-Ablehnung bzw. 51 % sowie Österreich mit 37 % Ablehnungsquote. Tschechien verzeichnete mit 34 % auch eine relativ hohe EU-Ablehnungsquote. Die Negativ-Bewertungen hatten deutlich zugenommen auch bei Polen, Rumänien, Kroatien, Belgien, Ungarn, Spanien und Griechenland (+13), wobei der nationalistische Politikkurs der Regierung bei Polen und Ungarn offenbar Anti-EU-Einstellungen stärkt.

Immerhin gibt es in einem Teil der osteuropäischen EU-Beitrittsländer eine klare politische Unterstützung für die EU. Dabei dürften die EU-Transfers in diese Länder eine wichtige Rolle spielen; vielleicht auch die Erwartung vieler Bürgerinnen und Bürger, dass ökonomische Prosperität bzw. zuverlässige Aufholprozesse und Rechtsstaatlichkeit längerfristig am ehesten als EU-Mitgliedsland zu erwarten sind.

Die geringe EU-Unterstützung in den Ländern Zypern und Griechenland hängt offenkundig mit der Eurokrise bzw. der notwendigen Spar- und Reformpolitik in diesen Ländern zusammen. Diese Länder können im Übrigen nicht einfach aus der Eurozone austreten, so dies gewünscht wäre. Vielmehr müssten sie dann auch aus der EU austreten, was eine vernünftige Regelung ist. Denn kein Land soll leichtfertig einfach der Eurozone beitreten und meinen, es könnte aus der Währungsunion anschließend ohne weiteres austreten. Ohne klare Erfüllung der Euro-Beitrittsvoraussetzungen und einen sehr festen politischen Beitrittswillen ist eine Euro-Mitgliedschaft nicht sinnvoll. Eine Währungsunion ist ihrer Natur nach langfristig angelegt. Es ist durchaus nicht ausgeschlossen, dass Länder wie Zypern und Griechenland mittelfristig aus der EU austreten. Geopolitisch wäre das für die EU und auch für die NATO allerdings problematisch.

Dass die ungelöste Wirtschaftskrise in Griechenland zu einer enormen Anti-EU-Stimmung führt, sollte nicht nur die Europäische Kommission wahrnehmen. Vielmehr wäre es gerade auch an den EU-Führungsländern, hier sinnvoll zu reagieren. Indem Deutschland jeden vernünftigen Kompromiss gegenüber der Tsipras-Regierung verhindert, wird nicht nur aus ideologischen Gründen eine Problemlösung – zumindest über einen doch möglichen Teil-Schuldenerlass – verhindert, sondern Deutschlands Regierung gibt dem Entstehen einer Anti-EU-Mehrheit in Griechenland Vorschub. Das ist nicht im deutschen Interesse.

Tab. 1. Grundeinstellung gegenüber der EU (%), Befragung im Frühjahr 2016 (nach „positiv" geordnet)

	Gesamt Positiv	Verän- derung Herbst 2015	Neutral	Verän- derung Herbst 2015	Gesamt Negativ	Verän- derung Herbst 2015	Weiß nicht
Irland	58	+ 4	27	− 3	14	0	0
Bulgarien	51	+ 3	30	− 4	17	0	2
Polen	47	− 8	37	+ 2	15	+ 8	1
Luxemburg	45	0	32	− 3	22	+ 2	1
Litauen	43	− 10	47	+ 7	9	+ 3	1
Rumänien	42	− 15	43	+ 11	14	+ 5	1
Malta	41	− 2	43	− 3	13	+ 3	3
Portugal	41	− 1	39	− 2	18	+ 3	2
Kroatien	37	− 14	43	+ 6	19	+ 7	1
Schweden	36	− 6	38	+ 2	26	+ 1	0
Frankreich	36	+ 1	33	− 5	29	+ 4	2
Belgien	35	− 4	33	− 5	31	+ 8	1
Dänemark	34	− 2	42	− 3	23	+ 5	1
EU28	34	− 3	38	0	27	+ 4	1
Estland	33	− 3	47	− 3	17	+ 5	3
Finnland	33	+ 1	44	− 4	22	+ 2	1
Ungarn	33	− 6	41	+ 1	25	+ 5	1
Niederlande	33	− 1	38	− 3	29	+ 4	0
Slowenien	32	− 1	46	+ 1	20	− 1	2
Italien	32	− 6	38	+ 1	27	+ 4	3
Österreich	32	+ 9	30	− 5	37	− 4	1
Lettland	31	− 1	49	0	18	+ 1	2
Großbritannien	**31**	**+ 1**	**31**	**− 5**	**36**	**+ 5**	**2**
Spanien	30	− 3	44	− 2	23	+ 5	3
Slowakei	30	− 5	43	+ 3	26	+ 2	1
Deutschland	29	− 5	41	+ 3	29	+ 2	1
Zypern	27	+ 5	32	− 4	41	0	0
Tschechien	26	− 1	40	− 2	34	+ 3	0
Griechenland	16	− 6	33	− 7	51	+ 13	0

Quelle: Europäische Kommission, Standard-Eurobarometer 85 – Frühjahr 2016 (Mai) „Die öffentliche Meinung in der Europäischen Union, erste Ergebnisse", S.19, Brüssel 2016.

Bei einem BREXIT-Vollzug wäre die EU mit Blick auf Handlungsmöglichkeiten der Europäischen Investitionsbank (EIB) mit neuen Problemen konfrontiert. Denn die EIB hat große Projekte gerade auch in Krisenländern der Eurozone, sodass ein BREXIT eine Minderung des Eigenkapitals um gut 10 % bedeutet. Die Gegner vernünftiger Regeln in der Eurozone bekämen noch mehr Oberwasser, wenn wachstumsförderliche Infrastrukturprojekte durch die EIB zurückgefahren werden sollten. Der EU-Südländer-Gipfel, den Premier Tsipras im September 2016 in Athen organisierte, zeigt eine mögliche Bruchlinie in der Eurozone: Portugal, Malta, Italien, Griechenland, Zypern, die die Notwendigkeit eines fiskalischen Regelwerks in der Eurozone in Frage stellen – etwa so, als könnten ein Fußballspiel oder eine Olympiade ohne Regelwerk eine vernünftige Veranstaltung sein. Die Eurobarometer-Werte gilt es – nach Überarbeitung – im Auge zu behalten.

In Deutschland, Frankreich und den Niederlanden lag die Ablehnungsquote mit 29 % auch über dem Durchschnitt, bei Belgien gar bei 31 %, was in immerhin vier EU-Gründermitgliedsländern eine breite EU-Skepsis erkennen lässt. Die Europäische Kommission hätte bei den Umfragezahlen von Mai 2016 hellhörig werden können, sofern sie die Veränderung gegenüber Herbst im Fall Großbritannien stark wahrgenommen hätte: bei den Negativ-Bewertungen in der EU28 ein Zuwachs von 4 Punkten, beim Vereinigten Königreich +5. Demgegenüber war bei den Positiv-Bewertungen nur +1 bei UK.

Da am 23. Juni 2016 51,9 % der Wähler beim britischen Referendum für einen EU-Austritt stimmten, sind die Eurobarometer-Zahlen vom Frühjahr 2016 offenbar eine grobe Fehleinschätzung bei der Messung der EU-Einstellung im Vereinigten Königreich. Geht man im Übrigen davon aus, dass die „Neutralen" bzw. Unentschiedenen sich zu gleichen Teilen auf die Negativ- und die Positiv-Anteile bei einer Volksabstimmung verteilen könnten, dann hätte die Europäische Kommission ja von 36:31 als BREXIT-Mehrheit ausgehen müssen (Unentschiedene ausgeblendet). Man kann die Frage nach methodisch vernünftigen Zahlen zur EU-Ablehnung am britischen Ergebnis des Referendums vom 23. Juni 2016, nämlich 52 % EU-Ablehnung in Großbritannien, auch so fassen, dass man die wahren EU-Ablehnungsquoten 1,44fach höher ansetzt als in der obigen Eurobarometer-Tabelle ausgewiesen (es kann als ausgeschlossen gelten, dass die Zahl der EU-Ablehner in UK in wenigen Wochen von 36 % auf 52 % gestiegen ist). Geht man aus von der EU-Ablehnungs-Verzerrung bei Großbritannien bzw. davon, dass der Verzerrungsfaktor bei den anderen EU-Ländern gleich hoch ist – sicher eine Vereinfachung –, dann läge die EU28-Gesamt-Ablehnungsquote nicht bei 27 % (Eurobarometer-Wert), sondern bei 39 %.

Im Ergebnis dieser einfachen illustrativen Zahlenkorrektur wären dann die Ablehnungsquoten in Deutschland und Frankreich nicht bei jeweils 29 %, sondern bei 42 % anzusetzen, in Italien nicht bei 27 %, sondern bei 39 %; in Tschechien bei 39 % und in Österreich bei 53 %. Auf Basis der korrigierten Zahlen sieht man sofort, dass bei einer EU-Desintegrations-Dynamik, die reale ökonomische Integrationsgewinne bzw. das Wirtschaftswachstum mindert, die EU rasch in eine Existenzkrise geraten könnte.

Die nationale Politik in einigen EU-Ländern könnte binnen weniger Jahre auf eine Art X-EXIT-Kurs übergehen und es wäre dann nur eine Frage von kaum einem Jahrzehnt, bis Europa als EU-Integrationsraum zerfiele. Da auf die EU-Integrationsphase eine Zeit verstärkten Nationalismus folgte, wären ökonomische Krisensymptome mit politischer Radikalisierung und dann bald auch mit massiven Konflikten innerhalb Kontinentaleuropas verbunden. Das unverbindliche britische Referendum ist noch nicht der EU-Austritt von Großbritannien, aber 2019 könnte dieser Schritt erfolgen und die ökonomisch-politische Abwärtsdynamik, die der EU27 dann droht – in einer Phase, in der nationalistische Parteien in vielen Ländern an Zuspruch gewinnen dürften –, kann sehr erheblich sein. Jedenfalls dann, wenn die EU27-Länder und die Europäische Kommission einer Desintegrationsdynamik nicht vorbeugen bzw. entschiedene Reformen pro EU-Integration angehen. Dazu wird gehören müssen, dass die Pro-EU-Akteure und -Vertreter sich auch sichtbar für nachhaltige EU-Integration öffentlich engagieren und dass man das komplizierte EU-System vereinfacht, bürgerfreundlicher und besser verstehbar macht. Wenn man in Washington DC, Bangkok, Tokio oder Peking in einem Hotelzimmer sitzt und sich TV-Nachrichten aus Europa ansieht, dann kann man oft nicht glauben, wie groß die Veränderungen in den USA und Asien sind, während in vielen EU-Ländern populistische Parteien absurde Thesen von mehr möglicher nationaler Politikautonomie für EU-Länder und einer eigentlich überflüssigen Europäischen Union vertreten. Die AfD in Deutschland, die noch im Frühjahr 2015 in den Meinungsumfragen unter 4 % lag und durch die Flüchtlingspolitik von Kanzlerin Merkel dann 2016 enorme regionale Wahlergebnisse erzielen konnte, ist eine solche Partei, die manche Fehlsicht auch noch unter der Wahlplakat-Überschrift „Mut zur Wahrheit" vertritt (zugegeben, die Analyse ist nicht immer einfach und die, pointiert formuliert, eher zutreffende Überschrift „Mut zur Dummheit" klänge auch nicht wirklich gut; dabei sollte man die sichtbar massive und fortschreitende Vernetzung der Rechtspopulisten in der EU nicht unterschätzen und wenn eines Tages genügend AfD-Wahlplakate behaupteten, die Sonne drehe sich um die Erde – „Mut zur Wahrheit" –, dann werden viele AfD-Anhänger womöglich einen solchen Satz mit Überzeugung skandieren. Die AfD beansprucht auf Wahlplakaten zudem eine Art höhere Demokratieform und will dabei gerade auch mehr Referenden: wie in der Schweiz. Dass die Schweiz eine ganz andere Tradition hat und Deutschlands Geschichte im Dritten Reich große Negativerfahrungen bei Referendumselementen zeigt, ist zu bedenken – und das sonderbare BREXIT-Referendum obendrein. Die Schweiz, die als Nicht-Mitglied der EU über ihre geographische Lage und auf Basis von Verträgen mit der EU faktisch ökonomisches EU-Mitglied ist, kann ohne formale EU-Mitgliedschaft auch als sympathisches faktisches EU-Trittbrettfahrer-Land gut zurecht kommen; dieses Schatten-Integrationsmodell für 28 EU-Länder, darunter auch große, ginge aber natürlich nicht und wer für Deutschland einen EU-Austritt will und eine Art Schweizer Politikautonomie verspricht, der steht fern der Fakten und der Logik. Eine Person allein kann im Kino gut aufstehen, um besser zu sehen, wenn das alle Zuschauer machten, bringt das nichts; und im Übrigen bedenke man Kants Kategorischen Imperativ).

Die Europäische Kommission hat sich aber noch in 2016, vor dem BREXIT-Referendum, zu keinerlei Info-Kampagne pro EU entschlossen. Dabei ging der entscheidende Brief von Premier Cameron schon am 15. November 2015 bei der EU in Brüssel ein, in dem er um die Aufnahme von Verhandlungen über aus seiner Sicht notwendige Problemlösungen bat. Am Februar 2016 wurden die Verhandlungen mit bestimmten Zugeständnissen an das Vereinigte Königreich abgeschlossen, von denen Cameron annahm, sie würden zu einer Mehrheit für eine fortgesetzte britische EU-Mitgliedschaft im geplanten Referendum führen:

- Das Vereinigte Königreich bekam die Zusicherung, nicht mitwirken zu müssen bei weiteren Integrationsschritten hin zu „einer immer engeren Union", was sich als Formulierung schon in den Römischen Verträgen von 1957 – bei der EU-Gründung – findet.
- Die EU versichert, dass die Entscheidungen der Eurozone keine Diskriminierung der Interessen von Nicht-Euro-Ländern bringen werde.
- Die EU sichert zu, dass die Wettbewerbsfähigkeit verbessert werden soll und der Regulierungsaufwand vermindert wird.
- Das Vereinigte Königreich wird das Recht haben, für EU-Zuwanderer in Großbritannien den vollen Zugang zu den Leistungen des britischen Wohlfahrtsstaates für einige Jahre zu beschränken.

Spieltheoretisch gesehen hat Cameron ein Referendum aus dem doppelten Grund angesetzt, um sich in der EU höhere Zugeständnisse durch eine strategische Selbstbindung einfordern zu können und um quasi mit den höchsten demokratischen Weihen die innerparteilichen EU-Kritiker in die Schranken zu weisen – um danach seine Herrschaft voll entfalten zu können. Am Morgen nach dem Referendum, als die BREXIT-Mehrheit feststand, war offensichtlich, dass dieses ganze politische Kalkül zusammengebrochen war.

Klar ist allerdings, dass die Meinungsumfrage im Vereinigten Königreich ein knappes Ergebnis in die eine oder andere Richtung erwarten ließen. Zugleich gingen die implizierten Wahrscheinlichkeiten aus den britischen Wettbüros in eine deutliche Richtung: nämlich gegen den BREXIT, wie die nachfolgende Abbildung 1 ausweist. Diese Fehlwetten deuten ebenso wie die falsche Positionierung der Kapitalmärkte darauf hin, dass es mit der Rationalität der Märkte im Vereinigten Königreich nicht weit her war – das ganze System produzierte eine grobe Fehleinschätzung. Das System hat teilweise autistische Züge, soweit man offenbar davon ausgehen muss, dass viele Kapitalmarktakteure sich an den implizierten Wahrscheinlichkeiten der Wettbürozahlen für den erwarteten Referendumsausgang orientieren, während gleichzeitig große Kapitalmarktakteure ihrerseits Geld in den großen britischen Wettbüros platzieren, in denen man auf praktisch alles wetten kann. Hier fehlt eine Vorschrift, wonach Kapitalmarktakteure grundsätzlich keine Wetten in Wettbüros eingehen dürften. Ultraliberale Freiheitsgrade für Kapitalmarktakteure nützen der Gesellschaft und der Politik am Ende nicht. Dabei gibt es ein gewisses ökonomisches Wahlparadoxon, denn wenn die Märkte massiv eine BREXIT-Mehrheit erwartet hätten, also den Pfundkurs und die Aktienkurse vor der Wahl deutlich in den Keller geschickt hätten, so wären wohl viele unentschiedene Wähler (wie beim Schottland-Referendum) in den Schlusstagen der Wahlkampagne ins Lager UK-bleibt-in-der-EU gewechselt: Etwa 700 000 Stimmen „zu drehen", hätte da ausgereicht. Man könnte als den Hauptschuldigen für BREXIT so gesehen auch die Märkte ausmachen, die den Wählern nahelegten, dass eine Pro-EU-Mehrheit klar zu erwarten sei – entsprechend waren ja Pfundkurs und Aktienkurs in den Tagen vor der Volksbefragung angestiegen. Damit Märkte mit falschen Erwartungen politische Abstimmungen nicht stören können, wäre durchaus zu erwägen, bei einer Volksabstimmung die britischen Finanzmärkte für vier Wochen zu schließen. Dieser Vorschlag wird von Finanzmarktakteuren und Verfechtern freier Märkte sicher abgelehnt, aber man sollte schon sehr genau die Zielkonflikte und Probleme thematisieren. Eine vierwöchige Marktschließung hätte sicherlich auch negative ökonomische Effekte, zumal London ein Weltfinanzzentrum ist. Aber die erwarteten 3-10 % Realeinkommensrückgang wegen des BREXIT wären sicherlich keine auch nur annähernd erreichte Größenordnung.

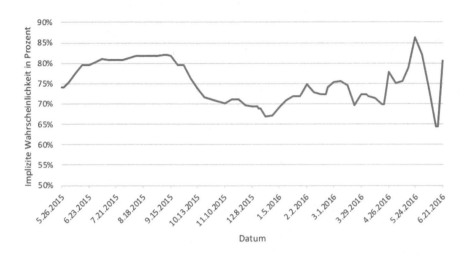

Abb. 1. Abstimmungswahrscheinlichkeit für „UK bleibt in EU" gemäß britischer Wettbüros

Quelle: Eigene Berechnungen auf der Basis von Wettdaten von www.oddschecker.com.

Politische Rationalität und ökonomische Irrationalität gehen nicht gut zusammen. Man wird nicht argumentieren können, dass Demokratie und Marktwirtschaft nicht grundsätzlich zusammenpassen; aber im Umfeld einer historischen Volksbefragung kann es da durchaus Probleme geben. Kapitalmarktsignale können jedenfalls mitentscheidend für den Ausgang eines Referendums sein, und wenn diese Signale selbst stark verzerrt sind und auf Wähler deutlich einwirken, so gibt es das Problem einer dann auch verzerrten Abstimmung.

Einige Perspektiven

Vernünftiges Regieren geht nur, wenn man regierungsseitig die Stimmung in der Bevölkerung im Zeitverlauf in etwa richtig einschätzt. Die Europäische Kommission hatte auf Basis ihrer wenig soliden Eurobarometer-Umfragen, die sie zweimal jährlich durchführt, offenbar keine brauchbare Informationsbasis. Die Europäische Kommission wäre sicherlich gut beraten, wenn sie ihre wichtigen Eurobarometer-Umfragen methodisch sehr deutlich verbesserte. Denn die Umfrageergebnisse der Kommission sind wohl wegen der verwendeten schwachen Methodik geeignet, die politischen Akteure und die Öffentlichkeit in die Irre zu führen. Soweit die Europäische Kommission ihre Kommunikations- und Wirtschaftspolitik auch auf Eurobarometer-Ergebnisse aufbaut, die fehlerhaft sind, werden Kommunikation und Politik selbst nicht sehr zielführend sein.

Es stellt sich die Frage, ob man längerfristig im Übrigen nicht stärker versuchen sollte, mehr positive Unterstützung für die EU zu erzeugen, indem man eben die Konstruktion der EU verbessert: Sie müsste stärker bürgernützlich sein bzw. den Mitgliedsländern einen Nutzen bringen. Daher müsste sich die EU stärker auf entsprechende Bereiche fokussieren, die nach der Theorie des fiskalischen Föderalismus (OATES, 1999; 2001) auf einer supranationalen Ebene anzusiedeln sind – Infrastruktur, Verteidigung, Einkommensumverteilung wären von daher drei Bereiche, die in Brüssel faktisch völlig fehlen; statt vor allem Einkommenstransfers an einzelne relativ arme Regionen zu zahlen, sollte die EU sich über eine Beteiligung am Einkommenssteuersystem direkt an Umverteilungszahlungen beteiligen. Solange die EU keine eigenständige Steuererhebungshoheit hat, wird sie natürlich auch immer von den EU-Ländern zu mehr als 90 % auf der Finanzierungsseite des Haushaltes abhängig sein und wenig eigene Sichtbarkeit für die Wählerschaft haben. Wenn man Effizienzgewinne auf der Aufgaben- bzw. Ausgabenseite in Brüssel im Rahmen einer klugen vertikalen politischen Arbeitsteilung realisiert, so wird man letztlich die Gesamtsteuerbelastung – über alle Politikebenen gerechnet – vermindern können. Eine Senkung des durchschnittlichen Einkommensteuersatzes um fast einen Prozentpunkt sollte hier längerfristig möglich sein. Die einzelnen EU-Mitgliedsländer werden im Übrigen beim Nutzen wohl in erster Linie an Machtgewinn und Politikautonomie denken: Eine gut organisierte Neo-EU, die erfolgreich Wachstum und Stabilität sichert, ist auch auf der nationalen und regionalen Politikebene ein Vorteil.

Die Regierungsarbeiten auf nationaler Ebene in den Jahren der Eurokrise 2010-2015 sind sicherlich umgekehrt durch die Instabilitäten auf der EU-Ebene erschwert worden. Es sollte außerdem beachtet werden, dass eine erfolgreiche stabile Währungsunion einen erheblichen ökonomischen Vorteil bietet, da bei Annahme eines Weltmarktanteils des Euros an den globalen Reserven von 25 % sich die Möglichkeit eines jährlichen „kostenlosen" Imports in Höhe von 0,5 % des Bruttoinlandsproduktes ergibt. Wenn man dies mit einem Zinssatz von 2,5 % langfristig kapitalisiert, entspricht dies einem Gegenwartswert von 20 % des Bruttoinlandsproduktes. Der Euro ist, wenn man die Einsparung von Transaktionskosten betrachtet, in einer funktionierenden Währungsunion auch noch mehr wert, allerdings ist ein Übergang auf eine supranationale Fiskalpolitik mit verfassungsmäßiger nationaler Beschränkung der Defizitquote unerlässlich. Dies wird nur längerfristig zu realisieren sein. Immerhin gibt der BREXIT Anlass, über Kosten und Nutzen einer EU-Mitgliedschaft aus ökonomischer Sicht nachzudenken. Was liegt da an Entwicklungen hinter, was kommt nun in Großbritannien, was ist nötig an EU-Reformen? Es ist weiterhin eine Frage, was die BREXIT-Mehrheit hervorgebracht hat: Ist der EU-Verdruss bei 80 € Netto-Jahresbeitrag pro Kopf in UK so gigantisch und sind gut 150 000 Zuwanderer pro Jahr aus EU-Ländern in einem 65-Millionen-Einwohner-Land so gewaltig? Kaum. Es ist offensichtlich, dass einige EU-Vorschriften für die Wirtschaft nervig sind und dass die EU in der Eurokrise kein gutes Bild abgab – bei der Flüchtlingswelle schon gar nicht. Aber in Wahrheit ging es bei der BREXIT-Frage nur zum Teil um EU-Fragen. Vor allem hat die Bevölkerung dem Politik-Establishment in London die rote Karte zeigen wollen und damit einen seit der Bankenkrise massiv schwelenden Vertrauenskonflikt zwischen Wählerschaft und herrschenden Politikkreisen verdeutlicht. Den Empfehlungen der Regierung will man im Vereinigten Königreich kaum mehr folgen. Zu groß ist die Enttäuschung über die unsägliche Bankenkrise 2007-2009 mit großen Job- und Vermögensverlusten, den folgenden massiven Erhöhungen der Staatsdefizitquote plus Schuldenquotenanstieg um fast 40 Prozentpunkte und den aus Einnahmenot im staatlichen Universitätsbereich erfolgten Verdoppelungen der Studiengebühren. Zugleich erfuhr die Öffentlichkeit viel über gigantische Einkommen von oftmals schlechten Top-Managern einiger Großbanken; und ein Top-Banker fuhr auch noch jahrelang schwarz per Bahn nach London zur Arbeit. Das Ansehen der britischen Politikeliten, die falsche Rahmenbedingungen für die Finanzmärkte bzw. Banken setzten, ist massiv gesunken.

Woher stammen die britischen EU-Skeptiker?

Das Wissen über die Europäische Union war in Großbritannien laut einer Untersuchung der Bertelsmann-Stiftung vom April 2016 schlechter als im jungen Mitgliedsland Polen: 49 % der Befragten in Großbritannien – seit 1973 EU-Mitglied – konnten wenigstens eine von zwei einfachen Fragen zur EU zutreffend beantworten; in Polen, das 2004 der EU beitrat, waren es 53 %. In Deutschland lag der entsprechende Wert bei 81 %, in Italien und Frankreich bei 80 % bzw. 74 %, in Spanien bei 69 %. Zu den besonders schlecht gemachten Websites der Europäischen Kommission gehört im Übrigen die der EU-Vertretung in Großbritannien, deren Inhaltsfelder für diverse Altersgruppen spezifische Broschüren anbieten (bis 25 Jahre, über 50 Jahre), aber für Normalbürger gab es im Frühjahr eben keine Broschüre. Die britische Website ist schwächer im Auftritt als die der European Delegation in den USA, wo man den Vertreter der Europäischen Union – quasi den Botschafter – auf der Eingangswebsite sieht. Die britische EU-Website präsentierte kein Gesicht und die Landkarte mit den EU-Kontaktpunkten zeigte keine erkennbaren Kontaktpunkte.

Tab. 2. Einstellung gegenüber möglichen Änderungen mit Blick auf die EU

	% Zustimmung	% Neutral	% Ablehnung
Reduzieren die Sozialhilfeansprüche von Migranten aus EU-Ländern die Sozialleistungen?	68	8	17
Soll eine Reduzierung der Unternehmensregulierung der EU vorgenommen werden?	60	18	14
Menschen aus anderen EU-Ländern sollen keine kostenlose Krankenversicherung bekommen	59	12	23
Die EU soll nicht mehr festlegen, wie viele Stunden ein Arbeiter in London maximal arbeiten darf	53	22	17
Das automatische Recht in Britannien zu leben und zu arbeiten, soll für Menschen aus anderen EU-Ländern abgeschafft werden	51	17	27
Ungewichtete Stichprobe n = 954			

Quelle: CURTICE (2016), Tab. 8, S.14f.

Wenn man sich klar macht, dass die Stimmen für einen britischen Austritt vor allem von eher wenig Gebildeten und Älteren stammen, dann kann man aus dem BREXIT-Votum in Verbindung mit Analysen von CURTICE (2016) folgende Folgerung ziehen:

- EU-Integration ist gefährdet durch die Alterung der Gesellschaften, die einen Neo-Nationalismus zu begünstigen scheint – oder eine nostalgische Vorstellung von nationaler Politikautonomie, die es in der Wirklichkeit für westeuropäische Länder im 21. Jahrhundert so nicht mehr gibt. Mit dem Aufstieg Chinas und der ASEAN-Länder sind die europäischen Länder mit großen Herausforderungen konfrontiert, wobei China neben die USA als globale Führungsmacht treten wird. Dass ein europäisches Land allein gute Chancen bei der internationalen Interessenvertretung im 21. Jahrhundert hat, ist nicht anzunehmen.
- EU-Integration ist auch durch einen Mangel an Bildung gefährdet, der wohl auch empfänglich macht für einen kulturellen Nationalismus und Angst vor Immigration. Dass im Kontext mit der Flüchtlingswelle von 2015 in den EU-Ländern seitens der Wählerschaft ein stärkeres Interesse an einer gesteuerten Zuwanderung entstehen wird, ist anzunehmen.

Tab. 3. Einstellung zur Referendumsentscheidung nach Qualifikationsstufen

	Hochschul-abschluss	Höhere Bildung, unter Hochschul-abschluss	Basisqualifi-kation	Ohne Ausbildung	Alle
Wenn Großbritannien aus der EU austreten würde, wäre die Wirtschaft Großbritanniens … %					
besser gestellt	15	21	27	33	24
unverändert	19	30	36	44	31
schlechter gestellt	65	44	31	16	40
Wenn Großbritannien aus der EU austreten würde, wäre die Einwanderung nach Großbritannien … %					
höher	6	9	8	13	9
unverändert	34	27	35	31	31
niedriger	60	61	52	53	57
Wenn Großbritannien aus der EU austreten würde, wäre der Einfluss Großbritanniens in der Welt … %					
größer	11	15	15	26	17
unverändert	33	45	51	49	44
kleiner	56	37	30	19	36
Wenn Großbritannien aus der EU austreten würde, wäre die Arbeitslosigkeit in Großbritannien … %					
größer	36	19	20	26	25
unverändert	39	50	48	47	45
kleiner	22	25	26	21	24
Ungewichtete Stichprobe					
	260	293	280	248	1 105

Quelle: CURTICE (2015), Tab. 2.

- Vor allem Menschen, die die EU-Integration als Unterminierung der britischen Identität einstuften, sind mehrheitlich Euroskeptiker. Eine britische Umfrage (CURTICE, 2016, Tab. 8, S.14f.) vor dem BREXIT-Referendum zeigte, dass unter denen, die meinten, dass die EU die spezifisch britische Identität unterminiere, 93 % der dieser These stark Zustimmenden Euroskeptiker waren; unter denen, die der These grundsätzlich zustimmten, waren 82 % Euroskeptiker. Unter denen, die die These stark ablehnten, war der Anteil der EU-Unterstützer 68 %. Von daher kann man mit Blick auf das Vereinigte Königreich schon feststellen, dass die EU sich vor dem BREXIT-Votum stärker mit einer Botschaft Richtung britische Wählerschaft hätte wenden sollen, die ganz klar dem Vereinigten Königreich zusichert, dass das Land in der Tat in der EU durchaus auch sehr willkommen bleibe, wenn man nicht die ganze jeweilige EU-Integrationstiefe mittrage. Eine solche Botschaft fehlte weithin und man könnte den Eindruck haben, dass weder im Europäischen Rat noch bei der Europäischen Kommission die hier angesprochene britische Studie von CURTICE (2016) bekannt war.

- Eine Studie von CURTICE (2015, Tab. 2; siehe auch CLEARY/ SIMPSON, 2016) zeigt in der obigen Tabelle 3 nach Bildungsabschlüssen differenzierte BREXIT-Einstellungen: Die Ungelernten waren die einzige Gruppe, die von einem BREXIT erwarteten, dass es der britischen Wirtschaft außerhalb der EU besser gehen werde: 33 % war der entsprechende Anteil bei den Ungelernten, 44 % dieser Gruppe gingen von keinem großen Unterschied im Fall UK-in-der-EU gegenüber einem britischen EU-Austritt aus; 16 % gingen von einer wirtschaftlichen Verschlechterung durch BREXIT aus. Auch bei der Gruppe mit einer Basisqualifikation meinten immer noch 27 %, man könne erwarten, dass bei einem britischen EU-Austritt eine Stärkung der Wirtschaft eintreten werde, 36 % dieser Gruppe erwarteten kaum eine Änderung. Auch bei der zweithöchsten Bildungsstufe gab es eine mehrheitliche Einstellung, dass der BREXIT Großbritannien ökonomisch nicht schaden werde, denn nur 44 % erwarteten eine ökonomische Verschlechterung. Das ist offensichtlich eine grundlegende Fehleinschätzung und diese Studie aus 2015 hätte doppelter Anlass für die Cameron-Regierung sein müssen, beim Referendum die Finanzministeriumsstudie vom 18. April 2016 mit dem Befund eines starken Einkommensrückgangs bei BREXIT in die Broschüre für alle Haushalte als aufklärende Info einzubauen. Hier sieht man schon, dass unzureichende ökonomische Regierungsinfos zu einer Referendums-Abstimmung in einem Schleier des Nichtwissens für viele Bevölkerungsgruppen führen würden. Bei den gut Ausgebildeten („Degree/ Hochschulabschluss") lag der Anteil, der eine ökonomische Verschlechterung bei einem BREXIT erwartete, bei 65 %, 19 % gingen von einer in etwa unveränderter Lage aus, 15 % erwarteten in dieser Gruppe eine Verbesserung der britischen Wirtschaftslage. Interessant ist auch die entsprechende Gegenüberstellung bei der Frage, ob das Vereinigte Königreich nach einem EU-Austritt einen größeren Einfluss in der Welt hätte: Bei den Ungelernten war der Anteil der mit einer Positivsicht Eingestellten 26 %, bei den gut Ausbildeten war der entsprechende Anteil 11 % und bei diesen lag der Anteil, die einen verminderten Einfluss erwarteten, bei

56 %. Bei den Ungelernten erwarteten nur 19 % einen geringeren globalen Einfluss. Ein wenig pointiert kann man formulieren, dass nostalgische Rentner und wenig gebildete Wähler mit einer kaum zutreffenden Weltsicht das Vereinigte Königreich nach fast 45 Jahren Mitgliedschaft aus der EU gekippt haben. Dass die U-KIP gerade die illusionäre Sichtweise der Ungelernten mit ihren Parolen quasi gut bediente und als Wähler für BREXIT mobilisierte, scheint offensichtlich. Interessant ist schließlich, dass der subjektiv geschätzte Einwandereranteil im Vereinigten Königreich bei der britischen Bevölkerung rund dreifach so hoch wie der tatsächliche Anteil war.

Hieraus ergeben sich durchaus auch kritische Fragen Richtung Nutzen einer Volksbefragung bei einem komplizierten Thema. Man kann einerseits natürlich eine Volksbefragung/einen Volksentscheid als höchsten Ausdruck von Demokratie einstufen. Man könnte aber auch mit Blick auf einen hypothetischen Zustand des Nichtwissens im Rawlsschen Sinn – dann kennt man seine künftige tatsächliche Position in der Gesellschaft nicht – fragen, welche Art Fragen man nicht ohne weiteres über eine Volksbefragung entscheiden lassen möchte oder wo man zumindest bei einer Volksbefragung für eine Veränderung des Status quo eine 60 %-Mehrheit (oder eine andere Art von qualifizierter Mehrheit) verlangen könnte – oder aber ein zweistufiges Verfahren mit Volksbefragung und nach einem weiteren Jahr dann Volksentscheid.

Die BREXIT-Entscheidung wirft kein gutes Licht auf die britische Demokratie – formal korrekt, aber ohne vernünftige rechtzeitige Informationen seitens der Regierung. Da das Thema Referendum zur EU-Mitgliedschaft schon seit 2013 von Cameron auf die Agenda gesetzt worden war, ist die schlechte Vorbereitung des Referendums in 2016 umso unverständlicher. Wie man hier im Übrigen sieht, ist Bildungspolitik offenbar auch Integrationspolitik und eine Gesellschaft mit hohem Anteil an Ungelernten in der Wählerschaft wird eher wenig die Fähigkeit zu nachhaltiger internationaler Integration haben. In dieser Hinsicht ist Deutschland mit seinem relativ geringen Anteil an Ungelernten also ein strukturell relativ integrations-freundliches EU-Land.

Dass sich im Übrigen in der AfD offenbar auch gut gebildete Parteiakteure wiederfinden, zeigt wohl, dass man die nationalistisch-nostalgische Politikergruppe gerade auch bei einem Teil der besonders Wohlhabenden und Gebildeten findet. Dabei hat man den Eindruck, dass ein besonders hoher AfD-Anteil aus Ostdeutschland kommt bzw. dort sind die relativen Wahlergebnisse eben auch sehr hoch und hierin kommt sicher auch der Mangel an EU-Integrations- und Internationalisierungserfahrung in Teilen Ostdeutschlands zum Ausdruck.

Aus den britischen Umfrageergebnissen folgt für UK, aber wohl auch für andere EU-Länder, insbesondere, dass die Europäische Union gut beraten wäre, die Identitätsgefühle der Menschen in den EU-Mitgliedsländern durch bestimmte Politikschritte nicht zu unterminieren bzw. hier ein Gefühl breiter Verunsicherung zu schaffen. Eine unkontrollierte und integrationsmäßig schlecht organisierte Zuwanderung zählt zu den von daher problematischen Punkten ebenso wie etwa eine Aufnahme der Türkei in die EU.

Dass ein Teil der Anti-EU-Einstellung in Großbritannien sich auch aus einem schlechten Eindruck erklärt, den die EU-Integration – inklusive Euro-Währungsunion – in den Jahren 2010-2015 gemacht hat, ist nicht zu übersehen. Ein sinnvolles und glaubwürdiges Regelwerk zur Defizitpolitik ist wichtig, die Europäische Kommission vermag bislang die Regeln des Stabilitäts- und Wachstumspaktes zu wenig durchzusetzen; zugleich sind aber nationale, verfassungsmäßige Defizitbegrenzungen in Richtung Schuldenbremse in vielen Ländern der Eurozone eher schwach, obwohl eine entsprechende Regelung eigentlich handlungsentlastend auf die Wirtschaftspolitik wirken soll und die Euro-Stabilität erhöhen wird. Eine zu eng gesetzte Defizitgrenze wie in Deutschlands Grundgesetz ist hingegen auch fragwürdig: 0 % strukturelle (konjunkturneutrale) Defizitquote für die Bundesländer ab 2019 und 0,35 % für den Bund seit 2016 sind zu wenig, da dann bei 1,5 % Trend-Wachstumsrate die langfristige Schuldenquote auf 23,3 % hinausläuft. Die unzureichende Umsetzung der EU-Regeln zur Begrenzung von Defizitquote und Schuldenquote der EU-Mitgliedsländer schafft ein gefährliches Glaubwürdigkeitsproblem im „Euro-Länder-Club": nach innen und nach außen, wobei auch wichtige Haftungsprinzipien unterminiert werden. Reformen, gerade nach dem BREXIT, müssten auch in der Eurozone bessere Anreize für wirtschaftspolitische Vernunft geben, wobei man die Grenzen künftig bei der Defizitquote für Länder mit B-Rating wesentlich enger setzten sollte als bei Ländern mit A-Rating: Länder mit mindestens AA-Rating bei der Klassifizierung der Staatsschuld könnten automatisch drei Freijahre für die Rückführung der Defizitquote unter 3 % erhalten. Länder mit mindestens Investorgrad-Rating hätten hingegen zwei Jahre und C-Rating-Länder nur ein Jahr. Das soll den Ländern Anreize geben, sich in die Top-Bonitätskategorien hinein zu bewegen, und außerdem ist es ja sinnvoll, dass Länder mit guter Schuldner-Benotung bzw. Top-Rating (AA oder AAA) auch einen größeren verdienten Gestaltungsspielraum in der Defizitpolitik erhalten.

Bundesbankpräsident Weidmann (WEIDMANN, 2016) sagte in einer Rede in München am 1. Juli 2016 zum Thema BREXIT:

Ich stimme mit dem Präsidenten des Europäischen Parlaments überein, der „eine mehr geschlossene und einheitliche Europäische Union" wünscht.

Das sollte aber nicht um den Preis von mehr Gemeinschaftshaftung geschehen, wenn nicht gleichzeitig gemeinsame Kontrollrechte auf europäischer Ebene vereinbart werden. Und es müsste in diesem Fall gesichert sein, dass die dann europäisch getroffenen Entscheidungen auch stabilitätsorientiert ausfallen …

Die Meinungen über die zukünftige Ausgestaltung der Währungsunion gehen also weit auseinander. Allerdings werden selbst dort, wo eigentlich gemeinsame Regeln vereinbart worden waren, nämlich bei der Fiskalpolitik, diese nicht ernst genommen – und die Kommission lässt gerade die großen Mitgliedsländer weitgehend gewähren. Das schadet nicht nur dem Ansehen der europäischen Institutionen, sondern geht auch zu Lasten solider Staatsfinanzen in den Mitgliedsländern …

Nicht nur im Vereinigten Königreich muss die EU als Projektionsfläche für die Schattenseiten von Globalisierung und Migration herhalten. Auch in anderen EU-Staaten gibt es Europaskepsis, die vielleicht sogar dadurch genährt wird, dass sich Europa nicht an die eigenen Regeln hält …

Im Vereinigten Königreich war diese Euroskepsis so groß, dass die Wähler trotz der zahlreichen Warnungen vor den wirtschaftlichen Folgen mehrheitlich für einen Austritt stimmten … Diese Entscheidung ist sehr bedauerlich und sie ist in meinen Augen ein Fehler. Aber sie ist zu respektieren und wir müssen damit umgehen.

Der BREXIT wird auf viele Jahre Auswirkungen auf UK und auf ganz Europa haben. Da die neue Ultra-Niedrigzinspolitik der britischen Notenbank die Niedrigzinssituation indirekt zementiert – und der BREXIT auch selbst die EZB vermutlich länger auf expansive Geldpolitik gepolt lassen wird –, ist davon auszugehen, dass es zu erheblichen neuen Kapitalabflüssen in die Schwellenländer kommt. Bei den unnormal niedrigen Renditen für Staatsanleihen und Unternehmensanleihen mit gutem Rating in Europa wird es nicht ausbleiben, dass die Schwellenländer trotz realwirtschaftlich kaum verbesserter Bedingungen hohe Kapitalzuflüsse aus Europa, Japan und wohl auch aus den USA anziehen. Der BREXIT trägt damit zu Aufwertungen der Währungen von Schwellenländern bei und dürfte zugleich in manchen Schwellenländern zu konjunkturellen Expansions-Strohfeuern kurz beitragen. Das ist wiederum auch keine wirklich nachhaltige Entwicklung. Es drohen in Schwellenländern erhebliche Verzerrungen und in einigen Jahren könnte dann eine Art Asienkrise wie 1998 eintreten, als bei guter Konjunktur plötzliche große Kapitalabflüsse zu einer ganz massiven regionalen und internationalen Krise führten. Die negativen externen bzw. internationalen Effekte des BREXIT sind, bevor der britische EU-Austritt überhaupt vollzogen worden ist, ganz erheblich. Anfang September 2017 hat die Bank of England wegen der hohen Inflation den Notenbankzins erhöht.

Wunschdenken, Interessen und Nationalismus

Bei Fragen zur EU-Integration ist es gut, sich in Erinnerung zu rufen, dass die EU durch eine Reihe von Krisen gegangen ist (KNIPPING, 2004) – und häufig wurde argumentiert, dass sich in der Krise dann eine erfolgreiche Problemlösung ergebe. Diese EU-Erfolgsformel ist mit dem BREXIT zunächst widerlegt. Denn weder die Europäische Kommission bzw. die Staats- und Regierungschefs der EU27, mit denen Cameron vier Monate vor dem Referendum einige Zugeständnisse für sein Land aushandeln konnte, noch die britische Regierung selbst haben den Ernst der Lage im Vereinigten Königreich und letztlich in der EU28 erkannt. Seit dem BREXIT fühlen sich in vielen EU-Ländern jene Kräfte gestärkt, die weniger Europäische Integration wollen oder gleich ganz aus der EU ausscheiden wollen. Der BREXIT wirkt als Verstärkersignal für alle nationalistischen Kräfte, so illusorisch sich deren Politikprogramm auch lesen oder anhören mag – vielen Wählerinnen und Wählern in wichtigen Länder gibt es offenbar ein gutes Gefühl und womöglich ist seit dem Ende der Sowjetunion in West- und Osteuropa überhaupt eine neue historische Hinwendung zum Nationalen entstanden – beginnend mit der deutschen Wiedervereinigung und einem neuen polnischen und ungarischen Nationalismus sowie dem Aufstieg von Marine Le Pen und ihrem Front national in Frankreich sowie populistischen Bewegungen in Finnland, Dänemark, Niederlande und Belgien plus Italien und Spanien (Katalonien).

Der Ökonom Harry G. JOHNSON (1967) hat in einem Beitrag einmal darauf hingewiesen, dass Nationalismus den Menschen einen Art Quasi-Zusatznutzen gibt, der durchaus wie eine Einkommenserhöhung wirken kann. Es gibt offenbar eine psychische Disposition vieler Menschen, sich durch eine nationalistische Identitätszuschreibung einen Art persönlichen Mehrwert zu verschaffen; dazu gehört meist natürlich die Abgrenzung gegen andere Nationen und damit ist Nationalismus selten nachhaltig international kooperationsfähig, sondern er sorgt für das Entstehen von rivalitätsgetriebenen Konfliktfeldern. Nationalismus bringt natürlich eine andere Art von Zusatznutzen als den, den man sich aus ökonomischer Sicht als EU-Mitglied quasi als politisch-ökonomischen Club-Nutzen (nach BUCHANAN/TULLOCK, 1962) vorstellen könnte: Gemeinsam kann jeder einzelne seine Ziele besser erreichen, eben wie in einer Genossenschaft oder in einem Club. Dort gibt es ja auch einen Mitgliedsbeitrag, allerdings erwartet jedes Mitglied auch einen spezifischen Nutzen aus der Club-Mitgliedschaft; der ergibt sich eben vor dem Hintergrund der jeweiligen eigenen Interessen, die wiederum durch strukturelle Faktoren – wie etwa die

Sektoralstruktur der Wirtschaft – oder die Größe des Landes oder eben die Höhe der Pro-Kopf-Einkommen geprägt sein können. Der Club-Nutzen aus Sicht der Mitgliedsländer steigt bis zu einer bestimmten Grenze durch den Anstieg der Länder-Mitgliederzahl, denn dann kann man eben global leichter Interessen durchsetzen. Mit der Zahl der Mitgliedsländer steigen aber auch die Konsens- bzw. Organisationskosten an. Es gibt von daher sicherlich auch eine Art optimale Mitgliederzahl, die man nicht leichtfertig überschreiten sollte. Denn sonst entstehen eben Anreize für Mitgliedsländer, irgendwann dann auch auszutreten. Hat man erst solche Austrittsfälle, so regt das wohl in der Regel zu Impulsen zur Nachahmung in einigen Ländern an. Das allein schon schwächt dann die Integrationsdynamik, das ruft auch verstärkt nach einer Analyse des Netto-Nutzens der Mitgliedschaft, wobei dem Nutzen auch die eigenen Mitgliedschaftskosten (z.B. Beitragszahlungen) gegenübergestellt werden. Die EU arbeitet dabei auf Basis der Annahme, dass eine gemeinsame Außenwirtschaftspolitik, eine gemeinsame Agrarpolitik – Stichwort: Versorgungssicherheit – und eine Rahmen-Wettbewerbs- bzw. Regulierungspolitik Vorteile für die Mitgliedsländer ergibt. Bei der Eurozone gibt es zusätzlich die Vorstellung, dass eine gemeinsame Zentralbank bzw. eine gemeinsame Geldpolitik ökonomische Vorteile bringen kann.

Die Konsenskosten in einem Club wie der EU sind eine positive Funktion der Unterschiedlichkeit im Pro-Kopf-Einkommen. Von daher gilt, dass ökonomische Konvergenz, also eine Angleichung der Pro-Kopf-Einkommen im Zeitablauf, auch einen politischen Vorteil hat – nämlich leichtere Konsensfindung: Länder mit ähnlichen Pro-Kopf-Einkommen haben eben eher ähnliche Interessen als eine Ländergruppe mit Mitgliedern, die sehr unterschiedlich hohe Pro-Kopf-Einkommen haben. Ökonomische Konvergenz wird von daher in einem sinnvoll organisierten Integrationsraum immer ein wichtiger Zielpunkt sein.

Es kann durchaus auch langfristige Einkommensunterschiede zwischen Mitgliedsländern geben, aber eine Art Mindestkonvergenz sollte schon nachhaltig erreicht werden. Von daher wirkten die Bankenkrise und die Eurokrise im Übrigen nicht förderlich für die EU-Integration. Denn hier sind die Pro-Kopf-Einkommensunterschiede in der EU zeitweise gewachsen. Bei aller Kritik an fehlender fiskalischer Politikkoordination und unzureichenden staatlichen Defizitregeln für die Mitgliedsländer der Eurozone ist nicht zu übersehen, dass die Politik dann über institutionelle Innovationen – letztlich Stabilisierungsfonds für die Eurozone – einige Verbesserungen bei den Regeln erreicht hat – auch bei der Stabilisierung der Krisenländer. Während man Griechenland als Sonderfall aus verschiedenen Gründen betrachten kann, ist doch auch nicht zu übersehen, dass die Reformpolitik der meisten Krisenländer wirkte und einige

Erfolge brachte, so dass man nach vier Krisenjahren für die Eurozone wieder optimistischer sein kann. Das heißt natürlich nicht, dass die Reformaufgaben für die Eurozone und die EU insgesamt schon bewältigt wären.

Ökonomische Sicht von Unsicherheit

Die BREXIT-Entscheidung ist weithin unerwartet und sie kann – bei allem Respekt vor der Wählerschaft – als wenig rational gelten; denn die Annahmen, auf die vor allem ärmere und bildungsferne Schichten ihr Ja für einen EU-Austritt setzten, kann man aus wissenschaftlicher Sicht als kontrafaktisch einstufen. Auf der politisch-ökonomischen Bühne geschah, was man eigentlich für unmöglich hielt: dass sich in einer ökonomischen Aufschwungssituation scheinbar eine Bevölkerungsmehrheit in einem wohlhabenden EU-Land, allen Warnungen von Regierungen und Experten zum Trotz, für einen EU-Austritt entscheidet. Das ist die dritte große Verunsicherung nach der Eurokrise 2010-2015 und nach dem Konkurs der US-Investmentbank Lehman Brothers am 15. September 2008 – auch dieser Fall des Konkurses einer Großbank war eigentlich nicht vorgesehen. Es hieß in den Lehrbüchern zu Großbanken: too big to fail – zu groß um unterzugehen –, also: Der Staat werde die Bank schon retten. Aber die US-Administration unter Präsident Bush Jr. wollte ein Exempel statuieren, nachdem die Rettung der Investment-Bank Bear Stearns im Frühjahr 2008 schon als ideologisch unerwünschter Staatseingriff aus Sicht der Republikaner galt. Dass die Länder der Eurozone ihrerseits eine grundlegend wackelige Konstruktion der Währungsunion auf den Weg gebracht hatten, hätte man auch kaum für möglich gehalten: Zehn Jahre nach dem Start von Europäischer Zentralbank und Eurozone – kaum, dass die Festschriften zu diesem Jubiläum gedruckt waren – stürzten gleich mehrere Länder in den seit dem Lehman Brothers-Konkurs unruhigen internationalen Kapitalmärkten ab, vorwiegend durch eigene Politikfehler, wobei Griechenlands Regierung mit seiner 15 %-Defizitquote 2009 den Gipfel der Unverantwortlichkeit markierte und historisch für einen Mega-Defizit-/Politikbetrug steht. Bislang hat die EU hier kaum vernünftige Konsequenzen ziehen können und in Sachen Bankenkrise sind nur einige wichtige Konsequenzen gezogen worden. Die Tatsache, dass die sogenannten Coco-Anleihen (contingent convertible bonds, die von Banken ausgegeben werden und im Fall eines kritischen Absinkens der Eigenkapitalquote dann zu Eigenkapital werden) auch von Banken gehalten werden können, zeigt einen handwerklichen Fehler: Wenn denn Coco-Anleihen zur Stabilisierung der Bankenwelt beitragen sollen, indem auch für den Fall einer Bankensystemkrise von außen mehr Eigenkapital – als letzter Verlustpuffer der Banken – bereitgestellt werden soll, so wird das nicht funktionieren bei einer Krise des Bankensystems. Denn wenn ausgerechnet viele Banken hohe Coco-Anleihenbestände haben, können diese in einer hier gedachten Systemkrise ja unmöglich alle mehr Eigenkapital zur Verfügung für andere stellen (in der Krise werden gerade die Gewinne ja eher sehr klein sein).

Eine vierte Unsicherheitsmarke ist die Flüchtlingswelle; denn wer hätte je gedacht, dass eine deutsche Bundesregierung an allen EU-Partnern vorbei über das Öffnen von Grenzen in der EU entscheiden und dann auch noch die Flüchtlinge im Nachhinein kontingentsmäßig auf EU-Partnerländer umverteilen will. Das historische Versagen von Kanzlerin Merkel, die grundlegende EU-Zusammenhänge aus einer emotionalen, gesinnungsethischen Politiklaune heraus und mit eigenem Machtgehabe Ende August 2015 ignorierte, ist schon selbst eine neue Stufe von Unsicherheit: Dabei wurde auch noch zugleich eine solche Desorganisation bei der Aufnahme der Flüchtlinge entfaltet, dass zusätzliche Unsicherheit auch gerade sicherheitspolitisch entstanden ist – vielleicht auf sehr viele Jahre. Das sonst gut organisierte Deutschland erschien also als erfassungsmäßig bei den Flüchtlingen sichtbarer Chaosfall, wo auch noch ein Jahr nach dem Sommer 2015 fast 400 000 Flüchtlinge von den Behörden noch nicht vernünftig erfasst sind.

Der nach 1980 großartig und historisch erscheinende Sieg des Westens im Kalten Krieg ist verspielt – letzterer war viel mehr eine Basis für eine halbwegs vernünftige Erwartungsbildung als die Dekade nach 2008, in die auch verstörend der neue islamistische Terrorismus in Teilen Europas einwirkte. Dieser Terrorismus ist selbst ein neuer Unsicherheitsfaktor, den allerdings die Länder in Europa teilweise selbst verantworten: Jahrzehnte der Massen-Jugendarbeitslosigkeit in Frankreich sind Teil des Problems, das die Regierungen weitgehend selbst verantworten müssen. Die gefährliche Verwirrung beim Thema Religion versus wissenschaftliche Wahrheit ist ein Standardproblem in vielen arabischen Ländern; das 1934 von dem Wissenschaftstheoretiker Karl Popper verfasste und hierzu sehr aufschlussreiche, differenzierte Werk „Logik der Forschung" war auch 2014 – 80 Jahre nach Erscheinen – nicht ins Arabische übersetzt. Für Militäraktionen hat der Westen Milliarden mobilisiert, 10 000 € für eine gute Buchübersetzung, die Aufklärung in den arabischen Raum bringen könnte, sind indes offenbar kaum zu mobilisieren. Tatsächlich sind der Terrorismus und eine Art arabischer Bürger- und Religionskrieg viel älter: Der Überfall auf die Heiligen Stätten in Saudi-Arabien im Jahr 1979 markierte in den 1970er Jahren in den arabischen Ländern einen ersten gefährlichen Höhepunkt, aus dem damals nur die Hilfe französischer Militär-Spezialisten heraushalf.

Ökonomisch bedeutet mehr Unsicherheit zunächst zweierlei: einen die größere Einkommensunsicherheit abbildenden Rückgang der Güternachfrage und zudem wegen erhöhter Investitionsrisiken höhere Produktionskosten, die zu einem Rückgang der Gleichgewichts- bzw. Produktionsmenge auf den Gütermärkten und letztlich auch zu weniger Beschäftigung führen, sofern die Arbeitsmärkte nicht sehr flexibel sind. Ob sich das Güterpreisniveau erhöhen oder vermindern wird, ist zunächst unklar; für eine klare Aussage müsste man eine Reihe von Verhaltensparametern schätzen. Ob das Niveau des Wachstumspfades steigt oder sinkt, ist ebenfalls unklar, obwohl einige Argumente dafür sprechen, dass dieses Niveau ansteigt – aber zugleich sinkt die Trendwachstumsrate des Realeinkommens dann ab, nämlich als Folge verminderter Innovationsdynamik. Letzteres kann man mit einiger Sicherheit als Ergebnis der neuen Unsicherheiten für Europa folgern. Das heißt aber nicht, dass Asien nicht seine hohe Wirtschaftsdynamik in China, Indien und den ASEAN-Ländern fortführen kann. So gesehen ist ein Ergebnis der Instabilitäten und Unsicherheiten in Europa eine langfristige globale Kräfteverschiebung zugunsten Asiens und auch der USA. Wenn man aus dem BREXIT in Europa nicht umfassend lernt und Konsequenzen zieht bzw. Reformen angeht, droht Europa der große Verlierer des 21. Jahrhunderts zu werden – vielleicht zusammen mit Lateinamerika, wo das Gift der Unsicherheit schon lange wächst, in Form von Korruption, Kriminalität und politischer Instabilität in einigen Ländern. Es gilt mit Blick auf den BREXIT sehr genau und dringend die Probleme zu analysieren. Schon frühzeitig in 2015 und Anfang 2016 gab es von zahlreichen Instituten und Wissenschaftlern erste Analysen zu den Kosten eines EU-Austritts (Übersicht: BUSCH/MATTHES, 2016; 8. April), die fast alle negative Einkommenseffekte aufzeigten.

BREXIT-Kosten: Späte Berechnung zu den Kosten eines britischen EU-Austrittszenarios und fehlende Regierungsinformation für die Haushalte

Es dauerte enorm lang, bis die britische Regierung einen Bericht zu den EU-Austrittkosten vorstellte. Die britische Regierung legte am 18. April 2016 einen Bericht (HM Government, 2016) zu den ökonomischen Konsequenzen eines EU-Austritts vor, der methodisch solide die BREXIT-Kosten thematisiert: im Sinn einer Änderung des langfristigen Realeinkommens. Das Datum 18. April kann man wohl sonderbar finden: nur zwei Monate vor dem Volksentscheid. Entweder hat die Regierung erst sehr spät – zu spät – die Analyse zur Ermittlung der Kosten eines EU-Austritts in Auftrag gegeben, was unprofessionell wäre (Cameron hatte das Referendum schon in 2013 in Aussicht gestellt!). Oder es gab eine von EU-Gegnern im Ministerium ausgelöste Verzögerung bei der Vorlage des Berichts an das Parlament und das wäre erst recht ein Skandal.

Als wichtig für die Ermittlung der ökonomischen BREXIT-Effekte wird im Regierungsbericht dabei die Frage eines Zugangs zum EU-Binnenmarkt nach EU-Austritt erachtet. Solange Großbritannien EU-Mitglied ist, haben Firmen aus diesem Land zollfreien Zugang zu allen Märkten der EU-Länder und umgekehrt haben Firmen aus den EU27-Ländern zollfreien Zugang zu den Märkten in Großbritannien. Von einem Zollsatz von Null für die gehandelten Güter mit Absatzziel EU27 wird der durchschnittliche ImportZollsatz für britische Produkte auf etwa 8 % ansteigen, wenn Großbritannien die EU verlässt und behandelt würde wie andere Drittländer im Rahmen der Welthandelsorganisation. Die EU-Zolleinnahmen könnten dann um etwa 4 Milliarden € ansteigen. Umgekehrt ist etwa daran zu denken, dass Deutschlands Exporte Richtung Großbritannien 90 Milliarden € pro Jahr ausmachen und auch für diese Güter – bislang zollfrei – wird dann in Zukunft ein britischer Importzollsatz zu zahlen sein. Bei einem EU-Austritt muss aus britischer Sicht ein neuer Zugang zu den EU27-Märkten verhandelt werden, wobei die schlechteste denkbare Position für Großbritannien die ist, dass man keine Vereinbarung mit der EU27 erzielt, also Zugang zur EU27 nach den Regeln der Welthandelsorganisation erhält. Umgekehrt wird es dann auch einen verhandelten Zugang der EU27 zu UK geben. Dabei werden in der britischen Regierungsanalyse als Szenarien betrachtet:

A) Nach EU-Austritt wird Großbritannien Mitglied des Europäischen Wirtschaftsraumes – wie Liechtenstein, Island, Norwegen, wobei Norwegen erhebliche Beiträge zum EU-Haushalt zahlt und wichtige Binnenmarktregeln umsetzen muss, und auf dieser Basis werden die Handels-, Einkommens- und Haushaltswirkungen für Großbritannien berechnet.

B) Nach EU-Austritt wird Großbritannien auf Basis eines bilateralen Freihandelsvertrages Zugang zum EU-Binnenmarkt erhalten und entsprechend werden die Effekte für das Land berechnet.

C) Nach EU-Austritt gelingt ein Freihandelsvertragsabschluss mit der EU27 nicht und daher wird dann die britische Position beim Zugang zum EU27-Binnenmarkt auf Basis der Regeln der Welthandelsorganisation bestimmt.

Die sich nach 15 Jahren ergebenden mittleren realen Einkommenseffekte zu A), B) und C) lauten bei Bezug auf das Einkommensniveau von 2015 -3,8 %, -6,2 % bzw. -7,5 %. Der mittlere Fall B) ist am ehesten realistisch und ist mit -6 % größenordnungsmäßig schon erheblich; dabei liegen die -6,2 % allerdings in der Mitte der in der Studie ermittelten Negativwerte in einem Schätzbereich von -4,6 % bis -7,8 %. Ein Einkommensrückgang von 8 % entspricht anschaulich gesprochen dem Fall, dass man in einem Jahr auf das Dezember-Einkommen verzichtet.

Der Pro-Kopf-Einkommensverlust pro Haushalt im schlechtesten Fall C) beträgt 3 700 bis 6 600 Pfund, die mittlere Schätzung beträgt hier 5 200 Pfund; die mittlere Schätzvariante für den Verlust pro Kopf beträgt 2 100 Pfund (siehe die nachfolgende Tabelle 4). Bei einem bilateralen Abkommen – einem plausiblen Fall B) – beträgt der Verlust pro Kopf 1 800 Pfund (etwa 2 000 €), pro Haushalt 4 300 Pfund. Aus den sich ergebenden Steuerausfällen von 30 Milliarden Pfund pro Jahr ergibt sich die Notwendigkeit, den Eingangs-Einkommensteuersatz von 20 % auf 28 % zu erhöhen, beim Fall C) gar auf 30 %. Allein die Erhöhung des durchschnittlichen Steuersatzes um 2 % in Großbritannien nach dem BREXIT wird, so sei hier ergänzt, in einem Standard-Solow-Wachstumsmodell das langfristige Niveau des Wachstumspfades beim Realeinkommen um 1 % absenken.

Die britische Regierung hat Informationen an die privaten Haushalte geschickt („Why the Government believes that voting to remain ...", siehe Anhang 1), die zur Wahl motivieren sollten und Hauptinformationen zum Thema EU-Nutzen geben. Sonderbarerweise werden aber die vom Finanzministerium errechneten Wohlfahrtskosten von 3-10 % realer Einkommensverlust bzw. 2 000-5 200 Pfund Sterling pro Haushalt für den Fall eines EU-Austritts nicht mit einem Wort erwähnt. Die unterhalb der Tabelle folgende Zeitleiste verdeutlicht, dass die an alle Haushalte verschickte Information (Versand in England am 11.-13. April 2016) die Befunde aus der langfristigen Analyse der Wirtschaftseffekte auf den ersten Blick nicht enthalten konnte, da das Finanzministerium diesen Bericht ja erst am 18. April veröffentlichte; es besteht aber keinerlei Zweifel, dass alle wichtigen ökonomischen Befunde zahlenmäßig in der ersten Aprilwoche bereits vorlagen. In Schottland, Wales und Nordirland wurde wegen dort anstehender kommunaler Wahlen der Versand erst in der Woche vom 9. Mai vorgenommen, so dass man die Zahlen des Finanzministeriums hätte einfügen können. Es gab neben den Analysebefunden zu den langfristigen ökonomischen Effekten, die relativ hoch waren, auch einen noch im April vom Finanzministerium veröffentlichten Bericht zu den kurzfristigen ökonomischen Effekten (siehe Abb. 2).

Tab. 4. Kernbefunde zu den langfristigen britischen EU-Austrittskosten (BIP= Bruttoinlandsprodukt) gemäß Regierung für verschiedene Konstellationen

	Europäischer Wirtschaftsraum	Bilateral UK-verhandelter Zugang zum EU-Binnenmarkt	Situation Mitglied WTO/ Welthandelsorganisation
BIP (%) – zentral*	–3,8 %	–6,2 %	–7,5 %
BIP (Schätzbereich)	3,4 % bis 4,3 %	4,6 % bis 7,8 %	5,4 % bis 9,5 %
Pro-Kopf-BIP*,**	1 100	1 800	2 100
Pro-Kopf-BIP	1 000 bis1 200	1 300 bis 2 200	1 500 bis 2 700
BIP pro Haushalt*	2 600	4 300	5 200
BIP pro Haushalt	2 400 bis 2 900	3 200 bis 5 400	3 700 bis 6 600

* zentral heißt Mittelwert des Schätzbereiches, ** ausgedrückt in Pfund des Jahres 2015

Quelle: HM GOVERNMENT (2016), HM Treasury Analysis: the long-term economic impact of EU membership and the alternatives, London, April 2016, S. 138.

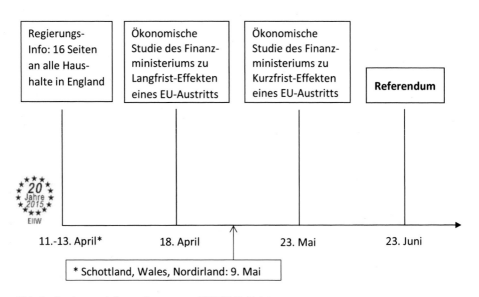

Abb. 2. Regierungsinformationen zum BREXIT: Zeitleiste

Zudem thematisieren die Analysen der britischen Regierung zusätzlich die Binnenmarktvertiefungsvorteile, die sich auf Basis der britischen Verhandlungen mit der EU im Februar 2016 auf mittlere Sicht bei Umsetzung bestimmter Liberalisierungsschritte in den Bereichen Dienstleistungsmarkt, digitaler Binnenmarkt, Energie-Binnenmarkt und Freihandelsverträge mit wichtigen EU-Handelspartnern (u.a. USA, Kanada, Japan, Mercosur, ASEAN). Die Binnenmarktvertiefungsvorteile werden mit 4 % berechnet oder 2 800 Pfund pro britischer Haushalt. Wenn man sehr optimistisch annimmt, dass bei einem BREXIT die EU gleichwohl auf dem bei den Verhandlungen mit Großbritannien 2016 angestoßenen Liberalisierungspfad gut zur Hälfte bleibt und das Vereinigte Königreich bei einem verhandelten Binnenmarktzugang von daher dennoch 2 % Einkommenswachstum realisieren kann, so ergibt sich durch BREXIT am Ende ein faktischer Wohlfahrtsverlust von 9 % (7,5 % plus 2 % nicht erreichter Einkommenszuwachs aus EU-Binnenmarktvertiefung).

Dieser negative Wohlfahrts- und Einkommenseffekt könnte noch größer ausfallen, wenn man den zu erwartenden Rückgang der Direktinvestitionszuflüsse nach Großbritannien berücksichtigt: Multinationale Unternehmen werden im Vereinigten Königreich weniger als im Fall einer EU-Mitgliedschaft investieren. Wenn der Direktinvestitionsbestand geringer ausfällt als im Fall der britischen EU-Mitgliedschaft, dann wird auch die Höhe der neuen Patentanmeldungen bzw. des Wissenszuwachses geringer sein, wie sich deutlich aus der Analyse von JUNGMITTAG/WELFENS (2016) zur Wissensproduktionsfunktion ergibt. Dann aber wird auch der für die Produktion und die internationale Wettbewerbsfähigkeit wichtige Wissensbestand nur verlangsamt ansteigen. Da der Zuwachs neuen Wissens in der Analyse von JUNGMITTAG/WELFENS von der Zahl der Forscher, dem Pro-Kopf-Einkommen und dem Direktinvestitionsbestand relativ zum Bruttoinlandsprodukt jeweils positiv abhängt, ist der BREXIT-bedingte Einkommensrückgang pro Kopf ein Impuls für eine verminderte Erhöhung des Wissens.

Eine ungeklärte Frage bei der Studie der britischen Regierung betrifft Fragen des Preisniveaus im Vereinigten Königreich und in den EU27-Ländern. Wenn britische Produkte zu einem Importzollsatz von z.B. 5 % in Zukunft in die EU exportiert werden können, so dürfte dies in einigen EU-Gütermärkten zu einer Preiserhöhung führen. Denkbar ist allerdings auch, dass die britischen Anbieter mangels starker Marktposition im Interesse der Sicherung von Marktanteilen auf Gewinne verzichten, was die Rendite mindert und in Großbritannien mit zu einer verminderten Investitionsquote beitragen wird. Da Güter aus der EU mit einem Zollaufschlag von Großbritannien importiert werden, kommt es dort zu einem Preisniveauanstieg bei Industriewaren; zugleich könnten die britischen

Agrarpreise sinken, da die hohen Importzölle der EU im Agrarbereich nicht länger relevant sind. Allerdings wird man in Großbritannien auch nicht einfach die Importzollsätze in der Landwirtschaft auf Null herabsetzen können, da sonst eine große Zahl von Konkursen im Agrarsektor zu erwarten wäre oder die britische Regierung ihrerseits stark erhöhte landwirtschaftliche Subventionen zahlen müsste. Mit dem EU-Austritt könnten sich bestimmte Erwartungen in der Wirtschaft verändern. Eine vernünftige makroökonomische Modellierung bezieht die Aktionen von privaten Haushalten und Firmen, inklusive der Rolle von Erwartungen, in die Modellierung mit ein. Erst daraus kann ein plausibler Zeitpfad bei Produktion, Beschäftigung und Inflation hergeleitet werden, wobei man bestimmte Politikantworten dann in die Simulation mit einbauen kann. Die britische Volkswirtschaft mag man dabei in der Weltwirtschaft als klein bezeichnen, bezogen auf die EU, mit der fast die Hälfte des Außenhandels erfolgt, ist dies nicht der Fall. Denn die Größenrelation UK zu EU27 liegt bei 19 % zu 81 % im Durchschnitt, in einigen Gütermärkten ist diese Relation noch deutlich höher, in einigen anderen auch niedriger.

Gemäß einer älteren Analyse von PAIN/YOUNG (2004) beträgt der Rückgang des britischen Realeinkommens 2,25 % bei BREXIT, was viel geringer als die Analyse der britischen Regierung 2016 ist. Die Autoren gehen davon aus, dass für britische Industriewaren nach einem EU-Austritt Großbritanniens 8,7 % als faktischer EU-Importzollsatz gelten wird (6,7 % plus 2 % administrative Zusatzkosten), wobei wegen der Marktmacht der EU27 davon auszugehen ist, dass die Firmen ihre Gewinne vermindern bzw. der Netto-Preis – also Preis ohne Zollsatz – auf EU-Märkten vermindert werden wird. Die internationale Güteraustausch-Relation verschlechtert sich für das Vereinigte Königreich. Die Autoren nehmen an, dass die Bank of England die Inflationsrate bei 2,5 % halten wird, was für 2016 bei einer Inflationsrate von kaum 1 % eine problematische Annahme ist.

Interessant an der Analyse von PAIN/YOUNG ist insbesondere die Verbindung von Direktinvestitionsbestand und Exporten: In einem modifizierten NiDEM-Modell führt ein 10 %-Anstieg des Direktinvestitionsbestandes in Großbritannien zu einem Exportanstieg von 0,75 %, was die Autoren dadurch erklären, dass die Präsenz ausländischer Multis im Land zu höherer Güterqualität und mehr Gütervarianten im Export führt. Greift man diesen Gedanken zur Verbindung von Direktinvestitionen und Exporten auf, so wird eine Verminderung der ausländischen Direktinvestitionen in Großbritannien längerfristig die britischen Exporte vermindern, was wiederum die Leistungsbilanzposition verschlechtert. Eine schlechtere britische Leistungsbilanzposition bedeutet im Branson-Modell, dass sich eine Abwertung und eine Zinssenkung ergeben. Weitergehend wäre mittelfristig zu beachten, dass eine reale Abwertung den Zufluss an Direktinvestitionen nach UK – gemäß Argumentation von FROOT/STEIN (1991) bei unvollkommenen Kapitalmärkten – dann erhöhen wird. Auf solche Leistungsbilanzaspekte geht allerdings die offizielle britische BREXIT-Regierungsstudie nicht ein und die PAIN/YOUNG-Studie auch nicht. Letztere betrachtet im Übrigen nur nominale Zollsätze, nicht effektive Zollsätze, die man für eine solide Analyse einzubeziehen hätte und die die Berücksichtigung importierter Vorleistungen verlangen. In der Modellierung des CENTRE FOR EUROPEAN REFORM (2016) sind die ermittelten negativen Handels- und Wachstumseffekte erheblich für den Fall eines BREXIT. Die Ergebnisse der Studie des britischen Finanzministeriums sind durchaus vergleichbar und auch eine Studie der London School of Economics kommt auf erhebliche negative Effekte.

Pro Kopf beträgt der Einkommensverlust durch BREXIT in der einfachen Version der britischen Regierungsanalyse also etwa 2 000 € (Fall B). Dabei ist noch nicht einmal eingerechnet, dass bei einem verhandelten Binnenmarktzugang das Vereinigte Königreich sicher auch Finanzbeiträge für den EU-Haushalt liefern müsste, also die Steuersatzerhöhung höher ausfällt als in den Berechnungen der britischen Regierung angegeben. Bei erhöhtem Steuersatz wird aber das Pro-Kopf-Einkommen geringer ausfallen.

Was die Frage nach einem BREXIT-bedingten Wohlfahrtsverlust angeht, so ist es letztlich nur ein Teilschritt, den Realeinkommenseffekt zu berechnen. In einem weiteren Schritt müsste die Auswirkung auf den Pro-Kopf-Konsum berechnet werden. Der aber wird um mehr als 9 % sinken, denn mit dem EU-Austritt des Vereinigten Königreiches dürften sich die europäischen Konfliktfelder – inklusive Ukraine/Krim – verstärken und daher wird sich die Militärausgabenquote im Vereinigten Königreich und anderen Ländern erhöhen: Die Konsumquote und der Pro-Kopf-Konsum sinken dadurch.

Man kann es insgesamt als erstaunlich bezeichnen, dass eine glaubwürdige regierungsseitige Expertenberechnung, die jedem Briten über 2 000 Pfund Einkommensverlust bei einem BREXIT ankündigt – und Steuererhöhungen obendrein –, nicht dazu führte, dass eine Pro-EU-Mehrheit bei der BREXIT-Abstimmung zustande kam. Man kann zunächst allerdings anmerken, dass die EU-Gegner schon einen halben Erfolg im Vorfeld des Referendums erzielt hatten, nachdem die Medien das Referendum nicht unter EU-Membership laufen ließen, sondern unter dem griffigen EU-Austrittsbegriff BREXIT. Bestehenden offiziellen finanziellen Begrenzungen der regierungsseitig anerkannten Leave-Kampagne der Austrittsbefürworter konnte man zudem leicht entgehen, da eine Reihe sehr wohlhabender Briten auf eigene Rechnung Mitarbeiter bezahlte und quasi als Sachspende der BREXIT-Gruppe zur Verfügung stellten.

Dass diese in großem Umfang erfolgten Maßnahmen regelkonform sein sollen, ist nicht zu erkennen.

Eine Analyse von AICHELE/FELBERMAYR (2015) zum BREXIT ermittelte als ökonomische Effekte eines britischen EU-Ausstieges einen Rückgang des Offenheitsgrades von Großbritannien von -3 % bis -13 % und davon ausgehend einen hohen langfristigen realen Einkommensrückgang von -6 % bis -26 %; unter Nutzung neuerer Analysen und Ansätze in der Fachliteratur ergibt sich eine geringere Spanne von -2 % bis -14 % für Großbritannien. Bei Deutschland liegen die dynamischen Verluste beim Realeinkommen bei -0,3 % bis -2 %. Zusätzlich zu den für Großbritannien ermittelten Realeinkommensverlusten kommen noch Rückgänge im realen britischen Pro-Kopf-Einkommen von -2,7 % bis -6,2 % für den Fall, dass die Zahl der EU-Bürger im Vereinigten Königreich um 50 % sinkt; bei einem Rückgang von 10 % geht es um -0,5 % bis -1,1 %. Die Zuwanderer aus den EU-Ländern sind relativ gut ausgebildet und haben eine relativ hohe Erwerbsquote.

Die Studie des Centre of Economic Performance (OTTAVIANO ET AL., 2014) ermittelte einen Realeinkommensrückgang von -1,1 % bis -10 % auf lange Sicht, während Open Europe (PERSSON ET AL., 2015) auf -2,2 % im schlechtesten Fall und +1,6 % im besten Fall kommt, wobei Letzterer aber annimmt, dass umfassende weitere Deregulierungen im Vereinigten Königreich stattfinden und obendrein eine einseitige Absenkung der Importzölle erfolgt. Ein derartiges Szenario ist aber wirklichkeitsfremd und betrachtet zudem nicht die separaten BREXIT-Kosten, sondern vermischt BREXIT-Effekte mit Ergebnissen ergänzender korrigierender Politikmaßnahmen.

Es sei betont, dass die langfristigen Negativ-Effekte des BREXIT teilweise in der Phase des Übergangs zum britischen EU-Austritt entstehen, wenn über die Bedingungen des künftigen Zugangs Großbritanniens zum EU-Binnenmarkt debattiert wird. Die wesentlichen langfristigen Negativ-Effekte werden in der Dekade nach dem EU-Austritt eintreten, so dass die britische Wachstumsrate in der Dekade nach 2019 vermindert sein dürfte. Wenn die britische Wachstumsrate 0,5 % reduziert wäre, so dürfte die Wachstumsrate der EU27 um etwas weniger als 0,1 % geringer ausfallen – und das hat über negative Rückwirkungseffekte auf Großbritannien dann noch einen weiteren Dämpfungseffekt zur Folge. Zusammenfassend gilt also: Die Außenhandelsintensität des Vereinigten Königreiches sinkt in Europa, es wird ein Weniger an Direktinvestitionen multinationaler Unternehmen geben und zudem auch eine Reduzierung der Zuwanderung – im Ergebnis ein Realeinkommensverlust von 3-10 % (Abb. 3).

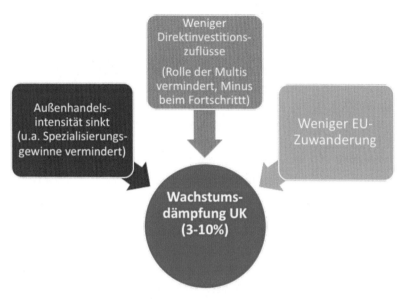

Abb. 3. BREXIT-Wirkungskanäle für Verminderung des Realeinkommens in Großbritannien; Ergänzende Zahlen zu den UK-Direkinvestitionszuflüssen die 2017 um 92% gegenüber Vorjahr fielen - finden sich im Anhang.

Offizielle Regierungsanalyse der BREXIT-Kosten wurde nicht vermittelt

Die britischen Regierungsberechnungen hatten bei näherer Betrachtung einen doppelten Nachteil: Die Vorlage der Berechnungsergebnisse kaum acht Wochen vor dem Datum der Volksbefragung ist viel zu spät erfolgt, um die Ergebnisse in das Bewusstsein breiter Wählerschichten eindringen lassen zu können. Das ist ein Cameron-Regierungsfehler. Denn schon im November 2015 war ja klar, dass es zu offiziellen Verhandlungen der EU mit Großbritannien kommen werde. Einen zweiten Nachteil gab es insofern, als sechs Minister der Cameron-Regierung ganz offiziell gegen die Pro-EU-Position von Cameron aufstanden – und der ließ das unwidersprochen durchgehen und beließ jeden der Abtrünnigen in der Regierung: Das ist eine Zwitter-Positionierung für die Cameron-Regierung, die in diesem Zustand unmöglich als glaubwürdiger Botschafter der eigenen Analysen bzw. einer Pro-EU-Position der Regierung auftreten konnte. Zu den Pro-BREXIT-Ministern in der Regierung gehörte Michael Gove, der Justizminister, der im Übrigen am 3. Juni 2016 laut Financial Times auf die Frage, welche Ökonomen ihm namentlich bekannt seien, die einen BREXIT befürworteten, sagte: Er weigere sich, die Namen eines BREXIT-befürwortenden Ökonomen zu nennen: „Die Leute in diesem Land haben genug von den Experten" („Michael Gove has refused to name any economists who back Britain's exit from the European Union, saying that »people in this country have had enough of experts«"; FT, 3. Juni 2016; https://www.ft.com/content/ 3be49734-29cb-11e6-83e4-abc22d5d108c).

Das ist eine im Grunde typisch populistische Position, nämlich einfach emotional gefärbte Standpunkte zu formulieren, für die sich nicht einmal eine Handvoll an Wirtschaftsexperten von halbwegs renommierten Universitäten finden lassen. Außer dem Ex-Thatcher-Berater Patrick Minford findet sich im Vereinigten Königreich kaum ein renommierter Ökonom, der BREXIT befürwortet. Jeremy Adler, Senior Research Fellow am King's College in London, nannte am 8. August 2016 in der Frankfurter Allgemeinen Zeitung diese Ablehnung von Expertenwissen durch den BREXIT-befürwortenden Justizminister Gove die Haltung eines trotzigen Kindes.

Was aber sagt diese Ablehnung von Wissenschaft in wichtigen Wirtschaftsfragen durch die britische Bevölkerung – soweit dies als Einstellung wirklich verbreitet ist? Hier zeichnet sich eine neue Anti-Rationalität Großbritanniens oder vielleicht des Westens insgesamt ab: Es könnte dahin kommen, dass der Westen – bis hin zu den USA unter einem Präsidenten Trump – die Fundamente seines historischen globalen Aufstieges zu zerstören droht, nämlich den Bezug der Politik zur Rationalität und die Nutzung wissenschaftlicher Erkenntnisse durch die Akteure des politischen Systems.

Solche anti-wissenschaftlichen Strömungen gibt es nicht nur beim BREXIT. Sie sind teilweise auch in Deutschland sichtbar, wo es eine Anti-TTIP-Bewegung auf Seiten der Umweltverbände gibt, die sehr wenig Sachverstand in Handels- und Direktinvestitionsfragen haben, aber eine breite, massive Ablehnungsbewegung des TTIP-Projektes einer transatlantischen EU-US-Handelsliberalisierung erzeugt haben (wichtig ist hier auch, dass der BUND als Umweltorganisation mehr Mitglieder hat als jede der großen Parteien in Deutschland – und die Internetpräsenz des BUND ist sehr breit). Das ist teilweise sonderbar, wenn man bedenkt, dass die große Berliner Demonstration gegen TTIP in 2015 von deutschen Umweltverbänden inklusive BUND wesentlich organisiert waren, wobei ausgerechnet die Europäische Kommission indirekt wesentlich zur Finanzierung beiträgt. BUND als „Nicht-Regierungsorganisation" ist Teil von Friends of the Earth Europe, dessen Budget zu mehr als der Hälfte durch die Europäische Kommission über Projektzuschüsse finanziert wird.

Natürlich kann man auch argumentieren, dass der Einfluss der Ökonomen in Europa wegen verminderter Prognosekraft etwa bei der Transatlantischen Bankenkrise nachgelassen hat. Aber insgesamt scheint es vor allem, dass es eine neue politische Populismus-Welle gibt, die sich auch durch eine anti-wissenschaftliche Haltung auszeichnet. In Deutschland steht die AfD erkennbar für eine solche Populismus-Welle; dass sie dabei ursprünglich auch von Wirtschaftswissenschaftlern mit begründet wurde, mutet da nur paradox an und viele dieser Wirtschaftswissenschaftler sind nach internen AfD-Streitereien in die neue Partei Alpha übergetreten, die politisch aber unbedeutend ist.

Premier David Cameron sah sich im Parlament mit etwa 40 EU-kritischen konservativen Parteifreunden konfrontiert und wollte offenbar diese und andere euroskeptische Kritiker politisch zurückdrängen. Dafür hat Cameron den Weg zu einem EU-Referendum beschritten, das er mit seiner Regierung sehr schlecht organisiert hat und das offensichtlich mehr innenpolitischen Zwecken dienen sollte als außenpolitischen. Mit der BREXIT-Mehrheit ist diese Absicht völlig schief gelaufen. Kritisch äußerte sich am 28. Juni – laut FAZ (Nr. 149/2016, S. 3: Junckers Gelübde und Farages Schmähkritik) – die litauische Präsidentin Dalia Grybauskaite, die betonte, dass mit „dem Referendumsergebnis der Brexit psychologisch schon vollzogen" sei. Unter Anspielung auf Camerons Rolle kritisierte die Präsidentin, der BREXIT sei das Ergebnis „parteitaktischer Überlegungen". Jene, die solche Überlegungen angestellt hätten, hätten „ein ganzes Land in Geiselhaft genommen". Das lässt an Deutlichkeit wenig zu wünschen übrig und man kann es nur bedauerlich nennen, dass ausgerechnet ein britischer konservativer Premier aus innerparteilichen Gründen ganz Europa für Jahre in Unruhe und ökonomische und politische Probleme gestürzt hat. Eine verantwortliche Politik kann man das nicht nennen und es werden sich nicht viele Wissenschaftler finden, die den BREXIT positiv für das Vereinigte Königreich und Europa einordnen.

Kann man den BREXIT aus ökonomischer Sicht erklären? Dies wäre etwa der Fall, wenn durch den BREXIT das langfristige Einkommens- und Konsumniveau ansteigen könnte oder wenn die Schwankungsbreite des Konsumpfades bei einer britischen EU-Mitgliedschaft relativ hoch wäre und nach dem EU-Austritt dann viel stabiler. Zur Beantwortung der Frage ist die Überlegung von Robert LUCAS zu betrachten (Models of Business Cycles, 1987), der die Frage stellte, wieviel ein risikoscheues Individuum bereit wäre zu zahlen, um seinen Konsumverlauf zu stabilisieren. In der weiteren Diskussion kommt man etwa auf 2 % des Konsumniveaus, auf das ein vernünftiger Mensch verzichtet, um aus einem instabilen Konsumpfad eine zeitlich stabile Konsumentwicklung zu machen (DOLMAS, 1998). Es ist aber nicht zu erwarten, dass der Konsum nach dem britischen EU-Austritt stabiler wird. Im Gegenteil: Der BREXIT destabilisiert die Einkommens- und Konsumentwicklung in UK und in der EU27 und von dort gibt es dann noch negative Rückwirkungen auf Großbritannien. Von daher gibt es keine Theorie, die bei einem erwarteten langfristigen Einkommensrückgang von 3-10 % des Realeinkommens durch BREXIT den britischen EU-Austritt ökonomisch erklären könnte. Die Erklärungen für den BREXIT lauten daher: a) Nicht-ökonomische Motive haben dominiert. b) Die Wähler haben gar nicht verstanden, welche ökonomischen Folgen der BREXIT haben wird – insbesondere weil ihnen gar nicht rechtzeitig vernünftige Informationen hierzu vorlagen.

Defekte der britischen Regierungskampagne und Schlussfolgerung: neues Referendum

Bei der Durchführung einer Volksbefragung darf man die sorgfältige Einhaltung gewisser Informationsstandards erwarten – eine genauere Analyse ist hier angebracht. Großbritannien hat für jedermann sichtbar beim schottischen Unabhängigkeitsreferendum im Jahr 2014 entsprechend regierungsseitige, rechtzeitige Informationen vorweisen können. Das EU-Referendum vom 23. Juni 2016 hingegen war nicht konform mit elementaren Mindesterfordernissen für Wählerinfos von britischer Regierungsseite: Es gab keine direkten Haushalts-Infos zu den großen negativen Einkommenseffekten (-6,2 % in der Hauptvariante der Regierungsstudie) im Fall eines britischen EU-Austritts, obwohl die Cameron-Regierung selbst die Zahlen dafür Anfang April beim britischen Finanzministerium in einer Studie zu den langfristigen Vorteilen einer britischen EU-Mitgliedschaft vorliegen hatte. Demgegenüber hatte die Regierung zum schottischen Unabhängigkeitsreferendum am 18. September 2014 umfassend und rechtzeitig in Broschüren über die ökonomischen Effekte eines Austritts Schottlands aus der Union mit England, Wales und Nordirland die Haushalte informiert: Beim Erhalt der britischen Union hat sich die Cameron-Regierung mit einer professionellen Informationskampagne engagiert, beim EU-Referendum 2016 hingegen nicht. Dass das reale (inflationsbereinigte) Einkommen eine wichtige Bestimmungsgröße für Wahlen in westlichen Demokratien ist, konnte schon Anfang der 1970er Jahre für die USA in wissenschaftlichen Studien gezeigt werden; für das Vereinigte Königreich war es eine frühe Studie von FREY/SCHNEIDER (1978), die mit Blick auf nationale Wahlen Einflussgrößen wie Einkommen, Inflation und Arbeitslosenquote thematisierten. HIBBS (2005) hat einige neuere Überlegungen zur Rolle makroökonomischer Einflüsse auf das Wahlverhalten in Demokratien entwickelt. Bei einem Referendum zur Frage britischer EU-Austritt Ja/Nein geht es nicht primär um aktuelle wirtschaftliche Entwicklungen, obwohl diese durchaus einen Einfluss haben können (zum BREXIT-Fall siehe eine demnächst erscheinende Studie von COLANTONE/STANIG (2016) von der Bocconi-Universität, die argumentieren, dass in Regionen mit hoher chinesischer Importquote der Anteil der BREXIT-Befürworter besonders hoch war – Angst vor verstärkter Globalisierung kann offenbar einen ökonomischen Nationalismus befördern). Mit Blick auf das britische EU-Referendum stand aus Sicht der privaten Haushalte beziehungsweise der Wähler sicher auch die Frage im Fokus, ob man im Fall einer Fortführung der EU-Mitgliedschaft ökonomische Vorteile haben werde – und wie hoch im Fall des Austritts der zu erwartende langfristige Einkommensverlust wäre. Hierzu können die einzelnen Wähler aber nicht auf eigene Einschätzungen oder Erfahrungen zurückgreifen; vielmehr sind hier wissenschaftliche Studien aus Universitäten, Forschungsinstituten und Regierungsstellen nötig. Eine solche Studie erstellte tatsächlich das britische Finanzministerium, wobei die Regierung hieraus vor allem 6,2 % zu erwartenden Einkommensverlust bei einem EU-Austritt ablas, nur dass diese und andere Zahlen aus der Finanzministeriumsstudie erst Mitte April 2016 von Seiten der Regierung veröffentlicht wurden, und da sie in die offizielle Info-Broschüre der Regierung für die privaten Haushalte nicht einfloss, dürfte sie der Mehrzahl der Haushalte unbekannt geblieben sein.

Man kann es nur als ein groteskes Koordinationsversagen bezeichnen, dass der Finanzministeriums-Bericht zu den langfristigen BREXIT-Effekten – HM GOVERNMENT (2016), HM Treasury Analysis: the long-term economic impact of EU membership and the alternatives – erst am 18. April 2016 veröffentlicht wurde, der Versand der Infobroschüre an die Haushalte in England hingegen schon eine Woche vorher begann und mysteriöserweise tatsächlich dabei aus der Finanzministeriumsstudie einzig die Zahl von 3,3 Millionen britischen Jobs nannte, die von Exporten in die EU abhingen. Von den drohenden Einkommensverlusten von 3-10 % im BREXIT-Fall, je nach Analysevariante im Bericht des Finanzministeriums, gab es kein Wort auf 16 Seiten Info, die Basis für das Referendum am 23. Juni 2016 waren.

Während die britische Regierung beim Schottland-Referendum vom 18. September 2014 die britische Union (UK) mit rechtzeitigen ökonomischen Infobroschüren (26. März und 2. Juni 2014; Versand von Kurzinfos von 8 Seiten am 23. Juni bzw. 3 Seiten am 2. August) sichern half, war ihr die Fortsetzung der britischen EU-Mitgliedschaft keine professionelle Info-Arbeit wert. Mit einer Veröffentlichung am 18. April 2016 für das EU-Referendum am 23. Juni war die

Publikation des Finanzministeriums zudem offensichtlich verspätet. Die Came-ron-Regierung hat dem EU-Referendum offenbar einen viel geringeren Wert beigemessen als dem schottischen Unabhängigkeitsreferendum. Das ist einfach unakzeptabel.

Für viele Beobachter war der BREXIT bei der britischen Volksbefragung am 23. Juni eine Überraschung, die zeigte, dass Premier Camerons Strategie nicht aufging: Der hatte 2013 angekündigt, im Falle seiner Wiederwahl ein Refe-rendum zur britischen EU-Mitgliedschaft durchzuführen. Nach einer klaren Wiederwahl war Cameron 2015 unter Zugzwang und setzte dann am 20. Februar 2016 für Juni 2016 das Referendum an. Das war unmittelbar nach den aus Came-rons Sicht erfolgreichen Verhandlungen mit der Europäischen Kommission zur Verbesserung britischer Mitgliedsbedingungen. Empfehlung der Regierung: Zustimmung zum Verbleib in der EU. Das Ergebnis: 51,9 % gegen die britische EU-Mitgliedschaft und damit kam auch der Rücktritt von Cameron. Was das BREXIT-Referendum angeht, so gab es – bislang unbeachtet – so große Infor-mationsdefizite auf Seiten der Regierung, dass wegen Verfahrensfehlern beim EU-Referendum 2016 massive Zweifel an der Volksbefragung bestehen, wie die Analyse der Fakten zeigt.

Zu den Defekten der britischen Info-Kampagne zum EU-Referendum lohnt es sich, die Details anzusehen. Ein industrialisiertes Land, das eine Volksbe-fragung zu einem möglichen EU-Austritt ansetzt, wird rationalerweise regie-rungsseitig im Vorfeld des Referendums eine Analyse zu den wirtschaftli-chen Vorteilen der EU-Mitgliedschaft (oder spiegelbildlich zu den Kosten des EU-Austritts) vorlegen und den Wählern die wichtigsten Ergebnisse auf direk-tem Weg mitteilen: per Versand von Infos an die Haushalte, denn bei einer Volksbefragung kommt es ja auf eine wirklich flächendeckende Information der Wählerschaft an. Genau das aber machte, so unglaublich es klingt, Camerons Regierung nicht. Finanzminister Osborne legte ohne Grund den entsprechen-den Bericht zu den langfristigen EU-Vorteilen nicht rechtzeitig zum Versand einer 16seitigen Regierungsinfo-Broschüre vor und obwohl regierungsintern alle Zahlen des Osborne-Berichts bekannt waren, kam keine Einkommenszahl aus der wichtigsten offiziellen Wirtschaftsstudie zur BREXIT-Frage in die versandte 16-Seiten-Broschüre „Why the Government Believes that voting to remain in the European Union is the best decision for the UK": Der regierungsseitige Versand der 16seitigen Infobroschüre erfolgte an alle Haushalte in England vom 11. bis 13. April 2016, hätte aber auch ohne Probleme erst eine Woche später versandt werden können: nach der Veröffentlichung des Regierungsberichtes zu den lang-fristigen ökonomischen Vorteilen der britischen EU-Mitgliedschaft bzw. der Übersendung ans Parlament. Kein Wort zum Kern dieser wichtigen Studie, welche die langfristigen britischen Vorteile einer EU-Mitgliedschaft mit 3-10 % – plus nochmals 4 % für absehbare weitere Vorteile bei einer britischen Mitgliedschaft – beziffert, findet sich in den Infos für die britischen Haushalte.

Wenn man aber die wichtigste ökonomische Information in der Regierungs-Infobroschüre vergisst oder unterdrückt – am 18. April vom Finanzminister laut Website als Pressetext so dargestellt, dass den britischen Haushalten 4 300 Pfund Einkommenseinbuße bei einem BREXIT bzw. ein Einkommensrückgang pro Haushalt von 6,2 % über 15 Jahre drohten –, dann ist man als Regierung offenbar in der Info-Politik unprofessionell und verantwortungslos. Dass die Regierung diesen Einkommensrückgang mit keiner Zeile erwähnt, hingegen in den 16 Seiten Info-Broschüre die Zahl aus dem Bericht des Finanzministeriums, wonach 3,3 Millionen britische Jobs von den Exporten nach Europa abhingen (von Minister Osborne in der Pressemitteilung vom 18. April werden die 3,3 Millionen erwähnt), zeigt: Man hätte die Hauptinfos aus dem Bericht des Finanzministeriums in die Info-Broschüre der Regierung einbauen können und müssen. Wenn der drohende Einkommensrückgang von 6,2 % – fast ein Monatsgehalt – aus Regierungssicht tatsächlich offenbar nicht wichtig genug war, den Haushalten kommuniziert zu werden, dann hat die Cameron-Regierung keine Fähigkeit, die Wichtigkeit von Informationen zu einem EU-Referendum angemessen und verantwortungsvoll zu beurteilen: Diese Zahl ist ökonomisch gesehen wohl die wichtigste Info zur Frage der britischen EU-Mitgliedschaft für die Haushalte überhaupt. Der erwartete Gesamteinkommensverlust liegt bei etwa 10%.

Den Haushalten in Wales, Schottland und Nord-Irland wurden die 16 Seiten Regierungs-Infos, die laut Überschrift der ersten Seite erklären, weshalb die Regierung eine EU-Mitgliedschaft für die beste Option mit Blick auf das anstehenden Referendum vom 23. Juni halte, erst in der Woche am 9. Mai zugesandt (wegen lokaler Wahlen) – und wieder keine Zeile zu den Einkommenseffekten in der Studie des Finanzministeriums, die im Kern für jeden Haushalt insgesamt besagt, dass BREXIT darauf hinausläuft, ein bis zwei Monatsgehälter zu verlieren. Kein Wort zum geschätzten Rückgang der Einkommen pro Haushalt von fast 4 000 € als eine mittlere Schätzung von drei untersuchten Situationen. Das ist faktisch eine Informationsmanipulation und ergibt dann ein info-mäßig verzerrtes EU-Referendum, das kaum als regulär und fair gelten kann.

Dabei waren die schockierenden Zahlen aus dem Bericht regierungsintern schon in der ersten Aprilwoche bekannt, so dass man ausgewählte Befunde bzw. Zahlen bei einer ab 13. April laufenden Versandaktion für die englischen Haushalte hätte einführen können. Entweder war die britische Cameron-Regierung unglaublich desorganisiert beim EU-Referendum oder es gab womöglich eine bewusste Verzögerung von EU-Gegnern im Finanzministerium, die dazu beitrug, dass der Versand der Regierungsbroschüre an die privaten Haushalte ohne Info zu den sehr wichtigen Einkommensbefunden des Finanzministeriums erfolgte.

Das Ganze ist faktisch ein grober Referendumsdefekt, wobei man davon ausgehen kann, dass eine diffuse Information der Haushalte über Presseberichte nicht einmal 1/5 so stark wirken konnte wie die Darlegung der ökonomischen Nachteilszahlen des BREXIT in einer allen Haushalten zugeschickten Broschüre. Mögen die Briten im Referendum abstimmen, wie auch immer sie es für richtig halten, aber ohne eine rechtzeitige ökonomische Hauptinfo in den regierungsseitigen Unterlagen für die Haushalte ist das Referendum völlig verzerrt – unfair gegenüber der eigenen Bevölkerung und auch gegenüber der EU. Man kann davon ausgehen, dass vor dem Hintergrund üblicher Wahlanalysen für UK oder andere OECD-Länder ökonomische Aspekte immer als gewichtige Stimmabgabefaktoren gelten können.

Wenn es aus Regierungssicht für Haushalte in Schottland, Wales und Nordirland offenbar ausreichte, die Regierungsinfos Anfang Mai zu bekommen, dann hätte man landesweit den Versand Anfang Mai mit den wichtigen relevanten Zahlen aus dem Bericht vornehmen sollen. Es entsteht für Briten und EU27-Bürger der Eindruck, dass diese Zahlen, die gegen BREXIT sprachen, unterdrückt worden sind. Das ist grob fehlerhaft, irreführend, unfair und lässt Zweifel daran entstehen, dass man das britische Referendumsergebnis vom 23. Juni ernst nehmen kann. Hier gibt es von daher auch klare Gründe, ein zweites Referendum zu fordern, zu dem die Regierung die Hauptinfos rechtzeitig – also etwa vier Monate vor dem Abstimmungstag – vorlegen müsste. Dass Finanzminister Osborne und Regierungschef Cameron unfähig waren, den wichtigsten Regierungsbericht zu den britischen EU-Austrittskosten mit dem Versand der offiziellen Regierungsinfos an alle Haushalte im Vereinigten Königreich terminlich vernünftig zu koordinieren, ist unglaublich: ein Skandal in London, mit Auswirkungen auf Europa und die Welt. Ohne ein zweites Referendum kann man nicht wissen, was die britischen Bürger – auf Basis vernünftiger Informationen – zur EU-Austrittsfrage wirklich wollen.

Wenn die Cameron-Regierung nur ein derartig desorganisiertes Referendum zustande gebracht hat, stellt sich wohl auch die Frage, warum die EU überhaupt Großbritannien Verhandlungen über den Zugang zum EU-Binnenmarkt anbieten soll. Ein Mindestmaß an Ernsthaftigkeit und Pflichtbewusstsein müssen EU-Kommission und die Bürger Europas von der Regierung in London erwarten können. Man kann sich auch kaum vorstellen, dass die Queen of England eine solche Desorganisation bei der Informationspolitik der Regierung gut heißen könnte.

Am 11. April 2016 hatte Europa-Minister Lidington erklärt, dass die 16-seitige Info-Regierungsbroschüre mit Bezug auf das kommende Referendum ins Internet gestellt worden sei und nun per Post an die Haushalte zuerst in England, dann in die anderen Landesteilen – wegen dort noch anstehender lokaler Wahlen zeitlich später – zusätzlich versendet werde: „... Jeder Haushalt in diesem Land wird eine Regierungsbroschüre erhalten. Diese Broschüre erläutert die Fakten, erklärt, weshalb die Regierung der Ansicht ist, dass für einen Verbleib in der Europäischen Union zu stimmen im besten Interesse des britischen Volkes ist, und zeigt einige der zu treffenden Auswahlentscheidungen auf, welchen sich das Land gegenübersehen würde, falls die britische Bevölkerung für einen Austritt stimmt (... every household in the country will receive a leaflet from the Government. The leaflet sets out the facts, explains why the Government believes that a vote to remain in the European Union is in the best interests of the British people and shows some of the choices that the country would face if the British people were to vote to leave).

Mit Blick auf die Aussage von Lidington kann man nur feststellen, dass ohne den Finanzministeriumsbericht über die langfristigen ökonomischen Vorteile einer britischen EU-Mitgliedschaft offenbar für die Wählerschaft unklar ist, was die relevanten Fakten zu einem britischen EU-Austritt sind – beziehungsweise welches offenbar besonders wichtige Argumente der Regierung für ein Verbleiben des Landes in der Europäischen Union sind. Die Regierung hat sich auch nicht die Mühe gemacht, die digitale Info-Broschüre im Internet mit Schätzungen zu den Einkommenseffekten für den BREXIT-Fall aus dem Finanzministeriumsbericht zu aktualisieren.

Welches Referendumsergebnis hätte eine korrekte Informationspolitik gebracht?

Gemäß der Analyse im Economic Journal von FREY/SCHNEIDER (1978) beeinflussen insbesondere die Arbeitslosenquote, die Inflationsrate und die Wachstumsrate des verfügbaren realen Einkommens die regierungsbezogene Popularitätsdifferenz (Regierungspopularität gegenüber Oppositionspopularität). Nimmt man exemplarisch die Analyse von FREY/SCHNEIDER (1978) für Großbritanniens nationale Wahlen bzw. die gemessene Regierungspopularität laut Meinungsumfragen, so gilt gemäß dieser klassischen Studie: Ein 1 %-Anstieg des Wachstums des realen verfügbaren Einkommens führt zu einer Verbesserung der relativen Regierungsführungsposition beim Wähler um 0,8 %. Also kann man für den hypothetischen Fall einer an alle Haushalte verschickten Info-Botschaft aus dem Finanzministeriums-EU-Bericht vom 18. April 2016, dass BREXIT 6 % Einkommensverlust bedeutet, beim Referendum ergebnismäßig so interpretieren: Die Differenz am Wahltag zulasten der Regierungsposition betrug 51,9 % – 48,1 % = 3,8 %; hätte die Bevölkerung verstanden, dass ein Realeinkommensrückgang von 6 % bei einem BREXIT droht, so wäre das Pro-EU-Ergebnis um das 1,048-fache (6 × 0,8 %) erhöht ausgefallen: 50,4 % wäre das Pro-EU-Referendumsergebnis gewesen. Der BREXIT-Stimmenanteil hätte von daher bei einer korrekten Informationspolitik der Regierung 49,6 % erreicht. Nimmt man weitergehend 6 % Einkommensrückgang beim BREXIT plus den sich dann laut Studie des Finanzministeriums ergebenden 4 %-Verzicht auf Vorteile aus der EU-Binnenmarktvertiefung plus drei Prozentpunkte Einkommenssteuersatzerhöhung (2 % bis 10 % sagt die Studie), so ist der Korrekturfaktor 1,0824 und daher das Referendums-Ergebnis bei 52,1 % für den Verbleib Großbritanniens in der EU anzusetzen. Natürlich gibt es eine neuere Wahlforschung mit etwas modifizierten Ergebnissen (z.B. SANDERS, 1999; LEBO/NORPOTH, 2006; PALDAM, 2008; STEGMAIER/WILLIAMS, 2015) und im Übrigen kann man natürlich Konfidenzintervalle nehmen und eine differenziertere Betrachtung entwickeln – das ist eine Aufgabe für einen wissenschaftlichen Fachaufsatz (wenn man +5 % bzw. -5 % in einem Konfidenzintervall auf Basis der Normalverteilung betrachtet, bedeutet der genannte Wert von 52,1 %, dass man über einen Wertebereich 54,7 % bis 49,5 % spricht). Insgesamt bleibt natürlich der grundlegende Befund, dass ohne Einbeziehung ökonomischer grundlegender Informationen eine rationale Wählerentscheidung bei einem EU-Referendum unmöglich ist und von daher das Referendumsergebnis 2016 durch Schuld der Cameron-Regierung grob verfälscht war.

Premier Cameron wäre weiter im Amt, es gäbe keine Pfundabwertung, keinen BREXIT. Es gibt keinen ernsthaften Zweifel, dass bei der Volksbefragung eine solide Informationspolitik hätte betrieben werden sollen und können (unverändert gäbe es sicher auch bei knappem Pro-EU-Ergebnis eine Diskussion über notwendige EU-Reformen). Die Feststellung, dass eine professionelle Informationspolitik in UK notwendig gewesen wäre, gilt natürlich auch für den hypothetischen Fall, dass man mit Blick auf ein EU-Referendum beim Einfluss des Wirtschaftswachstums auf die relative Regulierungspopularität eine geringere Elastizität bei Regierungsinfo –6 % Wachstum festgestellt hätte als in der klassischen Popularitätsstudie von FREY/SCHNEIDER mit ihrem Bezug auf nationale Wahlen/Umfragen in UK. Wenn z.B. die Wachstumselastizität mit Blick auf das Referendum nur halb so hoch gewesen wäre, dann hätte das Pro-EU-Lager (Remain) nur 49,3 % erreicht, während die BREXIT-Seite (Leave) mit 50,7 % gewonnen hätte.

Tab. 5. Referendumsergebnis 23. Juni 2016 in Großbritannien mit Ist-Ergebnis zur Frage des EU-Verbleibs sowie die sich bei korrekter Informationspolitik der Cameron-Regierung ergebenden Ergebnisse

	IST-Ergebnis	*Simulation I für das korrigierte Ergebnis* Basisinfo: 6 % reales Einkommensminus bei BREXIT = Mindestinfo aus der Cameron-Regierung, die man als Wähler erwarten müsste auf Basis der Studie des UK-Finanzministeriums	*Simulation II für das korrigierte Ergebnis* Kern-Gesamtinfo aus Studie des Finanzministeriums: −10 % Wachstumseff. (6 % + noch 4 % als Verzichteffekt von EU-Binnenmarktvertiefung im BREXIT-Fall) plus Effekt notwendiger 3 Punkte-Erhöhung der Einkommensteuer
UK bleibt in der EU	48,1 %	50,4 %*	52,1 %*
EU-Austritt von UK	51,9 %	49,6 %*	47,9 %*

* berechnet hier auf Basis der Popularitäts-Einkommenswachstums-Elastizität in der Frey/Schneider-Studie „A Politico-Economic Model of the United Kingdom", Economic Journal.

Der entscheidende Punkt hier ist einfach, dass die Nichtkommunikation sehr gewichtiger, allgemein interessierender ökonomischer Befunde zu den Vorteilen der EU-Mitgliedschaft bzw. dem Nachteil eines britischen EUAustritts das Referendumsergebnis sicher erheblich beeinflusst hätte. Dafür, den Wählern die mit Steuerzahlergeldern finanzierten wichtigen Studienergebnisse ausgerechnet des Finanzministeriums vorzuenthalten, gab es keinen vernünftigen Grund – außer Sabotage von Seiten der BREXIT-Befürworter in der Regierung Großbritanniens. Die Studie enthielt im Übrigen weitere wichtige Befunde, etwa dass bei einem BREXIT erhebliche Steuererhöhungen – oder Kürzungen öffentlicher Leistungen – notwendig würden. Steuererhöhungen aber bedeuten ja einen entsprechenden Minderungseinfluss bei der für Popularitäts- und Wahlergebnisse laut FREY/SCHNEIDER wichtigen Variablen „Wachstum des verfügbaren Realeinkommens" (Einkommen nach Steuerzahlungen und erhaltenen Transfers). Es gibt also sehr gute Argumente, die darauf hinauslaufen, die These zu formulieren: Bei vernünftiger Regierungs-Informationspolitik über die von der Cameron-Regierung selbst ermittelten zu erwartenden Wirtschaftseffekte eines BREXIT wäre in etwa ein Wahlergebnis 52 %:48 % für ein britisches Verbleiben in der EU zustande gekommen. Wieso man also das sehr stark verzerrte Referendumsergebnis vom 23. Juni 2016 als Politikgrundlage in Großbritannien, der EU, der G20 etc. nehmen soll, ist von daher völlig unklar. Noch nie gab es in einem großen westlichen Land solch eine grobe Wahlverzerrung.

Der ökonomische Einflussfaktor aus der genannten Regierungsstudie hätte, so er den Haushalten allgemein bekannt geworden wäre (in den 16 Seiten Info-Broschüre an alle Haushalte enthalten gewesen wäre), also eine ganz erhebliche Bedeutung für das Wahlergebnis beim Referendum am 23. Juni 2016 gehabt, selbst wenn die Elastizität beim verfügbaren Einkommen kleiner als bei FREY/SCHNEIDER gewesen wäre. Die britische Regierung wird sich wohl zu den Vorgängen, den Koordinationsmängeln in der Regierung und der erkennbaren Indifferenz zu einer sehr schlechten Informationspolitik bzw. den historisch einmaligen Informationspannen auf Seiten der Regierung gegenüber dem Parlament und der britischen und europäischen Öffentlichkeit erklären müssen. Sicherlich hätte man auch bei einem knappen Pro-EU-Ergebnis Anlass, sorgfältig eine EU-Reformagenda zu bedenken. Allerdings sind die vielen bisherigen Schlussfolgerungen zum Referendumsergebnis, die die erkennbar massiven Regierungsinformationsfehler nicht berücksichtigt haben, doch sehr zu relativieren. Es ist im Übrigen erstaunlich, wie wenig die EU und auch nationale Regierungen in Berlin, Paris und anderen Ländern ein kritisches Monitoring – einen Beobachtungsprozess – zum Vorlauf und Ablauf des britischen Referendums betrieben haben. Da wären ja jedem kritischen Beobachter genau die hier betonten massiven Infodefizite bzw. Verfahrensfehler vor dem Referendum aufgefallen. Es wird hier wohl eine erstaunliche Oberflächlichkeit von Regierungsarbeit in EU-Ländern offensichtlich, die die Bürgerinnen und Bürger nur besorgt stimmen kann. Auch hier wird man doch vernünftigerweise sehr viel mehr an Professionalität in der Regierungsarbeit erwarten und verlangen müssen. Das Wort politische Verantwortung muss künftig viel stärker groß geschrieben werden – und der teilweisen Oberflächlichkeit des Internets gilt es sich entgegenzustellen, wo nötig.

Im Übrigen: Der Wissensstand der Wählerschaft in Großbritannien war unglaublich schlecht in Sachen EU – und das galt vor einem historischen EU-Referendum. Am Tag nach dem Referendum, so CNN, hieß die zweithäufigste Google-Suchanfrage in Großbritannien: What is the EU? Zur Erinnerung: Die Bertelsmann-Stiftung zeigte im Frühjahr 2016, dass nur 49 % der befragten Briten mindestens eine von zwei einfachen EU-bezogenen Fragen richtig beantworten konnten. 53 % war der Anteil bei den befragten Polen, die erst 2004 Mitglied wurden, 31 Jahre später als das Vereinigte Königreich. Nach einem vernünftigen Umfeld für eine rationale Entscheidung bei einem historischen britischen Referendum sieht all das nicht aus; es ist eine Volksbefragung, die unprofessionell organisiert war. Eine zweite Volksbefragung zu einem sinnvollen Zeitpunkt mit rechtzeitigen und vollständigen Infos zu wichtigen Fakten von Regierungsseite ist zu fordern.

Wenn man die entscheidenden Eckpunkte der Regierungskampagne bei der BREXIT-Frage betrachtet, dann kann klar gezeigt werden, wie unzureichend die Kampagne der Regierung einerseits und wie widersprüchlich auch die LEAVE-Kampagne war. Wenn Großbritannien das zweite Referendum seiner Geschichte vor allem regierungsseitig so unzureichend organisierte, so ist schon dieses Verfahrensdefizit ein historisch zu nennendes Ereignis – denn es ging ja am 23. Juni 2016 nicht um eine relativ unerwartete Volksbefragung, sondern um ein Projekt aus 2013.

Für eine erfolgreiche Referendumskampagne ist es wichtig, dass man kritische Informationen zu den Hauptfragen bei der Volksbefragung rechtzeitig verfügbar hat (Timing), dass klare Argumente zu den britischen Vorteilen einer EU-Mitgliedschaft vorgelegt werden, dass die Wähler eine geringe Widersprüchlichkeit in der Präsentation des Regierungschefs wahrnehmen und dass die Regierung insgesamt gut mobilisiert werden kann für die Cameron-Position, die da hieß: Das Vereinigte Königreich solle in der EU bleiben.

Die beiden wichtigen Dimensionen für den Wahlerfolg sind die Wahlbeteiligung (Wählermobilisierung) und natürlich auch die Fähigkeit der Regierungsakteure, unentschlossene oder gar BREXIT-positionierte Wähler für die Pro-EU-Position zu gewinnen (Wählergewinnung). Die Hauptfehler der Cameron-Kampagne kann man wie folgt zusammenfassen: Der BREXIT-Kosten-Bericht vom 18. April der Regierung lag viel zu spät vor, was praktisch von dieser Seite her keine Wählermobilisierung und nur sehr geringe Wählergewinnung erwarten lässt – schwere politische Fahrlässigkeit oder Sabotage im Finanzministerium sind mögliche Erklärungen für den Sachverhalt, dass auf 16 Seiten Infos der Regierung keine wichtige Zahl aus dem Bericht über die langfristigen BREXIT-Kosten verfügbar war. Es gab von der Cameron-Regierung sonderbar wenig Argumente zu den EU-Vorteilen, was schwache Wählermobilisierung und -gewinnung bedeutet. Der BREXIT-Kosten-Bericht des Finanzministeriums rechnete vor allem die Kosten eines Austritts vor, der Bericht war allerdings sehr lang und enthielt keine für Normalbürger verständliche Zusammenfassung; dass der Bericht nur auf Einkommenseffekte und nicht auf die wohlfahrtsökonomisch wichtigen Konsumeffekte abstellte, fällt auf. Die bei einem BREXIT zu erwartende höhere britische Militärausgabenquote bedeutete schon für sich, dass die Konsumquote sinken würde.

Die Widerspruchsfreiheit der Cameron-Kampagne litt an der Behauptung, dass der Regierungschef die EU-Zuwanderung deutlich vermindern könnte – unter die versprochenen 100 000 pro Jahr –, während zwischen 2014 und 2015 die EU-Zuwanderungszahl auf 150 000 hoch geschnellt war. Das ist sicherlich aus Sicht vieler Wähler als Widerspruch klar registriert worden. Dass Cameron sechs Regierungsmitglieder an die Pro-BREXIT-Seite verlor, musste er hinnehmen. Dass er diese Minister nicht ersetzte, ist hingegen schwer nachzuvollziehen. Denn Cameron als der große nationale Wahlsieger von 2015 hätte die Macht gehabt, diesen Schritt zu vollziehen und damit für eine in der historischen EU-Mitgliedschaftsfrage entscheidende Geschlossenheit der Regierung zu sorgen. Eine umfassende Regierungsmobilisierung gelang daher nicht, was, wie die schwache Widerspruchsfreiheit, zu geringer Wählermobilisierung beitrug und eine Wählergewinnung nur im mittleren Intensitätsbereich erwarten ließ.

Tab. 6. Schwachpunkte der britischen BREXIT-Kampagne

	Wählermobilisierung	Wählergewinnung
Timing des BREXIT-Kosten-Berichts des Finanzministeriums – völlig unzureichend	0	sehr gering
Argumentation zu EU-Vorteilen	schwach	schwach
Widerspruchsfreiheit	gering	mittel
Regierungsmobilisierung	gering	mittel

Man könnte noch hinzufügen, dass Cameron in den TV-Debatten offenbar nur teilweise überzeugte, so dass weder die Regierung noch der Regierungschef stark zur Wählermobilisierung und zur Wählergewinnung beitragen konnten (siehe Tab. 5). Dass Cameron in seiner Selbstüberschätzung sowohl Kommissionspräsident Juncker bat, nicht in London öffentlich aufzutreten, ist bemerkenswert und eben auch ein Mangel an europäischer Überzeugung: Cameron stand letztlich nicht wirklich zur EU und seine Beteuerungen in der Öffentlichkeit, wie sehr er selbst so oft die EU kritisiert habe, ist aufschlussreich. Was man in den USA in manchen Bereichen als innerparteiliche Konflikte und Konsensprozesse bei den beiden großen Parteien, Republikanern und Demokraten, hätte wahrnehmen können, wurde in der EU28 zu außenpolitischen Spielereien einiger Länder stilisiert – der Unterschied zwischen der EU bzw. der Eurozone und den USA ist und bleibt zunächst eben sehr groß.

Sonderbarerweise erfolgte in Großbritannien der regierungsseitige Versand von 16-Seiten-Referendums-Informationen am 11.-13. April an alle Haushalte in England ohne eine einzige ökonomische Information aus dem Bericht des Finanzministeriums: etwa dem geschätzten Rückgang der Ein-kommen pro Haushalt von 2 000 bis 5 200 Pfund Sterling (Schätzspanne). Dabei waren die schockierenden Zahlen aus dem Bericht regierungsintern schon in der ersten Aprilwoche bekannt, aber nicht eine Zahl davon kam in die 16 Seiten-Info. In

Schottland, Wales und Nordirland erfolgte der Versand der Infos an die Haushalte erst in der Woche vom 9. Mai 2016 und auch dort gab es keinerlei Info aus dem Bericht des Finanzministeriums. Wenn es aus Regierungssicht für Haushalte in Schottland, Wales und Nordirland offenbar ausreichte, die Regierungsinfos Anfang Mai zu bekommen, dann hätte man landesweit den Versand Anfang Mai – mit relevanten Zahlen aus dem Bericht – vornehmen sollen. Es entsteht für Briten und EU27-Bürger der Eindruck, dass diese Zahlen, die gegen BREXIT sprachen, unterdrückt worden sind.

Fasst man zusammen: Der Wissensstand der Wählerschaft in Großbritannien war unglaublich schlecht in Sachen EU – und das galt vor einem historischen EU-Referendum.

Premier Cameron hat erlebt, dass im Vorfeld des BREXIT sechs Minister auf die Anti-EU-Position gingen und er hat diese Minister einfach weiter im Kabinett belassen. Wie kann man bei einem nach Meinungsumfragen relativ knappen Referendumsausgang mit einer völlig zersplitterten Regierung in ein historisches Referendum gehen wollen? Da fehlt doch dann die Glaubwürdigkeit und offenbar Führungsstärke, diese Minister zu entlassen.

Aus diesen Überlegungen folgt wiederum, dass ein Regierungschef mit fundierten Überzeugungen, klarer Kommunikationsstrategie für die ganze Bevölkerung – um die geht es bei einem historischen Referendum – und gutem Timing zu einem EU-Mitgliedschafts-Kosten-Nutzenbericht bei einer zweiten Volksbefragung gute Chancen hätte, eine Pro-EU-Mehrheit zu gewinnen – zumal die britischen Bürger ja die ersten sichtbaren ökonomischen Nachteile schon wenige Monate nach der Ankündigung des britischen Austritts erlebt haben und viele Jahre noch erleben werden. Die Europäische Union hat von daher im Übrigen keinen Anreiz, Großbritannien einen leichten Zugang zum EU-Binnenmarkt zu gewähren, schließlich war Theresa May als Innenministerin und Pro-EU-Befürworterin Teil der ganzen unsoliden und unfairen Referendumspolitik von Premier Cameron.

Ein gewisser Widerspruch liegt jedoch für eine May-Regierung, die solch ein zweites Referendum versuchen wollte, darin, dass sie den Wählern erklären müsste, weshalb sie das erreichte EU-UK-Verhandlungsergebnis nicht für gut genug hält, um es den Wählern im Sinn von Pro-BREXIT zur Annahme zu empfehlen. Premier May hätte auch das Problem, dass mit EXIT-Minister David Davis und Außenminister Johnson zwei exponierte BREXIT-Vertreter ihrem Kabinett angehören. Bei einer Pro-EU-Referendumsempfehlung von May in einem zweiten Referendum wären Davis und Johnson dann ggf. nicht länger Mitglied im Kabinett – für weitere Minister könnte ähnliches gelten. Diese Konstellation könnte May vor einem zweiten Referendum zurückschrecken lassen. Im Übrigen gilt natürlich, dass eine schwache Kampagne den Sinn eines solchen Referendums ad absurdum führen würde.

Immerhin hat May einen gewissen Vorteil, dass sie nämlich als moderate Pro-EU-Befürworterin in der Cameron-Regierung nicht als extrem in der eigenen Partei positioniert gilt. Es ist zu vermuten, dass ein langer Verhandlungsprozess EU-UK der Regierung May die Option für ein zweites Referendum nähme. Im Übrigen ist nicht ausgeschlossen, dass May zu ihrem Wort BREXIT ist BREXIT im harten Sinn des Satzes stehen will. Natürlich wäre es aus Sicht der Demokratie durchaus sinnvoll, das letzte Wort wieder den Wählern – etwa 2018 – zu überlassen. Das könnte auch ein Jahr für Neuwahlen im Vereinigten Königreich sein – möglicherweise mit dem Ergebnis, dass der BREXIT vermieden werden kann.

2
Hintergründe des sonderbaren BREXIT

Aspekte der britischen Geschichte

Die britische Geschichte ist eine im Inneren selten sehr friedliche, aber immer wieder auch eine von schrittweiser Entwicklung hin zu bürgerlichen Rechten, Verträgen und Machtbalance. Die Verbindung von 1707, als das schottische und das englische Königreich sich zu Great Britain zusammenschlossen (erweitert um Nordirland heißt das später Vereinigtes Königreich), war ein großer Schritt der Befriedung und hin zum Wohlstand durch ungehinderten Binnenhandel. Doch folgte ihm schon bald eine historische politische Dummheit, als man nämlich in den 1770er Jahren von Seiten der Politik in London die nordamerikanischen Kolonien zunehmend vor den Kopf stieß: 1776 erfolgte die Amerikanische Unabhängigkeitserklärung mit der Betonung von Life, Liberty and the Pursuit of Happiness (Leben, Freiheit und dem Streben nach Glück), während man in England eher auf Life, Liberty and Property (also Eigentumsrechte) setzte.

1872 begann dann das Ende der britischen Adelsherrschaft, nämlich mit der Einführung eines geheimen Wahlrechts – insgesamt waren nun etwa 60 % der Männer stimmberechtigt und eine Änderung der Wahlkreise im Jahr 1884 brachte mehr Macht für London und die Finanzinteressen: die Zahl der Londoner Abgeordneten erhöhte sich von 22 auf 68 (SCHRÖDER, 2010). 1911 gab es einen neuen Parlament Act, der das Oberhaus teilweise entmachtete und im Übrigen war 1906 die letzte moderne Wahl der Geschichte Englands, in der eine Religionsfrage eine Wahl entscheiden konnte – es ging dabei um die Frage nach der Finanzierung kirchlicher Schulen durch öffentliche Mittel, was von der Konservativen Partei entgegen deren eigenen Prinzipien unterstützt wurde, aber von der Wählermehrheit abgelehnt werden sollte. Die Liberale Partei gewann die Unterhauswahl im Jahr 1906. 1918 waren dann alle Männer wahlberechtigt und dann auch Frauen über 30 Jahren; erst 1928 konnten auch die Frauen unter 30 Jahren wählen. Im Übrigen hatte schon der Erste Weltkrieg gezeigt, dass die alte britische Strategie, durch Diplomatie und Drohungspolitik in Europa Frie-

© Springer Fachmedien Wiesbaden GmbH, ein Teil von Springer Nature 2018
P. J. J. Welfens, *BREXIT aus Versehen*, https://doi.org/10.1007/978-3-658-21458-6_3

den durch Macht-Balance auf dem Kontinent zu sichern, nicht mehr funktionierte. Nach dem Ersten Weltkrieg erreichte das britische Empire seine größte geographische Ausdehnung und das Vereinigte Königreich wollte international eine politische Führungsrolle. Die aber konnte es mangels hinreichender ökonomischer Stärke nicht realisieren. Ökonomisch globale Führungsmacht waren seit etwa 1890 die USA, die aber international politisch selbst nicht führen wollten, aber immerhin als junge Anti-Kolonialmacht gelegentlich den etablierten europäischen Mächten in China und Japan entgegentraten und in jedem Fall natürlich Lateinamerika für sich beanspruchten. Den Zweiten Weltkrieg beendete das Vereinigte Königreich auf der Siegerseite, allerdings zerfiel nun das Empire und UK führte fortan eine internationale Netzwerk-Gruppe von Ländern unter der Überschrift Commonwealth. Dieses wurde von der Leave-Kampagne, also den BREXIT-Befürwortern, als alternativer Expansionsraum zur Europäischen Union bezeichnet – unter anderem deshalb, weil die britischen Exportanteile im Commonwealth weiter ansteigen (was aber vor allem Indiens Wirtschaftsexpansion zuzuschreiben ist).

Neben den britischen Parlamentswahlen gab es – sehr selten – auch Volksabstimmungen: u.a. 1975 in Sachen Europäische Union, wobei 2/3 für eine EU-Mitgliedschaft gestimmt hatten; also den unter konservativer Regierung erfolgten EU-Beitritt von 1973 gestärkt hatten. Schon ein Jahr später war das Vereinigte Königreich in großen Zahlungsbilanzproblemen und musste vom Internationalen Währungsfonds einen Kredit über 3,9 Milliarden $ aufnehmen. Die Ölpreisschocks der 1970er Jahre waren ein Problem, führten aber auch zu Erschließung des Nordseeöls auf britischem Meeresgrund und der Expansion einer neuen Industrie, auch wenn dies die Dominanz des Dienstleistungssektors nicht beseitigte. 1986 erfolgte unter der Regierung von Margaret Thatcher eine umfassende Finanzmarktliberalisierung, die zur weiteren Expansion der traditionell starken Branchen Banken und Versicherungen via Innovationsdruck und Internationalisierung beitrug.

Der EU-skeptischen Margaret Thatcher folgte der durchaus EU-freundliche konservative Regierungschef John Major (1990-1997), der allerdings das britische Pfund nicht im Europäischen Währungssystem halten konnte – schon damals wurde aus britischer Sicht klar, dass für das Vereinigte Königreich eine starke Anbindung der britischen Währung an andere Währungen als Problem gelten könnte. Dann kamen die Labour-Regierungen Tony Blair und Gordon Brown, gefolgt von John Cameron als Premier-Minister, der das Vereinigte Königreich faktisch aus der EU führte. Am 23. Juni 2016 kam in seiner Regierungszeit dann der historische BREXIT, die Wählermehrheit bei der Volksbefragung war für den EU-Austritt; vor allem Männer in England, vor allem Industriearbeiter, vor allem Rentner; und dabei offenbar auch solche Nostalgiker, die von einer Rückkehr zu großer britischer Macht als Commonwealth-Führungs-land träumten. Die EU mit ihren Mechanismen und Vorteilen wurde abgelehnt.

Zentralstaat vs. Kommunen in Großbritannien und die Zuwanderung

Das Verhältnis zwischen Zentralstaat und den Kommunen ist im Vereinigten Königreich unter Premier Thatcher enorm verändert worden und im Vorfeld der BREXIT-Volksbefragung gab es hierzu wichtige Entwicklungen. Es gibt eine ältere Geschichte Englands bis ins späte 19. Jahrhundert, das durch das Ausbalancieren von politischer Zentralgewalt und lokaler Machtträger gekennzeichnet war. Auf letztere war die Zentralgewalt angewiesen, um ihre Anordnungen durchsetzen zu können.

Die Gegengewichte zur Zentralgewalt nahmen in der fortschreitenden Industrialisierung ab und der Historiker Hans-Christoph Schröder (2010, S. 97f.) schreibt mit Blick auf die Thatcher-Regierung und das abnehmende Gegengewicht alternativer Einflusszentren und lokaler Macht: „Sie sind durch die bewusst betriebene Entmachtung der Lokalverwaltung unter der Regierung Thatcher noch weiter geschwächt worden. Seit den Angriffen auf die elisabethanischen Armengesetze sowie die Durchsetzung der New Poor Law von 1834 ist in Großbritannien eine Politik der sozialen Demontage traditionell mit einem starken Misstrauen gegen die angeblich allzu großzügigen Lokalbehörden und einer Tendenz zur Zentralisierung verbunden gewesen. Niemand ist dabei jedoch so rücksichtslos und radikal vorgegangen wie Margaret Thatcher ... England wurde faktisch der zentralisierteste Staat Europas." Sogar individuelle Rechte schienen unter der Thatcher-Regierung bedroht und gegen Ende dieser Regierung war das Vereinigte Königreich das Land, gegen das die meisten Klagen vor dem Europäischen Gerichtshof für Menschenrechte eingereicht worden waren (SCHRÖDER, S. 98).

Cameron als konservativer Premier zeigte im Gefolge der Bankenkrise die ganze Macht des Zentralstaates, als es um die Eindämmung der enorm hohen Staatsdefizite ging, die sich aus den britischen Bankenrettungen und großen Konjunkturprogrammen 2008-2010 ergeben hatten: Indem die Cameron-Regierungen die zentralstaatlichen Finanzzuweisungen an die Kommunen über viele Jahre deutlich kürzten, ergab sich in den Städten zunehmend der Eindruck unzureichender kommunaler Diensteangebote, die aber eigentlich London verursacht hatte. Diese kommunalen Leistungskürzungen übersetzten viele Menschen in die falsche Gleichung: zu viel Einwanderung als Ursache für unzureichende kommunale Diensteangebote. Und schon hatte Cameron auf perfide und wenig kluge Weise das Thema Immigranten zum Sündenbock bei der Wählerschaft gemacht. Das Immigrationsthema war vermutlich für die BREXIT-Entscheidung sogar mit ausschlaggebend, was ziemlich absurd erscheint.

Die Immigration aus EU-Ländern ist für das Vereinigte Königreich laut OECD-Analysen wirtschaftlich vorteilhaft, die Größenordnung des jährlichen Zustroms mit kaum 0,2 % der Bevölkerung war in der Dekade 2005-2015 nicht hoch. Im Übrigen hatte Großbritannien ja – zusammen mit Irland und Schweden – mit Blick auf die erste EU-Osterweiterung 2004 selbst entschieden, mögliche Übergangsfristen bei der Immigration aus diesen Ländern nicht zu nutzen. Deutschland setzte auf eine immerhin siebenjährige Übergangsfrist, was aus ökonomischer Sicht helfen konnte, einen Teil der Einkommensunterschiede zwischen Osteuropa und Deutschland durch den rasch wachsenden Handel abzubauen und zudem den osteuropäischen EU-Beitrittsländern Zeit gab, positive Wachstumserwartungen entstehen zu lassen. Beide Elemente schwächten den Migrationsdruck ab und die Tatsache, dass viele EU-Länder ähnliche Übergangsfristen wählten, sorgten dann für eine erhebliche geographische Aufteilung der Emigrationsströme. Sofern sich Großbritannien mit einer frühen Immigrationsliberalisierung 2004 ökonomische Vorteile von dem Zustrom an Arbeitskräften erhofft hätte, wäre es nur fair gewesen, wenn das Vereinigte Königreich sich um eine vernünftige Integration der Zuwanderer gekümmert hätte. Die Arbeitnehmer-Freizügigkeit gehört, so zeigt es der britische EU-Kompetenzverteilungsbericht in den Anhörungen zum Thema Migration, nicht nur zu den vier Freiheiten des Binnenmarktes, sondern die von Großbritannien besonders geschätzten Elemente freier Waren-, Dienstleistungs- und Kapitalverkehr finden in der Arbeitnehmer-Freizügigkeit eine komplementäre Freiheitsdimension. In den USA gäbe es über diese Thematik keinerlei Debatte und noch nie hat man aus dem Zuwanderermagnet eine beredte Klage über Binnenzuwanderungsströme in die USA gehört (anders als etwa bei Streitigkeiten zur Immigration aus Mexiko). Das Niveau der politischen Debatte im Vereinigten Königreich und auch teilweise in Deutschland in Sachen EU-Binnenwanderung ist deutlich verschieden von der Debatte in den USA – dies gilt teilweise auch für die Fachdiskussion, wo das IfoInstitut oft die hohen fiskalischen Kosten von Immigration als Negativaspekt betont hat; SINN (2016) behauptete, die Flüchtlingswelle in Deutschland sei ursächlich für den BREXIT. In den USA gibt es hingegen das Bewusstsein, dass 40 % der Fortune-500-Unternehmen von Zuwanderern oder ihren Kindern gegründet wurden, so dass Immigranten nicht nur als Arbeitnehmer, sondern auch als kreative Unternehmer mit Fähigkeit zur Schaffung neuer Arbeitsplätze gesehen werden. In Großbritannien ist die Debatte unter der Cameron-Regierung teilweise so wie in Deutschland gewesen, obwohl es auch in UK eine große Einwanderungs-Gründerdynamik gibt.

Camerons Balance of Competences-Bericht: Hat die EU zu viel Macht?

Die erste Cameron-Regierung hatte entschieden, dass man zur Frage der Aufteilung der Kompetenzen zwischen den Nationalstaaten und der EU einen umfassenden Expertenbericht verfassen lassen wollte. Am 18. Dezember 2014 wurden die letzten sieben der erarbeiteten 32 Berichte freigegeben zum umfassenden „UK's Review of EU Balance of Competences" (Britischer EU-Kompetenzenverteilungs-Bericht). Bei der Publikation der letzten Berichte fand sich folgende kompakte Online-Darstellung:

> *Die 32 Berichte beziehen rund 2 300 Argumentationselemente ein, die zusammen zeigen, weshalb die EU eine umfassende Reform braucht, um stärker offen, wettbewerbsfähig, flexibel und demokratisch verantwortlich zu sein; zum Nutzen aller in Europa ...* (https://www.gov.uk/guidance/review-of-the-balance-of-competences; Übersetzung Welfens)

Die Schlussfolgerungen des Berichtes begrüßend schrieb Außenminister Phillip Hammond:

> *Dieser Zwei-Jahres Bericht, der den Einfluss der britischen Mitgliedschaft auf das Vereinigte Königreich untersuchen soll, ist unerreicht in Umfang und Tiefe ... Es gibt viele Bereiche, wo Eingriffe von Seiten der nationalen Regierungen vorgenommen werden können und sollten – nicht so sehr auf EU-Ebene ...*
>
> *Die Schlussberichte greifen einige Themen auf, die insgesamt in der Bestandsaufnahme wiederkehrend sind:*
> - *Subsidiarität und das Prinzip der Verhältnismäßigkeit prägen alle Bereichen mit EU-Kompetenzen ...*
> - *Befragte [Experten: PJJW] haben einen Bedarf an mehr demokratischer Verantwortlichkeit bei EU-Institutionen betont, wobei einige argumentierten, dass der Europäische Gerichtshof einen zu weiten Spielraum bei der Interpretation von Kompetenzfragen hätte. Es wurde argumentiert, dass Verantwortlichkeiten verbessert werden könnten, wenn die nationalen Parlamente eine größere Rolle erhielten.*

- *Beiträge ließen auch erkennen, dass das Vereinigte Königreich oftmals erfolgreich bei der Gestaltung der EU-Agenda war. Befragte zum Erweiterungsbericht [EU-Erweiterung: PJJW] betonten den Einfluss des Vereinigten Königreiches bei der Ausgestaltung der Reformprozesse. Andere Berichte betonten, dass EU-Programme zum Vorteil des Vereinigten Königreiches seien – die Russel Group [führende britische Universitäten: PJJW] wies auf die Bedeutung breiterer Finanzierungsmöglichkeiten von Seiten der EU für britische Universitäten hin, und zwar im Lichte der Bedeutung des Bildungssektors als britische Exportindustrie.*

- *Befragte verwiesen auch auf die Notwendigkeit für mehr Fortschritte: Die Notwendigkeit, weniger zu regulieren und bessere EU-Regulierungen zu haben …*

- *Schließlich gab es viele Beiträge, die betonten, dass die EU sich auf Felder mit echtem Mehrwert bei ihren Aktivitäten begrenzen solle.*

Der Bericht, der auf Basis der Stellungnahme vieler Experten und Institute zustande kam, lässt in keinem Kapitel erahnen, dass es in Großbritannien eine große mehrheitliche Skepsis gegenüber der britischen EU-Mitwirkung gibt. Allerdings ist zu verstehen, dass die konservativ-liberale Regierung Cameron, die den Bericht in Auftrag gab, wünscht, dass die Europäische Kommission weniger Macht haben soll bzw. mehr Politikbereiche national gestaltet werden sollten. Der Bericht über die Zuwanderung lässt die Befürchtung erkennen, dass das britische Sozialsystem von EU-Zuwanderern ausgenützt werden könnte. In der britischen Boulevardpresse brachte es das Thema Zahlungen von Kindergeld an Zuwandererfamilien zu einiger Aufregungsprominenz und tatsächlich war es keine überzeugende Lösung, dass im Ausland lebende Kinder einfach dasselbe Kindergeld erhalten sollten wie im Vereinigten Königreich. Da die Mehrheit der Zuwanderer aus relativ armen Ländern kam, wäre es fair gewesen, den Kindern im Ausland auf Basis der dortigen Preisniveaus bzw. Kaufkraftparitäten angepasstes Kindergeld zu zahlen – in der Regel dann eben niedriger als im Vereinigten Königreich. In dieser Richtung erreichte Premier Cameron in Verhandlungen mit der EU unmittelbar vor der BREXIT-Volksbefragung Änderungen zugunsten des Vereinigten Königreiches.

Im Übrigen wurde beim EU-Kompetenz-Bericht durchaus gewürdigt, auch vom Außenminister Hammond selbst, dass das Vereinigte Königreich in vielen Bereichen die Politikagenda wesentlich mitgestaltet hat. Möglicherweise hat der Bericht dennoch zu einer Anti-EU-Stimmung mit beigetragen, indem nämlich für die Wählerschaft am Ende kaum nachzuvollziehen war, wo denn Großbritannien als EU-Mitglied wichtige Vorteile hatte.

Schließlich ist natürlich aus der jüngeren Geschichte eine gewisse innere EU-Distanz vieler britischer Regierungen deutlich festzustellen. Dazu gehört, dass Großbritannien nicht nur dem Projekt Eurozone fernblieb, wobei man vermutlich auch das besonders hohe Gewicht des Banken- bzw. Finanzsektors im Auge hatte, bei dem Schocks bei flexiblen Wechselkursen auf breiter Front (also nicht nur gegenüber dem US-Dollar) relativ gut abzufedern sind. Schließlich fehlte es im Vereinigten Königreich – außer unter Premier John Major und seinen beiden sozialdemokratischen Nachfolgern – an einer Bereitschaft, eine grundlegende EU-Sozialpolitik mitzugestalten. Man kann sich vor dem Hintergrund der Theorie des fiskalischen Föderalismus für einen EU-Binnenmarkt mit Arbeitskräftemobilität kaum vorstellen, dass die EU-Politikebene mit 1 % Ausgabenquote sinnvoll bzw. optimal aufgestellt ist. Die USA mit einer Staatsverbrauchsquote von 9 % in 2013 auf der obersten Politikebene sind nicht für einen überzogenen Superstaat bekannt und im Übrigen gibt es in Washington DC dann auch noch 11 % Sozialausgabenquote. Der im Kompetenzbericht sehr oft betonte Grundsatz der Subsidiarität – die EU soll keine Aktivitäten haben, die nicht ebenso gut von den Nationalstaaten realisiert werden können – wurde von London (häufig auch von Berlin) als strategischer Hebel genutzt, um die Brüsseler Ebene klein zu halten. Sicherlich ist der Grundgedanke vernünftig, dass die EU-Ebene keine Politikbereiche vereinnahmen soll, die ebenso gut auf nationaler Ebene organisiert werden können. Aber das heißt umgekehrt nicht, dass es nicht wichtige Kompetenzfelder gäbe, die man mit großem Effizienzgewinn besser in Brüssel ansiedeln könnte. Natürlich ist zu beachten, dass die bisherigen EU-Schwächen bei der Verausgabung von EU-Geldern etwa bei den Strukturfonds, wo nur etwa die Hälfte der Gelder sinnvoll eingesetzt werden (BECKER ET AL., 2010), zunächst wenig Argumentation bieten, die EU-Ausgabenquote zu erhöhen. Aber diesem Gedanken ist entgegen zu halten, dass man natürlich bei einer Aufgaben- und Ausgabenverlagerung Richtung Brüssel auf Basis bisheriger schlechter Erfahrungen im Vorfeld institutionelle Reformen zur Verbesserung der Effizienz der Ausgabenfelder durchführen müsste.

Gemessen an soliden ökonomischen Argumenten aus der Theorie des Fiskalföderalismus ist die EU-Ebene deutlich unterdimensioniert. Es ist leicht zu erkennen, dass man große Infrastrukturprojekte und auch die Ver- teidigung sinnvoll auf der EU-Ebene verankern kann; und eben auch einen Teil der Umverteilungspolitik – sie ist rein national organisiert ineffizient, sofern die Arbeitskräftemobilität hoch ist (OATES, 1999).

Dass man im Vereinigten Königreich daran interessiert ist, sehr große Flexibilität der Unternehmen zu haben, um gerade auch für geringqualifizierte inländische und ausländische Arbeitskräfte die Arbeitsbedingungen festzulegen, mag man zur Kenntnis nehmen. Es ergibt sich allerdings der Eindruck, dass der hohe Anteil von Zuwanderern aus dem Nicht-EU-Länder-Raum wohl großen Druck Richtung „Superflexibilität" bringt. Diese Immigranten, so zeigt der Bericht, haben mehr als Zuwanderer aus EU-Ländern Sprachprobleme und erzielen meist in einfachen Jobs ihr Einkommen. Nicht auszuschließen ist auch, dass der britische Mindestlohn – national einheitlich – indirekt zu solchem Druck der Unternehmen bzw. der Politik führt. Denn Geringqualifizierte aus Nicht-EU-Ländern und EU-Ländern dürften eher Beschäftigungschancen haben, wenn sie sehr flexibel und zu langen Arbeitszeiten einsetzbar sind. Das entspricht mit Blick auf die EU-Bürger allerdings nicht dem in den meisten EU-Ländern bestehenden Leitbild für Arbeitnehmer.

Dass es besonders sinnvoll ist, wenn man mehr als 48 Stunden die Woche arbeitet bzw. arbeiten kann, kann man durchaus mit guten Gründen bezweifeln. Tatsache ist, dass der EU-Kompetenzen-Bericht wenig Anlass für eine fundamentale Unzufriedenheit Großbritanniens mit der Europäischen Union gab. Aber die guten Punkte aus dem Bericht wurden auch nicht vernünftig kommuniziert und natürlich sorgte die Eurokrise 2010-2015 für ein anhaltend negatives Grundrauschen in der britischen Presse in Sachen EU-Integration. Dass sich das Vereinigte Königreich fast an keinerlei Stabilisierungsmaßnahmen in der Eurokrise beteiligte, ist bemerkenswert und etwa mit Blick auf Spanien nicht fair. Dort hatten britische Banken nach OECD-Angaben eine ähnliche hohe Risikoposition wie deutsche und französische Banken. Aber die britische Regierung überließ es allein den Ländern der Eurozone, die Banken-Stabilisierung in Spanien zu organisieren (WELFENS, 2014). Wenn man schließlich die Meinungsumfragen der Europäischen Kommission zur EU-Integration betrachtet, dann wird deutlich, dass zumindest im Frühjahr 2015 keine extrem negativen Rückmeldungen aus dem Vereinigten Königreich in den Umfrageergebnissen sichtbar wurden.

Wo kommt denn nun aus britischer Perspektive der BREXIT eigentlich her? Wie überraschend ist die britische Mehrheit beim Volksentscheid am 23. Juni 2016? Und eine Überraschung war die BREXIT-Mehrheit offenbar für die Bundesregierung, die Regierungen von Frankreich und Italien und manche andere Regierung in EU-Ländern – von der Europäischen Kommission ganz zu schweigen. Zunächst ist festzustellen, dass man in vier Jahrzehnten nur einen Politiker aus dem Vereinigten Königreich zum Kommissionspräsidenten ernannt hat, was man mit Blick auf frühere Kommissionspräsidenten aus Deutschland und Frankreich kritisch sehen kann. Man hat seitens der EU-Länder und der Europäischen Kommission auch wenig Energie darauf verwendet, wichtige Institutionen im Vereinigten Königreich anzusiedeln. Es war mit dem Euro-Start 1999 – ohne das Vereinigte Königreich – schon eine gewisse Spaltung in der

EU angelegt, wobei dieses Land bei der Opting-out-Klausel Dänemark an seiner Seite fand. Es oblag den Ländern der Eurozone, die zögernden Länder Vereinigtes Königreich und Dänemark (sowie andere) durch eine erfolgreiche Währungsintegration zu überzeugen.

Dass der entscheidende Test nicht in einer Schönwetterphase zu bestehen wäre, sondern im Kontext internationaler Schocks, war dabei klar. Den Schock der Transatlantischen Bankenkrise hat die Eurozone allerdings offenbar nicht bestanden. Denn mit dem Konkurs der viertgrößten US-Investmentbank Lehman Brothers am 15. September 2008 war schon klar, dass ab sofort der Risikoappetit der internationalen Investoren im Gefolge dieses schockierenden Ereignisses massiv gefallen war. Man hätte auf Seiten der Euro-Länder alle Regierungen noch im Herbst 2008 zusammenrufen müssen, um ein abgestimmtes Handeln in Sachen Konsolidierungsprogramme bzw. Begrenzung der Defizitquoten zu vereinbaren; nichts dergleichen geschah, vielmehr machte jede Regierung isoliert, was sie für richtig hielt und die EU ließ sich in Griechenland von der konservativen Nea-Dimokratia-Regierung einen politischen Defizitbetrug mit 15 % Defizitquote bieten, Damit lag die Quote um 11 %-Punkte höher als von Athen nach Brüssel zu Jahresbeginn 2009 gemeldet. Es gab in der Eurokrise dann institutionelle Innovationen in der EU, um mit der Eurokrise fertig zu werden, was in etwa bis 2015 gelang; mit Ausnahme des Dauerkrisenfalls Griechenland.

Zum Vergleich: Die Vereinigten Staaten haben den für sie ärgerlichen Fall des Staatsbankrotts von Puerto Rico – ein Quasi-Staat der USA – im Sommer 2016 mit Entscheidungen im US-Kongress geregelt, während die Länder der Eurozone ein relativ überschaubares Problem wie Griechenland bis 2016 nicht gelöst hatten. Auch wegen der Unbeweglichkeit Deutschlands. Schon 2013 hatte Premier Cameron auf die ungelösten Eurozonen-Probleme und andere EU-Herausforderungen hingewiesen; inklusive des sichtbaren Demokratie-Defizits der Europäischen Union bzw. der Europäischen Kommission. Letztere hat wenig Problembewusstsein zum Thema Demokratiedefizit gezeigt und die Europäische Union hat in der Tat ein Konstruktionsproblem, da sie ohne EU-Parteien, im EU-Parlament mit einer Dauer-Großen-Koalition und mit einer Kommission arbeitet, die zugleich Regierungsfunktionen und Parlamentselemente beinhaltet. Die meisten Gesetzesvorlagen in der EU kommen seit Jahrzehnten von der Europäischen Kommission.

Die Rede von Premier Cameron beim Chatham House (The Royal Institute of International Affairs) in London am 10. November 2015 über die Beziehungen des Vereinigten Königreiches zur Europäischen Union erklärt mit großer Deutlichkeit einige Hauptpunkte der EU-Problematik aus britischer Regierungssicht (The Future of Britain's Relationship with the EU). Dabei nahm Cameron auf seine Bloomberg-Rede drei Jahre zuvor Bezug, als er drei Hauptprobleme mit Blick auf die EU identifiziert hatte – sie hätten weiter Relevanz, und hinzu käme ein vierter Punkt:

- Die Probleme der Eurozone, die seitens der Länder der Währungsunion im Interesse aller EU-Länder zu lösen seien.
- Ein Problem an internationaler EU-Wettbewerbsfähigkeit angesichts des dynamischen Aufstiegs neuer großer Anbieter bzw. Länder in der Weltwirtschaft.
- Ein Mangel an demokratischer Verantwortlichkeit der Politik in Brüssel bzw. eines Grabens zwischen Wählerschaft und Politikern auf EU-Ebene, den man seitens der britischen Wählerschaft besonders stark empfinde.
- Als vierten Punkt setzte Cameron hinzu: Das Vereinigte Königreich stehe einem zu großen Immigrationsdruck gegenüber, der auch die Zuwanderung aus EU-Ländern betreffe – in Summe über 300 000 Zuwanderer pro Jahr könne das Vereinigte Königreich angesichts der schwierigen Haushaltslage nach der Bankenkrise nicht auf Dauer aufnehmen; zumal die Bevölkerung des Vereinigten Königreiches langfristig wachse bzw. das Land nach bestimmten Prognosen mit über 70 Millionen Einwohnern das nach der Bevölkerung größte EU-Land um 2050 sein werde. (Cameron sagte: „The issue is one of scale and speed, and the pressures on communities that brings, at a time when public finances are already under severe strain as a consequence of the financial crisis. This was a matter of enormous concern in our recent general election campaign and it remains so today ... Unlike some other member states, Britain's population is already expanding. Our population is set to reach over 70 million in the next decades and we are forecast to become the most populous country in the EU by 2050. At the same time, our net migrating is running at over 300,000 a year. That is not sustainable").

Die EU-Tendenz zu einer immer stärkeren Integration („ever-closer union") sei nicht die Zielsetzung des Vereinigten Königreiches. Vielmehr sei man vor allem an internationaler Handelsliberalisierung und gemeinsamer Sicherheitspolitik interessiert. Allerdings, auch wenn man an Kooperation in der EU im Bereich der Sicherheit interessiert sei, so müsse nationale Sicherheit letztlich immer eine nationale Kompetenz bleiben. Seiner Regierung missfalle auch ein Teil der rechtlichen Regeln im EU-Kontext: Die von der Labour-Regierung gegebene Zustimmung zur Europäischen Menschenrechtskonvention – European Convention on Human Rights (ECHR) – wolle man durch eine neue British Bill of Rights ersetzen.

Dass das Vereinigte Königreich mit 0,4 % Bevölkerungszuwachs überfordert sei, kann man als eine fragwürdige Einschätzung von Premier Cameron einstufen. Die von seiner Regierung vorgenommenen Kürzungen bei den Finanzzuweisungen an die Gemeinden – wegen des Drucks zum staatlichen Defizitabbau – hatten in vielen britischen Städten erst jenen Eindruck von Überforderung bzw. unzureichender Bereitstellung kommunaler Dienstleistungen und Leistungen des (bei Standardangeboten für Patienten kostenlosen) Nationalen Gesundheitssystems verursacht, den Cameron als Immigrationsdruck mit Überforderungscharakter eigenartig interpretiert. Cameron forderte in seiner Rede, dass neue EU-Mitglieder eine zeitweise Begrenzung des Zugangs zu Sozialleistungen nach EU-Beitritt künftig akzeptieren sollten. Hier kann man allerdings kritisch anmerken, dass es ausgerechnet Großbritannien, zusammen mit Schweden und Irland, war, dass für die Bürger aus osteuropäischen Beitrittsländern aus 2004 keine Übergangsfristen festsetzte, wie dies etwa Deutschland in Anspruch nahm, das eine Übergangsfrist von sieben Jahren festlegte. Dieser Fakt wird von Cameron in seiner Rede nicht erwähnt. Cameron betont, er habe schon erreicht, dass EU-Zuwanderer, die keinen Job binnen sechs Monaten fänden, ins Heimatland zurück kehren müssten, aber er wünsche, dass künftig EU-Zuwanderer mindestens vier Jahre arbeiten müssten, bevor sie arbeitsbezogene Transfers vom Staat oder Vorteile in Form des sozialen Wohnungsbaus in Anspruch nehmen könnten. Cameron weist in seiner Rede daraufhin, dass die entsprechenden Transfers 6 000 Pfund pro Jahr für eine Reihe von Zuwanderern ausmachten und 10 000 kürzlich eingereiste Familien sogar über 10 000 Pfund pro Jahr als Transferzahlungen des Staates bezogen hätten.

Die Statistiken (Abb. 4) für das Vereinte Königreich zeigen klar, dass die Beschäftigungsquoten von Zuwanderern aus osteuropäischen EU-Ländern (EU8 als die entsprechenden Beitrittsländer von 2004; EU2 als die 2007 beigetretenen Länder Rumänien plus Bulgarien) höher sind als die für britische Arbeitnehmer im Durchschnitt. Der Anteil von Zuwanderern mit Hochschulabschluss ist allerdings bei vielen Zuwanderergruppen unterhalb des britischen Durchschnittswertes; bei Schweden, Dänemark und Luxemburg ist die Qualifizierungsstruktur besser. Die Zuwanderer aus osteuropäischen EU-Ländern haben sicherlich in der Dekade nach 2004 erheblich zum Anstieg des britischen Realeinkommens beigetragen und auch eine hohe unternehmerische Gründeraktivität ist festzustellen. Weshalb von Cameron die EU-Zuwanderung so negativ dargestellt wird, ist schwer verständlich.

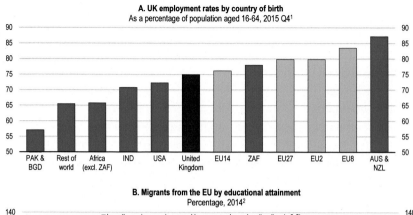

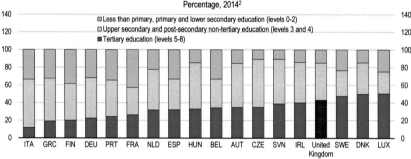

Abb. 4. Beschäftigungsquote (A.) und Qualifizierungsstruktur (B.) nach Zuwanderergruppen im Vereinigten Königreich

A: Zahlen für 4. Quartal 2015; EU8 = Osteuropäische EU-Länder von 2004; EU2 = Bulgarien und Rumänien; B: grün = gering Qualifizierte, grau = mittel Qualifizierte, blau/rot = hoch Qualifizierte.

Quelle: OECD (2016a), The Economic Consequences of Brexit: A Taxing Decision, OECD Economic Policy Paper, No. 16, Paris, p. 26.

Zumindest in der Vorstellung der konservativen Cameron-Regierung und vermutlich auch vieler ihrer Wähler spielten Belastungen des britischen Staatshaushaltes durch hohe Zuwandererzahlen eine wichtige Rolle; für englische Arbeitnehmer mag auch die Furcht vor Lohndrückerei im Kontext mit Immigranten aus relativ armen EU-Ländern einen wichtigen Aspekt dargestellt haben. Tatsächlich erreichte Cameron in seinen Verhandlungen mit der EU Anfang 2015, dass Zuwanderer erst nach vier Jahren bestimmte staatliche Transferzahlungen in Großbritannien erhalten sollten. Offenbar waren aber die Zugeständnisse der EU unzureichend, um eine Pro-BREXIT-Mehrheit beim Volksentscheid am 23. Juni 2016 zu verhindern.

Eine gewisse Rolle für die Einschätzung von Premier Cameron spielt offenbar die Studie von PWC (2015), The World in 2050, die beim Vereinigten Königreich für 2014-2050 +0,4 % jährliches Bevölkerungswachstum, für die USA +0,6 %, für Deutschland -0,4 % annimmt. Zudem gilt als PWC-Analyseergebnis: für das Vereinigte Königreich 2,2 % Wachstum des realen Pro-Kopf-Einkommens in 2014-2050, während das entsprechende Wachstum in den USA 2 %, in den Niederlanden und Deutschland 1,9 %, in Japan 1,8 % und in Italien und Frankreich je 1,6 % betragen soll. Es ist nicht ohne weiteres plausibel, dass das jährliche Bevölkerungswachstum für UK 0,4 % betragen wird, zumal die May-Regierung offenbar erhebliche Zuwanderungsrestriktionen gegenüber EU-Ländern durchsetzen will. Wieso das Pro-Kopf-Einkommenswachstum im Vereinigten Königreich höher als in den USA sein soll, ist unklar. Es scheint aber offensichtlich, dass die Cameron-Regierung der PWC-Studie glaubt und Cameron in der Rede beim Chatham House auf die Zahlen dieser Studie und die UN-Bevölkerungsprojektion Bezug nimmt. In jedem Fall gilt, dass Prognosen mit einem Zeitraum von fast 40 Jahren mit großen Unsicherheiten behaftet sind.

TIM OLIVER (2016) vermerkte einige Monate im Vorfeld des BREXIT-Referendums mit Blick auf die Anti-EU-Partei UKIP und die verbreitete kritische EU-Sicht im Vereinigten Königreich, zu dem auch die schwierigen EU-Russland-Konflikte über die Ukraine-Fragen beigetragen hätten: „Der Anstieg der UKIP-Unterstützung bezieht sich nicht einfach nur auf die EU. Diese Unterstützung reflektiert auch Anti-Politik-Strömungen, Anti-Immigrationsbewegungen und Anti-London-Sichtweise. Als ein Ergebnis des britischen Mehrheitswahlrechtes hat UKIP Probleme bei der Umsetzung von Wählerstimmen in Parlamentssitze, allerdings hat UKIP erfolgreich Stimmen von allen anderen Parteien im Vereinigten Königreich abgeworben." („The surge in support for UKIP is not simply about the EU. Its support is also about anti-politics, anti-immigration and anti-London. As a result of the UK's majoritarian electoral system, UKIP has struggle to turn votes into MPs, but it has succeeded in taking votes from all the other UK parties"). Das bedeutet aber mit Blick auf das Referendums-Ergebnis, dass hier nicht einfach eine breite Anti-EU-Stimmung zum Ausdruck kommt, obwohl offenbar die „Europäische Frage" in den Diskussionen im Vereinigten Königreich seit vielen Jahren eine Rolle gespielt hat. Es ist also in über vier Jahrzehnten nicht gelungen, die Menschen im Vereinigten Königreich in einer großen Mehrheit nachhaltig für die EU einzunehmen.

Mit dem BREXIT ist nun die Gefahr eines Bruchs zwischen dem Vereinigten Königreich und den EU27-Ländern entstanden. Dass im Übrigen der Ukraine- bzw. Krim-Konflikt nun verstärkt aufbrechen wird, ist anzunehmen. Die Regierung der Ukraine könnte versuchen, ihre Position im Osten der Ukraine zu stärken und Russland dabei provozieren; auch Russland könnte erwägen, den BREXIT und die davon ausgehende Verunsicherung im Westen dazu zu nutzen, die eigene Position im Ukraine-Konflikt zu verbessern.

Die Europäische Union wird sich durch den Austritt des Vereinigten Königreiches längerfristig wohl erheblich mit einer EU-Desintegrationsdynamik konfrontiert sehen. Ausgangspunkt ist die Überlegung, dass der EU-Austritt dem Vereinigten Königreich erhebliche Anpassungskosten aufbürdet und dies dürfte den EU-Zusammenhalt zunächst stärken. Allerdings wird sich nach einigen Jahren verminderten Wachstums im Vereinigten Königreich die Wirkung der geplanten neuen – dann realisierten – Freihandelsverträge mit den USA, Kanada, Australien und einigen asiatischen Ländern sowie Ländern in Afrika und Lateinamerika ebenso expansiv bemerkbar machen wie Deregulierungsmaßnahmen im Vereinigten Königreich. Die EU27 könnte hingegen unter dem Druck ungelöster Eurozonen-Probleme in eine anhaltende Wachstumsschwäche geraten und dann werden mehr und mehr Länder die Frage stellen, ob man nicht dem Vereinigten Königreich Richtung EU-Austritt folgen sollte: Mehr nationale Kontrolle über Gesetze, Grenzzutritt und Regulierung. Das mag ökonomisch für die große Mehrzahl der Länder ein ökonomischer Nachteil im Sinn eines Verlustes an EU-Handelsschaffungseffekten und Innovationsdynamik sein, aber erstens gibt es neben den ökonomischen Aspekten andere Nutzenaspekte – etwa in Sachen innere Sicherheit – und zweitens wird ein Vergleich des Wirtschaftswachstums der Eurozone bzw. der EU27 mit Nicht-EU-Ländern und speziell mit dem Vereinigten Königreich ohne EU-Reformen vermutlich einen EU-Rückstand auf längere Sicht zeigen.

Mit dem Austritt aus der EU hat die konservative May-Regierung einige Jahre Zeit, die Weichen wachstumsfreundlich für das Vereinigte Königreich zu stellen. Dabei hat Theresa May angekündigt, dass die Regierung sich für ein Wirtschaftssystem einsetzen werde, das allen Menschen nützlich sei. Handelsminister Fox und EXIT-Minister Davis haben erklärt, dass sie über das Abschließen internationaler Handelsabkommen mit Ländern außerhalb Europas die Wachstumsdynamik des Landes stärken wollten. Das wird zwar erst mittelfristig möglich sein, aber die Regierung des Vereinigten Königreiches hat einen großen Anreiz, den eigenen Bürgern und den EU27-Ländern zu beweisen, dass man auch außerhalb der EU eine anhaltend gute Wirtschaftsentwicklung erreichen kann. Die EU-Kommission und der Europäische Rat haben quasi umgekehrt parallele

Anreize zu zeigen, dass die EU27-Integration ein ökonomisches Erfolgsmodell ist. Aber es gibt konzeptionell kaum Ansätze für wachstumsfreundliche und integrationsstärkende EU-Reformen und die Fülle unerledigter Probleme von Eurokrise bis Flüchtlingswelle und Schengen-Abkommensstreitigkeiten bleibt der ökonomisch und politisch geschwächten EU27 erhalten. Deutschland und Frankreich als traditionelles Führungsduo konnten sich 2016 nicht einmal darauf verständigen, für mehr Wachstum und Jobs wichtige TTIP-Abkommen bis Jahresende durchzuverhandeln; man ließ im Gegenteil aus Teilen beider Regierungen durchblicken, dass man TTIP eigentlich nach dem BREXIT für politisch tot betrachte.

Die EU-Integrationsneigung in vielen EU-Ländern dürfte längerfristig abnehmen, wenn der EU und den EU-Mitgliedsländern nicht umfassende Reformen und Lösungen wichtiger Probleme mit Blick auf die Eurozone, die Flüchtlingswelle und die Ukraine-Russland-Fragen gelingen. Dass die EU ohne das Vereinigte Königreich eine bessere Position gegenüber Russland hätte als bisher, kann man eindeutig verneinen. Russlands diplomatische Position im Ukraine-Konflikt hat sich durch den BREXIT schon deutlich verbessert. Das nehmen die USA mit Sorge zur Kenntnis.

Eine in Teilen skeptische EU-Sicht gilt nach dem BREXIT, zumal die EU auch anhaltende Sicherheitsprobleme durch das Schengen-Abkommen haben dürfte, was bei neuen islamistischen Attentaten in EU-Ländern zu einer Erhöhung der Stimmanteile populistischer und rechtsnationaler Parteien führen dürfte: Deren Parteiprogramme setzen auf Austritt aus der EU und einen neuen Nationalismus.

Weniger freier Personenverkehr und damit faktisch die Abschaffung des Schengen-Abkommens sind mittelfristig zu erwarten, wenn die Sicherheitslage in der EU nicht massiv verbessert werden kann. Das aber ist unwahrscheinlich, da ein Teil der islamischen Jugendlichen aus Einwandererfamilien in EU-Ländern offenbar für radikale islamistische Internet-Propaganda empfänglich ist. Das mag die sicherheitspolitische Kooperation zwischen dem Vereinigten Königreich und den EU27-Ländern aufrecht zu erhalten helfen; aber es dürfte vor allem Frankreich und Belgien mit ihren seit 30 Jahren hohen Jugendarbeitslosenquoten in Schwierigkeiten bringen. Die hohen Jugendarbeitslosenquoten dieser Länder – dreifach so hoch wie in der Schweiz – sind im Kern vor allem durch eigene falsche Wirtschaftspolitik verursacht: Vor allem die viel zu hohen nationalen Mindestlöhne, die Jugendliche ohne Ausbildung in großer Zahl in Jugendarbeitslosigkeit zwingen und indirekt oft auch ein Abgleiten in die Kleinkriminalität zur Folge haben. Von dort, bisweilen via radikalisierend wirkenden Gefängnisaufenthalten (mit Einfluss radikaler Zellengenossen oder auch von Gefängnis-Geistlichen), führt in einigen Fällen der weitere Lebensweg in den Terrorismus, wie verschiedene Fälle aus Belgien und Frankreich gezeigt haben. Diese schrecklichen potenziellen Nebenwirkungen von überhöhten Mindestlöhnen werden gerne in der Diskussion um Mindestlöhne übersehen; in Deutschland etwa schwärmte der damalige SPD-Politiker und spätere Linke-Chef Oskar Lafontaine wohl ein ganze Dekade lang in TV-Talkshows unwidersprochen über die angeblich so unproblematischen Mindestlöhne in Frankreich. Letzteres ist eine grundlegende Fehlsicht, die unter Präsident Hollande für jedermann schließlich erkennbar wurde, da die Regierungen unter Hollande eine staatliche Subventionierung von Unternehmen mit Mindestlohn-Beschäftigten einführte – erst setzte man die Mindestlöhne zu hoch bzw. eben national einheitlich (regional also undifferenziert) staatlich fest, dann musste der Staat zur Abwendung einer sonst eben noch höheren Jugendarbeitslosen- und Langzeitarbeitslosenquote Subventionen für Mindestlohn-Jobs bei den Firmen zahlen: In der Summe etwa 1 % des Bruttoinlandsproduktes, was bei 1,5 % angenommener realer Trend-Wachstumsrate der Wirtschaftsleistung so auf eine langfristige Staatsschuldenquote von 67 % – gemäß Domar-Formel – führt. Die verfehlte französische Mindestlohnpolitik allein sprengt schon die Vorgaben des Maastrichter Vertrages zur Obergrenze der Schuldenquote von 60 % im Stabilitäts- und Wachstumspakt in der Eurozone.

Umgekehrt ist Deutschlands Finanzpolitik wenig klug beraten, wenn man in der Verfassung 0,35 % als Obergrenze für die staatliche konjunkturbereinigte Defizitquote festlegt, denn das läuft bei 1,5 % Trendwachstumsrate des Realeinkommens auf eine Schuldenquote von 23,3 % hinaus. Das ist sonderbar gering und sogar niedriger als in der Schweiz. Hier wollte man offenbar mit der extrem niedrigen Obergrenze für die Defizitquote des Bundes – und Setzen der strukturellen Defizitquote der Bundesländer auf Null ab 2020 – während der Eurokrise aus Berlin ein Signal Richtung höchster schuldenpolitischer Tugend setzen, um Euro-Länder mit Überschreitung der Defizit- und Schuldengrenzen im Maastrichter Vertrag leichter unter Druck setzen zu können. Aber mit einer langfristigen deutschen Schuldenquote von 23,3 % würde man die durchschnittliche Rating-Einstufung der Staatsanleihen (also die wichtige „Benotung" zur Vertrauenswürdigkeit des Staats bei Staatsanleihen) in der Eurozone insgesamt verschlechtern; und höhere Realzinssätze für praktisch die ganze Eurozone wären die Folge – und das ist gar nicht im Interesse Deutschlands. Wirtschaftspolitisch falsche Weichenstellungen aus Berlin, Paris, Rom oder anderen Hauptstädten sind keinesfalls hilfreich bei der Überwindung der Probleme in Europa. Durch den BREXIT ergibt sich die Notwendigkeit, in allen EU-Mitgliedsländern, nochmals selbstkritisch die nationale Wirtschafts- und Politiksituation zu betrachten und auch eine breitere internationale Perspektive in der Analyse zu

entwickeln. Eine wichtige Rolle könnte hier eine kluge und effektive Politikbera-
tung spielen, die es aber nur in wenigen EU-Ländern gibt. Hier sei mit Blick auf
Deutschland exemplarisch an die Rolle des Sachverständigenrates zur Begutach-
tung der gesamtwirtschaftlichen Entwicklung unter dem damaligen Vorsitzenden
Bernd Rürup erinnert, der mit einem Jahresgutachten die zweite Schröder-Regie-
rung programmatisch deutlich vorprägte und wesentlich zu den Reformerfolgen
Deutschlands und der Wiedergewinnung der Vollbeschäftigung beigetragen hat.
Ein pragmatischer Dialog Wissenschaft-Politik war hilfreich. In der angespann-
ten BREXIT-Situation wäre ein solcher Dialog auch wieder besonders wichtig.

Eine Umfrage der Bertelsmann-Stiftung aus dem Frühjahr 2016 hat eine
Reihe interessanter Befunde gebracht, die insbesondere zeigen, dass EU-Befürworter in vielen EU-Ländern einen Verbleib Großbritanniens in der EU mit
großer Mehrheit wünschten (BERTELSMANN-STIFTUNG, 2016). Dieser
Befund verdeutlicht, dass aus Sicht der EU27-Bürger einerseits Sympathie für
eine britische Mitgliedschaft besteht, andererseits aber auch ein Bewusstsein der
ökonomischen Nützlichkeit einer UK-Mitgliedschaft vorhanden ist. Damit hat
man doch auch eine politisch gesehen vernünftige Grundlage zu versuchen, die
in über vier Jahrzehnten gewachsene EU-Integration bei weiterer aktiver Mitwirkung Großbritanniens fortzuführen.

Teil II
Brexit-Effekte

3

Internationale und geopolitische Perspektiven

Es ist leicht einzusehen, dass die ersten Reaktionen der Wirtschaft zum BREXIT-Votum von den Finanzmärkten kommen, wo ja veränderte Erwartungen eine wichtige Rolle für die Preisbildung spielen. Die massive Abwertung des Pfund Sterling nach dem 23. Juni 21016 wird kaum jemanden überraschen. Eine im ersten Halbjahr 2016 gute britische Konjunktur wird nun abgebremst. Der Internationale Währungsfonds (IWF, 2016a) hat in der Aktualisierung des World Economic Outlook vom 19. Juli 2016 erste Prognoserevisionen vorgestellt: Die Eurozone soll in 2016 beim Wachstum gegenüber der IWF-Frühjahrsprognose um 0,1 % anziehen, 2016 aber um 0,2 % fallen – auf 1,4 % Wachstum. Das Wachstum Großbritanniens soll leicht zurück gehen in 2016, nämlich um 0,2 %-Punkte gegenüber der Frühjahrsprognose, aber 2017 fällt die Revision mit 0,9 Prozentpunkten deutlicher aus – mit einem erwarteten Wirtschaftswachstum von 1,3 %. Der BREXIT ist aber zunächst noch nicht formal vollzogen und wirklich entscheidend dürfte das Jahr 2019 werden, wenn Großbritannien die EU tatsächlich (vermutlich) verlässt. Es gibt keine britischen Bankenkonkurse, keine massiven Fehlentwicklungen in den britischen Finanzmärkten wie dies im Vorfeld der Bankenkrise 2007-2009 der Fall war. Es war in Großbritannien der drohende Konkurs der Bank Northern Rock – mit langen Schlangen vor deren Bankschaltern –, der 2007 zum ersten Jahr der Transatlantischen Bankenkrise werden ließ. 2008/2009 hielten die USA, Großbritannien und die Eurozone mit massiven Konjunkturprogrammen des Staates gegen die deutlichen Abschwungkräfte. In den USA und Großbritannien kam es auch schon rasch zu einer ungewöhnlichen Geldpolitik, die auf eine starke expansive Offenmarktpolitik setzte: Die Notenbank kaufte Staatsanleihen in großem Umfang an, nachdem Notenbankzinssenkungen schon bald nahe der Nulllinie angelangt waren. Eine unmittelbare Wiederholung einer großen Krise wie 2007-2010 droht Großbritannien nicht, eher ein allmähliches Abflachen des Wirt-schaftswachstums. Aus einem politisch schlecht gemanagten BREXIT allerdings könnte durchaus auch eine neue Finanzmarktkrise werden.

Wenn man die reale Wirtschaftsentwicklung in Deutschland, Frankreich, Spanien, Italien, Vereinigtes und USA 2008-2016 betrachtet (2008=100 gesetzt für alle Länder), dann sieht man nach dem allgemeinen Wirtschaftseinbruch

© Springer Fachmedien Wiesbaden GmbH, ein Teil von Springer Nature 2018
P. J. J. Welfens, *BREXIT aus Versehen*, https://doi.org/10.1007/978-3-658-21458-6_4

2008/2009 – der Großen Rezession nach dem Konkurs der Lehman Brothers Bank –, dass die USA, Frankreich, Deutschland und Großbritannien relativ rasch aus der Rezession gelangt sind, während Spanien und Italien auch 2016 noch unterhalb des Ausgangswertes von 2008 lagen. Die USA liegen am aktuellen Rand vor dem Vereinigten Königreich und Deutschland, Frankreich ist hinter die deutsche Wirtschaftsentwicklung zurückgefallen. Wie man an der Summe von Italien und Spanien sieht, ist ein gutes Fünftel der Eurozone ökonomisch in ernsten Problemen, wobei Spanien möglicherweise die Lücke bei der realen Einkommensentwicklung mittelfristig schließen kann – allerdings wenig wahrscheinlich bei einem Andauern der politischen Koalitionsblockaden in Madrid, die eine zuverlässige Regierungsbildung erschweren.

Die britische Entwicklung wird mittelfristig auf das deutsche Niveau herunter gehen und wohl auch zeitweise darunter fallen. Allerdings sollte man eine gemeinsame europäische Abschwungkaskade nicht übersehen, die nachfolgend vereinfacht dargestellt wird: Deutschland hat rund 90 Milliarden € an jährlichen Exporten Richtung Vereinigtes Königreich in 2014 und 2015 verzeichnet, was 3 % des Bruttoinlandsproduktes entspricht. Auf Basis von Wertschöpfungszahlen geht es eher um etwa 2 % des Bruttoinlandsproduktes, so dass ein Rückgang der britischen Exporte um 10 % direkt etwa 0,2 % des Bruttoinlandsproduktes kosten wird. Hinzu kommt ein negativer makroökonomischer Multiplikatoreffekt, der den Minuseffekt in Deutschland auf etwa 0,4 % bringen könnte. Ein Rückgang des Realeinkommens im Vereinigten Königreich und Deutschland heißt für Frankreich verminderte Exporte Richtung UK und Deutschland, was dann auch das Realeinkommen Frankreichs um etwa 0,2 % sinken lässt. Das verminderte Realeinkommen im Vereinigten Königreich, Deutschland und Frankreich führt zu einer Verminderung der Exporte Italiens und Spaniens, wo das Wachstum des realen Bruttoinlandsproduktes um 0,1 % bis 0,2 % sinken kann. Der Rückgang im Wachstum des Realeinkommens in der Eurozone bedeutet wiederum, dass die britischen Exporte in die Eurozone bzw. Richtung EU27-Länder fallen, was letztlich die ursprüngliche BREXIT-bedingte Wachstumsdämpfung wegen sinkender Konsum- und Investitionsquoten verstärkt.

Was den BREXIT angeht, so ist vor allem das britische Leistungsbilanzdefizit ein Problem, denn eine hohe Defizitquote muss über Kapitalimporte finanziert werden. Die Leistungsbilanzposition des Vereinigten Königreiches ist seit 2008 deutlich negativ – größer als 3 % – und bewegt sich nach kurzer Besserung 2010/2011 wieder in eine kritische negative Größenordnung (siehe die nachfolgende Abbildung). Die Importe sind viel größer als die Exporte des Vereinigten Königreiches. Die Aussichten auf eine deutliche Exportsteigerung sind trotz einer realen Abwertung in 2016 recht begrenzt.

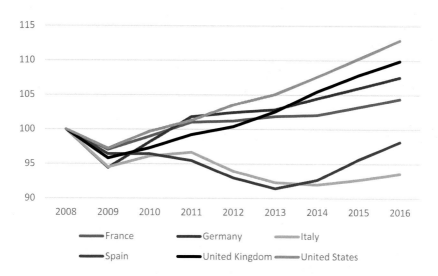

Abb. 5. Reales Bruttoinlandsprodukt von ausgewählten Industriestaaten (Basisjahr 2008 = 100)
Quelle: IMF, eigene Berechnungen.

Der BREXIT treibt die Schwankungsintensität der Aktienmärkte in der ganzen EU, so auch in Deutschland, auf neue Höhen (siehe die nachfolgende Abbildung für den VDAX auf Basis von Tagesdaten). Da instabile Aktienkurse auch die Realwirtschaft negativ beeinflussen können, sollte man die Entwicklung dieses Index sorgfältig beachten. Der Börseninstabilitätsindikator ist noch erheblich von den Höchstwerten im Krisenjahr 2008 – mit dem Konkurs der Bank Lehman Brothers im September – entfernt, aber das Finanzsystem in Deutschland entwickelt sich in eine problematische Richtung. Denn neben der Aktienkursvolatilität ist auch der Zustand des Bankensystems zu bedenken, wo die Großbanken Commerzbank und Deutsche Bank Anlass zur Sorge geben. Die Deutsche Bank fiel im August 2016 gar aus dem Top-50-Stoxx-Indikator (Aktienindex) für die Eurozone heraus und der Ökonom Martin Hellwig äußerte im selben Monat, dass man notfalls die Deutsche Bank im Interesse der Stabilisierung des Finanzsystems in Deutschland stabilisieren solle; man wird hoffen, dass die Substanz der deutschen Großbanken ausreicht und der jeweilige Konzernumbau zügig und erfolgreich vorangehen wird. Es dürfte interessierte Banken aus den USA, UK und Frankreich sowie China geben, die sich bei einem weiteren Verfall der Aktienkurse deutscher Großbanken, im Bankensystem Deutschlands einkaufen wollen. Für die britischen Banken sind diese Aussichten allerdings wegen der Pfundabwertung zum Euro doch deutlich begrenzt.

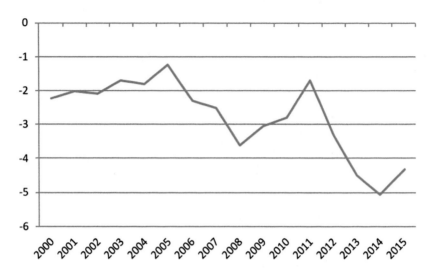

Abb. 6. Leistungsbilanzposition Großbritanniens (relativ zum Bruttoinlandsprodukt)
Quelle: IMF.

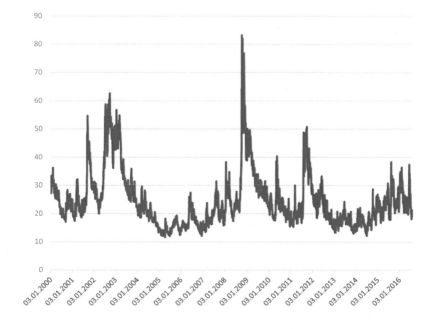

Abb. 7. VDAX Volatilitätsmaß (01.01.2000-03.08.2016, Tageswerte), Deutschland
Quelle: Datastream, Thomson Reuters.

Nicht unerwartet ist der Rückgang der Frühindikatoren der Wirtschaftsentwicklung im Vereinigten Königreich unmittelbar nach dem BREXIT. Hier zeichnet sich klar eine rückläufige Wirtschaftsentwicklung bzw. eine Verminderung des mittelfristigen Wirtschaftswachstums ab.

BREXIT: Niedrigster UK-Zins und Instabilitätsrisiken in Europa

Am 04. August 2016 senkte die Bank of England den Notenbankzins von 0,5 % auf 0,25 %, was der tiefste Zins seit 1694 ist; das kann man durchaus historisch und dramatisch nennen, denn dem Vereinigten Königreich droht ja eine politisch selbst organisierte Rezession dank Abstimmungsmehrheit kontra EU-Verbleib. Der britische Notenbankchef Mark Carney, der schon vor dem BREXIT-Referendum vor negativen Effekten einer EU-Austrittsentscheidung gewarnt hatte, äußerte die Befürchtung, dass etwa 250 000 Jobs wegen des BREXIT-Schocks kurzfristig verloren gehen könnten. Die Entscheidung zur ersten Zinssenkung nach sieben Jahren und zur Ausweitung des Staatsanleihen-Ankaufprogramms um 60 Milliarden Pfund erklärte er mit einer zu befürchtenden Rezession – soweit man die üblichen konjunkturellen Frühindikatoren heranziehe, sei diese Gefahr nun vorhanden: Man erwarte 0,1 % Wachstum im dritten Quartal 2016 und Stagnation in den zwei folgenden Quartalen. Unmittelbar erfolgte eine Pfundabwertung um 1,5 % am Markt, der Aktienkurs stieg in Erwartung sinkender Zinssätze, der Zinssatz fiel in Erwartung der Anleiheankäufe der Zentralbank auf 0,63 % für Zehn-Jahres-Anleihen (das könnte man unter Umständen als eine zehnjährige Markterwartung eines stabilen oder anhaltend rückläufigen Preisniveau sehen). Die Bank of England wird mit der Ausweitung des Anleihenankaufprogramms mittelfristig dann rund ein Drittel der ausstehenden Staatsanleihen in der Bilanz haben.

Geht man von einem Durchschnittszinssatz von 3 % aus, dann spart das bei 1 000 Milliarden Pfund in der Bilanz der Bank of England dem Staat 30 Milliarden Pfund an Zinsausgaben jährlich (gut 1 % des Bruttoinlandsproduktes), soweit man davon ausgeht, dass die staatlichen Zinszahlungen an die Bank of England über entsprechend erhöhte Notenbankgewinne an den Staat zurückfließen. Das reduziert dann die faktische Staatsschuldenquote des Vereinigten Königreiches von 90 % auf etwa 45 %, soweit nur der Teil der Staatsschulden betrachtet wird, der im privaten Sektor gehalten wird. Indirekt erlaubt die jahrelange Ankaufpolitik bei Staatsanleihen dem britischen Staat, den Einkommensteuersatz etwa 1 % geringer zu halten, als dies sonst der Fall wäre. Das Niveau des Wachstumspfades wird unter üblichen Annahmen – in einem Solow-Wachstumsmodell – dann etwa einen halben Prozentpunkt höher liegen als sonst. Tatsächlich ist der Effekt etwas höher, da der notenbankseitige Ankauf von Staatsanleihen auch für die Neuverschuldung einen Zinssenkungeffekt hat, was bei 110 Mrd. Pfund Neuverschuldung – bei Zinssatz 0,6 % statt früher 3 % – nochmals etwa 2,5 Mrd. Pfund zusätzliche Einsparung bei den Zinsausgaben bedeutet. Schon am 10. August 2016 fiel der langfristige Staatsanleihenzins auf Null.

Das Risiko einer BREXIT-Rezession haben sich die britischen Wähler mit ihrem Votum zum BREXIT selbst eingebrockt und Nullzins-Einkommen bei Bankeinlagen gehören künftig auch vermehrt zum neuen Alltag im Vereinigten Königreich; zumal mittelfristig nochmals eine Notenbank-Zinssenkung denkbar ist. Die Zinssenkung und die geldpolitischen Schritte der Bank von England setzen das britische Pfund weiter unter Druck, die Abwertung der Währung verteuert die Importe und die Aussicht auf weitere Abwertungen könnte dann auch den Marktzinssatz später ansteigen lassen – das aber nähme der Geldpolitik ihre Wirksamkeit. Das Absenken des Notenbankzinssatzes nahe an die Null-Linie lässt befürchten, dass die Wirksamkeit der Geldpolitik schon fast aufgebraucht ist, und verschärfte Ankaufspolitik der Zentralbank bei Anleihen hat auch effizienzmindernde Verzerrungseffekte, wenn diese Politik weiter anhält; im Übrigen nochmals auch Abwertungseffekte, was für Dollar und Euro Aufwertungseffekte und damit neuen Deflationsdruck bringt.

Für die EU27-Länder bedeutet die britische Zinssenkung, dass auch hier weiter Druck auf ultraniedrige Zinssätze entsteht. Das wird die Profitabilität und Stabilität der Banken in ganz Europa tendenziell gefährden. Die EZB hat im Juli gerade einen Stresstest bei den Banken abgeschlossen, für den die Bank of England nun quasi eine neue Testrunde einläutet; sinnvolle Politikkooperation in Europa dürfte anders aussehen. Die Europäische Union insgesamt kommt da nun in eine verschärfte Problematik, dass nämlich die Banken kaum noch ihre Kapitalkosten verdienen können – instabile Banken aber sind sicherlich keine Basis für einen längerfristigen Aufschwung. Im Vereinigten Königreich mag die Problematik etwas geringer als in der Eurozone sein, weil in UK ähnlich wie in den USA relativ viele Firmen sich über Firmenanleihen finanzieren. Aber in der Eurozone verschärft sich das Problem Großbankenstabilität in einigen Ländern absehbar und bei weiteren absehbaren Schritten der Bank von England Richtung Zinssenkung wird sich das europäische Banken-Stabilitätsproblem deutlich verschärfen. Diese Entwicklung ist ungünstig für die Realwirtschaft, zumal auch die Aktienkursvolatilität in Deutschland und anderen Ländern nach dem BREXIT-Votum am 23. Juni erkennbar zugenommen hat. So sehr die Bank of England auf den ersten Blick einer britischen Rezession mit ihrem Zinsschritt vom 4. August 2016 entgegengewirkt hat, so sehr unterminiert dieser geldpolitische Schritt doch auch die bankseitigen Stabilitätsperspektiven in ganz Europa. Im Übrigen wird die britische Immobilienwirtschaft durch Unsicherheiten im Kontext des BREXIT beeinträchtigt, Vermögensverluste sind sichtbar und teilweise langfristiger Natur – mit weiteren Verunsicherungseffekten bei der im Vereinigten Königreich relativ wichtigen privaten Alterssicherung. Im Februar 2018 kündigte die Bank of England Zinserhöhungen an, die wegen der 2017 auf 3% angestiegenen Inflationsrate notwendig seien (eine erste Zinserhöhung gab es Ende 2017). Diese Maßnahme kann das Pfund leicht stabilisieren.

Der britische Wirtschaftsabschwung, der nach dem BREXIT-Votum eingesetzt hat, verschlechtert zusammen mit der erfolgten realen Pfundabwertung die deutschen Exportperspektiven Richtung Vereinigtes Königreich. Vor allem der hohe Anteil von UK bei den deutschen Kraftfahrzeugexporten – 32 % der deutschen Exporte Richtung UK in 2015 – und bei Maschinen und Anlagen (13 %) sowie Pharmazeutischen Erzeugnissen (8 %) plus elektrotechnischen Erzeugnissen (7 %) müssen in sektoraler Perspektive als Belastung gelten. Auf der Importseite kommen wiederum Teile der deutschen Industrie durch die hohe reale Pfundabwertung unter Druck: Britische Kraftfahrzeuge repräsentieren 13 % der Importe Deutschlands aus UK, bei Maschinenbauprodukten geht es um 12 % Anteilswert, bei Elektronischen Erzeugnissen und Luftfahrzeugen lauten die entsprechenden Anteilswerte 8 % bzw. 7 %; zudem stehen mineralische Brennstoffe noch für 12 % Anteil. Man sieht also, dass nur vier Branchen rund 50 % der Exporte bzw. Importe beim Deutschland-UK-Handel ausmachen.

Da das Vereinigte Königreich wegen des BREXIT 2017/2018 um insgesamt etwa 1,5 % im Realeinkommenswachstum gegenüber den Prognosen vor dem 23. Juni 2016 Abstriche wird machen müssen und auch das Wachstum in Deutschland in 2017 einen leichten BREXIT-bedingten Dämpfer erleben dürfte, ergeben sich schon auch kurzfristig erhebliche ökonomische Kosten des britischen EU-Austritts. Diese Kosten – von vielen Experten durchaus vorhergesehen – werden langfristig sicherlich weiter ansteigen. Das britische Realeinkommen könnte um 5-10 % auf lange Sicht schrumpfen und auch dies wiederum wird Dämpfungseffekte auf die EU27-Konjunktur haben und von dort her ergibt sich dann sogar ein leicht negativer Effekt auf die US-Wirtschaft. Im Übrigen geht ja ein Viertel der US-Warenausfuhr ins Vereinigte Königreich und auch hier wird die USA auf mittlere Sicht dann sichtbar negativ vom BREXIT getroffen.

Bisher hat man in der EU nur im Fall griechischer Volksabstimmungen ökonomische politisch gewollte Selbstbeschädigungen gesehen. Mit dem Vereinigten Königreich hat sich nun eine alte politische Macht Europas auch auf diesen fragwürdigen Pfad begeben. Man wird sehen, was die britische Regierung an Stabilisierungsmaßnahmen entwickeln wird; sehr viel hat sie jedenfalls nicht anzubieten, denn noch ist man EU-Mitglied und im Übrigen werden die Märkte sich bei nun neu ansteigenden Defizitquoten womöglich auf Dauer von UK abwenden. Die schon hohe Leistungsbilanzdefizitquote des Vereinigten Königreiches von 4-5 % könnte bald weiter ansteigen, der Abwertungsdruck wird weiter zunehmen. Da nun mit der Türkei sich noch ein weiteres Land in Europa in einer ernsten politischen und ökonomischen Krise befindet, nimmt die Zahl der europäischen Schwachpunkte zu. Man kann von Glück sagen, dass das Wirtschaftswachstum 2015 in der Eurozone mit 1,9 % doch erheblich war. Hier drohen aber schon mittelfristige Stabilitätsgefahren, die mit der politischen Entwicklung in den USA und möglichen neuen Instabilitäten in arabischen Ländern oder auch in China verknüpft sein könnten. Da der Finanzminister in Deutschland seit Frühjahr bei der Kreditaufnahme wegen negativer Zinssätze paradoxerweise erhebliche Einnahmen generiert und Frankreich schon bald in einer ähnlichen Lage sein wird, ist ein großes Eurozonen-Infrastrukturprogramm – oder auch bei der IKT-Modernisierung – sehr erwägenswert. Die Fiskalpolitik kann sich bei immer mehr unkonventioneller Geldpolitik (Quantitative Lockerung) der Zentralbanken in Europa nicht einfach zurücklehnen und eigene reale Expansionsimpulse verweigern. Viel besser wäre ein großes wachstumsorientiertes Fiskalpaket in UK und bei einigen Eurozonen-Regierungen, das den Zentralbanken alsbald die Möglichkeit gäbe, zu halbwegs normalen Zinssätzen zurückzukehren und damit auch kritische Handlungsmöglichkeiten neu aufzubauen, derer man bei künftigen Rezessionen dringend bedarf.

Nationale und internationale BREXIT-Effekte insgesamt

Wenn man die verschiedenen Zeithorizonte und Wirkungseffekte zusammenfasst für Großbritannien, EU 27 und die Weltwirtschaft, dann kann man feststellen (siehe Abb. 8):

- Kurzfristig kommt es in UK zu Abwertung, höherer Aktienkursvolatilität, Zinssenkung und Immobilienpreisverfall, wobei letzteres die privaten Pensionsfonds in Probleme bringt; in der EU27-Gruppe kommt es zur realen Währungsaufwertung und einer Aktienkursdämpfung, wobei der Zins in Ländern wie Deutschland, Frankreich, Niederlande etc. sinkt (Sicherer-Hafen-Effekt). Für die Weltwirtschaft als zusätzliche Aspekte sind die Kapitalzuflüsse in Schwellenländer und entsprechende Währungsaufwertungen zu erwarten.

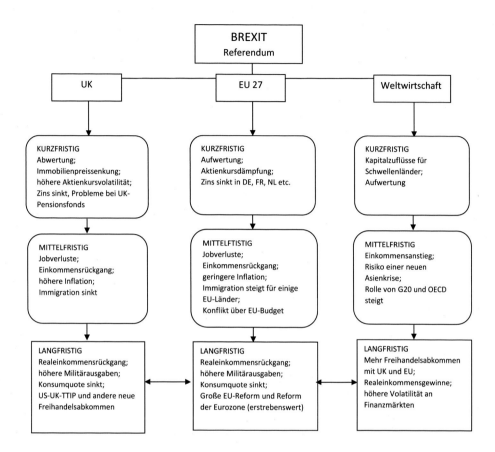

Abb. 8. Die nationalen und internationalen BREXIT-Effekte

- Mittelfristig kommt es in UK zu Jobverlusten und einem ersten Einkommensrückgang sowie durch die Abwertung bedingt zu einer höhere Inflationsrate;
  die Immigrationszahlen werden sinken, zumal ja große Unsicherheit über den
  Status von EU-Zuwanderern nach dem BREXIT besteht. Auch in der EU27
  treten Einkommens- und Jobverluste ein, wegen der Aufwertung allerdings
  eine verminderte Inflation (auch höhere Deflationsrate); die Immigation
  wird sicherlich für einige westeuropäische EU-Länder steigen, da osteuropäische Emigranten verstärkt in westliche kontinentaleuropäische EU-Länder emigrieren werden. In der EU wird es eine Konfliktfeld um das EU-Budget geben, da die Beitragsausfälle aus UK zu kompensieren sein werden oder
  eben Ausgabenkürzungen für Hauptempfangsländer in Osteuropa und Griechenland zu beschließen sind. In den Schwellenländern kommt es zu einem

Realeinkommenanstieg und dem Risiko einer neuen Asienkrise im Kontext starker Kapitalzuflüsse aus den Niedrigzinsländern in Europa. Die Rolle der OECD und auch der G20 wird aufgewertet, denn EU27 und UK können sich am ehesten bei der OECD und den G20 über ihre ökonomischen Interessen austauschen. Die G20 wird speziell für UK ein zunehmend wichtiges Gremium werden, um einen für UK-Interessen günstigen Interessenausgleich global zu organisieren und die britischen Handelsliberalisierungsinteressen zu unterstützen.

- Langfristig wird sich das Realeinkommenswachstum in UK verringern; zugleich dürfte wegen der politisch erhöhten europäischen Unsicherheit nach dem BREXIT eine Erhöhung der britischen Militärausgabenquote eintreten, also auch die Konsumquote sinken. Ein transatlantisches Handelsliberalisierungsbündnis US-UK-TTIP wird sich rasch umsetzen lassen. Bei den EU27 wird ebenfalls ein Rückgang der Realeinkommen eintreten und es dürfte zu höheren Militärausgaben kommen, die Konsumquote sinkt. Zudem wird es zu EU-Reformen und einer größeren Reform der Eurozone kommen – möglicherweise auch ein Schritt zu einer politischen Euro-Union. In der Weltwirtschaft ist längerfristig ein Mehr an Freihandel zu erwarten, da UK Initiativen zu mehr Handelsliberalisierung entwickeln wird und die EU27 werden dem nacheifern. Es wird in den Schwellenländern zu Realeinkommensgewinnen kommen, zudem wird man eine erhöhte Volatilität der Finanzmärkte beobachten. Die internationalen Einkommensexpansionseffekte sollten positiv auf die EU bzw. die Eurozone und auch auf Großbritannien wirken.

Natürlich sind die Effekte des BREXIT insgesamt auch noch vielschichtiger als dargestellt. Aber zumindest die groben Haupteffekte sind zu erkennen.

EU-Desintegrationsmechanik im Kontext von BREXIT und TTIP

Man kann aus ökonomischer Sicht einige britische Problemaspekte im Kontext des EU-Austritts betrachten. Allerdings sollte man mindestens ebenso die zum Teil damit verbundenen EU-Desintegrations-Perspektiven sehen. Betrachten wir vereinfacht zunächst die britische Sicht zum BREXIT und dann die EU-Desintegrationsaspekte:

- BREXIT bedeutet eine Abschwächung der kurzfristigen Wirtschaftsentwicklung – sichtbar schon 2016/2017 – und zudem einen strukturellen Rückgang des Realeinkommens um etwa 6 %. Das wird die britische Regierung massiv motivieren, wachstumsförderliche Maßnahmen zu ergreifen. Hier kommt nur teilweise eine keynesianische Ausgabenpolitik als Maßnahme in Frage; strukturelle Wachstumsmaßnahmen könnten eine weitere Deregulierung der britischen Wirtschaft, mehr staatliche Forschungsförderung, bessere Standortwerbung und vor allem neue Freihandelsabkommen – etwa mit Kanada, den USA und Australien sowie Indien – darstellen. Hier kann man bis 2025 Vertragsabschlüsse und erste positive Effekte erwarten. Nimmt man die neuere EIIW-Studie zur Wissensproduktionsfunktion bzw. zu den denkbaren TTIP-Wachstumseffekten eines EU-US-Freihandelsabkommens – siehe JUNGMITTAG/WELFENS (2016) –, dann kann man 2 % reales Einkommenswachstum aus einem transatlantischen Freihandelsabkommen erwarten; für das Vereinigte Königreich und Deutschland könnten die Effekte eher noch etwas größer sein, wie sich aus ökonometrischen Länder-Fix-Effekten bei der Wissensproduktionsfunktion ergibt. Durch ein transatlantisches Freihandelsabkommen kann das Vereinigte Königreich also gut 2 % Realeinkommenserhöhung erreichen, so dass es hier einen klaren Anreiz pro US-UK-TTIP gibt: jenseits der ohnehin aus politischen Gründen in der May-Regierung erkennbaren Neigung, künftig noch stärker als bisher mit den USA zusammen zu arbeiten.
- In Deutschland und Frankreich ist 2016 aus Regierungskreisen unmittelbar nach dem BREXIT verlautet, dass man TTIP politisch eigentlich nicht mehr wolle. Das bedeutete für den Fall Nicht-TTIP paradoxerweise, dass ausgerechnet Deutschland als einer der größten ökonomischen EU-Nutznießer von TTIP diese transatlantische Kooperationsmöglichkeit politisch mitbegräbt. Damit aber entsteht nun ein Anreiz zur EU-Desintegration bei EU27-Ländern bzw. einige dieser Länder könnten nun Großbritannien folgen. Je mehr UK folgen, desto geringer der ökonomische Schaden für die Austrittsländer – in der Annahme, dass sie sich mit UK zu einer Art neuen EFTA zusammen schließen werden, also einem europäischen Freihandelsblock II, der ohne gemeinschaftlichen Außenzoll arbeitet; oder aber man schafft eine Zollunion II in Europa. Großbritannien wird sicherlich nicht zögern, mit den USA, Kanada, Australien etc. rasch Freihandelsverträge zu vereinbaren und da allein ein UK-USA-Freihandelsabkommen rund 2 % realen Einkommenszuwachs bringen kann, ergibt sich die Perspektive für UK und andere EU-Austrittsländer, positive Realeinkommenseffekte zu erzielen bzw. die EU-Austrittskosten nahe Null zu drücken; und dabei hätte man gleichzeitig

mehr nationale Politikautonomie, da man die Eingriffe der EU-Kommission ja beim Verlassen der EU los wäre. Natürlich gäbe es gewisse Nachteile aus dem EU-Austritt, denn auch ein Vereinigtes Königreich, dem einige EU-Länder folgten, wird nicht das ökonomische Gewicht der EU28 bei internationalen Verhandlungen in die Waagschale werfen können. Irland, Dänemark, Schweden, die Niederlande und einige osteuropäische Länder könnten eine solche Politikoption erwägen. Eine verkleinerte EU wäre notwendigerweise wohl rasch ein Club, in dem es politische Konflikte zwischen Deutschland und Frankreich gäbe, wobei letzteres wohl mit Spanien und Italien als seinen Nachbarländern besonders eng zusammenarbeiten will. Deutschland könnte versuchen, sich Richtung Osteuropa, Österreich und Balkan zu orientierten, womit es dann fast unweigerlich zu mehr Konflikten als bisher mit Russland käme. Deutschland käme unter starken Druck Russlands auf lange Sicht und sicherlich wäre insgesamt eine EU-Desintegration eine hochgradige Destabilisierung Europas. Die Ukraine könnte an Russland weitgehend zurückfallen. Dass Deutschland aus der Währungsunion aussteigen könnte, ist unter bestimmten Bedingungen durchaus vorstellbar. Es ist allerdings auch offenkundig, dass bei erfolgter Zerstörung von EU und Eurozone als Institutionen der politische Flurschaden auf Jahrzehnten enorm wäre. Die Glaubwürdigkeit von regionalen Integrationsinstitutionen in Europa wäre zerstört, viele Länder werden dann auf höhere Militärausgabenquoten als bisher setzen, um vermindertes institutionelles Vertrauenskapital durch höhere militärische Stärke zu ersetzen. Die Wohlfahrtsverluste in Form verminderten Pro-Kopf-Konsums wären enorm. Den USA wird eine solche Entwicklung normalerweise gar nicht passen, da ein instabiles Europa für die Vereinigten Staaten ein unzuverlässiger und möglicherweise auch ökonomisch verstärkt instabiler Partnerraum wäre; letztlich strategisch fast nutzlos. Da allerdings Donald Trump als Präsidentschaftskandidat der Republikaner 2016 verlautbarte, dass er den BREXIT begrüße, kann man offenbar mit Blick auf die USA auch nicht ausschließen, dass von Washington aus wenig rationale Töne auf Europas Integrationsentwicklung Einfluss nehmen könnten: sogar Desintegration simulieren könnten.

Geopolitische Aspekte

Mit dem Austritt Großbritanniens aus der EU verändert sich die geopolitische Situation in Europa und weltweit erheblich. Solange das Vereinigte Königreich EU-Mitglied war, stellte sich die EU in ihrer Außensicht als relativ starke Militärmacht dar – nämlich als Vereinigtes Königreich plus Frankreich plus Deutschland und andere Länder, wobei die beiden Erstgenannten als führende Nato-Mächte gelegentlich eng kooperierten; wenn auch nicht immer mit großer Effizienz, wie man bei der Libyen-Intervention sehen konnte, als das Gaddafi-Regime gestürzt wurde. Frankreich und das Vereinigte Königreich gaben gut 2 % der Wirtschaftsleistung für Verteidigung aus, Deutschland unter der Großen Koalition von Angela Merkel nur gut 1 %.

Tim OLIVER (2016) von der London School of Economics thematisierte einige der geopolitischen Fragen eines BREXIT in seinem einige Monate vor dem britischen Referendum zur EU-Mitgliedschaft verfassten Beitrag „A European Union without the United Kingdom: The Geopolitics of a British Exit from the EU." Deutschland wird als möglicherweise kritisches Land für Desintegrationsdynamik gesehen. Wenn im Gefolge des BREXIT die politische Unzufriedenheit mit der Regierung bzw. der Europäischen Union wachsen sollte, könnte sich durchaus auch kritisch hoher Druck Richtung EU-Austritt Deutschlands ergeben. Deutschland könnten dann andere Länder folgen und dann wäre die EU rasch am Ende. Hierbei werden auch die EU-seitigen Bedingungen für das Vereinigte Königreich mit Blick auf den EU-Binnenmarktzugang wichtig sein. Wenn die Bedingungen für UK relativ günstig wären, dann erhöht sich eben der Anreiz bei einigen der EU27-Länder, es mit einem EU-Austritt selbst zu versuchen.

Solange es bei der EU27 bleibt, entstehen durch den BREXIT dennoch neue Spannungskräfte in der Europäischen Union. Mit der absehbaren Erhöhung des ökonomisch-politischen Gewichtes von Deutschland ergibt sich nach dem BREXIT eine gewisse geographische Gewichtsverschiebung Richtung Mittel- und Osteuropa. Ob Frankreich dann im Verteidigungsbereich versuchen will, künftig eine größere EU-Rolle zu spielen, bleibt abzuwarten. Ohne den Partner UK steht Frankreich ziemlich allein da, ob eine Kooperation mit Deutschland und Polen in besonderer Weise interessant und funktionsfähig wäre, ist unklar. Deutschland hat nach dem Zweiten Weltkrieg kaum noch eine Interventionsneigung auf militärischer Basis; höchstens in Verbindung mit Frankreich oder auch mit den USA. Polen ist in einer geopolitisch schwierigen Situation, da man sich mit der Ukraine politisch verbündet hat und damit in besonderer Weise gegenüber Russland exponiert ist: Kommt die Ukraine als Nachbar Polens unter verstärkten politischen Druck Russlands, dann reicht dieser Druck bis nach Warschau.

Mit dem BREXIT verliert Polen längerfristig zudem Finanzmittel, denn die britischen Nettobeiträge an die EU von etwa neun Mrd. € jährlich wurden faktisch wohl zur Hälfte für die Finanzierung von EU-Projekten in Osteuropa eingesetzt. Auch wenn Deutschland und Frankreich möglicherweise einen Teil der britischen Nettobeiträge nach 2019 übernehmen könnten, dürfte doch eine supranationale Finanzlücke für Polen und für andere Länder entstehen. Ob die USA an der EU27 weiterhin strategisch sehr interessiert sein werden, ist nicht wirklich klar; wenn dieser Integrationsclub zunehmend instabil im Kontext von europäischer Desintegrationsdynamik würde, kann man in der EU nicht ohne weiteres auf fortgesetzte US-Unterstützung setzen. Dies gilt zumal auch deshalb, weil die USA das in vielen EU-Ländern übliche Nato-Trittbrettfahrerverhalten – sichtbar auch in Deutschland mit 1,2 % Verteidigungsausgabenquote in 2015 – politisch missbilligen. Der BREXIT bringt jedenfalls mittelfristig eine Schwächung der EU. Ob sich die EU auf eine besondere und funktionsfähige neue Kooperation mit dem Vereinigten Königreich verständigen wird, bleibt abzuwarten. Es ist auch nicht sicher, dass das stark dienstleistungslastige Vereinigte Königreich hinreichend einen wachstumsförderlichen Strukturwandel zustande bringen wird, bei dem auch eine gewisse Revitalisierung der Industrie und ansonsten eine gezielte Expansion des digitalen Sektors – mit hoher Produktivitäts- und Innovationsdynamik – eine wesentliche Rolle spielen müsste.

Perspektiven auf mittlere Sicht

Wie man den BREXIT politisch interpretieren soll, ist nicht ohne weiteres klar. Einige konservative führende Politiker im Vereinigten Königreich und auch in den USA haben erklärt, dass sie den BREXIT begrüßen und hier eine Stärkung der nationalen Souveränität sehen. In den USA gehört der populistische Präsidentschaftsbewerber Donald Trump zu dieser Politikergruppe, wobei Trump im Übrigen den Europäern gedroht hat, die Nato aufzulösen. Für Europa wäre dies ein Alptraum, denn die Nato schützt nicht nur Aggression von außen, sie ist auch ein Mechanismus um zu verhindern, dass (Nato-)Länder in Europa übereinander militärisch herfallen. Wie mir Altkanzler Helmut Schmidt einst berichtete, hätte es Mitte der 1970er Jahre um Haaresbreite einen Krieg zwischen der Türkei und Griechenland gegeben, aber den konnten die USA letztlich durch Druck und eine Nato-Geschenkaktion verhindern – Deutschland schenkte der Türkei damals eine größere Zahl an Panzern, was dem Prestige- und Aufrüstungsbedürfnis der türkischen Militärs entgegen kam. Soweit in den USA derselbe Populismus sichtbar werden sollte wie beim BREXIT im Vereinigten Königreich, stehen Europa schwierige Zeiten bevor. Der Populismus ist im Übrigen nicht so sehr eine rechte Politikströmung, sondern eine politisch populäre Versprechungsbewegung, die der Wählerschaft fast Beliebiges und in jedem Fall ideologisch-nationalistisch Verpacktes verspricht: Meist unter dem Hinweis, dass die Partei-Politiker „da oben" dem Volk die verdienten Gaben vorenthielten. Mit demagogischen Versprechungen und Behauptungen versuchen populistische Parteien die repräsentative Demokratie – das System – anzugreifen.

Populisten setzen im Übrigen gerne auf direkte Demokratie und hoffen, eine Stimmungswelle zugunsten der eigenen Themen auch durch radikale Positionierungen durchsetzen zu können und erwarten sich meistens von Volksabstimmungen dabei große Mobilisierungseffekte: Bisherige Nichtwähler, die zur Wahlurne strömen, sollen die bisherige Politik grundlegend verändern helfen – weg von der politischen Mitte. Dass man nach einem großen Wahlsieg sich dann auf Seiten der populistischen Parteien als Totengräber der repräsentativen Demokratie betätigen will, ist bei den Populisten von rechts und links erkennbar. Dies zeigen auch die Lehren aus der Geschichte, wenn man etwa die Sowjetunion oder das Dritte Reich betrachtet. Populisten setzen dabei auch auf Empörungsrhetorik und versuchen einen Gegensatz zwischen Wahlbevölkerung und den konventionellen Parteien sowie den Berufspolitikern und Experten. Gerade auch Experten aus der Wissenschaft, die auf kritische Zusammenhänge hinweisen könnten, sind natürlich den Populisten ein Dorn im Auge für die Nutzung populistischer Träumereien in Wahlkämpfen. Die von Experten prognostizierten ökonomischen Negativeffekte für Großbritannien wies man bei UKIP und anderen Befürwortern des EU-Austritts als unangebrachte Schwarzmalerei zurück. Die Realität allerdings zeigt natürlich, dass ein großer Teil der prognostizierten UK-Probleme tatsächlich eintritt.

Die Wählermehrheit in Großbritannien ist offenbar BREXIT-Befürworter-Gruppen gefolgt, die sich eine Rückgewinnung nationaler Souveränität durch EU-Austritt und davon ausgehende Vorteile versprachen. Ein Land mit 4 % Anteil am Welteinkommen und alten Commonwealth-Verbindungen könne sich gerade ohne EU-Mitgliedschaft gut ökonomisch entwickeln. Man werde mehr Politikautonomie auf nationaler Ebene haben, wenn man nicht mehr der EU angehöre. Zudem könnte man 350 Millionen Pfund pro Woche an EU-Beitragszahlungen durch das Vereinigte Königreich einsparen, wie es auf dem BREXIT-Kampagne-Bus von Boris Johnson, dem Ex-Bürgermeister von

London hieß. Es gab von der Londoner Politik her gesehen einen recht blassen Wahlkampf der EU-Befürworter und von hunderten britischen Städten mit EU-Partnerschaften gab es kein vernehmliches Engagement gegen den BREXIT. Dabei war doch klar, dass nicht nur die große Politikkooperation bei einem BREXIT Schaden nehmen dürfte, sondern auch die mit EU-Mitteln geförderten Städte-Partnerschaften, die über Jahrzehnte wohl Hunderttausende Jugendliche, Journalisten, Lehrer, Lokalpolitiker zu gemeinsamen Aktivitäten und interessanten Begegnungen zusammen führten. Es gab im Jahr 2015 gut 2 000 britische Städte mit EU-Städtepartnerschaften (seit 2012 haben einige dieser Städte aber die Beziehungen zu ihren Partnerstädten auf dem europäischen Kontinent abgebrochen – etwa, so Presseberichte, weil diese Städtepartnerschaften zu teuer gewesen seien).

Man muss sich fragen, was die britische kommunale Stummheit an einer historischen europapolitischen Wegmarke bedeutet und man kann den Sinn der Städtepartnerschaften in Frage stellen, wenn es nicht eine öffentlich national wahrgenommene Stimme gegen den BREXIT gab. Wenn niemand aus den abertausenden kommunalen Begegnungen von EU-Städtepartnerschaften heraus einen positiven britischen Satz für eine EU-Mitgliedschaft formulieren kann, dann gibt es ein größeres Problem, als dass nur die Anti-EU-Partei UKIP und eine Gruppe exzentrischer Millionäre und fünf Hochschullehrer im Internet den Austritt aus der EU befürwortet haben. Großbritanniens Wähler-Mehrheit will keine EU-Mitgliedschaft mit supranationaler Politik in Brüssel und lehnt wohl in großer Zahl in einer romantischen Sicht von Souveränität die EU und auch die Globalisierung – indirekt Chinas Rolle in der Weltwirtschaft – ab; mancher folgt da wohl populistischen Versprechungen von neuer UK-Souveränität und träumt womöglich von billigen Mobiltelefonen aus China, die aber aus englischen Firmen im Norden Londons kommen. Die Realität ist das nicht und wird es auch so nicht sein. Fakt ist allerdings, dass neben der ökonomischen Selbstschwächung des Vereinigten Königreiches – und dort neu entstehender Konflikte – ein erheblicher internationaler Einfluss-Verlust der EU eingetreten ist: Das Bruttoinlandsprodukt der EU ist rechnerisch um 18 % mit dem EU-Austritt geschrumpft und das Bruttoinlandsprodukt der EU27-Gruppe wird sicherlich längerfristig um 1-2 % sinken. Denn ein Weniger an Freihandel (in Europa) bedeutet Verluste an ökonomischer Spezialisierung, worauf schon der Vater der Nationalökonomie, der Schotte Adam Smith, in seinem 1776 erschienen Buch „Der Wohlstand der Nationen" hingewiesen hatte.

Romain Leick (2016) schrieb in einem hellsichtigen Beitrag zum BREXIT in DER SPIEGEL 27/2016:

Nun schickt sich die erste Nation, die in der Weltgeschichte der Neuzeit globale Präsenz und Bedeutung erlangte ... zum Ausstieg aus dem ersten supranationalen Projekt der Moderne mit universellem Anspruch an. Die Insel hat gegen das große Ganze optiert, für seine Besonderheit, die durch den Anschluss an die Europäische Union (EU) ihren Bewohnern zunehmend gefährdet scheint. Es ist ein angekündigter Rückzug aus dem Allgemeinen auf die Beschränktheit des Selbst, eine Hommage an die eigene Identität, deren chauvinistische Verherrlichung in Europa eigentlich nur noch in sportlichen Wettkämpfen als schicklich toleriert wird ... Der Brexit trifft die EU ins Herz, nicht weil er ihre institutionelle Architektur bedroht (der Vertrag von Lissabon sieht einen geregelten Austritt ja ausdrücklich vor), sondern weil er dem europäischen Projekt implizit die Zukunftsfähigkeit abspricht. Der Traum platzt, sobald einer nicht mehr mitträumt. Die demokratische und moralische Weltmacht, die Europa gern sein möchte, schrumpft auf das Normalformat eines Zweckbündnisses, dessen rationaler Nutzen fortan jederzeit von jedermann infrage gestellt werden kann ...

Die lange gepflegte und gescheiterte Tabuisierung des europäischen Gedankens war nur möglich, weil er sich als Fortsetzung und Vollendung der Aufklärung verstand: Der Europäer sollte Kants Ideal des Weltbürgers möglichst nahekommen und es wenigstens im kontinentalen Maßstab sogar vorleben. Seit ihrer Gründung vor bald 60 Jahren lag der heutigen EU die kantische „Vernunftidee einer friedlichen Gemeinschaft aller Völker" zugrunde, ausgeformt und kodifiziert in einer universalen, „vollkommen gerechten bürgerlichen Verfassung": einer exemplarischen Uno en miniature ... Der populistische Führer, der unter Umgehung repräsentativer Vermittlungsinstanzen sich direkt an das Volk wendet, um ihm seine angeblich verlorene Stimme zurückzugeben, ist immer ein Demagoge ... Politiker. Populistische Strömungen sind Vorboten eines demokratischen Versagens ... die Parteien der breiten Mitte ... stehen vor einer völlig neuen Erfahrung der Spätmoderne: Die emanzipatorische Bewegung der Aufklärung, die spätestens seit den Achtundsechzigern die Liberalisierung der westeuropäischen Gesellschaften vorantreibt, hat zu einem guten Teil die Unterstützung des Volkes verloren ... Es ist wohl kein Zufall, dass der proklamierte Vorrang des Universellen vor dem Nationalen von immer mehr Menschen in den westlichen Gesellschaften als Fremdbestimmung empfunden wird ... Von der Politikerbeschimpfung zur handfesten Bedrohung ist es ein kleiner Schritt. Die Verwandlung der demokratischen Republik in eine ideologische Republik, in der sich argumentative Sprachlosigkeit zwischen den Fronten ausbreitet, kündigt die Gefahr der Gewalt an.

Es besteht eine ernste Gefahr für die Stabilität der EU-Integration, die mit 28 Ländern ihre maximale Größe einstweilen erreicht hat. Nationale Politiker, die im Europäischen Rat in Brüssel regelmäßig zusammenkommen und die Europäische Kommission seit der Transatlantischen Bankenkrise als Hauptakteur in der EU verdrängt haben, können durch Volksbefragungen und -abstimmungen Zuhause die Europäische Union massiv unter Druck setzen; die EU-Integration durch Desintegration und eine Serie neuer Konflikte ersetzen. Eine EU, in der die Staats- und Regierungschefs eine Doppelrolle spielen können – Finanztransferempfänger in Brüssel, aber EU-Feind Zuhause – kann auf Dauer nicht funktionieren.

Wenn etwa der rechtskonservative ungarische Premier eine Volksbefragung in 2016 zum Thema Flüchtlingspolitik ansetzt, so will er damit der EU-Politik die Legitimität entziehen: EU-Umverteilung bei einer Flüchtlingswelle soll so nicht länger möglich sein. Der Populismus breitet sich in der EU aus. Natürlich wird man feststellen, dass das nicht ohne Grund geschieht: Eine schwache Euro-Integrationspolitik – mit institutionellen Defiziten, die in der Eurokrise klar sichtbar wurden – und die sonderbare unkontrollierte Merkelsche Flüchtlingspolitik von 2015 waren Anknüpfungspunkte der Populisten, um den Menschen im Vorfeld der Volksbefragung in Großbritannien Angst zu machen vor einer Fortsetzung einer EU-Mitgliedschaft.

Presseecho auf den BREXIT

Es ist interessant, einige Pressestimmen zum historischen BREXIT zu lesen. Am 26. Juni 2016 erschien in der Washington Post ein kritischer Beitrag „It's taken a step to withdraw from the world" (ein Schritt zum Rückzug von der Welt erfolgte). Das Referendumsergebnis wird offenbar in den USA auch als ein Schritt des Rückzuges Großbritanniens von der EU und letztlich internationaler Verantwortung gesehen. Auf derselben Seite der Washington Post (A9) wird auf die Aussage von Christopher Hope, politischer Chefkorrespondent von der britischen Zeitung Telegraph Bezug genommen, dass Großbritanniens Bosse, Politiker, Kirchenführer, Spitzensportler, Banker, Ökonomen und Stars alle für ein Bleiben in der EU geworben hatten, aber das Volk entschied anders. Hier entsteht der Eindruck, dass sich die Bevölkerung von der britischen Führung distanziert hat. Diese Diagnose ist aber so gar nicht korrekt. Es hat nämlich die britische Regierung versagt, die nicht einmal die enormen ökonomischen Austrittskosten aus der EU der Bevölkerung in den zum Referendum verschickten Regierungsinfos an die Haushalte mitteilte: Kosten, die das Finanzministerium selbst auf bis zu 10 % des Einkommens berechnet hatte – mehr als das Entfallen eines Monatsgehalts. Die unglaubliche Informationspanne in London, dass nämlich der wichtigste ökonomische Regierungsbericht (Studie des Finanzministeriums für das Parlament, 18. April 2016) zu den EU-Vorteilen der britischen Mitgliedschaft keinen Eingang in das Infomaterial der Regierung für Haushalte fand, war den Beobachtern in den USA und selbst in Großbritannien unbekannt bzw. nicht aufgefallen. Was als eine Art neuer Graben zwischen Regierung und Wählerschaft in Großbritannien von außen gesehen erschien, war mindestens zum Teil ein massives Versagen der britischen Regierung, vorhandene gewichtige Infos zu den EU-Vorteilen bzw. den BREXIT-Nachteilen, rechtzeitig zu publizieren und der gesamten Bevölkerung zuzuleiten. Die Broschüre, die die Regierung an die privaten Haushalte verschickte, erwähnt bei den ökonomisch für UK wichtigen Aspekten „Over 3 million UK jobs are linked to exports to the EU" (über drei Millionen britische Arbeitsplätze hängen an den Exporten in die EU). Unter der Überschrift „What happens if we leave?" (Was geschieht, wenn wir austreten?) heißt es im Kern nur „Voting to leave the EU would create years of uncertainy and potential economic disruption. This would reduce investment and cost jobs" (Wenn man sich bei der Wahl für den Austritt aus der EU entscheidet, würde dies Jahre der Unsicherheit und potenzieller ökonomischer Verwerfungen bedeuten. Dies würde Investitionen vermindern und Arbeitsplätze kosten). In der Regierungsinfo-Broschüre für alle Haushalte fehlte der wichtige Doppelsatz, den Finanzminister Osborne aus der Studie des Finanzministeriums – veröffentlicht erst am 18. April 2016 – hätte liefern sollen und müssen:

- Laut Regierungsstudie wird das Realeinkommen bei einem EU-Austritt Großbritanniens um 3-10 % langfristig absinken; (8 % sind ein Monatseinkommen).
- Die Steuern müssten wegen des Einkommensrückgangs deutlich erhöht werden.

Bei einem Referendum ist es von fundamentaler Bedeutung, dass wirklich alle Haushalte die absehbaren Effekte eines britischen EU-Austritts mitgeteilt bekommen. Wenn die wichtigste ökonomische Information den Wählern vorenthalten wird – obwohl die Info regierungsintern verfügbar ist bzw. sein könnte –, so ist das Ergebnis ein massiv verfälschtes Referendumsergebnis.

Diese massive Informationspanne ist nicht nur ein Versagen Osbornes, sondern auch von Premier Cameron, der als Regierungschef für eine ver-nünftige

Informationskampagne zum historischen Referendum quasi die Aufsicht und Hauptverantwortung trug.

Die Washington Post schrieb am 28. Juni 2016 auf der Titelseite unter der Überschrift British revolt exposes crisis in democracies across the globe" (Britische Revolte zeigt Krise der Demokratien quer über die Welt). Die Tatsache, dass die britische Bevölkerungsmehrheit nicht der Regierungsempfehlung gefolgt war, erschien als ein Hinweis, dass die westlichen Länder offenbar Vertrauensprobleme der Bevölkerung gegenüber den herrschenden Eliten empfanden. Die alte Überzeugung, dass die Demokratie eine starke Regierung hervorbringt, der die Gesellschaft wiederum in wichtigen Fragen folgt, ist durch das britische Referendumsergebnis angeknackst.

In der Financial Times vom 28. Juni 2016 schrieb Gideon Rachman unter der Überschrift „I do not believe that Brexit will happen", er vertrete die Sicht, dass die Extremisten von beiden Seiten in Sachen BREXIT nicht die weiteren Entwicklungen bestimmen sollten. Es ist, so kann man anmerken, auch nicht wirklich zu erwarten, dass es sehr schwierig werden wird, einen für beide Seiten tragfähigen Kompromiss zu finden. Allerdings ist auch klar, dass das krasse Informationsversagen der britischen Regierung bei einem historischen Referendum zur EU-Mitgliedschaft Konsequenzen beim Verhandlungsergebnis haben sollte.

In der Rheinischen Post (9. Juli 2016, S.2) schrieb Quentin Peel, ExDeutschland Korrespondent und Auslandschef der britischen Zeitung Financial Times, unter der Überschrift „Der Brexit fiel nicht vom Himmel", dass in der britischen EU-Dynamik zwei Elemente anfänglich unverbunden und positiv erschienen, dann aber paradoxerweise gerade beim BREXIT eine wichtige Negativ-Rolle spielten:

- 1984 handelte Margaret Thatcher einen UK-Beitragsrabatt aus und danach habe es einen relativ kurzen Moment britischen Integrationsenthusiasmus gegeben, als Lord Cockfield, der eigentlich als Aufpasser nach Brüssel geschickt worden war, zum Mit-Architekten des EU-Binnenmarktes mit seinen Freiheiten wurde: Ergänzung des liberalisierten innergemeinschaftlichen Warenhandels um den freien Dienstleistungshandel, freien Kapitalverkehr und Arbeitnehmerfreizügigkeit.
- Mit dem Projekt Währungsunion im Vertrag von Maastricht 1992 hatte die EU einen aus britischer Sicht zu weiten Schritt Richtung Integrationsvertiefung gemacht (UK und Dänemark bestanden damals auf einer Opting-out-Klausel, die sie von einer Mitwirkung beim Euro-Projekt frei stellten). Darauf hin unterstützte London um so stärker die Ansätze für eine EU-Osterweiterung. Denn eine nach Osten erweiterte Europäische Union werde

heterogener und schwächer integriert sein. Gerade die starke EU-Zuwanderung aus Osteuropa Richtung UK nach dem Beitritt von acht osteuropäischen Ländern plus Malta und Zypern am 1. Mai 2004 führte dann zu einer allmählich gesteigerten Immigrationsfeindlichkeit der Briten; vor allem der Menschen in England nach der Bankenkrise 2007-09. Dabei hatte UK wie Irland und Schweden selbst auf mögliche siebenjährige Übergangsfristen bei der Freizügigkeit mit den neuen osteuropäischen EU-Ländern verzichtet. In UK begann im Übrigen eine sichtbare Bankenkrise ja schon früher als in den USA – jedenfalls was sichtbar dramatische Bankenprobleme anging: 2007 kam es schon zu einem Bankenansturm auf die Bank Northern Rock, die von der Regierung dann gerettet werden musste; wie 2009/2010 viele andere Großbanken, was enorme Kosten für den britischen Steuerzahler und eine massive Rezession mit hohen Arbeitslosenquoten und sehr hohen Defizitquoten beim Staat bedeutete.

Kann der BREXIT noch aufgehalten werden? Quentin Peel schreibt:

Wie hoch stehen die Chancen dafür, die Abstimmung für den Brexit vollkommen rückgängig zu machen? Vor allem unter jüngeren Wählern ist eine Gegenbewegung entstanden gegen das, was von ihnen als Staatsstreich älterer weißer englischer Männer empfunden wird. Eine Option bestünde darin, das Votum der Briten durch eine Parlamentsabstimmung zu kippen. In Westminster gibt es eine klare Mehrheit zugunsten eines Verbleibs in der EU. Eine Alternative hierzu wäre ein zweites Referendum, etwa zu den Details der zukünftigen Beziehungen zwischen Großbritannien und der EU. Das drohende schottische Unabhängigkeitsreferendum, das wie ein Damoklesschwert über dem britischen Establishment liegt, könnte bei diesem noch zu einem Meinungsumschwung führen. Den gleichen Effekt hätte das Wiederaufflackern gewalttätiger Konfrontationen in Nordirland, hervorgerufen durch die Wiedererrichtung einer echten Grenze zur Republik Irland.

Schon eine ernste Rezession bzw. Wachstumsdämpfung nach dem Referendum wird im Vereinigten Königreich zu einer BREXIT-Neudebatte beitragen, aber es ist nicht wahrscheinlich, dass die Regierung in London ein neues Referendum bald ansetzen wird. Die Regierungschefin May hat angekündigt, dass sie den BREXIT zu einem Erfolg machen wolle – dabei ist die Einbeziehung von Londons Ex-Bürgermeister Boris Johnson als Außenminister ein Manöver, mit dem der in Teilen der Bevölkerung und der Konservativen Partei populäre Johnson in die Kabinettsdisziplin eingebunden werden soll. Was das Verhältnis des Vereinigten Königreiches zur EU angeht, so muss man feststellen, dass es kaum Regierungen gab, wo sich der Regierungschef gegenüber den EU-Partnern positiv aufstellt. Premier John Major, konservativer Nachfolger von Margaret Thatcher war eine seltene Ausnahme.

4

BREXIT-Konsequenzen für das Vereinigte Königreich

Welches sind die kurzfristigen und längerfristigen Effekte des BREXIT-Votums in der Volksabstimmung vom 23. März 2016? Grundsätzlich gibt es kurzfristige Effekte mehr konjunktureller Art, die einen Rückgang der gesamtwirtschaftlichen Nachfrage bzw. der inländischen Nachfrage widerspiegeln. Dieser Rückgang ist Ausdruck insbesondere auch einer gewissen Unsicherheit über den BREXIT und seine längerfristigen Folgen an sich sowie die mutmaßlichen EU-UK-Verhandlungsergebnisse zum erwarteten EU-Austritt. Die Finanzmarkt- und Einkommenseffekte sind eher kurz- und mittelfristiger Art, wobei Wechselkurs, Aktienkurs, Hauspreisindex und Zinssatz zu den wichtigen Größen zählen. Erst nach dem britischen EU-Austritt ergeben sich langfristige wirtschaftliche Effekte durch einen dann verminderten Zugang zum EU-Binnenmarkt. Nimmt man die vom britischen Finanzministerium geschätzte Größenordnung von -4 % bis -8 % beim Realeinkommen über einen Zeitraum von gut einer Dekade, so kann man sich vorstellen, dass diese ab etwa 2020 einsetzenden Effekte die britische Wirtschaft und auch die Eurozone bzw. die EU27 zeitweise erheblich belasten werden; vor allem in den ersten Jahren nach dem EU-Austritt. Das ist eine ernste Herausforderung, weil die Geldpolitik in den EU-Ländern ohnehin fast alle Handlungsmöglichkeiten ausgeschöpft hat und die Fiskalpolitik auch nur in wenigen Ländern der Eurozone bei einer Rezession rasch gegensteuern könnte.

Die Bank für Internationalen Zahlungsausgleich (BIZ, 2016) hat in ihrem Jahresbericht darauf hingewiesen, dass der BREXIT eine große Herausforderung für UK und ganz Europa sei. Allerdings sind die BREXIT-Probleme in den größeren Kontext internationaler Wirtschaftsprobleme zu stellen. Die BIZ sieht hier Probleme durch die globale Kombination weiter wachsender Schuldenquote (in Summe Staat und Privatsektor) in einer Phase, wo die führenden Industrieländer sinkende Produktivitätsfortschritte verzeichnen, während die Wirtschaftspolitik eingeschränkten Handlungsspielraum hat. Die BIZ selbst argumentiert, dass das instabile globale Finanzsystem negative realwirtschaftliche Effekte habe: Finanzzyklen, die mit Expansionsphasen die Realwirtschaft stimu-

© Springer Fachmedien Wiesbaden GmbH, ein Teil von Springer Nature 2018
P. J. J. Welfens, *BREXIT aus Versehen*, https://doi.org/10.1007/978-3-658-21458-6_5

lieren, enden später in Krisen, die wiederum nachhaltig auf die Trendwachstumsrate der Produktion negativ einwirken. Produktionsverzerrungen, die etwa durch übermäßig niedrige Realzinssätze im Aufschwung entstanden sind, wirken in der Rezession als eine Zusatzbelastung im Anpassungsprozess. Soweit die Geldpolitik kurzfristig stark über ungewöhnliche Expansionsmaßnahmen stabilisiert, besteht auch die Gefahr, dass notwendige strukturelle Reformen verspätet angegangen werden.

Aus ökonomischer Sicht sind diese wie folgt (vor dem Hintergrund eines um den Aktienmarkt erweiterten Branson-Modells) zusammenzufassen:

- Noch die Cameron-Regierung hatte angekündigt, dass das Ziel Haushaltsausgleich angesichts des BREXIT-Votums nach hinten verschoben werden müsste: Also ist eine Erhöhung der Haushaltsdefizite bzw. des staatlichen Schuldenbestandes – relativ zum Bruttoinlandsprodukt – zu erwarten. Daher kommt es längerfristig zu einem Zinsanstieg, der auf eine Phase der kurzfristigen Zinssenkung folgt. Natürlich konnte man nach dem BREXIT in den ersten vier Wochen eine Pfundabwertung um fast 10 % erkennen. Eine Pfundabwertung in dieser Größenordnung könnte die Inflationsrate auf über 1 % ansteigen lassen.
- Die eingetretene Zinssenkung ergab sich vor allem im Kontext mit der Ankündigung der Bank of England, gegebenenfalls eine expansive Geldpolitik bzw. eine neue Politik der mengenmäßigen geldpolitischen Lockerung aufzusetzen; die erste Zinssenkung kam dann auch im August 2016. Diese Maßnahme für sich bedeutet Zinssenkung und Währungsabwertung. Hinzu kam bei dem Ankündigungs-Zinssenkungseffekt noch ein Sicherer-Hafen-Effekt: BREXIT bedeutet neue Unsicherheiten in der Eurozone bzw. eine verstärkte Suche nach sicheren Anlagen, also soliden Staatspapieren, und dazu zählen die Anleihen des britischen Staates noch (trotz leichter Herabstufung im Rating des Landes nach dem Volksentscheid). Die hier genannten Zinssenkungimpulse überlagern den Zinserhöhungsimpuls aus der erwarteten Erhöhung der staatlichen Defizitquote und der Schuldenquote des Vereinigten Königreiches.
- Eine mittelfristig eintretende Verschlechterung der britischen Leistungsbilanzposition wird zu einer weiteren Abwertung plus Zinssenkungsimpuls führen. Zumindest in der kurzen Frist dominiert der nominale Zinssenkungsimpuls, der zusammen mit realen Währungsabwertungseffekten auch die Aktienkurse britischer Firmen ansteigen lässt.

Die Bank von England schreibt in ihrem Finanzstabilitätsbericht (BANK OF ENGLAND, 2016), dass es um fünf inländische Risiken für die Finanzstabilität durch den BREXIT gehe:

(a) die Finanzierung des hohen britischen Leistungsbilanzdefizits, das bislang auf erheblichen anhaltenden Portfolio-Kapitalzuflüssen und Direktinvestitionszuflüssen basiert.
(b) der britische Immobilienmarkt, der stark auch von ausländischem Kapital getragen wird, könnte unter Druck geraten.
(c) das hohe Niveau der Verschuldung der britischen Haushalte und ein drohender Anstieg der Arbeitslosenquote sowie Probleme einiger Haushaltsgruppen, Kredite zu bedienen, könnte Probleme bei Immobilien vergrößern.
(d) eine Wachstumsabschwächung in der Weltwirtschaft – dabei auch in der Eurozone: Diese Schwäche könnte durch verschärfte Unsicherheit noch verstärkt werden.
(e) Bruchlinien in der Funktionsweise der Finanzmärkte; in einer Phase erhöhter Marktaktivitäten und -schwankungsbreite gibt es dann Risiken für die britische Wirtschaftsentwicklung.

Die Bank von England schreibt weiter (Übersetzung PJJW):

Der Grad an Unsicherheit und die Art der Anpassung liegen offensichtlich in den Finanzmarkt-Preisen, die sich im Gefolge der Volksabstimmung stark bewegt haben. Zwischen dem 23. Juni und dem 1. Juli fiel der Pfund-Wechselkurs um 9 % und die kurzfristige Schwankung des Pfundes gegenüber dem Dollar stieg auf das höchste Niveau in der Periode nach der Bretton-Woods-Ära [also seit 1973: PJJW]. Die Kurse britischer Bankaktien fielen im Durchschnitt um 20 %, wobei Banken mit einer Fokussierung auf Großbritannien am stärksten fielen. Die Aktienkurse von inländisch fokussierten Firmen sind um 10 % gefallen, der Staatsanleihenzins um 0,52 Punkte.

Das Sinken des Zinssatzes für Staatsanleihen steht für einen Sichere-HafenEffekt und ist ein echtes Paradoxon, da der BREXIT politisch-ökonomische Unsicherheit ausgelöst hat – quasi vom politischen System her –, während der Staat quasi als Belohnung zu verminderten Zinssätzen Staatsanleihen im Markt platzieren kann. Dieses Paradoxon gilt nur für führende westliche OECD-Länder mit sehr leistungsfähigem Banken- und Finanzsystem. Aber die weiteren genannten Entwicklungen sind jeweils eine Herausforderung, wenn man von der realen Abwertung des Pfundes teilweise absieht: Es wird mittelfristig die britischen Exporte stimulieren, aber eben auch die Importe verteuern.

Dass es mittelfristig deutliche Perspektiven für eine schlechtere britische Leistungsbilanzposition gibt, kann man aus den Handelsverflechtungen zwischen dem Vereinigten Königreich und der EU27 unmittelbar folgern: Schlechterer britischer Zugang zum EU-Binnenmarkt heißt verminderte britische Exporte. Das Vereinigte Königreich exportiert rund 45 % seiner Waren-Exporte in die EU-Partnerländer, die Europäische Union 8 % der EU27-Exporte Richtung UK. Der Anteil der britischen Dienstleistungsexporte Richtung Europäische Union lag 2015 bei etwa 38 %. Dabei erzielte das Vereinigte Königreich gegenüber den EU-Partnern 2013 einen hohen Überschuss von etwa 26 Mrd. € (in 2013), wobei Finanzdienstleistungen und Versicherungsdienste sowie unternehmensbezogene Dienste und Gebühren für die Nutzung von geistigem Eigentum – Lizenzgebühren – mit 25,8 Mrd. €, 19 Mrd. €, 7 Mrd. € bzw. 5 Mrd. € für große überschüssige Teilsektoren standen; beim Tourismus standen allerdings -13 Mrd. € sektoral zu Buche. Wenn Großbritannien ab etwa 2019 den Zugang zum EU-Binnenmarkt teilweise verliert, so wird dies wohl insbesondere den Finanzbinnenmarkt betreffen. Die EU wird bestimmte Euro-Clearinggeschäfte in London nicht mehr zulassen. Die britische Leistungsbilanz geht von daher dann mittelfristig noch mehr in die roten Zahlen als bisher: Ein Anstieg der britischen Auslandsverschuldung und weitere Pfundabwertungen werden dann eintreten. Dass das Vereinigte Königreich relativ reiche Handelsliberalisierungsverträge mit den USA und anderen Ländern in 2019/2020 wird schließen können, ist anzunehmen, aber eine gewisse Mindestzeit bei den Verhandlungen muss man ansetzen. Eine zeitweilige beträchtliche Verschlechterung der britischen Leistungsbilanz ist jedenfalls mittelfristig zu erwarten.

Einige britische Banken und Firmen werden sich einen optimalen EU-Marktzugang durch mehr Direktinvestitionen in Europa zu sichern suchen. Das ist besonders gut für die EU-Länder mit guten Standortqualitäten: Die Niederlande, Deutschland, Frankreich und einige andere EU-Länder werden profitieren. Man kann jedoch kaum argumentieren, dass für die EU27-Gruppe der BREXIT einen ökonomischen Vorteil darstellt; es mag zwar einige Regionen und Sektoren in Deutschland und anderen kontinentaleuropäischen Ländern geben, die vom BREXIT profitieren, aber insgesamt gilt eine einfache Logik: Die Integrationstheorie zeigt, dass der Beitritt Großbritanniens zur EU (in 1973) für beide Seiten ökonomische Vorteile brachte und umgekehrt gilt für den Fall einer Desintegration – hier also des BREXIT– dass sowohl das Vereinigte Königreich als auch die EU27 ökonomische Nachteile erleiden werden.

Von den gut 1 000 Mrd. Pfund an britischen Direktinvestitionsbeständen im Ausland lagen 47 % in den EU-Ländern, 35 % in den USA, 12 % in Asien (darunter 5 % in Hongkong). 59 % der Direktinvestionsbestände im Vereinigten Königreich von gut 1 000 Mrd. Pfund stammten aus EU-Partnerländern, 33 % aus den Vereinigten Staaten. Die EU-Direktinvestitionen im Vereinigten Königreich werden teilweise zurück gehen, wobei das teilweise durch höhere Direktinvestitionszuflüsse aus anderen Ländern kompensiert werden könnte: Denn eine reale Abwertung der Währung führt zu höheren Direktinvestitionszuflüssen – vermutlich vor allem aus den USA und Asien. Höhere Importzölle für Firmen aus EU-Ländern werden allerdings auch viele EU-Firmen anreizen, durch Direktinvestitionen im Vereinigten Königreich diese Zollmauern zu überspringen. Umgekehrt wird es verstärkte britische Direktinvestitionen in den EU27-Ländern geben, denn nach Ausscheiden des Vereinigten Königreiches aus der EU können die Zollmauern der EU am ehesten durch Direktinvestitionen übersprungen werden.

Das Vereinigte Königreich dürfte durch den BREXIT eine Rezession erleben, was ein vorübergehender Einbruch ist, aber auch ein längerfristiger Rückgang im Wachstum ist denkbar. Die Arbeitslosenzahlen werden mittelfristig ansteigen und die hohe Pfundabwertung wird zu deutlichen Preissteigerungen führen und reale Kaufkraftverluste herbeiführen. Dass dies für die Arbeitnehmerschaft im Vereinigten Königreich nicht gut sein wird, ist offensichtlich. Vermutlich wird aber das Exportgeschäft Richtung EU27-Länder durch die reale Abwertung unterstützt. Aber bei der Frage nach dem britischen Zugang zum EU27-Binnenmarkt steht ein großer Verhandlungsmarathon über Jahre an und für die britische Wirtschaft ist das ein kritisches Kapitel. Deutschlands Wirtschaft mit ihrer hohen bilateralen Überschussposition bei Großbritannien wird wohl in Brüssel bzw. Berlin Druck ausüben, damit man dem Vereinigten Königreich relativ gute Zugangsbedingungen beim EU-Binnenmarkt gewährt. Denn nur dann wird das Vereinigte Königreich etwa den Autoproduzenten aus Deutschland günstige Marktzugangsbedingungen – also Mini-Zölle – nach dem britischen Ausscheiden aus der EU gewähren. Damit stellt sich die wichtige Frage, wie sich die Verhandlungen der EU mit dem Vereinigten Königreich entwickeln werden, wobei UK natürlich Interesse am Zugang zum EU-Binnenmarkt mit seinen 440 Millionen Verbrauchern und seinen großen und profitablen Märkten für Zwischenprodukte und hochwertige Unternehmensdienstleistungen hat.

BREXIT: Britische Premierministerin vor Verhandlungen mit der EU

Theresa May, als moderate EU-Befürworterin vor dem BREXIT in ihrer Rolle als Innenministerin aufgetreten, ist die Nachfolgerin des britischen Premiers Cameron. Der hat sein Land faktisch aus dem Club der EU28 geführt, indem er ein Referendum ansetzte, das eigentlich vor allem auf die Befriedung der Konservativen Partei bzw. das Zurückdrängen der innerparteilichen Anti-EU-Kritiker sowie die Partei-Konkurrenz von Seiten der U-KIP zielte. Die neue Chefin der Konservativen Partei hat entschieden, auf Basis des BREXIT-Referendums das britische EU-Austrittsbegehren einzureichen und wird mit der EU27 langwierig verhandeln müssen. Es gibt bislang mit Norwegen, der Schweiz und der Türkei drei europäische Länder, die – neben Liechtenstein und Island – besondere Beziehungen mit der EU haben. Aber noch nie hat ein Ex-EU-Land Verhandlungen für einen besonderen Zugang zum EU-Binnenmarkt geführt, wobei Großbritannien etwa 45 % seiner Exporte in die EU27-Länder schickt; bei großem Exportüberschuss im Finanzdienstleistungssektor und insgesamt mit negativer Leistungsbilanzposition gegenüber den EU-Partnerländern. Die EU ist relativ wenig abhängig vom Vereinigten Königreich, da weniger als 1/10 der Exporte dorthin gehen. Allerdings hat Deutschland erhebliche Exportüberschüsse gegenüber dem Vereinigten Königreich, so dass die Bundesregierung ein relativ großes Interesse bei den Austrittsverhandlungen mit UK hat, mit der britischen Regierung eine Einigung in Fragen des Zugangs des Vereinigten Königreiches zum EU-Binnenmarkt zu erreichen. Allerdings verhandelt ja nicht Deutschland mit UK, sondern die Europäische Union. Die Austrittsverhandlungen müssen vor 2019 abgeschlossen sein, jedenfalls vor den nächsten Europa-Wahlen. Denn es ist kaum vorstellbar, dass man im Austrittsland UK eine Europa-Wahl durchführt. Den Austritt politisch von London aus managen wird die Premierministerin Theresa May, die sich auf den Außenminister Boris Johnson stützen wird. May sagte zu ihrer Nominierung für die Spitze der Konservativen – nachdem ihre Konkurrentin Andrea Leadsom ihre Kandidatur zurückgezogen hatte:

> *Ich bin geehrt und fühle mich demütig, dass ich von der Konservativen Partei dazu ausgewählt wurde, ihre Führerin zu sein. Während dieser Kampagne ging es mir um drei Dinge: Erstens, die Notwendigkeit starker, bewährter Führungsqualitäten, die uns durch schwierige und unsichere ökonomische und politische Zeiten steuern wird. Natürlich besteht auch die Notwendigkeit das beste Abkommen für Großbritannien beim Austritt aus der EU zu verhandeln und eine neue Rolle für uns in der*

Welt zu formen. Brexit heißt Brexit und wir werden ihn zu einer Erfolgsgeschichte machen. Zweitens müssen wir unser Land einen. Und drittens brauchen wir eine starke, neue und positive Vision für die Zukunft unseres Landes. Die Vision eines Landes, die nicht nur für eine privilegierte Minderheit funktioniert, sondern für jeden von uns, weil wir den Menschen mehr Kontrolle über ihr Leben geben werden. So werden wir zusammen ein besseres Großbritannien aufbauen.

Da das Vereinigte Königreich die EU nach etwa 45 Jahren Mitgliedschaft wohl verlassen wird – angesichts der in der EU-Verfassung vorgesehenen zweijährigen Übergangszeit nach Austrittsbegehren etwa in 2019 –, gibt es eine wirkliche historische Zäsur. Großbritannien wird sich eine neue Rolle in der Weltwirtschaft suchen: Absehbar mit verstärkter Anlehnung an die USA und einer dann auch deutlich Richtung wachstumsstarke Länder Asiens gerichteten neuen Außenwirtschaftspolitik. Dabei wird das Vereinigte Königreich fast zwangsläufig vermehrt mit China oder Indien zusammen arbeiten müssen. Britische Universitäten setzen künftig stark auf Studierende von dort, denn die Zahl der Studierenden aus EU-Ländern wird wegen der für diese Studenten-Gruppe künftig erhöhten Studiengebühren zurückgehen.

Die EU wird durch Verlust von 18 % des Einkommens und 13 % der Bevölkerung kleiner bzw. geschwächt, das Vereinigte Königreich wird mittelfristig in einer Rezession sein und wird ökonomisch gesehen langfristig 3-10 % Realeinkommensverlust haben: Nach Berechnungen von Experten der Cameron-Regierung im Vorfeld des BREXIT-Referendums. Dabei hängt die Spannweite gerade vom künftigen Ausmaß des Zugangs des Vereinigten Königreiches zum EU-Binnenmarkt ab; 8 % werden relevant, wenn es nur den allgemeinen Mindestzugang zu den EU-Ländern gibt, die jedem Land mit Mitgliedschaft in der Welthandelsorganisation zustehen. Demnach dürfte das Vereinigte Königreich durch den EU-Ausstieg einen realen Einkommensverlust von eher 5-7 % realisieren. Für die EU27 selbst bedeutet dies etwa minus 1-2 % des Bruttoinlandsprodukts.

Die EU, in Form des für die Austrittsverhandlungen zuständigen Europäischen Rates hat eigentlich keine Veranlassung, dem Vereinigten Königreich bei den Verhandlungen besonders entgegen zu kommen. Allerdings dürften vor allem aus Deutschland aus wirtschaftlichen und politischen Interessen heraus Impulse für eine Kompromiss-Haltung der Europäischen Union kommen. Ob das Verhandlungsergebnis am Ende vom Europäischen Parlament in Brüssel abgesegnet werden wird, bleibt abzuwarten. Die Bundesregierung ist offenbar für eine entgegenkommende Regelung mit Großbritannien, soweit es um den Binnenmarktzugang geht. Ein gewisser Druck aus den USA wirkt hierbei mit im Hintergrund. Denn die USA haben kein Interesse an einer ökonomischen

Schwächung Europas, die wiederum die Nato beeinträchtigte. Aber die EU-Länder werden sich auch klar überlegen müssen, dass großzügige Binnenmarkt-Konditionen für das Vereinigte Königreich den Anreiz für andere EU-Länder erhöhen, sich ebenfalls aus der EU zu verabschieden. Den größten Anreiz hierzu haben große Länder wie Deutschland, Frankreich und Italien, deren Markt und Macht groß genug ist, auch ohne EU relativ leicht eine eigenständige Rolle in der Weltwirtschaft zu finden. Kleine Länder könnten den Austritt erwägen bei starker Handelsorientierung Richtung UK und anderen EU-Drittländern, wobei Dänemark und auch Irland grundsätzlich hier Austritts-Kandidaten sein könnten. Allerdings wird Irland erst einmal hoffen, dass ein Teil der Londoner Banken – demnächst ohne „EU-Bankenpass" – ihr Geschäft Richtung Dublin verlegen: im gleichen Sprachraum agieren und zudem gibt es Freizügigkeit zwischen der Republik Irland und UK, die beide nicht zum Schengen-Raum gehören.

Wenn allerdings eines der drei genannten großen Länder aus der EU27 austräte, dann wäre wohl auch gleich die Währungsunion am Ende; von solchen institutionellen Abwicklungstrümmern zur EU-Auflösung ist es nicht weit und das wäre ein Schock für Europa und die ganze Welt; auch eine enorme Beschädigung des Gedankens friedlicher regionaler Kooperation und wohlstandsförderlicher ökonomischer Integration. Von einem solchen Desintegrationsschritt würde sich die EU für mindestens ein halbes Jahrhundert nicht erholen. Zu groß wäre die Beschädigung führender Politiker und Parteien, des EU-Ansehens und der Institutionen in Europa. Europa würde dann ins späte 19. Jahrhundert zurückfallen: mit rivalisierenden Ländern UK, Frankreich, Deutschland, Italien, Russland – alles wie gehabt, nur dass das mächtigste Land der Welt nicht mehr allein die USA sind, sondern China und die USA eine duale Führung darstellen. Dass dann die Militärausgaben wie im späten 19. Jahrhundert bei 4 % des Bruttoinlandsproduktes bzw. dem Doppelten der jetzigen Werte in großen EU-Ländern liegen könnten, ist anzunehmen.

Welche Bedingungen kann die EU27 dem Vereinigten Königreich unter der Premierministerin May anbieten? Wenn die Anfänge der EU-Integration durch Deutschland, Frankreich, Italien, Belgien, Niederlande und Luxemburg nicht zerstört werden sollen, kann man EU-seitig dem Vereinigten Königreich nicht ernsthaft günstige Bedingungen beim Binnenmarktzugang geben. Wenn UK leichten Zugang zum Binnenmarkt erhielte, wäre das eine Einladung an andere Länder, auch einen EU-Austritt zu erwägen und die EU27 könnte ganz schnell zu einer Desintegrationsmaschine werden, zumal sich die austretenden weiteren EU-Länder um UK scharen können, um dann gemeinsam als durchsetzungskräftigerer Verhandlungspartner aufzutreten. Es ist schon paradox, aber da Großbritannien selbst ein Interesse an einer stabilen EU27 haben dürfte, wird die britische Regierung diesen Punkt in einem gewissen Maß selbst sehen und eine vernünftige Selbstbescheidung anstreben. Ob man in diesen Tagen aber noch der politischen Rationalität in Europa – allen voran in UK – trauen kann, ist eine große Frage, die man nach dem BREXIT-Votum ernsthaft stellen muss.

Eine Lösung mit der EU erreichen, bei der das Vereinigte Königreich wieder die Freizügigkeit mit der EU wird akzeptieren müssen, erscheint vor dem Hintergrund des politischen Immigrationsgejammers in England vor dem BREXIT-Tag schwierig. Denn angeblich, so die offiziellen Redetexte führender Politiker in London, müssen die untragbaren Immigrationsprobleme mit der EU aus britischer Regierungssicht überwunden werden – so auch die neue Regierungschefin May. Das ist aber genau besehen eine seltsame Sicht. Denn bei jährlich kaum 0,2 % Zuwanderung aus EU-Ländern, und zwar von Zuwanderern, die sich überwiegend gut integrieren, kann man auf britischer Seite ja wohl nicht von unerträglichen Immigrationsproblemen sprechen. Aus US-Sicht ist die Immigrationsdebatte einfach absurd, aber auch aus deutscher Sicht – mit Blick auf die Jahre und Jahrzehnte vor der Flüchtlingswelle in 2015 – könnten 0,2 % Zuwanderung aus EU-Ländern einfach nicht als ernsthafter Klagegrund in der britischen Politik gelten. ATOYAN ET AL. (2016) haben in einem IWF-Beitrag gezeigt, dass die osteuropäische Emigration 1990-2012 rund 5,4 Millionen Menschen nach Westeuropa und die USA brachten, wobei für einige der osteuropäischen Auswanderungsländer (inklusive solchen aus Ländern auf dem Gebiet der ehemaligen Sowjetunion) die Emigration mit einem hohen Anteil an qualifizierten Arbeitnehmern auch wachstumsdämpfend für die Auswandererländer wirkte. Fakt ist, dass Großbritannien nicht zu den westlichen Top-5-Zuwanderungsländern für Emigranten aus Osteuropa gehörte, denn diese hießen Deutschland, Italien, Spanien, USA und Österreich. Theresa May war in der Cameron-regierung als Innenministerin führend aktiv in Sachen Immigrationspolitik bzw. Freizügigkeit der Arbeitnehmer in der EU. In der britischen Boulevard-Presse spielte beim Immigrationsthema in den Jahren vor dem BREXIT insbesondere die Frage nach den angeblich enorm hohen Kindergeldzahlungen für im Heimatland lebende Kinder eine große Rolle: So erhielten etwa in Polen lebende Kinder polnischer Zuwanderer praktisch Kindergeldzahlungen, als lebten sie in Großbritannien. Den naheliegenden Problemlösungsweg (vom Autor dieser Zeilen selbst auch in einer Pressemitteilung schon 2014 vorgeschlagen: WELFENS, 2014), den im Ausland bzw. in EU-Partnerländern lebenden Kindern quasi ein im Regelfall vermindertes Kindergeld in Abhängigkeit von den dortigen Lebenshaltungskosten zu zahlen, hat Premier Cameron im Kern in den Verhandlungen mit der EU im Frühjahr 2016 auch beschritten bzw. erreicht. Im Übrigen ist nicht zu übersehen, dass UKIP-Chef Nigel Farage im BREXIT-Wahlkampf auch auf Stimmenfang ging mit dem Foto von Tausenden Flüchtlingen – bei der Flüchtlingswelle 2015. Auch hier wurde mit Angstfotos BREXIT-Unterstützung bzw. die Furcht vor Masseneinwanderung geschürt, obwohl das Vereinigte Königreich gar kein Mitglied des SchengenRaumes ist, also auch innerhalb der EU eine vollkommen selbstständige Grenzkontrolle hat – abgesehen vom Grenzverkehr mit Irland, das aber auch kein Mitglied der Schengen-Gruppe ist. In der Schengen-Gruppe der kontinentaleuropäischen EU-Länder gibt es faktische Freizügigkeit ohne Grenz-kontrollen zwischen den Mitgliedsländern.

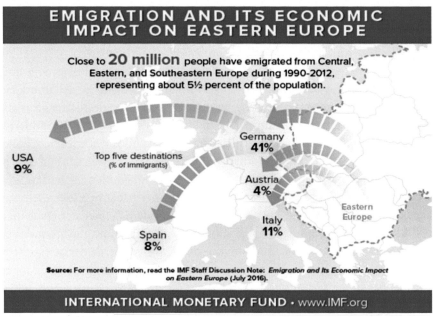

Abb. 9. Osteuropäische Auswanderung, 1990-2012: Anteile der Hauptaufnahmeländer
Quelle: IMF (2016b).

Die naheliegenden Alternativ-Ansätze für einen britischen Zugang zum EU-Bin-nenmarkt sind die Modelle Norwegen bzw. Schweiz, wobei die Schweiz eine bila-terale Lösung gefunden hat, die jedoch nach der Schweizer Volksabstimmung zur Zuwanderung mit negativem Votum der Wähler, nun auf der Kippe steht. Die Europäische Kommission hat die Schweiz gewarnt, es werde keinen freien Zugang zum Binnenmarkt mehr geben, wenn diese die Arbeitskräftemobilität bei der EU beschränkt. Norwegen hat als Teil des Europäischen Wirtschaftsraumes eine etwas modifizierte Lösung eigener Art. Norwegen und die Schweiz haben einen bei den Finanzdienstleistungen eingeschränkten Zugang zum EU-Binnenmarkt, müssen dabei aber auch die Arbeitnehmerfreizügigkeit akzeptieren; die Beschränkung des Binnenmarktzuganges bei Finanzdienstleistungen wäre für UK ein großes Problem, denn hier hatte das Vereinigte Königreich traditionell einen Exportüberschuss bei den EU27-Ländern. Insgesamt kann wohl der Norwegen-Ansatz eine sinnvolle EU-Verhandlungslinie gegenüber dem Vereinigten Königreich sein. Aber zumindest eine von den britischen Konservativen geführte Regierung wird diesem Modell aus Angst vor freier Zuwanderung aus EU-Ländern nur eingeschränkt folgen. Angeblich drohen unerträglich hohe Belastungen für den britischen Sozialstaat durch Armutswanderung (ein auch von Hans-Werner Sinn gern gebrauchter Begriff). Arbeitskräftewanderung folgt immer den internationalen Einkommensunterschieden, hier den doch despektierlichen Begriff der Armutswanderung zu verwenden, ist unangemessen. Im Übrigen steht die USA für zwei Jahrhunderte der Zuwanderung von relativ armen Menschen aus vielen Weltregionen, vor allem aus Europa und Lateinamerika; dabei übersehe man nicht, dass 40 % der Fortune-500-Firmen in den USA von Einwanderern oder der ersten Kindergeneration von Einwanderern gegründet wurden. Tatsächlich zeigen auch bei UK Berechnungen (DUSTMANN, 2015), dass das Vereinigte Königreich von den Zuwanderern ökonomisch profitiert, die nämlich überdurchschnittlich jung sind und sich als Arbeitnehmer oder Selbstständige relativ rasch in UK integrieren; das gilt insbesondere für Zuwanderer aus EU-Ländern.

Die Anti-EU-Immigrationstöne im britischen BREXIT-Wahlkampf aber können aus EU-Sicht eigentlich so – und auch nach vollzogenem BREXIT – niemals akzeptiert werden. Denn erstens ist Arbeitnehmerfreizügigkeit seit 1993 Teil der vier erprobten Binnenmarkt-Freiheiten gewesen. Zweitens war die Größenordnung der Zuwanderung mit in der Spitze 150 000 oder 0,2 % der Bevölkerung niedrig. In keiner vernünftigen Weise kann argumentiert werden, dass Immigration aus der EU eine Belastung für das Vereinigte Königreich gewesen sei. Fakt ist einfach, dass es die Cameron-Regierung war, die über Jahre die Finanzzuweisungen an die britischen Kommunen massiv kürzte, um die nach der Bankenkrise anfänglich über 10 % liegende Staatsdefizitquote zu drücken.

In den britischen Kommunen mit Zuwanderern entstand nun der Eindruck, dass es eine Unterversorgung mit lokalen öffentlichen Diensten gab. Natürlich ergab sich dieser Eindruck in besonders starker Weise in Städten mit hoher Zuwanderung aus EU-Ländern (und Nicht-EU-Ländern), was zu einer Anti-Immigrationsreaktion bei den Wählern am BREXIT-Wahltag führte. Es war aber faktisch die Cameron-Regierung selbst, die die AntiImmigrationsdebatte angerührt hatte. In einer pointierten Verkürzung lässt sich auf Basis der geschilderten Zusammenhänge formulieren: Die Bankenkrise 2007-2009 hat den Austritt des Vereinigten Königreiches aus der EU zur Folge gehabt.

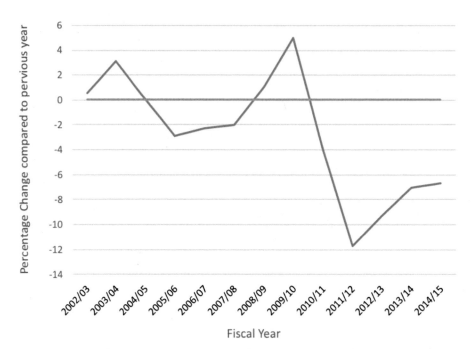

Abb. 10. Kommunale Finanzzuweisungen aus dem nationalen britischen Budget: jährliche Änderungsraten in Prozent

Quelle: Eigene Berechnungen auf der Basis von Public Expenditure Statistical Analyses.

BREXIT und der Handel mit Emissionszertifikaten

Alle EU-Länder bzw. die entsprechenden Unternehmen in diesen Ländern sind am Handel mit CO_2-Emissionszertifikaten beteiligt. Dieser Handel bestimmt das Niveau des Preises von CO_2-Emissionszertifikaten und damit auch den Anreiz bei den Firmen, klimaschädliche CO_2-Emissionen zu vermeiden. Es ist denkbar, dass ein EU-Austritt Großbritanniens auch dessen Mitwirkung am europäischen CO_2-Handel beendet – jedenfalls in dem Fall, dass Großbritannien nicht besondere Vereinbarungen zur Fortführung seiner Mitwirkung abschließt. Der Emissionszertifikate-Handel ist ein bewährtes Instrument in der Klima-Politik, wobei seit 2016 auch China einen solchen Handel national gestartet hat. Es sei erwähnt, dass bei Entstehen eines großen Marktes CO_2-Emissionszertifikate in den Finanzmärkten auch von spekulativen Akteuren gekauft oder verkauft werden können, wobei im Zuge einer allgemeinen Finanzmarktinstabilität dann auch die Schwankungsbreite der CO_2-Emissionszertifikate-Preis stark ansteigen kann, was die Steuerungswirkung im Unternehmenssektor vermindert.

Fehlt die weitere Mitwirkung Großbritanniens ab dem EU-Austritt, dann wird der CO_2-Zertifikate-Preis weiter sinken; von etwa 4,5 € pro Tonne Mitte 2016 auf vermutlich unter 3 € pro Tonne mittelfristig. Dadurch sinkt der Anreiz für die Unternehmen, Maßnahmen gegen die Emission von klimaschädlichen Gasen zu ergreifen. Der Effekt ist hier dann negativ global, denn ein intaktes Klima ist ja ein internationales Kollektivgut. Nicht auszuschließen ist, dass die Europäische Kommission oder eine Gruppe von europäischen Ländern – möglicherweise inklusive Großbritannien – CO_2-Emissionszertifikate in einem gewissen Umfang ankauft, um sicherzustellen, dass der Preis der Emissionszertifikate auf einem angemessen hohen Niveau bleibt. Die vierte Emissionszertifikat-Handelsperiode in der EU ab 2020 steht für Herausforderungen – für die EU vermutlich erstmals ohne Großbritannien. Im Übrigen bedeutet für Unternehmen mit Beständen an CO_2-Emissionsrechten in der Bilanz, dass ein Sinken des CO_2-Emissionszertifikate-Preises zu Verlusten bzw. verminderten Gewinnen führt.

Was kommt nach dem BREXIT?

Wenn das Vereinigte Königreich die EU verlässt, so wird es dennoch versuchen, einen möglichst guten Zugang zum Binnenmarkt zu bekommen. Wenn die EU es einfach hinnähme, dass nach mehr als 40 Jahren Mitgliedschaft ein Mitgliedsland – nicht einmal in irgendeiner Notsituation befindlich – die Gemeinschaft verlässt und dann Vorzugsbedingungen beim EU-Binnenmarkt erhielte, dann wäre der BREXIT nicht nur ein britischer EU-Austritt gewesen. Es wäre der Start zur Selbstzerstörung der Europäischen Union, die über Jahrzehnte zu Frieden und Prosperität in Europa und weltweit beigetragen hat. Die EU ist ja nicht nur Integration in Europa, sondern auch ein Integrationsmodell für andere regionale Integrationsclubs. Es spricht aus EU-Sicht von daher in europäischer und globaler Verantwortung nichts dafür, gegenüber dem Vereinigten Königreich eine weiche Verhandlungsführung anzusetzen. Jedes EU-Mitgliedsland, das sich für eine solche Linie einsetzte, trüge indirekt zur weiteren Desintegration in Europa bei – mit unabsehbaren Folgen und völlig neuen Risiken sowie großen neuen politischen Konfliktpotenzialen.

Einzig im Bereich des Schul- und Hochschulaustausches und zudem der Städtepartnerschaften ist im Interesse des Pflegens eines Netzwerkes der Bürgerinnen und Bürger eine großzügige Regelung zu erwägen. Wenn die konservative Spitzenpolitikerin May durchblicken ließ, dass man die 3,6 Millionen EU-Bürger im Land als eine Art Faustpfand bei den Binnenmarkt-Verhandlungen betrachten werde, dann ist das eine kaum akzeptable Vorstellung – davon abgesehen, dass auch 1,6 Millionen Briten in EU-Ländern leben. Den EU-Bürgern in UK sollten westeuropäische Länder gute Konditionen für einen Umzug auf den europäischen Kontinent anbieten; schon um zu verhindern, dass viele der flexiblen und kreativen EU-Bürger in UK demnächst Richtung USA auswandern. Englischsprachige Zuwanderer kann gerade auch Deutschland mit seinem Fachkräftebedarf gut brauchen.

Die Verhandlungen mit dem Vereinigten Königreich sollten zügig durchgeführt und die Möglichkeit eines zweiten britischen Referendums offen gehalten werden. Zugleich sollte die EU im Interesse der eigenen Stabilität umfassende Reformen auf Basis einer selbstkritischen Debatte führen. Es kann nur als sonderbar betrachtet werden, dass eine bemerkenswerte Pro-EU-Rede in London im Frühjahr 2016 von US-Präsident Obama gehalten wurde. In Washington sieht man mit Schrecken, dass Großbritannien sich von 450 Jahren internationalem politisch-wirtschaftlichem Engagement mit einem Referendumstrich markant ablöste und den Weg in einen nostalgischen Neo-Nationalismus wählte.

Der BREXIT wurde von den Finanzmärkten nicht erwartet, er galt als eine offenkundig ökonomisch schädliche Entscheidungsvariante, die man für unwahrscheinlich hielt; aber die Mehrheit der Wählerschaft entschied ganz anders, nämlich für BREXIT. Theresa May steht an der Spitze eines Wahlvolkes, dessen Entscheidung nicht auf den ersten Blick nachzuvollziehen ist. Das ist schließlich eine ganz neuartige Situation, nämlich schlechte Kalkulierbarkeit von Mehrheitsentscheidungen in einem Land wie Großbritannien, dessen Menschen man eine sprichwörtliche Besonnenheit bislang gerne zuschrieb. Für Wahlentscheidungen in anderen EU-Ländern bedeutet das einen Zusatzpunkt an Unsicherheit und diese wird – wie immer in der Wirtschaft – ein Weniger an Investitionen zur Folge haben.

Es gibt aus ökonomischer Sicht noch ein Zusatzproblem in Sachen geringe Rationalität: Die Bank of England startete nach dem Referendum eine neue Runde der mengenmäßigen geldpolitischen Lockerung, die den Nominalzins im Vereinigten Königreich noch stärker unter die kritische Nullgrenze drückt und durch UK-Euroraum-Übertragungseffekte auch die unnormal niedrigen Zinssätze in der Eurozone ins Negative weiter verstärkt. Da werden Politiker, die Krisen heraufbeschwören, faktisch von der Zentralbank belohnt, die über eine expansive Geldpolitik des Quantitative Easing die Zinssätze kurz- und mittelfristig weiter drückt. Dass jedoch ökonomische Unnormalität für die langfristige ökonomische Entwicklung Europas etwas Gutes ist, darf man sehr bezweifeln

– denn das ökonomische Preisund Anreizsystem wird enorm verzerrt; letztlich werden Produktivitäts- und Wirtschaftswachstum sowie die ökonomische Stabilität beeinträchtigt. Der Westen wird also nun wegen des BREXIT weiter mit geldpolitischem Quantative Easing bzw. unnormal niedrigen Zinssätzen experimentieren; seit 2016 vor allem von London aus.

Ein Kommentator der Washington Post schrieb zum BREXIT, die Rationalität der westlichen Demokratien stehe nun infrage und natürlich gibt es in den USA eine gewisse Furcht, die die Anti-EU-Mehrheitsentscheidung auch ein Signal für die USA sei, dass dort bislang nicht salonfähige Populisten zu neuen Wahlsiegern aufsteigen könnten. Wenn Theresa May ankündigt, sie werde aus dem BREXIT etwas Gutes für ihr Land machen, dann ist das aus einer europäischen Sicht erstens zu wenig, da nur britisch gedacht. Zweitens könnte man die Frage hinzusetzen, wie man denn ernsthaft nach 40 Jahren britischer Mitwirkung im EU-Integrationsprozess aus einer politischen Scheidungserklärung an 27 EU-Länder etwas Gutes für UK wird machen können. Niemand wird Reformbedarf in der EU übersehen wollen, aber eine egozentrische britische Politik wird kaum nachhaltige kluge Problemlösungen bringen können. Shakespeare hätte ein trauriges europäisches Theaterstück zum BREXIT sicher mit leichter Hand schweren Herzens verfassen können; oder in einem pro-europäischen Satz in der BREXIT-Debatte: Toulouse or not to lose, that's the question.

5

Deutschland: Börsenfusion verändert, mehr Einfluss, Reform

Der BREXIT trifft die deutsche Wirtschaft schon in 2016/2017 negativ, wobei es sektorale Schwerpunkte gibt. Deutschlands Automobilindustrie ist schon kurzfristig betroffen, wie man an der durch Opel erfolgten Ankündigung vom 19. August 2016 sehen kann, dass im Jahresverlauf in den Werken Rüsselsheim und Eisenach Kurzarbeit wegen sinkender Exporte nach Großbritannien eingeführt werden müsse. Auch andere Autoproduzenten in Deutschland werden negativ betroffen sein, dazu entsprechend Zulieferfirmen und über negative Multiplikatoreffekte wichtige Regionen in Deutschland. Dämpfungseffekte gibt es auch für die Autoproduktion in Frankreich, Spanien, Italien einigen und anderen kontinentaleuropäischen Ländern. Natürlich bedeutet eine Verminderung des Wachstums in EU-Nachbarländern für Deutschlands Wirtschaft insgesamt einen Dämpfungseffekt für die Industrie.

Die Effekte für den Finanzsektor sind weniger eindeutig, wobei der Standort Frankfurt auf eine gewisse Abwanderung von Banken aus London Richtung Kontinent setzt. Zudem gab es schon aus 2015 Planungen für einen Zusammenschluss der Börsen Frankfurt/London. Vor dem britischen EU-Referendum hatte die Börse Frankfurt einen Zusammenschluss mit der Börse in London vorgesehen, wobei die britische Hauptstadt Sitz des neuen Unternehmens – einer Holding – werden sollte. Da die Hessische Börsenaufsicht und andere Aufsichtsbehörden (BaFIN) erkennbar nicht bereit sind, eine Fusion zu genehmigen, bei der mit einem alleinigen Unternehmenssitz London eine Superbörse entsteht, die nicht EU-Regulierungen untersteht, haben die beteiligten Unternehmen nach der BREXIT-Volksbefragung eine Holdingstruktur mit einen Doppelsitz London und Frankfurt vorgeschlagen. Eine solche Konstruktion dürfte genehmigungsfähig sein, aber die BREXIT-Mehrsprachigkeit heißt Stop.

Zahlreiche Änderungen ergeben sich für Banken und Versicherungen, die bisher mit einem „Europa-Pass" von Großbritannien aus Dienstleistungen auf dem gesamten EU-Markt anbieten konnten. Wer in den EU27 dann weiter Finanzdienstleistungen anbieten möchte, wird nach einem vollzogenen BREXIT

© Springer Fachmedien Wiesbaden GmbH, ein Teil von Springer Nature 2018
P. J. J. Welfens, *BREXIT aus Versehen*, https://doi.org/10.1007/978-3-658-21458-6_6

in eines der EU-Länder umgezogen sein müssen, wobei Dublin, Paris, Frankfurt und Luxemburg besonders attraktive neue Standorte für viele Banken etwa aus den USA und Asien sind.

Die britische Geldpolitik zementiert für Deutschland bzw. die ganze Eurozone den Zins verstärkt bzw. verlängert nahe Null. Das kann die Bauwirtschaft in Europa beflügeln, es könnte aber auch im Immobiliensektor neue Risiken schaffen – die nächste Finanzmarktkrise könnte so entstehen. Tatsächlich werden in Deutschland und anderen Ländern schon Überlegungen bei den Regierungen entwickelt, über erhöhte Eigenkapitalanforderungen bei Bauprojekten die Immobiliennachfrage zu dämpfen. Dass damit ein Teil der Geldpolitik ins Leere geht, ist aber dann auch zu beachten.

Ein EU-Austritt Großbritanniens hat wesentliche Konsequenzen für deutsche Unternehmen in Großbritannien bzw. britische Unternehmen in Deutschland, worauf die britische Außenhandelskammer schon kurz nach dem BREXIT in Berlin hingewiesen hat. Die Zulassungs- bzw. Ursprungsregeln für Waren werden sich verändern, wobei Details von dem Verhandlungsergebnis zwischen UK und den EU-Ländern abhängen werden. Bei einem vollzogenen BREXIT wird das Vereinigte Königreich für die EU aus Datenschutzsicht Ausland. Datenschutzrechtliche Verträge müssten neu geschlossen bzw. verbessert werden und für Firmen drohen erhebliche Bußgelder, falls der sichere Umgang mit Daten gemäß EU-Standards nicht gewährleistet ist. Aus Sicht des Gesellschaftsrechtes ergibt sich die Konsequenz, dass europäische Aktiengesellschaften mit Sitz im Vereinigten Königreich ihre bisherige juristische Basis verlieren. Auch Firmen mit einer gängigen Rechtskonstruktion wie einer Ltd mit Verwaltungssitz in einem anderen EU-Land – also Gesellschaft mit beschränkter Haftung – werden die Rechtsform in der Regel ändern müssen, um problemlos in der EU weiter aktiv sein zu können. Im Steuerbereich werden Begünstigungen bei der Quellensteuer für Konzernausschüttungen entfallen und auch für Zins- und Lizenzzahlungen ergeben sich Veränderungen. Viele ausländische Unternehmen werden vermutlich ihren Sitz vom Vereinigten Königreich nach Irland oder in die Niederlande verlagern. Wenn Schottland aus dem Vereinigten Königreich austräte, könnte auch ein Umzug nach Schottland attraktiv erscheinen.

Der BREXIT ist ein Konjunkturprogramm für Anwaltskanzleien, weil Millionen Verträge zwischen Unternehmen in Deutschland und Großbritannien mit dem Tag des EU-Austritts unwirksam werden – bei den Geschäftsbedingungen ging man ja über Jahrzehnten davon aus, dass die Vertragspartner Mitglied der EU seien und das erfordert demnächst Anpassungen. Es gibt also zahlreiche neue Verträge zu schließen, was sich als Erhöhung des Bruttoinlandsproduktes in UK und Deutschland zeigt, in Wahrheit aber zu den volkswirtschaftlichen Kosten des BREXIT gehört. Das ist überhaupt ein gewisses Paradoxon des BREXIT, dass es nämlich durch den britischen EU-Austritt bedingte umfassende neue Anpassungsvorgänge in der Wirtschaft gibt, die eine Wertschöpfung darstellen und das Bruttoinlandsprodukt demnach erhöhen – der Wohlstand wird aber faktisch gemindert: Es werden Ressourcen abgezogen, die man sonst für die Steigerung der Produktion an Konsumgütern hätte verwenden können.

Die Bank von England hat Anfang August 2016 angekündigt, eine expansive Zinssenkungspolitik verfolgen zu wollen, was für die EU eine verlängerte Fortsetzung der Niedrigstzinsniveaus bedeutet. Sie ist für die Profitabilität der meisten Banken in der EU28 sehr nachteilig und kann das Bankensystem neu destabilisieren und zudem dann die Ressourcenallokation für ganz Europa wachstumsschädlich verzerren. 2017 aber erhöhte die Bank of England dann den Notenbankzins.

Für Deutschland steht mit Blick auf britische Importe einiges auf dem Spiel, nämlich vor allem in der Automobilindustrie, beim Pharmasektor und im Maschinenbau. Pro Prozent Einkommensrückgang im Vereinigten Königreich wird das Realeinkommen in der Eurozone um etwa 1/5 Prozentpunkt fallen – der Wert bei Deutschland könnte noch etwas höher sein. Der IWF (2016) hat im Juli seine Wachstumsprognose für 2017 bei UK um 0,9 % und für Deutschland um 0,4 Prozentpunkte zurück genommen; und falls TTIP wegen des BREXIT nicht stattfindet – es fehlt dann die britische TTIP-Unterstützung in der EU –, dann verbucht Deutschland das Ausfallen eines Realeinkommensgewinns von rund 2 % des Bruttoinlandsproduktes. Der langfristige Rückgang des Realeinkommens in der Eurozone könnte wegen BREXIT unmittelbar etwa 2-3 % betragen (ohne TTIP-Effekt). Etwa 1 000 € pro Kopf sind ein erheblicher Beitrag. Weitere negative Realeinkommenseffekte werden sich international ergeben, falls die EU-Desintegration auch dort die regionale Integrationsdynamik untergräbt. Höhere Militärausgaben und neue Konfliktlinien dürften sich ergeben. BREXIT könnte noch ein globaler Destabilisierungsimpuls werden.

Mit dem britischen EU-Austritt fehlen bezogen auf die Nettobeiträge etwa 9 Mrd. € an Haushaltseinnahmen. Die osteuropäischen Beitrittsländer und Griechenland als relative Hauptempfänger sind hier ab 2020 – den Beginn der neuen Haushaltsperiode der EU – bedroht; zugleich wird der Druck auf Deutschland, Frankreich und andere EU-Länder steigen, künftig erhöhte Nettobeiträge an die EU zu zahlen. Hier entsteht ein Konfliktfeld in der EU27, das ein EU-UK-Vertrag über einen künftigen britischen Binnenmarkzugang mitsamt Budgetbeitrag mildern könnte, sofern das Vereinigte Königreich dem Modell Norwegen-EU und Schweiz-EU z.T. folgt.

Die gesamtwirtschaftlichen Realeinkommenseffekte auf lange Sicht wurden von AICHELE/FELBERMAYR (2015) auf bis zu -2 % für Deutschland geschätzt. Darin enthalten sind kurzfristige konjunkturelle bzw. kurzfristige reale Einkommensrückgänge, wie sie vom IWF schon in der nach dem BREXIT aktualisierten Frühjahrsprognose 2016 für Deutschland mit -0,4 % für 2017 angegeben wurden. Wenn man berücksichtigt, dass mit dem BREXIT wohl das für Deutschlands Wirtschaft wichtige TTIP-Projekt scheitern könnte, wird man die Kosten des BREXIT für Deutschland sicher eher bei 3-4 % des Bruttoinlandsproduktes ansetzen müssen: etwa 1 000 € pro Kopf ist eine realistische Größenordnung. Immerhin bleibt zu hoffen, dass man ein TTIP Light – ohne den strittigen Investitionsschutz – seitens der EU27 wird umsetzen können. Für Deutschlands Firmen könnte auch ein Problem werden, dass das EU-Patent, um das man drei Jahrzehnte gerungen hat, durch den BREXIT nochmals verschoben wird. Das Abkommen tritt in Kraft, wenn die drei größten Patentanmelder in der EU bzw. im relevanten europäischen Raum der beteiligten Länder die entsprechenden Verträge ratifiziert haben. Großbritannien gehörte zu diesen drei Ländern, nunmehr wäre dann Italien zusammen mit Deutschland und Frankreich gefordert. Dieser überschaubare Patentkooperationsbereich deutet hier schon an, dass eine verbesserte Zusammenarbeit dieser drei Länder künftig in der EU besonders wichtig werden könnte. Dort wird Deutschland allerdings häufig auf gemeinsame Interessen von Frankreich und Italien treffen und das kann auch zu Problemen führen, wenn die EU dadurch stärker protektionistisch werden sollte. Zudem gibt es mit Blick auf Frankreich ein grundlegendes politisches Fragezeichen, nämlich das Risiko, dass der Front National bei Parlaments- oder Präsidentschaftswahlen die Mehrheit gewinnen könnte.

Bei einem britischen EU-Austritt kommt es zu Handelsumlenkungseffekten, die den Handel zwischen Deutschland und UK beeinträchtigen werden. Soweit Deutschland auf dem Kontinent ein wichtiger Produktionsstandort mit Blick auf den Binnenmarkt ist, könnte Deutschland verstärkt Direktinvestitionen aus Großbritannien gewinnen, was die Handelsumlenkungseffekte kompensieren könnte. Denn eine insgesamt merklich erhöhte Relation Direktinvestitionsbestand/Bruttoinlandsprodukt führt zu einem verstärkten Wissenszuwachs bzw. einem Mehr an Patentanmeldungen, wie die Analyse von JUNGMITTAG/ WELFENS (2016) gezeigt hat. Von daher gibt es auch Chancen, dass längerfristig der negative BREXIT-Effekt sich für Deutschland in engen Grenzen hält. Allerdings, gibt es auch Mechanismen, die bei der Direktinvestitionsbilanz wiederum zugunsten Großbritanniens wirken, nämlich die reale Pfundabwertung gegenüber dem Euro und US-Dollar. Sie erhöht – nach FROOT/STEIN (1991) – die Direktinvestitions-zuflüsse Richtung UK. Für Deutschland wird Großbritannien sicherlich auch nach einem EU-Austritt ein wichtiger Wirtschaftspartner bleiben. Im Übrigen gibt es sicherlich bei beiden Ländern auch gemeinsame Interessen, wobei nicht auszuschließen ist, dass die britische Regierung ihre Interessen bei EU-Fragen künftig auch stark über die Bundesregierung vorzubringen versucht. Die traditionelle britisch-niederländische Kooperation wird ohnehin stark bleiben. Zudem gibt es sicherlich gemeinsame Interessen auch an globalen Regulierungsfragen, etwa im Bereich der Internetwirtschaft bzw. der Konformations- und Kommunikationstechnologie (IKT), die als international vernetzungsrelevant und zudem wachstumsförderlich gilt.

Einer der für Produktivitäts- und Einkommenswachstum wichtigen Indikatoren lag im Übrigen bei Großbritannien relativ günstig, nämlich der Anteil der Ausgaben für IKT-Investitionen an den Gesamtinvestitionen (allerdings mit Datenlücken für die letzten Jahre; nach OECD-Angaben – siehe die folgende Tabelle). IKT-Investitionen sind gerade für den technischen Fortschritt- bzw. das Produktivitätswachstum wesentlich, führende OECD-Länder wie die USA, Großbritannien und die Schweiz weisen hier relativ hohe Werte auf und auch im Zeitablauf sind die Werte kaum rückläufig – trotz der stark sinkenden Preise für IKT-Investitionsgüter. Betrachtet man das sinkende Preisniveau bei IKT-Investitionsgütern, so gilt dass ein konstanter Anteil der IKT-Investitionen an den Gesamtinvestitionen (ohne Wohnungsbau) für einen Anstieg der Relation reale IKT-Investitionen zu den realen Gesamtinvestitionen steht; die Annahme ist hier natürlich, dass das Preisniveau herkömmlicher Investitionsgüter nicht ansteigt. Investitionen in Informations- und Kommunikationstechnologie variieren erheblich zwischen den OECD-Ländern. Der US-Anteil, der schon 2000 mit 32,6 % IKT-Investitionen an den Gesamtinvestitionen relativ hoch war, lag auch 2010 mit 32,1 % bei einem hohen Anteil. Auch Schweden und Dänemark lagen 2000 relativ hoch und auch 2009 erreichte Schweden knapp 25 %. Die Schweiz lag 2009 immerhin nahe 19 % und war dabei relativ stabil im Zeitablauf; etwas höher im Niveau lag die Niederlande mit etwa 20 % im Zeitablauf. Deutschland hingegen lag 2000 bei einem Anteilswert von 17,3 % und Frankreich bei 19,2 %, im Jahr 2009 hingegen stand Frankreich bei 16,3 %, Deutschland bei 13,2 %, so dass im Vergleich mit führenden OECD-Ländern die zeitliche Entwicklung der Investitionsstruktur bei diesem für den technischen Fortschritt wichtigen Indikator in beiden Ländern ungünstig war. Großbritannien konnte 2000/2001 sehr hohe IKT-Ausgabenanteile bei den Investitionen erreichen, die nahe an die US-Werte kamen. Bis 2007 sanken diese Ausgabenanteile in Großbritannien, und zwar in etwa parallel zur Entwicklung in den USA. Möglicherweise geht die Schrumpfung des britischen Finanzsektors nach der Bankenkrise einher mit einer Verminderung der IKT-Investitionsquote. Allerdings lag der entsprechende Wert hier für die USA 2010 wieder bei über 30 % und hatte einen Anstieg verzeichnet. Aus deutscher Sicht sind Wirtschaftsfragen im Kontext mit dem BREXIT wichtig. Aber mehr noch dürften sich aus der Perspektive der Neuen Politischen Ökonomie auch internationale politische Fragen neu und gewichtig stellen. Dabei fällt auf, dass es eine größere Politikdebatte nach dem BREXIT in Deutschland nicht gibt und man wird sehen, ob bei einem tatsächlichen britischen EU-Austritt noch eine Debatte in Gang kommt. Im Übrigen könnte Deutschland durchaus auch bestehende britische Ansätze in Richtung auf eine zweite Volksbefragung zur EU-Mitgliedschaft sinnvoll unterstützen.

Tab. 7. IKT-Investitionsanteile in ausgewählten Ländern

	2000	2001	2002	2003	2004	2005	2006	2007	2008	2009	2010
Australien	24,0	22,5	19,9	19,7	17,3	15,3	14,6	14,2	13,8	k.A.	k.A.
Österreich	13,4	14,0	14,5	13,1	12,4	11,9	12,1	12,3	k.A.	k.A.	k.A.
Kanada	20,6	20,2	19,2	18,8	18,5	17,6	16,8	16,7	15,9	17,5	17,0
Dänemark	20,0	19,2	22,0	22,1	23,7	24,8	24,5	24,6	k.A.	k.A.	k.A.
Finnland	13,2	11,7	11,1	14,5	14,5	15,0	15,4	14,3	12,8	14,4	15,5
Frankreich	19,2	20,5	19,2	18,6	17,6	17,5	17,0	16,2	16,2	16,3	k.A.
Deutschland	17,3	17,5	16,7	15,1	14,5	15,0	15,2	14,0	13,1	13,2	12,7
Irland	11,0	11,2	9,3	9,1	9,0	7,5	9,0	8,9	7,6	11,3	12,4
Italien	14,6	13,6	12,3	11,6	11,5	11,7	10,9	10,7	10,4	10,9	11,0
Japan	15,0	15,1	14,8	14,9	14,6	14,3	13,5	13,4	13,5	k.A.	k.A.
Korea	18,0	17,0	15,7	13,2	11,9	12,2	12,4	12,1	11,7	11,4	10,7
Niederlande	19,9	19,9	19,1	20,0	21,3	22,0	22,3	19,6	k.A.	k.A.	k.A.
Neuseeland	26,1	22,3	21,1	21,8	21,7	21,6	22,3	22,4	22,9	21,6	21,2
Spanien	14,7	14,3	13,8	13,6	13,3	12,7	12,7	13,1	13,6	13,7	13,8
Schweden	30,3	27,9	26,2	24,9	24,8	25,1	24,4	23,0	21,9	24,8	k.A.
Schweiz	17,2	17,8	18,9	18,3	19,0	18,4	17,9	17,7	17,9	18,8	18,5
UK	30,0	28,0	26,5	24,5	25,0	24,6	24,8	23,8	k.A.	k.A.	k.A.
USA	32,6	31,2	30,3	30,5	29,8	27,8	26,7	26,3	26,4	30,6	32,1

ICT investment is defined as the acquisition of equipment and computer software that is used in production for more than one year. ICT has three components: information technology equipment (computers and related hardware); communications equipment; and software. Software includes acquisition of pre-packaged software, customised software and software developed in-house. This indicator is measured as a percentage of total nonresidential gross fixed capital formation.

Quelle: OECD (2016b), ICT investment (indicator). doi: 10.1787/b23ec1da-en (Accessed on 04 August 2016).

Dass Deutschland gut beraten wäre, in der Zwischenzeit vernünftige EU-Reformen auf den Weg zu bringen, wird wohl kaum jemand bestreiten. Solche Reformschritte sind dringlich und klugerweise wird man auch nicht solange warten, bis sich zur Frage der Schließung der Budgetfinanzierungslücke der EU neue emotionalisierte Konfliktherde entwickelt haben. Während vermutlich bis zum tatsächlichen britischen EU-Austritt noch keine weiteren Austrittskandidaten sich öffentlich zeigen werden, besteht dann mit dem erfolgten Austritt wohl eine größere Gefahr. Denn Austrittsländer haben dann erstens eine Blaupause, wie man die EU verlassen kann; zweitens ein Land, an das sie sich gegebenenfalls anlehnen könnte bei einem X-EXIT. Die EU sollte also bis 2019 ein echtes Reformpaket aufgesetzt haben und hier müsste Deutschland dann schon ein Haupttreiber für sein. Die Bundesregierung ist hier zusammen mit Partnerländern gefordert. Da wegen der Wahlen in Frankreich und Deutschland in 2017 nicht an echte Initiativen zu denken ist, wird man erst 2018 hier Reformimpulse setzen können. Diese müssten also vor dem Abschluss der BREXIT-Verhandlungen EU-UK schon gestartet sein, um eine Stabilisierungswirkung zu entfalten. Politische Stabilisierung bringt dann auch ökonomische Stabilisierung für den europäischen Kontinent.

BREXIT: Ein Politikproblem für Deutschland

Während Deutschland mit den Partnerländern der EU bzw. vor allem der Eurozone enorm viel unternahm, um Griechenland in der Eurokrise 2010-2015 in der Eurozone und letztlich in der Europäischen Union zu halten, hat man von Seiten Berlins kein Engagement gezeigt, die zweitgrößte Volkswirtschaft in der EU zu halten. Im Sommerinterview der ARD im Sommer 2016 sagte Bundeskanzlerin Merkel, dass Deutschland der BREXIT nichts anginge, denn die Menschen in Großbritannien hätten ja eine Volksabstimmung durchgeführt – das kann man so sehen, ist aber aus Sicht des größten EU-Landes gesehen doch auch eine sonderbare Sicht. Für Deutschland und die EU ändert sich durch den Austritt des Vereinigten Königreiches sehr vieles zum Negativen und es entstehen grundlegend neue Risiken für die EU27: Das all das kein sichtbares Engagement Deutschlands und anderer EU-Länder für einen EU-Verbleib im Vorfeld der britischen Volksbefragung am 23. Juni 2016 gerechtfertigt hätte, ist wohl eine historische Fehleinschätzung. Es ging dabei nicht um die Frage, ob man Achtung vor dem britischen Souverän, also letztlich der Volksabstimmung, hätte und von daher eine Einmischung von Seiten Deutschlands oder EU-Kommission vermeiden sollte.

Die Frage der britischen Mitwirkung in der EU war ja doch auch eine strategische, politische und eine zentrale ökonomische Frage. Immerhin gehen von

Deutschland jedes Jahr für 90 Mrd. € Exporte nach Großbritannien, wobei man im bilateralen Handel einen Überschuss erzielte. Innerhalb der EU war Großbritannien für Deutschland – neben Frankreich – ein sehr gewichtiger Verhandlungspartner über Jahrzehnte. Die Ausrichtung der EU-Politik in vielen Politikfeldern ist vielfach auch gemeinsamen Überlegungen der Bundesregierung und der britischen Regierung gefolgt.

Deutsche Bundesregierungen haben enorme Mühen und Kosten auf sich genommen, um Griechenland in der Währungsunion zu halten und einen Staatskonkurs dieses Euro-Landes zu verhindern; und dafür gab es durchaus gute Gründe – von Einzelpunkten im Krisenmanagement der Euro-Länder abgesehen. Denn das Griechenland-Problem wurde sichtbar kaum 18 Monate nach dem Zusammenbruch der US-Investmentbank Lehman Brothers und der seither quasi für jedermann sichtbaren schweren Transatlantischen Bankenkrise – mit liquiditätsmäßig weitgehend ausgetrockneten Bankenmärkten und einer schweren Vertrauenskrise in den Interbanken-Märkten der USA, des Vereinigten Königreiches und der Eurozone. Dass gleich als nächstes Krisenland Irland auch in 2010 dem Fall Griechenland hinterher stolpern und auch noch 2011 Portugal als Krisenfall folgen sollte, war Anfang 2010 schon fast zu vermuten: Einen Einzelfall Griechenland-Überschuldung hätte man mit einem Staatskonkurs des zwei Jahre nach den elf Gründungsmitgliedern in die Eurozone eingetretenen Griechenlands abarbeiten können; mit einem mehrfachen Krisenland-Fall in einem enorm nervösen Finanzmarktumfeld stand die noch junge Währungsunion daher 2010/2011 gleich ganz auf der Kippe.

Für einen Verbleib Großbritanniens in der EU, das ökonomisch gesehen fast 10mal so groß wie Griechenland ist und auch als diplomatischer Hauptpartner Deutschlands in der Europäischen Union gerade in Sachen Freihandel, Finanzmarktregulierung und Wettbewerbspolitik gilt, hat die Bundesregierung national und über ihre Brüsseler EU-Kanäle fast nichts unternommen. Laut TV-Politikbarometer der 1. Juli-Woche sind 70 % der Menschen in Deutschland unzufrieden über den BREXIT – das Ausscheiden von Großbritannien aus der EU. Die große Mehrheit der Wählerschaft versteht sehr wohl, dass es im Interesse Deutschlands gewesen wäre, das Vereinigte Königreich in der Europäischen Union zu halten. Mit dem britischen EU-Austritt stellen sich für Deutschland sechs Probleme:

1. Das transatlantische Freihandelsabkommen EU-USA wird in der Europäischen Union kaum noch durchzusetzen sein, obwohl es sicherlich im klaren ökonomischen Interesse Deutschlands ist. Die ganze EU droht ohne das Vereinigte Königreich langfristig deutlich protektionistischer zu werden als bisher, was nicht im Interesse Deutschlands und vieler anderer EU-Länder ist.

2. Ohne UK wird man bisherige Leistungen an osteuropäische EU-Länder um rund vier Mrd. € pro Jahr kürzen müssen, Deutschland müsste um das abzufangen, wohl 1,5 Mrd. € zusätzliche EU-Ausgaben schultern. Vermutlich wird man einen Teil der Modernisierungshilfen für Osteuropa kürzen.

3. Deutschlands ökonomisches und politisches Gewicht in der Europäischen Union nimmt nach einem EU-Austritt des Vereinigten Königreiches zu (siehe Anhang 8). Dass dies die EU-Integration erleichtern wird, kann man bezweifeln. Die Furcht vor einer Dominanz Deutschlands und einem neuen deutschen Mitteleuropa-Konzept wird wachsen.

4. Der EU-Austritt des Vereinigten Königreiches ist ein Signal an alle regionalen Wirtschafts- und Politikintegrationsräume, dass Desintegration eine reale Option ist und schwächt automatisch die Integrationsdynamik in vielen Regionen – indem die Anti-Integrationskräfte politisch gestärkt werden (u.a. Mercosur, Asean, das 2015 einen Binnenmarkt startete). Das bedeutet weniger Wirtschaftswachstum und mehr regionale Konflikte weltweit, die ihrerseits zu Wohlstandsverlusten beitragen werden. Die Weltwirtschaft sieht sich einer mittelfristig weniger prosperierenden Wirtschaftsentwicklung und mehr Konfliktfeldern bzw. wohl auch militärischen Konflikten gegenüber: also auch mehr Flüchtlingen weltweit. Noch mehr Flüchtlingsdruck in Europa bzw. für Deutschland ist sicher nicht im Interesse Deutschlands und Westeuropas.

5. Deutschland wird stärker noch als bisher auf Frankreich als Partner angewiesen sein und sollte im Übrigen im Eigeninteresse zur Stabilisierung der EU27 bzw. der Eurozone beitragen. Die USA und China sowie viele andere Länder werden einen stärker kritischen Blick auf die EU in den kommenden Jahren richten – das dürfte gerade auch für die Akteure in den Kapitalmärkten gelten. In einem nervöseren internationalen Kapitalmarkt steigen auch die Stabilitätsrisiken auf mittlere Sicht.

6. Kapital wird verstärkt auf der Suche nach Rendite in die Schwellenländer fließen – einfach weil die britische Geldpolitik die Ultra-Niedrigzinsen in Europa weiter verfestigt. Hier dürfte sich dann in den Schwellenländern für Banken ein neues Risiko aufbauen. Diese sind ohnehin schon durch die Niedrigzinssätze unter Ertragsproblemen, was für langfristige Finanzstabilität problematisch ist.

Schwierig zu verstehen ist, dass die Bundesregierung bzw. der Europäische Rat sich nicht im Vorfeld des Referendums stärker auf aktivere Informationspolitik der EU ausgerichtet haben. Die Untätigkeit der Bundesregierung als Vertreter des größten EU-Mitgliedslandes im Vorfeld des BREXIT und das Schweigen von Kommissionspräsident Juncker vor dem Referendum kann man als fragwürdig betrachten. Das ist verbunden mit großen BREXIT-Negativeffekten ökonomischer Art: Für das Vereinigte Königreich, die EU-Wirtschaft und die Nato; letztere zwei Pfeiler als Doppelbasis von Prosperität, Sicherheit und Stabilität für Deutschland und Europa.

Cameron hat seinen Premier-Job mit dem BREXIT-Ergebnis verloren, die EU-Skeptiker und rechts-populistische Politiker haben Oberwasser im Vereinigten Königreich, aber auch in den EU27-Ländern, u.a. in Frankreich, den Niederlanden, Dänemark, Finnland, Österreich, Ungarn und Polen. In Teilen Osteuropas herrscht eine bedenkliche Selbstüberschätzung, wie weit regierungspolitisch extremes Verhalten gehen darf. Wie etwa schon US-Präsident Obama gegenüber dem polnischen Staatspräsidenten Duda beim Warschau-Besuch angesichts des Nato-Gipfels Anfang Juli 2016 sagte, steht der Westen für Freiheit, Demokratie und Rechtsstaatlichkeit. Von daher habe Obama erhebliche Sorge – ohne hier Einmischung in innerpolnische Angelegenheiten treiben zu wollen –, dass die Grundsätze der Verfassung in Polen auch nachhaltig geachtet bzw. erkennbare Konflikte in Sachen Oberster Gerichtshof beigelegt werden könnten: Die Konflikte der polnischen Regierung mit dem polnischen Verfassungsgerichtshof seien problematisch. Es war im Übrigen auch Präsident Obama, der in London bei einem Besuch rund zwei Monate vor der britischen Volksabstimmung seine Besorgnis über einen möglichen Austritt des Vereinigten Königreiches aus der EU öffentlich zum Ausdruck gebracht hatte. Ein schweigendes Europa wird an Integrationsunterstützung politisch verlieren. Deutschland aber hat ein elementares Interesse an EU-Integration, die funktioniert und stabil ist. Im Übrigen sind ernste negative ökonomische BREXIT-Effekte für Deutschland erst nach dem britischen Austritt zu erwarten. Nach dem BREXIT fühlt sich offenbar Polens Regierung in ihrem nationalistischen Kurs ermutigt, so dass das grob verzerrte UK-Referendum auch noch in Osteuropa die europäische Kooperationsbereitschaft untergräbt. Das ist nicht im Interesse Deutschlands und anderer westeuropäischer EU-Länder.

Auf den ersten Blick könnte man argumentieren, dass das BREXIT-Referendum allein Sache Großbritanniens bzw. der dortigen Wählerschaft ist. Das kann angesichts der herausragenden ökonomischen und politischen Bedeutung der Politikkooperation Deutschland bzw. EU und Großbritannien aber vernünftigerweise so nicht gesehen werden: UK steht für 18 % der EU-Wirtschaftsleistung und eine langfristig bevölkerungsmäßig wachsende europäische Volkswirtschaft, wenn man UN-Prognosen bis 2050 und darüber hinaus glauben will. 2015 machte UK 13 % der EU-Bevölkerung aus.

Immerhin, es hat vor dem Referendum Finanzminister Schäuble in London eine Rede für den Verbleib („Remain") Großbritanniens in der EU gehalten. Auf der Ebene der konservativen, liberalen, sozialdemokratischen oder grünen Parteien in Europa gab es keine Remain-Kampagne, die Argumente gegen BREXIT geliefert oder unterstützt hätte – einfach weil diese Parteien bislang gar nicht EU-weit als eine jeweilige integrierte Partei organisiert sind. Nur im Europäischen Parlament gibt es jeweilige politische Fraktionsfamilien. Aber das ist wohl für die Aufrechterhaltung der EU langfristig zu wenig. Denn es fehlt eben eine politische Diskussions-, Konsens- und Aktionsebene eigener Art, die etwa in den USA natürlich in allen 50 Bundesstaaten mit den Parteien Republikaner und Demokraten einheitlich vorhanden ist. Die USA haben ihre Probleme, aber das US-Politiksystem funktioniert, während das EU-Politiksystem ineffizient sowie für die Wählerschaft unverständlich ist. So kann kaum Legitimität und EU-Reformdynamik erwachsen. Warum Deutschland hier reformträge ist, erscheint unklar.

Die fehlende Juncker-Rede zur EU-Integration im Vorfeld des BREXIT wirft kritische Fragen auf. Natürlich kann und soll der Kommissionspräsident sich nicht einfach in einen britischen Wahlkampf einmischen, aber eine Rede etwa an der London School of Economics wäre schon ein denkbarer guter Rahmen gewesen; auch um als Ansprechpartner für Fragen sowie als Mutmacher für eine hohe Wahlbeteiligung der britischen Jugend sichtbar zu sein. Eine ähnliche Situation in den USA ist unvorstellbar – der Präsident bleibt in Washington? Nie.

Könnte man noch das Abtauchen von EU-Kommissionschef Juncker als bedauerlich abtun, so ist die Unsichtbarkeit von Donald Tusk als Chef des Europäischen Rates unverständlich. Den hätte die Bundesregierung in Verbindung mit anderen Staats- und Regierungschefs immerhin offiziell mobilisieren können. Die EU hatte zur BREXIT-Debatte keine erkennbare Kommunikationsstrategie und die Bundesregierung in Deutschland auch nicht. Wenn die EU-Integration weiterhin so unsichtbar in historisch wichtigen Abstimmungen bleiben will und soll, wird die Europäische Union kaum fortbestehen. Die Junckersche Abwesenheit in London wirkte für manche Beobachter gerade so, als gäbe es keine guten Argumente für über 60 Jahre europäische Integration und als hätte UK zusammen mit seinen EU-Partnern in 43 Jahren gemeinsamen Weges nichts Vorzeigenswertes erreicht.

Dass viele Pro-BREXIT-Wähler sich nach der Wahl unbehaglich fühlen mögen, darf man feststellen. Doch was auch als merkwürdig erscheint, ist ein Teil der Pro-EU-Kampagne der Regierung Cameron. In einem 49 Sekunden-Internet-Film zum Thema „Was ist die EU?" wird der Wählerschaft ausschließlich mitgeteilt, dass die EU durch Freihandel geprägt sei. Dass es beim EU-Binnenmarkt auch um freien Kapitalverkehr und Arbeitskräftemobilität geht, wird nicht mit einem Satz erwähnt, obwohl dies wichtige Freiheiten des EU-Binnenmarktes sind. Es ist im Übrigen nicht nur so, dass 3,6 Millionen EU-Bürger im Vereinigten Königreich leben, sondern auch 1,6 Millionen Briten in EU-Ländern und es gibt Millionen Studierende, die in EU-Erasmus-Programmen im Kontext eines Auslandsstudiums einen besonderen europäischen Nutzen haben; oft sind britische Universitäten gerade beim Werben um Studierende aus EU-Ländern besonders erfolgreich gewesen. Diese Unis verlieren teilweise an Attraktivität, werden aber ihre Marketingkampagnen in Asien massiv intensivieren. Für Deutschland gäbe es Möglichkeiten, neue Unis mit rein englischem Lehrangebot zu gründen. Der globale Bildungsmarkt boomt.

Es gibt auch Tausende Städtepartnerschaften, die ja eine wichtige Kontaktebene für das Europa der Bürger sind. Hätte man nicht auch erwarten können, dass die über 2 000 britischen Städte mit EU-Städtepartnerschaften sich mit ihren Netzwerken in der BREXIT-Debatte wenigstens mit einem einzigen positiven Internet-Clip pro EU-Integration zu Wort gemeldet hätten? Hier sieht man, dass auch das Europa der Bürger bei den Städtepartnerschaften in kritischen Situationen der EU nicht wirklich funktioniert. Da gibt es auch viele Städte in Deutschland mit ihren Partnerschaften in Großbritannien, von denen nichts zu hören war. Warum eigentlich?

Für Deutschland und die EU-Länder ist der BREXIT ein ökonomisches Problem, da mit UK fast 1/5 des EU-Binnenmarktes wegbricht und der EU-UK-Handel deutlich sinken wird, wenn es denn nicht bald umfassende neue EU-UK-Binnenmarktzugangsregeln gibt. Von einer Regelung für einen großzügigen britischen Zugang zum EU-Binnenmarkt wird man aber nicht ausgehen können. Norwegen und die Schweiz haben jeweils in eigenen Abkommen mit der EU einen solchen Zugang erreichen können – Norwegen übernimmt im Rahmen seiner Mitgliedschaft im Europäischen Wirtschaftsraum weitgehend die EU-Regeln, zahlt zugleich Beiträge an den EU-Haushalt und akzeptiert dabei auch die Arbeitnehmerfreizügigkeit. Für die Schweiz gilt im Rahmen eines bilateralen Abkommens mit der EU ein ähnliches Modell, wobei sowohl das Norwegen-EU- und das Schweiz-EU-Kooperationsmodell in der Tat Beschränkungen für Finanzdienstleistungen vorsehen. Letzteres wäre für Großbritannien ein enormer Schaden, da das Land hohe sektorale Leistungsbilanzüberschüsse mit den EU27-Ländern gerade im Bereich Finanzdienste hat.

Das ohnehin chronische britische Leistungsbilanzdefizit wird also bei einem EU-Austritt weiter wachsen, die britische Auslandsverschuldung auch. Dass es Großbritannien durch eine Währungsabwertung leicht gelingen könnte, einen Re-Industrialisierungsprozess einzuleiten, kann man als unwahrscheinlich ansehen. Zu groß ist hier auch der Druck des globalen Aufhol-Landes China und das kann durchaus bedeuten, dass Großbritannien in einigen Jahren in einer ernsten ökonomischen Krise steckt. Dass Europas führendes Nato-Land in eine Krise geraten sollte, wäre sicherlich das Letzte, was man sich im Interesse Europas wünschen könnte. Das ist jedenfalls ein ganz neues Risiko, dem man sich aus EU27-Sicht gegenüber sehen könnte.

Das Vereinigte Königreich mit seinen 18 % Anteil am EU-Bruttoinlandsprodukt ist groß genug, um die EU auch im Wirtschaftswachstum zu drücken: Dies gilt rein rechnerisch ohnehin, solange das Vereinigte Königreich noch EU-Mitgliedsland ist, also voraussichtlich bis 2019. 0 % Wirtschaftswachstum für UK in 2017 wirken dann auf die EU-Wachstumszahl ähnlich negativ wie 0 % Wachstum in NRW in 2015 auf die Wachstumsrate Deutschlands: Mit NRW gerechnet 1,7 % (Deutschland ohne NRW 2,2 %, wobei NRW 21 % Anteil am Bruttoinlandsprodukt Deutschlands hat). Über Verflechtungs- bzw. Multiplikatoreffekte trägt Nullwachstum in NRW dazu bei, das Wirtschaftswachstum in den anderen Bundesländern zu drücken, vermutlich um etwa 1/6. Das ist mit UK im Verhältnis zu den EU27-Ländern ganz ähnlich, wobei Irland, Belgien, Niederlande und auch Deutschland – mit großem strukturellem Leistungsbilanzüberschuss gegenüber UK – besonders betroffen sein dürften.

Die britische Regierung hat vor dem Referendum die britischen EU-Austrittskosten berechnet und dabei eine Bandbreite von 4-10 % langfristigen Einkommensrückgang angegeben. Die Analyse ist ohne jede Betrachtung von Negativ-Effekte des BREXIT auf Länder außerhalb der EU und daher auch ohne Einrechnung der negativen globalen Rückwirkungen des BREXIT auf das Vereinigte Königreich selbst. Allein der vom IWF berechnete kurzfristige Realeinkommensrückgang 2016/2017 der EU um 0,4 % dürfte das US-Realeinkommen um 0,1 % und das Einkommen im weiteren „Rest der Welt" um nochmals 0,1 % sinken lassen.

Wenn das Realeinkommen im Vereinigten Königreich um 1 % sinkt, so dürfte es sich in der EU um 0,1 bis 0,2 % vermindern. Bei den britischen Haupthandelspartnern um den höheren Wert. 10 % Einkommensrückgang als langfristiger Rückgang des britischen Realeinkommens heißt für Deutschland vermutlich -2 % oder 60 Mrd. €, bezogen auf des Bruttoinlandsprodukt von 2015, dem Jahr vor dem BREXIT-Referendum: Das bedeutet BREXIT-Kosten von rund 700 € für jeden Bürger in Deutschland auf lange Sicht oder 2 800 € für eine vierköpfige Familie. Bei einer Steuer- und Sozialabgabenquote in Deutschland von nahe 40 % heißt das am Ende auch 24 Mrd. € weniger an Steueraufkommen und Sozialabgaben. Diese Rechnung könnte abgemildert werden durch positive Nebeneffekte des BREXIT für Deutschland, etwa wenn es gelänge, eine nennenswerte

Zahl von Firmen bzw. Beschäftigten aus dem Finanzplatz London nach Frankfurt zu locken; und wenn auch verstärkt US-Firmen und multinationale Unternehmen aus Asien ihre Produktionsstandorte von Großbritannien hin zu den kontinentaleuropäischen EU-Ländern verlagerten. Die Rechnung für den deutschen Steuerzahler ist da noch ohne Erhöhung der Verteidigungsausgaben gemacht: Ein EU-Austritt Großbritanniens schwächt die Rolle der Nato und auch den diplomatischen Einfluss der EU. Entsprechend wird der Druck seitens der EU auf Deutschland und andere EU-Länder wachsen, mittelfristig die Verteidigungsausgaben relativ zum Bruttoinlandsprodukt zu erhöhen.

Schließlich wird wohl Deutschland – solange die EU besteht – verstärkt in Europa zum Ansprechpartner der USA, denn das Vereinigte Königreich steht ja nicht mehr zur Verfügung, um US-Interessen auch am Brüsseler EU-Verhandlungstisch mit einzubringen. Es ist unklar, welche Weiterungen sich hieraus für Deutschland ergeben. Vermutlich wird dies eine verstärkte Frankreich-Italien-Kooperation auf politischer Ebene bedeuten, denn Frankreich – ökonomisch und politisch geschwächt – wird versuchen, seinerseits an ökonomisch-politischem Gewicht zuzulegen. Dass dies auch über eine verstärkte Annäherung Frankreich an die USA geschehen könnte, ist nicht auszuschließen, erscheint aber mittelfristig wenig wahrscheinlich. Mittelfristig könnte Deutschland versuchen, Spanien als großes Land in ein neues Quadrat mit Deutschland, Italien und Frankreich zu holen. Polen, das einwohnermäßig an Spanien heranreicht, wird dann aber auch ein Mitwirken als EU-Land fordern.

Die osteuropäischen EU-Länder verlieren mit dem BREXIT auf doppelte Weise wichtige Kontakte zu Großbritannien: Vielen Ländern Osteuropas wird mit dem EU-Austritt eine Möglichkeit fehlen, wo junge Arbeitskräfte einige Jahre oder auch sehr langfristig relativ hohe Einkommen verdienen können – und auch noch sprachlich und kulturell Anschluss an die angloamerikanische Welt gewinnen. Der im Vorfeld des BREXIT sichtbar gewordene Rassismus in Teilen der englischen Gesellschaft wird viele Osteuropäer zudem besonders schmerzen. Auch als diplomatischer verlässlicher Partner steht das Vereinigte Königreich für sehr viele Jahre den Ländern Osteuropas – und eigentlich auch den westeuropäischen EU-Ländern – nicht zur Verfügung. Denn ein Land, dass auch nach vier Jahrzehnten EU-Politikverankerung dann auf einmal EU-Austritt mehrheitlich ruft – und zwar gar nicht in einer Krisensituation in UK oder der EU –, kann schwerlich als strategisch zuverlässiger Partner gelten. Die politische Orientierung wird daher verstärkt Richtung USA einerseits und hin zu Deutschland und Frankreich andererseits gehen; bei einigen osteuropäischen Ländern vielleicht auch Richtung Russland.

6

Was Experten vor dem BREXIT prognostizierten

Es gibt eine ganze Reihe von Ökonomen und Instituten, die sich vor dem 23. Juni 2016 mit den möglichen Konsequenzen eines BREXIT befasst haben. Dazu gehören ökonomische Analysen aus dem Vereinigten Königreich und verschiedenen EU-Ländern. Einige wichtige Überlegungen kamen auch aus Asien, wie die Asia Times am 20. Juni 2016 berichtete. Zwar steht das Vereinigte Königreich nur für 4 % der globalen Wirtschaftsleistung, aber mit London als einem der beiden westlichen Hauptfinanzzentren wird der BREXIT eben dann auch andere Finanzzentren in der Weltwirtschaft negativ beeinflussen – britische Banken sind schließlich auch wichtige Partner in Singapur und Hongkong. Dan Steinbock, ein Asien-Experte, sagte gegenüber der Asia Times, dass Hongkong mit seinen großen Handels-, Investitions- und Finanzverbindungen zum Vereinigten Königreich in Asien am meisten negativ betroffen wäre, gefolgt von Bangladesch, Singapur und Australien. China selbst sei auch via Hongkong-Effekte negativ betroffen und die Rolle des Renminbi als internationaler Reservewährung könne leiden, da mit UK seitens China geschlossene Verbindungen – etwa bei der Asiatischen Infrastruktur-Investitionsbank – weniger Wert hätten. Bei einem BREXIT werde es zudem eine Aufwertung der chinesischen Währung Renminbi gegenüber dem Britischen Pfund geben (ASIA TIMES, 2016, Asia won't be immune to Brexit vote, June 20, 2016).

Im Nachhinein gesehen sind die genannten Punkte der Asia Times zutreffend, wobei man auch auf die globale Ifo-Umfrageergebnisse vom 11. August 2016 hinweisen kann: In der Weltwirtschaft ist die Stimmung nach der BREXIT-Volksabstimmung auf den niedrigsten Wert seit drei Jahren gefallen, in Asien auf einen siebenjährigen Tiefstwert. Dass diese Entwicklungen in Asien die britische Stellung international stärken werden, ist nicht zu erkennen.

Die obigen Hinweise auf die Rolle Großbritanniens bei der Asiatischen Infrastrukturinvestitionsbank und die Rolle des Renminbi als internationale Reservewährung verdienen eine nähere Erläuterung (dabei greife ich auf meine Fachkollegen-Gespräche bei internationalen Organisationen in Asien und Europa

© Springer Fachmedien Wiesbaden GmbH, ein Teil von Springer Nature 2018
P. J. J. Welfens, *BREXIT aus Versehen*, https://doi.org/10.1007/978-3-658-21458-6_7

zurück – ohne namentliche Zitierung). China hat mit der Gründung der Asiatischen Infrastrukturinvestitionsbank (AIIB) in 2015 erstmals eine in China – in Peking – beheimatete internationale Institution geschaffen, zu deren Gründungsmitgliedern eine Reihe von EU-Ländern gehört: Gegen den Rat der USA, die die europäische Länder aufforderten, der AIIB fernzubleiben. Denn es gebe ja schon eine – von Japan und den USA dominierte – asiatische Entwicklungsbank, deren Position mit der Gründung der chinesisch dominierten AIIB beschädigt werde. Deutschland zögerte sehr lange, der AIIB als Gründungsmitglied beizutreten. Demgegenüber war das Vereinigte Königreich viel schneller und entschiedener: Man signalisierte seitens der britischen Regierung der chinesischen Regierung, dass man der AIIB beitreten werde, sofern die Regierung Chinas die europäische Hauptniederlassung in London errichte. Das sicherte man aus Peking zu, allerdings in der Erwartung, dass das Vereinigte Königreich in der Europäischen Union bleiben werde.

Einige Themen und Probleme wurden schon vor dem 23. Juni 2016 analysiert, darunter von der britischen Regierung selbst die möglichen ökonomischen Konsequenzen des BREXIT für das Vereinigte Königreich und seine Bürger. Eine ganze Reihe von wichtigen Aspekten für UK und die Weltwirtschaft blieben indes ausgeblendet.

Der Austritt des Vereinigten Königreiches bringt nunmehr für dieses Land Anpassungsprobleme kurz- und langfristiger Art, aber auch die EU27-Länder werden durch den BREXIT in verschiedenen Bereichen vor deutliche Probleme gestellt. Diese hat man in der Diskussion vor dem Referendum in Brüssel, Berlin oder Paris nicht diskutiert und da man keine umfassenden Pläne für den BREXIT-Fall gemacht hat, steht man nun vor zahlreichen Herausforderungen, auf die man schlecht vorbereitet ist. Politikfehler kosten dann am Ende Wachstum und Jobs.

Die OECD (2016 S.6) fasste vor dem Referendum die absehbaren mittelfristigen Effekte eines BREXIT wie folgt zusammen:

- Im Vereinigten Königreich entsteht eine Phase erhöhter Unsicherheit, was wiederum Ausgabenentscheidungen verzögert und die Risikoprämien erhöhen wird – die Finanzierungskosten für Investitionen werden daher steigen.
- Es besteht die Gefahr, dass es zu hohen Kapitalabflüssen kommt bzw. einer Unterbrechung der Zuflüsse, was die hohe Leistungsbilanzdefizitquote von 7 % von der Finanzierungsseite gefährdet.
- Das Vereinigte Königreich wird nach dem EU-Austritt den Zugang zum EU-Binnenmarkt und 53 Nicht-EU-Märkten verlieren, mit denen die EU – während der der Zeit des Vereinigten Königreiches als Mitgliedsland –

Handelsverträge geschlossen hat; der Handel zwischen dem Vereinigten Königreich und den EU27-Ländern wird sich vermindern.

- Ein Handelsvertrag nach Art des Kanada-EU-Handelsabkommens könnte für die Neuordnung der UK-EU27-Beziehungen sinnvoll sein.
- Das Vereinigte Königreich wird eine Reihe von nichttariffären Handelshemmnissen in Nicht-EU-Ländern antreffen und für die Überwindung dieser Barrieren zeitraubende Verhandlungsprozesse brauchen.
- Die Zuwanderung stand für ein halbes Prozent Wirtschaftswachstum in 2005-2014 im Vereinigten Königreich – mit mehr als zwei Millionen neuen Jobs. Die Zuwanderung in das Vereinigte Königreich wird sich längerfristig vermindern; das dämpft das Wirtschaftswachstum.
- BREXIT wird als Finanzschock auch jenseits des Vereinigten Königreiches wirken – verstärkt durch die Aufwertung vieler Währungen.
- Bis 2020 könnten so mehr als 3 % Wachstumseinbuße für das Vereinigte Königreich anfallen, was pro Haushalt 2 200 Pfund ausmacht. Der Realeinkommensrückgang in der EU27 wird wiederum etwa 1 % ausmachen.

Als langfristige BREXIT-Effekte werde von der OECD (2016, S. 6-7) aufgeführt:

- Verminderung der Direktinvestitionszuflüsse insbesondere aus EU-Ländern, was die Innovations- und Investitionsdynamik vermindern könnte.
- Vermindertes Potenzialwachstum wegen reduzierter Zuwanderung und auch verminderter Management-Qualität im Kontext mit geringeren Direktinvestitionszuflüssen.
- Das Vereinigte Königreich könnte durch weitere Deregulierung den ökonomischen Dämpfungseffekten des BREXIT entgegen wirken; allerdings sind die Regulierungsintensitäten in den meisten Märkten bereits relativ niedrig – hier sind also nur geringe positive Einkommenseffekte mobilisierbar.
- Da beim EU-Austritt 0,3-0,4 % des britischen Bruttoinlandsproduktes nicht mehr als Beitragszahlung nach Brüssel an die EU fließen, könnte man auch Haushaltskonsolidierungseffekte erzielen. Wegen des via BREXIT eintretenden Abbremsens des Realeinkommens wird sich die Fiskalposition des Vereinigten Königreiches aber kaum verbessern.
- Bis 2030 könnte der Rückgang des Realeinkommens in einem mittleren Szenario 5 % unterhalb des Niveaus liegen, das sich bei einer EU-Mitgliedschaft ergeben hätte, was immerhin 3 200 Pfund Einkommensrückgang pro Haushalt (in heutigen Preisen gerechnet) entspricht. Bei einem etwas pessi-

mistischeren Szenario könnten sich 5 000 Pfund als Einkommensrückgang pro Haushalt ergeben.
- Das Nettovermögen des privaten Sektors dürfte wegen des BREXIT in 2030 in einem mittleren Szenario dann um 4 % vermindert ausfallen.

Die britischen Exporte Richtung EU entsprechen 12 % der britischen Wirtschaftsleistung. Wenn die EU27-Exporte des Vereinigten Königreiches um 20 % in einer Dekade fallen sollten – im Vergleich zum normalen Expansionspfad –, dann fiele das britische Bruttoinlandsprodukt infolge der Exportminderung um 2,4 %; allerdings könnte dieser Effekt deutlich geringer ausfallen, wenn auch eine deutliche Importminderung, etwa wegen einer starken realen Abwertung des Pfundes eintritt. Auch die britische Investitionsquote könnte erheblich sinken, etwa um 10 %, was bei einer Investitionsquote von 15 % einen Rückgang von rund 1,5 % des realen Bruttoinlandsproduktes ausmacht. Fällt auch der britische Konsum um 10 % (etwa als Folge von Steuersatzerhöhungen), dann ergäbe sich nochmals ein Rückgang von gut 6 %, so dass insgesamt der längerfristige reale Realeinkommensrückgang erheblich sein kann. Reformmaßnahmen des Vereinigten Königreiches und der Abschluss von zahlreichen neuen britischen Liberalisierungsverträgen beim Außenhandel und auch bei Direktinvestitionen könnten die genannten Dämpfungseffekte zumindest mittel- und langfristig deutlich mindern.

Es gibt eine ganze Reihe von weiteren Studien zu den BREXIT-Effekten, die vor der Volksabstimmung am 23. Juni 2016 veröffentlicht wurden. Eine Studie des Centers for Economic Performance (CEP) zum Thema Direktinvestitionszuflüsse (DHINGRA, S. et al. (2015), The Impact of Foreign Investment in the UK) zeigt, dass die EU-Mitgliedschaft des Vereinigten Königreiches – mit etwa der Hälfte der Direktinvestitionsbestände aus der Europäischen Union – eine Erhöhung des Direktinvestitionsbestandes um 28 % brachte; geht man von einem Rückgang beim Direktinvestitionsbestand von 22 % über eine Dekade aus, dann wird sich ein britischer Einkommensrückgang von real etwa 3,4 % bzw. 2 200 Pfund pro Haushalt ergeben. Sektoral besonders stark negativ betroffen wird der Automobilsektor sein, der für 12 % Rückgang – d.h. 181 000 Einheiten – in einem Standardszenario steht; unter günstigen Bedingungen ist der Rückgang bei 36 000 Einheiten. Die Autopreise dürften um 2,5 % im Vereinigten Königreich ansteigen. Es gibt noch eine Reihe anderer BREXIT-Analysen, die interessante Schlüsse bieten.

Fast alle Studien zeigen klare mittel- und langfristige Einkommensrückgänge in realer Rechnung (inflationsbereinigt). Die Haupteffekte treten aber nach dem EU-Austritt ein. Sobald die May-Regierung über den EU-Artikel so offiziell den

Austrittswunsch erklärt, ist klar: Die Produktionskapazitäten sind in den meisten Sektoren etwa 3-10 % zu groß. Deshalb gehen 2017/2018 die britischen Investitionsquoten nach unten – auf Basis politisch-ökonomischer Erwartungen.

EU als internationaler Akteur und Verhandlungspartner geschwächt

Zudem ist die EU breit geschwächt. Denn ihr gehen mit dem EU-Austritt 18 % des Bruttoinlandsproduktes, 13 % der Bevölkerung und 15 % der Exporte verloren. Aus US-Sicht ist die EU wegen des BREXIT handelsmäßig viel weniger attraktiv, da 25 % der US-Exporte in die EU28 ins Vereinigte Königreich gehen. Außerdem ist der britische öffentliche Beschaffungsmarkt ein großer Markt, zu dem sich mit dem geplanten EU-USA TTIP-Handelsliberalisierungsabkommen zwischen der Europäischen Union und den USA nun kein Zugang für Firmen aus den Vereinigten Staaten ergeben wird. Entsprechend werden die USA einen Teil der Liberalisierungsangebote, die man der EU vor dem BREXIT-Referendum bei den transatlantischen Handelsliberalisierungsverhandlungen gemacht hatte, wohl zurückziehen. Die EU leidet unter dem BREXIT und an der Selbstschwächung durch Deutschland und Frankreich.

Die EU ohne das Vereinigte Königreich ist bei TTIP und bei allen anderen internationalen Verhandlungen im Vergleich zur EU28 verhandlungspolitisch weniger gewichtig und kann daher in Zukunft für die EU27-Länder auch weniger an Vergünstigungen für EU-Firmen und letztlich indirekt auch an Einkommensgewinnen für die dort Beschäftigten erzielen. Die EU kann die Globalisierung entsprechend weniger nach den Interessen der Bürgerinnen und Bürger in der EU beeinflussen. Der Wert der Europäischen Union für die Bürgerinnen und Bürger der EU27 ist geringer als zuvor: Wenn man den britischen Anteil am Bruttoinlandsprodukt der EU nimmt, geht es um eine Schwächung um etwa 1/5; das ist schlimmer als hätten die USA Kalifornien verloren. In Brüssel ist man sich dieser Tatsache kaum bewusst, aber mit jeder TTIP-Verhandlung und mit jeder Handelsverhandlung mit Japan und anderen Ländern wird dies offensichtlicher werden. Die Tatsache, dass man in Berlin, Paris, Rom, Brüssel und anderen EU-Hauptstädten so tat, als ginge das BREXIT-Referendum nur die politischen Parteien im Vereinigten Königreich etwas an, zeigt schon, wie wenig man den Wert dieses Landes für die EU und überhaupt den internationalen Club-Charakter der Europäischen Union versteht. Der Austritt des Vereinigten Königreiches schwächt die EU und das Vereinigte Königreich auf viele Jahre – in einer Zeit anhaltender globaler US-Dominanz und eines weiter wachsenden Gewichtes Chinas.

Durch die britische Wirtschaftspolitik als Reaktion auf den BREXIT entstehen neue Probleme, und zwar gerade auch für Deutschland bzw. die Eurozone. In der kurzen Frist geht es dabei auch um eine erhebliche weitere Schwächung des Bankensystems in der Eurozone, wo man wegen der extremen Niedrigzinspolitik der EZB – schon vor dem 23. Juni 2016 – beachtliche Probleme bei der Banken-Rentabilität und damit der Stabilität des Bankensystems hat. Das traditionelle Geschäftsmodell, wonach Einleger bei Banken geringe Zinssätze auf kurz- und mittelfristige Einlagen erhalten, aus denen die Banken dann höherverzinsliche mittel- und langfristige Kredite machten, funktioniert kaum noch, da der Zins auf eine 10jährige Anleihe schon im Frühjahr 2016 nahe Null lag. Ein Unternehmenskredit an eine Firma mit sehr gutem Rating geht bei gleicher Laufzeit für kaum 1 % über die Bühne. Mit britischer Ultra-Niedrigzinspolitik nach dem BREXIT verschärfen sich die Probleme.

Übersehene Probleme: Destabilisierende BREXIT-Wirkung auf die EU-Bankenwelt

Unmittelbar nach dem BREXIT-Referendum ist das britische Pfund stark eingebrochen. Die Aktienkurse in UK sind zeitweise gesunken; dabei gab es einen starken Einbruch bei Bankaktien. Die britischen Immobilienpreise begannen einen deutlichen Sinkflug. Der Zinssatz ist gesunken in der Erwartung einer Zinssatzsenkung durch die Bank of England, die jedoch den Zentralbankzins zunächst bei 0,5 % belassen und dann auf 0,25 % gesenkt hat; im Übrigen hat der BREXIT in der EU für eine große Verunsicherung gesorgt und hat die Nachfrage nach (fast) risikolosen und risikoarmen Staatsanleihen erhöht, wobei der Staat in Deutschland, Frankreich, der Schweiz und auch im Vereinigte Königreich profitiert hat. Auch der Goldpreis stieg im Kontext steigender weltweiter Nachfrage nach Gold in den Wochen nach dem BREXIT an. Die Aktienkursentwicklung hat von der US-Wirtschaftsund Aktienkursentwicklung profitiert, zudem von antizipierten Zentralbank-Zinssenkungen. Was bislang übersehen wird, sind Neugefahren für Bankinsolvenzen.

Es ist davon auszugehen, dass die Bank of England weitere Zinssenkungen einleiten wird bzw. neue Maßnahmen in Richtung Kauf von Staatsanleihen und anderen Aktiva ergreift, so dass der Zinssatz nominal und real sinken wird; zugleich wird sich eine weitere Abwertung der britischen Währung ergeben. Eine Senkung des realen Zinssatzes ergibt sich insbesondere auch durch eine steigende Inflation, die im Zuge einer starken Pfundabwertung zu erwarten ist. Mittelfristig wird sich die negative Leistungsbilanzposition des Vereinigten Königreiches weiter verschlechtern, denn mit wichtigen Handelspartnern kann UK solange keine Liberalisierungen erreichen, wie der Austritt aus der EU nicht erfolgt ist. Solange das Vereinigte Königreich immer noch Mitglied der EU ist, werden Außenwirtschaftsverhandlungen von der Europäischen Kommission geführt. Da Banken und andere Finanzdienstleister ohne EU-Pass ab EU-Austritt des Vereinigten Königreiches keinen einfachen Marktzugang zu den Märkten in der EU27 haben, werden die sektoralen Leistungsbilanzüberschüsse im Bereich der Finanzdienste zurückgehen. Wenn das britische Leistungsbilanzdefizit sich mittelfristig weiter verschlechtert – zeitweise gedämpft von einer Rezession –, dann wird es eine weitere Zinssenkung und Abwertung geben (diese Zins- und Wechselkursanalyse ergibt sich aus dem Branson-Modell). Die britische Wirtschaft ist mit einem Anteil von 1/5 an der EU28 ist groß genug, um bei einer Zinssenkung auch die Zinssätze in den Ländern der Eurozone zu drücken; zumal wenn eine Euro-Aufwertung gegenüber dem Pfund erwartet wird.

Die britische Wirtschaft wird von einer realen Abwertung nur bedingt profitieren, da die relativ hohen Lohnstückkosten in der Industrie seit Jahren bremsen. Ohne EU-Pass werden Banken und anderen Finanzdienstleister im Vereinigten Königreich nochmals – wie schon nach der Bankenkrise 2008/2009 – schrumpfen. Aber sie könnten durchaus via Niederlassungen in Irland und in kontinentaleuropäischen Ländern weiter expandieren. Für Finanzstandorte wie Frankfurt, Luxemburg, Paris und Dublin gibt es einige positive BREXIT-Impulse. Haupteffekt des BREXIT für die Banken sind neue Probleme im Euroraum. Denn wenn die ohnehin schon dank EZB-Politik der mengenmäßigen politischen Lockerung bzw. stark expansiver Offenmarktpolitik niedrigen Zinssätze in der Eurozone noch weiter unter Druck durch die Geldpolitik bzw. die Wirtschaftsentwicklung im Vereinigten Königreich kommt, so kann dies nicht nur für Italien – mit teilweise hausgemachten Problemen – zu Schwierigkeiten im Bankenbereich führen, sondern in fast jedem Land der Eurozone. Wenn die Geschäftsbanken immer kleinere Gewinne infolge des Niedrigstzinsumfeld machen, dann wird die Eigenkapitalquote vieler Banken in der EU bedenklich niedrig und die reale Kreditvergabe unzureichend für einen anhaltenden starken Wirtschaftsaufschwung sein. Ein schwaches wackeliges Bankensystem mit unzureichendem Eigenkapital führt zu einer Minderung der Kreditvergabe; dies aber zu einer sinkenden Investitionsquote, was wiederum vermindertes Wirtschaftswachstum mit sich bringt. Die Banken im Vereinigten Königreich sind viel mehr als kontinentaleuropäische Banken daran gewöhnt, Erträge über Dienstleistungen jenseits des eigentlichen Kreditgeschäfts zu erzeugen und die britischen Unternehmen sind stärker auf die Finanzierung über Unternehmensanleihen ausgerichtet als etwa in Deutschland, Frankreich und Italien. Nicht ganz ausgeschlossen ist, dass UK-Banken im

Rahmen von Verhandlungen der britischen Regierung mit der EU auch nach vollzogenem BREXIT Zugang zum EU-Binnenmarkt erhalten.

Das Niedrigzinsumfeld in der Eurozone, das sich im Rahmen der EZB-Geldpolitik des Quantitative Easing ergeben hat, wird durch den BREXIT nochmals für mehrere Jahre verschärft, was viele Unternehmen zunächst bei den Betriebsrenten in Schwierigkeiten bringt. Die betroffenen Firmen müssen bei Betriebsrenten in einem Niedrigstzinsumfeld zusätzliche Aufwendungen für diese Rentensäule erbringen (mangels Anlagerendite), was die finanzielle Solidität der Unternehmen schwächt. Wenn aber die Banken in Deutschland, Frankreich, Italien und anderen Ländern durch eine fortgesetzte Niedrigzinsphase teilweise in Existenzprobleme geraten, während zugleich die Sparer großenteils eine reale Niedrigstverzinsung erhalten, dann gibt es neuartige und z.T. gefährliche makroökonomische Stabilitätsprobleme in der Marktwirtschaft.

Es ist den Banken anzuraten, die Platzierung von Unternehmensanleihen und auch von Genussscheinen von Firmen zu forcieren. Der Staat sollte im Unternehmensbereich – so wie dank Kreditwesengesetz im Bankenbereich – eine Standardisierung der eigenkapitalähnlichen Unternehmens-Genussscheine vornehmen, um eine höhere Liquidität zu sichern. Zudem sollte der Staat steuerliche Anreize für Banken und Unternehmen zumindest auf Zeit geben, dass das Unternehmensanleihengeschäft forciert wird. Der Staat sollte schließlich einen Teil seiner durch Null-Verzinsung bedingten staatlichen Zinsausgabeneinsparungen den Sparern zurückgeben, indem Spareinlagen bei Banken einen Zuschuss von 0,25 Prozentpunkten erhalten. Einlagen über fünf Jahre Laufzeit könnten in einem gewissen Umfang und für eine begrenzte Zeit 0,5 % staatlichen Zinsbonus erhalten. Bei einer Staatsschuld von 2 200 Mrd. € macht 1 %-Zinseinsparung 22 Mrd. € aus, die dem Staat mindestens zur Hälfte als Zinssubventionierung vor allem für junge Familien als Sparer ausreichen sollte.

Die Profitabilität der Banken in der Europäischen Union mittel- und langfristig sicherzustellen, ist für ökonomische Stabilität und Wirtschaftswachstum in der EU völlig unerlässlich. Der BREXIT schafft hier neuerlich ernste Herausforderungen, die von der nationalen Wirtschaftspolitik dringend aufgegriffen werden sollten. Bessere Rahmenbedingungen für die Banken sind im Interesse leistungsfähiger Finanzmärkte in dem sonderbaren Zinsumfeld mit expansiver EZB-Geldpolitik und BREXIT-Zinssenkungsdruck im Vereinigten Königreich unerlässlich. Hier sollte die EU auch Spielraum bei der Beihilfenaufsicht für einen begrenzten Zeitraum realisieren, denn es ist im Gesamtinteresse der EU, dass in der EU ein leistungsfähiges Bankensystem weiter besteht. Der BREXIT darf nicht in eine neue EU-Bankenkrise und eine nachfolgende massive Rezession führen – das gilt es unbedingt zu vermeiden.

7

Kernpunkte der neuen britischen Regierung

Das erste politische Opfer des BREXIT war der britische Premier David Cameron, der als Reaktion auf das verlorene Referendum seinen Rücktritt bis Oktober 2016 ankündigte. Es wurde von der Parteiführung der Konservativen Partei angekündigt, dass man zwei Kandidaten vorschlagen werde, um auf einem Parteitag Ende September – es hieß schon bald Anfang September – einen neuen Parteichef zu bestimmen; und der neue Parteichef werde auch der Premierminister sein. Gerade eine Woche nach dem Referendum erklärt der Ex-Bürgermeister von London, Boris Johnson, dass er als Kandidat für die Position des Parteichefs nicht zur Verfügung stehe. Offenbar hatte sein Hauptpartner bei der BREXIT-Kampagne, Justizminister Gove, die Führungsqualitäten von Johnson bezweifelt – und der warf das Handtuch. Es war ohnehin einigermaßen sonderbar, dass nach dem Mehrheitsbeschluss im Kabinett für ein EU-Referendum kurze Zeit später sechs Minister vor dem Hauptquartier der Leave.EU-Austrittsbewegung für ein Foto posiert hatten. Die europapolitische Zerrissenheit der Konservativen Partei war für jedermann zu sehen. Am 13. Juli aber konnte die neue Regierung unter Theresa May schon antreten.

BREXIT-Sichtweisen von Exit-Minister David Davis: Widersprüchlich

Der für die EU-Austrittsverhandlungen im Kabinett von Theresa May zuständige neue Minister Davis hielt am 4. Februar 2016 als Abgeordneter einen BREXIT-Vortrag beim Institute of Chartered Engineers (auf der Website des Abgeordneten MP David Davis zu finden als News: David Davis' speech on Brexit at the Institute of Chartered Engineers; http:// www.daviddavismp. com/david-davis-speech-on-brexit-at-the-institute-of- chartered-engineers/), in der er seine wichtigsten Sichtweisen zum EU-Austrittsthema formulierte. Man kann davon ausgehen, dass dies auch die Kernpunkte seiner realen Politik bzw. der Verhandlungen mit der EU sein werden. Dabei zeigt sich, dass ein Teil der

© Springer Fachmedien Wiesbaden GmbH, ein Teil von Springer Nature 2018
P. J. J. Welfens, *BREXIT aus Versehen*, https://doi.org/10.1007/978-3-658-21458-6_8

britischen Kritik an der EU durchaus auch seine Berechtigung hat und die Europäische Kommission überhaupt unter dem Kommissionspräsidenten Barroso keine wirklich vernünftige Strategie hatte, um wichtige Interessen des vom Bruttoinlandsprodukt her zweitgrößten EU-Landes angemessen aufzunehmen; und speziell Deutschland und Frankreich mit ihrer kombinierten TTIP-Kritik das Vereinigte Königreich ansatzweise mit vor die Tür trieben. Denn ohne das wirksame Anti-EU-Redenfeuer eines David Davis – einst Europa-Minister unter dem konservativen Premier John Major – und die Desorganisation beim Referendum gäbe es gar keinen BREXIT.

So stellte Davis etwa in seiner Rede kritisch fest, dass die Europäische Union mit allen möglichen Ländern Freihandelsverträge ausgehandelt hätte, allerdings mit Blick auf Commonwealth-Länder eigentlich nur mit Südafrika. Dass die EU mit den USA beim Liberalisierungsprojekt TTIP nicht richtig vorankäme und dabei die Einbeziehung der für das Vereinigte Königreich wichtigen Finanzmärkte nicht ohne weiteres bei TTIP gesichert seien, erscheine als gravierendes Problem; für das seien indirekt offenbar ungelöste Konflikte zwischen der US-amerikanischen und der französischen Filmwirtschaft verantwortlich.

Man kann anmerken, dass bei Vertretern der Regierung Frankreichs und Deutschlands in 2015/2016 eine erkennbare Neigung bestand, TTIP nicht wirklich zu unterstützen. Das war nicht nur problematisch aus Sicht deutscher sowie französischer Wirtschafts- und Arbeitsmarktinteressen, sondern hat indirekt mit zur BREXIT-Stimmung im Vereinigten Königreich beigetragen. Das für das Vereinigte Königreich besonders wichtige Projekt transatlantisches Freihandels-TTIP-Abkommen wurde aus wenig stichhaltigen Vorbehalten in Deutschland und Frankreich (vom Thema Schiedsgerichte abgesehen) regierungsseitig wenig unterstützt. Deutschland hat sich nicht als Mittler zwischen den großen EU-Ländern erwiesen und wenn das größte Land der EU nur egozentrische eigene Interessen verfolgen will, dann ist das dem Gemeinschaftsinteresse und der EU-Stabilität nicht dienlich. Immerhin 70 % der Bundesbürger erklärten in Umfragen unmittelbar nach dem BREXIT, dass ihnen die Mitwirkung des Vereinigten Königreiches in der EU wichtig sei. Hat die Bundesregierung diese Aspekte berücksichtigt?

Davis nimmt auch Bezug auf mögliche Verhandlungsansätze für den Zugang zum EU-Binnenmarkt und weist hier darauf hin, dass weder der Norwegen-EU-Ansatz noch das Modell Schweiz-EU sinnvoll sei, da hier Freizügigkeit zu gewähren sei, während die Briten mehrheitlich gerade eine hohe Immigrationsdynamik bei der BREXIT-Abstimmung abgelehnt hätten. Das Norwegen- und Schweiz-Modell kämen also nicht infrage. Eine Art Türkei-EU-Zollunionsvereinbarung käme für UK-EU-Kooperation ebenfalls nicht in Frage, da das

Vereinigte Königreich dann keine eigenständige Handelspolitik mehr betreiben könne.

Als erwägenswertes Modell zur Ausgestaltung der EU-UK-Beziehungen weist Davis auf das fertig ausgehandelte Kanada-EU-Handelsabkommen CETA hin. Kanada hat noch in 2015 auf Druck der EU zugestimmt, statt der ursprünglich vorgesehenen Schiedsgerichte für Konflikte zwischen Staat und Auslandsinvestoren eine Art Handelsgerichtshof einzusetzen; die Öffnung öffentlicher Ausschreibungen in Kanada für Firmen aus der EU und von EU-Ausschreibungen für Firmen aus Kanada wurde vereinbart; zudem die Abschaffung von Zöllen auf breiter Linie. Diesem Liberalisierungsansatz wird also das Vereinigte Königreich gegenüber der EU wohl folgen wollen.

Anders als bei dem Norwegen-EU-Vertrag oder dem Schweiz-EU-Vertrag gibt es dann weder Beitragszahlungen zum EU-Budget – das waren aus britischer Sicht knapp 9 Mrd. €-Beitragszahlungen an die EU in 2015 – noch gibt es freie Zuwanderung aus EU-Ländern Richtung Vereinigtes Königreich. Im Dokument mit den Pro-BREXIT-Argumenten für die Präsentation am 4. Februar 2016 wird angeführt, dass dieser Beitrag dann UK-seitig für eigene Zwecke und Interessen verwendet werden könne.

Das Vereinigte Königreich habe zudem eine immer größere Zuwanderung aus osteuropäischen EU-Ländern zu erwarten. Denn die Relation britischer Mindestlohn zum Durchschnittslohn in Polen sei 2015/2016 relativ hoch gewesen – gut 2:1 – und werde sich bis 2020 weiter erhöhen. Daher werde der Wanderungsanreiz Richtung Vereinigtes Königreich weiter zunehmen und dieses sehe sich daher strukturell dem Problem einer unkontrollierten hohen Einwanderung aus EU-Ländern gegenüber. Die Vorteile des EU-Binnenmarktes werden von daher von David Davis für das Vereinigte Königreich als eher gering angesehen bzw. in Sachen Zuwanderung geht er offenbar von negativen Effekten aus; allerdings, die ökonomische Analyse gerade der Zuwanderung aus EU-Ländern ist bei UK positiv. Die Zuwanderungsanalysen für Immigrationen aus EU-Ländern dürften ökonomisch gesehen in fast jeder Hinsicht positiv sein; sogar die Erwerbsquote der EU-Zuwanderer ist höher als die der eigentlichen Briten selbst.

Im Übrigen habe, so sagte David Davis, das Vereinigte Königreich im Vergleich zu sieben OECD-Ländern, die nicht Mitglied der EU seien, seit dem Start des EU-Binnenmarktes kleinere Wachstumsraten des Exports verzeichnet, was darauf hinweise, dass es gute Chancen für das Vereinigte Königreich gebe, außerhalb der EU ein stärkeres Wachstum von Exporten (und als mögliche Hinzufügung hier ergänzt: und Realeinkommen) zu verzeichnen, als wenn man EU-Mitglied sei. Ökonomisch gesehen stimmt das nicht, wie die kompakte Analyse von AICHELE/FELBERMAYR (2015) zeigt. Zudem habe die Europäische Kommission ihre überzogenen Regulierungsaktivitäten entgegen britischen Einwänden immer weiter fortgeführt. Der Anteil der britischen Exporte, die in die EU gingen, sei im Zeitablauf immer weiter gefallen und auch das zeige, dass es gute Export-Wachstumschancen außerhalb der EU gebe (Das ist allerdings ein triviales Argument, da das Wirtschaftswachstum in Asien höher war und auch Jahrzehnte höher bleiben wird als in Europa mit seinen hohen Pro-Kopf-Einkommen). Die Euro-Währungsintegration mit ihren erkennbaren besonderen Stabilitätsproblemen drohe für die EU zudem zu einem langfristig wachsenden Risiko zu werden. Diesen Einwurf kann man so verstehen, dass die Länder der Eurozone und die Europäische Kommission erkennbar unfähig seien, die sichtbaren Probleme der Eurozone in Sachen Einhaltung des Stabilitäts- und Wachstumspaktes zu lösen.

Im Übrigen werde das Vereinigte Königreich durch die Neigung der meisten EU-Länder zu einer immer vertiefteren EU-Integration (ever closer Union) längerfristig politisch immer mehr an den Rand gedrängt und an einer solchen Vertiefungs-Integration sei das Vereinigte Königreich politisch nicht interessiert; die politischen Austrittsargumente seien auch wichtiger als die ökonomischen Aspekte.

Der Davis-Analyse kann man in wenigen Teilen durchaus zustimmen. Denn es ist ein objektiver Fakt, dass die EU-Kommission eine ausufernde Regulierungstätigkeit umsetzt, die häufig eine Behinderung des Innovationswettbewerbs und damit der internationalen Wettbewerbsfähigkeit von Firmen – und damit der Vollbeschäftigung – in der EU bzw. in EU-Ländern darstellt; und zudem eine Bevormundung von Verbrauchern in Europa. Man stelle sich nur vor, der US-Kongress wollte sich (im sonderbaren Geist der Barroso-Kommission) mit Glühbirnen-Arten und Staubsauger-Stärken in der Gesetzgebung befassen, wie Kommission und Europäisches Parlament dies in der EU machten.

Die Hinweise ökonomisch versierter Kritiker auf institutionelle Schwachpunkte der Eurozone sollte man ernst nehmen. Erst im Juli 2016 entschied faktisch der EU-Rat der Finanzminister, dass man Spanien und Portugal im Defizitverfahren wohl eine Strafe wegen Nichteinhaltung von Defizitminderungszusagen auferlegen wolle, aber ohne Bußzahlung (Einlage der betreffenden Länder auf Sonderkonto, bei weiteren Verfehlungen wäre dann die Bußzahlung fällig). Ohne politische Union wird die Eurozone wohl in der Tat auf Dauer scheitern, sie wird ein im Vergleich zu anderen OECD-Ländern unterdurchschnittliches Wirtschaftswachstum haben und wegen politischer Dauerkonflikte zu einem für die USA, China und andere Länder eher wenig attraktiven Partner werden.

Eine erhebliche und vermutlich dramatische Fehleinschätzung des Vereinigten Königreiches bzw. von Minister Davis aber ist, dass man die EU27 gewissermaßen dann durch EU-Austritt am besten sich selbst überlassen solle und das Vereinigte Königreich sich eine ungestörte neue Position in der großen Weltwirtschaft, in der Globalisierung, suchen könne; und mit der EU werde man dann schon einen Handelsvertrag erreichen, um die britischen Interessen zu sichern. Den Einfluss, den das Vereinigte Königreich außerhalb der EU auf die EU27-Länder bzw. den europäischen Kontinent hat, kann man wohl als sehr deutlich geringer einschätzen als im Fall, in dem das Vereinigte Königreich als EU-Mitgliedsland in Brüssel mit am Tisch sitzt. Wenn die EU27 sich ökonomisch langfristig negativ entwickelt und ein Desintegrationsprozess einsetzt, in dem einige Länder aus der Eurozone verstoßen werden und andere Länder aus der EU austreten bzw. UK folgen, dann wird der Desintegrationsprozess wohl bis zum bitteren Ende laufen: Europa landet im 19. Jahrhundert, abgesehen davon, dass es eine Mitgliedschaft vieler Länder in der Nato gibt. Letztere ist aber selbst bei EU-Desintegration nicht sehr stabil.

Wie aber schon die Ankündigungen von Präsidentschaftsbewerber Donald Trump in 2016 klar gemacht haben, gibt es einflussreiche Stimmen in den USA, die auch den Rückzug der USA aus der Nato befürworten könnten. Den ökonomischen und Sicherheitsinteressen des Vereinigten Königreiches dient der BREXIT am Ende mit einiger Wahrscheinlichkeit nicht. Schlimmer noch, da potenziell ein EU-Desintegrationsprozess droht, wird sich auch in anderen Integrationsräumen der Weltwirtschaft Desintegration früher oder später ergeben und dann sind die Chancen für UK (nach BREXIT), außerhalb der EU hohes Wachstum der Exporte in einer dynamischen Weltwirtschaft zu erleben, wohl eher gering. Eine solche internationale bzw. globale Integrations- und Analyseperspektive findet sich bei David Davis nicht, obwohl er argumentiert, dass UK eine hohe Expansionschance in der Globalisierung habe. Das ist schon fast ein Paradoxon, da UK als alte Kolonialmacht internationale Zusammenhänge eigentlich zu thematisieren gewohnt ist.

Handelsziele

Priorität	Land
Hoch	China
	USA
	Kanada
	Hong Kong
Mittel	Australien
	Brasilien
	Indien
	Südkorea
Niedrig	Japan
	Indonesien
	Mexiko
	Saudi Arabien
	Singapur
	Türkei
	Südafrika

Abb. 11. Länderprioritätenliste von David Davis

Quelle: David Davis' speech on Brexit at the Institute of Chartered Engineers; http://www. da-viddavismp.com/david-davis-speech-on-brexitx-at-the-institute-of-chartered-engineers/.

Aus Sicht von David Davis sei in Sachen Handelsliberalisierung das Vereinigte Königreich massiv interessiert an einem Freihandelsabkommen mit den USA sowie Kanada plus China und Hongkong. In zweiter Linie zu nennen seien Australien, Brasilien, Indien und Südkorea. Hinzu kämen als dritte Gruppe die Länder Japan, Indonesien, Mexiko, Saudi-Arabien, Singapur und Südafrika. Außer Südafrika, Mexiko und Singapur plus Kanada und – mit geringer Wahrscheinlichkeit – die USA hat die EU im Freihandelsbereich aus britischer Sicht wenig geliefert. Die Europäische Union als Akteur in der internationalen Handelspolitik ist in der Tat relativ langsam und in Asien bislang kaum aktiv.

Man kann durchaus nicht ausschließen, dass eine durchdachte entschiedene Verhandlungsführung der britischen Regierung bei wichtigen internationalen Freihandelslabkommen relativ rasch, also für 2020/2021 schon zu guten Resultaten für das Vereinigte Königreich führen wird. Wenn die Eurozone ihre Probleme nicht endlich nachhaltig klug durch Reformen löst, wird die Eurozone im Wachstum gegenüber dem Vereinigten Königreich längerfristig zurück fallen. Das wiederum wird den Anreiz von Nicht-Euro-Mitgliedsländern, sich eher dem Vereinigten Königreich als der EU anzuschließen, erhöhen. Das Vereinigte

Königreich dürfte im Übrigen gegenüber China auf seiner pragmatischen Linie, einer engagierten wirtschaftlichen Zusammenarbeit bleiben: Entgegen den US-Warnungen etwa bei Mitgliedschaft in der Asiatischen Infrastrukturinvestitionsbank (AIIB), die von China dominiert wird und 2015 mit Sitz in Peking startete, hat das Vereinigte Königreich relativ frühzeitig zugesagt, dass man zu den Gründungsmitgliedern zählen wolle: Immer vorausgesetzt, dass China seine europäische Niederlassung der asiatischen Infrastrukturinvestmentbank in London haben sollte. China gab hier 2015 grünes Licht.

Deutschland hat sich auf US-Druck hin über viele Monate in Sachen AIIB-Mitgliedschaft geziert und erst als der Vorgang vom Bundesministerium für wirtschaftliche Zusammenarbeit, von. Minister Müller, weg zum Bundeskanzleramt wanderte, ergab sich eine positive Entscheidung in Sachen deutscher Mitwirkung als AIIB-Gründungsmitglied. Hier sieht man, dass die britische Diplomatie traditionell internationaler und entscheidungsfreudiger als es etwa die Politik der Bundesregierung in Deutschland ist.

Dass Großbritannien gut beraten war, nach über 40 Jahren die EU zu verlassen, kann man bezweifeln. Das Vereinigte Königreich wird wohl eine Reihe von Jahren mit einiger Unsicherheit konfrontiert sein: während der EU-UK Verhandlungen, die den britischen Zugang zum Binnenmarkt betreffen, aber auch neue Verträge der Welthandelsorganisation, die UK nun wird schließen müssen. Dennoch besteht wenig Zweifel, dass nach einer Rezessionsphase dann im weiteren Verlauf bei energischer internationaler UK-Handelsliberalisierung und einer schrittweisen Deregulierung – also dem Rückbau von unter der EU eingeführten Regulierungen – ein anhaltendes Wirtschaftswachstum im Vereinigten Königreich möglich sein wird. Wenn aber das Ausscheiden aus der EU dort direkt und indirekt das Wirtschaftswachstum sinken lassen sollte, dann ist nicht sichergestellt, dass das Wirtschaftswachstum des Pro-Kopf-Einkommens im Vereinigten Königreich höher ist als, es bei EU-Mitgliedschaft des Landes gewesen wäre. Mit Blick auf ökonomische Wohlfahrtsaspekte kommt es im Übrigen ja nicht auf das Wirtschaftswachstum an, sondern auf die Wachstumsrate des Pro-Kopf-Einkommens bzw. des realen Konsums. Wenn durch eine Schwächung der Integrationsdynamik in vielen Regionen der Welt neue größere Konflikte entstehen sollten, die dann letztlich das Vereinigte Königreich zu einer höheren Militärausgabenquote veranlassen, wird es vollends zweifelhaft, dass der BREXIT für UK politisch-ökonomisch etwas Vernünftiges darstellt. Man mag das ganze BREXIT-Referendum-Manöver des Konservativen Premier Cameron kritisieren, aber es wäre auch an den EU-Partnerländern gewesen, die EU-Vorteile aufzuzeigen bzw. gegen den BREXIT zu argumentieren. Die Europäische Kommission hat keinerlei Info- oder Werbezeit im britischen Fernsehen vor dem BREXIT-Referendum gebucht – und auch keinen Info-EU-Bus durch London fahren lassen, auf dem die korrekten Wochen-Beitragszahlungen des Vereinigten Königreiches zu sehen gewesen wären. Die EU-Vertretung in London hat keine Website, die EU-Wissen besonders originell und wirksam präsentiert. Die Anti-EU-Ausrichtung der britischen Boulevard-Presse erschwert der EU-Kommission die Arbeit, die EU-Institutionen und die EU-Politik verständlich zu machen. Die Kommission hätte halt seit 2013 mehr in UK-Infoprojekte investieren müssen.

Für einen eigenartigen starken Widerspruch in Sachen BREXIT-Referendum steht Top-Minister David Davis mit seiner Aussage, nach der Abwahl der EU-Integration Großbritannien verstärkt in eine faktisch globale Handelsliberalisierung führen zu wollen: Also mehr Globalisierung der Wirtschaft als Heilmittel und Strategie für das Vereinigte Königreich in einer Nach-BREXIT-Situation. Das ist insofern ein großer Widerspruch, als offenbar die Industriearbeiterschaft in England, die sich bislang vor allem zunehmend häufig als Opfer der verstärkten Liberalisierung im Kontext von EU-Binnenmarkt und Liberalisierungsrunden der Welthandelsorganisation sieht, nun nicht etwa weniger Globalisierung der Wirtschaft bekommen wird, sondern das Gegenteil: Die konservative Regierung unter Theresa May, die unter anderem versprochen hat, das Wirtschaftssystem auf den breiten Nutzen aller Menschen in UK auszurichten, statt primär auf Einkommensverbesserungen der Führungsschichten, wird durch die Davis-Strategie und die Politik von Handelsminister Fox ganz massiv hin zu einem Mehr an Wirtschaftsliberalisierung geführt. Das bringt mehr Wirtschaftswachstum, aber auch größere Einkommensunterschiede zwischen Qualifizierten und ungelernten Arbeitnehmern. Wie die Opinion-Research-Umfragen vor dem Referendum zeigten, gibt es eine breite Besorgnis bei Fragen der Ungleichheit und geringer Entlohnung.

BREXIT kann zeitweise auch Vorteile bringen, etwa wenn durch den Abbau von Importzöllen bei Lebensmitteln und die Kaufkraft der Löhne bzw. Einkommen ansteigt. Aber folgt man neueren Untersuchungen des Internationalen Währungsfonds (JAUMOTTE ET AL; 2008), dann führt die Globalisierung der Wirtschaft zu einer Annäherung bei den Pro-Kopf-Einkommen von Ländern, aber innerhalb jedes einzelnen Landes gibt es eine Tendenz zum Anstieg der Relation der Löhne der Qualifizierten zu den Löhnen der Ungelernten. Die Einkommens- und Vermögensunterschiede im Vereinigten Königreich, die in den drei Jahrzehnten nach 1985 – wie in den USA – massiv angestiegen sind, könnten sich noch weiter erhöhen. Stark steigende Einkommensunterschiede in westlichen OECD-Ländern dürften zu politischen Spannungen führen, dies wiederum kann das reale Wirtschaftswachstum mittel- und langfristig beeinträchtigen. Ob die Weltwirtschaft seit dem Ausbrechen der Transatlantischen Bankenkrise noch stabil ist, kann man aus verschiedenen Gründen bezweifeln.

Was ist eine wirklich brauchbare neue britische EU-Handelspolitik?

Die Länder-Liste, die David Davis (und ähnlich andere Leave-Aktivisten) als bevorzugte Partner für neue Handelsliberalisierungsverträge Großbritanniens vorgeschlagen haben, ist aus ökonomischer Sicht nur wenig überzeugend, wenn man von dem offensichtlichen Top-Land USA – bislang in der EU bei TTIP im Verhandlungsmodus – und China absieht. Letzteres wird ein schwieriger Partner sein. Freihandel mit China wäre erstens verhandlungsmäßig sehr schwierig, da Großbritannien nur ein relativ kleines Land ist, jedenfalls wenig auf die Waagschale bringt im Vergleich zur EU28 oder EU27. Außerdem wäre bei Freihandel sofort das fast komplette Ende der britischen Stahlindustrie eingeläutet und auch viele andere Sektoren stünden vor gewaltigen Schrumpfungsprozessen. Dass die britischen Dienstleistungsexporte ansteigen werden, ist zwar offensichtlich, aber es wird in Großbritannien nicht einen einfachen Strukturwandel zugunsten von mehr Dienstleistungsproduktion geben. Außerdem fragt man sich, wo der ökonomisch-strategische Vorteil liegen soll, wenn Großbritannien in Zukunft sehr stark von China abhängen würde. Die gewünschte Vertiefung der transatlantischen Beziehungen zu den USA bringt automatisch zudem auch gewisse Beschränkungen bei den Vertiefungsoptionen mit China. Handelspolitik ist kein Wunschkonzert, sondern muss immer auch politische Eckpunkte berücksichtigen. Die David-Davis-Länderliste ist also widersprüchlich, Ausdruck einer insgesamt überzeugenden Strategie ist sie ohnehin nicht.

Gregor Irwin, ehemaliger Mitarbeiter der Bank of England, hat in einem Beitrag für den Global Counsel argumentiert (EurActiv, 22. August 2016: Forget Commenwealth, target US, China, economist warns Brexit trade team), dass die während der Leave-Kampagne favorisierten Zielländer für neue britische Handelsverträge nicht dem wirklichen ökonomischen Potenzial für optimale Handelsschaffung entsprächen: Eine Priorität für die Commonwealth-Länder sei verfehlt, wie sie in der Kampagne der neue EXIT-Minister David Davis und auch Liam Fox, neuer Handelsminister im May-Kabinett favorisiert haben. So sei es zwar richtig, dass Indien ein attraktiver Handelspartner sein könnte, aber die politischen Handelshürden bzw. Liberalisierungsbarrieren seien hoch und Indien werde sicherlich vor allem Zuwanderungs- und Visa-Erleichterungen fordern. Die Analyse von Irwin zeigt, dass Kanada und auch Australien eher wenig an Handelspotenzialen haben. Die besonders vielversprechenden Hauptländer, die sich bei Irwin auf Basis der höchsten Wachstumsraten bei den UK-Importen (USA, China, Mexiko, Hongkong, Vietnam), der bestehenden britischen Direktinvestitionsbestände im Ausland (Potenzial für britische Zulieferungen von Zwischenprodukten) und einer Abweichungsanalyse mit EU27-Ländern ergeben, sind: USA, China, Russland und Brasilien, die Schweiz und Singapur. Bei Russland gibt es aber Einschränkungen aus politischen Gründen. Die EU hat allerdings schon ein weitgehendes Freihandelsabkommen mit Singapur unterzeichnet. Gregor Irwin übersieht im Übrigen den latenten Konflikt, die USA und China gleichzeitig stark zu betonen. Immerhin wird klar, dass Handelsminister Liam Fox nicht gut beraten wäre, den in der BEXIT-Kampagne von vielen EU-Skeptikern betonten Commonwealth-Handelsexpansionsoptionen zu folgen, da hier gar nicht die großen Hauptpotenziale für mehr Handel, Wachstum und Jobs sind. Auch hier zeigt sich, dass die BREXIT-Kampagne in einem wichtigen Bereich nicht solide argumentiert hat – die Wähler wurden in die Irre geführt.

Die leichteste ergiebige Weichenstellung in Sachen Handelsliberalisierung dürfte sich für UK gegenüber den USA ergeben, da man in Großbritannien wohl beim Thema Schiedsgerichte weniger empfindlich als in Deutschland und Frankreich ist. Ein transatlantisches US-UKTTIP wird sich wohl ab 2020 implementieren lassen, zumal die US-Regierung eine stärkere Kooperation unterstützen wird. Dabei wird die USA allerdings auch im Auge haben, die Handelsbeziehungen mit der EU27 nicht zu vernachlässigen; erstens weil die US-Exporte dreifach so groß sind wie nach Großbritannien, zweitens weil über Handelsvernetzung auch politische Eckpunkte gesetzt werden. Es bleibt schließlich der Befund, dass es in Sachen TTIP verdeckte Interessengegensätze zwischen Großbritannien und Deutschland plus Frankreich (sowie andere Länder) gab. Der Bundesregierung entging der für die wahre Intra-EU-Bedeutung relevante Stellenwert der transatlantischen TTIP-Verhandlungen weitgehend. EU-Integration heißt eben, nicht nur egozentrisch eigene Interessen zu verfolgen. Die Merkel-Regierung ist oft erkennbar nicht EU-fokussiert im Denken. Von dort bis zu neuem Nationalismus ist der Weg kurz.

8

BREXIT aus US-Sicht

Präsident Obama hat in seiner Londoner Rede vor dem Referendum durchblicken lassen, dass die USA einen Verbleib des Vereinigten Königreiches in der EU begrüßen würden. In der gemeinsamen Pressekonferenz mit Premier Cameron in London sagte Präsident Obama am 22. April 2016 (https://www. whitehouse. gov/the-press-office/2016/04/22/remarks-president-obama-and-prime-minister-cameron-joint-press):

Wir sprachen über die Förderung von Arbeitsplätzen und höheres Wachstum durch erhöhten transatlantischen Handel und Investitionstätigkeit, so dass unsere jungen Menschen bessere Chancen und Wohlstand realisieren können. Und, in der Tat, der Premierminister und ich haben das anstehende Referendum hier diskutiert, das zur Frage ist, ob UK Teil der Europäischen Union bleiben soll oder nicht. Lassen Sie mich deutlich sein. Letztlich ist es Sache des britischen Volkes, selbst für sich zu entscheiden. Aber als Teil unserer besonderen Beziehung – da wir Freunde sind, spreche ich ehrlich und möchte Sie wissen lassen, was ich denke: Ehrlicherweise, das Ergebnis der Entscheidung ist von großer Bedeutung für die Vereinigten Staaten, da es auch unsere Perspektiven betrifft. Die Vereinigten Staaten wünschen sich ein starkes Vereinigtes Königreich als Partner. Und das Vereinigte Königreich ist top aufgestellt, wenn es dabei hilft, ein starkes Europa zu führen. Die britische Macht vergrößert sich durch die EU-Mitgliedschaft. Wie ich in einem Meinungsbeitrag heute hier schrieb: Ich glaube nicht, dass die EU den britischen Einfluss in der Welt mindert – sondern ihn erhöht. Die EU hat dazu beigetragen, dass sich britische Werte und Praktiken auf dem Kontinent ausgebreitet haben. Der Binnenmarkt bringt hohe ökonomische Vorteile für das Vereinigte Königreich. Und das bringt auch Vorteile für Amerika, denn wir sind wohlhabender, wenn einer unserer besten Freunde und engsten Alliierten eine starke, stabile, wachsende Wirtschaft hat. Die Amerikaner wünschen den Einfluss Großbritanniens wachsen zu sehen – auch innerhalb Europas.

(Übersetzung PJJW zum Text: We talked about promoting jobs and stronger growth through increased transatlantic trade and investment so that our young people can achieve greater opportunity and prosperity. And, yes, the Prime

© Springer Fachmedien Wiesbaden GmbH, ein Teil von Springer Nature 2018
P. J. J. Welfens, *BREXIT aus Versehen*, https://doi.org/10.1007/978-3-658-21458-6_9

Minister and I discussed the upcoming referendum here on whether or not the UK should remain part of the European Union.

Let me be clear. Ultimately, this is something that the British voters have to decide for themselves. But as part of our special relationship, part of being friends is to be honest and to let you know what I think. And speaking honestly, the outcome of that decision is a matter of deep interest to the United States because it affects our prospects as well. The United States wants a strong United Kingdom as a partner. And the United Kingdom is at its best when it's helping to lead a strong Europe. It leverages UK power to be part of the European Union.

As I wrote in the op-ed here today, I don't believe the EU moderates British influence in the world – it magnifies it. The EU has helped to spread British values and practices across the continent. The single market brings extraordinary economic benefits to the United Kingdom. And that ends up being good for America, because we're more prosperous when one of our best friends and closest allies has a strong, stable, growing economy.

Americans want Britain's influence to grow, including within Europe).

Premier Cameron hat sich aus den Worten Obamas offenbar wenig gemacht und in jedem Fall war es keine Motivation, eine professionelle Informationspolitik für die britischen Haushalte mit Blick auf das Referendum aufzusetzen: Etwa in Form des Versandes einer dreiseitigen Broschüre mit den ökonomischen Hauptbefunden der Studie des Finanzministeriums vom 18. April 2016 zum Nutzen der EU-Mitgliedschaft bzw. den errechneten EU-Austrittskosten (beim Schottland-Referendum gab es auch den Versand einer zweiten Info-Broschüre; und auf drei Seiten kann man viel erklären, wie sich zeigt; die Kosten einer Versandaktion zu den ökonomischen Aspekten hätte kaum 90 Millionen € gekostet, während die langfristigen BREXIT-Kosten in der Schätzung des Finanzministeriums bei 78 Milliarden € in der niedrigsten Schätzung und bei fast 247 Milliarden € in der oberen Schätzvariante liegen). Aber seit dem 23. Juni 2016 ist klar, dass das Vereinigte Königreich den Austritt aus der EU anstrebt. Das wird vor 2019 geschehen müssen, denn sonst müsste man im Vereinigten Königreich noch Europa-Wahlen durchführen und das wäre mehr als sonderbar und möglicherweise Basis für neue politische Instabilitäten. Angesichts der im Lissaboner Vertrag vorgesehenen Zwei-Jahres-Frist für Austrittsverhandlungen wird man relativ zügig die Verhandlungen zwischen London und Brüssel führen müssen, während man zugleich bei den transatlantischen Freihandelsverhandlungen TTIP neue Probleme hat. Die US-Administration wird sich also auf 2019 als denkbares britisches EU-Austrittsdatum vorbereiten: 2019 wird dann ein Jahr ökonomischer Schwächung für UK, die EU27 und den Westen insgesamt.

Wie der für die Exit-Verhandlungen mit der EU zuständige Minister David Davis schon Monate vor dem Referendum betont hat, gehört nach einem BREXIT ein Freihandelsvertrag Vereinigtes Königreich-USA ebenso zu den Top-Politik-Prioritäten wie ein Vertrag über Freihandel mit China plus Hongkong sowie Kanada; im Übrigen soll der EU-Kanada-Freihandelsvertrag für das Vereinigte Königreich die Blaupause für einen Vertrag des letzteren mit der EU bzw. den britischen künftigen Zugang zum EU-Markt sein. Wegen des EU-Austritts schwächt sich nun aber zugleich die Verhandlungsposition der Europäischen Union bei TTIP und man muss nach den Konsequenzen und möglichen Effekten für Europa fragen.

Die EU27 ohne Vereinigtes Königreich sind aus US-Sicht mit Blick auf Freihandelsverhandlungen weniger wert als das eigentlich mit EU28 angedachte TTIP-Paket, das Ende 2016 durchverhandelt sein sollte. Dies hat der US-Verhandlungsführer Michael Froman kaum einen Monat nach dem britischen Referendum öffentlich betont. Denn das Vereinigte Königreich steht immerhin für 25 % der US-Exporte Richtung EU28, so dass der Wert der US-Konzessionen Richtung EU27 dann auf etwa ¾ der bisherigen US-Liberalisierungsangebote herunter gesetzt werden könnte. Der Austritt des Vereinigten Königreiches hat also schon hier erste sichtbare Kosten für die Europäische Union.

Die USA könnten möglicherweise eine gewisse Großzügigkeit gegenüber der EU27 zeigen, um zu signalisieren, dass man in Washington dringlich daran interessiert ist, das seit Sommer 2013 verhandelte Liberalisierungsprojekt mit der EU noch abzuschließen. In der EU gibt es, zumindest regierungsseitig bei Frankreich und Deutschland – genauer bei Sozialdemokraten nur noch wenig Interesse an einem TTIP-Abschluss; populistische Ängste gehen bei den Regierungen um, da man BREXIT auch als eine wegweisende britische Wähler-Absage an die Globalisierung missversteht und meint, eine TTIP-Absage sei daher vernünftig. Da man aber einen Zuwachs von 2 % des Realeinkommens via Nicht-TTIP dann verschenkt, ist das in Wahrheit nicht sinnvoll und weil das Vereinigte Königreich in Rekordzeit ein eigenes transatlantisches Liberalisierungsabkommen auf die Beine stellen will, kann man Paris und Berlin nur zu selbstkritischer Reflexion auffordern: Wer Impulse sähen will für weitere EU-Austritte, der blockiere nur TTIP und sehe dann zu, wie an mehr Freihandels- und Direktinvestitionsbeziehungen mit den USA bzw. Wachstum und Jobs interessierte EU-Länder womöglich alsbald dem Vereinigten Königreich beim EU-Austritt folgen könnten. Da kommen in erster Linie in Frage Dänemark, Irland, Schweden, Finnland, die Niederlande und osteuropäische EU-Länder, die mit dem Vereinigten Königreich eine Art neue EFTA oder gar eine BREXIT-Zollunion nach britischer Art bilden könnten. Die sicherheitspolitischen und ökonomischen Interessen dieser Länder sind jedenfalls alle US-nah. Es wird nicht wenigen osteuropäischen Ländern aufgefallen sein, dass die USA 2008-2015 10 % Wachstumsvorsprung beim Realeinkommen gegenüber der EU hatten. Falls die USA das 2015 ausgehandelte Freihandelsabkommen mit 11 Ländern im Pazifischen Becken, darunter Australien und Japan, in Kraft setzen sollten, könnte das Vereinigte Königreich durchaus erwägen, sich diesem Abkommen direkt oder indirekt anzuschließen. Liam Fox, der neue Handelsminister in der Regierung Theresa May hat noch im Juli 2016 schon Quasi-Handelsgespräche mit Kanada und Australien aufgenommen, die zum Commonwealth gehören; und der erste USA-Besuch im selben Monat ist ein Indiz, dass das Vereinigte Königreich offenbar stark auf ein transatlantisches Freihandelsabkommen mit den USA setzen wird. London braucht auf die EU-USA-Hängepartie bei TTIP nicht länger zu warten, das Vereinigte Königreich kann für sich selbst – nach EU-Austritt – handeln und wird die träge EU27 vermutlich in Sachen transatlantische Handelsliberalisierung hinter sich lassen.

Die USA haben die Europäische Integration seit 1952 immer unterstützt und letztlich ist die EU teilweise auch ein wirtschaftlich und politisch komplementäres Element zur NATO. Nach dem UK-Austritt ist die Europäische Union geschwächt und damit indirekt auch die NATO, was in Washington in der US-Administration Besorgnis hervorgerufen hat; es gibt in der Obama-Administration eine deutliche Besorgnis, dass Putins Russland ein Gewinner des BREXIT in Europa sein wird. Es sollte im Übrigen auch nicht vergessen werden, dass die NATO neben der EU für Europa friedensstiftende Funktionen hatte und hat. Ohne die Mitgliedschaft in der NATO wäre es 1975 zu einem Krieg zwischen der Türkei und Griechenland gekommen – nur US-Druck und auch Deutschlands „Panzerspende" (mit den USA abgesprochen) für das damalige Militär der Türkei konnten den militärischen Konfliktfall zwischen diesen beiden Ländern verhindern; so berichtete mir dies vor Jahren Altkanzler Helmut Schmidt.

Aus US-Sicht ist nach dem BREXIT die wichtigste Telefonnummer für dringende Anrufe – um Kissingers Satz von der Unklarheit der EU-Telefonnummer aufzugreifen – nun in Berlin. Dass man aber in der EU27 an einer zunehmenden faktischen Regierung durch Deutschland besonders interessiert ist, wird man wohl kaum behaupten können; aber Alternativen zu einer besonderen Verbindung Washington DC-Berlin gibt es kaum. Frankreichs Wirtschaft ist schwach und die Gesellschaft wenig stabil, zumal man mit einem seit Jahren zu hohen national einheitlichen Mindestlohnsatz sich politisch selbst die nach Spanien höchste Jugendarbeitslosigkeit in der EU über drei Jahrzehnte beschert hat (regionale Mindestlohndifferenzierung fehlt): inklusive wachsender Terrorneigung aus dem Umfeld radikalisierter islamistischer Jugendlicher aus den Vorstädten. Italien hat ein Verfassungs-und ein Bankensystem-Problem, wobei Ministerpräsident Renzi zu wünschen gewesen wäre, dass er das geplante Referendum zur Verfassungsmodernisierung gewinnt. Da kann er nicht im Vorfeld Bankenkonkurse brauchen, bei denen bis zu 200 000 Italiener durch „Bail-in-Beiträge" mit ihren Bank-Anleihen große Vermögensverluste bei der Sanierung von Banken erleiden; es wäre mit Blick auf die EU schon sinnvoll, Italien begrenzt via Spielraum in den EU-Regeln zur Bankensanierung zu helfen und dann aber künftig auch darauf hinzuwirken, dass Bankanleihen nur von institutionellen Anlegern gehalten werden, gegenüber denen ein Bail-in-Verfahren (Bankenanleihen-Halter und Großanleger müssen im Konkursfall nachschießen bzw. erleiden Vermögensverluste bei drohendem Bankenkonkurs) auch durchgesetzt werden kann. Erst dann kann man die neuen EU-Regeln für die Bankensanierung wirklich zuverlässig anwenden.

Frankreichs Regierung hat viele Jahre verstreichen lassen, bis man sinnvolle Arbeitsmarktreformen in 2016 ansatzweise angegangen ist und vermutlich wird erst nach den Präsidentschaftswahlen eine neue Reformagenda erarbeitet. Wegen der massiven anhaltenden Terrorgefahren in Frankreich wird sich aber jede Regierung gerade auch mit kritischen Arbeitsmarktreformen schwer tun. Denn in Phasen hoher Terrorgefahr möchte wohl jede Regierung alle gesellschaftlich wichtigen Gruppen auf Seiten der Regierung wissen; nicht etwa große Konflikte mit Gewerkschaften oder den Arbeitgeberverbänden haben. Die US-Regierung sieht mit Sorge zu den großen EU-Ländern, von denen auch noch Spanien sich in einer politischen Krise wegen unklarer Mehrheiten nach den Wahlen bzw. der Wahlwiederholung in 2016 befindet.

Die EU ihrerseits hat eher wenig diplomatischen Spielraum, gegenüber den USA besonders kooperativ aufzutreten. Denn nach all dem öffentlichen Ärger über unzureichende Steuerzahlungen von führenden US-Firmen in EU-Ländern – von Apple, Amazon, McDonald's, Starbucks, Google bis zu Facebook –, stehen schwierige Gespräche auch der Europäischen Kommission mit den USA in Sachen Steuerzahlungen an. Die von der EU-Kommission 2016 verlangte enorme Steuernachzahlung von Apple in Irland ist ein neuer EU-USA-Konfliktfall bei der EU-Beihilfenaufsicht. Die EU-Kommission wertete Irlands Steuerpolitik gegenüber Apple als faktische verbotene Subvention.

Viele US-Konzerne haben 2015 Aktiva vor allem nach Irland transferiert, was dort zu enorm erhöhten Investitionen im Sinn der Volkswirtschaftlichen Gesamtrechnung und auch sagenhaften gut 25 % Wachstum des realen Bruttoinlandsproduktes führte: US-Konzerne wollten ihre irische Wertschöpfung hochschleusen bzw. teilweise in Einklang mit den in Irland erbrachten Steuerzahlungen bringen und damit Steuer-Kritikern den Wind aus den Segeln nehmen. Das alles macht es für das Verhältnis EU-USA nicht einfacher.

Hinzu kommt schließlich die Sorge der USA, dass nach erfolgtem UK-Austritt aus der EU der alte Bürgerkrieg in Irland neu ausbrechen könnte, zu dessen Überwindung die offenen Grenzen zwischen Nordirland und der Republik Irland einerseits und die Vermittlungskünste von US-Präsident Bill Clinton einst wesentlich beigetragen haben. Nach vollzogenem BREXIT entsteht aber zwischen Nordirland und Irland eine neue harte Grenze, die einem friedlichen Miteinander von Protestanten vor allem aus Nordirland – als Teil des Vereinigten Königreiches – und katholischen Iren entgegensteht.

Die USA werden schließlich vom BREXIT und den davon ausgehenden Unruhen auf den Kapitalmärkten insofern als Sicheres-Hafen-Land profitieren, als ihnen aus aller Welt verstärkt Kapital zufließen wird: Niedrigere nominale und reale Zinssätze für die USA sind die Folge, was die langfristige US-Haushaltskonsolidierung erleichtert und den Wirtschaftsaufschwung befördert. Was die USA sicherlich nicht wollen, ist, dass die EU27 destabilisiert wird; hier werden die Vereinigen Staaten im Rahmen der OECD, der G7/G8-Treffen und auch bilateral – vor allem gegenüber Deutschland, Frankreich und Italien – auf eine Überwindung der Euro-Probleme und auf mehr Wachstumspolitik drängen.

Aus US-Sicht hat der BREXIT mit Blick auf Asien einen gewissen Vorteil, denn wenn die britische Regierung die geplanten Freihandelsabkommen mit Australien – hier hat die Regierung schon positive Signal an die May-Regierung gegeben –, China und Hongkong sowie den Vereinigten Staaten prioritär und zügig nach 2020 umsetzen könnte, dann wird das Vereinigte Königreich nicht nur stärker wirtschaftlich an die Vereinigten Staaten gebunden, sondern sie werden mit den USA ein verstärktes Interessen an den Wirtschafts- und Politikbeziehungen in Asien haben. Mit Blick auf diese Weltregion hätte die USA einen neuen Partner, dessen Hauptinteressen bisher der EU galten. Dennoch wird das Vereinigte Königreich eine Anpassungsphase mit Problemen überstehen müssen, denn der britische Finanzsektor wird schrumpfen gegenüber dem Zustand während der EU-Mitgliedschaft; für viele US-Banken, die von London aus die EU-Märkte über Jahrzehnte leicht bedienen konnten, bedeutet dies, dass man nach Dublin, Frankfurt, Luxemburg oder Paris wird umziehen müssen. Dabei dürfte Paris wegen der Terrorgefahren in Frankreich relativ schlechte Chancen gegenüber Frankfurt, Dublin oder Luxemburg haben. London als Finanzplatz außerhalb der EU ab 2019 kann die Märkte Asiens nicht so gut bedienen wie die EU-Länder bisher, die Konkurrenzsituation ist mit Blick auf die führenden asiatischen Finanzplätze Hongkong und Singapur zudem schwierig. Mit der HSBC gibt es immerhin eine britische Großbank, die schon in Asien seit Jahrzehnten stark präsent ist.

In Sachen TTIP-Verhandlungen zeigt sich für Deutschland und die EU27 insgesamt demnächst vermutlich, wie bedenklich die zurückhaltenden EU-Verhandlungen und die schwache deutsche Unterstützung des EU-USA-Liberalisierungsprojektes-TTIP waren. Schon um 2025 wird man von den EU27-Ländern her mit Blick auf ein funktionierendes Freihandelsabkommen zwischen den USA und dem Vereinigten Königreich – ein US-UK-Abkommen vorausgesetzt – dann beobachten können, dass transatlantische Handelsliberalisierung tatsächlich höhere Einkommen, neue Jobs und Wohlstand auf beiden Seiten des Atlantiks schafft. Schon 2014 standen die US-Unternehmen im Vereinigten Königreich für etwa 7 % der Wertschöpfung im Vereinigten Königreich; nach einer Phase mit Rückgängen bei US-Direktinvestitionen in diesem Land in einer ersten BREXIT-Anpassungsphase wird wohl eine neue transatlantische – und asiatische – Direktinvestitionswelle starten. Die britische Absicht, mit China und Hongkong bald ein Freihandelsabkommen abzuschließen, wird sich nur in Grenzen realisieren lassen; denn anders als bei einem transatlantischen Freihandelsabkommen kann das Vereinigte Königreich in Peking weder auf politische noch marktwirtschaftliche Verwandtschaften bauen. Mit China hätte das Vereinigte Königreich in der Tat besser im Rahmen einer EU-Mitgliedschaft verhandelt, denn da ist das ökonomische Gewicht der EU28 doch gut viermal so groß wie das des Vereinigten Königreiches alleine. Im Übrigen kann das Vereinigte Königreich China gar nicht sehr weit entgegen kommen beim Freihandel mit Waren, denn sonst stünde etwa die gesamte britische Stahlindustrie binnen weniger Jahre vor dem Aus. Noch 2015 hatte die Cameron-Regierung signalisiert, dass sie bereit sei, die Restrukturierung der Stahlindustrie im Vereinigten Königreich mit Subventionen zu unterstützen. Ohne EU-Beihilfenkontrolle wird die Regierung in London hier künftig mehr diskretionären politischen Spielraum für Eingriffe haben. Das Vereinigte Königreich wird im Übrigen mit einer weiteren Deregulierung von Güter- und Faktormärkten wohl seine Wettbewerbsfähigkeit zu stärken suchen und die EU-Länder dabei unter parallelen Anpassungsdruck zu setzen.

Mit engagierter Freihandelspolitik dürfte das Vereinigte Königreich in der Lage sein, den vom EU-Austritt ausgehenden negativen Realeinkommenseffekt bis 2030 zu halbieren. Das Letztere gilt speziell für den Fall, dass es zu sinkenden Lebensmittelpreisen bzw. einem verminderten Preisniveauanstieg und entsprechenden Kaufkraftzuwächsen kommt. Verminderte Lebensmittelpreise bzw. ein gebremster Preisniveauanstieg könnten über ein Abbremsen des Nominallohnwachstums auch die Lohnstückkosten in der Industrie künftig im Vergleich zu den EU27-Ländern langsamer ansteigen lassen. Die britische Leistungsbilanzposition könnte sich im Zeitablauf allmählich verbessern. Ein politisches Risiko innerhalb des Vereinigten Königreiches wäre aus US-Sicht ein Austritt Schottlands aus UK. Die Häfen der britischen Nuklear-Marine liegen, neu gebaut, fast alle in Schottland. Die USA sind jedenfalls schon aus Nato-Interessen daran interessiert, dass das Vereinigte Königreich Schottland im Land hält. Das könnte für die Regierung in London noch zum Problem insoweit werden, als von den 9 Mrd. €, die man sich durch den EU-Austritt an Netto-Beitragszahlungen an Brüssel eigentlich sparen wollte, etwa die Hälfte als Quasi-Beitrag in einem UK-EU-Vertrag über den Zugang zum Binnenmarkt auch weiterhin an die EU gehen könnte. Wenn man mit Vergünstigungen für Schottland nochmals zwei Mrd. € als Finanztransfer jährlich zusätzlich an Schottland abgibt, dann ist die Fiskaldividende für das Vereinigte Königreich und letztlich für England, Wales und Nordirland bei kaum drei Milliarden Euro. Da bleiben für jeden in England 50 € vom BREXIT.

In der Einwanderungspolitik dürfte das Vereinigte Königreich wieder auf ein Punktesystem zurück gehen – dieses war von Theresa May als Innenministerin abgeschafft worden, um die von Premier Cameron versprochene Rückführung der Einwandererzahl auf unter 100 000 zu schaffen; dies gelang allerdings nicht. Bei einem Punktesystem werden wohl in Anlehnung an das System in Kanada oder in den USA bestimmte Qualifikationen besonders mit Punkten belohnt. Dabei dürfte parallel zu verstärkten asiatischen Direktinvestitionen auch eine größere Öffnung für Zuwanderung aus Asien erfolgen, zumal US-Erfahrungen zeigen, dass asiatische Zuwanderer sich besonders gut in die US-Gesellschaft integrieren. Dass das Vereinigte Königreich sich damit besser aufstellt als im Kontext mit Zuwanderern aus EU-Ländern, kann man bezweifeln. Der Bericht der OECD (2016a), The Economic Consequences of BREXIT: A Taxing Decision, zeigt, dass die Beschäftigtenquoten von EU-Zuwanderern aus Osteuropa im vierten Quartal 2015 deutlich höher waren als der Durchschnitt der Beschäftigten im Vereinigten Königreich. Die Beschäftigtenquote von Zuwanderern aus den USA – sicherlich häufig hohe Qualifizierungsstufen widerspiegelnd – lag im Vereinigten Königreich hingegen unter dem Durchschnitt. Ob eine solche veränderte britische Einwanderungspolitik funktionieren wird, ist unklar; soweit man nach dem BREXIT-Referendum rassistische Reaktionen in Teilen der britischen Öffentlichkeit sah, wird dies gerade in vielen Ländern Asiens, auch in China, kritisch gesehen. Eine höhere Zuwanderung aus Asien nach Großbritannien dürfte nach 2020 sichtbar werden; ob die britische Gesellschaft damit problemlos wird umgehen können, bleibt abzuwarten.

Wenn das Vereinigte Königreich sicherheitspolitisch verstärkt in Asien an der Seite der USA auftreten sollte, so wird dies längerfristig bzw. im Mittelmeer in Europa eine erhebliche sicherheitspolitische Lücke zulassen. Da nach dem gescheiterten Militärputsch in der Türkei in 2016 eine seitens des Präsidenten Erdogan verschärfte pro-islamische oder gar islamistische Personalpolitik in Regierung und Verwaltung zu erwarten ist, ergeben sich zwischen der EU und der Türkei mittelfristig verschlechterte Möglichkeiten der Politikkooperation. Die Fähigkeit der EU, die Problematik von großen Flüchtlingswellen künftig zu verhindern, wird damit sicherlich untergraben. Auf die USA kommt von daher eine besondere Verantwortung zu, über die Nato-Schiene die Türkei im Gespräch mit den EU-Ländern bzw. der Europäischen Kommission zu halten.

Schließlich ist zu bedenken, dass ein Teil der bislang Richtung Großbritannien gegangenen US-Direktinvestitionen künftig in die EU27-Länder gehen wird. Die USA stehen für 1/3 des Direktinvestitionsbestandes im Vereinigten Königreich, wobei der Bankensektor traditionell für US-Investoren besonders wichtig war. Ein Teil der US-Direktinvestitionen wird daher künftig verstärkt Richtung EU27-Länder fließen statt nach Großbritannien. Es ist nicht auszuschließen, dass hier die Haupt-Empfängerländer dann die Benelux-Länder einerseits und Deutschland und Frankreich andererseits sein werden. Die Pro-Kopf-Einkommensunterschiede innerhalb der EU27-Gruppe könnten dann zunehmen. Direktinvestoren sind für viele EU-Länder, gerade auch für Deutschland, sehr wichtig, wenn es um die Expansion des Wissensbestandes und damit auch des Produktionspotenzials bzw. des Wirtschaftswachstums geht. BREXIT könnte zu einer Vergrößerung der Einkommensunterschiede zwischen den EU-Ländern führen und dies wiederum könnte auch starken Druck für die Europäische Kommission bedeuten, künftig höhere Ausgabenlinien im Bereich der Strukturfonds der EU für relativ arme Regionen bereitzustellen. Die EU wird jedenfalls mittelfristig erhebliche Anpassungen in ihrer Politik bzw. in ihren Politikschwerpunkten vornehmen müssen.

EU-Desintegrationsmechanik im Kontext von BREXIT und TTIP

Man kann aus ökonomischer Sicht einige britische Problemaspekte im Kontext des EU-Austritts betrachten. Allerdings sollte man mindestens ebenso die zum Teil damit verbundenen EU-Desintegrations-Perspektiven sehen. Betrachten wir zunächst die britische Sicht zum BREXIT und dann ganz kurz die EU-Desintegrationsaspekte:

- BREXIT bedeutet eine Abschwächung der kurzfristigen Wirtschaftsentwicklung – sichtbar schon 2016/2017 – und zudem einen strukturellen Rückgang des Realeinkommens um etwa 8 %. Das wird die britische Regierung massiv motivieren, wachstumsförderliche Maßnahmen zu ergreifen. Hier kommt nur teilweise eine keynesianische Ausgabenpolitik als Maßnahme in Frage; strukturelle Wachstumsmaßnahmen könnten eine weitere Deregulierung der britischen Wirtschaft, mehr staatliche Forschungsförderung, bessere Standortwerbung und vor allem neue Freihandelsabkommen – etwa mit Kanada, den USA und Australien sowie Indien – darstellen. Hier kann man bis 2025 Vertragsabschlüsse und erste positive Effekte erwarten. Nimmt man die neuere EIIW-Studie zur Wissensproduktionsfunktion bzw. zu den denkbaren TTIP-Wachstumseffekten eines EU-US-Freihandelsabkommen – siehe JUNGMITTAG/WELFENS (2016) –, dann kann man 2 % reales Einkommenswachstum aus einem transatlantischen Freihandelsabkommen erwarten; für das Vereinigte Königreich und Deutschland könnten die Effekte eher noch etwas größer sein, wie sich aus ökonometrischen Länder-Fix-Effekten bei der Wissensproduktionsfunktion ergibt. Durch ein transatlantisches Freihandelsabkommen kann das Vereinigte Königreich also gut 2 % Realeinkommenserhöhung erreichen, so dass es hier einen klaren Anreiz gibt jenseits der ohnehin aus politischen Gründen in der May-Regierung erkennbaren Neigung, künftig noch stärker als bisher mit den USA zusammen zu arbeiten.
- In Deutschland und Frankreich ist 2016 aus Regierungskreisen unmittelbar nach dem BREXIT verlautet, dass man TTIP politisch eigentlich nicht mehr wolle. Das bedeutete für den Fall Nicht-TTIP paradoxerweise, dass ausgerechnet Deutschland als einer der größten ökonomischen EU-Nutznießer von TTIP diese transatlantische Kooperationsmöglichkeit politisch mitbegräbt. Damit aber entsteht nun ein Anreiz zur EU-Desintegration bei EU27-Ländern bzw. einige dieser Länder könnten nun Großbritannien folgen. Je mehr UK folgen, desto geringer der ökonomische Schaden für die Austrittsländer – in der Annahme, dass sie sich mit UK zu einer Art neuen EFTA zusammen schließen werden, also einem europäischen Freihandelsblock II, der ohne gemeinschaftlichen Außenzoll arbeitet; oder aber man schafft eine Zollunion II in Europa. Großbritannien wird sicherlich nicht zögern, mit den USA, Kanada, Australien etc. rasch Freihandelsverträge zu vereinbaren und da allein eine UK-USA-Freihandelsabkommen rund 2 % realen Einkommenszuwachs bringen kann, ergibt sich die Perspektive für UK und andere EU-Austrittsländer, positive Realeinkommenseffekte zu erzielen bzw. die EU-Austrittskosten zu drücken; und dabei hätte man gleichzeitig mehr nationale Politikautonomie, da man die Eingriffe der EU-Kommission

ja beim Verlassen der EU los wäre. Natürlich gäbe es gewisse Nachteile aus dem EU-Austritt, denn auch ein Vereinigtes Königreich, dem einige EU-Länder folgten, wird nicht das ökonomische Gewicht der EU28 bei internationalen Verhandlungen in die Waagschale werfen können. Irland, Dänemark, Schweden, die Niederlande und einige osteuropäische Länder könnten eine solche Politikoption erwägen. Eine verkleinerte EU wäre notwendigerweise wohl rasch ein Club, in dem es politische Konflikte zwischen Deutschland und Frankreich gäbe, wobei letzteres wohl mit Spanien und Italien als seinen Nachbarländern besonders eng zusammenarbeiten will. Deutschland könnte versuchen, sich Richtung Osteuropa, Österreich und Balkan zu orientieren, womit es dann fast unweigerlich zu mehr Konflikten als bisher mit Russland käme. Deutschland käme unter starken Druck Russlands auf lange Sicht und sicherlich wäre insgesamt eine EU-Desintegration eine hochgradige Destabilisierung Europas. Dass Deutschland aus der Währungsunion aussteigen könnte, ist unter bestimmten Bedingungen durchaus vorstellbar. Es ist allerdings auch offenkundig, dass bei erfolgter Zerstörung von EU und Eurozone als Institutionen der politische Flurschaden auf Jahrzehnte enorm wäre. Die Glaubwürdigkeit von regionalen Integrationsinstitutionen in Europa wäre zerstört, viele Länder werden dann auf höhere Militärausgabenquoten als bisher setzen, um vermindertes institutionelles Vertrauenskapital durch höhere militärische Stärke zu ersetzen.

Den USA wird eine solche Entwicklung normalerweise gar nicht passen, da ein instabiles Europa für die Vereinigten Staaten ein unzuverlässiger und möglicherweise auch ökonomisch verstärkt instabiler Partnerraum wäre. Da allerdings Donald Trump als Präsidentschaftskandidat der Republikaner 2016 verlautbarte, dass er den BREXIT begrüße, kann man offenbar mit Blick auf die USA auch nicht ausschließen, dass von Washington aus wenig rationale Töne auf Europas Integrationsentwicklung Einfluss nehmen könnten.

Was TTIP betrifft und die im Kontext dieser Verhandlungen wichtigen Felder zu den Themen transatlantische Regulierungskooperation (z.B. zu Telekommunikation) sowie Schiedsgerichte/Lösung von Konflikten zwi-schen Investor und Gastland angeht, so geht es hier auch um die Frage, inwieweit Demokratien sich durch internationale Regelbildung und Kooperation in der nationalen Politikautonomie beschränken wollen; überschaubare und sinnvolle Beschränkungen, die insbesondere staatliche Willkür verhindern (solche Beschränkungen wollen etwa auch deutsche oder britische Investoren, die in Spanien in Erneuerbare-Energie-Projekte langfristig investiert haben und Einspeisevergütungssätze vom Staat garantiert bekamen, die Spanien im Zuge der Eurokrise einseitig einfach kürzen wollte: das ist ein Fall fürs Schiedsgericht), können mehr Erwartungssicherheit für Investoren, Innovatoren und Bürger schaffen. Dadurch kann ein Mehr an Investitionen und Innovationsdynamik entstehen, da die Risikoprämien sinken – eine statische Sicht ist bei der Thematik nicht angebracht. Wieweit die EU-Länder und die USA bei der Selbstbeschränkung durch internationale Vereinbarungen im TTIP-Paket von politischer Seite im Konsens gehen wollen und können, ist von den Parlamenten zu entscheiden. Die erfahrenen EU-Verhandlungsführer werden sicherlich die Vorgaben der EU-Länder bzw. des Europäisches Rates der Staats- und Regierungschefs bei den Gesprächen mit den USA berücksichtigen.

Präsident Obama erläuterte auf dem G20-Gipfel Anfang September 2016 in Hangzhou, dass die USA zunächst eine Priorität für den Abschluss und die Umsetzung des TPP-Freihandelsvertrages mit Asien und des transatlantischen EU-USA-TTIP-Projektes hätten (so der umfassende fokussierte Bericht der britischen Zeitung GUARDIAN am 4. September 2016: https://www.theguardian.com/world/2016/sep/04/g20-theresa-may-warns-of-tough-times-for-uk-economy-after-brexit). Erst danach käme in der Prioritätenliste ein mögliches USA-UK-Freihandelsabkommen. Am Rande des G20-Gipfels traf Premier May zudem den Chinesischen Präsidenten Xi Jinping, der seine Verärgerung über die Verzögerung beim geplanten Atomkraftwerksneubau in Großbritannien äußerte – beim Hinkley-Projekt und ähnlichen geplanten Neubauten durch ein französisch-chinesisches Konsortium hatte Premier May die Bauprojekte nach Amtsantritt „under review" – also zur Prüfung – gestellt, was Verzögerungen ergab. Dass Großbritannien Atomkraftwerke neu bauen wird, die ebenso wie bisherige Atomkraftwerke keine nennenswerte Haftpflichtversicherung haben (dies gilt für Frankreich ähnlich; auch für Deutschland angesichts 2,5 Mrd. € Versicherungssumme pro AKW, die etwa 1/1 000 der Kosten bei einem GAU, also einem Unfall der schwersten Kategorie, ausmachen), zeigt allerdings auch einen Mangel an ökonomischer Rationalität. Keine private Versicherung ist bereit, Atomkraftwerke umfassend zu versichern, so dass aus ökonomischer Sicht Atomstrom nicht sinnvoll ist. Eigentlich müsste die EU-Kommission AKW-Betreiber wegen verdeckter Beihilfen durch ganz massive Unterversicherung mit einem Beihilfeverfahren angehen). Japans Premier hat im Gespräch mit Premier May offenbar betont, dass japanische Firmen Direktinvestitionen aus Großbritannien abziehen werden, wenn dem Land kein sehr guter Zugang zum EU-Binnenmarkt nach einem BREXIT via EU-UK-Vertrag erhalten bliebe.

Ben Bernanke (BERNANKE, 2016), der Ex-Notenbankchef der US-Zentralbank, schrieb in einem Post für Brookings am 28. Juni 2016 (Economic Effects of Brexit), dass der BREXIT-Schock vor allem über die Finanzmärkte zunächst ablaufen werde, wobei Investoren riskante Aktiva – wie etwa Aktien – verkaufen können und sich verstärkt sicheren Staatsanleihen der USA, Deutschlands und Japans zuwenden könnten. Die Investoren könnten mehr risikoscheu als normal sein, da ihnen bewusst sei, dass die geldpolitischen Handlungsreserven der Zentralbanken viel geringer als normal seien. Japan sei von Deflationsdruck via Währungsaufwertung und sinkenden Aktienkursen bedroht; die USA hätten zunächst kaum Anpassungsdruck, da verminderte Zinssätze die Dollar-Währungsaufwertung abfederten. Aber die US-Zentralbank werde sicherlich sehr wachsam im neuen Umfeld bleiben.

Die USA werden sich wegen des BREXIT in Kombination mit der expansiven britischen Geldpolitik vermutlich noch um Japan verstärkt sorgen müssen, da die Währung Japans nun verstärkt aufwertet, was den Kampf von Japans Zentralbank gegen den Deflationsdruck in Japan erschwert. In einer neuen Weltwirtschaft des frühen 21. Jahrhunderts – nach dem Aufstieg Chinas – gibt es eine gegenseitige Abhängigkeit der Großökonomien USA-Japan-China-Eurozone/UK. Wenn es in Japan zu einer Deflation kommt, bedeutet das über absolut sinkende Exportpreise Japans tendenziell auch verstärkten Deflationsdruck in den USA, China und der Eurozone; in der Eurozone und Japan könnte die Währungsaufwertung jeweils ähnlich hoch sein, so dass sinkenden Preise von Importgütern aus Japan plus Währungsaufwertung beim Euro auch in der Eurozone den Deflationsdruck erhöhen. Von Japan plus der Eurozone gehen dann Deflationsimpulse Richtung USA und China aus und von dort kommt ein Verstärkungs-Echoeffekt für Japan und den Euroraum zurück.

Die beim May-Obama-Pressegespräch in Hangzhou von Premier May verkündete These, dass sie den BREXIT zu einem Erfolg machen werde, klingt ökonomisch sonderbar. Der BREXIT ist ökonomisch ein internationaler Schock, der weltweite Schäden versursacht (gelegentlich anhaltender Nebel in London mag die Sicht der neuen britischen Regierung auf die weltwirtschaftlichen Effekte beeinträchtigen – aber die Hauptschadensphase wird ja auch noch kommen, nämlich mit dem Austritt Großbritanniens aus der EU).

Premier May wird über Jahre damit konfrontiert sein, dass der Finanzministeriums-Bericht vom 18. April 2016 einen erheblichen ökonomischen Schaden für UK durch BREXIT errechnet hat – und dabei noch die Negativ-Effekte für EU27 und die davon ausgehenden negativen Rückwirkungseffekte für Großbritannien ausgeblendet hat. In welchem Sinn ein BREXIT dann aber ein Erfolg für Großbritannien (oder Europa oder die Weltwirtschaft) sein könnte, ist absolut unklar. Wenn denn eine skeptische Bevölkerung seit der Transatlantischen Bankenkrise den Worten führender Politiker in Großbritannien weniger Vertrauen schenkt als früher, da Glaubwürdigkeit verspielt wurde, so kann man von einer in sich widersprüchlichen Politik von Premier May kein Zurückgewinnen an Glaubwürdigkeit für die führenden Politiker erwarten. Dies wiederum kann populistischen Parteien bald schon neuen Zulauf bescheren.

Mit ihrem Satz „BREXIT bleibt BREXIT" und sie wolle dies zu einem Erfolg machen, hat Premier May eine in sich widersprüchliche These zum Motto ihrer Regierung gemacht. Zu den massiven regierungsseitigen Informationspannen bei der Referendumsvorbereitung hat sie sich bisher nicht geäußert, obwohl ihr als Kabinettsmitglied der Cameron-Regierung die Zusammenhänge präsent sein müssen. Auf Seiten der US-Regierung und der US-Öffentlichkeit (sowie in der EU) wird man im Übrigen wenig Verständnis für unprofessionelle britische Referendums-Infopolitik haben, da doch Präsident Obama wenige Wochen vor dem Referendum bei seinem London-Besuch die sehr hohe Wertigkeit der britischen EU-Mitgliedschaft öffentlich betont hatte. Fast könnte man den Eindruck haben, die Cameron-Regierung sei von der Aufgabe, ein nationales Referendum so organisieren, überfordert gewesen.

Rolle der USA unter Trump und globale Perspektiven

Die May-Regierung hat im White Book vom Februar 2017 erklärt, dass sie eine Global-Britain-Strategie verfolgen werde, die auf das Abschließen einer Vielzahl von Handelsverträgen hinausläuft, was Wachstum und Wohlstand fördern soll. Die von Präsident Trump in Nordamerika 2017 eingeleitete Neuverhandlung des NAFTA-Abkommens – ein Freihandelsabkommen zwischen den USA, Kanada und Mexiko –, der von der Trump-Administration gestoppte Ratifizierungsprozess des Freihandelsabkommens Trans-Pacific Partnership (TPP) und auch der im September 2017 gegenüber Südkorea erfolgte Schritt zu einer Neuverhandlung des USA-Südkorea-Freihandelsabkommens schafft aber ausgerechnet von den USA her ein erhebliches Maß an Unsicherheit, was Freihandelsverträge politisch noch wert sind. Wenn Freihandelsverträge der USA mit jedem Präsidentenwechsel neu verhandelt werden sollten, so wird seitens der dominanten USA und später dann womöglich auch von anderen großen Ländern her große Instabilität in die internationalen Handelsbeziehungen kommen. Wenn man Handelsliberalisierungszusagen aus internationalen Freihandelsverträgen nur noch eine geringe Halbwertzeit wird beimessen können, stellt sich die Frage, welche Länder dann überhaupt noch Freihandelsabkommen abschließen wollen. Eine solche Verminderung handelspolitischer Glaubwürdigkeit, wie sie durch die Trump-Administration entsteht, wird von den USA kaum langfristig durchgehalten werden können. Denn eine solche Politik ist letztlich gegen die US-Wirtschaftsinteressen gerichtet. Es ist nur eine Frage der Zeit, bis das Spendenaufkommen an die Republikanische Partei aus der Wirtschaft und manches Networking zugunsten dieser Partei seitens der großen US-Unternehmen massiv reduziert werden. Zugleich ist eine erratische US-Handelspolitik sicherlich keine gute Basis für Mays Global-Britain-Projekt, das ja auf ein Mehr an Freihandelsverträgen Großbritanniens mit vielen Ländern in der Weltwirtschaft setzt und dabei auf eine funktionsfähige Welthandelsorganisation angewiesen ist. Wenn aber Trump gerade diese internationale Organisation sichtbar unterminiert, dann vermindert dies die Möglichkeiten für UK, eine nachhaltig verbreiterte Freihandelsstrategie umzusetzen. Im Übrigen hat der Generalsekretär der WTO in einer Rede Ende 2016 sehr kompakt ausgedrückt, was Multilateralismus bedeutet: „to make the small big and the big civilized" (kleine Länder groß zu machen und die großen zu zivilisieren). Dabei geht es mit Blick auf die USA vor allem darum, dass gerade auch die großen Länder sich an Regeln und vereinbarte Verträge halten.

Präsident Trump hat als seine Handlungsdevise „America First" und zudem eine Bevorzugung von Bilateralismus statt des jahrzehntelang von den US praktizierten Multilateralismus verkündet. Das schafft erhebliche Vertrauensprobleme bei potenziellen Verhandlungspartnern. Man muss im Übrigen ja davon ausgehen, dass im Fall eines verschlechterten US-Marktzuganges etwa für Korea, Mexiko, China und andere Länder der entstehende erhöhte Angebotsüberschuss auf dem Weltmarkt dann auch in die UK- bzw. EU-Märkte hineindrückt. Die Fähigkeit etwa von UK, Freihandelsabkommen auf zuverlässigen Grundlagen mit anderen Ländern abzuschließen, wird durch die Politik der Trump-Administration beeinträchtigt. Der politisch enge US-UK-Schulterschluss, den der May-Besuch in den USA bei Präsident Trump 2016 erkennen ließ, ist jedenfalls widersprüchlich. Dass die USA in einem Handelsstreit mit Kanada – es ging um angeblich verzerrende Subventionen beim Flugzeugbau der kanadischen Firma Bombardier, die auch in Nordirland produziert – auch gleich die Bombardier-Exporte aus UK im Herbst 2017 mit 300% Import-Strafzoll wegen ungerechtfertigter Subventionierung durch Kanada belegten, zeigt im Übrigen, dass UK nicht ohne Weiteres von den USA generelles Entgegenkommen bei den bilateralen Handelsbeziehungen erwarten sollte.

Wenn die USA unter der Trump-Administration einen klaren Bilateralismus und America-First-Ansatz verfolgt, dann heißt das für UK, dass Freihandelsabkommen mit anderen Ländern, die normalerweise in die Rahmenordnung der Welthandelsorganisation (WTO) eingepasst werden, auf schwachen Füßen stehen. Die WTO ist normalerweise zuständig für Konfliktregelungen, aber wenn wegen der Schwächung der WTO durch die USA die Welthandelsorganisation kaum handlungsfähig ist, so wird UK längerfristig wohl mit einer großen Zahl von Handelskonflikten konfrontiert sein. Die Politik wird in Großbritannien dann vor einer Überforderung stehen. Wenn die USA unter Trump die Weltordnung durch internationale Organisationen zerstören sollten, so ist eine neue Rivalität von Großmächten ähnlich der im 19. Jahrhundert abzusehen. Steigende Militärausgabenquoten werden die Folge sein, ebenso langfristig wohl mehr militärische Konflikte. Zudem ist ein Auseinanderfallen des Westens dann nicht auszuschließen. Auch militärische Konflikte innerhalb Westeuropas wird man nicht mehr ausschließen können, den mittelfristigen Zerfall der Europäischen Union ohnehin nicht.

Die latente EU-Instabilität entsteht nicht nur durch die Eigenschaft von Europa-Wahlen, radikale Parteien zu begünstigen, sie ergibt sich auch aus der leichtfertigen Juncker-Integrationsagenda, die dieser im September 2017 formuliert hat: Ausweitung des Schengen-Raumes in Richtung Bulgarien und Rumänien; Erweiterung der Eurozone um die restlichen osteuropäischen EU-Mitgliedsländer. Das ist ein hochriskantes Projekt, wenn die Eurozone nicht vorher weiter reformiert wird und wenn eine solche Euro-Osterweiterung relativ bald käme. Es besteht das Risiko, dass dann mittelfristig eine neue ernste Eurokrise entsteht: eine Griechenlandkrise XXL, die die Legitimität der Eurozone und der EU weiter untergraben wird. Es sollte dringend über Konsequenzen aus der Eurozone nachgedacht werden bzw. solche Änderungen der Eurozonen-Architektur sind nötig, die die Stabilität der Eurozone nachhaltig erhöhen. Ohne eine sorgfältige Verankerung von Verschuldungsbremsen in nationalen Verfassungen aller Eurozonen-Länder wird man ein solches Ziel wohl schwerlich erreichen. Nicht vergessen werden sollte, dass e um einen Stabilitäts- und Wachstumspunkt in der Eurozone geht. Die Euro-Länder sollten mit sinnvoller nationaler Wirtschaftspolitik Wachstum (und Beschäftigung) fordern und die EU könnte über ein aktives Benchmarking hier positive Impulse setzen.

Wenn die EU-Kommission unter Juncker die Weichen für die nächste Eurokrise stellen will, dann könnte man Großbritannien wohl in der Tat nur empfehlen, eine solche völlig unvernünftige EU zu verlassen. Die Tatsache, dass die Verträge bislang den Euro mit Ausnahme von Dänemark und UK als Währung langfristig vorsehen, heißt ja nicht, dass es einen Druck gibt, dies kurzfristig – nach Abflauen der Eurokrise – zu realisieren. Im Gegenteil ist es Aufgabe der EU-Kommission, sich von Fortschritten für eine nachhaltige Euro-Stabilisierung zu überzeugen und selbst Weichenstellungen hierfür vorzunehmen. Im Übrigen können Verträge auch geändert oder ergänzt werden.

Durch die Trump-Politik und den BREXIT entsteht eine neue politische EU-Situation. Kleine Länder wie die Niederlande oder Dänemark können UK nicht länger als Politikpartner nutzen, um eine denkbare Dominanz durch das

Duo Deutschland/Frankreich zu verhindern. Die Regierung der Niederlande hat im Sommer 2017 bereits Gespräche mit Dänemark und anderen Ländern aufgenommen, um durch bessere Kooperation zwischen Partnerländern einer Deutschland-Frankreich-Dominanz entgegenzuwirken; eine Gruppe von acht Ländern ist entstanden. Speziell die Rolle Deutschlands in der EU wird wohl komplizierter als bisher werden. Denn nicht nur das traditionelle Anti-Protektionismus-Quartett Deutschland-UK-Dänemark-Niederlande wird bei einem BREXIT nicht mehr funktionieren. Vielmehr werden die USA wohl auf Frankreich und Deutschland als Stimme der USA in der EU setzen, was in der Wahrnehmung von EU-Partnerländern eine stärker „deutsche EU" bedeuten dürfte – und dagegen gibt es erhebliche Vorbehalte bei vielen Partnerländern. Mit dem Auseinanderdriften von USA und EU sowie dem BREXIT wird das 21. Jahrhundert weniger kalkulierbar, die politischen Risiken nehmen zu; noch dazu mit einem Deutschland, das seit 24. September 2017 eine rechtspopulistische AfD mit 12,6% Stimmenanteil im Parlament in Berlin hat, mit Perspektiven für weitere Stimmengewinne. Denn die AfD erhält hohe Wahlkampfkostenerstattungen und wird zudem wohl in weitere Landesparlamente einziehen und auch kommunalpolitisch verstärkt auftreten sowie bei der Europawahl 2019 Stimmen dazugewinnen können.

Präsident Trump zielt auf eine neue Weltordnung unter Führung der Großmächte USA, Russland, China – mit Vasallenstaaten. Der alte Begriff Allianz des Westens sagt Trump offenbar nichts und umgeben von wenig kompetenten Wirtschaftsberatern hat der gelernte Bauunternehmer Trump (aus dem Sektor der nichthandelsfähigen Güter) eine ökonomisch absurde Fehde zum US-Handelsbilanzdefizit gestartet: eine ökonomische Fehlkategorie, denn der u.a. internationale Dividendeneinkommen enthaltende Leistungsbilanzsaldo – mit US-Überschuss gegenüber der EU und geringem Defizit gegenüber der Eurozone in 2017 – ist viel eher relevant. Der G7-Gipfel von Kanada in 2018 ist wegen der US-Zollpolitik gescheitert, Trump zerstört das multilaterale System; wo der Platz von UK nach dem BREXIT sein kann, wird man sehen.

Teil III

EU-Entwicklungen

9

EU-Geschichte und Entwicklungsdynamik

Die Europäische Integrationsgeschichte hat alte Wurzeln und zumindest gab es einige konkrete Vorstellungen in den 1920er Jahren, als Aristide de Briand und Gustav Stresemann in der Mitte der Dekade eine Annäherung zwischen Deutschland und Frankreich versuchten. Aristide de Briand hielt als Ministerpräsident und gleichzeitiger Außenminister 1929 eine Rede beim Völkerbund, in der er sich für die Entwicklung einer Europäischen Union aussprach, der die 27 damaligen europäischen Mitglieder angehören sollten – gemeinsame Entscheidungen in bestimmten Feldern, die Beratung zu ihren Interessen und auch ein „föderatives Band" gehörten zu den Ideen, die Briand auch ein Jahr später in einer Denkschrift zur Europäischen Integration vorstellte. Das Wiedererstarken des Nationalismus, die Weltwirtschaftskrise und die Gegensätze zwischen Deutschland und Frankreich ließen praktische Schritte für eine Europapolitik damals nicht zu. Erst nach dem verheerenden Zweiten Weltkrieg gab es ab 1948 neue Impulse in der Europapolitik und Frankreich war ein wichtiger Impulsgeber. Am 9. Mai 1950 stellte Robert Schumann, französischer Außenminister, den Plan für die Gründung einer Montanunion vor, der sich auf den Aufbau einer gemeinsamen supranationalen Verwaltung der rüstungspolitisch wichtigen Sektoren Kohle und Stahl bezog. Am 25. März 1957 kam dann der entscheidende Schritt zu EU-Integration mit der Unterzeichnung der Römischen Verträge durch Deutschland, Frankreich, Italien, Belgien, Niederlande und Luxemburg: mit der Idee eines regionalen Freihandels und einem gemeinsamen Außenzollsatz (Zollunion), wobei gemeinschaftliche, supranationale Institutionen die EU-Integration tragen und mitprägen sollten (KNIPPING, 2004).

Die Europäische Kommission war eine Art Regierung, die aber zugleich auch Gesetzesvorschläge machen konnte, die von einem Europäischen Parlament – erst ab 1979 direkt gewählt – kontrolliert werden sollte. Zudem sollte der Europäische Gerichtshof mit Sitz in Luxemburg die Einhaltung der Verträge gewährleisten. Es dauerte fast eine Dekade, bis man ab 1958 den Waren-Freihandel realisiert hatte. Gerade in diesem Jahr konnte mit Hilfe des Internationalen Währungsfonds – indirekt also der USA, die schon bei der vorigen Europäi-

© Springer Fachmedien Wiesbaden GmbH, ein Teil von Springer Nature 2018
P. J. J. Welfens, *BREXIT aus Versehen*, https://doi.org/10.1007/978-3-658-21458-6_10

schen Zahlungsunion eine wichtige Funktion gespielt hatten – der Welthandel mit vereinfachten Zahlungsmodalitäten neu starten. Das trug zum EU-Erfolg sicherlich mit bei: Außenhandel, Produktion und Beschäftigung stiegen in den EU-Ländern stark an. Anfang der 1960er Jahre begann dann auch Großbritannien, sich für eine EU-Mitgliedschaft zu interessieren. Aus ökonomischer Sicht soll verstärkter regionaler Freihandel über Spezialisierungsvorteile eine Erhöhung des Lebensstandards bzw. der Einkommen der beteiligten EU-Länder bringen. Man kann in der Außenhandelstheorie zeigen, dass bei freiem Handel und Wettbewerb ein ökonomischer Aufholprozess stattfindet: Die ärmeren Länder können – auch bei fehlender Migration von Arbeit und Kapital – ökonomisch zu den führenden Ländern beim Pro-Kopf-Einkommen aufholen und dabei wirkt dann langfristig auch die Kapitalakkumulation, also der Investitionsprozess. Für die seit Mitte der 1950er zunehmend Jahre exportstarke Bundesrepublik Deutschland, die häufig Außenhandelsüberschüsse erreichte, war dies ein expansives Umfeld. Feste Dollar-Wechselkurse, die die EU-Länder zwischen 1958 und 1973 im Bretton-Woods-System verbanden, erleichterten die Handelsexpansion in der EU enorm.

Was ist die EU? Umverteilungs- und Handelsmaschine mit Politikanschluss

Die Europäische Union besteht aus der Europäischen Kommission, dem Europäischen Parlament, dem Europäischen Gerichtshof und einigen anderen Institutionen. Zu diesen anderen gehört der Europäische Rat, die Versammlung der Staats- und Regierungschefs, die bis zum Vertrag von Lissabon gar keine EU-Institution war. Mit diesem Vertrag hat man neben die supranationale Kommission mit ihren Kommissaren – für jedes Land einen – eine Institution des Nationalen gesetzt. Das ist nicht wirklich klug, denn die Europäische Union stand Jahrzehnte lang für grenzübergreifende Kooperation und eigene EU-Institutionen, die den Nationalismus überwinden sollten.

So kann kein Mitglied der EU-Kommission etwa Weisungen von einer Regierung entgegen nehmen – etwa von derjenigen, die einst nach Brüssel quasi gesandt hatte. Die Kommission hat 33 000 Beamte, davon etwa 1/6 im Übersetzerdienst. Ein Teil der Beamten ist überflüssig und verbringt den Tag damit, ständig neue Regulierungen für den EU-Binnenmarkt auszudenken – oft Regeln, die die Wirtschaft mit ganz überflüssigen Kosten belasten und zur internationalen Wettbewerbsfähigkeit von EU-Anbietern nichts beitragen; im Gegenteil.

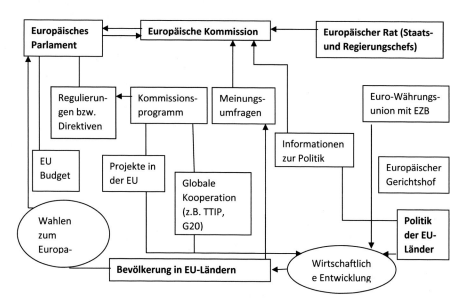

Abb. 12. Institutionelle Struktur der EU und europäischer Regierungen

Es gibt z.B. Tausende deutsche mittelständische Unternehmen, die sich eine Brüsseler Vertretung leisten müssen, um die fragwürdigsten Regulierungen von Kommissionsbeamten abzuwenden. Die bei Kommissionsbeamten beliebte Regulierung der Saugkraft von Staubsaugern gehört zu den bekannten Unsinnigkeiten an Kommissionsarbeit.

Der größte Teil der Kommissionsarbeit hat allerdings gute Gründe und dient etwa dem EU-Binnenmarkt, der Wettbewerbspolitik oder auch der Rahmenregulierung bei der Telekommunikation; oder es geht eben um das Aushandeln von Freihandelsverträgen mit anderen Ländern, wobei die EU als Zollunion so organisiert ist, dass die Kommission immer für alle EU-Mitgliedsländer die Verhandlungen führt: Zollpolitik ist tatsächlich supranationale Politik, die aus guten Gründen in Brüssel gemacht wird. 35 Freihandelsabkommen hat die Europäische Union und die Bedingungen, die eine Gemeinschaft mit 15 000 Mrd. € Bruttoinlandsprodukt (2015: Das Fünffache der deutschen Wirtschaftskraft) aushandeln kann – und 510 Millionen Einwohnern bzw. Nachfragern – sind naturgemäß besser als die Marktzugangsbedingungen, die man als einzelnes Land etwa gegenüber Mexiko, Kanada, den USA etc. aushandeln könnte. Als Zollunion ist die EU insofern ungewöhnlich, als eben die Handelskompetenz und auch die Aufgabe, Investitionsschutzabkommen international auszuhandeln, bei der Kommission liegen. Entsprechend haben alle EU-Länder gleiche Importzölle für alle Importwaren aus Drittländern. Unter allen regionalen Integrationsräumen ist nur der Mercosur in Lateinamerika noch eine Zollunion und der Mercosur ist wie die Asean in Asien und viele andere „regionale Wirtschaftsintegrationsclubs" stark in Anlehnung an die EU aufgebaut. Neben Außenhandelsaktivitäten hat die EU noch eine Reihe anderer Aktionsbereiche, die jedoch selten sehr gewichtig sind.

Es gibt bei der EU eine gewichtige Subventionskontrolle in der Industrie, die behindern soll, dass Staaten den Wettbewerb durch Erhaltungssubventionen verhindern: Das ist sehr vernünftig und schützt letztlich die Taschen der Steuerzahler, denn sonst entstünde – wie früher etwa in der Stahlindustrie in fast jeder Rezession ein teurer Wettlauf der nationalen Subventionsgeber der EU-Mitgliedsländer mit Stahlproduktion. Unrechtmäßig gezahlte nationale Subventionen müssen bei einem von der Kommission entdeckten Regelverstoß an den jeweiligen Staat zurückgezahlt werden. Ein Teil der Umweltpolitik ist bei der EU noch als Aufgabe zu nennen und dies macht auch unter ökonomischen Aspekten für einen Teil der Umweltfragen auch Sinn – nicht für die lokale Wasserversorgung, aber eben für die Klimapolitik und z.B. auch für Fragen der Verhinderung des Überfischens der Weltmeere. Die EU ist im Übrigen eine finanzielle Umverteilungsmaschine, die speziell landwirtschaftliche Produktion subventioniert – der Agrarsektor ist ein Ausnahmesektor, für den vor allem Frankreich immer Finanzmittel gefordert hat. Bei diesem Sektor gibt es auch hohe Importzölle, die Bauern gegen Importkonkurrenz schützen. Die EU gibt zudem im Rahmen der Strukturfonds Hilfen für Regionen mit einem Pro-Kopf-Einkommen, das unterhalb von 75 % des EU-Durchschnitts liegt (nach Kaufkraftparität gemessen; bei Kaufkraftparitäten werden unterschiedliche Preise nichthandelsfähiger Güter in verschiedenen EU-Ländern berücksichtigt: Ein Haarschnitt in Warschau kostet viel weniger als ein Haarschnitt in Wien, daher sind 1 000 € Einkommen in Warschau kaufkraftmäßig mehr wert als in Wien): Das sind vor allem Regionen in Osteuropa, zudem in Griechenland, Spanien, Portugal und Italien; zudem auch in Ostdeutschland.

Das staatliche supranationale EU-Budget in Brüssel betrug 2015 rund 1 % der Wirtschaftsleistung der Europäischen Union. Das ist wenig im Vergleich zu der Staatsverbrauchsquote von etwa 20 % in den EU-Ländern, wobei nochmals gut dieselbe Größenordnung für Sozialausgaben bei den Nationalstaaten dazu kommt. Die Europäische Union hat verschiedene Ziele wie etwa Wachstum, Umweltschutz und ökonomische Konvergenz – also das Einebnen ökonomischer Unterschiede beim Pro-Kopf-Einkommen zwischen EU-Ländern via erfolgreiche wirtschaftliche Aufholprozesse der ärmeren EU-Länder.

Im EU-Haushalt bilden sich die Ziele der EU teilweise ab. Für 2016 ist der Gesamtetat bei 144 Mrd. €. Davon gehen ausgabenmäßig etwa 39 % in den Bereich der Landwirtschaft, 35 % für Strukturfonds bzw. Hilfen für ärmere Regionen in EU-Ländern und 12 % für Innovationsförderung sowie 10 % für Außenpolitik, 9 % für Verwaltung, 2 % für Binnenpolitik/Sicherheit (Angaben nach BMF-website, 2016). Wenn man den britischen Rabatt herausrechnet, dann sind – auf Basis von Angaben für 2015 – 12,6 % des Budgets aus Großbritannien.

Das britische Nettobudget (Zahlungen minus empfangene Leistungen) 2015 bei diesem Land war etwa halb so hoch wie das Bruttobudget, sodass 8-9 Mrd. € bei einem britischen EU-Austritt im EU-Nettobudget fehlen werden. In der Presse wurden im August 2016 11,5 Mrd. € als britischer Nettobeitrag genannt, aber darin enthalten sind 2,1 Mrd. € Beitragsnachzahlung als Einmaleffekt, die die Kommission 2014 UK gewährt hatte). Hier müssten die relativ armen Hauptempfänger-Länder in Osteuropa plus Griechenland künftig, ab 2020 oder 2021 – in der neuen Budgetperiode – Einschränkungen hinnehmen oder Deutschland, Frankreich, Italien, Niederlande, Schweden und andere Netto-Beitragsländer müssten höhere Zahlungen leisten.

Denkbar ist auch, dass das Vereinigte Königreich einen Zugang zum EU-Binnenmarkt erhält und dafür einen Finanzbeitrag leistet, der möglicherweise bei etwa 60 % des bisherigen Nettobeitrages läge, also immerhin etwa 5 Mrd. €. Dann wäre das EU-Budgetproblem nach dem EU-Austritt einigermaßen überschaubar. Die Haushaltslücke könnte man hälftig bei den Nettoausgaben und hälftig bei den Nettobeiträgen schließen. Bei der Erhöhung der Nettobeiträge gibt es kritische Grenzen – bei den Niederlanden mit 0,7 % des Bruttoinlandsproduktes ist diese wohl schon fast erreicht. Wenn man zu einem Zinssatz von 3 % diese Größe über einen sehr langen Zeitraum kapitalisiert, dann entspricht die Summe aller erwarteten niederländischen Beitragszahlungen 23 % der Jahreswirtschaftsleistung. Für das Vereinigte Königreich waren schon 0,3 % bis 0,4 % Nettobeitragsquote offenbar im Gesamtpaket aller Negativpunkte bei der BREXT-Abstimmung zu viel.

Die Niederlande sind traditionell mit Großbritannien immer stark politisch und ökonomisch verbunden gewesen und eine Anti-EU-Partei gibt es in den Niederlanden auch. Diese hofft natürlich auf ein baldiges Referendum zur Frage einer EU-Mitgliedschaft der Niederlande. Immerhin dürfte die zu erwartende erhebliche kurzfristige Abschwächung der britischen Wirtschaftsentwicklung fürs erste den politischen Appetit auf EU-Austritts-Projekte dämpfen. Aber es ist sicher auch vernünftig, sich in Erinnerung zu rufen, dass Volksabstimmungen in den Niederlanden und in Frankreich in Sachen EU-Verfassung (Konventsentwurf) mit klarer bzw. knapper Mehrheit im Jahr 2005 scheiterten.

Tendenziell kann man feststellen (BPB, 2016), dass EU-Länder mit hohem Pro-Kopf-Einkommen Netto-Zahler-Länder sind, die ärmeren Länder sind Netto-Empfänger. Für 2014 werden dabei als die führenden Nettozahler-Länder die Niederlande mit 0,71 % des Bruttoinlandsproduktes, Deutschland und Schweden mit je 0,52 % und Finnland mit 0,4 % geführt; die führenden Nettoempfängerländer waren Ungarn mit 5,6 %, Bulgarien mit 4,5 %, Litauen mit 4,4 % und Polen mit 3,5 % des Bruttoinlandsproduktes. Auf Pro-Kopf-Basis sind die führenden Netto-Beitragsländer Niederlande, Schweden, Deutschland und Dänemark mit 260 € pro Kopf bzw. 240 €, 192€ bzw. 149 €. Bei den Netto-Empfängerländern liegen auf Pro-Kopf-Basis gerechnet Ungarn, Litauen, Griechenland und Malta vorn mit 575 €, 524 € bzw. 473 € und 422 €. In absoluten Größen ging es bei den Netto-Zahlern Deutschland, Frankreich, Vereinigtes Königreich und Niederlande um 15,5 Mrd. € bzw. 7,2 Mrd. €, 4,9 Mrd. € und 4,7 Mrd. €. Die Hauptempfängerländer absolut gesehen waren Polen mit 13,7 Mrd. €, Ungarn, Griechenland und Rumänien, wobei die letzteren drei für 5,7 Mrd. €, 5,2 Mrd. € und 4,5 Mrd. € standen.

Welches Interesse motiviert eigentlich Länder wie Deutschland, Frankreich, Italien, die Niederlande, Schweden und andere, als Nettozahler in der EU freundlich mitzuwirken? Ein Teil der Antwort lautet, dass hier letztlich auch EU-Projekte in relativ armen Ländern mitfinanziert werden, die einen ökonomischen Wachstums- und Aufholprozess befördern. Das hat aus Sicht der Netto-Zahlerländer mit hohem Pro-Kopf-Einkommen zwei Vorteile:

- Die Importnachfrage der ökonomischen Aufholländer nimmt zu, also steigen die Exporte der Zahlerländer. Bei einem erhöhten Pro-Kopf-Einkommen der Aufholländer werden dort verstärkt differenzierte Produkte hergestellt und exportiert. Der Außenhandel bzw. die in der EU durch den Freihandel zwischen den Ländern zu erwartende Handelsschaffung führt zu Realeinkommensgewinnen für die beteiligten EU-Länder. Wenn zudem Direktinvestitionen verstärkt in arme EU-Länder fließen, so kommt es durch internationale Technologietransfer-Effekte und die höhere Kapitalausstattung pro Kopf zu positiven Produktions- bzw. Einkommenseffekten im Zuflussland: Damit könnten Direktinvestitionszuflüsse ökonomische Konvergenz in der Europäischen Union stärken – die Pro-Kopf-Einkommen gleichen sich auf hohem Niveau an. Ein höheres Pro-Kopf-Einkommen in der EU bedeutet, dass eine verstärkte Nachfrage nach differenzierten technologieintensiven Produkten entsteht: Die vor allem in Westeuropa stark aufgestellten innovationsstarken Firmen können ihre Forschungs- und Entwicklungskosten in einem großen einkommensstarken und höherpreisigen EU-Binnenmarkt verbessert refinanzieren und ein erheblicher Teil der Unternehmensgewinne entsteht dabei auch durch Export von westeuropäischen Firmen Richtung osteuropäische EU-Länder. Höhere Gewinne heißt höhere Aktienkurse und jeder, der als Sparer direkt oder indirekt – direkt über Aktienfonds bzw. indirekt auch über eine Lebensversicherung, die in solchen Fonds investiert – in Aktienanlagen investiert hat, realisiert einen Vorteil. Die Außenhandelstheorie zeigt im Übrigen, dass im Zuge der Handelsschaffung beim Intra-EU-Freihandel Spezialisierungs- und Einkommensgewinne für alle beteiligten Länder entstehen.

- Wenn es einen ökonomischen Aufholprozess durch intra-europäische Finanztransfers – via EU organisiert – gibt, dann erleichtert das den politischen Konsensfindungsprozess: Länder mit ähnlich hohen Pro-Kopf-Einkommen haben eben mehr ähnliche Interessen als Länder mit sehr unterschiedlich hohen Pro-Kopf-Einkommen: Die EU wird also durch ökonomische Konvergenz stärker handlungsfähig und das verspricht eine bessere globale Interessendurchsetzung, bei der es Vorteile vor allem für die Hocheinkommensländer mit starkem Außenhandel und auch hohen globalen Direktinvestitionen multinationaler Unternehmen im Ausland gibt.

Ökonomische Aufholprozesse sind zudem wichtig, weil sonst politische und soziale Unruhen in den relativ armen Ländern an der EU-Peripherie entstehen werden und damit ergeben sich dann erfahrungsgemäß auch Sicherheitsprobleme an den EU-Außengrenzen, die letztlich auch negativ für die relativ wohlhabenden EU-Länder sind.

Beim EU-Haushalt gibt es auf der Ausgabenseite gewisse Effizienzprobleme bei Projekten gerade im Bereich der Strukturfonds für arme Regionen. Ob die Stützungsausgaben für Landwirtschaft und Fischerei aus ökonomischer Sicht klug sind, kann man bezweifeln. Bei der Fischerei wird durch EU-Subventionen für die Anschaffung von modernen Fischereibooten die Überfischung der Meere teilweise mit angeschoben, was keine nachhaltige sinnvolle Politik ist. Weshalb überhaupt die EU-Ausgaben in Landwirtschaft und Fischerei unter der Überschrift Nachhaltige Ressourcen-Entwicklung läuft, ist eine wichtige Frage – eigentlich ist das teilweise ein Etikettenschwindel und nach Transparenz und ökonomischer Rationalität sieht das eher nicht aus.

Den EU-Haushalt auszuweiten, kann man sicherlich nur unter bestimmten institutionellen Nebenbedingungen längerfristig erwägen. Im Übrigen kann die Finanzierungsseite nicht außerachtgelassen werden. Traditionelle Eigenmittel (vor allem Zolleinnahmen) machten etwa 14 %, anteilige Mehrwertsteuerabführungen 14 % und auf die wirtschaftliche Leistungskraft der Mitglieder bezogene Beiträge 72 % des EU-Budgets von der Finanzierungsseite her in 2015 aus.

Der EU-Austritt des Vereinigten Königreiches wird wohl zu einer britischen Handelsliberalisierungswelle führen, die sicherlich auch die EU bei weiteren Handelsliberalisierungen voran gehen lassen wird. Damit wird längerfristig notwendig werden, dass die EU die anteiligen Mehrwertsteuerabführungen und auch die faktische teilweise Abführung von Einkommenssteuern wird erhöhen müssen. Der britische EU-Austritt wird aber auch wohl die EU27-Länder steuerlich unter Druck setzen, denn die britische Regierung will offenbar versuchen, die Körperschaftssteuersätze abzusenken, damit das Vereinigte Königreich attraktiver für ausländische Investoren – gerade nach einem BREXIT – wird. Die Steuerkonkurrenz der europäischen Länder wird von daher auch die kontinentaleuropäischen EU-Länder unter politischen Druck setzen, die Körperschaftssteuersätze zu senken, was vermutlich auf dem Kontinent in einigen EU-Ländern zu verteilungspolitischen Auseinandersetzungen führen wird. Denn die Gewerkschaften und manche Wählergruppen werden eine direkte oder indirekte neue Begünstigung des Faktors Kapital in der Steuerpolitik kaum akzeptieren. Großbritannien ist dabei ökonomisch groß genug, die EU27-Länder unter Druck zu setzen. Denn das ökonomische Gewichtsverhältnis ist etwa 1:4 für UK zu EU27.

Schon Camerons Finanzminister Osborne hatte unmittelbar nach dem BREXIT-Referendum angekündigt, dass man die Körperschaftssteuersätze senken wolle. Dem steht nun bei der neuen May-Regierung nur entgegen, dass Premier May beim Amtsantritt angekündigt hat, sie wolle ein Wirtschaftssystem, dass für alle Gruppen der Gesellschaft vernünftig sei. Diese Ankündigung wird es nicht erleichtern, die Steuersätze in der Unternehmensbesteuerung zu senken. Aber die May-Regierung wird wohl kaum Alternativen auf mittlere Sicht haben, wenn denn anhaltendes Wirtschaftswachstum in Großbritannien erreicht werden soll. Dabei muss die May-Regierung damit rechnen, dass ein Teil der britischen Industriefirmen und Dienstleister verstärkt Direktinvestitionen in kontinentaleuropäischen Ländern vornehmen werden, um sich den unmittelbaren Zugang zum EU27-Binnenmarkt zu sichern.

Es droht Großbritannien von daher eine strukturelle Verminderung der Investitionsquote, was wachstums- und jobschädlich wäre. Von daher sind Steuersenkungen für Unternehmen und andere Vergünstigungen wohl schon bald zu erwarten und wenn für 2020 dann wohl britische Unterhauswahlen zu erwarten sind, muss man schon 2017/2018 positive Weichen für mehr Wachstum und Beschäftigung in London setzen. Die britische Regierung wäre wohl auch gut beraten, die Verhandlungen mit der EU27 vor 2019 zu beenden, um nicht noch in dem Jahr einen Europa-Wahlkampf im eigenen Land organisieren zu müssen.

Die EU27-Länder werden britische Unternehmenssteuersenkungen mit Missvergnügen sehen und könnten bei den EU-UK-Verhandlungen über den

EU-Binnenmarkt dann wenig günstige Bedingungen für das Vereinigte König-reich vorsehen. Dem könnte die May-Regierung nur dadurch entgegenwirken, dass man die Regelungen zum EU-Binnenmarkt relativ zügig mit den EU27 vereinbart, um erst nachfolgend Steuersenkungen im Unternehmensbereich vorzunehmen. Außerdem unterliegt das Vereinigte Königreich in Zukunft nicht mehr der Beihilfenkontrolle der Europäischen Kommission, so dass man auf Seiten der Regierung auch über erhöhte Unternehmenssubventionen versuchen könnte, die relative Standortattraktivität des Vereinigten Königreiches nach dem BREXIT zu verbessern.

Die Europäische Integration hat im Rahmen der vertraglichen EU-Entwick-lungen über die Zeit hinweg eine zunehmende Flexibilität bei Integrationsvor-haben ermöglicht, nämlich durch den Vertrag von Amsterdam und dann auch durch den späteren Vertrag von Nizza. Während im Vertrag von Amsterdam eine Intensivierung der Integration nur für eine Mehrheit der EU-Länder als Möglich-keit definiert wurde, hat man im Nizza-Vertrag, der damals 27 Länder umfasste, schon für eine Gruppe von acht Ländern diese Möglichkeit geschaffen. Eine intensivere Kooperation zwischen einer Ländergruppe kann allerdings nicht in den Kernbereichen der EU-Tätigkeit, etwa bei der Außenhandelspolitik, stattfin-den. Im Übrigen soll sichergestellt sein, dass nicht teilnehmende Länder an einer intensivierten Kooperation keine Nachteile erleiden; nicht teilnehmende Länder haben die Chance, später zu der Gruppe mit intensivierter Kooperation beizu-treten. Das bedeutete für das Vereinigte Königreich, dass man einerseits nicht an allen neueren EU-Integrationsaktivitäten teilnehmen musste und dass man ande-rerseits die Chance hatte, mit Zeitverzögerung bei erfolgreichen „Unterfeldern der Integration" einen Beitritt vorzunehmen, falls gewünscht. Für das Vereinigte Königreich wird sich aus Regierungssicht in London allerdings schon auch das Problem gestellt haben, dass man selbst sah, dass das Land als Nicht-Euro-Land bei einem wichtigen Feld zunehmender Integration außen vor blieb.

Die britische Regierung hatte aber auch den Vorteil, dass man sich nicht um die 3 %-Defizitobergrenze kümmern musste und das haben die Came-ron-Re-gierungen auch genutzt. Eine gewisse Logik kann eine solche Strategie für sich beanspruchen, wenn das Wirtschaftswachstum steigt. Wenn man etwa die Schul-denquote senken will, ergibt sich eine Senkung nur dann, wenn einerseits eine Haushaltsüberschussquote erzielt werden kann und/oder wenn die Wachs-tumsrate des realen Bruttoinlandsproduktes größer als die der realen Verschul-dung ist. Wenn im Ausgangszustand die staatliche Schuldenquote gerade 100 % wäre – kommt etwa an die britische Situation 2015 heran – dann ergibt sich ein Sinken der Schuldenquote (Relation Staatsschuld zur Wirtschaftsleistung), wenn die Summe aus der staatlichen Defizitquote und der Differenz von Wirtschaftswachstum und Wachstum der Staatsschuld positiv ist. Wenn also die staatliche Defizitquote 3,5 % beträgt, aber die mittelfristige Differenz zwischen Wirtschaftswachstum und Staatschuldenwachstum größer als 3,5 % ist, so sinkt die Schuldenquote. Natürlich kommt es aus stabilitätspolitischer Sicht darauf an, die staatliche Schuldenquote zu kontrollieren bzw. im Zeitablauf zu senken – wenn denn letztere anfänglich kritisch hoch war.

Die May-Regierung hat gleich beim Amtsantritt mitgeteilt, dass man die unter der Cameron-Regierung noch zügig geplante Rückführung der staatlichen Defizitquote nach hinten verschieben müsse. Das ist wohl eine vernünftige Sichtweise, wenn man realistisch davon ausgeht, dass die BREXIT-Entscheidung eine Wachstumsabschwächung und wohl auch eine Rezession mit sich bringt. Es ist von den Vertretern der Leave-Kampagne, also den BREXIT-Befürwortern, teilweise energisch bestritten worden, dass ein britischer EU-Austritt negative ökonomische Effekte für das Vereinigte Königreich haben werde. Die Realität 2016/2017 zeigt aber genau solche Nebeneffekte.

Institutionelle und Regionale EU-Perspektiven

Die Europäische Union hat eigene Institutionen, die etwa als Europäische Kommission und Europäisches Parlament wichtige Akteure mit Macht sind. Die EU ist aber stark abhängig von den Mitgliedsländern und die EU-Institution Europäischer Rat zeigt dies anschaulich: Die Staats- und Regierungschefs sind speziell seit der Eurokrise sehr einflussreich geworden. Die Macht der EU beim Staatshaushalt relativ zur nationalen EU-Budgetebene ist mit 1:20 (ohne Sozialausgaben auf nationaler Ebene) gering. 1 % supranationale EU-Staatsausgaben sind unbrauchbar etwa für Konjunkturpolitik aus Brüssel, so dass jedes EU-Land seine eigene Politik macht – Koordinierung zwischen den nationalen Ansätzen der Fiskalpolitik findet wenig statt. Immerhin ist die EU in einer eigenständigen Rolle auf internationaler Ebene bei der Handelspolitik zu sehen und auch bei G20-Gipfeltreffen, exklusive Kompetenz hat die EU allein in der Außenhandelspolitik.

Im politischen Mehrebenensystem der EU gibt es eine gewisse Arbeitsteilung zwischen der supranationalen Brüsseler Ebene, den Nationalstaaten (nationale Politikebene wie etwa die Bundesregierung in Berlin oder die britische Regierung in London) und den Regionen. In der britischen Politik gibt es seit dem EU-Beitritt immer wieder gegenüber der EU eine Betonung der nationalen Politik; zumal es in Brüssel auch Demokratiedefizite gibt.

Regionen spielen nicht nur in föderalen Ländern wie Deutschland und Österreich – jeweils mit Bundesländern – eine Rolle. Vielmehr gilt dies auch für EU-Staaten, wo Regionen eine größere Autonomie wollen und auch teilweise erhalten haben, etwa in Großbritannien und in Spanien. Die spanische Region Katalonien strebt nach Unabhängigkeit, was Konflikte innerhalb Spaniens schafft. Auf der Brüsseler Ebene sind die Regionen indirekt repräsentiert, nämlich im EU-Ausschuss der Regionen, in dem obendrein Städte auch vertreten sind.

Das Verhältnis der EU-Mitgliedsländer zur EU ist zunächst so gestaltet, dass die Europäische Kommission die alleinige Zuständigkeit für internationale Freihandelsabkommen und – seit dem Vertrag von Lissabon – auch für Investitionsschutzabkommen hat. Die EU kann hier ihre Gemeinschaftsmacht zum eigenen Nutzen in die Waagschale werfen, so dass die Mitgliedsländer gute Konditionen beim Marktzugang etwa in Mexiko und Singapur haben, demnächst wohl auch in Vietnam und Japan, sobald entsprechende Abkommen geschlossen werden können. Es gibt bereits 35 EU-Freihandelsabkommen. Hier gibt es einen großen Wirtschaftsnutzen durch diese Abkommen.

Die EU-Mitgliedsländer erhalten für den Fall, dass das Pro-Kopf-Einkommen unter 90 % des EU-Durchschnitts liegt, eine gewisse finanzielle EU-Unterstützung, damit durch Infrastruktur- und Umweltprojekte ein Aufholprozess leichter erfolgen kann. Zudem erhalten auch Regionen mit einem geringen Pro-Kopf-Einkommen – weniger als 75 % des EU-Durchschnitts (Basis Kaufkraftparitäten-Zahlen) – EU-Zuschüsse; sowie Regionen mit stark rückläufiger Industriebeschäftigung. Allerdings ist der gesamte Haushalt der EU ja nur 1 % der EU-Wirtschaftsleistung und da hier schon fast die Hälfte Richtung Landwirtschaft eingesetzt wird, bleibt in Wahrheit nur ein eher kleiner Betrag aus den Regional- und Strukturfonds übrig. Einige Bundesländer sind außerdem relativ stark in ihrer Orientierung, was auch wirtschaftsgeographisch bedingt ist. Zu den europäisch orientierten führenden Bundesländern gehören Nordrhein-Westfalen – ökonomisch so groß wie die Niederlande – Baden-Württemberg und Rheinland-Pfalz, aber auch Bayern und Brandenburg (nach der EU-Osterweiterung).

Nordrhein-Westfalen, als Bundesland 1946 von der britischen Besatzungsmacht gegründet, hat nicht nur über Außenhandels- und Direktinvestitionen multinationaler Unternehmen eine starke EU-Orientierung, sondern ist vor allem auch von der Europa-Logistik her ein exzellenter Standort. Wenn etwa chinesische Firmen den EU-Binnenmarkt erobern wollen, dann bieten sich Standorte in Nordrhein-Westfalen als zentral in Europa an. Dieses Bundesland kann den USA und Asien auch hohe multinationale Unternehmensinvestitionen aus EU-Ländern vorweisen, was für die Produktions- und Patentdynamik wesentlich ist. Die Bahnverbindung von Chinas Großstadt Chongqing nach Duisburg ist Folge einer Güterverteil-Logik beim Transport. Teile des Ruhrgebietes und auch einige grenznahe NRW-Regionen haben im Übrigen aus EU-Fördertöpfen im Laufe der Jahre erhebliche Einnahmen erzielt (2007-2015 fast drei Milliarden Euro).

Für die Verbraucher macht sich die Konkurrenz im EU-Binnenmarkt nicht nur in niedrigen Preisen bzw. entsprechenden realen Einkommensgewinnen bemerkbar. Auch die Innovationskonkurrenz ist bei Gütern und Dienstleistungen gestiegen, so dass eine größere Angebotsvielfalt und höhere Güterqualität verfügbar ist. Es war im Übrigen die Europäische Kommission, die bei der Festnetztelefonie 1998 die nationalen Märkte geöffnet und damit starke Preissenkungen und eben auch mehr Produktinnovationen möglich gemacht hat. Bei der Integration der Strommärkte bleibt hingegen noch einiges zu tun, bis man einen ähnlichen Integrationsstand bzw. eine optimale Vernetzung der nationalen Strommärkte erreicht hat. Öffentliche Ausschreibungen wurden im Zuge des EU-Binnenmarktes geöffnet, was dem Steuerzahler sicherlich Vorteile bringt. Denn wenn diese Ausschreibungen im Wettbewerb auf Europas Märkten erfolgen, können staatliche Beschaffungen günstiger zustande kommen. Günstige Reisemöglichkeiten in Europa – ohne Zollkontrollen – sind dank EU-Binnenmarkt und Schengen-Abkommen für jedermann ein Vorteil.

Im scharfen Standortwettbewerb hat NRW erhebliche Standortvorteile, auch wenn die Infrastrukturdefizite – also lange Stauzeiten für den Güter-und Personenverkehr – zunehmend ein Nachteil werden; auch wegen der langjährigen Vernachlässigung dieses Bereiches in der NRW-Wirtschaftspolitik. Die NRW-Wirtschaft, deren EU-Hauptabsatzländer Niederlande, Frankreich, Großbritannien, Belgien, Italien und Polen sind (China ist Nr. 2, USA Nr. 6), wird unter dem BREXIT leiden, denn mit 23 Mrd. € Export plus Import Richtung Großbritannien – bei 388 Mrd. € Außenhandelsvolumen gesamt – sind fast 6 % des NRW-Außenhandels betroffen. Die NRW-Exporte, die die britischen Importe deutlich übersteigen, werden sicherlich mittelfristig wegen der Pfundaufwertung und der britischen Wachstumsverlangsamung schrumpfen; die Importe aus dem Vereinigten Königreich dürften wegen der realen Abwertung der britischen Währung bald 2016 ansteigen. Ob es gelingen kann, verstärkt britische multinationale Unternehmen für NRW als Produktionsstandort zu gewinnen, bleibt abzuwarten.

Zur EU-Integrationsgeschichte und die Rolle von Regeln

Die EU-Kommission war in den 1960er und 1970er Jahren eine relativ wenig politisierte Institution, der etwa unter dem Kommissionspräsidenten Walter Hallstein der Sinn wenig nach Konflikten mit den nationalen Regierungen stand (allerdings führte Frankreichs Europa-Politik unter De Gaulle am Ende zu Hallsteins Rücktritt). Das war unter Kommissionspräsident Jacques Delors anders, der 1985-1994 die Europäische Kommission führte und dabei immer wieder in Konflikt mit Großbritannien unter Premierministerin Margaret Thatcher geriet. Delors wünschte eine stärkere Integration in der EU und dachte auch an Ansätze für eine europäische Außen- und Sicherheitspolitik, aber Margaret Thatcher wollte genau diese Punkte verhindern. Man kann nicht ausschließen, dass britische Bremsmanöver in der EU eine zu rasche Integrationsvertiefung verhindert haben und sicherlich hat die Regierung in London geholfen, die Europäische Union auf einem liberalen Außenwirtschaftskurs zu halten.

Bis 1973 war die Gemeinschaft der neun EU-Länder auch noch recht überschaubar – es traten das Vereinigte Königreich, Dänemark und Irland bei, wobei diese drei Länder eine verkleinerte Freihandelszone EFTA zurückließen. Im Nachhinein weiß man, dass der Beitritt des Vereinigten Königreiches aus EU-Sicht eine problematische Entscheidung war – dass es jedenfalls trotz mehr als vier Jahrzehnten britischer Mitwirkung bei der Europäischen Union am 23. Juni 2016 zu einer relativ knappen EU-Austrittsmehrheit kam; die EU-Integration ist offenbar im Vereinigten Königreich politisch nicht wirklich angekommen. Anfänglich war die Labour-Partei gegen eine EU-Mitgliedschaft und setzte auch 1975 die erste EU-Volksabstimmung an, die mit klarem Pro-EU-Ergebnis endete. Seit den 80er Jahren unter Margaret Thatcher wurde die Konservative Partei im Vereinigten Königreich zu einer EU-skeptischen Partei; mit der Ausnahme der ersten Regierungszeit von John Major; ihrem Nachfolger. Es ist nicht unproblematisch aus Sicht der kontinentaleuropäischen Länder, dass auch die sozialdemokratische Labour-Partei keinen klaren Kurs pro EU über die Jahrzehnte verfolgte. Tony Blair war als Premierminister sicherlich mit seinen Regierungen zeitweise EU-freundlich. Der fehlende politische Pro-EU-Konsens in Großbritannien machte die Kooperation mit dem Land aus EU-Sicht bisweilen schwierig. Dennoch besteht kein Zweifel, dass britische Politikimpulse für die EU-Integration über viele Jahre sehr wertvoll gewesen sind; dies gilt vor allem für die Entwicklung des EU-Binnenmarktes. Umso sonderbarer ist es, dass der BREXIT thematisch gesehen vor allem an der Immigrationsfrage bzw. der

EU-Arbeitnehmerfreizügigkeit, die Teil des Binnenmarktes seit mehr als zwei Jahrzehnten ist, scheiterte.

In den Anfängen war die EU-Kommission in Brüssel vor allem in der Außenwirtschaftspolitik aktiv und versuchte im Kontext des Beitritts von Großbritannien auch ein EU-Verhandlungspaket mit Entwicklungsländern vor allem ehemalige britische und französische Kolonien betreffend – auf den Weg zu bringen: die Lomé-Abkommen. Ein erleichterter Marktzugang der entsprechenden Entwicklungsländer war politisch gewünscht. Auch Fragen einer gemeinsamen Wettbewerbspolitik traten allmählich stärker in den EU-Politikfokus. Es dauerte aber bis zum Ende der 80er Jahre, dass die EU bei grenzüberschreitenden großen Zusammenschlüssen und Übernahmen auch Kompetenzen erhielt. Die Kommission erwarb sich in den 90er Jahren Verdienste, als sie die Liberalisierung der Festnetz-Telekommunikation 1998 auf den Weg brachte.

Mit dem Start der Eurozone 1999 begann dann eine allmählich Schieflage beim EU-Integrationsprojekt, die wegen der guten ökonomischen Entwicklung in der Dekade nach dem Eurostart nicht auffiel. Die Euro-Bewährungsphase musste unweigerlich bei schlechtem Konjunkturwetter oder auch bei international starken Schocks kommen. Die fehlende politische Union bei der Eurozone bedeutete, dass die Währungsunion Ausgangspunkt von Instabilität und politischen Konflikten in der EU werden konnte das war ab 2010 bzw. bei der Eurokrise auch der Fall. Es gibt Vertreter der Europäischen Kommission, auf hoher Beamtenebene, die die Auffassung vertreten, dass der Maastrichter Vertrag nicht sorgsam genug ausgehandelt worden sei. Insgesamt gibt es gerade in der Euro-Geschichte immer wieder Spannungen zwischen den „Technokraten" und den führenden Politikern in Brüssel bzw. in EU-Ländern wie dies von JAMES (2012) aufgezeigt wurde; er betont, dass die Euro-Währungsunion darauf angelegt gewesen sei, einerseits die globale Dollar-Führungsposition anzugreifen, aber auch hohe strukturelle Leistungsbilanzüberschüsse Deutschlands zu verhindern, was kaum gelungen ist; die Eurozonen-weite Bankenüberwachung ab Ende 2014 kam auch erst sehr spät. Vermutlich hat hier das britische Fernbleiben bei der Währungsunion besonders negativ gewirkt, denn eine einheitliche Bankenaufsicht in einem internationalisierten Finanzmarkt wäre aus britischer Sicht wohl eine Priorität für eine Währungsunion gewesen.

Großbritannien ist eine alte internationale Führungsmacht, deren Regierungen mit ihrer internationalen Verantwortung in der Regel sorgfältig umgegangen sind (von Cameron abgesehen). Dass die Weltwirtschaft sich mit großer Geschwindigkeit weiterentwickelt und dabei die USA und China dominierende Länder im 21. Jahrhundert werden, ist nicht zu übersehen. Der Präsident des Europäischen Parlamentes Martin Schulz (SCHULZ, 2013) hat argumentiert, dass kein EU-Land in den nächsten Jahrzehnten allein seine Interessen global gut vertreten kann. Von Elmar Brok, einem führenden Außenpolitiker im Europäischen Parlament, gibt es ähnliche Stellungnahmen und es dürfte nicht viele Abgeordnete im Europäischen Parlament geben, die gute Argumente vorlegen können, dass eine isolierte internationale Strategie eines europäischen Landes erfolgversprechend ist. Wenn das Vereinigte Königreich aber nur die EU27 durch die USA austauschen wollte, so wäre das am Ende auch kein Gewinn an nationaler Autonomie. Eine verstärkte ökonomische, militärische und politische Verbindung mit den USA bringt zudem auch Abhängigkeiten und natürlich wäre UK auch stärker noch als bisher den Schocks auf den US-Finanzmärkten und den Fehlentwicklungen bei der US-Regulierungspolitik ausgesetzt; in der EU konnte das Vereinigte Königreich als Mitgliedsland die Regulierungspolitik wesentlich mitbestimmen. Im Übrigen gilt natürlich, dass Europa insgesamt tendenziell US-Finanzmarktschocks ausgesetzt ist, zumal die internationale Verflechtung über Kapitalmärkte und internationalisierte Banken seit den 1970er Jahren gerade transatlantisch stark zugenommen hat.

Mit dem Konkurs der US-Investmentbank Lehman Brothers am 15. September 2008 war dann die Schönwetterphase der Euro-Integration vorbei. Hatten noch in den Jahren 2005-2008 alle Euro-Mitgliedsländer auf ähnlich gute Ratings, nämlich AAA, AA oder A bei den Staatsanleihen verweisen können, kam unter dem Eindruck des Schock-Ereignisses des Lehman Brother-Konkurses eine große Herausforderung auf einen Teil der EU-Länder zu: Der Konkurs ließ den Risikoappetit der Investoren international massiv sinken, die Frage lautete: Wenn die viertgrößte US-Investmentbank in Konkurs gehen konnte, dann wohl auch Staaten mit zu hohen Schuldenquoten. Nach dem Lehman-Brothers-Schock hätte die Devise der hoch verschuldeten EU-Länder – wie Italien, Belgien und Griechenland sowie Portugal (mit hoher Auslandsverschuldungsquote) lauten müssen: Begrenzung der staatlichen Defizitquote und Maßnahmen zur Kontrolle der Schuldenquote, also der Relation Staatsschuld zum gesamtwirtschaftlichen Einkommen. Die Schuldenquote von Griechenland lag 2008 schon bei 110 %; die konservative Nea-Dimokratia-Regierung Griechenlands realisierte im Wahljahr 2009 15 % Neuverschuldungsquote, während man 4 % nach Brüssel als Plangröße gemeldet hatte.

Da man erfahrungsgemäß pro Jahr die Defizitquote um höchstens 3 % vermindern kann, ergibt sich über fünf Jahre gerechnet (als Zeitreihe: 15 %, 12 %, 9 %, 6 %, 3 %) in Summe nach fünf Jahren 45 %. Also steigt dann die Schuldenquote von 110 % auf 155 %. Das musste das Aus für Griechenland beim Zugang zum internationalen Kapitalmarkt bedeuten, so dass hier ein politischer Defizitbetrug zum Schockereignis wurde (WELFENS, 2012, 2013, 2014).

Griechenlands Regierung kümmerte sich also gar nicht um die 3 %-Obergrenze im Stabilitäts- und Wachstumspakt der Eurozone. Die Europäische Kommission, die einst als Hüterin der EU-Verträge große Anerkennung gewonnen hatte, schafft die Durchsetzung der Obergrenzen für die Defizitquote, eben 3 %, und die Schuldenquote – maximal 60 % – gar nicht mehr. Bei vielen Ländern vor der Griechenland-Krise bzw. der Eurokrise war das zu beobachten. Die Europäische Kommission unter der Leitung des konservativen Ex-Premiers von Portugal, Barroso, tauchte in der Eurokrise weitgehend ab.

Die Juncker-Kommission war in den Anfangsjahren wenig glücklich in ihren Aktivitäten; Jean-Claude Juncker, Ex-Regierungschef von Luxemburg, erklärte, dass seine Kommission eine politische sein solle und das sollte bedeuten, dass sie Defizit- und Schuldenregeln flexibel interpretiert. Das wäre bei vernünftiger Begründung und sinnvollen Anreizen erwägenswert. Aber Juncker sprach gelegentlich opportunistisch: Frankreich etwa bekam eine großzügige Kommissionsregelung; die Begründung von Juncker lautete weil „Frankreich Frankreich ist". Das ist so, als ob bei einem Fußballturnier für Fußballspieler aus großen Ländern der Schiedsrichter weichere Regeln anwenden wollte als bei Spielern aus kleinen Ländern. Das ist unfair und unvernünftig, da die Anreize problematisch sind.

Es ist klar, dass die Juncker-Linie wenig Regel-Glaubwürdigkeit erzeugt und der Eurozone nicht wirklich dazu verhilft, aus der Krise zu kommen und zu einem funktionsfähigen Regelwerk zu finden. Ein Übermaß an Beliebigkeit bei den Politikeingriffen schafft vermehrte Unsicherheit und dies wiederum vermindert die Investitionsquote, also Wachstum und Beschäftigung.

Man kann es dem Vereinigten Königreich in Sachen Eurozonen-Politik in Brüssel nicht einmal unbedingt verdenken, dass man sich mit dem EU-Austritt von einem ziemlich regelschwachen Politikclub verabschiedet hat. Die Furcht, dass neue Rettungsaktivitäten in der Eurozone mittelfristig für einige Euro-Länder notwendig werden können, darf durchaus als Begründungspunkt für UK gelten, über einen EU-Austritt nachzudenken. Die Eurozone steht im Sommer 2016 in Sachen Portugal, Spanien, Griechenland und Italien vor neuen Herausforderungen; in der Tat droht Italien zu einem neuen Problemfall zu werden. Premier Cameron hatte immer betont, dass das Vereinigte Königreich keineswegs Schulden von Euro-Ländern übernehmen wolle. Die Eurozone mit ihrem schwachen Regelwerk konnte wenig Vertrauen erzeugen. Die Durchsetzbarkeit der EU-Regeln sind in der Eurozone schwach und das unterminiert das Ansehen und den Einfluss der Europäischen Kommission. Es spricht nichts gegen eine gewisse Flexibilität von klaren Regeln, aber die vereinbarten Regeln sind einzuhalten. Sonst können Regeln weder erwartungssichernd wirken und damit das Handeln von Menschen erleichtern und Koordination effizienter machen; noch kann ein Vertrauenskapital auf Basis der regelmäßigen Anwendung von Regeln entstehen.

Wenn die EU eine vernünftige Rechtsgemeinschaft sein will, dann sollte die Einhaltung vereinbarter Regeln einen hohen Stellenwert haben. Schließlich entsteht Vertrauen zwischen Menschen und Staaten gerade auch durch die Beachtung von Regeln. Es ist nicht ohne weiteres problematisch, wenn ein Land etwa eine Ausnahmeklausel in Anspruch nehmen will. Aber das Brechen von Regeln – noch dazu auf offener Bühne vor der Öffentlichkeit beschädigt Vertrauenskapital und untergräbt die Wirksamkeit von Politik. Glaubwürdige Politikakteure können schon durch die Ankündigung von Maßnahmen Wirkungen erreichen, wenig glaubwürdige Akteure müssen die entsprechende Dosierung der Maßnahme dann höher setzen, was die Nebenwirkungen erhöht. Das wiederum beeinträchtigt die Chancen für erfolgreiche Wirtschaftspolitik und das ist zum Nachteil von Wirtschaft und Gesellschaft. Dass opportunistische Regelbeugung kurzfristig für manche Politiker das Leben erleichtert und Konflikte scheinbar leicht auflöst, ist offensichtlich. Aber das macht die Politik der Regelbeugung und der mangelhaften Regelachtung nicht besser. Hier hat die EU bzw. die EU-Kommission ein erhebliches Problem.

Bereits die Entstehung der westeuropäischen Integration in der Form der Europäischen Gemeinschaft für Kohle und Stahl 1952 beinhaltete, dass es eine wichtige Rolle eigenständiger supranationaler Institutionen geben sollte; nicht einfach eine Kooperation von Nationalstaaten auf Basis gemeinsamer Interessen (TILLY, 2007). Das Ausbalancieren des nationalen Interesses wurde schon wichtiger bei der EU-Gründung 1957, wobei Deutschlands Rolle als größter Absatzmarkt und Exportland Nr. 1 bei Maschinen und Anlagen in der Gemeinschaft wichtig war. Deutschland war stark daran interessiert, nach dem Zweiten Weltkrieg via EU wieder ein international akzeptiertes Land in der Völkergemeinschaft zu werden und viele EU-Länder sahen die Kooperation in der Europäischen Union als wohlstands-, stabilitätsund friedensförderlich in Westeuropa. Darüber hinaus sorgten französische und niederländische Agrarinteressen dann ab 1967 für eine EU-Agrarpolitik, die über hohe Importzölle das Agrarpreisniveau relativ hoch hielt.

Der anfänglich in der EU-Politik gar nicht vorhandene Agrarbereich wurde also tatsächlich wichtig und wegen der hohen Agrarpreise entstanden dann nach 1973 – Beitritt von Dänemark, Irland und UK – auch Konflikte mit dem Vereinigten Königreich. Erstens wollten und erreichten die Briten in den 1980er Jahren unter Premier Margaret Thatcher einen Beitragsrabatt, denn der eher gering dimensionierte britische Agrarsektor bedeutete, dass bei einem hohen Anteil des Sektors Landwirtschaft an den EU-Ausgaben nur unterdurchschnittliche Rückflüsse von britischen Beitragszahlungen Richtung UK erfolgten. Außerdem war Großbritannien als traditionelles Freihandelsland stets interessiert, die EU-Agrarimportzölle und die teuren Exportsubventionen für landwirtschaftliche Produkte der EU zu vermindern.

Großbritannien war – wie Deutschland und einige andere EU-Länder – an einem EU-Binnenmarkt interessiert, der vor allem auf die Abschaffung der Zölle und mengenmäßige Beschränkungen beim innergemeinschaftlichen Handel hinzielte. Nachdem 1957-1968 der EU-Warenhandel liberalisiert worden war, fehlte noch die Liberalisierung der Dienstleistungen und des Kapitalverkehrs sowie die Öffnung der staatlichen Beschaffungsmärkte; dies kam dann zusammen mit der vierten Liberalisierungssäule Migrationsfreiheit in der EU im EU-Binnenmarkt, der 1993 startete. Diese breitere regionale Wirtschaftsintegration ließ erwarten,

- dass es verstärkten Intra-EU-Handel geben werde, also Handelsschaffung in der EU, und zwar verbunden mit Spezialisierungsvorteilen bzw. Einkommensgewinnen bei den beteiligten EU-Ländern;
- dass es Handelsablenkungseffekte geben könnte zulasten etwa von Drittländern – u.a. den USA. Hier konnte man aber über nachfolgende globale Handelsliberalisierungsverhandlungen im GATT/der Welthandelsorganisation dafür sorgen, dass diese Handelsablenkungseffekte begrenzt blieben und der Netto-Effekt von Handelsschaffung in der EU und Handelsumlenkung bei Dritt-Ländern wohlstandsmäßig positiv aus Sicht der EU-Länder blieb. Tatsächlich gelang es über viele Jahrzehnte, auch globale Freihandelsrunden zu organisieren, die die globalen Zollsätze – aus EU-Sicht die Importzollsätze gegenüber Drittländern – vermindern halfen. Damit wurden auch die Handelsablenkungseffekte vermindert;
- dass die Einführung einer gemeinsamen Währung die Dominanz der Deutschen Bundesbank mit ihrer Geldpolitik durch eine vernünftige gemeinsame Euro-Geldpolitik ersetzen würde – mit Gemeinschaftsinstitution Europäischer Zentralbank (EZB). Euro und EZB funktionierten in der Startdekade 1999-2008 sehr gut und die große Preistransparenz im Euroraum verstärkte die Innovationskonkurrenz und erhöhte den Handelsaustausch und den Kapitalverkehr – in Form von Direktinvestitionen von Multis vor allem – in der Eurozone. Der Euro konnte die Binnenmarktwirkungen tendenziell verstärken. Allerdings blieben von vorn herein Dänemark und UK mit ihrer Opting-out-Klausel im Maastrichter Vertrag bei der Euro-Mitwirkung außen vor;

- dass im Zeitablauf eine Angleichung der Pro-Kopf-Einkommen durch Außenhandel und Direktinvestitionen von multinationalen Unternehmen stattfinden würde, da Außenhandel auch ohne Migration zu einer Angleichung der Pro-Kopf-Einkommen zwischen EU-Ländern führen kann – gegebenenfalls ist sie verstärkt durch Kapitalzuflüsse in die relativ armen Länder mit einer geringen Kapitalintensität (Maschinen pro Arbeitnehmer). Die armen Länder holen auf; letztlich auch in der Kapitalausstattung pro Kopf und damit in der Arbeitsproduktivität bzw. beim Pro-Kopf-Einkommen.

Das Vereinigte Königreich war dabei immer ein Motor für Marktliberalisierungen und versuchte zudem, geringe Regulierungsgrade durchzusetzen. Denn Regulierung hielt man für kostspielig und nachteilig beim globalen Wettbewerb. Bei der Sozialpolitik stand UK fast immer auf der Bremse.

10

Neue EU-Konstruktion oder Desintegration

Die bisherige Europäische Union kann in der jetzigen Form nicht weiterbestehen. Denn es gibt im Kontext mit dem EU-Austritt Anreize für andere Länder, dem Vereinigten Königreich zu folgen – man denke etwa an Dänemark (oder auch Irland), das 1973 zusammen mit UK der EU beitrat.

Post-EU-Integrationsperspektiven nach dem BREXIT

Die britische Regierung hatte vor dem BREXIT von Experten die Kosten des EU-Austritts für das Vereinigte Königreich ermitteln lassen: Etwa 4-9 % langfristiger Rückgang beim Realeinkommen lautete der Befund, aber das hat offenbar die Mehrheit der Briten bei der Volksbefragung zur EU-Mitgliedschaft kalt gelassen. Geht man von -6 % Einkommensrückgang im Vereinigten Königreich aus, dann bedeutet das für die EU27 selbst einen Einkommensrückgang von etwa -1 %; also -146 Mrd. € auf 2015 bezogen plus 140 Mrd. €. Für jeden Briten etwa 2 500 € Einkommensverlust. Wenn da trotzdem eine knappe Mehrheit der Wählerschaft für EU-Austritt stimmte, dann gibt es offenbar andere Felder auch mit „psychologischen Einkommensgewinnen", die schwer wiegen müssen: Die Furcht vor weiterer Immigration aus der EU und von anderen Ländern spielte beim BREXIT sicher eine Rolle, wobei Immigrationsdruck zunächst die Löhne von Geringqualifizierten drücken mag, aber gerade Immigration aus Europa brachte für die USA bekanntlich eine ökonomisch positive Bilanz – und in Großbritannien ist es ebenso; nur hat die Regierung hierzu nie ein positives Wort verloren. Die populistischen Anti-EU-Gruppen von UKIP bis Leave.EU-Aktivisten wurde zudem der Wert zurück gewonnener nationaler Souveränität betont, gerade auch bei der Einwanderungskontrolle. Nationaler Souveränitätsgewinn durch EU-Austritt ist im 21. Jahrhundert eine Schimäre. Da UK kaum 1/5 der EU28 vom Einkommen darstellt, ist man souveränitätsschwächer.

Beim erwarteten EU-Austritt entfallen die Beitragszahlungen: 0,4 % des Bruttoinlandsproduktes als eingesparte britische EU-Netto-Beitragsausgaben könnte

© Springer Fachmedien Wiesbaden GmbH, ein Teil von Springer Nature 2018
P. J. J. Welfens, *BREXIT aus Versehen*, https://doi.org/10.1007/978-3-658-21458-6_11

man vereinfacht zu 4 % für ewig kapitalisiert mit 10 % Gewinn an Bruttoinlandsprodukt angeben, aber es ist zu bedenken, dass der Zuwachs neuen Wissens erheblich vom Bestand an Direktinvestitionen multinationaler Firmen abhängt. Hier ist beim BREXIT ein Rückgang bzw. verminderter Zufluss zu erwarten, was etwa 0,2 % des Bruttoinlandsproduktes an Wachstumsverlust bedeuten könnte: Ein ökonomischer Nettoverlust von nahe 1 000 € pro Kopf ist langfristig eine plausible Größenordnung des BREXIT-Verlustes für jeden Briten. Denkbar ist im Übrigen auch, dass die Militärausgaben sich erhöhen werden, wenn mehr Länder in Europa wieder für sich agieren – nicht unbedingt auf die 4 %-Marke hin (gut doppelt so viel wie in den großen EU-Ländern in 2015), die vor dem Ersten Weltkrieg für große Länder Europas damals gültig war. Das bedeutet geringeren Pro-Kopf-Konsum und mithin dann auch einen ganz erheblichen Wohlstandsverlust.

Die EU hat direkt nach dem Austritt des Vereinigten Königreiches ein Finanzierungsproblem, denn die britischen Netto-Beiträge müssten von anderen Ländern übernommen werden, oder aber es gibt insbesondere Kürzungen bei den Strukturfonds und anderen Ausgabenkategorien, die vor allem osteuropäische EU-Länder negativ betreffen werden. Bei den Haupt-Nettozahlern stehen auf Pro-Kopf-Basis traditionell Schweden, Niederlande, Dänemark und Deutschland vorn, so dass eine gewisse Anhebung der Beiträge der EU27-Länder vor allem diese drei Länder treffen wird.

Jenseits der Finanzierungsfragen gibt es aber unveränderte Problemfelder, etwa in der Flüchtlingspolitik, wo der Europäische Rat keinen Konsens in 2015/2016 erzielen konnte. Wenn per Mehrheitsbeschluss eine quotenmäßige Umverteilung der Flüchtlinge auf alle EU-Länder beschlossen wird – bei großem Widerstand der osteuropäischen Länder –, dann wird das den Populisten in den Ländern Osteuropas weiter Aufwind geben. Der Europäische Rat bzw. vor allem die Flüchtlingsstrategie der Bundesregierung in Berlin ist gefordert bei Reformen. Es läuft hier auf zehn osteuropäische EU-Beitrittsländer hinaus sowie auch einige westliche EU-Länder wie Dänemark, Schweden, Finnland und Niederlande, die gegen die Aufnahme von Flüchtlingen auf Basis von Brüsseler Entscheidungen sind. Hier droht in Westeuropa Desintegration über Jahre.

Von ihren hohen Netto-Beitragszahlungen her könnten Schweden und Dänemark als alte EFTA-Länder dem Vereinigten Königreich bald folgen. Dass die Niederlande einen EU-Austritt beschließen könnten auf mittlere Sicht, ist auch denkbar. Denn erstens gibt es starke populistische Parteien und das Thema Zuwanderung ist in den Niederlanden auch ein politisch heißes Eisen. Zudem ist nicht zu vergessen, dass die Niederlande im Jahr 2005 – nach Frankreich – einen negativen Volksentscheid beim Thema Europäischer Verfassungsentwurf (auf Basis der Arbeiten des Verfassungskonvents) hatten. Hier wird wie damals in Frankreich sichtbar, dass man auf der Ebene wichtiger Verfassungswerte aus niederländischer Sicht den damaligen Verfassungsentwurf nicht mehrheitlich auf Wählerseite mitgetragen hat. In Frankreich fehlte den Kritikern, darunter dem damaligen Europa-Minister Fabius im Verfassungsentwurf ein hinreichender Bezug auf die Sozialpolitik bzw. ein soziales Europa; und so ging es vielen Franzosen, die 2005 im Referendum mehrheitlich mit Nein stimmten. Den EU-Regierungschefs gab dies aber wenig zu denken, wenige Jahre später hatte man auf konventionellem Weg den Lissaboner Vertrag als neue EU-Verfassung, die in Art. 50 einen Austritt eines Mitgliedslandes regelt – mit dem BREXIT 2016 erstmals relevant.

Die EU27-Länder werden sich sehr anstrengen müssen, um die EU-Integration zu behalten. Erstens wird zu viel Geld bei den Strukturfonds verschwendet – nur jeder zweite Euro hat nach neueren Schätzungen einen Nettonutzen auf der Empfängerseite. Hier ist einiges zu verbessern. Aber ohne mehr politischen Wettbewerb auf der EU-Ebene geht das kaum. Dort ist seit zwei Jahrzehnten eine große Koalition im Europäischen Parlament aktiv, was nicht dem traditionellen Modell von Regierung und Opposition in westlichen Demokratien entspricht und Ineffizienzen sowie geringe Wahlbeteiligungen begünstigt. Eine umfassende Entbürokratisierungsaktion bzw. Deregulierung ist nun wünschenswert – Kommissionsnormen für Staubsauger und Glühlampen braucht man nicht wirklich, die EU-Kommission sollte sich auf wichtige Entscheidungsfelder konzentrieren und zudem angesichts der verkürzten globalen digitalen Innovationszyklen nicht mit der bisherigen Langsamkeit Grün- und Weißbücher entwickeln, aus denen dann im siebten oder achten Jahr (von der Vorlage des Grünbuchs ab gerechnet) eine Direktive wird, die nach weiteren zwei Jahren in nationale Gesetze umgesetzt wird. Erstens müssten Grün- und Weißbuch bei zeitkritischen Feldern binnen insgesamt zwei bis drei Jahren in Summe realisiert werden und es müsste dann auch eine echte Sofort-Gesetzgebung erfolgen, so dass man innerhalb einer Legislaturperiode auf wichtige EU-seitige, internationale und globale Herausforderungen reagieren könnte. Wenn die EU zumindest auf der supranationalen Ebene große Infrastrukturprojekte realisieren könnte, die von EU-Bedeutung sind und auch der Löwenanteil der Verteidigungsbudgets nach Brüssel gingen, so hätte man eine kritische Staatsverbrauchsquote von etwa 4-5 % – genug für effektive Fiskalpolitik. Eine höhere Staatsverbrauchsquote macht dabei vor allem Sinn durch die bessere Sichtbarkeit der EU für die Wählerschaft. Der politische Wettbewerb intensiviert sich. Mehr Politik-Rationalität und Effizienzgewinne für viele Politikfelder sind denkbar.

Eine eigenständige EU-Einkommens-Besteuerung ist notwendig, wobei die EU-Mitgliedsländer hierbei einen Zuschlagssatz erheben könnten, der in deren Verantwortung ist. Dass man eine faire Körperschaftssteuergesetzgebung braucht, versteht sich: außer bei jungen Unternehmen erscheint ein Mindest-Körperschaftssteuersatz von gut 10 % als angemessen. Der Einkommenssteuersatz in der Summe nationale Politikebene plus supranationale Ebene müsste dank Effizienzgewinnen mittelfristig sinken. Erwägenswert ist, dass man auf EU-Ebene auch ein Haushaltsdefizit haben könnte, das als an öffentliche Investitionen objektgebundene Verschuldungspolitik auszugestalten wäre. Die nationalen strukturellen Defizitquoten sollten durch nationale Verfassungsverankerung auf Null gesetzt werden, was für alle EU-Länder – außer Dänemark mit seiner Euro-Option-out-Klausel – zu verlangen wäre. Auch wer noch nicht Mitglied der Eurozone ist, sollte unbedingt im Interesse hoher Glaubwürdigkeit der Eurozone eine Verankerung in der nationalen Verfassung haben.

Der supranationalen Politikebene könnte Staatsvermögen der Mitgliedsländer übertragen werden, sofern die supranationale Staatsebene dann auch eine entsprechende Staatsschuldenquote von den Euro-Mitgliedsländern übernimmt. Dank der zu erwartenden Refinanzierungsgewinne, die sich aus den Ausgaben staatlicher Eurobonds für auslaufende nationale Staatspapiere langfristig ergeben – mit einem Zinssatz für die Eurozone insgesamt, der geringer ist als der durchschnittliche Zinssatz für die aufsummierten alten nationalen Euro-Anleihen –, bedeutet eine indirekt Senkung der Staatsschuldenquote der Eurozone.

Die weiche Defizitquoten-Politik von Kommissionspräsident Juncker ist politisch sicher angenehm, aber nach außen verstärkt sie nur den Eindruck, dass die Eurozone bei der Defizitquote bzw. der Schuldenquote nicht liefern will und kann. Das wird den nächsten BREXIT-Fall mit programmieren und dass wiederum bedeutet weitere ökonomische Integrations- bzw. Wohlstandsverluste im Austrittsland und in der Rest-EU. Es ist wohl nur eine Frage weniger Jahre, um die Währungsunion zu stabilisieren – wenn erst einmal ein BREXIT-Fall in der Eurozone stattfindet, also ein Land der Eurozone austritt, dann ist die Währungsunion bald oder auch in Etappen zu Ende. Es wird sehr viel politisches Porzellan zerschlagen sein, die ökonomischen Kosten werden hoch ausfallen und die negativen Signale an andere Integrationsräume werden massiv sein. Desintegration in weiteren Integrationsräumen könnte zustande kommen, plötzlich wird dann massiv Kapital aus der Rest-Eurozone oder anderen Integrationsräumen in der Weltwirtschaft abgezogen. Es ist nicht auszuschließen, dass sich dann mehr und mehr EU-Länder einer vergrößerten neuen EFTA-Zone anschließen werden. Dass dabei zwischenzeitlich Europa – und auch die Nato – massiv destabilisiert wären, ist klar. Desintegration ist gefährlich und die EU ist daher zu klugen Reformen aufgefordert. Wie die Erfahrungen bei der Überwindung der Eurokrise gezeigt haben, kann eine Verbindung von institutionellen Innovationen plus besserer nationaler Wirtschaftspolitik binnen weniger Jahre beitragen, die Hauptprobleme zu überwinden (HEISE, 2013).

Für eine solche Härtung der Eurozone bzw. Schritte zur politischen Union könnten die EU-Gründerländer Griechenland und Portugal eine einmalige Sonderhilfe zugestehen und im Übrigen darauf verweisen, dass im Rahmen einer neuen EU-Sozialpolitik, die etwa die kurzfristige Arbeitslosigkeit – ohne Jungendarbeitslosigkeit – der ersten sechs Monate finanziert, schon eine gewisse Haushaltsentlastung für Krisenländer entsteht. Es wäre sehr wünschenswert, dass man eine für alle Länder durchdachte Wachstums- bzw. Standortpolitik entwickelt und wachstumsförderliche Impulse etwa auch durch den Start des TTIP-Abkommens mobilisiert, das über eine Dekade in drei Schritten gestartet werden könnte: Zunächst Liberalisierung der Gütermärkte und dann des transatlantischen Dienstleistungshandels, dann erst einsetzender Abbau der strategisch wichtigen Kapitalverkehrsliberalisierung.

Die Vorstellung der Aufklärung in Europa und des Philosophen Immanuel Kant sowie der Integrationspraktiker Jean Monnet und Walter Hallstein plus Jacques Delors, dass man über internationale Kooperationsverträge bzw. Wirtschafts- und Politikintegration in europäischen Ländern auf Basis von Rechtsstaaten Frieden und wirtschaftlichen Fortschritt realisieren könnte, ist auch im 21. Jahrhundert noch ein wichtiges Denkmodell. Man wird aufpassen müssen, dass man nicht etwa durch das sinkende EU-Gewicht im Nahen Osten dort ein Mehr an Instabilitäten und Kriegen zulässt, die unweigerlich zu neuen Flüchtlingswellen Richtung Europa führen. Die EU27 ist stärker noch als bisher auf Zusammenhalt und Kooperation mit den USA angewiesen. Zu beachten ist zudem, dass es zwischen arabischen Ländern auch Wirtschaftsintegrationsansätze gibt; in anderen Integrationsräumen besteht die Gefahr, dass das schlechte UK-Austrittsbeispiel Nachahmer findet. Nur eine zügige EU27-Reformpolitik bei zugleich begrenzten Zugeständnissen für eine Kooperation mit UK wird die EU-Integration stabilisieren und Desintegration verhindern können.

Ob man die EU27 noch wird erweitern können und wollen, darf man mittelfristig bezweifeln. Das schafft eigene Probleme auf dem Balkan, wo bei mangelnder zeitnaher EU-Beitrittsperspektive neue Politikkonflikte auftreten könnten. Die EU27 wird eine sinnvolle Balkan-Politik entwickeln müssen, wenn sie nicht massive Instabilitäten in der südlichen BalkanFlanke erleben will. Dass die EU27 mittelfristig gegenüber Russland kooperationsbereiter sein dürfte als die alte EU28-Gruppe, ist anzunehmen; ob das zu einer nachhaltigen neuen Verständigung EU-Russland führt, bleibt abzuwarten. Eine zeitweise neue Destabilisierung der Nato ist nicht auszuschließen, sobald eine EU-Desintegrationsdynamik einträte. Nationale Reformmaßnahmen, die die jeweiligen Herausforderungen bei Bankenstabilität, Arbeitsmarkt bzw. Rückkehr zur Vollbeschäftigung und demographischem Wandel aufnehmen, sind sorgfältig zu entwickeln. Es wird dabei sinnvoll sein, den Grundsatz von EU-Vergleichen – also Benchmarking – aktiv zu realisieren, also immer wieder vor allem die relativ schwachen Länder mit Simulationen z.B. der OECD zu konfrontieren, wie groß der ökonomische Fortschritt wäre, wenn der Durchschnitt der drei Top-Länder realisiert werden könnte.

Die internationale Kooperation in globalen Wirtschaftsorganisationen wird man teilweise neu ordnen müssen. Denn es ist ja in Zukunft keineswegs klar, dass Großbritannien weiter eine enge Abstimmung mit den EU27-Ländern suchen wird. So schnell wie das Vereinigte Königreich nach dem BREXIT auf eine Niedrigsteuerpolitik gegenüber Kapital einschwenkte, um Kapitalabflüsse zu verhindern bzw. erhöhte Direktinvestitionszuflüsse zu mobilisieren, so schnell und flexibel könnte ein gegen den drohenden ökonomischen Abstieg kämpfendes UK auch in Organisationen eigene Positionen energisch aufbauen – auch mit neuen Partnern, etwa China, verfolgen.

Die EU ist nach dem BREXIT auf der schwierigen Suche nach einem klugen Reformmodell. Der für viele Beobachter überraschende negative Ausgang des britischen Referendums zur EU-Mitwirkung steht offenbar für eine politische Fehlkalkulation des britischen Premiers Cameron. Aber nicht nur EU-Aspekte haben das Ergebnis der Volksbefragung bestimmt. BREXIT zeigte beim Thema Immigration erschreckend erstmals neue Rassismus-Tendenzen in England. Ein Austritt des Vereinigten Königreichs nach fast 45 Jahren Mitgliedschaft in 2018/2019 wäre ein historischer Einschnitt, der britischen Selbstrückzug bedeutet. Vor allem aber ist auch die EU gefordert, sich selbstkritisch das Schock-Ergebnis der mehrheitlichen EU-Ablehnung anzusehen. Eine unkluge Neigung von Kommission und Europäischem Rat, sich durchwursteln zu wollen, ist sichtbar.

Aber auch in anderen EU-Ländern ist nicht ohne weiteres von nachhaltiger starker EU-Zustimmung auszugehen. Die bekanntlich deutlich ablehnenden Volksbefragungsergebnisse zum EU-Konvents-Verfassungsentwurf in Frankreich und den Niederlanden in 2005 – immerhin zwei Gründungsländern der EU – hatten auch schon die Botschaft, dass die EU-Unterstützung gesunken ist. In Frankreich ging das Nein zurück auf eine unzureichende Einbeziehung des Sozialen auf EU-Ebene in einen vor allem wirtschaftsliberal ausgerichteten Verfassungsentwurf. In den Niederlanden war man besorgt, dass die großen EU-Länder und die EU-Kommission die Politik in Europa dominieren könnten. Dass die

Volksabstimmung in UK nun knapp verloren wurde, ist bei Licht besehen wenig relevant: sondern dass sie nicht klar pro EU gewonnen werden konnte.

Ein großes EU-Integrationsprojekt, hinter dem keine klaren Mehrheiten in den Mitgliedsländern stehen, ist wackelig. Mit dem BREXIT ist der alte EU-Stabilitätsnimbus vorbei, EU-Gegner sind im Aufwind, zugleich ist UK ökonomisch destabilisiert. Pfund, Aktienkurse – durch Ankündigung von Notenbankintervention zeitweise stabilisiert – und Immobilienpreise fallen. Nach einer Zinssenkung in 2016 wird wohl 2017/2018 eine Zinserhöhung wegen steigender Leistungsbilanzdefizite kommen. Die stark fallenden Immobilienpreise haben kaum zwei Wochen nach dem Referendum in London zum Schließen von Immobilienfonds geführt; die Sorge vieler Briten um die Altersvorsorge nimmt zu und damit auch die politische Unruhe in UK – viele private Pensionsfonds, die im Vereinigten Königreich für die private Altersvorsorge wichtig sind, stehen vor hohen Verlusten.

Kommission und EU-Parlament sollten von ihrer seit Jahren gepflegten Neigung zur Überregulierung – bis hin zu Fragen von Glühbirnen und Staubsaugern – massiv zurück fahren. Sie ist ökonomisch verfehlt, schürt EU-Gegnerschaft. Eine Konzentration auf große EU-Themen ist wichtig. Seit der Banken- und der Eurokrise liegt die Hauptmacht beim Europäischen Rat, der keine Reform-Anstalten macht. Wohin sollen Reformpläne gehen?

Für eine kluge Reform unerlässlich ist es, zur Kenntnis zu nehmen, dass eine Mehrheit von Wählern in vielen Ländern offenbar unzufrieden ist mit dem EU-Nutzen: u.a. mit der Eurozonen-Politik sowie der Flüchtlingspolitik. Letztere ist vor allem zu verantworten von Kanzlerin Merkel und hier sind Änderungen weiter nötig. Darüber hinaus ist zu beachten, dass die Wähler laut Forschungsgruppe Wahlen bei Europa-Wahlen nicht erkennen, auf welchen Politikfeldern die EU überhaupt federführend verantwortlich ist – daher auch bei Wählern die Neigung, bei Europa-Wahlen kleine radikale Parteien emotional häufig zu wählen. Dieses Problem ergibt sich bei MiniStaatsverbrauchsquote der EU von 1 %; und schwachem EU-Parlament. Nicht einmal beim TTIP-Abkommen – mit Handel als Kernkompetenz der EU – akzeptieren Politiker in Deutschland, dass das nationale Parlament nicht gefragt werden soll, da sonst die Legitimation zu schwach sei. Dann aber hat auch die EU bzw. das Europäische Parlament eben ein Problem. Schritte in Richtung Politikunion sind also ganz offenbar unverzichtbar; im Übrigen auch wegen des Euros, der mit Fehlregeln und zu wenig an Politikintegration zu früh startete. Dass Deutschland beim BREXIT mit UK einen wichtigen Partner für eine liberale EU-Außenwirtschaftspolitik verliert, ist im Übrigen ein großer Nachteil für deutsche Interessen.

Die Eurozone braucht mehr Wachstum, mehr finanzpolitische Vernunft und ohne bessere Budgetregeln wird es nicht gehen. Eine Bankenunion ohne solche Regeln ist auch zweifelhaft. Bei der Eurozone wäre es nötig, in allen Mitgliedsländern eine Schuldenbremse in der Verfassung zu verankern, und zwar bei einer anfänglichen Obergrenze für die konjunkturneutrale nationale Defizitquote von 0,35 %, während man für die EU-Ebene 0,5 % festlegen sollte. Im EU-Parlament könnten, Bildung einer Politikunion mit Parlament und Euro-Regierung vorausgesetzt, also künftig auch Defizite – etwa für EU-Konjunkturprogramme – realisiert werden. Zur Verhinderung unvernünftiger Finanzpolitik braucht Brüssel dabei dann auch die Hoheit über große Infrastrukturprojekte bzw. Infrastrukturausgaben: etwa in Höhe von 2 % des Bruttoinlandsproduktes, zudem 2 % bei den Verteidigungsausgaben. Bei 1,5 % EU-Trendwachstumsrate ergäbe sich eine langfristige Eurozonen-Schuldenquote von 60 %.

Die nationalen Ausgabenquoten sinken im Zuge der Auf- und Ausgabenverlagerung nach Brüssel entsprechend bzw. wegen Effizienzgewinnen kann man sogar eine Steuersenkung realisieren. Damit sind aus Sicht der Theorie des Fiskalföderalismus hier nun zwei Felder genannt, die jenseits aller Subsidiaritätsvorbehalte auf die supranationale Politikebene in Brüssel gehören. Die ersten sechs Monate Arbeitslosenversicherung – ohne Jugendarbeitslosigkeit, die stark von nationalen Mindestlohnvorschriften geprägt wird – gehören auch auf die EU-Ebene und eine Mindest-Umverteilungspolitik auch; wegen der im EU-Binnenmarkt notwendigen Mobilität bei Faktor und Kapital funktioniert nationale Umverteilungspolitik allein schlecht, die USA sind auch hier ein gutes Vorbild. Zudem sollte die Zahl der EU-Abgeordneten künftig stark an die Bevölkerungsentwicklung – im Interesse von Demokratie und guten Anreizen – angepasst werden: Wer wie Griechenland bald eine Million Menschen durch Abwanderung verliert, hat einen Sitz weniger im EU-Parlament, wer wie UK oder Deutschland drei Millionen EU-Zuwanderer gewinnt, der sollte drei Sitze gewinnen.

Wenn die EU eine Staatsverbrauchsquote von 4,5 % hätte, was dem halben Wert für die USA in Washington entspricht, kann man auch eine vernünftige Fiskalpolitik in der EU bzw. der Eurozone durchführen. Mehr Jobs, mehr Wachstum sind möglich, allerdings nur, wenn auch die nationalen Regierungen Politikbereiche wirklich nach Brüssel geben und vor allem auch selbst wachstumsförderliche Reformen realisieren. National 15 % dann verbleibende Staatsverbrauchsquote heißt noch: Hauptverantwortung der EU-Länder.

Der supranationalen Politikebene könnte Staatsvermögen der Mitgliedsländer in Höhe von 25 % übertragen werden, sofern die Brüsseler Staatsebene dann auch eine 25 %-Staatsschuldenquote von den Euro-Mitgliedsländern übernimmt. Bei normalem Zins von 5 %, folgen daraus supranationale Brüsseler

Zinsausgaben von 1,25 % des Bruttoinlandsproduktes. Dank der zu erwartenden hohen Refinanzierungsgewinne, die sich aus der Ausgabe staatlicher Eurobonds für auslaufende nationale Staatspapiere ergeben, resultiert hier eine indirekte Senkung der Staatsschuldenquote der Eurozone, wenn statt Altzinssatz von 5 % für den Durchschnitt der Staatspapiere der Eurozone 2,5 % als Zins durch Bonitätsvorteile realisierbar sind. Die Zinsausgaben-Senkung für die Eurozone entspricht 0,625 %, was kapitalisiert eine Schuldenquotensenkung von ¼ bedeutet.

Daher kann der Einkommenssteuersatz um etwa einen Prozentpunkt sinken, wodurch dann das langfristige Pro-Kopf-Realeinkommen in einem einfachen Standard-Wachstumsmodell um 0,5 Prozentpunkte ansteigt. Es ist davon auszugehen, dass eine stabile Eurozone jährlich auf Basis des Status eines Währungsreserve-Landes einen faktisch kostenlosen Güterimport von 0,5 % des Bruttoinlandsproduktes realisieren kann (das wäre die Hälfte des US-Wertes). Der Gegenwartswert des Euros bei Kapitalisierung zum Zins von 2,5 % liegt bei rund 20 % des Bruttoinlandsproduktes der Eurozone: Wer dies nicht als Anreiz begreift für einen institutionellen Umbau, verfolgt nicht die Interessen der Menschen in der EU: verspielt nicht nur die Stabilisierung von Euro und EU-Integration – weltweit könnten Integrationsräume wackeln, gefährliche Konflikte neu entstehen.

Wegen der Präsidentschafts- bzw. Parlamentswahlen in Frankreich bzw. Deutschland wird 2017 in Sachen EU-Reform wenig geschehen, aber schon jetzt kann eine breite Debatte in der EU entstehen. Dem Vereinigten Königreich bleibt wohl nur der Austritt, denn wenn UK wegen einer EU-Zuwanderung von nur 0,4 % der Bevölkerung jährlich in einen BREXIT-Taumel verfällt, kann man dem Land kaum ein sinnvolles Reformangebot auf Seiten der EU selbst machen. Wenn die spätere britische Premierministerin May in der Kandidaten Phase durchblicken lässt, dass sie das Schicksal der 3,5 Millionen EU-Bürger in UK als Faustpfand bei den EU-UK-Verhandlungen beim Binnenmarktzugang einsetzen will, kann man dies moralisch verwerflich finden – nach der sinkenden Grenzmoral bei britischen Großbanken nun eine ebensolche bei der favorisierten Kandidatin für den Posten der Chefin der britischen Tory-Partei. Man könnte aber auch seitens der EU 27-Länder – als konkrete Hilfsidee – ein umfassendes Angebot für Zuwanderung aus UK machen: für die EU-Bürger ohne britischen Pass, aber auch für Briten. Deutschland und Frankreich sollten hier mit anderen EU-Ländern eine EU-Initiative starten. Auf dem EU-Kontinent und in Irland können osteuropäische und britische Zuwanderer in vielen Ländern gute Arbeitsmöglichkeiten und auch die Chance zur Gründung neuer Unternehmen finden. In letzteren entstehen neue Jobs. Dieser Aspekt wird oft unterschätzt.

NEXIT in der Sicht der PVV

Die rechtspopulistische PVV in den Niederlanden hat in London bei zwei Consulting-Firmen zwei Studien bestellt, die Effekte eines Ausstiegs aus dem Euro ausleuchten sollen (LOMBARD STREET RESEARCH, 2012) bzw. den EU-Ausstieg in seinen Wirkungen untersuchen (CAPITAL ECONOMICS, 2014). Capital Economics behauptet, dass über 21 Jahre gerechnet das Realeinkommen der Niederlande um 10-13 % im Fall eines EU-Austritts ansteigen werde, sofern die Niederlande einen EU-Binnenmarktzugang ähnlich wie die Schweiz über einen Vertrag erreichen könnten. Allerdings ist diese Studie methodisch sehr angreifbar und bei der Lombard Street Research Studie erweist sich ein Teil der aufgeführten Tabellen als falsch. Dass man sich in London für gutes Geld bei privaten Consulting-Firmen gewünschte Studienergebnisse bestellen kann, ist offenkundig. Dass ein renommiertes Forschungsinstitut positive Effekte eines NEXIT berechnet hätte, ist nicht bekannt und wird man aus ökonomischer Sicht auch nicht erwarten. Dennoch zeigen die von PVV-beauftragten Studien, dass man die Öffentlichkeit offenbar über bestellte Analyseergebnisse zu beeindrucken versucht. Es wäre von daher schon eine Aufgabe, dass die Regierung jedes Mitgliedslandes den Nettonutzen der EU-Mitgliedschaft einmal pro Dekade von einem Forschungsinstitut errechnen lassen sollte. So ließe sich vielen politischen Scharlatanen der Wind aus den Segeln nehmen.

Im Übrigen gibt es in der EU sicherlich eine politische Debatte in Sachen EU, die man in der US-Geschichte unter der Überschrift „Federalists versus Anti Federalists" zusammengefasst hätte. Die Befürworter supranationaler Institutionen und eines stärkeren Gewichts von Brüssel entsprechen den Föderalisten in den USA.

11

Nach BREXIT: Option für Soziale Marktwirtschaft in Europa

Geht man davon aus, dass Großbritannien sich von der EU löst, dann müssen die 27 EU-Länder und die politischen EU-Führungsakteure überlegen, was denn die Hauptkonsequenzen sein sollen: vorausgesetzt, dass man die EU-Integration als nachhaltiges Projekt fortführen will. In der durch den BREXIT entstandenen unruhigen Lage in Europa, die Großbritannien zu verantworten hat, ist zunächst zu überlegen, was die großen Herausforderungen des 21. Jahrhunderts sind und was die EU bislang erreicht hat. Daraus ergibt sich dann unter Beachtung des Ausscheidens von UK, was die EU27-Gruppe sinnvoller Weise anstreben sollte. Nach den bisherigen und nachfolgenden Überlegungen lautet die Antwort letztlich, dass man eine Europäische Soziale Marktwirtschaft braucht, die allerdings auch klarer Verantwortlichkeiten auf nationaler und supranationaler Ebene bedarf. Dabei tritt dann die EU27 in einen globalen Systemwettbewerb mit Großbritannien und den USA, die eher wenig Sozialstaat haben und stark vom Finanz- bzw. Dienstleistungssektor geprägt sind; hinzu kommen unter anderem große Länder wie Russland und China sowie Indien als gewichtige Akteure in der Systemkonkurrenz.

Erreicht hat die EU eine gemeinsame Außenwirtschaftspolitik, den Europäischen Binnenmarkt, Rahmenaktivitäten bei der Wettbewerbs- und Regulierungspolitik (z.B. die EU-Fusionskontrolle bei Elefantenhochzeiten von Großunternehmen über Grenzen in der EU; Telekom-Rahmenregulierung), eine noch junge Klima- bzw. Umweltpolitik und geringe Ansätze einer Sozialpolitik. Wenn man betrachtet, dass das 21. Jahrhundert vor allem eine asiatische Expansionsepoche sein wird und zudem digitale Vernetzung sowie hohe Innovationsdynamik – stark auch durch Globalisierung getrieben – geprägt, dann ist klar, dass sich die EU diesen Herausforderungen stellen muss:

- Das Vorantreiben von Freihandelsabkommen mit Ländern und Regionalen Integrationsclubs (etwa ASEAN) sollte hoch auf der Agenda der Politik stehen, wobei man auch mit den USA als pazifische und transatlan-

© Springer Fachmedien Wiesbaden GmbH, ein Teil von Springer Nature 2018
P. J. J. Welfens, *BREXIT aus Versehen*, https://doi.org/10.1007/978-3-658-21458-6_12

tische Macht ein Abkommen schließen sollte; im Zweifelsfall ohne die Investor-Schiedsgerichte. Letzteres hätte insofern eine gewisse Logik, als Staat-Investor-Streitigkeiten möglicherweise ja auch Entschädigungszahlungen von EU-Mitgliedsländern in Streitfällen verlangen könnten – also werden die Parlamente der EU-Mitgliedsländer auch bei TTIP mit abstimmen wollen. Erst bei einem künftigen Brüsseler Zwei-Kammer-System im Rahmen einer Neo-EU könnte diese Rolle der nationalen Parlamente langfristig entfallen.

- Die digitale Expansion und Innovation ist tatsächlich unter den Aspekten grenzüberschreitender Wohlfahrtseffekte durch Netzwerkeffekte und „Übertragungseffekte" auch ein natürlicher Teil der EU-Wirtschaftspolitik. Es bedarf hier längerfristig eines Digital-Ministers (oder Kommissars), der die internationalen und globalen digitalen Aspekte von Wirtschaft und Politik bedenkt und zusammen mit den USA und anderen gestaltet. Aus US- und EU-Sicht ist das Internet ein globaler digitaler Markt, der durch internationale Regeln geordnet werden sollte. Das ist aber sicher nicht die Sichtweise in China, Russland oder der Türkei, die jeweils von nationalen Internetmärkten ausgehen, die in einer Art Summe – jeweils stark national reguliert – das global vernetzte Internet ausmachen. Es ist im Übrigen naheliegend, dass autokratische Systeme eine Tendenz haben werden, eine Art nationale Internetkonzeption zu vertreten. Das Internet und seine Regeln sind für Macht bzw. Demokratie und internationalisierte Diskussionen ja von großer Bedeutung.

- Die europäischen Hochlohn-Länder – hier in erster Linie die westeuropäischen Länder – müssen darauf achten, dass sie bei der im Zuge der Globalisierungsdynamik sich ausbreitenden räumlichen Aufteilung von Wertschöpfungsprozessen am Ende der Wertschöpfungsketten bleiben, wo die Schumpeterschen Renten bzw. Premiumeinkommen besonders hoch sind: Hohe Arbeits- und Wissensproduktivität gehört hier zu den herausragenden Punkten, auf die zu achten ist – und alle Bereiche, die für das Erreichen solcher Produktivitäten entscheidend sind. Hierbei sind die Hochschulsysteme der kontinentaleuropäischen Länder nicht annähernd so asien- bzw. marktorientiert wie die Universitäten Australiens, der USA, Kanadas und Großbritanniens. Das ist ein größeres Problem vor allem im Master-Studienbereich, auf das hier jedoch aus Platzgründen nicht näher eingegangen werden kann.

- Globalisierungs- und Innovationsdynamik aktiv und positiv aufzunehmen, verlangt aus politischer Sicht, dass man über sinnvolle soziale Sicherungssysteme auch eine Abfederung von Internationalisierungsrisiken erreicht. Die EU hat bisher – um exemplarisch einen Punkt anzusprechen – eine kleine

Rolle etwa im Kontext des Globalisierungsfonds, der bei starken Beschäftigungsrückgängen in Großunternehmen im Zuge internationaler Schocks aktiviert werden kann (denkbar etwa mit Blick auf die Krise der Stahlindustrie in Europa). Es stellen sich aber darüber hinaus grundlegende Fragen, wie man eine Soziale Marktwirtschaft bei Globalisierung sinnvoll gestalten sollte. Hierauf muss Kontinentaleuropa nach dem BREXIT eine neue Antwort finden – hätte wohl schon immer hier stärker eine Antwort suchen müssen. Dass UK im Bereich der aktiven Arbeitsmarktpolitik wenig in seine Arbeitnehmer bzw. Arbeitslosen investiert, ist schon erwähnt worden. Die kontinentaleuropäischen Länder haben hier insgesamt eine andere Vorstellung, die betont wie wichtig es ist, auch die Modernisierungsverlierer im Strukturwandel mitzunehmen. Andererseits sind die EU-Länder national wie in der EU oft nicht sehr erfolgreich, für angemessene Arbeitskräftemobilität und optimale „Findungsprozesse" zu sorgen: Oft sind Arbeitnehmer nicht in den Arbeitsplätzen, die ihrer Produktivität besonders hoch zur Geltung brächte (z.B. weil in Italien die Gesetzgebung bzw. die Justiz hier enorm komplex ist und Arbeitsplatzwechsel nicht ermutigt, sondern hohe Hürden aufbaut, wie die OECD (2016) betont hat). Die Weiterbildung von Ungelernten wie von qualifizierten Arbeitnehmern ist im Übrigen bei den Bildungsrenditen kaum unterschiedlich wie IZA-Arbeiten gezeigt haben.

Völlig unabhängig vom BREXIT geht jedoch die Globalisierung der Wirtschaftsbeziehungen voran. EU-Integration war in den ersten Jahrzehnten vor allem Wirtschaftsintegration, also ein Mehr an Handel: zunächst bei Waren, später im Binnenmarkt dann auch bei Dienstleistungen und beim liberalisierten Kapitalverkehr sowie bei der Migrationsfreiheit. Soziale Aspekte haben erst in den späten 90er Jahren an Bedeutung zugenommen, wobei man solche verstehen kann als Fragen der Einkommensungleichheit einerseits und nach der Rolle der staatlichen Sozialversicherung, die sich auf Arbeitslosenversicherung, Rentenversicherung und Krankenversicherung bezieht. Mit dem BREXIT gibt es neue Möglichkeiten für die EU, eine europäische Soziale Marktwirtschaft zu schaffen.

Die Tatsache, dass es in EU-Ländern eine allgemeine Krankenversicherung gibt, erklärt im Vergleich zur lückenhaften US-Krankenversicherung – mit etwa 15 % der Bevölkerung in 2010 ohne Krankenversicherung in den USA – die führende Position bei Lebenserwartung und Kindersterblichkeit von Deutschland, Frankreich und den skandinavischen Ländern. Während etwa schwangere Frauen in Deutschland zu einem hohen Prozentanteil wichtige Vorsorgeuntersuchungen durchführen lassen, die Komplikationen schon vor der Geburt häufig erkennen lassen und damit das Geburtsrisiko für Mutter und Kind mindern, werden in den USA solche Untersuchungen in ärmeren Schichten relativ selten durchgeführt – dies wirkt sich auf die Säuglingssterblichkeit negativ aus. Die Obama-Krankenversicherungsreform hat den Anteil der Menschen mit einer Krankenversicherung in den USA um einige Prozentpunkte erhöht, aber immer noch sind 2016 gut 10 % der US-Bürger ohne Krankenversicherung.

Tab. 8. Lebenserwartung und Säuglingssterblichkeit in den USA, UK, Frankreich, Deutschland

	Lebenserwartung bei Geburt (Durchschnitt, 2014)	Kindersterblichkeit (unter 5 Jahren bei 1 000 Kindern, 2015)
Großbritannien	81	4
Deutschland	81	4
Frankreich	82	4
USA	79	7

Quelle: data.worldbank.org.

Die Europäische Integration hat erhebliche wirtschaftliche Vorteile für die Mitgliedsländer gebracht, die schrittweise mehr regionalen Freihandel umgesetzt haben – vor allem im Binnenmarktprogramm 1992 –, aber auch der EU die exklusive Kompetenz im Bereich Außenwirtschaftspolitik sowie eine Teilkompetenz im Bereich der wichtigen Wettbewerbspolitik (Kartellverbot, Fusionskontrolle, Missbrauch einer marktbeherrschenden Stellung von Großunternehmen) übertragen haben. Das stärkt die Marktwirtschaft in der EU, lässt aber dabei die Frage offen, inwieweit auf supranationaler Ebene die Wirtschaftsordnung Soziale Marktwirtschaft verankert ist bzw. werden sollte. Immerhin ist die EU durch die im Lissabon-Vertrag verankerten Menschenrechte grundsätzlich sozial gebunden und an Hinweisen auf die Ziele Kohärenz bzw. sozialen Zusammenhalt fehlt es in den EU-Dokumenten nicht. Es bedarf einer breiteren Analyse der Sozialen Marktwirtschaft in der EU (nachfolgend nehme ich teilweise Bezug auf meinen Beitrag in VON ALEMANN, 2015).

Zu Beginn des 21. Jahrhunderts steht die Soziale Marktwirtschaft in den EU-Ländern vor einer großen Bewährungsprobe, da viele Länder mit den Folgen der Transatlantischen Bankenkrise und der Eurokrise auch in 2014/2015 noch zu kämpfen hatten: mit erkennbar starken Belastungen im Bereich der Arbeitslosenversicherung. Laut EU-Sozialbericht (EUROPEAN COMMISSION, 2012) hat die Armutsrisikoquote zwischen 2008 und 2012 in Irland und Portugal abgenommen, während in Griechenland, Italien, Spanien, Deutschland und

Frankreich das Risiko, trotz Beschäftigung arm zu sein, zugenommen hat – die Beschränkung auf Teilzeit-Jobs spielte hierfür eine Rolle. Die EU vermerkt auf ihrer Website zu den Befunden im EU-Sozialbericht: „Bei der Armutsbekämpfung ist die Ausgestaltung der einzelstaatlichen Sozialfürsorgesysteme wichtig. Vergleichbare Aufwendungen für Sozialleistungen in den einzelnen Mitgliedstaaten führten jedoch zu sehr unterschiedlichen Ergebnissen bei der Eindämmung der Armut. Eine Verlagerung der Steuerlast vom Faktor Arbeit auf andere Faktoren wie CO_2-Emissionen oder Konsum und Eigentum wirkt beschäftigungsfördernd. Alternative Besteuerungsgrundlagen müssen jedoch die niedrigere Besteuerung des Faktors Arbeit auffangen. Auch die Schere zwischen gut und gering bezahlten Tätigkeiten hat sich weiter geöffnet. Bei den Gehältern besteht nach wie vor ein großer Unterschied zwischen Männern und Frauen (2010 betrug die Differenz im EU-Durchschnitt 16,4 Prozent); dabei nimmt die Diskrepanz mit dem Alter zu."

Langfristig wird vor allem die Alterung der Gesellschaften und damit die Finanzierung der Rentenversicherung in EU-Ländern eine große Herausforderung – nur in Japan und Korea wird um 2050 der Alterslastquotient bzw. der Anteil der über 65jährigen höher als in Spanien, Deutschland und Italien sein (PEW, 2014), mit deutlichem Abstand gefolgt von Frankreich; die massive bzw. steigende Zuwanderung bei Deutschland in den Jahren 2013-2016 könnte die Position Deutschlands längerfristig allerdings verbessern, sofern es bei einer hohen Netto-Zuwanderung von gut 400 000 pro Jahr (0,5 % Bevölkerungswachstum aus Zuwanderung) – ohne Flüchtlinge gerechnet – mittelfristig bleibt. In Japan, Deutschland und Italien steigt der Anteil der über 65jährigen von gut 20 % in 2010 auf über 32 % in 2050. Die USA liegen angesichts von höheren Geburtenraten und anhaltender Zuwanderung in dieser Hinsicht deutlich günstiger als die EU; China wird 2050 zwischen den USA und EU rangieren, was auch beim globalen Wettbewerb der Wirtschaftssysteme eine Rolle spielen könnte. In der Konstruktion der EU gibt es im Übrigen durchaus einzelne Ansatzpunkte für Elemente einer europäischen Sozialpolitik (ALEMANN/ DREYER/HUMMEL, 2013). Aus ökonomischer Sicht wäre sie begrenzt und fokussiert. Im Übrigen wäre eine bessere antizyklische Fiskalpolitik der Eurozone auch eine Quasi-Sozialpolitik als Element, denn Armutsrisiken sind stark mit längerer Arbeitslosigkeit verbunden.

Eine Soziale Marktwirtschaft ist eine Ordnungskonzeption, die zunächst den Leistungswettbewerb auf geordneten Märkten mit sozialem Ausgleich auf Basis von Bedarfslagen bzw. Fairnesskriterien miteinander verbindet. In der Europäischen Union stehen die einzelnen EU-Länder für eine Soziale Marktwirtschaft. Auf der supranationalen Ebene gibt es hingegen kaum nennenswerte Aktivitäten der Sozialpolitik und staatlicher Umverteilungspolitik, wenn man von der Umverteilung durch die EU-Strukturfonds – sie fließen Regionen mit weniger als 75 % des EU-Pro-Kopf-Einkommens zu – und den Kohäsionsfonds absieht, die für EU-Länder mit weniger als 90 % des EU-Durchschnittseinkommens verfügbar sind. Die entsprechenden Fonds machten in 2013 in der Summe kaum 0,4 % des EU-Bruttoinlandsproduktes aus. Auch den Globalisierungsfonds, der für Regionen mit stark rückläufiger Beschäftigung – auch in Großunternehmen – konzipiert ist, könnte man als Teil der Sozialpolitik der EU einordnen. Der Grundgedanke der Sozialen Marktwirtschaft ist ein vierfacher:

- In einem geordneten Wettbewerb auf Basis eines vernünftig gesetzten Ordnungsrahmens soll ein hohes Nationaleinkommen entstehen. Dies ist die materielle Grundlage des Wohlstandes, aber auch die Basis für staatliche Umverteilungsmaßnahmen. Diese sollte negative Anreizeffekte vernünftig berücksichtigen.
- Auf Basis des Steuersystems und insbesondere durch die progressive Einkommensteuer soll die absolute und relative Einkommensposition der obersten Einkommensschichten mit Blick auf das verfügbare Einkommen abgesenkt und eine Finanzierungsbasis für Sozialtransfers zugunsten bedürftiger Haushalte beziehungsweise Personen geschaffen werden: Hier geht es um Umverteilungspolitik.
- Die Sozialtransfers und die stillschweigende Umverteilung im Rahmen der Sozialsysteme wirken vor allem zugunsten der ärmeren Schichten und erlauben auch Menschen mit geringem Markteinkommen, einen angemessenen Lebensstandard und insbesondere einen ausreichenden persönlichen Krankenversicherungsschutz im Rahmen des Sozialstaates zu erreichen. Neben einem staatlichen Krankenversicherungssystem, das eine Krankenversicherungspflicht vorschreibt, gibt es private Krankenversicherungen als Ergänzung oder Alternative zum staatlichen System. Ein staatliches Rentensystem und eine staatliche Arbeitslosenversicherung sind Teil der Sozialpolitik.
- Arbeitnehmerorganisationen, in der Regel also Gewerkschaften, vertreten die Interessen der Beschäftigten – auf Basis demokratischer Prinzipien – und handeln mit den Arbeitgeberorganisationen Löhne und Arbeitsbedingungen aus. Soziale Marktwirtschaft will dabei insbesondere die großen Lebensrisiken wie Krankheit, Arbeitslosigkeit und Rentenzeit (eigentlich Langlebigkeit in einer Zeit ohne Erwerbstätigkeit) absichern und setzt hierbei auf Mindestaktivitäten des Staates.

Der moderne Sozialstaat europäischer Prägung versucht auch, krasse Fälle absoluter Armut zu verhindern. Unterhalb der staatlichen Sozialpolitik im engeren Sinn gibt es auch Maßnahmen privater Solidarität, die sich im persönlichen mitmenschlichen Engagement für Bedürftige und zum Teil auch in Form von Spenden an sozial engagierte Stiftungen zeigen. Der Staat erlaubt in Deutschland und anderen EU-Ländern Bürgerinnen und Bürgern, im Rahmen bestimmter Finanzgrenzen Spenden an gemeinnützige Stiftungen, Organisationen der Wissenschaft und die Kirchen von der Steuer abzusetzen. Bei einem durchschnittlichen Steuersatz von 20 % bedeutet eine entsprechende Spende von 100 €, dass der Spendende 20 € vom Staat beziehungsweise von den Mitsteuerzahlern erhält. Hier besteht auf EU-Ebene schon ein erstes Problem, da direkte Spenden nur im Inland steuerlich abzugsfähig sind. Dies kann man aus Sicht des Gedankens europäischer Solidarität durchaus als Diskriminierung ansehen – erst in einer Euro-Politikunion oder einer EU-Politikunion entfällt dieses Problem im Grundsatz, sofern man zumindest einen Teil der Lohn-und Einkommenssteuern auf supranationaler (Brüsseler) Ebene entrichtet. In einem solchen Fall kann jeder nach seinem Wunsch Spenden etwa auch in relativ arme südeuropäische Länder geben.

Die internationalen Unterschiede im Pro-Kopf-Einkommen haben in den zwei Jahrzehnten nach 1985 abgenommen, aber zugleich hat innerhalb der einzelnen Industrieländer die Einkommensungleichheit zugenommen (im Sinn Lohnsatzrelation für Qualifizierte Arbeitnehmer steigt relativ zum Lohnsatz Ungelernter), wofür man aus empirischer Sicht eine recht einfache Erklärung anbieten kann (JAUMOTTE/LALL/PAPAGEORGIOU, 2008): Die rasche Globalisierung der Finanzmärkte hat zu einer Senkung des Realzinssatzes weltweit geführt, wovon Haushalte via Kreditaufnahme profitieren können – aber nur diejenigen, die Vermögen als Sicherheiten stellen können oder über mittlere und hohe Einkommen verfügen (qualifizierte Arbeitnehmer); hinzu kommt der Einfluss einer Verzerrung beim technischen Fortschritt, durch den nämlich die Nachfrage nach qualifizierten Arbeitnehmern begünstigt wird, wie man exemplarisch an der Expansion des Sektors der Informations- und Kommunikationstechnologie sehen kann. Also steigt in allen Ländern die Einkommensrelation der qualifizierten Arbeitnehmer zu den Ungelernten.

Die Sozialpolitik bzw. die Umverteilungspolitik setzt von der Einnahmenseite her auf Beiträge zu den Sozialversicherungen, also der Krankenversicherung, der Rentenversicherung und der Arbeitslosenversicherung. Darüber hinaus wird etwa Einkommensumverteilung über die progressive Einkommensteuer und ggf. auch das Verbrauchs- bzw. Mehrwertsteuersystem und möglicherweise auch eine Vermögenssteuer angestrebt.

Bislang ist die Sozialpolitik ganz überwiegend bei den EU-Ländern angesiedelt, wobei hierfür auch der Grundsatz der Subsidiarität spricht. Bei der
Sozialpolitik gilt es aus ökonomischer Sicht nun zu bedenken, dass die Finanzierungskosten dieser Politik, die in EU-Ländern für jeweils etwa 20 % des Bruttoinlandsproduktes steht, erheblich sind und daher auch beträchtliche Wirkungen haben können. Werden die Ausgaben der Sozialpolitik über Beiträge bzw.
Zuschläge auf die Netto-Arbeitskosten finanziert – so wie in Deutschland –, so
führt dies zu einer verminderten Arbeitsnachfrage der Unternehmen. Soweit die
Lohnstückkosten relativ zu denen im Quellenland der Direktinvestitionen steigen, sinken aus dem Ausland kommende Direktinvestitionszuflüsse multinationaler Unternehmen, was dann negativ auf die Investitionsquote und den technischen Fortschritt wirkt – dies zeigen empirische Untersuchungen für britische
und deutsche multinationale Unternehmen (BARRELL/PAIN, 1997); hier
kommt der Industrie beim technischen Fortschritt via Direktinvestitionen eine
große Rolle zu.

Für die Unternehmen sind die Bruttoarbeitskosten relevant und das ökonomische Beschäftigungskalkül geht dahin, dass die Arbeitnehmer ihre Brutto-Ar-
beitskosten verdienen müssen; dazu zählen die Lohnnebenkosten, die sich indirekt auf die Sozialversicherung mit den Säulen Kranken-, Arbeitslosen- und
Rentenversicherung beziehen. Von daher ist die gelegentlich in Deutschland
politisch hochstilisierte Aufteilung der Rentenbeiträge in einen

„Arbeitnehmerbeitrag" und einen „Arbeitgeberbeitrag" ökonomisch ziemlich irrelevant – nur über bei unterschiedlichen Aufteilungssätzen entstehenden geringen Steuerwirkungen bei den Unternehmen ergibt sich ein ökonomisch
gewichtiger Aspekt; je geringer der Beitragssatz der Unternehmen, umso höher
die Brutto- und Netto-Kapitalrendite bzw. umso höher die Investitionsquote. In
Dänemark hingegen wird ein Alternativmodell der Sozialversicherung realisiert,
da man diese vor allem über hohe Mehrwertsteuersätze finanziert: Der Haupteffekt erhöhter Mehrwertsteuersätze liegt in einer inländischen Preiserhöhung
für die Konsumenten bzw. in einem spiegelbildlich zum verminderten Konsum
erhöhten Export; die sich bei einer Mehrwertsteuererhöhung verteuernden
Importe werden sinken und insgesamt verbessert sich der Außenbeitrag.

Sozialpolitik wird etwa im Bereich der Rentenversicherung in verschiedenen
EU-Ländern in recht unterschiedlicher Weise finanziert, wobei die Niederlande
für ihr seit vielen Jahren etabliertes „Cappuccino-System" bekannt sind: staatliche
beitragsfinanzierte Basisrente plus Betriebsrente plus Anreize für private kapital-
gedeckte Altersversorgung. Diese Elemente gibt es in teilweise wenig systemati-
scher Weise in fast allen EU-Ländern und in Deutschland spielt für viele Arbeitnehmer die Betriebsrente eine wichtige Rolle; deren Rolle kommt allerdings

durch die faktische Nullzinspolitik der EZB seit etwa 2014 unter Druck, zumal die Unternehmen auch noch fiktiv hohe Kapitalrenditen zu versteuern haben; durch die britische Geldpolitik nach dem BREXIT verschärft sich das Problem, denn der britische Kapitalmarkt ist groß genug, um auch Übertragungseffekte Richtung EU27 auszulösen. Hinzu kommen staatlich geförderte private Vorsorgeelemente in Deutschland: Die Einführung einer kapitalgedeckten Riester-Rente, für deren Umsetzung der Staat Steueranreize gibt, hat in Deutschland als private Eigenvorsorge nur teilweise gewirkt, da nur die Hälfte der Berechtigten tatsächlich eine „Riester-Vorsorge" betreibt. Dabei sind die Steueranreize für Gruppen mit hohem Einkommen wegen der progressiven Einkommenssteuer deutlich stärker als für Arbeitnehmer mit geringem Einkommen.

Die unterschiedlichen Ansätze der Sozialpolitik verschiedener EU-Länder treffen im EU-Binnenmarkt aufeinander, wobei die Kostenwettbewerbsfähigkeit beim Freihandel mit Gütern und Diensten im Vordergrund steht; soweit eine differenzierte und gut ausgebaute Sozialpolitik zu sozialem Frieden und politischer Stabilität eines Landes beiträgt, kann die Sozialpolitik mit Blick auf die Arbeitnehmerfreizügigkeit und den freien Kapitalverkehr auch zu höherer Zuwanderung und einem Zufluss von Direktinvestitionen führen. Eine Sozialpolitik, die zu hoher Staatsverschuldung beiträgt, wird in der Regel zu Kapitalabflüssen und auch zu Abwanderung beitragen, denn eine hohe Staatsschuldenquote – mit nachfolgend verschlechtertem Rating von Staatsanleihen – ist ein Signal für deutlich erhöhte künftige Steuersätze. Mobile Produktionsfaktoren werden sich dem zu entziehen suchen.

Dieser Mobilität der Produktionsfaktoren kann die Wirtschaftspolitik eine verstärkte grenzüberschreitende Koordinierung entgegenstellen (tatsächlich könnten Politiker aus theoretischer Sicht (WELFENS, 2013b) einen aufkommensmaximierenden Einkommenssteuersatz tmax in Höhe von 1 minus Kapital-Produktionselastizität der gesamtwirtschaftlichen Produktionsfunktion vereinbaren, der sicherlich nicht im Interesse der Bürgerinnen und Bürger ist; auf Basis einer Cobb-Douglas-Produktionsfunktion ergibt sich dabei ein Einkommenssteuersatz von etwa 66 %, wenn die Produktionselastizität des Kapitals 1/3 beträgt; die tatsächliche durchschnittliche Einkommenssteuerquote ergibt sich in der Realität als x*tmax, wobei x im Wertebereich zwischen 0 und 1 liegt und insbesondere von politischen Präferenzen und den marginalen Steuereinzugskosten abhängt). Über das Steuersystem ist jedenfalls eine gewisse Umverteilungspolitik möglich und die Frage nach entsprechenden Weichenstellungen ergibt sich gerade auch im EU-Binnenmarkt mit seiner hohen Mobilität der Produktionsfaktoren Arbeit und Kapital.

Hinzu kommt der Befund aus dem Buch von PIKETTY (2014), dass die Einkommensungleichheit in den führenden Industrieländern stark von der Einkommensentwicklung der Top 1 % der Einkommensbezieher seit den 1990er Jahren geprägt worden ist. Dies gilt allerdings stärker für die USA und Großbritannien als für Deutschland und andere kontinentaleuropäische EU-Länder. Der US COUNCIL OF ECONOMIC ADVISERS (2016) hat in seinem Bericht 2016 im ersten Kapitel darauf verwiesen, dass einerseits diese Unterschiede zwischen Industrieländern bestehen. Aber andererseits kann man auch die Aufstiegswahrscheinlichkeit von Ländern betrachten, wobei hier wiederum Deutschland und skandinavische Länder recht gut abschneiden und die USA sowie Großbritannien eher schwach. Das bedeutet, dass die Einkommensungleichheit nicht nur in diesen beiden Ländern stark zugenommen hat, sondern dass zugleich die Aufstiegschancen „von unten nach oben in der Einkommenspyramide" recht begrenzt sind – für die USA als das sprichwörtliche Land der unbegrenzten Möglichkeiten sicherlich ein etwas überraschender Befund.

Die Analyse von PIKETTY (2014) zu Verteilungsfragen hat ganz neue Fragen aufgeworfen, wobei der Autor eine langfristige Tendenz zum Anstieg des Anteils der Kapitaleinkommen am Bruttoinlandsprodukt behauptet. Dies basiert in Kern auf der Beobachtung, dass der Zinssatz langfristig höher als das Wirtschaftswachstum ist, wobei die Niedrigstzinsphase in den OECD-Ländern seit 2012 einige Zweifel aufkommen lässt. Eher sorgt Internetwirtschaft für steigende ökonomische Ungleichheit. In der modernen digitalen Weltwirtschaft sind die Unternehmensgründerkosten geringer als früher, so dass der Anteil der Selbstständigen zeitweise deutlich steigt. Das kann Probleme in der staatlichen umlagefinanzierten Rentenversicherung wegen sinkender Zahl beitragspflichtiger Arbeitnehmer führen. Grundsätzlich lässt sich über entsprechende Erbschaftssteuern, ein sinnvolles Stiftungsrecht und eine angemessene Kapitalertragsbesteuerung einer solchen Tendenz entgegenwirken. Im Übrigen sei betont, dass Einkommensumverteilung nicht nur im Steuersystem stattfindet, sondern auch im Gesundheitssystem bzw. bei den Krankenkassen.

Im Binnenmarkt ist durch EU-Rechtsprechung weitgehend sichergestellt, dass man als Bürgerin oder Bürger eines EU-Staates, Gesundheitsdienstleistungen im Ausland – innerhalb der EU – beziehen kann; seitens der gesetzlichen Krankenversicherungen in den EU-Ländern gibt es keine Beitragszuschläge für eine Auslandsbehandlung in EU-Ländern. Bei privaten Krankenversicherungen werden durchaus Zuschläge für einige Länder dann verlangt, wenn man einige Zeit in einem EU-Partnerland studiert oder arbeitet; ohne triftige Gründe sind solche Zuschläge eine Form von Diskriminierung (tatsächlich werden von deutschen Privatversicherern bei einem Studienaufenthalt in Frankreich Zuschläge erhoben). Bei der Rentenversicherung sind bei mobilen Rentnerinnen und Rentner auch Probleme erkennbar, die aus unterschiedlichen Rentenversicherungssystemen entstehen. Während etwa in Deutschland die Rentenzahlungen – auf Basis beschlossener Reformen – zu versteuern sind, werden Rentenzahlungen in Spanien nicht besteuert. Damit können Deutsche, die ihren Wohnsitz im Rentenalter nach Spanien verlegen, einen besonderen Steuervorteil erlangen. Umgekehrt werden Spanier, die in Deutschland Rente aus Spanien beziehen, diese Rentenzahlung versteuern müssen, sofern der erste Wohnsitz nach Deutschland verlegt wurde. Hier entstehen Verzerrungseffekte, die erst in einer Sozialunion mit steuerlich teil-harmonisierten Rentenversicherungssystemen entfielen.

In der Euro-Währungsunion entstehen allerdings auch Probleme durch die notwendige gemeinsame Haftung der Euro-Länder, wobei Euro-Partner wohl zwecks Verhinderung einer umfassenden Euro-Krise durch Rettungsschirme und Zinsverzicht für Euro-Krisenländer implizite Transfers zahlen. Probleme entstehen aber auch in anderen Ländern; so kann man in Frankreich den landeseinheitlichen Mindestlohn von 10 € (Stand Anfang 2016) als Problem ansehen. Denn die Unternehmen erhalten zugleich für jeden zum Mindestlohn Beschäftigten eine staatliche Subventionszahlung, die in der Summe rund 1 % des Bruttoinlandsproduktes bzw. eine Defizitquote von 1 % ausmacht; geht man von einer Trendwachstumsrate des realen Bruttoinlandsproduktes von 1,5 % aus, so bedeuten diese Zahlen, dass allein durch die defizitfinanzierte Lohnsubvention eine Schuldenquote von langfristig 66,7 % – gemäß der Formel von DOMAR (1944) – entsteht. Das wirft gegenüber dem Stabilitäts- und Wachstumspakt mit seiner Obergrenze von 60 % schon ein Problem auf, nämlich mit Blick auf die stabilitätspolitische Glaubwürdigkeit der Eurozone insgesamt; zudem schwächt sich Frankreich insofern, als bei angenommenem Normalzins von 4 % und einer staatlichen Schuldenquote von 66,7 % nun Extra-Zinsausgaben relativ zum Bruttoinlandsprodukt von 2,7 % entstehen und um so viel muss der durchschnittliche Einkommensteuersatz in Frankreich dann höher sein. Das vermindert dann aber gerade das Gleichgewichtseinkommen und die inländische Arbeitsnachfrage um etwa 1,4 %, wenn man von einer üblichen Annahme einer Produktionselastizität des Kapitals von 0,33 (bei einer linear-homogenen Cobb-Douglas-Produktionsfunktion für die Gesamtwirtschaft) ausgeht. Zugleich vermindert dies die Exporte aller EU-Partner Frankreichs bzw. dämpft deren Bruttoinlandsprodukt und die dortige Beschäftigung und wirkt dann nochmals negativ auf Frankreich zurück.

Im EU-Binnenmarkt bzw. der Eurozone gilt es solche Interdependenzen natürlich zu beachten. Eine vorsichtige Mindestlohnpolitik ist vertretbar, ein überzogener Ansatz – mit Mangel an regionaler Differenzierung – ist mit hohen volkswirtschaftlichen Kosten verbunden und schwächt die Volkswirtschaft und die internationale Wettbewerbsfähigkeit, was dann längerfristig viele Unternehmen zum leichten Übernahmeziel von US-Konzernen werden lassen dürfte. Eine Mindestlohnsubventionierung wirkt gesamtwirtschaftlich weniger nachteilig, wenn die bei gestiegener Schuldenquote erhöhten Zinsausgaben über eine Mehrwertsteuererhöhung finanziert werden, die in dem in der EU praktizierten System zu einer Exporterhöhung führen: Denn die Mehrwertsteuererhöhung verteuert den inländischen Konsum, der also sinken wird und bei gegebener Produktion erhöht sich dann der Netto-Export von Konsumgütern.

Die Unterschiedlichkeit der Sozialsysteme – mit Tendenz zu relativ guten Leistungen im EU-Länder-Vergleich in Ländern mit hohen Einkommen – gibt Anreize für viele Menschen aus armen Ländern, in Länder mit hohen Standards in der Sozialversicherung (inklusive „adäquater" Sozialhilfe) einzuwandern. Zuwanderung kann insgesamt für das betrachtete Einwandererland durchaus erhebliche ökonomische Vorteile bringen, wie etwa das Überwinden von Fachkräftemangel. Dass „Armutszuwanderung" aus Sicht betroffener Kommunen im Einzelnen eine gewisse Belastung sein kann, ist offensichtlich, aber es liegt an den betreffenden Regionen, besondere Belastungsschwerpunkte auch durch zusätzliche Finanzmittel für Wohnungsbau und Sprachintegration abzufedern. Natürlich können aber auch bei einzelnen Regionen und Kommunen besondere Belastungen entstehen. Aus einer neueren Untersuchung für Deutschland ist bekannt (BRÜCKER, 2013), dass Zuwanderer von der formalen Seite her relativ gut qualifiziert sind – besser als der Durchschnitt der Einheimischen – und dass sie im Durchschnitt 2 000 € Überschuss für die Sozialkassen erbringen. Diese Überschüsse entstehen, da eine hohe Zahl von Rückwanderungen bei fehlendem Erreichen der notwendigen Mindestanwartschaften – also Beitragsjahre etwa in der staatlichen Rentenversicherung – aus Sicht der Zuwanderer dann bedeuten, dass keine Leistungsansprüche erworben worden sind. Im Übrigen kann Deutschland wie Frankreich oder Italien als EU-Land mit relativ hohem Pro-Kopf-Einkommen gelten. Das Vermögen pro Haushalt in Deutschland ist – gemessen an der Median-Position – im Vergleich der Euro-Länder das geringste, wie eine Analyse der Europäischen Zentralbank ergeben hat (EZB, 2013). Beim Durchschnittsvermögen auf Basis des arithmetischen Mittels ist die Position etwas besser, aber auch hier liegt Deutschland etwa hinter Spanien zurück, was u.a. durch die beiden Weltkriege und die weitgehende Abschreibung des ostdeutschen Kapitalbestandes im Zuge der Wiedervereinigung Deutschlands zu erklären sein dürfte.

Die relativ hohen Werte für Spanien, Italien und einige andere Länder spiegeln ganz wesentlich auch die hohe Schuldenquote des jeweiligen Staates wider (nach dem Ricardo-Äquivalenztheorem stehen dem im Extremfall gleichhohe künftige erhöhte Steuerverpflichtungen aktueller und künftiger Generationen gegenüber, sodass allenfalls ein Teil der von den Inländern gehaltenen Staatsschuldtitel als Nettovermögen zu zählen ist. Der Anhang 8 zeigt die entsprechend korrigierten Vermögenswerte zu den EZB-Angaben).

Was die Einkommens- und Vermögenssituation angeht, so gibt es aus ökonomischer Sicht eine Verbindung. Denn Vermögen ist Quelle von künftigem Einkommen, allerdings werden in der Statistik von OECD-Ländern kaum einmal kalkulatorisch (fiktive) Mieteinnahmen für selbstgenutzte Immobilien berücksichtigt. Im Übrigen spielt für die reale Einkommenssituation auch die Schattenwirtschaft in vielen OECD-Ländern eine erhebliche Rolle. Wenn es um die Verbesserung der deutschen Position in der Vermögensliga in der Eurozone geht, so wären sicherlich verbesserte Anreize für Unternehmensgründungen, aber auch bessere steuerliche Anreize beim Sparen längerfristig erwägenswert. Eine andere Frage bezieht sich auf Möglichkeiten, kurzfristige Impulse zur Überwindung der Eurokrise zu setzen. Hier ist zunächst jedes Euroland gefordert, aber auch die EU und die Euro-Partnerländer. Wenn Deutschland über bedingte KfW-Darlehen an Krisenländer einen Teil des krisenbedingten Zinsvorteils in die südlichen Krisenländer weitergeben könnte, so wäre dies – wie 2013 von der Bundesregierung vorgeschlagen – durchaus ein sinnvoller Impuls zur Stabilisierung. Alle kurzfristigen Maßnahmen können am Ende jedoch eine unvoreingenommene und kritische Debatte zum Thema Euro-Politikunion nicht ersetzen, wie die weiteren Ausführungen zu den Perspektiven europäischer Marktwirtschaften zeigen.

Umverteilungspolitik in der EU

Für den Zusammenhalt der Gesellschaft ist eine gewisse Begrenzung von Einkommensungleichheiten in der Regel längerfristig wichtig. Ungleichheit lässt sich auf verschiedene Weise messen und auch das Ergebnis der staatlichen Umverteilung – hier geht es um den Unterschied zwischen Primär- und Sekundärverteilung. Auch wenn es einige Umverteilungseffekte der EU-Politik geben mag, mit Ausgaben in Höhe von etwa 1 % des Bruttoinlandsproduktes dürfte hier wenig an Umverteilung zustande kommen.

Tab. 9. Ausmaß der Einkommensumverteilung in EU-Ländern nach Institut der Deutschen Wirtschaft (Nettotransfers in Prozent des Nettoeinkommens Jahr 2009)

Irland	61,7	–6,9	Vereinigtes Königreich	39,5	–23,8	Zypern	33,8	2,7
Finnland	53,9	–20,6	Bulgarien	38,9	1,0	Malta	29,3	–13,2
Dänemark	50,1	–36,4	Portugal	38,3	–10,8	Slowakei	27,4	–1,7
Schweden	45,8	–23,4	Lettland	37,8	–5,1	Luxemburg	26,5	–11,6
Deutschland	45,7	–17,3	Ungarn	37,1	–9,3	Spanien	23,0	–4,3
Belgien	45,2	–19,5	Slowenien	36,0	–19,5	Litauen	22,9	–5,1
Tschechien	42,3	–15,5	Österreich	35,7	–18,4	Polen	17,3	–11,8
Estland	42,2	–9,2	Niederlande	35,4	–38,4	Italien	13,2	–8,7
Frankreich	39,8	2,6	Rumänien	34,3	–4,8	Griechenland	11,1	–15,3

☐ Einkommensschwächste 20 Prozent der Bevölkerung.

☐ Einkommensstärkste 20 Prozent der Bevölkerung.

Lesebeispiel: Die meisten Bürger zahlen Steuern und Sozialbeiträge und erhalten Transferleistungen des Staates. Der Saldo (Abgaben minus Transfers) fällt allerdings unterschiedlich aus. In Deutschland beträgt der Nettotransferanteil der einkommensschwächsten 20 Prozent der Bevölkerung fast 46 Prozent ihres Nettoeinkommens. Die einkommensstärksten 20 Prozent zahlen per Saldo 17 Prozent ihres Nettoeinkommens.

Steuern und Sozialbeiträge: Einkommenssteuern und Arbeitnehmerbeiträge zur Sozialversicherung; Transferzahlungen: Renten, Pensionen, Arbeitslosengeld, krankheits- und familienbezogene Sozialleistungen, sonstige Sozialleistungen; Ursprungsdaten: Eurostat.

Quelle: Judith Niehues: Staatliche Umverteilung in der Europäischen Union, in: IW-Trends 1/2013.

Das INSTITUT DER DEUTSCHEN WIRTSCHAFT (NIEHUES, 2013) hat mit Blick auf die Nettotransfers in % des Nettoeinkommens in 2009 das Ausmaß der Einkommensumverteilung untersucht – allerdings mit gewissen Einschränkungen. Betrachtet werden die gezahlten Steuern und Sozialbeiträge und die vom Staat erhaltenen Transferleistungen. Betrachtet werden exemplarisch die Positionen der einkommensstärksten 20 % der Bevölkerung und der einkommensschwächsten 20 % der Bevölkerung.

Der Nettotransferanteil der einkommensschwächsten 20 % der Bevölkerung lag nach IDW-Angaben relativ hoch bei Irland, Finnland, Dänemark, Schweden, Deutschland, Belgien, Tschechien, Estland und Frankreich; besonders niedrig war er bei Spanien, Litauen, Polen, Italien und Griechenland.

Was Griechenland anging, so erhielten die einkommensschwächsten 20 % der Bevölkerung 11,1 % ihres Nettoeinkommens aus Transfers, in Irland waren es hingegen 61,7 %, in Deutschland 45,7 % und in Frankreich 39,8 %; im Vereinigten Königreich 39,5 %. Die einkommensstärksten 20 % zahlten in den Niederlanden und Dänemark Spitzenwerte von 38,4 % des Nettoeinkommens in Form von Steuern und Sozialbeiträgen, in Deutschland 17,3 %. Das oberste Einkommensfünftel war allerdings in Frankreich kein Nettozahler, sondern erhielt sonderbarerweise noch 2,6 % des Nettoeinkommens vom Staat; leicht positive Werte gab es auch bei Zypern und Bulgarien, wobei letzteres für einen Einheitssteuersatz – ohne Grundfreibetrag – steht.

Wenn es eine stärkere Rolle der EU bei der Einkommensumverteilung gäbe, so wäre daran zu denken, dass man gemeinsame Grundsätze festlegt, aber alle Einzelmaßnahmen in den Händen der EU-Mitgliedsstaaten lässt. Zwei offenbar sinnvolle Grundsätze, die einen gesellschaftlichen Grundkonsens zu Einkommensumverteilungsmaßnahmen darstellen, könnten sein:

- die einkommensstärksten 20 % der Haushalte müssen Nettobeiträge bei Steuer- und Sozialabgabenzahlungen leisten (Fälle wie Frankreich, Zypern und Bulgarien kämen dann nicht vor);
- in jedem EU-Land muss ein Grundfreibetrag in Höhe des Existenzminimums von der Einkommensteuer frei sein – das ist ein offenbar sinnvoller Grundsatz, wenn es um Fairness geht.

In der Analyse des Instituts der deutschen Wirtschaft ist die Mehrwertsteuer ausgeblendet worden, die wegen ihres tendenziell regressiven Charakters aber in eine aussagekräftige Betrachtung einzubeziehen ist: Die Belastungen entfallen überproportional auf die untersten Einkommensgruppen mit ihrem hohen Konsumanteil. Auch die diversen Stromsteuern belasten arme Haushalte überproportional. Bei Betrachtung der Mehrwertsteuer- beziehungsweise der Verbrauchssteuereffekte wird in einem Vergleich USA und EU-Länder im Übrigen deutlich (OECD-Analyse), dass die effektive Umverteilungsaktivität in den USA nicht viel geringer als in einigen EU-Ländern ist. Arme Haushalte in Westeuropa, die hohe Mehrwertsteuersätze in einigen Ländern zahlen, geben an der Ladenkasse unfreiwillig einen erheblichen Teil der erhaltenden Transfers ab. Sonderbar ist im Übrigen, dass die Analyse des Instituts der deutschen Wirtschaft den Arbeitgeberanteil an der Sozialversicherung bei den Berechnungen nicht berücksichtigt. Aus ökonomischer Sicht ist auch der sogenannte Arbeitgeberanteil den Arbeitnehmern zuzurechnen. Denn diese müssen mit ihrer Produktivität letztlich die gesamten Sozialbeiträge am Markt verdienen. Sie Lohnnebenkosten sind Teil der Gesamtbeschäftigungskosten aus Unternehmenssicht.

EU-Sozialpolitik: Ausgangspunkt und Reformmöglichkeiten

Die Sozialpolitik in der EU ist auch zu Beginn der zweiten Dekade des 21. Jahrhunderts Sache der EU-Mitgliedsländer. Die EU hat allerdings eine soziale Dimension des Binnenmarktes definiert:

- Regelung der Höchstarbeitszeiten – nämlich 48 Stunden pro Woche.
- Diskriminierungsverbot für EU-Bürger, also Gleichstellung der EU-Bürger im Arbeitsleben in EU-Mitgliedsstaaten.
- Regelungen für Gleichstellung von Mann und Frau im Arbeitsleben.
- Schritte gegen „Sozialdumping", was etwa in Deutschland mit der Entsenderichtlinie versucht wird.
- Die vom britischen Premier Cameron 2016 vorgeschlagenen längeren Wartezeiten für Zuwanderer bei der Anspruchsberechtigung auf Leistungen des Sozialstaats – mit einer Übereinkunft mit der EU-Kommission Anfang Februar 2016 – sind ein Vorschlag, eine Überforderung der Sozialsysteme bzw. eine Einwanderung in die relativ großzügigen Sozialsysteme bestimmter Länder (hier UK) zu begrenzen.
- Qualifizierungsmaßnahmen von Arbeitslosen durch den Europäischen Sozialfonds (75 Mrd. € im Zeitraum 2007-2013); Maßnahmen der EU-Strukturfonds fließen in Regionen, wo das Pro-Kopf-Einkommen relativ gering ist. Zudem gibt es einen Ausgleichsmechanismus auf Basis des Kohäsionsfonds, der Ländern mit einem nationalen Pro-Kopf-Einkommen von weniger als 90 % des EU-Durchschnittseinkommens Gelder für Projekte im Infrastruktur- und Umweltschutzbereich zuweist.
- Im Rahmen einer Europäischen Sozialagenda, die im Jahr 2000 parallel zur Lissabon-Agenda-2010 beschlossen wurde, sollte eine gewisse soziale Flankierung dieses Projektes erreicht werden, das vorsah, bis 2010 die EU zum dynamischsten wissensbasierten Wirtschaftsraum der Welt zu machen – vor dem Hintergrund teilweise schwacher wirtschaftspolitischer Weichenstellungen, der Transatlantischen Bankenkrise und der 2009 einsetzenden Eurokrise ist das alles nur sehr bedingt gelungen.

- Es gibt schließlich einen Globalisierungsfonds der EU, der im Falle hoher Arbeitsplatzverluste in Großunternehmen aktiviert werden kann.
- Regelungen zur Arbeitssicherheit, was Schutzeinrichtungen vor Gefahren am jeweiligen Arbeitsplatz erfordert; hier gibt es eine ganze Reihe von ILO-Standards, die jedoch in einzelnen OECD-Ländern bzw. EU-Ländern durchaus unterschiedlich umgesetzt werden. Wenn die Standards der Internationalen Arbeitsorganisation im Zuge etwa der Krise in der Eurozone unzureichend bzw. schlechter als bisher umgesetzt würden, dann wäre zu fragen, ob dies ein vorübergehendes Phänomen oder aber ein strukturelles Problem ist.

Wenn Steuergelder aus einem EU-Land in ein anderes fließen, wie dies über den EU-Haushalt faktisch geschieht, wird häufig von der Wählerschaft die Frage gestellt, ob hier nicht unnötige beziehungsweise wenig begründete Transferzahlungen gemacht werden. Dabei ist nun allerdings festzustellen, dass die Größenordnung aus der Sicht Deutschlands relativ überschaubar ist, da die Nettozahlungen Deutschlands an die EU bei etwa 10 Milliarden € (etwas weniger als 0,5 % des Bruttoinlandsproduktes) pro Jahr liegen, was 125 € pro Kopf im Jahr entspricht. Das ist relativ zu den ökonomischen Vorteilen der Europäischen Integration ein geringer Beitrag, wobei Länder wie Schweden und Niederlande tendenziell höhere Pro-Kopf-Beiträge als Deutschland zahlen. Bei einem Gesamtbudget von 1 % des Bruttoinlandsproduktes ist die europäische Ebene bei den Politikausgaben sehr bescheiden. Das heißt aber noch nicht, dass die Ausgaben effizient und mit positiven ökonomischen Wirkungen getätigt werden. So gibt es etwa von BECKER/EGGERT/EHRLICH (2010) eine Analyse, die zeigt, dass etwa die Hälfte der EU-Strukturfondsmittel keinerlei positive ökonomische Wirkung in der Empfängerregion hat; es ist im Übrigen auch denkbar, dass EU-Zahlungen negative Wirkungen via Ansteigen der Korruption oder umweltschädliche Bauprojekte im Einzelfall haben.

Internationale Transferzahlungen beziehungsweise die EU-Ausgaben verlangen nach Transparenz und Kontrolle. Tatsache ist, dass mit Blick auf die seitens des Europäischen Parlamentes offenbar relativ schwache Budgetkontrolle – und auch mit Blick auf die merkwürdige Ausgabendominanz des EU-Budgets bei der Landwirtschaft – sehr sorgfältig zu überlegen ist, ob man einen Ausbau der Aufgaben und Ausgaben auf Brüsseler Ebene empfehlen kann. Der Gedanke der Subsidiarität spricht hier zunächst auch für eine Art natürliche Vorfahrt der nationalen Politikebene gegenüber der supranationalen Ebene in Brüssel. Dennoch muss vor einer naiven statischen Interpretation des Subsidiaritätsprinzips gewarnt werden (WELFENS, 2014): Werden mehr Aufgaben und Ausgaben in Brüssel angesiedelt, so wird sich der politische Wettbewerb auf der supranationalen Ebene verstärken und dies führt dann auch zu einer verstärkten politischen Effizienz und Ausgabenkontrolle in Brüssel. Dieses Argument gilt erst Recht im Fall der Schaffung einer Euro-Politikunion.

Es ist festzustellen, dass die EU bislang nur punktuell im Bereich des Sozialen aktiv wird. Zur Rolle der EU in diesem Bereich, in dem es um soziale Kohäsion bzw. wirtschaftliche Aufholprozesse armer Länder geht, ist folgendes anzumerken:

- Soweit es gelingt, durch die EU-Politik und die Binnenmarktdynamik eine wirtschaftliche Konvergenz der Mitgliedsländer – also ein Aufholen beim Pro-Kopf-Einkommen von Seiten relativ armer Länder – zu fördern, trägt die EU durchaus eigenständig zur Verwirklichung der Sozialen Marktwirtschaft bei.

- Das Zusammenspiel von regionaler Handelsschaffung in der Europäischen Union und verstärkten Direktinvestitionen multinationaler Unternehmen, die zwischen verschiedenen Standorten in der EU wählen können – 2013 kam zum 1. Juli Kroatien als Mitgliedsland Nr. 28 hinzu –, führt zu einer Aufweichung der ILO-Normen. Davon muss man auf Basis einer Analyse von HÄBERLI/JANSEN/MONTEIRO (2012) ausgehen. Der Mechanismus ist vermutlich, vereinfacht gesprochen, so, dass Länder mit relativ guten Standortbedingungen verstärkt nicht nur von Handelsschaffung, sondern auch von Direktinvestitionszuflüssen profitieren; das zwingt Länder mit schlechten Standortbedingungen oder schlechter Wirtschaftspolitik faktisch dazu, ILO-Standards aufzulockern, damit man trotzdem noch Direktinvestitionszuflüsse verzeichnet. Im nächsten Schritt kann das auch in Ländern mit guter Umsetzung von ILO-Standards zu einer Aufweichung der Standards führen. Da die Aufweichung von ILO-Standards aus normativer Sicht unerwünscht in der EU ist, kommt es insbesondere darauf an, dass Länder mit schwachen Standortbedingungen ihre Hausaufgaben machen – man denke hier an die Doing-Business-Indikatoren der Weltbank, wobei etwa Griechenland aus völlig unverständlichen Gründen bis 2013 auf einem der hintersten Ränge stand.

- Soweit die EU oder auch einzelne EU-Länder mit wachstumsschwächender oder beschäftigungsschädlicher Politik ökonomische Aufholprozesse im eigenen Land und in EU-Partnerländern behindern, gibt es allerdings ein Problem. Hier kann man auf einige Aspekte der Eurokrise verweisen, wobei das Krisenmanagement auf eine bedingte Solidarität der Partnerländer mit den Krisenländern abgestellt hat. Wenn man Irlands Politikfehler in Sachen Nicht-Umsetzung der bisherigen EU-Bankenaufsichtsrichtlinien und auch die Politik von Griechenland beim Defizitbetrug im Wahljahr 2009 betrachtet, dann kann man hier eben als Sonderphänomen quasi eine zeitweise kritische Anti-Solidarität von Euro-Mitgliedsländern ausmachen und thematisieren: Irland hat mit sehr niedrigen Körperschaftssteuersätzen seine Position im Wettbewerb um mobiles Kapital verbessert und dann durch Nichtanwendung von Bankenaufsichtsregeln künstlich noch den Zufluss an hohen Direktinvestitionen im Bankensektor gefördert – Letzteres allerdings endete 2009/2010 in einem Desaster und Irlands Defizitquote schoss 2010 auf 31 % hoch: Das war ganz überwiegend durch die staatlichen Bankenrettungsmaßnahmen bedingt und Irland ließ sich, nachdem der Zugang zum internationalen Kapitalmarkt verloren war, dann durch einen 82 Mrd. Euro-Kredit der Euro-Partnerländer und der EU vor dem Untergang retten. Bei Griechenland meldete die Regierung im Frühjahr 2009 an die Kommission 4 % Defizitquote, realisierte aber 15,6 %, was einfach als Versuch einer konservativen Regierung in Athen zu werten ist, sich einen Wahlsieg auf Basis eines politisch illegalen und ökonomisch lebensgefährlichen Kredits zu erkaufen – es kam dann ohnehin zu einem Machtwechsel. Aber wer eine Defizitquote von 15 % in einem Jahr macht, der sagt auf fünf Jahre gesehen einen Anstieg der Schuldenquote von 45 % an, wenn man auf Basis von internationalen Erfahrungswerten davon ausgeht, dass die Defizitquote jährlich um 3 % vermindert werden kann. Da Griechenland 110 % Schuldenquote im Ausgangszustand hatte, war die Ist-Defizitquote von gut 15 % gleichbedeutend mit dem kurzfristigen Verlust des Zugangs des Landes zum internationalen Kapitalmarkt. Hier wurde Griechenland im Mai 2010 trotz der massiven Politikfehler durch einen 110 Mrd.-€-Kredit der Euro-Länder und dann einen weiteren Großkredit von 120 Mrd. € in 2011 sowie einem Schuldenschnitt bei den privaten Gläubiger in 2012 von etwa 60 % – entsprechend 105 Mrd. € – vorläufig gerettet. Diese beiden Rettungsfälle sind einerseits sichtbarer Ausdruck einer besonderen Solidarität der Euro-Partnerländer; andererseits wird hier krassestes wirtschaftspolitisches Fehlverhalten nationaler Wirtschaftspolitik quasi belohnt und der nationalen Wirtschaftspolitik gegen jeden Gedanken der Generalprävention ein stillschweigender Anreiz gegeben, weitere riskante nationale Politikmanöver zulasten der Eurozone bzw. der EU und des IWF zu versuchen.

- Ein moderner europäischer Sozialstaat mit Binnenmarkt und Währungsunion muss eine Antwort auf die Frage finden, welche Aufgaben, Leistungen und Finanzierungsmöglichkeiten auf welcher Politikebene verankert werden sollen. Dabei sollte man das Subsidiaritätsprinzip beachten, aber nicht in einer statischen Formulierung. Wenn man sich etwa aus Gründen der Effizienz der

Konjunkturpolitik dafür entscheidet, die Konjunkturpolitik künftig in einer Euro-Politikunion exklusiv auf der supranationalen Ebene zu verankern, dann stellt sich automatisch auch die Frage, ob dann die Brüsseler Politikebene nicht auch eine Mitfinanzierung bei der Arbeitslosenversicherung übernehmen soll. Je effizienter die Konjunkturpolitik ist, desto geringer können die Ausgaben für Arbeitslosengeldzahlungen sein – die Budgetmittel können dann für politische Ziele im engeren Sinn verwendet werden, was einen guten Anreiz für durchdachte Konjunkturpolitik bietet. So wäre denkbar, dass die supranationale Politikebene zumindest kurzfristig in allen Euro-Ländern die Arbeitslosengelder zahlt. Es ist dabei zu prüfen, ob die Arbeitslosenversicherung im Wesentlichen von den Tarifvertragsparteien aufgebaut und verwaltet werden kann, wobei der Staat jedoch ein Mitwirkungsrecht insofern haben muss, dass staatliche Gelder in der Arbeitsmarktverwaltung eingesetzt werden. Wenn die Gewerkschaften beziehungsweise Tarifvertragsparteien die Gelder der Arbeitslosenversicherung mit verwalten, dann dürfte der Anreiz zu vollbeschäftigungskonformen Lohnabschlüssen gestärkt werden. Erwägenswert ist dabei, dass auf der nationalen Ebene ähnliche institutionelle Strukturen realisiert werden wie auf der supranationalen Ebene.

Wirft man einen Blick auf die Brüsseler Staatsausgabenquote, dann wurden 2015 nur etwa 1 % des Bruttoinlandsproduktes auf der supranationalen Politikebene verwendet. Es ist offensichtlich, dass hier zwar einerseits viel Geld für Agrarpolitik – über 40 % des Budgets – eingesetzt wird. Aber relativ zur nationalen Staatsverbrauchsquote von etwa 20 % in EU-Ländern ist die Ausgabenquote sonderbar gering. Die Hauptansatzpunkte für antizyklische Fiskalpolitik, nämlich insbesondere der Bereich der Infrastrukturausgaben, findet sich auf Brüsseler Ebene kaum.

Begründung für supranationale Steuer- und Sozialpolitik

Gibt es überhaupt Argumente dafür, dass auf Brüsseler Ebene Sozial- und Umverteilungspolitik eine Rolle spielen soll? Zunächst kann man an Umverteilungspolitik zwischen den Staaten denken, die als Transfers für gezielte ökonomische Aufholprozesse mit angelegt sein könnten. Solche Aufholprozesse kann man als im Interesse aller EU-Länder betrachten, zumal sich bei einem Mehr an ökonomischer Kohäsion auch die politischen Konsenskosten in der EU vermindern. Länder mit ähnlich hohem Pro-Kopf-Einkommen haben eher gemeinsame Interessen als Länder mit ganz unterschiedlich hohem Pro-Kopf-Einkommensniveau. Aber man kann die Grundfragen nach der Aufgabenteilung auch grundsätzlicher stellen und dabei auf die Theorie des Fiskalischen Föderalismus abstellen (OATES, 1999, 2001). Dieser weist der lokalen Ebene differenzierte öffentliche Leistungen zu, die über lokale „Steuerpreise" bzw. Gebühren zu finanzieren sind, während auf der nationalen Ebene Verteidigung, große Infrastrukturprojekte und Umverteilung zu finanzieren sind – Umverteilungspolitik auf der Ebene von US-Bundesstaaten etwa wäre relativ ineffizient, da mobile Arbeitskräfte hier zu Verzerrungen führen. Von der obersten Finanzebene wären an die Bundesstaaten – in der Eurozone bzw. EU an die Mitgliedsländer – Finanzzuweisungen zur Internalisierung von externen Effekten zu leisten (etwa Zahlungen an Deutschland oder die Niederlande, deren nationale Innovationsförderung erhebliche positive externe Effekte auf Nachbarländer haben bzw. für grenzüberschreitende Innovationsimpulse stehen dürften). In dieser Perspektive müssten die EU bzw. die Eurozone natürlich einen viel größeren Brüsseler Haushalt haben als bisher mit rund 1 % des Bruttoinlandsprodukts. In der Eurozone könnte längerfristig eine Verlagerung von Ausgaben und Aufgaben auf die nationale Politikebene mehrheitsfähig sein; vorgeschlagen wurde etwa, die Staatsverbrauchsquote in Brüssel mit Schwerpunkten Infrastruktur, Verteidigung, Energie und Innovationsförderung auf etwa 6 % festzulegen plus 0,5 % des Bruttoinlandsprodukts zur Finanzierung der ersten sechs Monate der Arbeitslosenversicherung (WELFENS, 2014). Es sei darauf hingewiesen, dass die USA auf der Bundesebene eine Staatsverbrauchsquote von 11 % und Sozialausgaben in Höhe von rund 8,5 % des Bruttoinlandsprodukts haben (2013). Betrachtet man die Staatsverbrauchsquote von 1 % in Brüssel, so sieht man die völlig Unterdimensionierung der Ausgabenquote auf der supranationalen Ebene. Wenn also eine Euro-Politikunion immerhin 1/3 der US-Bundesausgaben – inklusive Sozialversicherung – erreichte, dann wäre das allenfalls eine Minimal-Staatsquote für eine funktionsfähige Eurozone.

Der in der Debatte häufig vorgebrachte Verweis auf das Subsidiaritätsprinzip als Argument für eine homöopathische Staatsquote in Brüssel ist völlig verfehlt, da aus statischer Sichtweise entwickelt: 1 % Staatsquote bei immer stärker sinkender EU-Wahlbeteiligung steht für einen immer schwächeren politischen Wettbewerb in Brüssel und damit steigenden Ineffizienzen. Umgekehrt hätte eine deutlich höhere Staatsquote natürlich eine Erhöhung der Wahlbeteiligung zum Brüsseler Parlament zur Folge und die Anwendung der Theorie des fiskalischen Föderalismus und mindesteffizienter Umverteilung, führt sicherlich zu einer optimalen Brüsseler Staatsquote von mindestens 6 %. Das Ganze wäre aber erst in einer Politikunion sinnvoll, was auch echte Gewaltenteilung verlangt: Das jetzige Quasi-Konkordanzmodell, bei dem eine Große Dauerkoalition im Parlament über mehr als ein Jahrzehnt in Brüssel gegen die Kommission als Gesetzgebungsakteur (und Exekutive) agiert, ist eigentlich unparlamentarisch – und mit der Schweiz sicher ohnehin nicht zu vergleichen – und noch dazu indirekt den Anti-EU-Parteien in die Hand spielend: Wähler, die mit der Politik in Brüssel nicht zufrieden sind, können ja nicht über die Wahl einer normalen Oppositionspartei ihre Kritik zum Ausdruck bringen, sondern werden längerfristig fast unweigerlich auf die Anti-EU-Parteien gelenkt.

Im Übrigen kann man auch aus einem Vergleich der nationalen Ergebnisse der Umverteilungs- und Sozialpolitik Argumente für supranationales Handeln ableiten: Zum Beispiel kann im Sinn von mehr Transparenz und Verantwortlichkeit von der EU vorgeschrieben werden, dass die Nationalstaaten bestimmten Kennzahlen zur Wirtschaftspolitik veröffentlichen müssen und die Daten zur Armutsentwicklung in den Mitgliedsländern können für die Gemeinschaft von Interesse sein. Denn hier könnten sich gemeinsame Politikinitiativen oder ein verstärkter Lernprozess – erfolgreiche Ansätze bestimmter Länder für alle mittelfristig übernehmend – ergeben. Die EU als Staatengemeinschaft könnte auch Regeln vereinbaren, wonach die Mitgliedsländer bestimmte Fehlentwicklungen unbedingt vermeiden wollen. Auf der EU-Ebene gilt es eine vernünftige Balance zu finden für ein Mehr an wirtschaftlicher Freiheit und Absicherung der Mitgliedsländer gegen internationale Schocks. Insgesamt könnte man aus EU-Sicht auch den Aspekt betonen, dass funktionsfähige Soziale Marktwirtschaft zum politischen Zielkatalog beziehungsweise Grundkonsens in Europa gehören und dass die EU selbst als Soziale Marktwirtschaft im globalen Systemwettbewerb erfolgreich präsent sein will. Wirtschaftlicher Erfolg und Stabilität der EU beziehungsweise der Eurozone sind dabei eine notwendige Bedingung für Erfolg im globalen Systemwettbewerb. Indem etwa die Eurozone sich verstärkt als nachhaltig integrierter und stabiler Wirtschaftsraum präsentiert, verbessern sich die Chancen Europas, das Modell Soziale Marktwirtschaft international zu exportieren. Auch wenn die EU als Ganzes ein politisch nur schwerfällig zu steuerndes Großschiff darstellt, so kann gleichwohl in der Sozialpolitik auch die Brüsseler Ebene in Einzelpunkten eine sinnvolle – überschaubare Rolle spielen. Bei der Frage nach Umverteilungspolitik wird die supranationale Ebene jenseits gewisser Transfers in der EU kaum eine Rolle spielen können. Allerdings gilt es grundsätzlich zu fragen, was denn überhaupt Umverteilungsaktivitäten begründen könnte. Die EU könnte in Sachen Bekämpfung hoher Arbeitslosenquoten vorschreiben, dass jedes Land mit mehr als 6 % Arbeitslosenquote mindestens

10 % der Zahlungen des Staates für Arbeitslosigkeit in den Bereich der aktiven Arbeitsmarktpolitik lenken muss; die Einzelheiten regelt jedes Land dabei selbst.

Es ist nicht auszuschließen, dass durch verstärkte regionale Integration die Einkommensunterschiede innerhalb von Ländern des Integrationsclubs ansteigen. Das hängt aus theoretischer Sicht (hier geht es um das StolperSamuelson-Theorem) im Sektor der handelsfähigen Güter davon ab, wie sich die relativen Preise entwickeln. Wenn etwa als Folge der Integration der Preis von Autos sinkt, dann wird die Entlohnung des in der Automobilwirtschaft intensiv eingesetzten Produktionsfaktors sinken – das dürfte unterhalb von exklusiven Autos Ungelernte betreffen. Wenn zugleich der Preis von Software für Wirtschaftsunternehmen ansteigt – hier sind Qualifizierte relativ stark eingesetzt –, dann wird die Entlohnung der Qualifizierten ansteigen. Strukturwandel, Integration und Lohnunterschiede können also zusammen wirken. Im Übrigen dürfte es im Zuge der Einkommenserhöhung im Integrationsraum zu erhöhter Zuwanderung aus Drittländern kommen. Wenn aber die Zuwanderung von Geringqualifizierten zunimmt und dies zumindest mittelfristig zu einer größeren Verfügbarkeit von Ungelernten führt, dann erhöht sich (so sagt das Rybczynski-Theorem) die Produktion solcher Wirtschaftsaktivitäten, die den Produktionsfaktor einfache Arbeit relativ stark nutzen. Regionale Wirtschaftsintegration muss daher keineswegs zum Nachteil der Ungelernten sein. Im Übrigen liegt es am Staat, den Arbeitnehmern und den Unternehmen, auch durch Weiterbildungsmaßnahmen die Qualifikationsstruktur mittelfristig zu beeinflussen bzw. zu verbessern.

In der nachfolgenden kompakten Argumentation spielt eine denkbare Einkommensungleichheit in der realen Welt durchaus eine Rolle. Allerdings muss man in der Realität auch beachten, dass sich etwa Altersarmut nicht allein an Einkommensunterschieden zwischen Rentnerhaushalten beziehungsweise zwischen dem durchschnittlichen Rentnerhaushalt und der Arbeitnehmerschaft festmachen lässt. Denn es gibt natürlich auch die Vermögensdimension, wobei die Konstellation etwa eigengenutzte Immobilie plus geringes Einkommen eben anders einzuordnen ist als ein zur Miete wohnender Rentnerhaushalt mit geringer Rente oder ein Geringverdiener-Haushalt ohne eigene Immobilie. Die OECD betonte zudem in ihrer Studie

„Growing Unequal? (OECD, 2008), dass es bei der Frage nach Ungleichheit nicht allein auf das Einkommen ankommt. Auch öffentliche Dienstleistungen bei Gesundheit und Bildung dürften sich als effektive Instrumente zur Senkung der Ungleichheit einsetzen lassen (hier ist allerdings der Staat auch gefordert, in Sachen Studiengebühren Verhaltensanreize und Steuerungseffekte zu bedenken: wenn man auf Basis eines mit Studierenden und Hochschulen erarbeiteten Optimierungsmodells die Studienzeiten um 10 % verkürzen könnte, dann wirkt das so, als hätte man 1/10 mehr an neuen Hochschulen mit entsprechendem Personal; umgekehrt ist die in Deutschland erfolgte flächendeckende Abschaffung von Studiengebühren vermutlich insofern problematisch, als zwar Zugangsbarrieren zum Hochschulsystem abgebaut werden, aber die erkennbar einsetzende Verlängerung der Studienzeiten ist nicht ohne weiteres im Sinn von mehr Chancengleichheit und steht auch nicht für eine optimale Nutzung knapper Ressourcen für die junge Generation). Die OECD stellte fest, dass die Ungleichheit der Einkommen seit dem Jahr 2000 in den USA, Kanada, Deutschland, Norwegen, Italien und Finnland erheblich angestiegen ist – die Zunahme der Ungleichheit erreicht im Durchschnitt rund 2 Prozentpunkte für den sogenannten Gini-Koeffizienten zur Einkommensungleichheit, rund 1,5 Prozentpunkte bei den Armutsquoten (Armutsgrenze bei 50 % des Median-Einkommens angesetzt, das die Haushalte aufteilt in 50 % der Haushalte oberhalb des Medians und 50 % der Haushalte unterhalb dieses Wertes). In Mexiko, Australien, Griechenland und dem Vereinigten Königreich hat die Einkommensungleichheit abgenommen. Im Übrigen hat sich die Einkommensarmut der älteren Generation vermindert, während sich Armut bei jungen Erwachsenen und Familien mit Kindern verstärkt gezeigt hat. Die Armutsquote in Erwerbslosenhaushalten ist rund sechsmal höher als in Haushalten mit Erwerbstätigen, was den Arbeitsmarkt beziehungsweise die Aufnahme einer Erwerbstätigkeit zu einem wesentlichen Schlüssel gegen Armut macht.

Aus philosophischer Sicht kann eine Begründung für den Sozialstaat bzw. Umverteilung unter Hinweis auf RAWLS (1971) erfolgen, der argumentiert hat, dass man sich einen hypothetischen Naturzustand vorstellen kann, in dem die Menschen ihre spätere gesellschaftliche Stellung nicht kennen. Für welche Politikgrundsätze fände sich dann wohl eine Mehrheit? In einer solchen Entscheidungssituation können dann Individuen über wünschenswerte Sozialpolitik entscheiden. In der Gerechtigkeitsvorstellung von RAWLS geht es um den Zugang aller Menschen im Land zu öffentlichen Ämtern und ökonomische Ungleichheiten sollen soweit akzeptiert werden, wie diese auch zu einer Verbesserung der Wirtschaftslage der Ärmsten beitragen – ein solcher Ansatz könnte sich wohl in der Tat in einem Rawlschen Naturzustand als mehrheitsfähig erweisen. Nun besteht jenseits der Verfassungsgrundsätze unter demokratischen Abstimmungsregeln in der Realität eine gewisse Neigung, dass die relativ arme Mehrheit der Bevölkerung eine große Umverteilung zulasten der reichen Minderheit herbeiführt. Eine gewisse Umverteilung durch das Steuer- und Sozialversicherungssystem ist vermutlich von fast allen Menschen gewünscht und viele sind wohl auch bereit, Steuern und Beiträge zu zahlen, da damit Armutsbekämpfung vorgenommen werden kann. Die Frage stellt sich natürlich, wie man eine sinnvolle Balance findet bei der Besteuerung und der Sozialpolitik, und zwar bedarf es einer Art dreifachen Balance:

- Das Steuersystem soll insgesamt die Produktions- und Leistungsanreize nicht untergraben, wobei Steuersätze von deutlich über 50 % als sehr problematisch gelten können.
- Das Steuersystem sollte negative externe Effekte adäquat besteuern bzw. internalisieren und damit die entsprechenden für Dritte schädlichen Produktions- und Konsumaktivitäten zurück drängen – hier geht es etwa um Pigou-Steuern bzw. Umweltsteuern (mit einem Aufkommen von rund 5 % bei einigen OECD-Ländern, wie etwa Dänemark und die Niederlande; Deutschland etwa 2 %, USA 1 %) – und zugleich sollen positive externe Effekte, etwa bei unternehmerischen Innovationsaktivitäten, durch Subventionen internalisiert werden. Ein einfaches optimales Steuersystem könnte zufällig gerade so aussehen, dass das Aufkommen aus Pigou-Steuern zur Internalisierung negativer externer Effekte gerade ausreicht, die Innovationssubventionen zu finanzieren.
- Das Steuersystem soll unter Effizienzaspekten so ausgestaltet sein, dass die Relation von marginalem Steueraufkommen zu marginalen Steuereinzugskosten für alle Steuerarten gleich sein sollte. In der Regel wird die Pigou-Steuer nicht ausreichend zur Finanzierung der Staatsaufgaben sein und dann braucht man eben weitere Steuern.
- Grundsätzlich kann man einen weiteren Ansatzpunkt für eine optimale Besteuerung nennen, die aus der neoklassischen Wachstumstheorie kommt. Demnach soll der Steuersatz so gewählt werden, dass im langfristigen Gleichgewicht das reale Wirtschaftswachstum gleich der Summe aus Bevölkerungswachstumsrate und technischer Fortschrittsrate ist; denn dann wird gerade die gleichgewichtige Kapitalintensität (Maschineneinsatz pro Kopf) realisiert, die den langfristigen Pro-Kopf-Konsum maximiert. Indem der Staat den Einkommensteuersatz oder auch den Mehrwertsteuersatz entsprechend anpasst, wird ein Nutzenmaximum erreicht – in der Annahme, dass nur der Pro-Kopf-Konsum in die Nutzenfunktion eingeht.

Sofern Integration zu verstärkter Einkommensungleichheit und speziell zu einer Absenkung der Realeinkommen der untersten Schichten führt, ist daran zu denken – jedenfalls wenn man Rawls folgt, dass auch die EU hier bei der Einkommensumverteilung aktiv sein könnte. Soweit die EU einen Zuschlag zur nationalen Einkommensteuer erhebt, kann dies in jedem Fall ja auch differenziert erfolgen. Dass die Anreize zu Investition, Bildung und Arbeiten nicht durch

Umverteilungspolitik geschwächt werden sollten, versteht sich allerdings von selbst. Da der Staat im Bildungssektor in den meisten EU-Ländern sehr aktiv und weil Bildung ein Schlüssel für Erwerbstätigkeit und gesellschaftlichen Aufstieg ist, könnte der Staat Umverteilung durchaus auch an Bedingungen zur Bildung bzw. Weiterbildung knüpfen. Mit Blick auf Kinder aus Familien mit geringem Einkommen ist in besonderer Weise darauf zu achten, dass ein frühzeitiger und qualitativ hochwertiger Schulbesuch die intellektuelle Basis für Aufstieg und Chancengleichheit legt. Der Faktor Kapital kann im frühen 21. Jahrhundert seinen Einkommensanteil wohl erhöhen, da die Expansion der Informations- und Kommunikationstechnologie eine international verstärkte räumliche Aufspaltung von Wertschöpfungs- bzw. Produktionsaktivitäten begünstigt; faktisch also die Kapitalmobilität erhöht, was erhöhten Druck auf die Politik bedeutet, die Körperschaftssteuersätze bei der Gewinnbesteuerung zu senken. Die reale Steuerbelastung des Faktors Arbeit steigt dann an.

Gleichmäßigkeit der Besteuerung

Bislang sind viele Kapitalerträge, die im Ausland anfallen, häufig unzureichend versteuert, was ein Gerechtigkeitsproblem ist und im Übrigen nach Intra-EU-Ländern und Extra-EU-Ländern analytisch aufzuteilen ist. Innerhalb der EU ließen sich durch Meldevorschriften und praktische Datenerfassungsfortschritte Probleme ungleichmäßiger Besteuerung grundsätzlich über politische Verträge zwischen Ländern vermindern bzw. weitgehend eliminieren. Schritte hierzu wurden in 2013 zwischen den EU-Ländern verabschiedet, so dass eine größere Gleichmäßigkeit der Steuererhebung vor allem bei Kapitaleinkommen zu erwarten ist; das bedeutet aber noch keine allgemeine Angleichung der Körperschaftssteuersätze in der EU. Die Minibesteuerung von Apple in Irland – effektiver Satz unter 0,1 % hat die EU Kommission 2016 aufgegriffen und stuft künstlich geringe Steuerzahlungen als unerlaubte Beihilfe bzw. Subvention ein. Apple soll 13 Mrd. € Steuern in Irland nachzahlen, so die EU-Kommission.

Nicht zu übersehen ist allerdings, dass es auch innerhalb Deutschlands eine ungleichmäßige Besteuerung gibt, was mit dem Länderfinanzausgleich zusammen hängt: Grundsätzlich ist davon auszugehen, dass Geber-Länder im Finanzausgleich ein vermindertes Interesse an einer normalen Steuererhebung haben, da sie fürchten, dass Zusatzaufkommen aus einer verbesserten Besteuerungspraxis wesentlich oder überwiegend den Empfängerländern zugutekommt. Paradoxerweise gibt es in den Empfängerländern auch ein latentes Interesse an einer unvollständigen Steuererhebung, denn es ist bequemer und billiger, Steuern aus Geberländern zu erhalten, als selbst erhöhte Steuern einzutreiben. Ein Negativ-Bespiel dieser Art negativer Solidarität im Länder-Finanzausgleich ist das Bundesland Bremen, das trotz Bundesergänzungszuweisungen kaum aktive Maßnahmen zur Minderung seiner hohen strukturellen Defizitquote ergriffen hat. Aus den deutschen Erfahrungen selbst folgt, dass auch ein europäischer Finanzausgleich, so man einen solchen beschlösse, mit induzierten Steuererhebungsineffizienzen bzw. negativen Anreizen verbunden ist. Diese Überlegung spricht nicht per se gegen einen Finanzausgleich etwa in der Euro-Währungsunion, aber man sollte Finanzausgleichsmechanismen mit Augenmaß und einem kritischen Blick auf die Anreizwirkungen ausgestalten.

Zur Frage, ob durch die Globalisierung der Wirtschaftsbeziehungen die Körperschaftssteuersätze oder auch die Einkommenssteuer relativ zum Bruttoinlandsprodukt oder die Mehrwertsteuersätze/Verbrauchssteuersätze gesenkt worden sind, gibt es einen merkwürdigen Befund von BECKER/ELSAYYAD/FUEST (2012): Danach hat Globalisierung nicht zur Senkung der Steuersätze beziehungsweise der Anteile von Mehrwertsteuer-, Körperschaftssteuer- und Einkommensteueraufkommen signifikant beigetragen, die Untersuchung von BECKER/ELSAYYAD/FUEST (2012) ist zwar eine empirische Analyse, aber sie steht für sehr zweifelhaftes „Measurement without Theory", Regressionsrechnungen ohne theoretische Grundlage. Da die Autoren keine erkennbare theoretische Basis haben, entgeht ihnen völlig, dass die Steueraufkommensquote bei der Einkommens- und Körperschaftssteuer nicht unabhängig von der Relation Mehrwertsteueraufkommen zu Bruttoinlandsprodukt ist, so dass es keine zulässige ökonometrische Vorgehensweise ist, wenn einfach separate Schätzungen für die Einkommenssteuern, Verbrauchssteuern und Körperschaftssteuern relativ zum Bruttoinlandsprodukt vorgelegt werden. Hier gibt es grundlegende Zusammenhänge, die es zu beachten gilt (WELFENS, 2013b).

Der Anteil der Körperschaftssteuer ist im Zeitraum 1970-2007 im Fall der großen OECD-Länder bei 2,5 % in etwa stabil geblieben, im Fall der kleinen Länder ist er bis 2007 auf etwa 4 % angestiegen. Wenn man davon ausgeht, dass Kapitalgesellschaften für 60 % der Unternehmensgewinne stehen, wobei letztere relativ zum Bruttoinlandsprodukt 33 % im Durchschnitt der OECD-Länder beträgt, dann ergäbe sich auf Basis eines Körper- schaftssteuersatzes von 20 % ein Aufkommen relativ zum Bruttoinlandsprodukt von 0,6 x 0,33 x 0,25 = 0,0396 beziehungsweise 4 %; und bei einem Körperschaftssteuersatz von 25 % eine Relation von Aufkommen aus der Körperschaftssteuer zum Bruttoinlandspro-dukt von 4,95 %. Es sei betont, dass der Faktor Kapital auch über die Gewerbesteuer belastet wird und im Übrigen ein gewisser Steuerwettbewerb in der EU wichtig ist, um eine effiziente Steuerstruktur und einen Staatsumfang zu haben, der Bürgerwünsche und Effizienz miteinander in Einklang bringt.

Hohe Sozialabgabensätze erhöhen – fast unabhängig davon, welche prozentuale Aufteilung für „Arbeitnehmerbeiträge" oder „Arbeitgeberbeiträge" man nimmt – die Lohnnebenkosten und vermindern damit die Arbeitsnachfrage der Unternehmen (wirklich relevant ist der Aufteilungssatz nur, insoweit sich Steuerwirkungseffekte auf Seiten der Arbeitnehmerschaft oder bei den Unternehmen ergeben; können etwa Arbeitnehmer die Beiträge zur Sozialversicherung vom Bruttoeinkommen abziehen, dann ergibt sich mit steigendem Beitrag zur Sozialversicherung ein Entlastungseffekt bei der Einkommensteuer. Damit erhöht sich die Arbeitslosenquote, die wiederum die gesamtwirtschaftliche Nachfrage schwächt).

Wenn man – wie in den Ländern Skandinaviens – einen relativ hohen Mehrwertsteuersatz realisiert, um mit einem Teil des Mehrwertsteueraufkommens auch die Sozialversicherung mit zu finanzieren, dann ist ein Haupteffekt ein Preisanstieg bei Konsumgütern, wodurch die Konsumnachfrage vermindert wird: Bei gegebener Produktionsmenge steigt dann der Nettogüterexport, der in einer kleinen offenen Volkswirtschaft einfach als Differenz von Produktion und Inlandsnachfrage (Summe aus Konsum der privaten Haushalte, Staatsnachfrage und Investitionsnachfrage) erscheint. Allerdings treibt dann ein hoher Mehrwertsteuersatz auch die Expansion der Schattenwirtschaft an, was als problematisch gilt.

Einen sehr hohen Ausbau der Sozialpolitik, relativ zu EU-Partnerländern, kann man offenbar kaum dauerhaft realisieren. Jedenfalls sollten etwa steigende Sozialversicherungssätze, die sich aus einem Anstieg der Sozialausgaben in der alternden Gesellschaft ergeben, Anlass sein, um über verstärkte Zuwanderung und einen Anstieg des Rentenalters oder höhere Steuerzuschüsse den Druck beim Anstieg der Sozialversicherungssätze zu vermindern. Im Übrigen ist der wichtigste Schutz gegen Altersarmut eine gute Ausbildung und Vollbeschäftigung. Die erwartete Sicherheit staatlicher Rentenzahlungen in der Zukunft hängt vom Rating der Staatsschulden ab. AAA deutet also auf einem hohen Sicherheitsgrad bei den Renten hin; und man weiß aus Erfahrung, dass bei Finanzkrisen des Staates die Kürzung von Rentenzahlungen zum Standard der bitteren Reformmedizin gehört. Die Logik der politischen Ökonomie ist hier so, dass die Politiker wissen, dass die Macht von Rentnern sehr begrenzt ist (außer in Wahljahren). Denn sie können anders als Arbeitnehmer, nicht streiken.

Der EU-Binnenmarkt lässt durchaus erhebliche Spielräume zu in Sachen Staatsausgabenquote und nationale Sozialabgabenquote beziehungsweise Umfang der Sozialleistungen. Wenn man eine Euro-Politikunion einführen wollte, so müsste man die vertikale Aufgabenverteilung der Politik – inklusive Sozialpolitik – neu bedenken. Dabei wäre das Subsidiaritätsgebot in vernünftiger Weise mit zu betrachten und Anreizeffekte sind zu bedenken, aber natürlich auch unterschiedliche nationale Politikpräferenzen. Darüber hinaus sind politische Legitimität und die (marginalen) Steuererhebungskosten zu betrachten. Allerdings ist auch offensichtlich, dass eine Staatsausgabenquote von über 50 % – wie in Frankreich – sehr problematisch ist.

Sozialdimensionen einer Euro-Politikunion

Wenn man eine Politikunion einführt, dann muss auf der supranationalen Ebene die Konjunkturpolitik und die Wachstumspolitik einerseits verankert sein, andererseits aber auch die Sozialpolitik und die Umverteilungspolitik sowie die Einlagensicherung bei Großbanken – mit ergänzenden nationalen Politikfeldern. Mit der Bankenunion hat die EU 2014 die auf einzelne Banken bezogene mikroprudentielle Bankenaufsicht bei Großbanken bei der Europäischen Zentralbank verankert, zugleich einen aus Bankenbeiträgen gespeisten Haftungstopf von langfristig 55 Mrd. € aufgesetzt; und eine Haftungskaskade für den drohenden Konkursfall definiert, die Steuerzahler möglichst schonen soll.

Jedes Mitgliedsland der Eurozone muss für konkursreifen Banken einen Abwicklungsmechanismus aufsetzen, wobei Großbanken aufsichtsmäßig („mikroprudentiell", also einzelne Banken betreffend) bei der EZB kompetenzmäßig verankert sind. Hinzu kommt bei der EZB auch die makroprudentielle Aufsicht mit Blick auf Systemrisiken, auf welche die EZB-Abteilung European Systemic Risk Board schauen soll. Diese makroprudentielle Aufsicht ist schwierig, da es eine Analyseverbindung bei der Europäischen Zentralbank zum Zusammenwirken von Bankenentwicklung, Wirtschaftspolitik und internationalen Schocks geben müsste – hätte sie 2006/2007 schon wirksam bestanden, hätte man den Konkurs der US-amerikanischen Investment Bank Lehman Brothers rechtzeitig vorher gesehen und von Seiten der OECD-Länder auch wirtschaftspolitische Gegenmaßnahmen umsetzen können. Dass die führenden Bank- und Kreditbewertungsagenturen aber die Lehman Brothers Bank noch eine Woche vor dem Konkurs mit Top-Benotung AAA führten, zeigt schon, dass die Bankenaufsicht nicht wirklich funktionierte. Großbanken in den USA und Europa hofften bis Herbst 2008, sie seien zu groß für einen Konkurs und würden daher immer vom Staat gerettet. Dass ein Großbankenkonkurs wie bei Lehman Brothers vor allem auch kleine Anleger schädigt, die im Besitz von Lehman Brothers Schuldverschreibungen waren, ist offensichtlich. Eine solide Bankenaufsicht ist teilweise also faktisch Teil der Sozialpolitik in einer Geldwirtschaft. Die Kunden von Banken und letztlich die Einleger und Kunden des Bankensystems insgesamt sollen auf Stabilität des Systems vertrauen dürfen. Hierzu wären ergänzend bankenbezogene Vernunft-Anreize auch von steuerlicher Seite für mehr langfristige Anlagestrategien bei Banken erwägenswert (WELFENS, 2012): Neben eine – verminderte – Besteuerung der Gewinne sollte eine Besteuerung der Schwankungsintensität der Eigenkapitalrenditen treten; das würde zu mehr langfristigen und vernünftige Expansionsstrategien von Banken führen und insgesamt die Wirtschaft stabiler machen.

Risiken von Banken aus Südländern und aus Irland könnten mittelfristig durchaus auch in deutlicher Weise Euro-Länder wie Deutschland oder Frankreich treffen – wie mit Altrisiken umgegangen wird, ist nicht ganz klar, so dass es verdeckte Umverteilungseffekte in der Bankenunion geben kann. Andererseits ist der Weg zur Bankenunion notwendig, wobei eine eigenständige Bankenaufsicht – außerhalb – der EZB wünschenswert wäre. Klar ist, dass es bei einer Bankenkrise große Umverteilungseffekte geben könnte. In Italien versuchte der Staat 2016 eine staatliche Mitrettung der konkursbedrohten Großbank aus Siena – gegen EU-Kritik – durchzusetzen, weil man davon ausging, dass viele mittelständische Firmen und auch Privatpersonen Bank-Schuldverschreibungen der betreffenden Bank hielten, also bei einer vorrangigen Sanierung über die Einbeziehung der Aktionäre, der Einleger und Inhaber von Bank-Schuldverschreibungen erhebliche Härten für Privatanleger zustande gekommen wären. Der Ansatz der EU-Kommission, die als Lehre aus der Bankenkrise gerade künftig vermeiden wollte, dass wieder Staatsgelder in großem Umfang in marode Banken fließen, läuft hier ins Leere.

Bei der Umverteilungspolitik sollte auf supranationaler Ebene eine Festlegung der Grundsätze vernünftiger Umverteilung festgelegt werden; ohne EU-Vertragsänderung können allerdings nur Empfehlungen auf der Brüsseler Ebene gegeben werden – eine allgemeine Empfehlung, dass Umverteilung nicht zugunsten der obersten 20 % in der Einkommenspyramide sein sollte, wird man vermutlich als konsensfähig ansehen können (Fälle wie Frankreich, Bulgarien und Zypern in 2009 kämen dann wohl nicht mehr vor). Zudem kann über die Strukturfonds eine gewisse zwischenstaatliche Transferpolitik mit sorgfältiger Erfolgskontrolle durchgeführt werden. In der Sozialpolitik geht es um die Festlegung der Sozialstandards (Mindestniveau) sowie die aus Brüssel zu leistende Zahlung von Arbeitslosengeld im ersten Halbjahr; es bleibt dann der notwendige Anreiz der EU-Länder erhalten, durch eigene kluge Politik längerfristige Arbeitslosigkeit – insbesondere länger als ein Jahr – zu vermeiden. Darüber hinaus sind hier als temporäre Aktivität der Globalisierungsfonds und ein Sonderfonds gegen Jugendarbeitslosigkeit angesiedelt. Die Verantwortlichkeit jedes EU- bzw. Euro-landes für die Arbeitslosenentwicklung darf nicht unterminiert werden, aber bei einem starken Anstieg der Jugendarbeitslosenquote in EU-Länder kann man das Problem als wichtig und direkt relevant für das Gemeinschaftsinteresse einstufen; jedenfalls solange nicht etwa überzogene nationale Mindestlohnpolitik künstlich die Jugendarbeitslosenquote erhöht.

Schließlich ist die Durchlässigkeit der nationalen Sozialversicherungssysteme unbedingt zu gewährleisten, da sonst Effizienzverluste eintreten und die Migrationsfreiheit faktisch untergraben wird; hier gibt es ganz erhebliche Barrieren in der EU bzw. den EU-Ländern. Es ist kompliziert, sich für die Sozialversicherung in einem EU-Nachbarland anzumelden. Dank moderner Computersysteme und kompatibler Software – an dieser aber mangelt es in den EU-Ländern bei den Trägern der Sozialversicherung – in den Ländern Europas sollte dies aber eigentlich kein Problem sein. Es ist auch zu klären, inwiefern in der EU für EU-Bürgerinnen und Bürger bei Arbeitsaufnahme tatsächlich auch lange Mindestanwartschaften sinnvoll sein: solche Regeln bedeuten, dass man erst nach einer Mindestzahl von Beitragsjahren (z.B. sieben Jahre oder zehn Jahre) überhaupt eine Rente bzw. Leistung aus der staatlichen Sozialversicherung erhält. Wer etwa 25 Jahre sozialversicherungspflichtig in der EU in 25 verschiedenen Ländern jeweils ein Jahr gearbeitet hat, dürfte mit Null Rentenzahlung in den Ruhestand gehen. Das aber wäre unfair, ja absurd. Es wäre angebracht, dass man in der EU eine Sozialversicherungsnummer erhält, unter der alle Beiträge in verschiedenen Ländern einheitlich erfasst werden. Man kann durchaus ein System entwickeln, das die in verschiedenen Ländern erworbenen Standardansprüche sinnvoll kumuliert. Hierzu bedarf es allerdings der Verabschiedung entsprechender Regeln in den EU-Ländern.

Alle vorgeschlagenen Maßnahmen können ohne EU-Vertragsänderung umgesetzt werden; insbesondere über den Weg der verstärkten Zusammenarbeit zwischen Mitgliedsländern. Eine Europäische Soziale Marktwirtschaft, die natürlich auch auf der nationalen und regionalen Politikebene vernünftige Aktionsfelder definieren müsste, ist also möglich. Eine begrenzte, begründete Stärkung der Zentralebene in Brüssel mit einer überschaubaren Staatsquote und klareren Verantwortlichkeiten kann EU bzw. Währungsunion voll funktionsfähig machen. Wenn es einen Einkommensteuer-Mindestsatz auf supranationaler Ebene gäbe, dann wäre auch für mehr Steuergerechtigkeit gesorgt, da man auf der Brüsseler Ebene bei der Besteuerung tendenziell weniger entweichen kann als auf nationaler Ebene. In einer politischen Union kann zugleich – wie auch national – ein breites Einkommenskonzept als Basis der Besteuerung verwendet werden, was relativ geringe Steuersätze erlaubt; also auch geringe negative Effekte auf der Produktionsseite verursacht.

Bei einer Euro-Politikunion steigt der Staatsverbrauch auf der Brüsseler Ebene, während er auf der nationalen – jeweils relativ zum Bruttoinlandsprodukt – gesenkt werden kann. Die Staatsquote über alle vertikalen Politikebenen kann in einer Politikunion ebenso wie die Steuerquote geringer als in der alten EU sein. Denn es gibt auf der supranationalen Ebene die Chance, Effizienzgewinne – etwa bei gemeinsamen Beschaffungsprogrammen im Bereich der Verteidigung – zu realisieren.

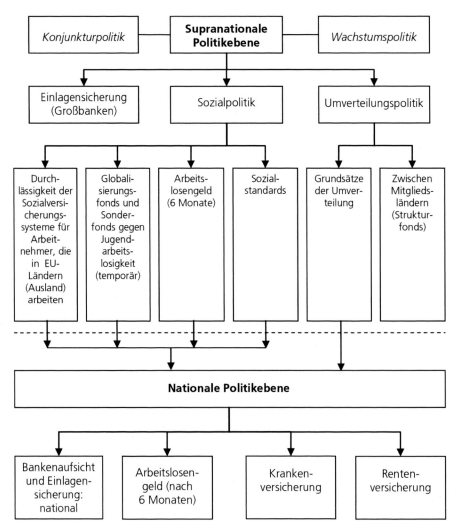

Abb. 13. Sozialdimensionen bei Politikunion

Man kann dabei allerdings durchaus skeptisch sein, dass auf der Brüsseler Ebene eine hinreichende Budgettransparenz entsteht: Mit Transparenz und klugen Anreizmechanismen sollte es allerdings möglich sein, die Verschwendung von Steuergelder auf Brüsseler Ebene zu begrenzen.

Wenn es im Rahmen eines progressiven Einkommenssteuersystems auf Brüsseler Ebene in einer Politikunion auch zu einer Umverteilung zugunsten von armen Haushalten in der Eurozone kommt, so werden davon die Südländer profitieren, weil dort ein – für die ganze Eurozone gerechnet – relativ hoher Anteil von armen Haushalten wohnt. Allerdings kann wegen des gegenüber Deutschland und Frankreich geringeren Pro-Kopf-Einkommens ein Nord-Süd-Transfer in der Eurozone via gemeinsames Rahmen-Steuersystem zu relativ günstigen Konditionen Umverteilung zustande bringen. Wenn es ein teilweise gemeinsames Steueraufkommen gibt, dann ist aber auch zu bedenken, dass bei allgemein progressiven Einkommenssteuersystemen in der EU die schneller wachsenden Aufhol-Länder auch überproportional zum marginalen Einkommenssteuerzuwachs beitragen werden. Eine EU bzw. Eurozone, die in Brüssel kein vernünftig dimensioniertes Budget realisiert, wird sich in der Globalisierung als eigenständiger Akteur im 21. Jahrhundert nicht behaupten können – eine handlungsunfähige EU mit Mini-Budget wird in den Sog von USA, Russland, China kommen. Mit einem größeren Budget in Brüssel wird dort der politische Wettbewerb gestärkt.

Politische Euro-Union und Soziale Marktwirtschaft

Wenn die Eurozone ohne Politikunion fortgeführt werden soll, ist ihr Fortbestand nicht sehr wahrscheinlich. Die Euro-Länder haben – noch dazu in einer zunehmenden großen Währungsunion – bislang starke Anreize, sich opportunistisch zu verhalten; insbesondere kleine Länder haben Anreize, deutliche Regelabweichungen in Krisenphasen der Wirtschaft zu versuchen und sich dann auf Kosten der Partnerländer retten zu lassen. Der Umgang mit Griechenland und Irland in der Eurokrise hat sehr problematische Signale gegeben, und zwar in die Gruppe von Euro-Ländern hinein; aber auch nach außen beziehungsweise in die Weltkapitalmärkte. Man kann angesichts der Staatskonstruktion in 2010/2011 in der Eurozone durchaus Gründe dafür finden, dass man Griechenland und Irland sowie Portugal und Spanien hat helfen sollen, da ein drohender Staatskonkurs im Fall der drei erst genannten Länder das öffentliche Leben in gleich drei Ländern faktisch zum Stehen gebracht hätte und man zudem mit

Ansteckungseffekten zu anderen Euro-Ländern in einer international schwierigen Situation auf den Finanzmärkten rechnen musste. Gäbe es eine Euro-Politikunion mit einer Staatsverbrauchsquote von 5-6 % und einer Basisfinanzierung der Arbeitslosenversicherung für die ersten sechs Monate, dann wäre ein Griechenland-Defizit-Fall mit 15,6 % Defizitquote im Wahljahr 2009 gleichbedeutend mit einem Staatskonkurs. Eine glaubwürdige Drohung hiermit ist wohl die einzige Möglichkeit, gefährliche Defizitpolitik bzw. massiven moral hazard von Regierungen gegenüber den Euro-Partnerländern zu vermeiden. Dass die EU indes keine ausreichenden Mittel hatte, um Griechenlands Rekord-Rezession von sechs aufeinanderfolgenden Jahren zu verhindern, ist problematisch. Die politische Radikalisierung und extreme soziale Fragmentierung, die sich aus einer solchen Dauerkrise ergibt, ist höchst problematisch für Griechenland und die EU insgesamt. Dass eine schwache EU auch in der Ukraine-Russland-Krise handlungsunfähig war, sei noch angemerkt.

Alle EU-Länder stehen vor dem Problem einer alternden Gesellschaft und die Herausforderungen bei der Finanzierung der Sozialpolitik könnten sich verschärfen: Der Anteil der Älteren in der Gesellschaft nimmt langfristig zu. Da aber der größte Teil der Krankenversicherungsausgaben in den letzten fünf Lebensjahren entsteht, ist ein Druck hin zu höheren Beitragssätzen in der Sozialversicherung abzusehen. Dem kann eine moderne Dienstleistungsgesellschaft durch eine Verlängerung der Lebensarbeitszeit entgegenwirken. Unabhängig davon erscheint es wünschenswert, dass etwa technische Innovationen wie die digitale Gesundheitskarte sich rasch durchsetzen, die erhebliche Kosteneinsparungen bzw. Effizienzverbesserungen in Verbindung mit einer Minderbelastung für die Patienten (z.B. aus vermiedenen doppelten Röntgenuntersuchungen) bringen. Jede vermiedene Erhöhung von Sozialversicherungsbeiträgen ist ein Beitrag zur Beschäftigungssicherung. Das Prinzip des EU-Benchmarking bzw. der offenen Koordinierung sollte man von daher ernstnehmen. Im Bereich digitale Gesundheitskarte gibt es klare Defizite in der EU, obwohl doch die Lissabon-Agenda 2010 die Rolle einer digitalen Wissensgesellschaft stark betonte.

Dass eigenes Immobilienvermögen ein sinnvolles Element der Altersvorsorge ist, dürfte relativ unbestritten sein und wird im Übrigen in vielen EU-Ländern auch steuerlich gefördert. Der Staat könnte mit Blick auf Angestellte im öffentlichen Dienst hier jedoch zusätzliche Impulse geben, nämlich durch zinsgünstige Arbeitgeberdarlehen (hier sind Bund und Länder in Deutschland gefordert). Von daher gibt es zumindest in einer Reihe von Ländern mit gutem Rating noch recht einfache Handlungsmöglichkeiten in komplementären Teilen der Sozialpolitik.

Mehr Koordinierung in der Sozial- und Steuerpolitik ist in der EU erwägenswert. So sehr der Steuerwettbewerb in der EU eine ökonomisch wichtige Funktion hat, so sehr gilt es doch auch Aspekte einer verstärkten Koordinierung zu bedenken. Ein geringer Mindeststeuersatz bei der Körperschaftssteuer und der Einkommenssteuer ist sinnvoll – Länder mit einem Steuersatz von Null verletzten tendenziell die Solidarität der Mitgliedsländer untereinander. Dass sich das Niedrig-Körperschaftssteuerland Irland im Vorfeld der Bankenkrise in große Schwierigkeiten brachte, indem man extrem auf hohe Kapitalzuflüsse in den Bankensektor setzte, ist vermutlich ein symptomatisches Problem.

Im Zuge der Eurokrise sind die Arbeitslosenquoten in vielen EU-Ländern stark angestiegen. Die Eurokrise hat unter anderem gezeigt, dass hohe Staatsschulden- bzw. Defizitquoten im Zuge der dann notwendigen Konsolidierungspolitik zu einer starken Erhöhung der Arbeitslosenquoten führen; zudem sind in den Krisenländern die Renten bzw. Pensionen erheblich gekürzt worden. Solide Staatsfinanzen sind daher als ein Element einer nachhaltigen Sozialpolitik anzusehen. Ein Land mit Top-Rating zahlt nicht nur relativ niedrige Zinssätze für die Staatsverschuldung, vielmehr könnten die Arbeitnehmer eher als Ländern mit schlechtem Rating damit rechnen, dass langfristig erwartete Rentenzahlungen auch tatsächlich erfolgen werden.

Die EU droht angesichts des Binnenmarkstartes in den ASEAN-Ländern Ende 2015 ihren internationalen Integrationsvorsprung zu verspielen. Mit dem BREXIT ist dann im Juni 2016 ein erster EU-Desintegrationsschritt erfolgt, auf den die EU in verschiedener Weise reagieren kann möglicherweise mit einem Zurückfahren der regionalen Integration. Oder aber die EU27-Länder verständigen sich über eine vertiefte Integration, zu der auch bestimmten Felder der Sozialpolitik passen könnten. Dabei macht es etwa Sinn, die ersten sechs Monaten der Arbeitslosenversicherung (ohne Jugendarbeitslosigkeit), inklusive aktiver Arbeitsmarktpolitikelemente über Brüssel zu steuern, da auf diese Weise im Rahmen einer Fiskal- bzw. Politikunion wesentlich mehr EU-Länder als bisher aktive Arbeitsmarktpolitik betrieben, was die Arbeitslosenquoten senken hilft und zugleich zu einer Expansion der Bruttoinlandsprodukte mit beiträgt (Großbritannien wäre dann nicht in eine Situation geraten, dass dort nur ¼ des Betrages für aktive Arbeitsmarktpolitik ausgegeben wird wie in Deutschland). Vermutlich wäre die Armutsquote im Vereinigten Königreich bei einer EU-weiten Basislösung für die Arbeitslosenversicherung geringer als in der Realität der Jahre 2014/2015. Das Hauptargument für eine gewisse Vergemeinschaftung der Arbeitslosenversicherungskosten ist die zunehmende Korrelation der nationalen Konjunktur- und Beschäftigungszyklen. Langfristige Arbeitslosigkeit ist in jedem Fall als nationales Strukturproblem anzusehen und daher sollte die Langfristarbeitslosigkeit auch Teil der nationalen Wirtschaftspolitik sein. Dies gilt auch für die Jugendarbeitslosenquoten, denn hier sind es in der Regel national gesetzte Mindestlöhne, die für hohe Jugendarbeitslosenzahlen verantwortlich sind. Eine Soziale Marktwirtschaft mit einem starken EU-Pfeiler ist möglich und unter bestimmten Bedingungen sinnvoll. Die Schritte dorthin können Zug um Zug erfolgen, naives Glauben an große Politikversprechen ist dabei nicht empfehlenswert. Aber der Schuldentilgungsfonds, den der Sachverständigenrat für eine 20 Jahresperiode vorschlägt, kann man durchaus in vier Fünfjahres-Anpassungspakete aufteilen; die Länder, die ihre Versprechen einhalten, können nach einer gemeinsamen Schuldentilgungsphase dann auch in Phase II – mit wiederum fünf Jahren – eintreten. Anreize zu vernünftigen Politikverhalten gilt es gezielt zu setzen. Im Übrigen sollte nicht vergessen werden, dass völlig überzogene Bankenderegulierung in der Dekade nach 1998 zu einem Mega-Anstieg der Schuldenquote in vielen OECD-Ländern geführt hat, da der Staat in vielen Ländern zu Mega-Bankenrettungen und großen Konjunkturpaketen gezwungen war. Es gibt in allen EU-Ländern viele Tausende Familien, die Opfer von Bank-Fehlverhalten geworden sind Menschen, die Job- und Vermögensverluste zu beklagen haben. Es kann nicht Sinn einer Sozialen Marktwirtschaft haben, den Großbanken ein riesiges Casino-Spiel zu erlauben, wobei die Opfer der Zocker-Bankenpolitik von der Sozialpolitik aufzufangen sind.

Alle EU-Länder sehen sich Herausforderungen aus der Demographie bzw. der Alterung der Gesellschaften gegenüber. Längere Lebensarbeitszeiten wird man in vielen EU-Ländern als Element der Beitragssatzstabilisierung zu akzeptieren haben. Allerdings wäre als Option auch bedenkenswert, dass familienfreundlichere Rahmenbedingungen und Sozialpolitik junge Familien in ihrem Kinderwunsch bestärken können. Sozialpolitik mit Augenmaß und durchdachten Konzepten ist eine Strategie zur Absicherung von Lebensrisiken, ein Anreiz für höhere Investitionen in Bildung bzw. Humankapital und insgesamt ein Qualitätsmerkmal einer modernen offenen Gesellschaft, in der sich Menschen auch als soziale Wesen begreifen. Es wäre im Übrigen durchaus sinnvoll, dass man bestimmte Regeln in der Sozialpolitik in der EU27 vereinheitlicht; etwa dass Kindergeldzahlungen für im Ausland lebende Kinder auf Basis von Kaufkraftparitätenzahlen erfolgen, so dass die Unterschiede in der Kaufkraft von EU-Ländern – letztlich die unterschiedlich hohen Preise bei nichthandelsfähigen Gütern – berücksichtigt werden. Für die Eurozone bzw. die EU ergibt sich zudem die wichtige Frage nach der Einführung eines supranationalen Elements der Arbeitslosenversicherung, wobei man ein solches System zunächst vermutlich auch ohne Änderung der EU-Verträge einführen könnte. Ein Grundidee hierbei ist, dass man mit einem EU-Element der Arbeitslosenversicherung eine stärkere Rolle der automatischen Stabilisatoren erreicht – vor allem im Konjunkturzyklus der Eurozone – und auch den Willen zu Strukturreformen auf der nationalen Ebene vermutlich stärken könnte. Denn die nationale Politikebene erfährt eine gewisse Entlastung bzw. gewinnt Handlungsspielraum wichtig vor allem für Krisenländer –, den es allerdings dann auch vernünftig zu realisieren gilt. Über entsprechende Vereinbarungen und Bedingungen wäre dann zu verhandeln. Auch ein mehr an aktiver Arbeitsmarktpolitik in der EU ist denkbar, wobei ein aktives Benchmarking seitens der Kommission betrieben werden könnte. Es ist jedenfalls wichtig – dies hat auch die BREXIT-Entscheidung gezeigt –, dass die Globalisierungsverlierer von der Politik mitgenommen werden; also etwa über Qualifizierungsangebote und -anreize gerade diejenigen unterstützt, die im Zuge von ökonomischen Anpassungsprozessen ihren Arbeitsplatz verloren haben oder aber starke Einkommenseinbußen hinnehmen müssen.

Europäische Arbeitslosenversicherung

Es stellt sich die Frage, wie man im Rahmen automatischer Stabilisatoren den Euro-Raum besser organisieren kann – etwa mit Ansätzen für eine Europäische Arbeitslosenversicherung. Hierzu hat das ZEW eine wichtige Studie vorgelegt (DOLLS ET. AL., 2014), die auf Basis von Mikrosimulationen interessante Ergebnisse für ein System liefert, bei dem das Arbeitslosengeld 50 % des letzten Lohnsatzes beträgt und für 12 Monate aus einer Europäischen Arbeitslosenversicherung unmittelbar finanziert würde. Die Grundidee der Arbeitslosenversicherung ist es, hier bestimmte Arbeitnehmerrisiken zu versichern.

Im ZEW-Modell gibt es einen Beitragssatz von 1,57 % des Erwerbseinkommens pro Arbeitnehmer. Bei der Simulation für die Jahre 2000 bis 2013 ergeben sich durchschnittlich ausgezahlte Leistungen von 49 Mrd. € pro Jahr. Bei den 18 einbezogenen Euro-Staaten der Studie wären allerdings bestimmte Länder dauerhafte Nettozahler- bzw. Nettoempfänger-Länder gewesen. Als Nettozahler ergaben sich Österreich, Deutschland und Niederlande mit Beitragszahlungen von 0,2 % bis 0,4 % des jeweiligen Bruttoinlandsproduktes. Als permanente Netto-Empfängerländer erwiesen sich Spanien und Lettland mit immerhin 0,53 % bzw. 0,33 % des jeweiligen Bruttoinlandsproduktes.

Um nicht mit schlechten Anreizeffekten die Arbeitslosenquoten in der Eurozone zu erhöhen, wäre allerdings dabei daran zu denken, dass man die Jugendarbeitslosenquoten (unter 25jährige Arbeitslose) ausklammert und ein Element des US-Arbeitslosenversicherungssystems einführt: Firmen, die häufiger Arbeitnehmer entlassen, müssen auch höhere Beitragssätze leisten. Für hohe Jugendarbeitslosenquoten sind typischerweise die betreffenden Länder durch schlechte Ausbildungssysteme oder hohe Mindestlöhne ohne regionale Differenzierung – siehe etwa die Länder Frankreich und Belgien – primär selbst verantwortlich. Von daher wäre eine undurchdachte Einbeziehung in eine EU-Arbeitslosenversicherung eine Einladung an viele Länder, sich in der Lohn- und Arbeitsmarktpolitik problematisch zu verhalten und das kann nicht der Sinn einer Europäischen Arbeitslosenversicherung sein.

Die Einführung einer solchen Versicherung bedeutet dann, dass sich ein beschleunigter Strukturwandel vor allem in Südeuropa ergäbe, denn die dort oft hohen Arbeitslosenquoten gingen eben für viele Firmen mit faktisch erhöhten Beschäftigungskosten einher. Arbeitgeber und Arbeitnehmer werden auf die neuen institutionellen Rahmenbedingungen reagieren. Im Übrigen stiege der Beitragssatz für die repräsentative Firma aus südlichen Euro-Ländern damit faktisch an. Allerdings kann eine Euro-Arbeitslosenversicherung dazu beitragen, die gesamtwirtschaftliche Nachfrage verstärkt zu stabilisieren und damit die Arbeitslosenquote insgesamt zu senken – also auch die Kosten einer solchen Arbeitslosenversicherung zu vermindern. Damit nicht eine unfaire dauerhafte Belastungsgruppe von Ländern entsteht und eine andere Gruppe zur permanenten Empfängergruppe auf Dauer wird, müssten die Nettobeitragszahlungen gedeckelt werden: etwa auf 0,25 % des Bruttoinlandsproduktes und zugleich gäbe es die Hälfte dieses Betrages als Anrechnungsfaktor bei den EU-Beiträgen des betreffenden Landes. Länder mit Nettoempfängerposition auf Dauer müssten eine Deckelung des maximalen Netto-Empfängerbetrages von 0,25 % des Bruttoinlandsproduktes hinnehmen und dann auch eine um die Hälfte dieses Betrages erhöhte Beitragszahlung, was einer entsprechenden staatlichen Zahlung gleich käme. Wenn man also die Zahlungen einer europäischen Arbeitslosenversicherung auf sechs Monate begrenzte, so wären die entsprechenden Werte nochmals kleiner. Eine gewisse institutionelle Angleichung der nationalen Arbeitslosenversicherungssysteme wäre erwägenswert. Ein striktes Benchmarking – auch hinsichtlich des Anteils von Arbeitnehmern, die über Internet-Plattformen einen neuen Job finden – wäre wichtig. Die OECD-Studie Measuring the Internet Economy (OECD, 2013) zeigte, dass es große Unterschiede in der Nutzung des Internets für das Finden neuer Jobs nach OECD-Ländern gerade auch in Europa gibt. Dass die EU auf der anderen Seite ein gemeinschaftliches besseres Programm zur Senkung der Jugendarbeitslosenquote aufstellen sollte, ist eine separate Frage, die man tendenziell bejahen kann. Diese Frage sollte man aber nicht mit den Grundsatzfragen einer Europäischen Arbeitslosenversicherung verwechseln.

12

Die EU verlassen heißt nicht Europa verlassen – Fehlsicht von May?

In der ersten Parlamentsdebatte mit einer Rede von Frau May als britische Regierungschefin sagte diese am 20. Juli, die EU zu verlassen heißt nicht Europa verlassen. Das sagt sich leicht nach der BREXIT-Entscheidung vom 23. Juni 2016 und ist dennoch wohl eine Fehlsicht, wenn man bedenkt, dass das Vereinigte Königreich sich nach rund 45 Jahren von 27 EU-Ländern scheiden lässt. Außen vor bleiben im Wesentlichen die Schweiz und Liechtenstein plus Norwegen und Island sowie die Türkei und Russland – und auf die beiden letzteren hat Frau May wohl nicht Bezug genommen.

In einem institutionellen Sinn bleibt das Vereinigte Königreich verbunden mit einigen wichtigen Institutionen in Europa, wie dem Europa-Rat sowie der Nato und der Organisation für Sicherheit und Zusammenarbeit in Europa, die beide sicherheitspolitisch wichtig sind. Aber wie der US-Präsidentschaftskandidat der Republikaner Donald Trump schon auf dem Nominierungsparteitag in Cleveland im Juli 2016 sagte, ist aus US-Sicht die Nato in Teilen durchaus dispositionsfähig – das sind Töne aus den USA, die man bislang aus EU-Sicht kaum jemals für denkbar gehalten hat. Aber offenbar kann man seit dem Konkurs der US-Investmentbank Lehman Brothers – auch dies lange ein als unmögliches Ereignis angesehen, bis der 15. September 2008 kam – im Westen alte Konstanten nicht mehr als verlässlich ansehen. Der 23. Juni hat mit dem BREXIT ein Schockereignis hinzugefügt.

Dass das Vereinigte Königreich mit der EU auch fast ein Dutzend Institutionen verlassen wird, die den Kern der EU ausmachen, kann man nicht übersehen: Beim parallelen Auszug u.a. aus dem Europäischen Gerichtshof in Luxemburg, dem Europäischen Rat, der Europäischen Kommission, dem Regionalausschuss, dem Wirtschafts- und Sozialausschuss (Gewerkschaften und Arbeitgeberverbände), der Europäischen Atomenergiebehörde und weiterer EU-Institutionen wird das in vier Jahrzehnten aufgebaute Sozialkapital bzw. Institutionenkapital deutlich entwertet. Das alles hat letztlich der konservative Premier Cameron zu verantworten, der den britischen EU-Beitritt unter seinem konservativen Vorgän-

© Springer Fachmedien Wiesbaden GmbH, ein Teil von Springer Nature 2018
P. J. J. Welfens, *BREXIT aus Versehen*, https://doi.org/10.1007/978-3-658-21458-6_13

ger Edward Heath von 1972 mit seiner verfehlten Pro-EU-Kampagne quasi rückgängig macht. 1974 folgte ein Wahlsieg von Labour unter Harold Wilson, der nach einigen kosmetischen Nachverhandlungen mit der EU eine Volksabstimmung zur EU-Mitgliedschaft – mit Ja-Empfehlung der Regierung – im Jahr 1975 ansetzte: mit 67 % Zustimmung zum Verbleib in der Europäischen Union. Roy Jenkins wurde 1977 als der erste Brite EU-Kommissionschef. Das und viele Binnenmarkterfolge und fast 50 EU-Freihandelsabkommen, die UK wesentlich mit erstritt, haben 2016 die Wählermehrheit aber nicht Camerons Pro-EU-Mitgliedschaftsempfehlung folgen lassen. 51,9 % Nein zur britischen EU-Mitgliedschaft war die Antwort zu einem schlecht organisierten Referendum mit Bedeutung für ganz Europa und die Weltwirtschaft. Dass Cameron gewichtige BREXIT-Wirtschafts-Informationen den Haushalten nicht in der verschickten Infobroschüre mit 16 Seiten schicken ließ, wurde schon betont. Seine damalige Innenministerin, die keine BREXIT-Befürworterin ist, hat diese Informationsfehler sicherlich auch verfolgt – warum sie nun pathetisch in die Mikrofone als Premierministerin sprach: „Brexit means Brexit" (BREXIT bedeutet BREXIT), ist unklar. Es zeigt jedenfalls, dass Premier May eine unkritische Sicht auf die Organisation des Referendums hat – die Cameron-Nachfolgerin erscheint von daher als eine Person mit wenig Neigung zu kritischer Analyse. Warum sollte sie als Premierministerin ein offenbar wegen fehlender Infos verzerrtes Referendumsergebnis stolz umsetzen wollen? Das ist weder ehrlich noch klug noch verantwortungsvoll. Solange es in Großbritannien keine offene Diskussion über die verfehlte Informationspolitik Camerons und seines Finanzministers Osborn im Vorfeld des Referendums gibt, kann man die britische Regierung nur mit Vorbehalten betrachten. Ein Referendum ist eine ernste Sache, eine Volksbefragung, und hier können bei einem EU-Referendum 510 Millionen EU-Bürger doch Sorgfalt und Professionalität in London bei der britischen Regierung erwarten.

In einem geographischen Sinn hat die neue Premierministerin May wohl Recht, wenn sie sagt, dass das Vereinigte Königreich die EU verlassen wird, aber nicht Europa. Aber das ist nur ökonomisch ein wenig relevant, da die geographische Nähe stark die Intensität des Außenhandels und der Verflechtung mit Direktinvestitionen multinationaler Unternehmen begünstigt. Das Vereinigte Königreich hat Exporte Richtung EU27, die 12 % des Bruttoinlandsproduktes ausmachen bzw. gut 40 % der britischen Gesamtexporte betragen und der größte Teil der Direktinvestitionen im Vereinigten Königreich kommt aus EU27-Ländern. Der britische EU-Austritt heißt, dass ein Teil des Handelsnetzwerks mit den EU27-Ländern entwertet und auch zerstört wird, bei den EU-Direktinvestitionen könnte rund ¼ nun bei den Reinvestitionen zu Disposition stehen. US-Investitionen könnte es nach einem zeitweiligen Rückgang künftig im Vereinigten

Königreich ebenso verstärkt geben wie solche aus Kanada. Zudem könnten asiatische Investitionen verstärkt dorthin gehen, sobald sich UK über die geplanten neuen Freihandelsverträge mit Ländern Asiens – und zudem auch mit den USA und Kanada – verstärkt auf Nordamerika und Asien hin orientiert. Wichtige Länder bzw. britische Haupthandelspartner in Asien werden sicher vom Vereinigten Königreich auch verbesserten Zugang bei der Zuwanderung auf lange Sicht verlangen. Ob das für UK am Ende viel besser ist, als wenn Zuwanderer aus osteuropäischen EU-Ländern kommen?

Es ist insgesamt nicht richtig, dass die britische Regierungschefin einfach behauptet, dass Vereinigte Königreich werde die EU verlassen, aber Europa nicht. Bis 2035 wird Großbritannien weiter von der EU und damit auch Europa entfernt sein als dies 1970 der Fall war. Der Anteil des Asien-Handels wird den mit der EU vermutlich übersteigen. Ohne UK fehlt in der EU eine wichtige politische und ökonomische Stimme der Vernunft, die über Jahrzehnte vor allem mit Deutschland, Niederlande und Dänemark gegen EU-Protektionismus und für Reformen eingetreten ist; diese Stimme des Vereinigten Königreiches und auch sein 18 %-Anteil am EU-Bruttoinlandsprodukt als ökonomisches Gewicht nach innen und nach außen wird der Europäischen Union ab dem Austrittsjahr – wohl 2019 – fehlen. Davon ausgehende Instabilitäten und Ineffizienzen in der EU27 sind wiederum wegen der geographischen Nähe UK-EU27 dabei auch unvermeidlich ein britisches Problem und das dann von außen zu bearbeiten statt wie bisher von innen als Mitglied, dürfte schon zu den hohen Kosten des britischen Austritts zu rechnen sein. Man kann hier die Frage kritisch stellen, ob all das im Interesse des Vereinigten Königreiches ist; und wie ehrlich Theresa May zur Wählerschaft spricht.

So wenig Premier Cameron die Bürger über Jahre vollständig über den EU-Binnenmarkt informiert hat – in einem Filmclip zum EU-Referendum 2016 wird der EU-Binnenmarkt auf der Regierungswebsite nur als Freihandelsveranstaltung dargestellt, kein Wort zur Arbeitnehmerfreizügigkeit, von der ja auch 1,6 Millionen Briten profitiert haben –, so wenig verdeutlicht die neue Premierministerin die schwierige Lage, in die das Referendum Europa gestürzt hat. Der May-Satz „die EU verlassen und in Europa bleiben" ist teilweise Lippenbekenntnis und Wunschdenken, bei Licht besehen nicht einmal ein Maybe-Satz; jedenfalls solange UK nicht mit der EU27 zusammen neue supranationale Institutionen etwa im Bereich der Infrastrukturfinanzierung, der Hochschulbildung und der Forschungsförderung gründet und wesentliche Finanzmittel hierfür und die Förderung der noch bestehenden fast 3 000 Städtepartnerschaften UK mit Städten in EU27-Ländern in die Hand nimmt. Davon war in London bislang keine Rede.

In Asien und den USA reibt sich mancher die Augen über den sonderbaren BREXIT und die vielen leeren Worte zu diesem Jahrhundertereignis, das in Wahrheit die EU ins Mark treffen und bald in eine gefährliche Desintegrationsspirale treiben könnte. Dass die EU-Kommission nicht einmal eine Info-Kampagne für die 1,6 Millionen in EU-Ländern lebenden Briten machte und so auch via Internet und soziale Medien eine Brüsseler Stimme der Vernunft im Vorfeld des historischen Referendums zu Gehör brachte, ist beschämend und Ausdruck unverantwortlicher Indifferenz und naiven Politikgeplänkels. Mit dem BREXIT rückt die EU weiter nach rechts, Europa wird politisch weniger kalkulierbar; EU-Integration ist nicht länger klares Vorbild in der Weltwirtschaft. Viele britische Wähler hofften offenbar, EU-Austritt heiße weniger Globalisierung. Folgt man dem EXIT-Minister David Davis ist aber das Gegenteil richtig, sobald die geplanten Freihandelsabkommen mit Nordamerika, China plus Hongkong gegebenenfalls ab 2020 greifen.

Schlussfolgerungen: Europäische Reformaufgaben und globale Instabilitätsrisiken

Zum BREXIT kann man nach Analyse der verschiedenen Aspekte folgende Schlussfolgerung ziehen:

1. Aus Sicht der Cameron-Regierung – zumindest mehrheitlich in Bezug auf die Kabinettsmitglieder – ist der beschlossene BREXIT, der britische EU-Austritt, Ergebnis einer politischen Fehlkalkulation in London und Brüssel. Die Cameron-Regierung hat im Gegensatz zu den europäischen Migrationsfakten den Eindruck entstehen lassen, dass es ein Immigrationsproblem gebe und diesen Eindruck hat sie selbst herbeigeführt, indem die Regierung über Jahre im Gefolge der Bankenkrise bzw. der Notwendigkeit zur Defizitkürzung die Finanzzuweisungen an die Kommunen gekürzt hat: Das ließ den Eindruck der öffentlichen Unterversorgung in vielen britischen Großstädten, auch solchen mit Zuwanderung aus EU-Ländern, entstehen und hat damit die Fehlinterpretation begünstigt: EU-Zuwanderung = ökonomisches Problem für UK; mit keinem Wort haben sich Cameron und seine Minister gegen diese falsche Gleichsetzung gestellt. In einer pointierten Darstellung kann man argumentieren, dass der BREXIT die Folge der Bankenkrise ist, denn die Frage EU-Immigrationsdruck hat letztlich die Entscheidung pro BREXIT gebracht. Die Europäische Kommission hat die BREXIT-Herausforderung

nicht wirklich ernst genommen und hat offenbar keine aktive Strategie zur Überzeugung der Regierung des Vereinigten Königreiches und der britischen Wählerschaft entwickelt: Es mangelt an der grundlegenden Erkenntnis, was eine für die EU-Mitglieder klar nützliche EU-Konzeption im frühen 21. Jahrhundert sein könnte; dass dieses Jahrhundert vereinfacht als asiatisch, digital und innovationsstark gekennzeichnet werden kann und die EU entsprechende Projekte und Institutionen entwickeln müsste, wurde nicht erkannt.

2. Das Vereinigte Königreich wird kurzfristig einen Realeinkommensverlust von 1-2 % erleiden, langfristig von 3-10 %, wobei der untere Wert im Fall günstiger Vereinbarungen für einen EU-Binnenmarkt zu erwarten ist. Es ist denkbar, dass UK tatsächlich mit der EU27 eine Art EU-Kanada-Freihandelsabkommen erreichen kann. Der britische Finanzsektor wird relativ zum Bruttoinlandsprodukt schrumpfen. Die May-Regierung wird sehr aktiv auf mehr Freihandelsabkommen mit Ländern Asiens und natürlich mit Australien, Kanada und den USA setzen und UK dürfte 2025 diesbezüglich vor der EU liegen. Das Vereinigte Königreich wird sich stärker noch als bisher an die USA anlehnen und auch deutlich stärker Verflechtungen mit Asien entwickeln. Vom Hochschulsektor bis zu Industrie und Finanzdienstleistungen wird UK massiv auf die asiatische Karte setzen. Diejenigen Wähler, die von einem BREXIT weniger Globalisierung erhofften, werden sich enttäuscht sehen, denn die Politikanreize treiben die Regierung May in eine verstärkte Globalisierung der Wirtschaft. Die ökonomische Globalisierung mag eine gewisse Pause in OECD-Ländern einlegen, aber schon die durch Expansion digitaler Technologien neu geschaffenen Flexibilisierungsmöglichkeiten ergeben neue Optionen für eine länderübergreifende Aufspaltung von Wertschöpfungsketten.

3. Die Behauptung von Premier May, man werde die EU verlassen, aber nicht Europa, kann günstigstenfalls als Ausdruck einer wirtschaftsgeographischen Logik eingestuft werden, wonach die Handelsintensität mit regional benachbarten Ländern relativ hoch ist. In einer zunehmend digitalen Welt gilt diese Logik aber nur eingeschränkt. Wenn das Vereinigte Königreich die EU verlässt, wird damit automatisch ein Teil des institutionellen EU-Kapitals zerstört – der Wert der EU-Institutionen sinkt – und auch ein Teil der Handels- und Investitionsbeziehungen ist durch Handels- und Investitionsumlenkungseffekte zerstört; also ist auch für UK und die EU Wohlstand unwiederbringlich verloren. Der EU-Austritt ist wohl ein Abschied von der EU27 für ein Jahrhundert und ist nicht ohne weiteres als rationaler Politikschritt der britischen Gesellschaft einzuordnen. Dass mit dem konservativen Premier Cameron die EU-Mitgliedschaft faktisch beendet wird, die

sein Parteivorgänger Edward Heath 1972 unterschrieben hat, ist ein sonderbarer Widerspruch; im Übrigen war UK in keinerlei Notsituation und in keinem schweren Konflikt mit der EU27 – außer dass man sich wohl in der Flüchtlingspolitikfrage von Kanzlerin Merkel mit ihrem Entschluss von Ende August 2015 übergangen sah und schon länger die Kooperationsachse Paris-Berlin mit Missbehagen sah. Brücken UK-EU27 könnte man nur via der Errichtung neuer gemeinsamer Institutionen schlagen und ohne einen britischen Finanzbeitrag zum EU-Haushalt wird sich wohl auch kaum ein breiter Post-BREXIT-Zugang zum EU-Binnenmarkt erreichen lassen.

4. Die Finanzmärkte haben keinen BREXIT antizipiert. Vielmehr ist man auf den Finanzmärkten – und bei den britischen Wettanbietern – im Vorfeld des 23. Juni von einem Pro-EU-Votum im Referendum ausgegangen. Diese Sichtweise war verfehlt, was Fragen zur Rationalität von Finanzmärkten und Politik aufwirft: Hätten die Finanzmärkte auf einen EU-Austritt gewettet und es wären eine starke Pfundabwertung und ein starker Aktienkurseinbruch in den Wochen vor dem 23. Juni erfolgt, dann wäre wohl ein erheblicher Teil der unentschiedenen Wähler auf die Remain-Seite – also gegen BREXIT – getreten. Die Finanzmärkte haben das Gegenteil dessen herbeigeführt, was ihre Investitionssignale anzeigten, was man als politisches Referendumsparadoxon der Finanzmärkte einstufen kann.

5. Notwendige Institutionen für eine zukunftsfähige EU wären eine Digitalunion, die den Anspruch haben müsste, umfassende integrierte EU-Digitalmärkte zu entwickeln und global innovationsstarke Firmen des Sektors der Informations- und Kommunikationstechnologie zu entwickeln. Das ist eine große Herausforderung.

6. Es besteht ein erhebliches Risiko einer mittelfristigen Desintegration der EU. Sollte das Wachstum der Eurozone und der EU27 weiterhin relativ schwach bleiben, wird es nicht lange dauern, bis andere EU-Länder dem BREXIT folgen wollen. Das kann im Fall eines wachsenden politischen Populismus langfristig durchaus auch Deutschland betreffen. Ohne eine funktionsfähige EU drohen Europa neue Konflikte, erhebliche Instabilitäten und ein Rückfall ins 19. Jahrhundert. Europa wird dann stark unter den Druck der USA, Chinas und Russlands kommen und könnte durchaus auch wieder in schwere politische und auch militärische Konflikte stürzen – mit der Balkan-Region als altem und neuem ersten Konfliktfeld. Dort treffen westliche, russische und saudi-arabische sowie türkische Interessen schon jetzt latent aufeinander. Auch Konflikte zwischen Griechenland und der Türkei sind nicht auszuschließen, wobei es u.a. um Bodenschätze bzw. Insel-Besitzansprüche gehen dürfte.

7. Zu den Folgen des BREXIT gehört vermutlich, dass TTIP als umfassendes transatlantisches Handelsabkommen nicht länger politisch realisierbar ist. Die EU schwächt sich damit gleich doppelt, nämlich ökonomisch in Form von etwa 2 % fehlendem Realeinkommensanstieg und durch eine Schwächung der transatlantischen Sicherheitspartnerschaft. Dass die EU keine vernünftige Politik in Sachen Integrationsabkommen mit Ländern in Asien hat, ist offensichtlich und dringend zu ändern. Das gilt insbesondere dann, wenn die USA das 2015 mit 11 Partnerländern abgeschlossene TPP-Abkommen mit Pazifikländern in einigen Jahren erfolgreich mit diesen ratifizieren sollten. Schon jetzt haben die USA bzw. ihre führenden digitalen Firmen einen sichtbaren Kooperationsvorsprung mit Asien im wichtigsten Expansions- bzw. Technologiesektor: dem Sektor der Informations- und Kommunikationstechnologie.

8. Deutschland bzw. die Eurozone werden wegen des BREXIT und einer davon ausgehenden neuen expansiven (QE)-Geldpolitik der Bank von England länger noch als bisher gedacht mit ultraniedrigen Nominalzinssätzen leben müssen. Das schafft neue Stabilitätsrisiken in UK und in ganz Europa.

9. Deutschlands Rolle in der EU27 steigt durch den BREXIT parallel zu der Frankreichs an, wobei Deutschland mehr ökonomisch, Frankreich mehr sicherheitspolitisch an Gewicht gewinnen wird. Deutschland, das schon 1990-2012 45 % der gut 5 Millionen Emigranten aus Osteuropa absorbierte, wird längerfristig – bei einer britischen Eindämmung von Zuwanderung – noch stärker zum bevorzugten Zuzugsraum in der EU(27) werden. Deutschland sollte sich hierauf mit einer aktiven Integrationspolitik frühzeitig einstellen, wobei man von der Zuwanderung erheblich profitieren kann. Allerdings sollte man mit der EU zusammen auch Programme entwickeln, die gerade auch für qualifizierte Arbeitnehmer via europäisch mitfinanzierte Unternehmensgründerprogramme in osteuropäischen EU-Ländern gute Perspektiven schaffen. Gerade das starke Export- und Direktinvestitionsland Deutschland hat ein strategisches Interesse daran, dass die osteuropäischen EU-Länder ökonomisch aufholen: Denn das heißt, dass man aus Brüsseler EU-Töpfen weniger Transfers Richtung Osteuropa wird finanzieren müssen. Zudem werden Deutschlands Exporte verstärkt steigen können und auch die Direktinvestitionen in diese Länder können sich erhöhen, was gute Perspektiven dafür schafft, dass das Bruttonationaleinkommen Deutschlands stärker ansteigt als das Bruttoinlandsprodukt: Denn aus osteuropäischen Ländern bzw. deutschen Tochterunternehmen dort wird über steigende Gewinntransfers zurück zu den deutschen Muttergesellschaften der Saldo der Erwerbs- und Vermögenseinkommen sich zugunsten Deutschlands verbessern. Damit steigt das Pro-Kopf-Einkommen.

Verhandlungen London Brüssel

Das Ergebnis der BREXIT-Volksbefragung vom 23. Juni schafft die politische Grundlage für den britischen EU-Austritt, allerdings gibt es dann im Weiteren auch einige Hürden:

- Das britische Parlament müsste in einer Abstimmung den britischen Austrittswunsch bekunden – das Parlament hat im britischen Politiksystem eine überragende Bedeutung. Das ist aber vermutlich ein Problem, da die Mehrheit der Abgeordneten gegen einen EU-Austritt ist. Ob die britische Regierung in eigener Initiative Austrittsverhandlungen starten kann und will, bleibt abzuwarten.
- Am Ende der Verhandlungen EU-UK bedarf es in jedem Fall einer parlamentarischen Abstimmung in London und wieder ist es unsicher, ob eine Mehrheit der Abgeordneten einem EU-Austritt dann zustimmen will. Theresa May könnte allerdings auch vorzeitige Neuwahlen ankündigen, wobei der Ausgang ungewiss ist. Premier May könnte versuchen, den Druck auf die Abgeordneten durch ein zweites Referendum zur Frage eines EU-Austritts zu erhöhen, aber hier könnte sich auch eine Mehrheit gegen den BREXIT ergeben. Dann wiederum wäre die BREXIT-Politik von May gescheitert und sie müsste dann wohl zurück treten.

Zu den wichtigen Verhandlern zwischen London und Brüssel gehören der ehemalige Binnenmarktkommissar Michel Barnier und von britischer Seite der „Exit-Minister" David Davis. Michel Barnier aber wird sich kaum einfach als Beauftragter der Europäischen Kommission darstellen können, denn seine Verhandlungen wird er mit dem Europäischen Rat der 27 Staats-und Regierungschefs rückkoppeln müssen. Dabei wird er indirekt auch auf den britischen Außenminister Boris Johnson treffen, der ehemaliger Londoner Bürgermeister ist und den man auf EU-Seite vermutlich kaum ohne Vorbehalte treffen wird. Denn erstens hat er mit großer Polemik in Sachen britische EU-Beitragshöhe die BREXIT-Kampagne geführt, zweitens war er ebenso wenig sachorientiert bei der Kampagne bei den EU-Einwandererfragen aktiv und schließlich ist er eine Art Widerspruch in sich, da ein Großvater einst aus der Türkei nach London flüchtete. Wieso da Boris Johnson als Anti-Emigrations-Agitator gegen EU-Zuwanderung auftrat, die kaum 0,2 % der Bevölkerung ausmachte, wobei obendrein nach OECD-Berechnungen (siehe OECD Immigration Report 2013) die Zuwanderung für das Vereinigte Königreich ökonomisch gesehen (fiskalisch, also für die Staatsfinanzen), positiv wirkte. Dennoch sollte man sich keine Illusionen machen, dass Boris Johnson eine harte Verhandlungslinie gegen die EU durchzusetzen versuchen wird und dabei speziell Deutschland, Italien und Frankreich gegeneinander stellen will: Durchaus mit guten Verhandlungschancen.

Gegenüber Frankreich hat Johnson kurz nach Amtsantritt bereits historische Kooperationslinien betont und sicherheitspolitischen Datenaustausch wird sich das von islamistischem Terror verunsicherte Frankreich offenbar etwas kosten lassen. Die Banken in London werden versuchen, über Boris Johnson letztlich doch eine Art neuen EU-Pass, also einen besonderen Binnenmarktzugang zu erhalten. Das kann man als einen zweifelhaften Deal ansehen, der sich im Sommer 2016 zumindest in ersten Ansätzen abzeichnete. Boris Johnson mag als opportunistisch gelten, aber er hat offenbar auch eine klare persönliche Orientierung an Winston Churchill, den schon als junger Mann – zusammen mit seinem Bruder – sehr verehrte; 2014 veröffentlichte Johnson eine Biographie über Churchill, der gegen viele Widerstände und Widrigkeiten seine politisch weitsichtige Perspektive durchsetzte und das Vereinigte Königreich zum Sieg über Nazi-Deutschland führte. Bekanntlich wollte Churchill nach dem Zweiten Weltkrieg auch ein Vereinigtes Europa, wobei dieser jedoch an eine Art Europäische Integration, allerdings ohne das Vereinigte Königreich, dachte. Letzteres hätte im Rahmen des Commonwealth-Reiches ganz eigene Entfaltungs- und Gestaltungschancen. Allerdings sah Churchill wohl sehr spät, dass die jeweiligen Länder bzw. ehemaligen Kolonien ganz eigene Gestaltungsmöglichkeiten anstrebten.

Boris Johnson wird im May-Kabinett jedenfalls als Außenminister mit einer schwierigen Aufgabe konfrontiert sein; denn er wird Kooperationen mit den EU-Ländern suchen müssen, von denen sich das Vereinigte Königreich gerade trennen will. Nicht so einfach wird eine Art angedachter HandelsSchattenverhandlung zu realisieren sind, die sich Handelsminister David Davis vorgenommen hatte, der davon ausging, sein Ministerium bzw. die britische Regierung könne mit zahlreichen Ländern Handelsliberalisierungsverträge quasi auf Vorrat aushandeln, die dann in Kraft treten, sobald der britische EU-Austritt vollzogen ist. Der Chef der US-Handelsbehörde hat wenige Wochen nach dem BREXIT darauf hingewiesen, dass aus rechtlichen Gründen eine solche Vorgehensweise des Vereinigten Königreiches zweifelhaft ist. Denn solange das Land noch Mitglied der EU ist, gilt allein die Europäische Kommission formal als berechtigt, für alle Mitglieder internationale Handelsverhandlungen zu führen.

Britische Kosten des EU-Austritts und politische Ökonomie des BREXIT

Wenn die May-Regierung zum Jahreswechsel 2016/2017 den EU-Austritt offiziell beantragt, dann wird das ein großer historischer Schritt für das Vereinigte Königreich sein; und für die Europäische Union. Dabei kann man darauf hinweisen, dass in Sachen BREXIT das Volk, der eigentliche demokratische Souverän, entschieden hat. Auch wenn es sich um ein das Parlament nicht bindendes Votum vom 23. Juni 2016 handelt, so wird die britische Politik doch mit diesem BREXIT arbeiten. Für die Konservative Partei geht es um den Machterhalt und Theresa May ist eine machtbewusste Person. Ihr war völlig klar als Ministerin, dass das Versprechen von Cameron, die britische Zuwandererzahl auf unter 100 000 zu drücken, nicht funktionieren konnte. Sie selbst versuchte zumindest nach außen, für eine Minderung der Immigrationszahlen zu sorgen: von ihr kam der Auftrag, das britische Punkte-Einwanderersystem abzuschaffen. Es bestand einfach aus Sicht der Cameron-Regierung die Gefahr, dass zu viele Zuwanderer hinreichend hohe Punkte erreichten, um für die Einwanderung zugelassen zu werden. Dass nun unter der May-Regierung neu über die Frage nach der Einführung eines Punktesystems diskutiert wird, kann man nur sonderbar finden, wie der Economist schon im Juli 2016 bemerkte. Kann die May-Regierung den BREXIT zu einem Erfolg machen, wie die neue Premier-Ministerin angekündigt hat? Ökonomisch kann der BREXIT kaum ein Erfolg werden, für die May-Regierung ist nur der Wahlsieg in der anstehenden Wahl 2020 entscheidend. Da die Labour-Opposition in der BREXIT-Frage eine widersprüchliche Positionierung unter Parteichef Corbyn vornahm, ergibt sich wohl für die May-Regierung die Möglichkeit, eine Regierung für mehrere Jahre zu bilden und am Ende auch das United Kingdom zusammen zu halten.

Der große Krisenpunkt für die May-Regierung wäre der Austritt Schottlands aus der britischen Union im Zuge eines neuen Unabhängigkeitsreferendums. Denn das wäre ein historisches Versagen. Die EU hat an einem Austritt Schottlands ein zwiespältiges Interesse. Wenn Schottland der EU beiträte, dann wäre das ein Krise Großbritanniens, aber auch ein EU-Problem. Denn der Druck auf regionale Selbständigkeit bzw. das Gewinnen der politischen Unabhängigkeit in einigen EU-Ländern wird zunehmen. Für Frankreich ist das kritisch mit Blick auf Korsika, für Spanien mit Blick auf Katalonien und das Baskenland, für Italien könnte eine Abspaltung Nord-Italiens auf die Agenda kommen. Von daher wird die EU kaum aktiv auf Schottland zugehen.

Wenn die Weltwirtschaft bis 2020 nicht in eine Krisensituation gerät, so hat die May-Regierung große Chancen auf eine Widerwahl. Die wenig rationale BREXIT-Entscheidung, die eigentlich die Konservative Partei mit ihrer unprofessionellen Organisation des Referendums zu verantworten hat, wird im weiteren nicht in den Fokus der Kritik geraten, wenn die May-Regierung einen guten EU-UK-Vertrag aushandeln kann. Das wäre faktisch ein Sieg der Anti-EU-Partei UKIP, die der wenig kompetente, aber populäre Nigel Farage am Ende vermelden könnte; es wäre eine ökonomische Entwicklung gegen die strategischen Interessen des Vereinigten Königreiches. Aber es wäre ein Sieg der Konservativen Partei. May zerstört damit allerdings eine historische Politiklinie dieser Partei: Denn unter dem Konservativen Premier Heath ist Großbritannien EU-Mitglied geworden, unter Cameron ist sie dann per Volksbefragung ausgetreten – in einer Situation ohne ökonomisch ernste britische Probleme. Letztlich als Preis innerpolitischer Konflikte der Konservativen Partei, die Cameron zu einer nationalen Europa-Frage hochstilisiert hat.

Vermutlich wird vielen Politikern zu denken geben, dass erstens die übergroße Parlamentsmehrheit gegen den BREXIT war. Zweitens sind die ökonomischen Verluste durch den BREXIT sehr erheblich. Rechnet man überschlägig in einer Art Worst-Case-Situation mit langfristig 10 % Realeinkommensrückgang, dann wären das auf das Bruttoinlandsprodukt von 2015 bezogen rund 260 Mrd. € oder etwa 4 000 € pro Kopf im Vereinigten Königreich; wenn man 138 € EU-Nettobeitrag zu 4 % ewig kapitalisiert, ist der Gegenwartswert der Beitragseinsparung 3 450 €; setzt man 2,5 % als Kapitalisierungszins an, dann ist der Gegenwartswert der eingesparten Beiträge 5 520 €. Tatsächlich wird man aber nicht 138 € pro Kopf in England einsparen können. Denn das austrittsgeneigte Schottland dürfte sich mittelfristig vermutlich knapp 1/3 dieses Beitrages als erhöhten künftigen Transfer aus London sichern – als Trostpflaster für einen Verbleib im Vereinigten Königreich. Wenn die britische Militärausgabenquote um 0,4 % nach BREXIT steigen sollte, dann ist die Einsparung der EU-Netto-Beitragszahlungen weg. Der Konsum pro Kopf wird negativ beeinflusst. Zudem wird UK künftig Zölle für Exporte in die EU zahlen müssen.

Dass der EU-Austritt ökonomisch für das Vereinigte Königreich langfristig ein Gewinn wird, erscheint da eher unwahrscheinlich. Dass der britische EU-Austritt ein für Europa verheerendes Signal ist und auch andere Integrationsräume destabilisieren wird, ist denkbar. Kluge britische Politik sähe anders aus. Dass das Vereinigte Königreich wegen seiner eigenen Geschichte durchaus andere Integrationspräferenzen als etwa Frankreich und Deutschland hat – in jedem Fall weniger politische Integration wünscht als wohl diese beiden – kann man als Fakt ansehen. Schon die Nicht-Mitwirkung bei der Währungsunion hatte 1999 sicherlich stark politische Gründe. Dass es jedoch 2015 aus Sicht eines gut informierten britischen Wählers eine klare Notwendigkeit gab, dass das Vereinigten Königreich die EU verlassen sollte, wird man kaum sagen können.

Das Vereinigte Königreich wird nach dem EU-Austritt wohl ökonomisch noch größere Probleme an einer anderen Stelle bekommen. Denn durch den EU-Austritt wird sich die Leistungsbilanzdefizitquote des Vereinigten Königreiches strukturell bzw. längerfristig vergrößern. Die britische Auslandsvermögensposition wird sich verschlechtern, da sich das Vereinigte Königreich zunehmend im Ausland wird verschulden müssen. Das wiederum wird zu einer realen Abwertung bei Pfund führen, was wiederum erhöhte Direktinvestitionen ausländischer Multis nach sich zieht – in der Form von Übernahmen und Beteiligungen; ein größerer Teil der britischen Wirtschaft als bisher wird um 2030 in der Hand ausländischer Investoren sein. Zu den BREXIT-Kosten zählt dann aber auch, dass die Bank of England höhere Währungsreserven als bisher bzw. im Fall einer EU-Mitgliedschaft halten wird. Hohe Währungsreserven helfen einem Land, kurzfristige Anpassungen bei einem negativen Schock auf der Angebots- oder Nachfrageseite zu vermeiden. Die ökonomischen Kosten der Reservehaltung sind erheblich, da der Bestand an Reserven mit der Differenz zwischen internationaler Rendite des Realkapitals (Maschinen) und dem sehr niedrigen Verzinsungssatz der Reserven liegt; diese Differenz liegt bei etwa 2 %. Die britischen Reserven lagen vor dem Referendum bei 88 Mrd. € – und hatten um 1/3 in den Monaten zuvor durch notenbankseitigen Ankauf zugenommen – und dürften langfristig weiter ansteigen. Nehmen die britischen Reserven um 50 Mrd. € langfristig umgerechnet zu, dann ergeben sich volkswirtschaftliche Kosten von 1 Mrd. €; zu 2,5 % langfristig kapitalisiert, wäre der Gegenwartswert bzw. die Wohlfahrtskosten dieser zusätzlichen Reservehaltung bei umgerechnet 40 Mrd. €; das sind über 500 € pro Einwohner im Vereinigten Königreich. Erhöhten sich die Reserven um umgerechnet 100 Mrd. €, dann sind die volkswirtschaftlichen Kosten der höheren Reservehaltung bei 1 000 € pro Kopf oder 4 000 € für eine vierköpfige Familie. Die Notwendigkeit zur Erhöhung der Reserven wird sich insbesondere ergeben, wenn die Leistungsbilanzdefizitquote des Vereinigten Königreiches längerfristig deutlich ansteigen sollte bzw. nur ein kleiner Teil durch langfristige Kapitalzuflüsse finanziert werden könnte.

Die May-Regierung dürfte das alles wohl eher wenig interessieren. Sie wird bis zur nächsten britischen Unterhaus-Wahl – vermutlich in 2020 – vor allem zeigen wollen, dass der BREXIT quasi funktioniert und dass das Vereinigte Königreich als eines der ökonomisch führenden OECD-Länder auch im 21. Jahrhundert auf Basis seiner Wirtschaftskraft und seiner diplomatisch-politischen Vernetzung auf internationaler Ebene sowie als Atommacht dabei auch eine ansprechende Wirtschaftsentwicklung und Machtposition erreicht. Eine milde Rezession in 2017 wird die Regierung kaum verhindern können, ein anschließender Anstieg des britischen Wirtschaftswachstums wird ein Hauptziel der May-Regierung sein; dabei wird sicher der Vergleich mit den EU-Wachstumsraten über Jahre eine wichtige Rolle spielen. Liegt das Vereinigte Königreich im Vergleich besser, so wird dies die May-Regierung als erfolgreichen BREXIT werten. Allerdings dürfte das britische Wirtschaftswachstum sich im europäischen Vergleich nicht in eine Spitzenposition hinein bewegen; und zwar gerade wegen sinkender Zuwanderung aus EU-Ländern. Wenn das Vereinigte Königreich verstärkt um Zuwanderer aus Nicht-EU-Ländern werben wollte, so wird dies politisch mittelfristig wohl mindestens ähnlich konfliktträchtig sein wie die bisherige zeitweise starke Zuwanderung aus osteuropäischen EU-Ländern.

Premier Cameron hat (zusammengefasst) in seinen sechs Regierungsjahren in der EU-Politik versagt und seinen Mitbürgern auch keine ehrliche Kampagne geliefert. Cameron versprach, die Zahl der Zuwanderer auf unter 100 000 zu senken, obwohl die EU-Mitgliedschaft mit dem seit 1993 geltenden Binnenmarkt und seinen vier Freiheiten, darunter Migrationsfreiheit, keinerlei echte Möglichkeit zur Immigrationsbegrenzung bietet.

Ob Historiker Cameron einst ähnlich negativ einstufen werden wie den britischen König George III, der ohne Not die nordamerikanischen Kolonien in einen Aufstand und die Abspaltung trieb – heute dominieren die USA das einstige Mutterland Großbritannien –, wird die Zeit zeigen. Der BREXIT ist ein Politikversagen auf britischer Seite, das viele Spitzenpolitiker betraf. Man muss allerdings feststellen, dass die britische Politik den Anspruch auf Rationalität teilweise sichtbar aufgegeben hat. Dazu gehört auch, dass Camerons Justiz-Minister Gove, der ein BREXIT-Befürworter ist, auf die Frage, einen britischen Ökonomen zu nennen, der sich für einen EU-Austritt ausspreche, ohne eine Antwort zu geben, sagte: Das Volk hat genug von Experten.

Das ist ein Aufruf zu einer emotionalisierenden populistischen Politik, die sich um Fakten und Sachzusammenhänge nicht kümmert. Eine solche Einstellung ist nicht nur unverantwortlich, sie gefährdet eine Säule des ökonomisch-politischen Aufstieges des Westens seit der Renaissance: Die politikseitige Beachtung wissenschaftlicher Erkenntnisse, gegen die sich die katholische Kirche bis um 1900 oft wehrte und die eine populistische Zurückweisung zudem verschärft unter dem Faschismus in Italien und Deutschland erfuhren. Der BREXIT ist wohl teilweise Ausdruck einer illiberalen Strömung, die das alte England in bedenklicher Weise seit einige Jahren prägt und dabei kann man sogar an der Vernunft der Märkte zweifeln. Denn die Kapitalmärkte hatten ja die falsche Erwartung, dass ein BREXIT nicht stattfinden werde. Mit dieser Fehleinschätzung trugen sie zu einer selbsterfüllenden Prophezeiung bei, denn da keine massive Pfundabwertung vor dem 23. Juni 2016 stattfand, sind unentschiedene Wähler zum Votum pro BREXIT indirekt ermutigt worden. Der Hauptgewinner des BREXIT-Referendums ist Russland unter Putin, das sich nach der US-Präsidentschaftswahl vermutlich angesichts des drohenden Zerfalls der EU zu einer dann verschärften Ukraine-Destabilisierungspolitik ermutigt fühlen wird. Deutschland wird durch den BREXIT Einkommensverluste verzeichnen.

Das Einkommen einer vierköpfigen Familie in Deutschland sinkt durch den BREXIT langfristig um 4 000 €, während der Anteil Deutschlands an der EU-Wirtschaftskraft von 21 % durch den britischen EU-Ausstieg auf 25 % ansteigt (siehe Anhang 8). Der Anteil Frankreichs steigt von 15 % auf 18 %, so dass Deutschland und Frankreich künftig für gut die Hälfte des EU-Bruttoinlandsproduktes stehen. Nimmt man Italiens Anteil hinzu, der von 12 % auf 14 % ansteigt, dann könnten Deutschland, Frankreich und Italien zusammen nach dem EU-Austritt 65 % des EU-Bruttoinlandsproduktes erreichen. Das ist unter anderem wichtig, weil für bestimmte Abstimmungen im EU-Ministerrat 55 % der EU-Länder und 65 % des EU-Bruttoinlandsproduktes erforderlich sind – ab 2017 in breiterem Umfang (die genauen Bestimmungen der EU für qualifizierte Mehrheiten sind bei Licht besehen noch viel komplizierter, was man als bürgerfeindlich einstufen kann, weil kaum verständlich).

Nicht einmal die Lösung des Griechenland-Problems in der Eurozone ist vernünftig gelungen, was am Widerstand Deutschlands gegen einen Schuldenschnitt liegt, der angeblich juristisch nicht möglich sei – obwohl die Wissenschaft hierzu eine andere Sicht hat. Dass sich im Übrigen Deutschland auf eine staatliche Defizitgrenze von 0,35 % ab 2020 im Grundgesetz verständigt hat, ist auch nicht rational, sondern Ausdruck einer eifernden Konsolidierungspolitik. Nach der bekannten wissenschaftlichen Domar-Formel heißt strukturelle (konjunkturneutrale) staatliche Defizitquote von 0,35 % bei 1,5 % Wachstumstrend, dass die Schuldenquote langfristig bei 23,3 % landet: weniger als im Fall der Schweiz. Das wird das durchschnittliche Rating der Staatsanleihen in der Eurozone langfristig nach unten ziehen, den Realzinssatz für alle Euro-Länder demnach dann erhöhen. Die Grundgesetz-Grenze ist zu niedrig, sie ist wegen ihrer Negativ-Folgen für Deutschland und die ganze Eurozone nicht rational. Nicht nur Teilbereiche britischer Politik haben ein Rationalitätsdefizit.

Wenn es eine Neo-EU mit funktionsfähiger Währungsunion und einer politischen Union in der Eurozone – mit einer Ausgabenquote von etwa 5 % in Brüssel, darunter für Infrastruktur und Verteidigungsbudget – gibt, kann die EU-Integration wohl fortbestehen. Wenn die EU27-Länder und die Brüsseler Politikebene nicht zu einer zukunftsweisenden, klugen Konzeption der EU-Integration finden sollten, dürfte die EU und mit ihr die Eurozone längerfristig zerfallen. Ein anhaltender Aufstieg populistischer Parteien in EU-Ländern kann die EU-Desintegration beschleunigen. Der weitere Aufstieg der USA und Chinas sollten zudem auch Grund für mehr Politik-Rationalität in der EU sein: Es ist seitens der europäischen Länder strategisch eine gute Positionierung im Machtspiel der globalen Mächte nur als Europäische Gemeinschaft sinnvoll möglich (SCHULZ, 2012).

Das Informationsmanagement und die Qualität der Politik in Europa sollten deutlich verbessert werden. Das Eurobarometer braucht eine bessere methodische Grundlage, die EU bedarf bei Kommission und Parlament auch einer verstärkten Sichtbarkeit im Fernsehen – und damit der Öffentlichkeit –, was aber die Verankerung wichtiger Politikbereiche wie Infrastruktur und Verteidigung in Brüssel verlangt. Der Westen ist nicht erst seit dem BREXIT in einer Rationalitätskrise, da die Politik begonnen hat, wissenschaftliche Analysen zu ignorieren und zunehmend populistische Politiker Einfluss gewinnen, die ihre Popularität häufig den sozialen Netzwerken verdanken. Die Qualität der politischen Kommunikation der EU-Kommission ist gering, zugleich das Europäische Parlament zu schwach, um eine Neo-EU aufzubauen. Reformen sind dringlich.

Perspektiven auf mittlere Sicht

Der BREXIT ist eine integrationspolitische Schwächung des Projektes EU-Integration. Es droht aber auch ein klarer internationaler Ansehensverlust Großbritanniens, wenn allmählich immer klarer wird, in welch merkwürdigem Kontext des EU-Referendum durchgeführt und wie schlecht von Premier Cameron das Ganze organisiert worden war.

In einem mehrjährigen Austrittsprozess vollzieht sich nun eine innerliche und formale Trennung zwischen dem Vereinigten Königreich und 27 EU-Ländern. UK geht integrationspolitisch hinter das Jahr 1973, das EU-Beitrittsjahr, zurück. Es ist ungewiss, ob es in Großbritannien zu einem zweiten EU-Referendum kommen wird; empfehlenswert aus Sicht der Vernunft wäre es allemal. Zu unprofessionell war die ganze Organisation des Referendums in 2016 durch die Regierung Cameron. Dass Cameron aus einer innerparteilichen Konfliktlinie eine Abstimmung über die britische EU-Mitgliedschaft machte, war politisch unklug sowie gegenüber den Briten und den Europäern unfair (und der litauischen Premierministerin mit ihrer Reaktion nach dem Referendum folgend: moralisch verwerflich). Der ökonomischen Standard-Logik folgend, wonach die Betroffenen die Beteiligten bei einer Abstimmung sein sollen, hätte Premier Cameron in Sachen Klärung des EU-Kurses der Partei eine EU-bezogene Mitgliederbefragung in der Konservativen Partei mit maximal 150 000 Abstimmenden organisieren sollen, er hat aber 65 Millionen Briten an die Wahlurnen gerufen (Wahlbeteiligung 72 % der registrierten Wähler= 34 Millionen Wähler). Das ist sonderbar. Das politische Kalkül von Premier Cameron war, durch eine gewonnene Volksbefragung mit über 30 Millionen Wählern den innerparteilichen Konflikt indirekt gewinnen zu können und daher eine mögliche bzw. eigentlich nötige Befragung der knapp 150 000 Mitglieder der Konservativen Partei zu vermeiden. Natürlich hat Premier Cameron die politische Freiheit zu eigenständigen und innovativen Aktionen. Aber wegen eines innerparteilichen Streites mit EU-Skeptikern das zweite nationale Referendum in der britischen Geschichte anzusetzen zu einer Frage, die mit diesem Streit eigentlich wenig zu tun hat, ist sehr widersprüchlich.

2019 könnte das Vereinigte Königreich schon die EU verlassen haben, nicht viel Zeit bis zu den nächsten britischen Wahlen. Die May-Regierung wird versuchen, die Wirtschaft zu stabilisieren und hofft dabei zunächst auf die Bank of England. Die Britische Notenbank hat mit einer historischen Zinssenkung am 4. August auf 0,25 % – niedrigster Zins seit 322 Jahren – und der Ankündigung von Ankäufen von Staatsanleihen versucht, eine Rezession abzuwenden; dabei droht auch ein erheblicher Rückgang der Immobilienpreise, die für die private Altersvorsorge vieler Briten wichtig sind. Viele Handlungsmöglichkeiten bleiben der Zentralbank nicht. Immerhin hat die nach der Volksbefragung deutliche Pfundabwertung nach der Ankündigung der Notenbank-Zinssenkung zeitweise nochmals zugenommen, so dass höheres britisches Exportwachstum mittelfristig möglich scheint. Wachstumsdämpfung im Vereinigten Königreich auf mittlere Sicht ist die erste Hälfte der britischen BREXIT-Kosten, beim Austritt kommen weitere hinzu, deren Ausmaß abhängt vom Grad des Zugangs zum EU-Binnenmarkt. Schwierig kann die Situation für UK werden, sobald die USA stärkere Zinserhöhungen vornehmen; oder wenn die USA oder die EU in eine Rezession geraten sollten. Zudem wird man sehen, wie stark die Direktinvestitionen ins britische Königreich abnehmen, die für Innovations- und Wachstumsdynamik wichtig sind. Die May-Regierung wird wohl die Körperschaftssteuersätze bei der Gewinnbesteuerung zwecks Erhöhung der Attraktivität Großbritanniens absenken, zugleich auch zahlreiche neue Freihandelsverträge auf den Weg bringen wollen, die globalisierungs- und wachstumsstärkend nach dem BREXIT wirken sollen. Britische Senkungen des Körperschaftssteuersatzes oder auch höhere Subventionen für britische Firmen – der EU-Beihilfeaufsicht ledig mit dem EU-Austritt – werden die EU27-Länder unter Druck setzen, ähnlich vorzugehen. Hier drohen EU-UK-Konflikte.

Dabei ist nicht ausgeschlossen, dass das Vereinigte Königreich mittelfristig EU27-Länder mit einem Austritt aus der Gemeinschaft nachzieht: Dänemark, Irland, Niederlande, Schweden und Finnland sind hier mögliche Kandidaten; zumal für den Fall, dass die EU mit den USA kein TTIP-Freihandelsabkommen zustande bringt, während das Vereinigte Königreich mit den Vereinigten Staaten schnell ein Abkommen realisiert haben könnte.

Wenn das Vereinigte Königreich aus der EU austritt, verliert die EU28 rund 1/5 der Wirtschaftsleistung und damit auch an Einfluss in der Weltwirtschaft bzw. bei der Gestaltung der Globalisierung. Zudem wird die EU weniger attraktiv als Freihandelspartner. Die EU wird nicht nur unter Druck kommen, weil weitere EU-Länder sich zu einem EU-Austritt nach 2020 entschließen könnten. Die EU ist zudem nicht gut aufgestellt, wenn es um die großen Herausforderungen im frühen 21. Jahrhundert geht, das vor allem asiatisch, digital und innovationsstark ist. Die EU hat, was Asien angeht, nur mit Korea und Singapur ein Freihandelsabkommen bis 2015 abgeschlossen (KUTLINA-DIMITROVA, 2015) sowie Ende 2017 ein Abkommen mit Japan.

Teil IV

Stand der Debatte vor der
parlamentarischen EU-Austrittsentscheidung

13

BREXIT-Debatte in Großbritannien und Europa

Die Konjunktur in der EU27 läuft gut in 2017/2018, Deutschland hat eine hohe Kapazitätsauslastung, und die Welt ist vor allem mit Nachrichten aus den USA beziehungsweise von Donald Trump beschäftigt; in Westeuropa sorgt der Druck Kataloniens, in Richtung Unabhängigkeit zu gehen, für Unruhe in Spanien und das Scheitern eines ersten Anlaufes für eine Jamaika-Koalition in Deutschland für Verwunderung. Deutschland erhält im Frühjahr 2018 eine neue große Koalition; Spaniens Ministerpräsident wird Anfang Juni im Parament abgewählt, Italiens erste Populistenregierung tritt am 1. Juni 2018 an.

Der BREXIT spielte 2017 in Deutschland als Thema kaum eine Rolle, ein permanentes Aufregerthema war der BREXIT-Prozess in Großbritannien. Aber 2018/2019 verschärft sich die politische Auseinandersetzung, und am 29. März soll für UK und Europa ein historischer Tag sein: UK, das 1973 zusammen mit Irland und Dänemark der Europäischen Union beitrat, wird die Gemeinschaft verlassen – vermutlich ein Jahrhundertschritt. Dieser hat, nach 45 Jahren britischer Mitwirkung in der EU, ökonomische, außenpolitische und wirtschaftspolitische Aspekte, die man analysieren kann. Ein Aspekt ist, dass UK seine europäische Orientierung mit dem Abschied von der EU teilweise verlieren wird und dabei auch einen Teil seiner multilateralen Politikfokussierung aufgibt: UK war einerseits immer an Freihandel in Europa auf Basis von Gemeinschaftsinstitutionen interessiert, es hat andererseits seit 1944 – Gründung des Internationalen Währungsfonds in Washington DC – immer auch die Rolle internationaler Organisationen unterstützt. Bis 2016 konnte man die britische Macht einerseits in UK selbst sehen, aber eben auch in der enormen internationalen wirtschaftlichen und politischen Vernetzung. Mit dem BREXIT werden die Verbindungen zu 27 EU-Partnerländern massiv bei UK gekappt werden, eine neue Art der Beziehung ist notgedrungen bei EU–UK zu entwickeln.

Unter den denkbaren Modellen für besondere Beziehungen eines Landes zur EU gibt es im Wesentlichen vier: Das Modell Norwegen heißt, dass das Land nicht EU-Mitglied ist, aber voll, also auch zollfrei, am EU-Binnenmarkt teilnimmt – inklusive Migrationsfreiheit – und eine Art verminderter Mitglied-

© Springer Fachmedien Wiesbaden GmbH, ein Teil von Springer Nature 2018
P. J. J. Welfens, *BREXIT aus Versehen*, https://doi.org/10.1007/978-3-658-21458-6_14

schaftsgebühr für diesen Status zahlt. Denkbar ist auch eine Mitgliedschaft in der EU-Zollunion, in der etwa die EU und die Türkei zusammenwirken: Es gelten gemeinschaftliche Außenzölle für die EU und die Türkei, wobei die Türkei sich an die EU-Zollsätze gegenüber Drittstaaten anpasst und der Handel zwischen der EU und der Türkei zollfrei ist. Migrationsfreiheit gibt es nicht und auch freier Kapitalverkehr gilt nicht. Ein EU-Kanada-Abkommen über zollfreien Handel und Regelungen zum Kapitalverkehr, inklusive Schlichtung bei Staats-Auslandsinvestor-Streitigkeiten, kann ein weiteres Grundmodell der Kooperation sein. Schließlich ist laut britischem Exit-Minister David Davis von britischer Seite Modell 4 gewünscht: ein EU-Kanada-Abkommen-Plus, wobei die Einbeziehung des Freihandels bei Finanzdienstleistungen das gewünschte Plus ist. Für UK sind Finanzdienstleistungen ein wichtiger Bereich der Wirtschaft, wobei UK hier auch einen sektoralen Überschuss im Export erzielt. Es ist allerdings kaum vorzustellen, dass die EU UK einen breiten Binnenmarktzugang geben wird, ohne dass UK (reduzierte) Mitgliedsbeiträge zahlt, die Arbeitnehmerfreizügigkeit akzeptiert und obendrein auch die Rechtsprechung des Europäischen Gerichtshofes. Laut May-Regierungsaussagen in 2017 will UK aber keine Rechtsprechung des EuGH anerkennen, die volle Freiheit bei der Aushandlung von Handelsverträgen – dann kommt eine Zollunion nicht in Betracht; und auch keine Migrationsfreiheit, was wiederum die UK-Mitwirkung im EU-Binnenmarkt ausschließt.

Da bleibt dann nur eine Art EU-Kanada-Freihandelsvertrag, wobei UK aber am Verhandlungstisch das geringere Gewicht beziehungsweise die größere Exportabhängigkeit in Europa mitbringt: Die UK-Exporte in die EU machen 12 % des britischen Bruttoinlandsproduktes aus, die Exporte der EU Richtung UK entsprachen 2016 knapp 3 % des EU27-Bruttoinlandsproduktes. Der Verhandlungsdruck auf Seiten von UK ist also größer als bei der EU. Sonderbar ist allerdings, dass der britische David Davis und auch Außenminister Boris Johnson in öffentlichen Äußerungen häufig in 2017 von der Kombination des Besten aus zwei Welten sprachen: Man könne einen umfassenden Freihandelsvertrag mit der EU haben – ohne eigene echte Verpflichtungen – und dennoch alle Global-Britain-Pläne eigener neuer Freihandelspolitik umsetzen. Das ist Wunschdenken und wird in 2018/2019 wohl zu Enttäuschungen der BREXIT-Befürworter führen. Ende 2017 zeigten im Übrigen erstmals Umfragen, dass ein neues EU-Referendum in Großbritannien eine klare Mehrheit für ein Verbleiben in der EU bringen könnte.

Ein auf wenige Sektoren begrenzter EU–UK-Freihandelsvertrag könnte Ende 2018 auf dem Verhandlungstisch liegen, und dann wird UK mit erheblichen BREXIT-Nachteilen konfrontiert sein. Ein ungünstigerer No-deal-Fall, bei dem Großbritannien ohne Vertragsvereinbarungen aus der EU austritt, ist zudem ein denkbares Ereignis im Windschatten einer chaotischen UK-BREXIT-Politik –

für beide Seiten ungünstig: Langfristig wären 12 % bis 16 % Einkommensverlust für UK die Folge (siehe EIIW Diskussionsbeitrag 234; http://www.eiiw.eu/index.php?id=6461). Gibt es einige sektorale Freihandelsverträge UK–EU, so könnten die UK-Nachteile etwa 6–12 % Einkommensverlust sein. Aus den Handels- und Direktinvestitionsverbindungen EU–Großbritannien heraus gilt im Übrigen, dass 6 % Einkommensverzicht bei UK für die EU27 etwa 1 % Einkommensdämpfung bedeuten. Wenn der BREXIT umgesetzt wird, dann wird dies gegen den Rat von über 90 % der britischen Ökonomen geschehen. Kann man sich vorstellen, dass Adam Smith, der Begründer der Nationalökonomie, seinem Land einen BREXIT empfehlen würde? Sicher nicht. Während UK noch 2014–16 mit an der Spitze des Wirtschaftswachstums in der EU lag, ist UK in 2017 zunehmend an den unteren Rand gedrückt worden. Die Frühjahrsprognose der EU zeigt UK am Ende der EU28-Länderliste.

Es ist auf den ersten Blick ein wenig rätselhaft, dass der BREXIT eine Mehrheit bei der Volksbefragung bekam. Aber für den Autor und manche andere Analysten war die BREXIT-Mehrheit nicht ganz unerwartet, und in jedem Fall ist dieser Politikschock in Europa von historischer Bedeutung für den Westen und die Weltwirtschaft insgesamt. Großbritannien steht vor harten Politikauseinandersetzungen, die May-Regierung wird mittelfristig wohl einsamer werden. Das Jahr 2017 ging am 29. Dezember noch mit einem BREXIT-bezogenen Rücktritt zu Ende: Andrew Adonis, Vorsitzender der National Infrastructure Commission – und (Labour-)Mitglied des Oberhauses –, trat von seiner Position zurück und erklärte in einem Brief an Premierministerin May, dass dies aus unüberbrückbaren politischen Differenzen heraus geschehe. Dies betreffe vor allem die BREXIT-Politik von Premier May, die ohne glaubwürdiges Konzept sei und eher einem Politikakteur wie Trump entspreche als vernünftiger britischer Politik. Der Rücktrittsbrief ist wichtig genug, ihn aufzuführen. Neben dem Kritikbrief von David Norgrove an Außenminister Johnson ist dies ein zweiter bemerkenswerter Brief in Sachen BREXIT, zu dem noch als drittes Schreiben der Brief des Tory-Abgeordneten Heaton-Harris an die britischen Universitäten in Sachen BREXIT hinzukommt.

Brief von Lord Andrew Adonis an Premier May (erste Medienerwähnung 29.12.2017):

Dear Prime Minister

...

However, I am afraid I must now step down, because of fundamental policy differences – on infrastructure and beyond – which simply can't be bridged.

Your decision to rupture British membership of Europe's key economic and political institutions is the most important. The European Union Withdrawal Bill is the worst legislation of my lifetime. It arrives soon in the House of Lords and I feel duty bound to oppose it relentlessly from the Labour benches.

Brexit is a dangerous populist and nationalist spasm worthy of Donald Trump. After the narrow referendum vote for an undefined proposition to 'leave the EU,' it could have been attempted without rupturing our essential European trade and political relations. However, by becoming the voice of UKIP and the extreme nationalist right-wing of your party, you have taken a different course, for which you have no parliamentary or popular mandate.

You are attempting to wrench Britain out of the key economic and political institutions of modern Europe, erecting barriers between people and trade even within Ireland. If this happens, taking us back into Europe will become the mission of our children's generation, who will marvel at your wanton destruction.

A responsible government should be seeking to persuade the British people to stay in Europe while also tackling, with massive vigour, the social and economic problems within Britain which led to the narrow referendum result of eighteen months ago, particularly in our many desperately poor towns, cities and regions. Your policy is the opposite. The Government is hurtling towards the EU's emergency exit with no credible plan for the future of Britain's trade and European co-operation, while ignoring – beyond soundbites and inadequate programmes – the crisis of housing, education, the NHS and social and regional inequality which are undermining the fabric of our nation and feeding the populism which led to Brexit.

What Britain needs in 2018 is a radical reforming government in the tradition of Attlee which works tirelessly to eradicate social problems, while strengthening Britain's international alliances. This is a cause I have long advocated and acted upon in government and I intend to pursue it with all the energy I can muster.

Britain needs to be deeply engaged, responsible and consistent in its European policy. When we have failed to be so in the past, the security and prosperity of our Continent have been in jeopardy – inevitably so, given our power and our embodiment of the values of parliamentary democracy. For Her Majesty's Government, there is no such thing as 'splendid isolation': and when Lord Salisbury, among your most short-sightedly cynical predecessors, pronounced this as British

> policy in the imperial late-Victorian era, it was followed within barely a decade by the First World War and what was, in effect, a 30-year European war between the forces of democracy on the one hand, and Communism and extreme nationalism on the other. The stakes may not appear so high at this moment, but no-one observing Putin's Russia, and the rise of authoritarian nationalism in Poland and Hungary, can doubt the resonances with the past or the dangers ahead. As Edmund Burke so wisely wrote, 'people will not look forwards to posterity who do not look backwards to their ancestors.'
> ...

Die politische Vorgabe zum BREXIT kommt vom Ergebnis der nicht-bindenden Volksbefragung zur EU-Mitgliedschaft am 23. Juni 2016 in UK. Aus dem Mehrheitsergebnis von 51,9 % hat Premierministerin May einen klaren BREXIT-Auftrag hergeleitet: Da das Referendum ja die Königsdisziplin der Demokratie sei, sollten Regierung und Parlament dem Mehrheitswillen folgen. Dass man den 23. Juni 2016 so interpretieren kann, ist offensichtlich, und die Wortführer der Leave-Kampagne, also die BREXIT-Anhänger, verlangen nach einer klaren und harten Umsetzung zum BREXIT. Die Chronologie beim britischen Austrittsprozess sieht so aus, dass Premierministerin May im Weißbuch zum BREXIT nochmals die Kernpunkte ihrer Politik verdeutlichte und dabei Global Britain zur Strategie erhob: Wenn der BREXIT vollzogen ist, soll UK sich aktiv in die Globalisierung einbringen und mit vielen Ländern Freihandelsverträge schließen. Das soll Export- und Wachstumsdynamik bringen – offenbar als Ersatz für die verminderten Expansionsimpulse aus den UK–EU27-Beziehungen. Das Vorhaben von Premier May, sich über vorgezogene Unterhauswahlen im Juni 2017 eine eigene breite parlamentarische Mehrheit zu suchen, scheiterte. Vielmehr ist ihre Regierung als Minderheitsregierung seither auf die Duldung durch die konservative DUP aus Nordirland angewiesen, deren Unterstützung sich May mit erhöhten regionalen Transferzahlungen an Nordirland sicherte. Die Juni-Wahl 2017 hat schon angedeutet, dass die politische Unterstützung in UK für den EU-Austritt nicht so stark ist, wie Premier May immer gern betont.

May hat im Übrigen im Weißbuch zum BREXIT vom Februar 2017 nochmals betont, dass über eine Dekade gesehen die EU-Zuwanderungsbürde für UK sehr hoch gewesen sei: Zuwanderer aus EU-Ländern – etwa 3,5 Millionen lebten Ende 2017 in UK – seien für das Land eine Last. Gezeigt wird dann eine Grafik, die verdeutlicht, dass vor allem Nicht-EU-Zuwanderer den größeren Teil der Gesamtzuwanderung in UK ausgemacht haben (dabei zeigt die OECD im Übrigen, dass UK beim Staatshaushalt von den Zuwanderern profitiert, wie im Weiteren gezeigt wird).

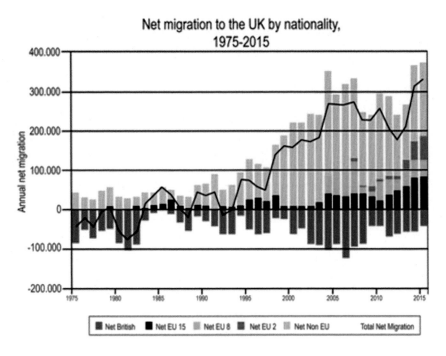

Net migration to the UK by nationality,
1975-2015

Source - ONS[14]

Abb. 14. Immigrationsentwicklung in UK gemäß White Paper 2017 (hellgraue Balken = Nicht-EU-Zuwanderer; hellbraune Balken = EU-Osterweiterungsländer, orangebraun = Bulgarien u. Rumänien)

Quelle: HM Government (2017): The United Kingdom's Exit From and New Partnership With the European Union

Die Zuwanderung aus Bulgarien und Rumänien sowie den anderen osteuropäischen EU-Ländern lag in der Spitze bei Zahlen, die 0,3 % Bevölkerungszuwachs pro Jahr bedeuteten. Dass dies für UK gesamtwirtschaftlich ein nennenswertes Problem sein soll, ist nicht nachzuvollziehen. Interessant ist allerdings, dass viele Nicht-EU-Zuwanderer offenbar nach London und in andere Großstädte gezogen sind, während viele osteuropäische Zuwanderer eher Mittelstädte bevorzugten, die bislang wenig Zuwanderungserfahrung haben. Man kann UK zugestehen, dass die Zuwanderung aus osteuropäischen EU-Ländern nach der Eurokrise wohl anstieg, da Emigrationswillige aus Osteuropa wegen hoher Arbeitslosenquote und Wirtschaftsproblemen in südlichen Euro-Ländern die zum Teil bis 2012 bevorzugten Zielländer Italien, Spanien und Portugal sowie Griechenland nicht länger im Hauptfokus hatten, sondern ihre Zuwanderung eher Richtung nördliche Länder der Eurozone und UK richteten. Eine deutliche Belastung für

UK durch Zuwanderung aus EU-Ländern über längere Zeit kann aus ökonomischer Sicht nicht festgestellt werden: Hier hatte Cameron mit seiner langjährigen perfiden Anti-EU-Immigrationsrhetorik nur den Sündenbock gesucht, um den Ärger der Briten über eine Kürzung der lokalen öffentlichen Dienste von sich abzulenken. Die Kürzungen in vielen Städten entstanden einfach deshalb, weil Camerons Weg zur Minderung der im Zuge der Bankenkrise auf über 10 % angestiegenen staatlichen Defizitquote die Finanzzuweisungen an die Kommunen um enorme 3,5 % des Nationaleinkommens kappte.

Die BREXIT-Befürworter zeigten der Wählerschaft in der Debatte einerseits hohe Kosten der EU-Zuwanderung auf – die es in Wahrheit nicht gibt –, andererseits wurde häufig argumentiert, dass UK hohe Beitragslasten zu verkraften habe. 2015 waren es 0,4 % des Bruttoinlandsproduktes beziehungsweise des Nationaleinkommens. Die griffige Zahl auf dem roten Bus der Leave-Kampagne lautete: 350 Millionen Pfund pro Woche gehen an Brüssel; besser wäre es, das Geld ins Nationale Gesundheitssystem (NHS) zu stecken. Diese Aussage ist jedoch völlig irreführend, da ja – nach EU-Austritt – nur die britischen Nettozahlungen an die EU ins NHS gesteckt werden könnten, denn die nationale UK-Regierung in London wird nach dem BREXIT bisherige EU-Zahlungen an britische Regionen, Universitäten und Firmen ersetzen. 0,4 % des Einkommens als Nettozahlung ist, so könnte man argumentieren, ein überschaubarer Preis für einige Vorteile der EU-Mitgliedschaft: dass UK am Verhandlungstisch in Brüssel eine gewichtige Stimme besitzt, zollfreien Marktzugang zum größten Binnenmarkt der Welt hat und in einige wichtige EU-Gemeinschaftspolitiken eingebunden ist. Man denke etwa an die Außenhandelspolitik der EU, wo die EU28-Länder zusammen ein hohes Gewicht auf die politische internationale Verhandlungswaage bringen. Aber auch die Beihilfenkontrolle und die Fusionskontrolle (Unternehmenszusammenschlüsse bei großen Firmen) sind wichtig und tragen zu effizienter Produktion bei und verhindern in Sachen Subventionsaufsicht die Verschwendung von Steuergeldern für Erhaltungssubventionen, die nur den Strukturwandel verlangsamen.

Seit dem Vertrag von Lissabon gibt es ein Austrittsrecht der EU-Länder, was durchaus vernünftig ist, soweit man dadurch aus Sicht der Mitgliedsstaaten etwa eine EU-Ausbeutung bestimmter Länder verhindern kann: Jedes Land kann so also sicherstellen, dass die ökonomisch-politischen Nettovorteile der EU-Mitgliedschaft positiv sind.

Die britische Bevölkerung hat ihr Austrittsrecht durch die Volksabstimmung vom 23. Juni 2016 realisiert – aber dies ist eine Abstimmung, bei der es wegen Nicht-Information durch die Cameron-Regierung offenbar nicht ganz mit rechten Dingen zugegangen ist. Das Normalergebnis, so zeigt sich bei näherem Hinsehen, wäre eine Mehrheit pro EU beziehungsweise für Remain gewesen. Sonderbar war und ist vor und nach dem Referendum ein Teil der öffentlichen Debatte und speziell die Rolle der einflussreichen BBC, die man als faktische Pro-BREXIT-Plattform einordnen kann. BBC zeigte kaum jemals, dass die ganz große Mehrheit der Ökonomen in UK den BREXIT wegen der hohen volkswirtschaftlichen Kosten ablehnt. Wer am 23.12.2017 auf die BBC-Website schaut und liest „BREXIT: All you need to know ..." (BREXIT: Alles, was man wissen sollte), der findet einen Hinweis auf die Austrittszahlung von etwa 2 % des Nationaleinkommens von 2016 – fast 40 Milliarden Euro –, aber die volkswirtschaftlichen BREXIT-Kosten, die in verschiedenen Untersuchungen mit 10–18 % Einkommensverzicht angesetzt wurden (10 % entsprechen etwa 200 Milliarden Euro), werden mit keiner Silbe erwähnt. Solange UK noch im EU-Binnenmarkt ist, also bis Ende 2020, falls EU und UK sich auf eine Übergangszeit bis dahin einigen – bei Austrittsdatum 29. März 2019 –, werden diese Kosten nur wenig sichtbar. Die von 1 % in 2016 auf 3 % angestiegene Inflationsrate in 2017 und rückläufige Wachstumsprognosen für UK machen indes auch viele Briten nachdenklich.

Vermutlich gibt es bei Außenminister Boris Johnson und einigen anderen BREXIT-Wortführern eine Vorstellung, dass man sich mit einem Minimum an politischem Schwung zum BREXIT hinbewegen müsse, da sonst die Gefahr bestände, dass der BREXIT gar nicht stattfindet. Zu groß ist jedenfalls unter Ökonomen die Überzeugung, dass der BREXIT sehr schädlich für die Interessen und das Wohlergehen der Briten ist. Da auf dem Jahreskongress der Royal Economic Society 2015 eine sehr große Mehrheit gegen den BREXIT die Hand hob und auf der Folgekonferenz in Bristol wieder eine sehr große BREXIT-Gegnerschaft zu sehen war, stellt man sich die Frage, warum denn in 2016 überhaupt so viel Begeisterung für den BREXIT in der Öffentlichkeit auftreten konnte. Man kann hier anmerken, dass die Wortführer aus der Wirtschaftswissenschaft und speziell der Royal Economic Society in den TV-Medien und auch in den sozialen digitalen Netzwerken relativ wenig präsent sind. Die vom BBC organisierte TV-Debatte erzeugt dabei das Zerrbild – hier tritt ein Befürworter des BREXIT gegen einen Befürworter des Verbleibs in der EU an –, dass in der Wissenschaft eine Art 50:50 Positionierung besteht. Zuschauer ohne besonderes Fachwissen erhalten den Eindruck, dass es keine klaren ökonomischen UK-Vorteile gibt beziehungsweise die UK-Austrittskosten wohl gering sein dürften; womöglich gar Vorteile zu erwarten sind, wie Patrick Minford als einziger bekannter Pro-BREXIT-Ökonom dies betont. Dabei verwendet Minford ein altes Modell und trifft fragwürdige Annahmen, etwa die, dass alle UK-Importzölle abgeschafft werden könnten.

Die BBC-TV- und BBC-Radio-Sendungen zum BREXIT haben in der Regel in Großbritannien die sonderbare Fehlsicht vermittelt, dass die beiden Lager gegen und für die britische EU-Mitgliedschaft unter den Ökonomen an den Universitäten in UK gleich groß seien. Die Royal Economic Society hat gegen den BBC-Trust in dieser Sache wegen Fehlberichterstattung eine Beschwerde vorgebracht. Aber die BBC hat diese im Kern zurückgewiesen (Details finden sich in www.res.org.uk/view/resNewsletter.html). Einer der wenigen Pro-BRE-XIT-Ökonomen mit bekanntem Namen, Ex-Thatcher-Berater Patrick Minford, erhielt in einer Debatte mit der BREXIT-Gegnerin Monique Ebell breiten Raum: so als ob eben unter den Fachökonomen eine Art 50:50 Position bestehe. (Ein ähnliches Problem bestand in Deutschland im Kern in 2016, als die große Mehrheit der Fachökonomen in Deutschland für ein transatlantisches Freihandelsabkommen war, nur eine Minderheit dagegen; im öffentlich-rechtlichen TV wurde sogar ein völliges Gegenbild zu bestimmten Zeiten präsentiert – es gab, aus bestimmten Gründen, viel mehr Sendungszeit für alle möglichen Anti-TTIP-Gruppen als für die Pro-TTIP-Fachgruppen. Die Bundesregierung der Großen Koalition hat diese Darstellungsverzerrung 2016 registriert, aber vor einem Konflikt mit den TV-Sendern war man mit Blick auf die in 2017 anstehende Bundestagswahl – für die braucht man gute TV-Kontakte – zurückgescheut. Da konnte man als Beitragszahler eigentlich nur staunen, aber denen blieb der ganze Konflikt verborgen.)

Was lief bei der BREXIT-Debatte schief?

Der BREXIT steht aus Sicht der Neuen Politischen Ökonomie für ein Wetterleuchten in der Politik des Westens, wo digitale Blitze einerseits und der Donner der Nichtregierungsorganisationen andererseits neuartige Spuren hinterlassen. Im 20. Jahrhundert – vor dem Massenstart des Internets – konnten spezialisierte organisierte Wissenschaftlergruppen oder Forschungsinstitute die Öffentlichkeit und die Politik wohl noch relativ leicht mit Spezialwissen beeindrucken und beeinflussen; via Zeitungen, Radio und TV – jedenfalls wenn die Wissenschaftlergruppen etwa in den Bereichen Medizin oder Wirtschaft eine hohe Reputation in der Politik und in der Öffentlichkeit hatten. Im 21. Jahrhundert, dem Internet-Zeitalter, ist das vorbei. Hier ist eine digital verbreitete, zersplitterte Öffentlichkeit aktiv und wahlrelevant. Digitaler Publizist, Videoproduzent oder Faktensucher via Suchmaschine kann im Wortsinn jedermann sein. Die Neigung, fremden „Wissenschaftsakteuren" ohne breite Internetpräsenz und

Experten einen Vertrauensbonus zu geben, hat sich im Zeitablauf vermindert. Im öffentlich-rechtlichen Fernsehen sieht man sie sehr selten, und das TV-mäßige Nachrichtenverbreiten auf Basis von Tagesereignissen ist bildmächtig, aber meist wissensarm. Im TV am meisten gibt es offenbar wissenschaftliche Infos zum Schmelzen der Eisberge in der Arktis, kompetente Berichterstattung zu für Deutschland und Europa lebenswichtigen Themen wie BREXIT, Digitalisierung der Wirtschaft oder Chinas ökonomischem Aufstieg sucht man meist vergebens.

Die Fähigkeit der Politik – gestützt womöglich auf gute wissenschaftliche Argumente –, die Gesellschaft zu steuern, nimmt ab; auch weil die TV- beziehungsweise Medienlandschaft zersplittert ist. Ein vielstimmiger Internet-Chor von vielen Akteuren, oft auch radikalen Gruppen – laut und nicht selten wenig argumentationsstark – ist charakteristisch für die Internet-Welt. Die Volksparteien etwa in Deutschland sind digital schwach aufgestellt. In der EU sind die Verhältnisse seit langem sonderbar, eine breite politische Unterstützung in den EU-Mitgliedsländern fehlt. Bei schwacher Legitimität setzt die EU-Kommission verstärkt auf die Allianz mit Nicht-Regierungsorganisationen. Da offenbar die eigene Politik wenig positiv wählerwirksam ist, setzt die Kommission darauf, Nicht-Regierungsorganisationen „einzukaufen" beziehungsweise zu finanzieren. Natürlich haben Nicht-Regierungsorganisationen eigentlich in bestimmten Feldern – etwa auf der Ebene der politisch wenig kontrollierten internationalen Organisationen – eine wichtige Funktion. Dass aber die Politik sich indirekt über die Finanzierung solcher Organisationen Legitimität einzukaufen sucht, wie im EU-Fall, ist im westlichen Demokratie-Modell nicht vorgesehen. Auch bei guten eigenen Projekten ist die Kommunikation der Kommission mit der Wählerschaft in den EU-Ländern meist schwach. Da entsteht auf der Ebene der Wählerschaft dann leicht eine Anti-EU-Stimmung, wenn denn populistische Strömungen mit Macht auftreten und ihre These zelebrieren, die „Politiker da oben" setzten den Willen des Volkes nicht um. Die EU muss sich schon mehr Mühe geben, selbst ihre Erfolgsbilanz zu organisieren und zu kommunizieren, was bei entsprechenden Konzepten nicht so schwierig wäre.

Die Debatte über den BREXIT hat im Jahresverlauf 2017 bis Anfang Dezember an Schärfe gewonnen, was vor allem mit Blick auf Großbritannien gilt. Nordirland und Schottland hatten Pro-EU-Mehrheiten am 23. Juni 2016 beim EU-Referendum, Wales und England – ohne London – hatten Mehrheiten für den EU-Austritt. Daher gibt es eine natürliche geographische Politikkonfliktlinie in Großbritannien. Massiv einbezogen in die Debatte ist Irland, das unter den EU-Ländern ökonomisch am stärksten in Sachen Handel von UK abhängt und wegen der Fragen des Grenzregimes Nordirland (also UK) zu Irland ein besonderes Interesse hat, dass ein harter BREXIT vermieden wird. Der brächte offenbar ein hartes neues Grenzregime und vermutlich bald die Rückkehr zu einem irischen Bürgerkrieg in Nordirland, der 1960–1998 3600 Tote und 45000 Verletzte kostete. Erst mit dem Karfreitagsabkommen von 1998, das unter Vermittlung des US-Präsidenten Clinton ausgehandelt worden war, trat auf der Irischen Insel Frieden ein. Ökonomisch positiv unterfüttert wurde dies durch den EU-Binnenmarkt und eine sehr durchlässige „weiche" Grenze zwischen Nordirland und Irland als Teil des EU-Binnenmarktes.

BREXIT-Prozess und Widersprüche

Der BREXIT-Prozess hat eine eigene Ablauflogik. Die May-Regierung wird in 2018 die Verhandlungen mit der EU abschließen und eine Parlamentsmehrheit in London suchen, die EU muss die Verhandlungsergebnisse durch den Europäischen Rat bringen sowie durchs Europa-Parlament. Bis Oktober 2018 dürften die Gespräche EU–UK im Wesentlichen abgeschlossen sein, und dann folgen in 2019 der UK-Austritt am 29. März sowie Europa-Wahlen zur Mitte des Jahres. Es ist denkbar, dass UK tatsächlich 2019 aus der EU ausscheidet, auch wenn das eine Selbstbeschädigung Großbritanniens wäre.

In Deutschland wird der BREXIT-Prozess von Seiten der Bundesregierung relativ passiv begleitet. Das Scheitern der Jamaika-Koalitionssondierungsgespräche im November 2017 ließ zudem eine international nur noch beschränkt aktive amtierende Merkel-Bundesregierung zurück (beim EU-Sozialgipfel fehlte Kanzlerin Merkel, beim Treffen der Welthandelsorganisation fehlte die amtierende Wirtschaftsministerin). Wegen der verzögerten Regierungsbildung in Deutschland – mit einer neuen Großen Koalition ab Frühjahr 2018 – kommen die von Frankreichs Staatspräsident Macron vorgeschlagenen Reformen bis zur Europawahl 2019 wohl kaum voran. Zwar wäre bei einem BREXIT die Anti-EU-Partei UKIP nicht mehr im EU-Parlament vertreten, aber Anti-EU-Parteien könnten durchaus weiter Zulauf gewinnen. Bei gutem Wirtschaftswachstum dürfte der Zugewinn allerdings relativ gering sein, vermutlich mit Ausnahme der AfD, die ihren Stimmenanteil von 2014 (7 %) steigern dürfte. Es bleiben ernste Reformerfordernisse in der EU – mit und ohne BREXIT. Das EU-Parlament ist mit über 700 Abgeordneten zu groß, das Parlament hat kein Initiativrecht für EU-Gesetze und die Neigung der EU-Kommission, sich übermäßig mit Regulierungen der Realwirtschaft profilieren zu wollen, sollte man eindämmen. Zugleich wäre es angebracht, das EU-Budget beziehungsweise das Budget für die Eurozone aufzustocken, was aber wohl nur mittelfristig gelingen kann. Ob man den Rettungsfonds ESM zu einer Art EU-Währungsfonds ausbauen soll, der ohne nationale Parlamentszustimmungen Hilfsgelder verteilen kann, ist fraglich. Besser wäre es, zunächst ein Euro-Parlament zu schaffen, das alle Parlamentsrechte hat; dieses dürfte auch eine progressive Euro-Einkommensteuer bis maximal 4 % der Einnahmen relativ zum Bruttoinlandsprodukt haben, wenn zugleich eine Euro-Gemeinschaftsverteidigung und Euro-Infrastrukturausgaben in Brüssel verankert wären. Eine konjunkturneutrale bzw. strukturelle Defizitquote von maximal etwa 0,4 % sollte ausreichen, um eine eigenständige Euro-Konjunkturpolitik durchzuführen, wobei Haushaltsdefizite nur für investive Zwecke verwendet werden sollten (objektorientierte Staatsverschuldung, ähnlich wie in Deutschland). Bürgerinnen und Bürger in der Eurozone sowie die Unternehmen werden für ein solches Projekt nur zu gewinnen sein, wenn es einen Konsens der großen bzw. hinreichend vieler Parteien gibt beziehungsweise wenn durch Effizienzgewinne dank dominant supranationaler Konjunkturpolitik die Gesamt-Steuerquote fällt und gesamtwirtschaftliche Stabilisierungsvorteile erzielbar sind.

Bemerkenswert ist, dass im Kontext des BREXIT-Prozesses die Großunternehmen in Deutschland und vielen EU27-Ländern signalisiert haben, dass der EU27-Zusammenhalt das überragende Wirtschaftsinteresse sei. Selbst US-Multis, die in UK und Deutschland sowie anderen EU27-Ländern produzieren, haben diese Haltung in 2017 vertreten und sich nicht von der britischen May-Regierung vereinnahmen lassen. Man sieht offenbar auch in der Wirtschaft durchaus, dass bei den EU27–UK-Verhandlungen die EU27-Gruppe zusammengehalten werden sollte, da sonst ein fortgesetzter EU-Desintegrationsprozess auf längere Sicht droht. Erleichtert wird der EU27-Zusammenhalt durch die zeitweise enorm widersprüchliche Politik der May-Regierung. Diese erschien den Regierungen in den EU27-Ländern und auch in der EU-Kommission zeitweise als sehr widersprüchlich und verwirrend. Es ist nicht ausgeschlossen, dass Frau May zumindest bis 2019 im Amt bleibt, da für die Konservative Partei ein Wechsel das Risiko brächte, dass es zu vorzeitigen Neuwahlen kommt – und einen möglichen Sieg der Labour-Partei wollen die Abgeordneten der Tory-Partei sicher nicht als Preis des BREXIT. Allerdings ist hier festzustellen, dass auch Labour-Chef Corbyn kein Unterstützer des EU-Binnenmarktes ist. Eine politische Partei mit dem Programmpunkt Fortsetzung der EU-Mitgliedschaft gibt es in UK – abgesehen von der kleinen Partei der Liberalen (Libdem) – nicht, so dass auch bei einer Labour-Regierung ein EU-Austritt von UK denkbar wäre. Immerhin könnte durch ein zweites EU-Referendum bzw. eine Art Wiederholung des EU-Referendums von 2016 eine neue Perspektive entstehen, sofern eine Mehrheit für die EU-Mitgliedschaft stimmt.

Dass US-Präsident Trump den BREXIT begrüßt hat, kann man aus verschiedenen Gründen sonderbar finden. Eigentlich hätte man erwarten können, dass Trump für Politikansätze eintritt, die auch das globale US-Reputationskapital in der Außenpolitik erhalten – das faktische Ende des Karfreitagsabkommens in Nordirland im Fall eines harten BREXIT wird US-Reputationskapital (hier den von Clinton mit aufgebauten Teil) beschädigen. Das aber mindert die globale Macht der USA. Aber Trumps Populismus ist offenbar auch ein Signal pro Nationalismus.

Verzerrte Darstellung zu EU-Zuwanderungslasten und Norgrove-Kritik an Boris Johnson

Das Ergebnis des Referendums – 51.9 % pro EU-Austritt – war in der britischen Öffentlichkeit in der zweiten Jahreshälfte 2016 bald abgehakt. Ein öffentliches Protest-Echo der Remain-Gruppen wurde schon bald weniger vernehmlich, allerdings gab es juristische Auseinandersetzungen, wie stark das Unterhaus bei den BREXIT-Verhandlungen einzubeziehen war. Das britische Verfassungsgericht verfügte, dass das Parlament bei der Absendung des „Kündigungsbriefes" durch die Regierung ebenso einzubeziehen sei wie bei der Abstimmung über die EU-UK-Verhandlungsergebnisse. Am Ende von 2017, Mitte Dezember, stand eine Einigung zwischen der EU und Großbritannien über den Exit-Vertrag, also die Bedingungen für den Austritt: mit Eckpunkten u.a. zu den EU-Einwanderern in UK, der Austrittszahlung von etwa 35 Milliarden Euro (nach Abwertung des Pfundes könnten die zugesagten maximal 39 Milliarden Pfund nach dem BREXIT viel weniger Wert sein) und dem Grenzregime in Nordirland gegenüber Irland.

Wie ein solches gewünschtes weiches Grenzregime aussehen soll, ist völlig unklar. Immerhin hat aus UK-Sicht die vorläufige Einigung zum Exit-Vertrag den Weg freigemacht für die weiteren Verhandlungen zum zweiten EU-UK-Vertrag, der den künftigen britischen Zugang zum EU-Binnenmarkt betrifft. Freihandelsverträge der EU mit anderen Ländern enthalten fast nie Finanzmarktdienstleistungen, sondern haben meist einen starken Fokus auf dem Waren-Handel. UK aber ist stark im Bereich der Finanzdienstleistungsexporte aufgestellt, etwa 30 % des Bestandes an Direktinvestitionen in UK – also der Investitionen ausländischer Multis – betrafen 2016 den Finanzsektor; und viele ausländische Banken sitzen in London vor allem wegen der Möglichkeiten, von London aus in einem günstig regulierten, sehr professionellen Umfeld Finanzdienste für vermögende Haushalte und Unternehmen in den EU27-Ländern anzubieten sowie um EU27-Staaten bei der Platzierung von Staatsanleihen dienlich zu sein (nach UK-Recht). Dort werden überdurchschnittlich hohe Einkommen erzielt und das Finanzzentrum London bietet bislang in vielen Bereichen für Kunden in EU27-Ländern wichtige Finanzdienstleistungen an. Grundsätzlich ist zu erwarten, dass bei fehlender Einigung zwischen der EU und UK in Sachen Freihandel im Finanzsektor die Anbieter aus London Teile der bisher in UK durchgeführten Aktivitäten in die EU27-Länder verlagern. Für die Länder der Eurozone ist eigentlich weitgehend ausgeschlossen, dass man eine vernünftige Bankenregulierung und damit makroökonomische Stabilität haben kann, wenn große Teile der Anbieter von Banken- und Versicherungsdienstleistungen außerhalb der EU – eben in UK – beheimatet und dort reguliert werden.

Die Hauptrichtung für die Verhandlungen EU-UK gab Frau May in einer Rede im Januar 2017 im Lancaster House vor, was dann regierungsseitig im White Paper zum Brexit im Februar noch konkretisiert wurde. Dort behauptete die May-Regierung, dass die EU-Zuwanderung über die vorige Dekade eine große Bürde gewesen sei – diese Zuwanderungsbürde soll dann offenbar Begründung für die Ablehnung des EU-Binnenmarktes und des BREXIT sein.

Nachdem die vorgezogenen britischen Unterhauswahlen im Juni 2017 zum Verlust der Parlamentsmehrheit der Konservativen führte, war eine neue May-Regierung nur um den Preis einer Unterstützung durch die erzkonservative nordirische Democratic Unionist Party (DUP) zu erreichen. UK musste sich in dieser Situation bei den Brüsseler Verhandlungen mit der EU insofern fügen, als dass EU-Chefunterhändler Barnier ja gefordert hatte, zunächst einen Vertrag über die EU-Austrittskosten zu vereinbaren, was die Fragen der künftigen Nordirland/UK-Grenze zu Irland und auch die Frage der Rechte der EU-Zuwanderer in UK und der britischen Zuwanderer in der EU thematisch umfasste. Erst danach wollte die EU über den künftigen britischen EU-Binnenmarktzugang verhandeln; da die Minderheitsregierung May – gestützt von der DUP – aber im Sommer 2017 gar keine sichtbare Position zu der letzteren Frage entwickelt hatte, konnte die EU tatsächlich die gewünschte Reihenfolge der beiden Verträge durchsetzen. Premierministerin May sprach auch im Sommer 2017 noch vom Wunsch nach einem harten BREXIT – also keine Mitwirkung von UK am EU-Binnenmarkt oder in einer Zollunion des Vereinigten Königreiches mit der EU. Aber bei der britischen Regierung reifte offenbar unter dem Druck von Argumenten führender Wirtschaftsverbände, die bei BREXIT erhebliche Schäden für die UK-Wirtschaft fürchteten, dass eine längere Übergangsfrist realisiert werden sollte. Premier May erklärte in der Florenz-Rede vom 22. September 2017, dass man zwei Jahre zusätzliche Übergangsfrist vorschlage, während

der UK im EU-Binnenmarkt verbleiben wolle, während man zugleich Beitrags-
leistungen an die EU erwägen könnte. Immer wieder konnte man der britischen
Presse in den Folgetagen entnehmen, dass Außenminister Boris Johnson längeren Übergangsfristen und auch weiteren britischen EU-Zahlungen – womöglich
über 2021 hinaus – entschieden widersprach. Außenminister Boris Johnson, dem
der Chef des britischen Statistik-Amtes, David Norgrove, einen kritischen Brief
am 17. September 2017 zur Fehldarstellung von Johnson in Sachen UK-Net-
tobeitragskosten zugesandt hatte, lauschte den Ausführungen von Frau May in
Florenz in der ersten Reihe.

Es mutet sonderbar an, dass es direkt im Anschluss an den Norgrove-Brief
nicht eine große Parlamentsdebatte über Johnsons verzerrte Darstellung der
UK-Beitragskosten und das BREXIT-Projekt in London gegeben hatte. Noch
in seinem September 2017-Beitrag im Daily Telegraph vermittelte Johnson
den Eindruck, als stünden bei einem BREXIT 350 Millionen Pfund wöchentlich als Zusatzbetrag für den UK-Staatshaushalt zur Verfügung. Der britische
Beitrag pro Woche betrug in der Tat etwa 350 Millionen Pfund, aber da bei
einem BREXIT die Brexit-Befürworter schon hatten durchblicken lassen, dass
man die EU-Zahlungen an Unternehmen bzw. Regionen in UK aus dem nationalen Budget künftig ersetzen werde – so auch die Regierung May in 2017 –, war
klar, dass nur der EU-Netto-Beitrag für die nationale britische Politik nach einem
BREXIT zur Verwendung etwa als Aufstockung beim Nationalen Gesundheitsdienst (National Health Service: NHS) zur Verfügung stünde. Demgegenüber
hatte Boris Johnson während der Kampagne pro BREXIT vor dem Referendum
ja immer behauptet, 350 Millionen pro Woche bei BREXIT zusätzlich in den
NHS oder andere Regierungsprojekte stecken zu können. Der Norgrove-Brief
widerspricht dieser im Johnson-Beitrag im Daily Telegraph wiederholten
Fehl-Behauptung klar und bemängelt die falsche Verwendung von Brutto- bzw.
Netto-EU-Beiträgen durch Johnson. Norgrove schreibt, dass die Johnson-Darle-
gungen einen „klaren Missbrauch von offiziellen Statistiken" darstellen. Der Brief
ist im folgenden Kasten wiedergegeben. Es ist kaum vorstellbar, dass in einem
anderen EU-Land der Chef der nationalen Statistikbehörde den Außenminister
des Landes in einem Brief faktisch als Lügner bezeichnet und keinerlei politische
Konsequenzen entstünden – nur in UK konnte offenbar Frau May dann wegen
ihrer politischen Schwäche den Außenminister, Bannerträger der BREXIT-Be-
wegung 2016/2017, nicht entlassen. Hier entsteht auch eine sonderbare
Botschaft an die britische Gesellschaft, wo Eltern und Lehrer Kinder erziehen
wollen, ehrlich zu sein. Dass ein politischer Lügner wie Boris Johnson Außenminister wird und bleibt, wird damit zum Widerspruch in der britischen Gesellschaft. Der Westen, der sich gern als natürliches Vorbild gegenüber Ländern in

Asien, Afrika und anderen Regionen darstellt, gerät durch BREXIT und Trump notwendig international in eine politische Defensive.

Brief des Chefs von UK Statistics Authority, David Norgrove, an Außenminister Boris Johnson:

„I am surprised and disappointed that you have chosen to repeat the figure of £350 million per week, in connection with the amount that might be available for extra public spending when we leave the European Union. This confuses gross and net contributions. [...] It also assumes that payments currently made to the UK by the EU, including for example for the support of agriculture and scientific research, will not be paid by the UK government when we leave.

It is a clear misuse of official statistics. "

"Ich bin erstaunt und enttäuscht, dass Sie sich entschlossen haben, die Zahl von 350 Millionen Pfund per Woche zu wiederholen, in Verbindung mit jener Summe, die gegebenenfalls verfügbar wird für zusätzliche öffentliche Ausgaben, wenn wir die Europäische Union verlassen. Dies wirft Brutto- und Nettobeiträge durcheinander. [...] Auch wird angenommen, dass die Zahlungen, die gegenwärtig von der EU an UK fließen, inklusive etwa der Unterstützung für Landwirtschaft und wissenschaftliche Forschung, nicht von der UK-Regierung gezahlt werden, wenn wir austreten.

Das ist ein klarer Missbrauch der offiziellen Statistiken.   [Übersetzung PJJW]

Es ist sicherlich ein einmaliger Vorgang, dass der Chef des UK-Statistikamtes den britischen Außenminister öffentlich kritisiert. Bei Boris Johnson zeigt sich anhand des mit Theresa May nicht abgestimmten Telegraph-Beitrages, dass die Spannungen innerhalb des May-Kabinetts groß sind.

Premier May betonte in verschiedenen Reden, etwa auf dem Konservativen-Parteitag in Birmingham im Herbst 2016, dass „Brexit means Brexit and we will make a success of it" (Brexit bedeutet Brexit und wir werden aus dieser Sache einen Erfolg machen). Das ist insofern eine doppelt illusorische Behauptung, als dass das nicht ordnungsgemäße Referendum keine klare Mehrheit bedeutet; und wie man daraus einen Erfolg machen kann, ist einigermaßen unklar. Mehr noch, da die Global-Britain-Strategie von Premier May voller Widersprüche ist und ungeeignet sein dürfte, den Verlust an Wachstumsdynamik bei deutlich verschlechtertem künftigen EU-Binnenmarktzugang zu kompensieren, steht das Vereinigte Königreich vor verschlechterten Wachstumsaussichten. Diese Perspektive wird mittelfristig dadurch verstärkt, dass sich die Aussichten für Labour, die Regierung zu übernehmen, nach den vorgezogenen Unterhaus-Wahlen 2017 deutlich verbessert haben, wobei Labour-Chef Corbyn ein Programm mit sektoralen Verstaatlichungen angekündigt hat – auch nicht gerade eine Weichenstellung hin zu mehr britischer Innovations- und Wachstumsdynamik. Der im Herbst 2017 zu beobachtende Rückgang bei den Wachstumsraten der Immobilienpreise und der gleichzeitige Anstieg der Inflationsrate auf fast 3 % – 2 Prozentpunkte höher als 2016 für 2017 erwartet – zeigt zusammen mit der starken Pfund-Abwertungsrate an, dass es reale BREXIT-Kosten auch schon vor dem EU-Austritt für UK gibt.

Es ist zudem zu beachten, dass die reale Pfund-Abwertung 2016/2017 – in Höhe von etwa 15 % – internationale Unternehmensübernahmen und -beteiligungen in UK erleichtern wird, was ökonomische Konsequenzen hat. Geht man von 17 % ausländischem Anteil am britischen Kapitalbestand in 2015 und einer Gewinnquote in UK von etwa 33 % aus, so werden von ausländischen Tochterfirmen in UK heraus 6 % des britischen Bruttoinlandsproduktes ans Ausland in Form von Gewinnüberweisungen an die Muttergesellschaft fällig. Steigt der ausländische Anteil am britischen Kapitalbestand binnen einer Dekade auf 35 %, dann fließen künftig 11,6 % des UK-Bruttoinlandsproduktes in Form von Gewinntransfers ans Ausland: also 6 Prozentpunkte mehr, was wiederum das Konsumwachstum dämpfen wird. Hier wird also auf die Entwicklung des realen Bruttonationaleinkommens – also des Bruttoinlandsproduktes minus Nettoeinkommenszahlungen ans Ausland – abgestellt, was in der allgemeinen Diskussion um BREXIT-Effekte regelmäßig übersehen wird. Denn man schaut da fast nur auf die Effekte beim realen Bruttoinlandsprodukt. Der Konsum ist im Übrigen ja nicht proportional zum Bruttoinlandsprodukt, sondern in der Tat zum Bruttonationaleinkommen.

14

BREXIT-Kosten

Größere ökonomische Nachteile eines britischen EU-Austritts für UK werden von BREXIT-Befürwortern bestritten. Im Zweifelsfall wird argumentiert, dass man über die Kosten des BREXIT ohnehin keine vernünftigen Aussagen treffen könne. Ganz typisch für die letzte Vorstellung ist die Sendung Question Time am 7. Dezember 2017, als von Kate Andrews, der Vertreterin des Institute for Economic Affairs, geäußert wurde, dass Ökonomen gut die Vergangenheit analysieren könnten, aber kaum je die Zukunft prognostiziert werden können. Der Satz, dass Ökonomen die Zukunft nicht richtig prognostizieren könnten, geht an der Sache vorbei – außer mit Blick auf den Sachverhalt, dass Prognosen einer gewissen Fehlermarke unterliegen; bei Pressemitteilungen zu Prognosen wird meist nur der „Zentralwert" der Prognose dargestellt, obwohl bei Modell-Analysen völlig klar ist, dass mit einer gewissen Wahrscheinlichkeit der Prognosewert auch etwas höher oder niedriger sein kann. Zu längerfristigen Strukturveränderungen und Wachstumseffekten in einem Land wie UK beim BREXIT kann man durchaus auf bewährte Modelle zurückgreifen und auch nützliche Prognosen machen.

In der BREXIT-Debatte gab es viele Stimmen in Großbritannien, aus Sicht von Fachökonomen aber auch ein seit der transatlantischen Bankenkrise bestehendes Glaubwürdigkeitsproblem. Denn zum Ruhm der Ökonomen waren die nur von Wenigen prognostizierte Bankenkrise und die Eurokrise sicher nicht angetan. Aber an einzelnen warnenden Stimmen hat es auch hier nicht gefehlt (den Autor dieser Zeilen eingeschlossen: Prognose zur Eurokrise am 30. Oktober 2008, per Mail an den Wirtschafts-Chefberater von Kanzlerin Merkel und einen EZB-Kollegen). Mittel- und langfristigen Prognosen führender Zentralbanken, Ökonomen und Forschungsinstitute kann man durchaus vertrauen. Der Satz, dass Ökonomen die Zukunft nicht prognostizieren könnten, dient in der BREXIT-Debatte nur dazu, sich einer ernsthaften Diskussion über die BREXIT-Kosten zu verweigern (die BREXIT-Befürworter – gerade die mit wenig ökonomischem Sachverstand – versuchen die gewichtigen ökonomischen Folgen und Nachteile des BREXIT aus dem Blick zu drängen und dann

© Springer Fachmedien Wiesbaden GmbH, ein Teil von Springer Nature 2018
P. J. J. Welfens, *BREXIT aus Versehen*, https://doi.org/10.1007/978-3-658-21458-6_15

den BREXIT-Sprung zu machen. Das ist eine politisch unfaire und sicherlich unkluge Vorgehensweise, zu der man als Beobachter, Analyst und Wissenschaftler sicher nicht raten kann). Genauso gut könnte man sagen, dass Meteorologen das Wetter nicht präzise vorhersagen können und genau besehen nur eine Geschichte der Wetterentwicklungen und -phänomene präzise schreiben können. Dieser Satz ist natürlich Unsinn. Denn aus guten Gründen sehen Hunderte Millionen Menschen sich täglich die Wettervorhersage für den nächsten Tag oder die nächsten Tage an. Nicht alle Wetterprognosen sind treffgenau. Aber die Erfahrung zeigt, dass auch ungenaue Wettervorhersagen nützlich sind; und Wetterberichte sehen sich Piloten, Landwirte, Touristen und Geschäftsleute ja nicht einfach nur zum Vergnügen an. Mit den Prognosen zu den BREXIT-Folgen für Großbritannien, Deutschland und Europa sowie die Weltwirtschaft insgesamt sollte man sich klugerweise in Wirtschaft, Politik und bei der Wählerschaft auseinandersetzen.

In Sachen BREXIT-Analyse braucht man im Übrigen zumindest besondere Kenntnisse zur Außenhandelsanalyse, zu Direktinvestitionen bzw. zur Investitionsdynamik multinationaler Firmen und zur Innovationsdynamik. In Deutschland sind Ergebnisse des Ifo-Institutes recht sonderbar, die bei einem harten BREXIT (NoDeal) auf nur 1,7 % Einkommensrückgang für UK – in einer Studie für die Bertelsmann-Stiftung 2017 – kommen. Das ist ein Zehntel der wohl relevanten Größenordnung und vermutlich auf die verengte Fokussierung auf Handelsaspekte sowie einige modelltheoretische Ifo-Besonderheiten zurückzuführen.

Gut ein Jahr nach dem britischen EU-Referendum hat sich das Wachstum der britischen Wirtschaft verlangsamt, die Inflationsrate ist deutlich gestiegen, der reale Immobilienpreisindex in einigen Regionen sinkt und das politische System in UK zeigt nach den vorzeitigen Unterhauswahlen vom Juni 2017 eine geschwächte May-Regierung. Großbritannien steht vor ernsten Herausforderungen beim BREXIT, dessen Grundlage man wohl als ein Fehlreferendum einstufen kann, was man als solches in der Politik nicht gern zur Kenntnis nehmen möchte. Es klingt einfach zu sonderbar, dass das politische System einer alten Macht wie Großbritannien ein Referendum, Königsdisziplin der Demokratie, im Fall der EU-Volksbefragung 2016 grob fehlerhaft organisiert hat. Es ist auf den ersten Blick nicht auszuschließen, dass eine Mehrheit der britischen Wähler die EU aus großer Überzeugung in 2016 abgelehnt hat. Die Umstände des Referendums sind jedoch so seltsam – auch im Vergleich zu Schottlands Unabhängigkeitsreferendum 2014, das auch unter einer Cameron-Regierung stattfand –, dass man jede Behauptung bezüglich einer starken Legitimität des BREXITs nur ablehnen kann.

Den britischen Wählern kann man natürlich keinen Vorwurf machen. Aber jene, die das historische Referendum organisierten, haben Verantwortung. Sicher gerade auch jene Politiker, die der Wählerschaft versprachen, durch den BREXIT werde es ökonomisch – nach einer Anpassungsphase – deutlich aufwärts gehen. Das Office for Budget Responsibility (OBR), das eine politisch unabhängige Institution in UK ist, hat auf Basis seiner Prognosen bis 2020 gezeigt, dass der BREXIT etwa 4 % Einkommensrückgang im Zeitraum bis 2020 bringt. Das kann man einfach aus dem Vergleich der Zahlen – Bruttoinlandsprodukt-Indexniveau als Prognosewert für 2020 – sehen: Der Unterschied zwischen der im November 2015 und der im November 2017 für 2020 abgegebenen Prognose liegt bei knapp 4,2 %. Da man 2015 noch allgemein einen Wahlsieg der Pro-EU-Gruppe annahm, kann aus dem Vergleich der Prognosewerte Ende 2017 mit Ende 2015 indirekt der BREXIT-Effekt hergeleitet werden. Dabei kann man allerdings argumentieren, dass ein Teil des Unterschieds im Prognosewert von 2015, also vor dem Referendum im Juni 2016, und den im November 2017 vorgelegten Prognosewerten wohl auch anderen veränderten wirtschaftlichen Einflussfaktoren zuzuweisen ist. Diese Nicht-BREXIT-Einflüsse können positiv oder negativ gewirkt haben. Es ist jedenfalls bemerkenswert, dass laut OBR schon in kurzer Frist, nämlich 2016–2020, in UK eine deutliche Wachstumsdämpfung zu erwarten ist. Dazu kommen dann nachfolgend noch weitere Wachstumsdämpfungsfaktoren, denn zu einem erheblichen Teil sind wichtige Wachstumsverlangsamungsimpulse ja erst nach 2019, dem britischen EU-Austrittsjahr, zu erwarten. Sollte eine faktische Verlängerung der britischen Mitwirkung im EU-Binnenmarkt um noch etwa zwei weitere Jahre erfolgen, könnten sich deutliche UK-Wachstumsdämpfungseffekte erst ab 2021 zeigen.

Die Volksbefragung 2016 in UK hat ein Ausmaß an politischer Widersprüchlichkeit gezeigt, das ganz enorm ist. Einen guten Ausgang aus dem so schlecht organisierten EU-Referendum und dem von Premier May organisierten BREXIT-Prozess gibt es kaum. Dass es sehr viele BREXIT-Befürworter gibt, die auch bei etwa 15 % Einkommensverlust dauerhaft für den BREXIT sind, kann man kaum annehmen. Allerdings sind die Austrittsprozesse von einer Dynamik geprägt, die über eine starke Pfundabwertung erhöhte Inflationsraten in 2017–19 und damit sinkende Reallohnsätze und daher steigende Beschäftigung bringen: Geringes Wirtschaftswachstum plus verminderte Arbeitslosenquote könnte als Kombination dafür sorgen, dass der BREXIT am Ende durchgeht – auch im Britischen Parlament, wo es keine BREXIT-Opposition gibt. Denn Jeremy Corbyn, der schon 1975 gegen die EU-Integration im ersten UK-Referendum stimmte, ist als Labour-Chef ebenfalls gegen den EU-Binnenmarkt.

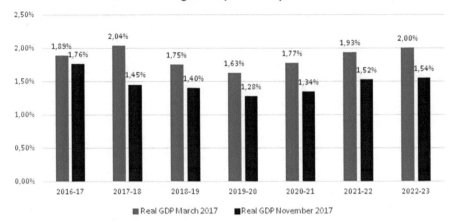

Abb. 15. Prognosen des Office for Budget Responsibility, Prognose Realeinkommen UK (reales BIP) November 2015/November 2017

Quelle: Office for Budget Responsibility Spring (March 2017) and Autumn (November 2017) Forecast; http://budgetresponsibilty.org.uk/

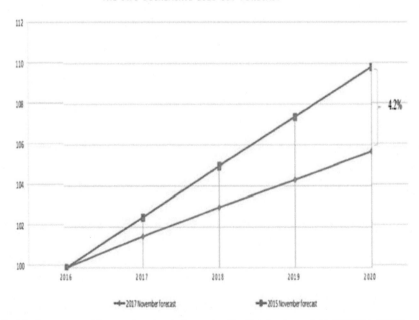

Abb. 16. Prognoserevision nach unten beim realen Bruttoinlandsprodukt (2016 bis 2020)

Quelle: EIIW calculations based on data from the Office for Budget Responsibility

Erhöhte Inflation und hohe Pfundabwertung plus ein faktischer Verlust an wirtschaftlicher Autonomie – wenn längerfristig die Mehrheit der Firmen in UK bzw. des UK-Kapitalbestandes ausländischen Firmen gehört – und für einige Jahre eben zeitweise fast stagnierende Einkommen für Millionen Briten werden für UK langfristig sehr spürbar sein. Dass UK nach dem BREXIT dann ein politisch „neu-unabhängiges" Land sein wird, ist Wunschdenken der BREXIT-Befürworter: Das kann faktisch schon deshalb nicht gelten, weil ein großes Land wie UK, dessen Firmen großenteils Investoren aus den USA, China und EU gehören (etwa die Hälfte der Auslandsinvestitionsbestände kommt aus EU27), nur eine recht begrenzte Politikautonomie haben wird. UK wird zudem als Quasi-Vasallenland der USA wenig Eigenständigkeit in der Außenpolitik haben; weniger als bis Ende 2018. Das Rating von britischen Staatsanleihen hat sich durch den BREXIT bereits verschlechtert, da UK Anfang 2018 wie Frankreich beim Rating von Fitch und S&P im AA-Bereich steht; also nicht mehr AAA hat wie etwa Deutschland, Schweden, die Schweiz oder Dänemark (auch die USA stehen im Rating eine Stufe besser als UK). Wird zum Jahresende 2018 klar, dass ein EU–UK-Freihandelsabkommen den Finanzsektor nicht umfasst, dürfte sich das UK-Rating nochmals verschlechtern.

Wird der BREXIT umgesetzt, kommen auf UK 10–16 % an Verlust beim Pro-Kopf-Einkommen zu. Eine reale Pfundabwertung um 15 %–20 % – gegenüber Juni 2016 – ist mittelfristig denkbar, und das wäre dann ein entsprechender Rückgang des UK-Anteils am Welteinkommen und ein entsprechender Machtverlust. Schließlich kann UK über einem neuen Referendum zerbrechen, indem Schottland womöglich aus UK ausscheidet. Dass man kaum eine umfassende Einigung zwischen EU und UK erwarten kann, liegt wesentlich daran, dass die May-Regierung am Verhandlungstisch in 2018 zeitweise fast im Stil einer Kolonialmacht auftrat und meint, die Regeln der EU-Entscheidungsfindung ignorieren zu können. Der EU–UK-Austrittsvertrag kann durch EU-Mitgliedsländer blockiert werden; Irland etwa erwartet von UK schriftliche Zusicherungen zum künftigen Grenzregime zwischen Nordirland und Irland auf der Irischen Insel – ein Grenzregime ohne Militärposten, und das wird die May-Regierung wohl nicht akzeptieren können. Wegen des ungelösten Problems des Grenzverkehrs Nordirland(UK)/Irland nach dem BREXIT könnte es am Ende keinen Vertrag EU–UK zum britischen künftigen Binnenmarktzutritt geben. Das läuft dann wohl technisch auf einen No-Deal hinaus, bei dem UK 2019 aus der EU ohne Verträge ausscheidet, was die maximale ökonomische Verlustposition für UK bedeutet und erhebliche Unruhe auf den Devisenmärkten bringen wird. Ob allerdings der BREXIT eine Mehrheit im UK-Parlament finden wird, kann man bezweifeln. Das liefe auf Neuwahlen, eine scharfe Pfundabwertung (mit einer Inflation von über 3 %), einen Regierungswechsel und ein zweites EU-Referendum hinaus; und bei einer EU-Mehrheit könnte UK dann – geschwächt – in der Europäischen Union bleiben. Auch bei dieser Entwicklung liefe es für UK auf zeitweise große Instabilität hinaus, und das hieße dann auch Instabilitätsimpulse für die EU28. Mit einer eher geringen Wahrscheinlichkeit kann man von einer breiten EU–UK-Einigung in den Verhandlungen 2018 ausgehen.

War die Anti-EU-Mehrheit in UK in 2016 nur ein Zufallsprodukt von EU-skeptischen Wählern, die Opfer von Camerons desorganisierter Info-Politik zum Referendum und von faktenfernen Boulevardblättern mit Anti-EU-Eifer sowie Russland-gesteuerten Manipulationsversuchen der Sozialen Medien wurden? (Gab es eine digitale Putin-Intervention zum EU-Referendum in UK – wie auch zur Unabhängigkeitsinitiative in Katalonien in 2016? Wenn die Sowjetunion schon den Kalten Krieg verloren hat und auseinanderbrach, warum sollte dann der desorganisierte und leichtgläubige Westen nicht mit etwas Nachhilfe digitaler Trolle aus dem Ausland – und wahrheitsferner politischer Gestalten wie Boris Johnson – nicht auch auseinanderbrechen? Es war paradoxerweise nicht zuletzt die Angst vor der Sowjetunion, die gerade auch die EU über Jahrzehnte zusammenhielt. Die Sowjetunion brach 1991 auseinander, und 15 Jahre später kommt dann eben der BREXIT, den Großbritannien und Westeuropa nun bestaunen?). Für die BREXIT-Mehrheit in 2016 mit entscheidend waren allerdings Nigel Farage mit seiner Anti-EU-Partei UKIP, ein wenig organisationsfähiger Ministerpräsident Cameron und opportunistische Politiker vom Schlage eines Boris Johnson und Michael Gove (Justizminister bei Cameron, Umweltminister im May-Kabinett).

Großbritannien wird gern als Mutterland der modernen Demokratie bezeichnet; da ist der Widerspruch umso größer, wenn man eine Volksbefragung sieht, bei der von vernünftigem Verfahren und breiter Information über wesentliche Sachverhalte in 2016 wenig zu sehen war. Natürlich lässt sich gegen das Machtwort von 51,9 % Pro-BREXIT nicht einfach ein Fragezeichen am Ergebnis vorbringen und damit auch die Legitimität des BREXIT-Prozesses in Zweifel ziehen. Aber die sonderbaren Fakten und klaren Indizien für ein Fehlreferendum, die in diesem Buch präsentiert werden, können Wähler, Wissenschaftler und Politiker leicht nachvollziehen. Und zu groß ist der jahrhundertealte Anspruch britischer Politik und Gesellschaft auf vernünftige Abstimmungsverfahren und faire Informationsbereitstellung durch die Regierung, als dass man die kritischen Befunde wird zurückweisen können. Ein Normalergebnis hätte 52,1 % für EU-Verbleib gelautet. Aber das scheint fast niemanden in UK und bei den EU27 sowie der EU-Kommission zu interessieren. Ein gewaltiger Informationsfehler der Cameron-Regierung in der zentralen 16-seitigen Regierungsinfo-broschüre, die an alle Haushalte verschickt wurde, lässt nur den Schluss zu, dass das Referendumsergebnis kaum als regulär angesehen werden kann. Denn den Hauptbefund der von Cameron selbst in Auftrag gegebenen gewichtigen Studie des Finanzministeriums nicht mit einem Satz zu erwähnen – 10 % Einkommensverzicht bei BREXIT – ist ein Verstoß gegen ungeschriebene Regeln: in einer von der Regierung versandten Infobroschüre die besonders wichtigen Fakten und Einschätzungen der Wählerschaft klar mitzuteilen.

Das mag bitter für die BREXIT-Befürworter sein, aber noch bitterer ist es für die EU-Befürworter und führende Köpfe im politischen System Großbritanniens. In der Politik einer Demokratie geht es nicht nur um legitimiertes Handeln, sondern auch um Verfahrensrationalität und Verantwortung. Früher hat UK hier in Europa hohe Maßstäbe gesetzt. Wenn das Britische Parlament und das Europäische Parlament nicht bald eine Untersuchungskommission zum BREXIT-Referendum einsetzen, wird dies das Ansehen der Parlamente massiv beschädigen. Schlechte Nachrichten in der Realität auszublenden mag bequem für ein Parlament sein, aber Wegschauen bringt nur ernste Glaubwürdigkeitsprobleme.

Zu den Merkwürdigkeiten im BREXIT-Prozess gehört, dass – so konnte man der irischen Presse entnehmen, die sich auf Diplomaten-Leaks im November 2017 berief – etwa der britische Exit-Minister David Davis bei einem offiziellen Frankreich-Besuch in den Gesprächen im Außenministerium das Thema BREXIT nur ganz kurz ansprach und sonderbarerweise nicht wirklich thematisieren wollte. Das klingt nach einem riskanten (und wenig professionellen) Politikkalkül der May-Regierung, wonach man einfach felsenfest überzeugt ist, die gewünschten BREXIT-Übergangsregelungen durchzubekommen oder eben notfalls auch mit einem No-deal-Ansatz problemlos aus der EU ausscheiden zu können.

Im Übrigen war etwa das Informationsverhalten eines prominenten Pro-BREXIT-Vertreters wie Boris Johnson während der Referendumskampagne 2016 über Wochen so eindeutig grob irreführend, dass es zu einem in vielen Jahren UK-Statistikamt-Geschichte einmaligen Vorgang kam: Der Chef der UK Statistics Authority schrieb, nachdem Johnson als Außenminister im September 2017 seine Fehlinformationen zur Höhe der für britische Politik nach einem EU-Austritt zusätzlich verfügbaren Budgetmittel wiederholt hatte, einen offiziellen Kritikbrief. Dieser stellt zu Johnson im Kern fest: Dieser betreibe einen klaren Missbrauch offizieller Statistiken. Dass wiederum Premier May ihren Außenminister verteidigte und nicht etwa entließ, führt zu der einfachen Frage nach der Rolle von Fakten und der Wahrheit in der Politik einer Demokratie, die ja ein durch die Verfassung beschränkter Wettbewerb seitens der Parteien um

Wählerstimmen ist. Politisches Lügen verfälscht den Wettbewerb, und wiederholte Lügen untergraben das Ansehen der Demokratie selbst.

Shakespeares Text in Hamlet ist hier bedenkenswert: Sinngemäß heißt es, wer ehrlich zu sich selbst ist, wird ehrlich zu allen sein – was sind also die Worte und Versprechungen eines Politikers an die Wählerschaft wert, wenn er sich dabei im Spiegel nicht aufrichtig selbst ansehen kann? Boris Johnson beschädigt als britischer Außenminister nicht nur das Ansehen und die internationale Glaubwürdigkeit seines Landes, sondern wirft als einer der führenden Außenpolitiker Europas auch einen Schatten auf den EU-Anspruch, international ein Vorbild für Demokratie und internationale Kooperation zu sein. Es ist nicht derjenige der größte Politiker, der mit der größten Falschinfo unbemerkt durchkommt.

Dass Ende 2016 nach der BREXIT-Mehrheit vom Juni nicht gleich eine UK-Rezession eintrat, ist nicht verwunderlich, da der Austrittsbrief von Premier May ja erst im März 2017 geschrieben wurde, die Bank of England die Zinsen senkte, der Staat expansive Fiskalpolitik realisierte (das Planjahr für ein ausgeglichenes Budget nach hinten verschob) und der US-Aktienboom wie die Wirtschaftsdynamik der EU27 und der USA Großbritanniens Wirtschaftsentwicklung erst einmal stabilisierten. Für die BREXIT-Befürworter aber lagen hier Zeichen vor, dass es keine ökonomischen Kosten des BREXIT geben werde. Wichtige Negativimpulse für die UK-Wirtschaft ergeben sich mit dem UK-Austrittstag aus der EU bzw. dem dann verschlechterten EU-Binnenmarktzugang. Sobald die Finanzmarkt-Akteure etwa erkennen, dass es auf einen ungeordneten BREXIT – ohne UK–EU-Vertragsabschluss – hinausläuft, wird eine massive Abwertung beim Pfund einsetzen. Ausländische Investoren werden kaum noch neue große Kapazitäten in Großbritannien errichten, Stagflationsdruck könnte einsetzen und eine neue Debatte über ein Schottland-Unabhängigkeitsreferendum beginnen.

Eine Analyse der Berichterstattung über den BREXIT kann sicher Teil einer Analyse im Sinn der Neuen Politischen Ökonomie sein. Wissenschaftler, Manager und Politiker können vor den Fakten nicht davonlaufen, und die Wählerschaft am Ende auch kaum. Der Vorstandsvorsitzende eines deutschen Autoherstellers fragte mich 2016, ob ich ein zweites EU-Referendum für denkbar hielte – und meine Antwort war ein einfaches Ja. Aber natürlich gibt es eine große Unsicherheit, da man nicht leicht absehen kann, wie die Politik- und Wirtschaftsakteure in UK und Brüssel – ebenso in Berlin und Paris sowie anderen Hauptstädten von EU-Ländern – sich verhalten werden. Mit dem Platzen der Jamaika-Koalitionssondierungen am 19. November 2017, als die FDP wortreich aus den Verhandlungen zur Regierungsbildung ausstieg, ist eine neue Unwägbarkeit entstanden, da die größte Volkswirtschaft der EU Monate für eine stabile neue Regierung braucht. Die Krise des Westens vertieft sich zeitweise (wenn bei guter Konjunktur eine Jamaika-Koalition nicht zustande kommt, dann fragt man sich, wie sich denn die Regierungsprobleme erst darstellen könnten, wenn einst bei Rezession und Haushaltsdefizit eine wirklich komplizierte Koalitionsbildung anstünde).

Die britischen Universitäts- und Industrie- sowie Banken-Ökonomen, die den BREXIT für UK als kostspieliges, riskantes Projekt einstufen, sind sicher in großer Mehrheit. Als einer der sehr wenigen Pro-BREXIT-Ökonomen schreibt Patrick Minford, der BREXIT werde 4 % Einkommenswachstum bringen – bei Abschaffung aller britischen Importzölle. Diese alle abzuschaffen ist theoretisch denkbar, aber für UK ist das kaum eine realistische Politikoption; starke Schrumpfungsprozesse in der britischen Landwirtschaft und in Teilen der Industrie wird man nicht leicht hinnehmen wollen. Die von Minford verwendete Modellierung ist Wissenstand der 1980er Jahre. Sonderbar ist im Übrigen das Verhalten einzelner Tory-Abgeordneter: Chris Heaton-Harris ist mit einem Brief an die Dekane britischer Universitäten herangetreten, in denen er nach den Namen von Professoren und Vorlesungsmaterialien bei BREXIT-bezogenen Veranstaltungen fragt: Welche Art britischer McCarthyismus soll hier aufgesetzt werden, und wer soll die Heaton-Harris-Erklärung glauben, er habe sich nur Material für ein BREXIT-Buch besorgen wollen – davon steht in seinem Brief kein Wort. Während die Schweiz mit Jahrhunderten Erfahrung in Volksbefragungen ökonomisch und politisch gut dasteht, kann man mit Blick auf UK feststellen, dass sich hier ein Land mit einem desorganisierten Referendum in eine Krise hineinmanövriert hat.

Wenn der BREXIT einen deutlich verschlechterten UK-Zugang zum EU27-Binnenmarkt bringt, dann ergeben sich statische und dynamische Verlusteffekte, wirtschaftlich negative Wohlfahrtseffekte. Es geht dabei nicht nur um eine verminderte Handelsvernetzung UK–EU27, sondern auch um Direktinvestitionseffekte multinationaler Unternehmen, die UK als Produktionsstandort künftig als weniger attraktiv ansehen werden. Mit einem Weniger an Direktinvestitionszuflüssen beziehungsweise greenfield investment – also Errichtung neuer Fabriken durch ausländische Investoren – gibt es auch ein Weniger an Innovationsdynamik in UK. Das wiederum schadet der langfristigen britischen Export- und Wachstumsdynamik. Eine dynamische Desintegrationsanalyse, die Handels-, Direktinvestitions- und Innovationseffekte aufnimmt, ist methodisch wichtig, eine unvollkommene statische Modell-Analyse (wie etwa bei Patrick Minford) führt die Öffentlichkeit in die Irre. 2017 wurde von Seiten der May-Regierung auch der Fall ins Spiel gebracht, dass Großbritannien nach dem BREXIT mangels EU–UK-Vertragsabschluss in Sachen EU-Binnenmarktzugang für britische Firmen nur zu ungünstigen Bedingungen – WTO-Fall genannt – Zugang haben wird. Die hier erstmals vorgelegten Zahlen zu den geschätzten Netto-Wohlfahrtsverlusten durch BREXIT zeigen eine Größenordnung von 16 %. Selbst wenn man einen verhandelten UK-Zugang zum Binnenmarkt und starke britische Zollsatzsenkungen bei importierten Lebensmitteln annimmt, so bleibt ein hoher Wohlfahrtsverlust. Dabei ist der Nutzen der Vermeidung von EU-Beitragszahlungen für UK eingerechnet. Die Behauptung der BREXIT-Befürworter in UK, es gebe einen BREXIT ohne ökonomische Kosten, ist Voodoo-Ökonomik.

Lange Zeit war die Auseinandersetzung im Vorfeld des britischen EU-Referendums wie unmittelbar in den Monaten nach der Volksbefragung vom 23. Juni 2016 vor allem auch eine innerbritische politische Auseinandersetzung, in die auch Ökonomen bzw. Think Tanks mit ihren jeweiligen Studien gerieten. Viele Wähler konnten naturgemäß schlecht einschätzen, ob die wenigen Pro-BREXIT-Ökonomen Recht hätten oder die große schweigende Mehrheit der Ökonomen mit ihrer großen Skepsis bzw. Befürchtungen über hohe negative Wohlfahrtseffekte für UK. Auf dem Kontinent bzw. im Europäischen Parlament sorgte wohl zudem eine CEPS-Studie für das Europäische Parlament für Beruhigung, wonach der BREXIT für die EU-Länder – von Irland, Belgien, Niederlande, Malta und Zypern abgesehen – keine nennenswerten ökonomischen Belastungen ergebe. Man könnte hinzufügen: Bei Irland könnte man zudem erwarten, dass Verlagerungen von britischen und ausländischen Banken und Versicherungen Richtung Dublin in einem besonders gewichtigen Sektor zumindest eine gewisse Kompensierung bringen werde, sofern es um die sicherlich erheblichen Exportdämpfungseffekte für Irland mit Blick auf den UK-Absatzmarkt ginge. Dass die Dämpfungseffekte auch für EU-Länder ganz erheblich sein könnten, brachte insbesondere dann die methodisch sorgfältige Niederlande-Studie des CPB Instituts 2017 (CPB Policy Brief: Brexit Costs for the Netherlands Arise from Reduced Trade) ans Licht und die umfassende Rabobank-Studie, die als langfristigen BREXIT-Effekt für UK -18 % beim britischen Bruttoinlandsprodukt für den Fall eines No-Deal-Austritts zeigte: wenn also UK ohne Vertragsabschluss in Sachen künftiger EU-Binnenmarktzugang austreten sollte. Für die Niederlande mit ihrem intensiven Handel ergab sich ein Einkommensdämpfungseffekt von 3-4 % aus dem BREXIT, was deutlich über die Zahlen der früheren CEPS-Studie hinausging. Dabei berücksichtigt die Rabobank-Studie – ähnlich wie JUNGMITTAG/WELFENS in 2016 methodisch bei einer Studie zum transatlantischen Freihandelsprojekt TTIP –, dass neben Handelseffekten auch Direktinvestitions- bzw. Innovationseffekte bei Integrationsanalysen (hier Desintegration) zu beachten sind.

Für jedermann wird in Sachen BREXIT allmählich sichtbar, dass ein britischer EU-Austritt mit hohen Kosten verbunden ist und die Politik der May-Regierung sehr widersprüchlich ist. Die harten BREXIT-Befürworter sehen bei 2017 erhöhter Inflationsrate und sichtbarer Jobverluste im Bankenplatz London politische Unruhe aufkommen und möchten eine aus ihrer Sicht zu weiche May-Regierung durch eine entschlossener geführte Tory-Regierung ersetzen. Aber hier wären die politischen Risiken erheblich; es bleibt unverändert dabei, dass es kaum eine Perspektive gibt, für einen harten BREXIT eine Unterhaus-Mehrheit zu finden. Neuwahlen und ein zweites EU-Referendum sind denkbar, UK könnte sich am Ende für ein breites Kooperationsabkommen mit der EU entscheiden oder auch für den Verbleib; aber auch der BREXIT-Vollzug ist möglich.

Pfundabwertung im BREXIT-Prozess

Dank guter Weltkonjunktur 2017/2018 kann Großbritannien eine BREXIT-Rezession wohl kurzfristig vermeiden, aber die Abflachung beim Wirtschaftswachstum ist ebenso unübersehbar wie der starke Inflationsanstieg 2016/2017. Politisch relevant ist sicherlich, dass die Wachstumsrate der Eurozone über der in Großbritannien liegt; ob das längerfristig so bleibt, ist schwierig einzuschätzen. Ohne ein Freihandelsabkommen von UK mit der EU im Bereich der Finanzdienstleistungen, die für Großbritannien strategisch wichtig sind (sie sind insgesamt nur wenig geringer als die UK-Warenexporte), wird sich für Großbritannien in jedem Fall ein erheblicher Wachstumsdämpfer auf mittlere Sicht ergeben. Geht das Wirtschaftswachstum für rund eine Dekade in UK deutlich zurück, so wird dies UK politisch destabilisieren und vermutlich die Regierung – jedenfalls eine konservative – zu Steuersenkungen für die Unternehmen und Finanzmarktderegulierungen als Gegenmaßnahmen greifen lassen: mit absehbarem Konfliktpotenzial mit der EU einerseits, aber auch bei Schottland andererseits.

Man kann davon ausgehen, dass viele ausländische Investoren nach der Pfund-Abwertung verstärkt UK-Firmen zu einer Art Discountpreis (in $ oder € gerechnet) erwerben werden. Das bedeutet, dass der Anteil ausländischer Investoren am UK-Kapitalbestand weiter steigt und demnach auch die Gewinnabführungen ins Ausland – ein Effekt, der bis 2030 rund 4 % Einkommensverlust allein bedeutet und in den bisher vorliegenden Studien ignoriert worden ist (s. allerdings WELFENS, An Accidental BREXIT und EIIW Diskussionspapier 234). Es kommt für die Erfassung der Wohlfahrtseffekte nicht auf das Bruttoinlandsprodukt allein an. Letztlich ist die Änderung des realen Pro-Kopf-Einkommens beziehungsweise des Pro-Kopf-Konsums wichtig.

Nachdem Theresa May Premier Cameron abgelöst hatte und eine entschiedene BREXIT-Politik versprochen hatte, gab es zunächst die Kritik in Großbritannien, dass der Premierministerin eigene Legitimität fehle. Also setzte Premier May, kaum dass ihre große BREXIT-Rede im Lancaster House ganz verklungen und das dazu passende BREXIT-Weißbuch im Februar 2017 vorgestellt worden war, auf vorgezogene Neuwahlen im Juni 2017. In diesen verlor May ihre Parlamentsmehrheit, eine komplizierte Regierungsbildung begann. Es vermittelt einen Instabilitätseindruck von Großbritannien, wenn eine May-Minderheitsregierung mit Hilfe der Tolerierung durch die nordirische Democratic Unionist Party die Jahrhundertentscheidung BREXIT durchs Parlament bringen will; und zuvor die schwierigen Vertragsverhandlungen EU-UK erfolgreich bis Ende 2018 abschließen soll. Sobald Premier May erkennt, dass dies nicht zu schaffen ist, könnte sie einen Vorwand suchen, um vom Verhandlungstisch aufzustehen und ohne Abkommen in vorzeitige Neuwahlen zu gehen. Dass diese einen Regierungswechsel bringen könnten und dann eine völlig unklare BREXIT-Situation entsteht, ist denkbar. Ebenso, dass eine Labour-Regierung nochmals Verhandlungen künftig mit der EU aufnehmen wird und dann ein zweites Referendum herbeiführt – mit ungewissem Ausgang.

Die Währungsabwertung 2016/2017 hat die Inflationsrate in 2017 auf 3 % ansteigen lassen, zugleich den Außenbeitrag erhöht und damit die wirtschaftliche Entwicklung Großbritannien zeitweise stabilisiert. Die durch Pfund-Abwertung erhöhte Inflationsrate senkt den Reallohnsatz und schafft damit auch indirekte positive Beschäftigungseffekte – eine Art Phillips-Kurven-Effekt. Der Haupteffekt der Pfundabwertung liegt jedoch an anderer Stelle: (1) Die Pfund-Abwertung erleichtert die Übernahme von britischen Firmen und (2) sorgt die Abwertung auf lange Sicht für eine erhöhte Risikoprämie bzw. einen höheren realen Zinssatz, der das Wachstum bremsen wird; dies gilt, sofern die nominale Abwertung relativ hoch ist, was zu erwarten ist – in 2018/2019. Eine gewisse Unsicherheit in 2018 besteht noch insoweit, als der BREXIT möglicherweise noch aufgehalten werden kann, aber ab 29. März 2019 könnte der BREXIT Realität sein.

Natürlich ist auch denkbar, dass der BREXIT umgesetzt wird, wobei ein Weggehen vom Verhandlungstisch bedeutet, dass der Realeinkommensverlust Großbritanniens längerfristig noch größer sein dürfte als die Schätzung von -6 % in der Treasury-Studie für den Fall eines verhandelten britischen Zugangs zum EU-Binnenmarkt.

Abb. 17. Entwicklung des Pfund-Kurses gegenüber dem Euro (Tageswerte)

Quelle: EZB Database

Die britischen Verluste liegen obendrein insbesondere in einer erheblichen Pfundabwertung, die bei internationalen Verhandlungen ein Minus beim britischen Gewicht am Verhandlungstisch bedeutet und obendrein dann zusätzlich einen Extra-Verlust beim Wachstum des realen Nationaleinkommens. Dieser ergibt sich, weil ja im Zuge der realen Abwertung des Pfundes ausländische Investoren ihren Anteil am britischen Kapitalstock dann viel leichter als bisher durch Übernahmen und Beteiligungen erhöhen können – dann aber sind künftige höhere internationale Gewinntransfers von ausländischen Tochterfirmen in UK an die jeweiligen Muttergesellschaften im Ausland zu leisten. Die britische Volkswirtschaft wird dann auch stärker abhängig von Investoren aus den USA, der EU und Japan, Korea, China sowie anderen Ländern. Dass UK nach vier Jahrzehnten die EU verlassen will, in der das einflussreiche Großbritannien fast 45 Jahre die Politik ja mitgestaltet hat, dürfte die Glaubwürdigkeit britischer Politik in Europa und weltweit vermindern; und Populismus in der EU fördern.

BREXIT-Kosten werden zunehmend sichtbar und sind auch ein EU-Problem

Was die ganze Debatte um den ökonomischen BREXIT-Effekt für UK und die EU27 angeht, so kann man diese sinnvoll in einem größeren Makro-Modell Großbritanniens (z.b. NIESR-Modell) bzw. der EU (z.b. QUEST als Kommissionsmodell) ermitteln. Technisch gesehen ist eine Simulation des BREXIT zu machen: Man schwächt mit bestimmten Annahmen im Modell den Außenhandel zwischen UK und der EU, möglicherweise vermindert man auch die UK-Kapitalzuflüsse bei der Neugründung von Firmen in UK durch ausländische Investoren, während zugleich internationale Unternehmenszusammenschlüsse und –Beteiligungen in UK im Modell erhöht werden. Ein Problem besteht in der Praxis der Modellierung aber darin, dass die Makromodelle zwar Kapitalzuflüsse und Kapitalabflüsse beinhalten. Aber dabei werden renditeorientierte Portfoliokapitalzuflüsse etwa nicht getrennt von Direktinvestitionszuflüssen und bei denen wird wiederum keine Unterscheidung von greenfield investment und internationalen Übernahmen & Beteiligungen gemacht. Mit etwas zusätzlichem Modellierungsaufwand – für den müssten OECD, EU oder nationale Regierungen finanzielle Budgets bereitstellen – kann man durchaus eine feine Struktur von Direktinvestitionszuflüssen und -abflüssen betrachten. Solche Finanzbudgets fehlen bislang und daher sind die vorliegenden Modellierungen an dieser Stelle auch relativ grob. Wenn man im Modell den Fall BREXIT laufen lässt, dann geschieht die Simulation meist über etwa 20 Jahre, und dabei kann man erkennen, was etwa mit den Realeinkommen pro Kopf langfristig passieren dürfte. Davon abgeleitet dann auch die Beschäftigungseffekte. Wenn man dann den Befund hat, dass ausgehend von einem UK-Pro-Kopf-Einkommensniveau von 100 im Jahr 2015 im Jahr 2035 das Einkommen pro Kopf bei 160 liegt – ohne EU-Austritt – und bei 145 im BREXIT-Fall, dann kann man sagen: BREXIT bringt einen Einkommensverlust von 15 % gegenüber 2015.

Es gibt interessante UK-Modellierungsergebnisse: Nach Angaben des National Institute for Economics and Social Research (NIESR) etwa war im Herbst 2017 das Durchschnittseinkommen (genauer: das reale Bruttoinlandsprodukt pro Kopf) in Großbritannien wegen der BREXIT-Entscheidung um 600 Pfund – etwa 660 € – geringer als sonst. Das ist schon ein Einkommensverlust von fast 2 % und dabei ist der BREXIT noch nicht einmal vollzogen. Angesichts einer von 1 % in 2016 auf 3 % stark erhöhten Inflationsrate in UK in 2017 hat die Bank of England Anfang November 2017 eine Zinserhöhung vorgenommen: von 0,25 % auf 0,5 %. Dabei sinkt aber der Realzins, die Differenz von Marktzins und Inflationsrate, in 2017/2018 in UK, was zur Investitionsstabilisierung beiträgt.

Kommt der EU-Austritt in 2019, wird das Pfund wohl nochmals um etwa 10 % abwerten und ein weiterer Realeinkommensverlust von etwa 5 % wird eintreten, soweit die EU-UK-Verträge wie erwartet nur einen begrenzten Zugang zum EU-Binnenmarkt vorsehen. Wenn die Zuwanderungszahlen noch um etwa 100 000 absinken sollten, geht das Niveau des langfristigen realen Bruttoinlandsproduktes nochmals um 1 % zurück.

Methode der Kostenanalyse beim BREXIT

Es ist hier nicht notwendig, die Details einer Modellanalyse zu den ökonomischen Kosten des BREXIT darzulegen. Aber einige Punkt gilt es zum besseren Verständnis zu erklären:

- Bei der Kosten- und Nutzenbetrachtung sind jeweils längerfristige Entscheidungshorizonte wichtig und der Wert etwa künftiger Kosteneinsparungen bzw. Vorteile – z.B. im Jahr 2020 (dem Jahr 2 nach dem BREXIT-Vollzug) oder im Jahr 2021, 2022, 2023 etc. – sind auf den Gegenwartswert für 2019 als gedachten Gegenwartspunkt und Bezugsperiode herunter zu rechnen. Wenn man zum Beispiel 1 € pro Jahr als Beitrag an die EU durch BREXIT spart, dann ist der Gegenwartswert aller künftig vermiedenen Beitragszahlungen (bis zur Periode n, die dann gegen Unendlich in der mathematischen Analyse geht) einfach $1 € + 1/(1+Zins) + 1 €(1+Zins)^2 + ... + 1 €/(1+Zins)^n$; man kann zeigen, dass der Gegenwartswert aller vermiedenen künftigen Beitragszahlungen einfach 1/Zins ist. Nachfolgend wird als relevanter Kapitalisierungszins 3 % angenommen. Für Kostenaspekte und Nutzenaspekte sind solche Überlegungen anzustellen.
- Zu den wesentlichen Punkten, die beim BREXIT zu beachten sind, gehört insbesondere der Sachverhalt, dass künftig Beitragszahlungen an die EU entfallen. Allerdings gibt es ökonomische Dämpfungseffekte durch verminderten EU-UK-Handel, der ja zumindest teilweise durch Importzölle nach dem BREXIT verteuert bzw. behindert wird.
- Zu bedenken ist unter anderem auch, dass der BREXIT eine starke reale Abwertung des Pfundes bringen wird. Das wiederum hat erhebliche Effekte auf den Grad an ausländischer Kontrolle über den Kapitalbestand von UK. 17 % betrug der Anteil der Ausländer am britischen Kapitalbestand – Summe

aller Fabriken (ermittelbar durch den Börsenwert im Fall von Aktiengesellschaften) – in 2016, künftig bzw. nach dem BREXIT wird der Anteil deutlich durch internationale Übernahmen und Beteiligungen ansteigen. Denn die reale Pfundabwertung erleichtert die Übernahme von UK-Firmen. Eine solche Übernahme ändert kaum etwas an der Produktion in den Unternehmen bzw. könnte diese sogar im Fall internationaler Technologietransfers erhöhen. Entscheidend ist hier ein anderer Punkt, der wiederum auf die Unterscheidung der Produktion innerhalb der Landesgrenzen (Bruttoinlandsprodukt) und der Produktion aller Inländer bzw. Briten (Bruttonationaleinkommen) abstellt. Der Unterschied zwischen dem Inlandsprodukt und dem Nationaleinkommen ist der Saldo der Erwerbs- und Vermögenseinkommen zwischen dem In- und Ausland. Vereinfacht kann man sagen: Wenn Ausländer ihren Anteil am UK-Kapitalbestand erhöhen, so muss auch ein erhöhter Anteil der Unternehmensgewinne in UK an das Ausland bzw. die ausländischen Muttergesellschaften abgeführt werden. Damit aber sinkt das Nationaleinkommen bzw. dessen Wachstumsrate; für den Konsum aber ist nicht das Bruttoinlandsprodukt entscheidend, sondern das Nationaleinkommen: Der Konsum ist gesamtwirtschaftlich proportional zum verfügbaren Einkommen der privaten Haushalte. Wenn man nach den BREXIT-Wohlfahrtskosten fragt, so heißt dies in letzter Konsequenz zu fragen, wie sich das Niveau des Pro-Kopf-Konsum real – also ohne Inflationseffekte – entwickeln wird. Die weitere Antwort wird heißen, dass den Briten durch einen No-deal-Brexit etwa zwei Monatseinkommen verloren gehen (bei einem Handelsabkommen EU-UK, der etwa die Hälfte des Handelsvolumens umfasst, könnten die Kosten bei 2/3 der genannten Höhe liegen). Das ist ein hoher Preis für den Anschein von etwas mehr künftiger Politikautonomie.

Hinzu kommt beim letzteren Effekt ein bislang nicht beachteter Effekt, der sich auf das Bruttonationaleinkommen und die entsprechende Pro-Kopf-Größe bezieht: Da der Anteil ausländischer Investoren am britischen Kapitalbestand von 17 % in 2016 auf rund 30 % bis 2030 steigen wird, erhöhen sich die ans Ausland abzuführenden Gewinne ausländischer Tochterfirmen um 4,3 % der gesamtwirtschaftlichen Produktion: Das Nationaleinkommen pro Kopf sinkt dann in etwa um diese Größenordnung.

Im Gegenzug erhält UK beim EU-Austritt vorübergehend erhöhte politische Autonomie und ist nicht mehr der Rechtsprechung durch den Europäischen Gerichtshof unterworfen. Da Großbritannien einige Regelungen in der Energie-, Umwelt- und Regulierungspolitik ab EU-Austrittsdatum stärker national orientiert, spezifisch auf eigenes Interesse gerichtet, wird festlegen können, steht den hohen Einkommensverlusten ein geringer Nutzenzuwachs aus stärker national spezifizierten Regulierungen entgegen. Allerdings sinkt auch die Macht Großbritanniens auf dem internationalen Verhandlungsparkett bei Handelsfragen, denn ohne die EU27 bringt UK gut 4/5 weniger ökonomisches Gewicht, gemessen am Bruttoinlandsprodukt auf die Waage als die bisher für Handelsfragen zuständige EU.

Die Europäische Union allerdings war nicht in der Lage, das unter Präsident Obama verhandelte EU-USA TTIP-Abkommen über eine Liberalisierung des transatlantischen Handels und auch der Direktinvestitionen erfolgreich abzuschließen – maßgeblich wegen des Gegendrucks aus Deutschland bzw. des mangelhaften TTIP-Engagements, das aus dem Wirtschaftsministerium unter Minister Gabriel kam (obwohl ein gut verhandeltes Abkommen Deutschland etwa 2 % Einkommenserhöhung gebracht hätte, zeigte Gabriel keine klare Pro-TTIP-Haltung und sein Ministerium war in der Ressortforschung sonderbar schlecht beraten unterwegs). UK wird ein US-UK-Freihandelsabkommen wohl nach EU-Austritt zügig abschließen und daraus einen Realeinkommensgewinn von 2-3 % erzielen können, was den BREXIT-Einkommensminderungseffekt dämpfen wird.

Dem politischen Risiko, dass Schottland aus dem Vereinigten Königreich austreten wird, kann das Britische Parlament entgegen wirken, indem noch höhere Transfers als bisher aus England nach Schottland gegeben werden. Falls Schottland aus UK austritt und der EU27 beitritt, so wäre dies politisch und strategisch ein hoher Preis für den britischen EU-Austritt, da die Union zwischen Schottland und England von 1707 auseinander bräche.

Der BREXIT schwächt zudem die EU27, da ja das ökonomische Gewicht der EU durch den britischen EU-Austritt um 1/5 sinkt und wegen der handelsmäßigen Verbindung EU27-UK bedeuten 6 % Einkommensrückgang, dass das Einkommen in der EU27 um etwa 1 % geringer ausfällt als ohne BREXIT. Bei 10 % Einkommensrückgang in UK, wird der Einkommensverlust der EU27 etwa 1,5 % betragen. Für die EU27 gilt natürlich auch, dass die Macht am internationalen Verhandlungstisch sinkt, da ja diese Gemeinschaft nur 4/5 des EU28-Einkommens von 2016 auf die politische Waage bringt.

International ist der BREXIT ein Signal, dass regionale Integrationsräume auch zerbrechen können, was sich negativ etwa bei Mercosur – als eine Art EU Lateinamerikas – und ASEAN, das einen Binnenmarkt nach dem EU-Muster hat, auswirken dürfte: Das Risiko institutioneller Instabilität von Integrationsräumen wird man seit 2016 höher einschätzen als bisher, was die Handels- und Wachstumsdynamik außerhalb Europas weltweit leicht vermindern wird und damit auch negativ auf die EU wirkt. Ob UK selbst nach einem BREXIT im

Zuge eines zweiten Schottland-Unabhängigkeits-Votums zerbricht, bleibt abzuwarten: Beim Referendum 2014 hatte die Cameron-Regierung noch betont, dass
der Verbleib von Schottland in UK jedem Schotten ökonomische Vorteile aus
den hohen englischen Transferzahlungen an Schottland und wegen der britischen EU-Mitgliedschaft bringe. Nach dem BREXIT sieht die Lage anders aus.

Durch den BREXIT wird das bisherige politisch-ökonomische Gleichgewicht in der EU verändert. Viele kleinere EU-Länder, die eine starke politische Kooperation mit UK als Gegengewicht gegen eine drohende Dominanz
Deutschland-Frankreich über viele Jahre realisiert haben, werden sich politisch
neu aufstellen müssen bzw. untereinander wohl stärker zusammen arbeiten und
dann ggf. eine besondere Orientierung Richtung Deutschland oder Frankreich
vornehmen. Militärisch nimmt in der EU die relative Macht Frankreichs zu, das
nach dem BREXIT alleinige Atommacht in der EU ist. Die Macht Deutschlands nimmt besonders beim relativen Einkommensanteil zu bzw. mit Blick –
das gilt ähnlich für Frankreich – für den Banzhaf-Index, der die Bedeutung eines
Landes anhand eines spieltheoretischen Ansatzes misst. Den stärksten Macht-
zuwachs verzeichnen Spanien und Polen. Es geht hier um Abstimmungen, bei
denen 55 % der EU-Länder und 65 % der EU-Bevölkerung als Mindesterfordernis
gelten (Einstimmigkeit erforderliche Bereiche wie etwa die Steuerpolitik bleiben hier außen vor). Sollte Schottland aus UK aus- und der EU beitreten, so wird
die Macht der kleinen Länder zunehmen, die der großen abnehmen. Die kombinierte Wirkung von BREXIT und Schottlands EU-Beitritt ist eine leichte Erhöhung der Macht großer Länder. Das relative politische Desinteresse der großen
EU-Länder im Vorfeld der Volksabstimmung in UK in 2016 ist daher unverständlich.

Eine kompakte Studie zur Veränderung des Machtindex nach Banzhaf für
die EU27-Länder nach BREXIT bzw. nach BREXIT plus Beitritt Schottlands zur EU zeigt (KIRSCH, 2017), dass die Hauptgewinnerländer nach dem
reinen BREXIT die großen Länder Deutschland und Frankreich, vor allem aber
Spanien und Polen sind. Für viele mittlere Länder – wie etwa Niederlande und
Schweden – und kleine Länder (wie etwa Dänemark und Finnland), könnte dies
deutliche Anreize bedeuten, die Kooperation mit anderen kleinen Ländern zu
erhöhen und sich dann gemeinsam gegenüber Deutschland und Frankreich zu
positionieren; vermutlich gibt es auch einen gewissen Anreiz, sich mit einflussreichen deutschen Bundesländern mit starker Europa-Orientierung wie NRW
und Baden-Württemberg gelegentlich stärker zu verbinden. Der BREXIT verändert also die interne Machtbalance und die Politikstruktur in der EU27. Wenn
zusätzlich Schottland aus UK aus- bzw. in die EU eintritt, dann ergeben sich bei
diesem zweiten Schritt Veränderungen zugunsten vieler kleiner Länder. Aber

auch hier gilt in der Gesamtbetrachtung von UK-Austritt aus der EU und Schott-land-Beitritt zur EU, dass die großen Länder immerhin einen leichten Machtge-winn haben.

Aus deutscher Sicht wird zumindest aus der Perspektive der Wirtschaft eine verstärkte Befürchtung gelten, dass das alte vierblättrige Liberalisierungskleeblatt gegen EU-Protektionismus, nämlich Deutschland, UK, Niederlande, Dänemark, nicht mehr intakt sein wird, sobald der BREXIT vollzogen ist. Zusammen mit der protektionistischen Trump-Politik der USA entsteht so durch den BREXIT ein tendenziell verstärkter Protektionismus des Westens, der die ökonomische Dynamik des Westens längerfristig schwächen wird. Da können die USA, UK und die EU27 nur dankbar sein, dass Chinas hohes ökonomisches Wachstum den Westen und insbesondere – vor allem auch dank der Neuen Seidenstraße – das EU-Wirtschaftswachstum mit hoch hält. Nach dem BREXIT werden im Übrigen wohl Chinas Firmen, dank realer Pfund-Abwertung, Unternehmen und Banken in UK relativ leicht übernehmen können. Während 2016 noch etwa 28 % des UK-Kapitalbestandes in den Händen von ausländischen Investoren waren, dabei die Hälfte aus der EU, dürfte 2040 fast 50 % des Kapitalbestandes in UK in der Hand von Auslandsinvestoren sein; die Hälfte davon könnte aus Asien kommen, wobei China dabei eine sehr starke Rolle spielen könnte. Wenn man sich klar macht, dass China 14 % Anteil bei Peugeot als zweitgrößtem EU-Auto-konzern – dank Übernahme von Opel – und damit neben der Autofirma Volvo (100 % in der Hand von Geely aus China) schon eine gute Verankerung in der EU hat, dann kann man absehen: Mit dem BREXIT werden weitere Möglich-keiten für chinesische Unternehmen entstehen, sich in Europa in wichtigen Branchen zu etablieren. Dabei könnte in Kontext einer womöglich mittelfris-tig weiter protektionismusgeneigten USA China als wichtiger Bannerträger des Freihandels neu gewichtig global auftreten. Für die EU27-Länder wäre dies eine wesentliche Entwicklung, zumal China um 2030 für viele europäische Länder eines der Top-5-Absatz-Länder geworden sein dürfte. Der EU-China-Han-del wird langfristig deutlich zunehmen, da nicht nur das starke Wirtschafts-wachstum Chinas die EU-Exporte stärkt, sondern weil der relevante Infrastruk-turausbau – im Eisenbahn- und Flugverkehr – die Wachstumsperspektiven für diesen Handel langfristig weiter stärkt. Dank verbesserter Eisenbahnverbindun-gen können auch Export und Import von Vorprodukten bei Just-in-Time-Sek-toren (also etwa von Autoteilen im PKW-Sektor) im Verhältnis EU und China eine langfristig zunehmende Rolle spielen. Auch autonomer LKW-Verkehr zwischen beiden ist langfristig auf Basis neuer Autobahnverbindungen für reinen LKW-Transport denkbar. UK könnte seitens der USA unter Druck kommen, sich im Europa-China-Handel eher zurück zu halten, zumal die USA ein attraktives US-UK-Handelsabkommen anbieten können. Der Anteil der US-Produktion an der Wertschöpfung in UK dürfte von 7 % in 2016 dann längerfristig auf über 10 % ansteigen. Wirtschaftsgeographische Vorteile bzw. die Beschränkung von UK-Handelsmöglichkeiten mit China könnten zu einer langfristigen UK-EU-Entfremdung führen, wobei die EU einen Wachstumsvorsprung gegenüber UK realisieren kann: sofern die EU-Länder wachstums- und globalisierungsfreundlich aufgestellt bleiben und die Länder der Eurozone wichtige Reformen rechtzeitig umsetzen.

Globalisierungskritische Stimmen hört man häufig in EU-Ländern von Seiten der Politik, wo man bei einigen Parteien die Globalisierung der Wirtschaft – Handelsintensivierung plus Kapitalverkehrsanstieg – für einen Treiber wachsender ökonomischer Ungleichheit im jeweiligen Land hält. Für diese Sicht gibt es keine empirischen Anzeichen aus statistisch-ökonometrischen Analysen. Vielmehr zeigt eine IWF-Studie von JAUMOTTE ET AL. (2008), dass in den ärmeren Ländern der Welt die Globalisierung die Einkommensunterschiede vermindert. In den Industriestaaten erhöht die Globalisierung der Wirtschaft die Einkommensungleichheit leicht, der entscheidende Treiber der ökonomischen Ungleichheit in Nord und Süd ist hingegen die Expansion der Informations- und Kommunikationstechnologie (IKT). Gegen die durch IKT-Expansion bedingte zunehmende Ungleichheit in vielen Ländern kann nicht ohne weiteres von Seiten der Wirtschaftspolitik mit bisherigen Konzepten sinnvoll vorgegangen werden. Notwendig wäre es, über steigende Bildungsanstrengungen, inklusive Anreize für mehr digitale Weiterbildung, die Einkommensungleichheit zu vermindern. Tatsächlich zeigt die Analyse von JAUMOTTE ET AL. (2008), dass ein erhöhter Bildungsstand die Einkommensungleichheit vermindert. Ergänzend wäre auch eine stärkere Besteuerung hoher Einkommen bzw. von Kapitaleinkommen wohl notwendig, damit auch staatliche Umverteilung zugunsten armer Schichten hinreichend möglich ist. Dies ist jedoch gerade aus EU-Sicht im Kontext von BREXIT bzw. einer verstärkten USA-UK-Kooperation problematisch. Denn die USA unter Trump setzen auf ein Absenken der US-Körperschaftssteuersätze hin auf das niedrige britische Niveau – also nahe 20 % statt bisher 35 % – und das wird eine andere Steuerpolitik der EU-Länder erschweren. Denkbar ist, dass man von Seiten der EU das Thema Mindest-Körperschaftssteuersätze bei den G20-Beratungen auf die Agenda setzt; anfänglich sicherlich gegen den Widerstand der USA und von UK. Aber in UK kann die Tory-Regierung durchaus stürzen, gerade im BREXIT-Kontext, und ob eine international isolierte USA sich auf Dauer gegen Mindest-Körperschaftssteuersätze wird wehren können, bleibt abzuwarten. Die EU könnte sich bei entsprechender China-Kooperation schrittweise auf ein Anerkennen Chinas als Marktwirtschaft – von China seit Jahren gefordert – einlassen, wozu man allerdings bestimmte Vereinbarungen auch im Bereich der Direktinvestitionen braucht: Aus EU-Sicht ist eine stille Verstaatlichung in vielen Sektoren im Kontext chinesischer Direktinvestitionen naturgemäß ordnungspolitisch sehr problematisch und zudem ist China gegenüber EU-Investoren weniger offen in Sachen Mehrheitsbeteiligung als umgekehrt die EU-Länder gegenüber Investoren aus China. Gegenüber privaten Investoren aus China sollte es von EU-Seite keine Vorbehalte geben. Im Übrigen wird das ökonomisch-politische Gewicht der EU natürlich auch von der EU-Wirtschaftsstärke abhängen und hier sind insbesondere auch Reformen in der Eurozone wichtig, damit nicht etwa von einer neuen Eurokrise wachstumsschwächende Impulse für EU-Länder ausgehen.

Mit Ausnahme von Dänemark haben alle EU-Länder eigentlich die Pflicht, langfristig der Eurozone beizutreten. Um nicht zunehmend – nach dem BREXIT – in eine Außenseiterrolle zu geraten, wird bei osteuropäischen Ländern, die bislang nicht Mitglied der Eurozone sind, der Druck auf eine Mitgliedschaft steigen. Wenn aber die Eurozone nicht zuvor sinnvoll reformiert wird, ergibt sich eine suboptimale Eurozonen-Erweiterung, die neue Eurokrisen mit nachfolgender Wachstumsverlangsamung der EU zur Folge haben wird. Davon wird dann wiederum UK negativ mit betroffen, da die EU ja rund die Hälfte des britischen Exportvolumens abnimmt.

Für UK entsteht ein allgemeines politisches Glaubwürdigkeitsproblem dahin gehend, dass man vor dem Hintergrund des BREXIT britischen strategischen Politikzusagen eine geringere Glaubwürdigkeit zumessen wird. Wer nach 45 Jahren EU-Mitgliedschaft aus einem Mega-Integrationsprojekt austritt – in dem man all die Jahre selbst maßgeblich mitgewirkt hat (auch als Liberalisierungsquadriga mit Deutschland, Niederland, Dänemark etwa EU-Protektionismus verhindert hat) –, dessen strategischen Politikprojekten wird man mit einigem Misstrauen begegnen. Die EU-Handelspolitik dürfte durch den britischen EU-Austritt tendenziell protektionistischer werden. Denn eine hinreichend hohe Anti-Protektionismus-Zahl an Stimmen im Europäischen Rat wird sich künftig in der EU nur schwer zusammen bringen lassen.

Die BREXIT-Wohlfahrtskosten kann man nicht ermitteln, ohne auch die künftigen Importzölle auf UK-Seite zu betrachten (WELFENS, 2017b). Eine erste Betrachtungsweise zu den Wohlfahrtskosten stellt auf die Verminderung des Bruttoinlandsproduktes, also der Wertschöpfung in UK ab; eine etwas bessere Betrachtung im ökonomischen Sinn ist der Fokus auf das Bruttonationaleinkommen (Z: und Z ergibt sich aus dem Bruttoinlandsprodukt, indem man den Saldo der Erwerbs- und Vermögenseinkommen zwischen In- und Ausland hinzuzählt; wenn man von Grenzgänger-Einkommen etc. absieht, geht es vor allem um die ans Ausland gezahlten Gewinne aus den Tochterfirmen ausländischer Multis im Inland und die aus dem Ausland empfangenen Gewinne von Seiten der Auslandstochterfirmen). Allerdings kommt es am Ende bei der wohlfahrtsökonomischen Analyse, also den volkswirtschaftlichen Kosten, auf die Ermittlung des Rückgangs beim realen Pro-Kopf-Konsum an. Wenn der Konsum proportional zum verfügbaren Einkommen bzw. Nationaleinkommen ist, kann man aus dem prozentualen Rückgang des Einkommens auf eine gleich hohe prozentuale Verminderung des Konsums schließen.

Wenn es zu einem BREXIT ohne Vereinbarung über den Zugang zum EU-Binnenmarkt für UK käme, dann gelten die Regeln bzw. Zölle, wie sie sich aus der Mitgliedschaft in der Welthandelsorganisation ergeben: Die EU hätte etwa 5 Mrd. Pfund (ca. 5.5 Mrd. €, die in die EU-Kassen fließen und etwa die Hälfte der bisherigen jährlichen UK-Nettobeitragszahlung an die EU ersetzen) an zusätzlichen Zolleinnahmen zu erwarten, UK etwa 13 Mrd. Pfund im Kontext von Importen aus der EU (Deutschlands Exporteure mit Exporten Richtung UK hätte etwa 3 Mrd. Pfund in UK an Zöllen zu zahlen, UK Exporteure Richtung Deutschland etwa 1 Mrd. Pfund; s. PROTTS, 2016; civitas, Potential Post-BREXIT Tariff Costs for EU-UK Trade). Anzumerken ist hierbei, dass die britischen Exporteure in vielen Fällen ihre Preise beim Export in die EU27 absenken müssten, um nicht wegen der EU-Zollbelastung deutlich Marktanteile im EU-Binnenmarkt zu verlieren. Daher werden Firmen aus UK Gewinneinbußen verzeichnen – UK-Unternehmen sind auf dem EU27-Markt stärker in der Position eines Preisnehmers als die oft marktmächtigeren EU27-Firmen in UK; d.h. dass EU-Exporteure einen Teil der Zollbelastung in Form höherer Preissetzung in UK – nach dem BREXIT – auf die britischen Nachfrager überwälzen werden. Falls 10 Mrd. Pfund der EU27-Zollbelastung beim Export Richtung UK auf die britischen Nachfrager durch Preiserhöhung der EU-Firmen im britischen Markt auf die dortigen Konsumenten überwälzt werden, so entspricht dies einem jährlichen Wohlfahrtsverlust von 0,5 % des UK-Bruttoinlandsprodukts. Falls 5 Mrd. Pfund überwälzt werden (hier als plausible Größenordnung angesehen: auch bei einem bilateralen Handelsvertrag), so geht es um einen zusätzlichen britischen Wohlfahrtsverlust von 0,25 % des UK-Bruttoinlandsproduktes; zu 3 % kapitalisiert ist der Gegenwartswert aller künftigen Verluste im Kontext UK-Importzölle hier bei knapp 8 % des britischen Bruttoinlandsprodukts. Damit kann man hier eine wohlfahrtsökonomische UK-Gesamtbilanz beim BREXIT betrachten, wobei es um die Effekte beim realen Einkommen oder, genauer, beim Konsum pro Kopf geht (mit erstmaliger Einbeziehung der nachfolgenden Punkte 2, 3, 5 und 7 nach WELFENS, 2017d):

1) Vermeidung von Beitragszahlungen (netto) von 0,4 % des Bruttoinlandsproduktes pro Jahr = Vorteil; will man wissen, wie hoch der Gegenwartswert aller künftig vermiedenen Beitragszahlungen ist, so sind 0,4 des Bruttoinlandsproduktes durch den Zinssatz zu dividieren (als Normalwert für den Zins wird im weiteren 3 % angenommen: diese Position ergibt als 13,3 % des Bruttoinlandsproduktes des Jahres 2016 als Gegenwartswert aller künftigen britischen EU-Beitragszahlungen beziehungsweise als UK-Gewinn beim BREXIT).

2) Überwälzung der Zollbelastungen für EU27-Exporteure auf britische Nachfrager in Höhe von 5 Mrd. Pfund bzw. 0,25 % des Bruttoinlandsprodukts = Nachteil des BREXIT (Gegenwartswert beträgt 8,3 % des Bruttoinlandsproduktes).

3) Die britischen Exporteure werden in der EU etwa 6 Mrd. Pfund an Zöllen zahlen, wobei angenommen sei, dass diese von den UK-Exporteuren zu 2/3 getragen werden. Da der Anteil ausländischer Investoren am UK-Kapitalbestand hier mit langfristig 40 % angesetzt wird, ergibt sich ein Gewinn-Rückgang für britische Eigentümer der Firmen in UK von 0.6x4 Mrd. = 2,4 Mrd. Pfund. Relativ zum UK-Bruttoinlandsprodukt von 2016 sind das 0,12 % des Bruttoinlandsproduktes. Der Gegenwartswert liegt bei 4 % des Bruttoinlandsproduktes (eine Alternativrechnung geht von 6 % UK-Wertschöpfungsexportquote aus und nimmt an, dass die Gewinne 1/3 sind, also 2 %, wobei 60 % davon, also 1,2 % Gewinnquote aus dem britischen EU-Export sind; geht die Gewinnquote um 1/10 zurück, so sind dies 0,12 % des Bruttoinlandsproduktes pro Jahr und der Gegenwartswert ist wieder 4 % des Bruttoinlandsproduktes als BREXIT-Verlust aus der Zollbelastung britischer EU-Exporte).

Die Aufsummierung 1), 2) und 3) ergibt zunächst 1 % des Bruttoinlandsproduktes als UK-Vorteil aus dem britischen EU-Austritt.

4) Rückgang des Bruttoinlandsproduktes um 7 % im Kontext eines schlechten künftigen Binnenmarktzugangs – hier der Grenzfall eines No-Deal-Austritts (Quelle: HM Government, Treasury Analysis 2017).

5) 7 % Rückgang des UK-Bruttoinlandsproduktes wegen schlechterem EU-Binnenmarktzugang bedeuten rund 1 % Minderung des EU27-Bruttoinlandsproduktes und von da ausgehend nochmals ca. -0,2 % Rückgang des UK-Bruttoinlandsproduktes.

6) Verzicht auf Realisierung von UK-Binnenmarktvorteilen gemäß Cameron-Verhandlungen mit der EU Anfang 2016, was -4 % des Bruttoinlandsproduktes ausmacht (Quelle: HM Government, Treasury Analysis 2016).

7) Die reale Pfundabwertung wird als relativ stark angenommen, so dass binnen einer Dekade nach 2019 der Anteil ausländischer Investoren am UK-Kapitalbestand auf 30 % ansteigt, gegenüber 17 % in 2016: Bei einer Gewinnquote von 1/3 in UK sind daher zusätzlich -4,3 % des Bruttoinlandsproduktes langfristig als erhöhte Gewinntransfers von UK an die Quellenländer der relevanten Direktinvestitionsflüsse zu betrachten, so dass das reale Bruttonationaleinkommen pro Kopf stärker sinken wird als das reale Bruttoinlandsprodukt.

8) Werden zusätzlich die UK-Lebensmittelimportzölle deutlich gesenkt (diese Forderung wurde von BREXIT-Befürworter Patrick Minford betont), kann dies einen Realeinkommensgewinn von 1 % bringen; wenn 2 % zusätzlich als Gewinn für UK durch ein bilaterales UK-USA Freihandelsabkommen realisiert werden können, so ist der Nettoeffekt bei -15.8 % des Gesamteinkommens für UK. Das ist vorteilhaft gerechnet für UK, jedenfalls im Vergleich zur Rabobank-Studie aus 2017, die auf -17 % kommt. Für die ärmere Hälfte der Bevölkerung wäre ein längerfristiger Einkommensverlust von 16 % bis 18 % ein ökonomisches Desaster: Denn rund zwei Monatseinkommen wäre für alle Zeit durch den BREXIT verloren. Warum sollte UK ein solch großes Risiko eingehen? Wie will die May-Regierung mit den sozialen Spannung aus dem BREXIT längerfristig fertig werden: Für wohlhabende Briten wird sich hier eher kein gravierender Nachteil ergeben, für die meisten Briten ist jedoch eine Aussicht auf mehrjährig schwaches Wirtschaftswachstum ein erhebliches Problem.

Tab. 10. Kosten-Nutzen-Analyse des BREXIT für UK (ohne EU-UK-Abkommen)

1) Vermeidung jährlicher Beitragszahlung 0,4 % des Bruttoinlandsproduktes	Langfristige Kapitalisierung zu 3 % Zins ergibt **Gegenwartswert von 13,3 %** eines Jahres-Nationaleinkommens
2) Zollbelastete UK-Importe aus EU nach BREXIT 0,25 % des Bruttoinlandsproduktes	**8,3 % des Bruttoinlandsproduktes** (2016)
3) Gewinnminderung für UK-Firmen wegen Netto-Preissenkungen(vor EUZoll) im Binnenmarkt	**8,3 % des Bruttoinlandsproduktes** (2016)
4) Produktionsdämpfung in UK um langfristig 7 % wegen vermindertem Zugangs zum EU- Binnenmarkt	**7 % des Bruttoinlandsproduktes** (2016) gemäß UK Treasury Studie (2016) zum britischen EU-Mitgliedschaftsvorteil
5) Makro-Rückwirkungseffekt aus 4), was nämlich in EU27 zu 1 % Einkommensdämpfung führt und dann UK-Einkommen um 0,2 % dämpft	**0,2 % des UK-Bruttoinlandsproduktes**

6) Nicht-Realisierung der von Cameron Anfang 2016 ausgehandelten EU-Binnenmarktvertie-fungs-Vorteile	**4 % des UK-Bruttoinlandsproduktes**
7) Durch reale Abwertung bedingte Erhöhung des Anteils ausländischer Investoren am UK-Kapitalbestand: von 27 % 2016 auf 40 % 2030	**4,3 % des UK-Bruttonationaleinkommens**
8) Einseitige Senkung von Agrarimportzöllen	**1 % des UK-Bruttoinlandsproduktes**
9) UK-USA-Mini-TTIP-Abkommen	**2 % des UK-Bruttoinlandsproduktes**
Gesamteffekt in % des Bruttonationaleinkommens	**-15,8 % des UK-Bruttoinlandsproduktes**

Quelle: WELFENS, P. (2017b), The True Cost of BREXIT for the UK: A Research Note, EIIW Diskussionsbeitrag 234.

Das wären etwa 243 Mrd. Pfund für UK, was rund 3,700 Pfund pro Kopf entspricht; also 3500 € pro Brite. Geht man davon aus, dass die EU27 keinen Freihandelsvertrag (TTIP) mit den USA schließt, UK aber schon, dann ergibt sich bei einem TTIP-Realeinkommensgewinn für UK von rund 2 % – Einschätzung erfolgt auf Basis der Jungmittag-Welfens-TTIP-Modellierung (JUNGMITTAG/WELFENS, 2016) – dass der Einkommensrückgang statt -12,5 % etwa -10,5 % beträgt. Hier wird davon ausgegangen, dass der für Deutschland ermittelte TTIP-Realeinkommensgewinn von 2 % in ähnlicher Höhe auch in UK anfällt, wobei UK im Vergleich mit Deutschland eine geringer dimensionierte Industrie hat und daher auch weniger von mehr industriellen Direktinvestitionen profitieren wird als Deutschland. Aber die transatlantischen Handels- und Direktinvestitionsbeziehungen von UK Richtung USA sind selbst relativ zur nationalen Wertschöpfung höher als in Deutschland, sodass auch für UK 1 bis 2 % aus einem „Mini-TTIP" UK-USA zu erwarten sind. Aber selbst dieser günstige Fall ist natürlich mit knapp 11 % UK-Einkommensverlust – beziehungsweise Netto-Wohlfahrtsverlust – ein hoher Preis für den BREXIT. Für die unteren Einkommensgruppen in UK ist ein solcher Einkommensverzicht eigentlich völlig unzumutbar. Ob einseitige UK-Zollreduktionen politisch durchsetzbar sind – etwa gegen den Widerstand der britischen Landwirtschaft – und ob ein umfassendes UK-US-Freihandelsabkommen erreichbar ist, bleibt abzuwarten. Letzteres könnte wohl schon 2019/2020 in Kraft sein. Wenn bei den EU-UK-Verhandlungen alles auf einen No-Deal herauslaufen sollte, also gar kein Vertragsabschluss zustande kommt, so kann es zu relativ chaotischen Anpassungsquartalen mit hohen nominalen und realen Pfundabwertungen kommen. Ein UK-Austritt aus der EU kann auch vor Frühjahr 2019 schon stattfinden.

Die Europäische Kommission dürfte – laut Financial Times Aufmacher vom 22.12.2017 (EU plans take it or leave it trade deal if UK fails to clarify demand) – Großbritannien in 2018 einen eigenen letzten Vorschlag für einen Handelsvertrag plus Kooperationsvertrag machen: Ausgangspunkt soll als Modell dabei offenbar das 2017 ratifizierte EU-Kanada-Freihandelsabkommen sein, wobei als Ergänzung nur ein enges Angebot für den Dienstleistungssektor gemacht werden soll. Ein Problem aus EU-Sicht sei, so der Financial Times-Beitrag, dass man von der May-Regierung kaum realistische Vorschläge erwarte, da in London offenbar die irrige Vorstellung im Kabinett herrsche, man könne die EU-Binnenmarktvorteile haben und zugleich Nicht-EU-Mitglied sein. In der Tat kann die EU ja nicht die Club-Vorteile ohne die Pflichten der „EU-Club-Mitgliedschaft" anbieten. Angesichts illusorischer Konzepte der May-Regierung könnte es in 2018 zu sehr schwierigen EU-UK-Verhandlungen kommen. Ein unkontrolliertes UK-Ausscheiden aus der EU ist daher denkbar, für eher wahrscheinlich kann man aber ein kompaktes Abkommen halten, bei dem die Banken- und Versicherungsmärkte nur am Rande einbezogen sind. Daher ist unverändert eine große Verlagerung von Banken- und Versicherungsaktivitäten aus London Richtung Irland und kontinentaleuropäische Länder zu erwarten. Dies ist auch vernünftig aus Sicht der EZB-Bankenaufsicht und auch aus der Perspektive der Versicherungs- und Wertpapiermärkteaufsicht in der EU. Hochwertige Arbeitsplätze werden dann von UK vor allem Richtung EU verlagert. Einige US-Banken dürften den EU27-Markt künftig allerdings auch verstärkt aus New York heraus bedienen – auch dorthin werden also Arbeitsplätze von Londons City verlagert. Irland, das in Sachen Handelsverflechtung mit UK unter allen EU27-Ländern am stärksten exponiert ist, wird immerhin wohl durch die Verlagerung von Finanzmarktaktivitäten aus London Richtung Dublin in einigen Segmenten auch besonders in einem Sektor profitieren. Allerdings macht das die relative kleine Wirtschaft Irlands dann auch strukturell anfälliger für künftige Finanzmarktschocks. Solche Überlegungen haben offenbar auch bei der Regierung der Niederlande dazu geführt, dass man sich nicht strategisch stark engagieren will, um Jobs aus Londons Finanzzentrum Richtung Amsterdam zu gewinnen. Gerade für kleine Länder bedeutet eine Erhöhung der Wertschöpfungsquote im Finanzsektor auch relativ erhöhte Stabilitätsgefahren auf lange Sicht.

Die Job-Verlagerungen aus London heraus werden erhebliche negative regionale Multiplikator-Effekte in England bzw. Großbritannien haben, wobei ein Großteil der Verlagerungen in 2018 schon sichtbar sein wird. Denn die Banken und Versicherungen, die von London aus eine größere Verlagerung Richtung EU27 planen, müssen ja rechtzeitig vor ihren Geschäftsaktivitäten in die Eurozone von der Europäischen Zentralbank – und ggf. anderen Institutionen in der

Eurozone – eine Lizenz bekommen, damit ab 2019/2020 die vollen Geschäftsaktivitäten für Finanztransaktionen auf Euro-Basis auch aufgenommen werden
können. Im Industriebereich wird UK sicherlich zunächst 2018/2019 und dann
in den Jahren danach unter fehlenden Reinvestitionen in bestimmten Sektoren
leiden. Der Druck auf die May-Regierung, neue Marktzugänge in anderen Weltregionen zu erschließen ist groß und China dürfte hieraus besondere Vorteile für
sich erzielen können. Damit wird langfristig dann auch der Einfluss von Chinas
Investoren in UK wohl massiv zunehmen. Firmenübernahmen bzw. internationale Unternehmenszusammenschlüsse werden für UK nur begrenzt einen
Nutzen bringen, hier wird eben „ökonomische Kontrolle" ins Ausland abgege-
ben. Greenfield investments, also neue Fabriken bzw. Firmen, dürften hingegen
nur ein verlangsamtes Wachstum verzeichnen, was die Netto-Investitionsquote
und mithin das Wirtschaftswachstum mittelfristig drücken wird.

Sinkt das reale UK-Wirtschaftswachstum deutlich, so wird zeitweise Stagfla-
tion entstehen – eine Mischung aus Inflation und stagnierender Wirtschaft, und
zwar bei deutlich erhöhten Arbeitslosenquoten. Viele britische Wählerinnen und
Wähler werden der Lügereien von Außenminister Boris Johnson und der erkennbar schwachen Fähigkeit der May-Regierung, mit der EU einen Vertragsabschluss hinzubekommen, allmählich überdrüssig werden. Wer 2016 für BREXIT
stimmte, der wird aber nicht ohne weiteres für Remain/Verbleib als Einstellung
in 2019 stehen; auch wenn die Wirtschaftslage sich eintrübt. Der Mensch hat,
psychologisch gesehen eine Neigung, einmal getroffene Entscheidungen sich
selbst zu bestätigen: auch durch selektive Informationswahrnehmung („kogni-
tive Dissonanz"). Eine neuerliche Diskussion über die Frage EU-Austritt Ja/
Nein – notwendig etwa bei einem zweiten EU-Referendum – wäre daher in UK
schmerzlich für viele Politikakteure bzw. Wähler.

Nicht eingerechnet sind hier im Übrigen die Nachteile, die UK durch den
Verlust an internationaler Verhandlungsmacht – etwa bei Handelsvertragsver-
handlungen – nach BREXIT entstehen (UK ist, auf Basis von Zahlen von 2016
nur 1/5 des EU28-Gewichtes beim Bruttoinlandsprodukt). Mit einem Einkommensrückgang von etwa 8 % durch BREXIT zahlt UK einen hohen Preis für
den EU-Austritt. Geht man von einem langfristigen extremen Negativszenario
aus, das mit einem EU-Zerfall und einem Anstieg der Militärausgabenquote in
UK von 2 % auf 4 % aus – 4 % war die relevante Relation von Militärausgaben
zum Nationaleinkommen vor dem Ersten Weltkrieg im Kontext der Rivalität
der Großmächte –, dann wäre der Gegenwartswert dieser relativen Ausgabener-
höhung für Verteidigung als 2 % des Bruttoinlandsproduktes/3 %= 67 % eines
Jahres-Bruttoinlandsproduktes. Soweit man den Pro-Kopf-Konsum in einer
standardmäßigen Wohlfahrtsanalyse betrachtet und öffentlichen und priva-

ten Konsum als vollkommene Substitute ansieht, ist hier also ein sehr erheblicher Verlustpunkt anzusetzen. Demnach wäre also im ungünstigsten BREXIT-Fall – bezogen auf 2016 – fast 75 % des Pro-Kopf-Konsums eines Jahres als BREXIT-Einkommens- bzw. Wohlfahrtsverlust zu buchen. Dabei wird hier von einer Proportionalität von Konsum und verfügbarem Realeinkommen ausgegangen.

Die RABOBANK (2017, The Permanent Damage of BREXIT) kommt in einer methodisch anspruchsvollen Studie auf Basis eines modifizierten NiGEM-Modells zu noch höheren Verlustzahlen, berücksichtigt dabei allerdings keine Rückwirkungen von der EU27 auf die UK-Wirtschaft und auch nicht den Einkommensverlust von 4 %, der sich aus der Nichtrealisierung der von Cameron ausgehandelten Binnenmarktvertiefung bezieht; zudem werden bestimmte Direktinvestitionseffekte ausgeblendet, die oben behandelt wurden. Anders als bei den obigen Überlegungen berücksichtigt die Rabobank keine einseitige UK-Senkung der Agrarimportpreise und die RABOBANK geht ebenfalls nicht von einem Anstieg der kumulierten Direktinvestitionszuflüsse in UK via erhöhte internationale Übernahmen von UK-Firmen aus. Vielmehr wird im No-Deal-BREXIT ein Rückgang der Direktinvestitionen erwartet und daher auch ein Rückgang des Kapitalbestandes (-14 % gegenüber dem Fall Kein BREXIT) und der Wissenskapitalbestand der Firmen sinkt ebenfalls gegenüber dem Fall Kein BREXIT (-12 %). Bis 2030 ergibt sich durch BREXIT ein ca. 18 % geringeres Bruttoinlandsprodukt; absolut sind das 400 Mrd. Pfund. Im Fall eines weichen BREXIT, bei dem UK die Zollunion verlässt, aber Mitglied im EU-Binnenmarkt bleibt, ist der Rückgang beim realen Bruttoinlandsprodukt -12,5 %; bei einem verhandelten EU-Binnenmarktzugang ist der Rückgang -10 %. Der Rückgang des EU27-Bruttoinlandsproduktes beträgt in allen drei betrachteten Rabobank-Fällen 2 % (ausgehend von einem EU27-Bruttoinlandsprodukt in 2016 von 13.000 € geht es also um 260 Mrd. €), für die Niederlande wird ein Rückgang des Bruttoinlandsproduktes von 3,5 % bis 4,25 % angesetzt; die Handelsintensität der Niederlande mit UK ist relativ hoch und daher wird die Niederlande vom BREXIT ökonomisch relativ stark betroffen sein.

Für eine Reihe von deutschen Unternehmen wirkt daher der BREXIT also unmittelbar negativ via Handelsverbindung Deutschland-UK, soweit man u.a. durch Exporte Richtung UK direkt von der britischen Wirtschaft abhängt. Aber auch ein BREXIT-bedingter Rückgang des Bruttoinlandsproduktes etwa in den Niederlanden, Belgien und Frankreich wird deutsche Exporteure, vor allem solche aus Nordrhein-Westfalen, erheblich negativ betreffen: NRW-Firmen sind besonders stark sowohl im Exportgeschäft Richtung UK, aber eben auch Richtung Niederlande, Belgien und Frankreich engagiert, so dass der

NRW-Einkommensverlust durch BREXIT höher als der Durchschnittswert für die EU27 anzusetzen ist: Eine Größenordnung von 2-3 % wäre demnach als Einkommensrückgang in NRW anzusetzen. Da Bayern und Baden-Württemberg vom BREXIT etwas schwächer betroffen sein dürften als Nordrhein-Westfalen, nehmen durch den BREXIT die Nord-Süd-Einkommensunterschiede in Deutschland weiter zu. Damit dürften sich auch die Konflikte beim Länderfinanzausgleich im Windschatten des BREXIT in Deutschland intensivieren. Eine Debatte hierzu fehlte bis 2017 in Deutschland völlig.

Es gibt durchaus langfristige Analysen von Seiten der Politik, die sich mit Einkommens- und Technologie- sowie Sicherheitsaspekten befassen. In den USA hat etwa der National Intelligence Council (2017) eine Analyse für die Welt bis 2035 vorgelegt. Allerdings werden die wichtigen BREXIT-Aspekte ausgeblendet. Die Deutsche Bundesregierung (2017) hat offenbar eine im Verteidigungsministerium entwickelte langfristige Europa-Szenarioanalyse bis 2040 vorgelegt – als internes Dokument –, doch kommt hier BREXIT nicht fundiert als Risikothema vor. Weder das US-Dokument noch das der Deutschen Bundesregierung sehen im Übrigen das Problem, dass durch das Zusammenspiel von Trump-Politik in Sachen Finanzmarktderegulierung und absehbarer UK-Bankenderegulierung nach dem BREXIT Impulse für eine neue längerfristige Bankenkrise in ganz Europa und den USA gegeben werden. Diese Bankenkrise könnte durchaus ökonomisch-politisch noch stärker destabilisierend wirken als die Transatlantische Bankenkrise von 2008/09 mit der nachfolgenden Großen Rezession 2009/2010 (zu den Mechanismen einer solchen neuen Bankenkrise siehe WELFENS (2017b), EIIW working paper 238, revised version of the paper presented at the IMF, September 11, 2017). Extreme BREXIT-Szenarien dürften eine Übertreibung realistischer Politikdynamik in Europa sein. Aber klar ist auch, dass schon ein Anstieg der UK-Militärausgabenquote von 0,3 % als Folge des BREXIT bei einer Kapitalisierung mit 3 % einem Pro-Kopf-Konsumverlust von 10 % entspricht, sofern man davon ausgeht, dass der Konsum proportional zum verfügbaren Einkommen ist. Diese Perspektiven gilt es in einer durch schwächere Integrationskräfte zusammengehaltenen EU27 durchaus ernst zu nehmen. Ein gewisses Fragezeichen an den hier vorgelegten Überlegungen kann wohl nur mit Blick auf die Höhe des gewählten Kapitalisierungszinssatzes sein. Wäre der relevante Zinssatz eher 2 %, dann sind entsprechend höhere Verlustpunkte anzusetzen, aber auch die durch EU-Austritt erzielbare Einsparung von Nettobeiträgen an die EU ergibt dann einen höheren Gegenwartswert für UK.

Es kann nur davon abgeraten werden, die Nettobeitragsquoten in der EU bei den Hauptbeitragszahlerländern zu erhöhen. Vermutlich haben Länder wie Niederlande (EU-Beitrag 0,54 % des Bruttoinlandsprodukts in 2015) und

Schweden (0,48 %) sowie Deutschland und UK (je 0,46 %) schon fast eine Obergrenze der Belastung erreicht. Netto-Empfänger-Spitzenländer in der EU sind Bulgarien und Ungarn mit 5 bzw. 4 % des Bruttoinlandsproduktes. Wenn man deutlich mehr Umverteilung in der EU tatsächlich auf breiter Grundlage politisch wollte, dann ginge das nachhaltig nur auf Basis einer Verlagerung nationaler progressiver Einkommensbesteuerung auf die EU-Ebene. Auf nationaler Ebene wäre die Einkommenssteuer spiegelbildlich dann abzubauen, wobei auf der Ebene Eurozone oder EU das Brüsseler Parlament neue Rechte bekommen müsste.

Was die BREXIT-Kosten in der politischen Gesamteinschätzung in UK angeht: Es ist nicht ausgeschlossen, dass andere Erwägungen – etwa politischer Art – dies aus Sicht der Mehrheit von Briten als angemessenen BREXIT-Preis erscheinen lassen. Vermutlich lesen aber einerseits die meisten Briten diese Berechnung der EU-Austrittskosten erst nach der Volksbefragung von 2016 erstmals; und die drei großen Boulevard-Zeitungen haben ihren Lesern in Sachen BREXIT-Kosten 2016/2017 ohnehin nur ökonomischen Unfug erzählt – mit den krönenden Irreführungs-Texten von Boris Johnson im Daily Telegraph als regierungsoffizielle Zugabe.

Ein BREXIT ohne EU-UK-Freihandelsabkommen bedeutet (LAWLESS/ MORGENROTH, 2016: ESRI Working Paper No. 550), dass in Modell-Simulationen zum BREXIT die Exporte der EU-Länder Richtung UK um 5 % (Finnland) bis zu 43 % (Bulgarien) fallen, wobei Lebensmittel und Bekleidung am stärksten unter allen Sektoren betroffen sind. Da Deutschland etwa für 90 Mrd. € pro Jahr Richtung UK exportiert, ist ein Rückgang um 10 % bzw. 9 Mrd. mittelfristig denkbar, aber das wäre nur etwa 0,3 % des Bruttoinlandsproduktes in Deutschland. Bei einer starken realen Pfundabwertung kann der Rückgang der Exporte Deutschlands Richtung UK längerfristig auch 15-20 % erreichen, was auf etwa 0,5 % Rückgang des Bruttoinlandsproduktes in Deutschland hinaus liefe.

Die Europäische Kommission und auch der Europäische Rat haben einen Glaubwürdigkeitsschaden durch den BREXIT erlitten, da sie die Wahrscheinlichkeit eines BREXIT enorm unterschätzt haben und Möglichkeiten einer sinnvollen informationsseitigen Einwirkung nicht wahrgenommen haben. Die EU war sogar stumm, als Boris Johnson mit der fehlerhaften Zahl von 350 Millionen Pfund – präsentiert auf einem roten Bus über Wochen – auf Stimmenfang ging und behauptete, nach dem BREXIT könnte man diesen EU-Beitrag von UK (pro Woche) in das Nationale Gesundheitssystem stecken, während in Wahrheit nur der kaum die Hälfte betragende Netto-Beitrag dafür zur Verfügung steht. Die Betonung der britischen Beitragslasten durch Boris Johnson weist allerdings auf ein Problem hin, denn Nettobeiträge in Höhe von 0,3-0,5 % des Bruttoinlandsproduktes sind durchaus als erheblich zu betrachten. Der Gegenwartswert von 0,3 % Netto-EU-Beitrag des Bruttoinlandsproduktes wäre bei 3 % Zins 10 % des Gesamteinkommens eines Jahres. Wenn man aus der EU austritt und 12 % Rückgang des Einkommens zu erwarten hätte, dann wäre ein solcher Austritt unter rein ökonomischen Aspekten natürlich erwägenswert (auch wenn man über die Höhe des Kapitalisierungszinssatzes zur Ermittlung des Gegenwartswertes aller künftigen EU-Beitragszahlungen streiten mag). Jenseits ökonomischer Aspekte gibt es natürlich weitere Nutzenpunkte, die u.a. Sicherheitsperspektiven betreffen. Wenn ein Nettobeitrag von 0,6 % des Bruttoinlandsproduktes vorläge, so ergäbe sich bei 3 % Kapitalisierungszins schon ein Gegenwartswert von 20 % und so hoch dürften die ökonomischen EU-Mitgliedschaftsvorteile wohl in keinem EU-Land sein. Vor dem Hintergrund dieser Einsichten erscheint es umso wichtiger, dass die EU durch eine sinnvolle Handelspolitik und andere Politikfelder den Nutzen der EU-Mitgliedschaft erhöht. Eine EU mit einem Hauptziel Umverteilung zwischen EU-Ländern kann politisch im bisherigen Rahmen nicht überleben. Mehr Umverteilung auf EU-Ebene wäre nur möglich, wenn die EU unmittelbar Einkommen besteuert; hier erfolgt dann eine Umverteilung etwa von wohlhabenden Steuerzahlern in Deutschland - solchen mit hohen Einkommen - auf arme Haushalte in Deutschland und anderen Ländern (das stabilisiert relativ arme EU-Länder) und kann Deutschlands Exporte erhöhen). Ob das seitens der Wähler politisch gewollt wird ist eine wichtige Frage. Damit wenigstens auf nationaler Ebene eine gewisse Umverteilung durch Politik möglich ist, bedarf es einer sinnvollen Mindeststeuerpolitik auf EU-Ebene und einer gut begründeten nationalen Sozialpolitik. Auch innerhalb eines EU-Landes gilt, dass etwa im regionalen Finanzausgleich zwischen relativ wohlhabenden und relativ armen Regionen nicht mehr als etwa ein halbes Prozent des regionalen Einkommens umverteilt werden darf – sonst entstehen starke Anreize fiskalischer Art, sich in Richtung Sezession bzw. Separatismus zu positionieren. Umso wichtiger ist es, dass in den ärmeren Regionen staatliche Ausgabenschwerpunkte vernünftig gesetzt werden, nämlich so, dass regionale Finanzzuweisungen positive ökonomische Wachstumswirkungen erzielen – das setzt entsprechende Investitionen im Bereich Humankapitalbildung bzw. Weiterbildung einerseits und hinreichend hohe Institutionenqualität andererseits voraus.

Die aufgelisteten Nachteile des BREXIT für die EU selbst hat man in Brüssel ignoriert, obwohl doch UK als großes Land mit einem denkbaren BREXIT für erhebliche negative Effekte auch bei der EU sorgen musste – anders als etwa im Fall eines relativ kleinen Landes. Die EU bzw. die EU-Partnerländer von UK behandelten aber das Referendum als eine isolierte UK-Angelegenheit, was sicherlich in strategischer Sicht unangemessen ist.

Mit dem BREXIT und der Trump-Politik in den USA, die protektionistisch ist und den Multilateralismus – also etwa die Internationalen Organisationen wie die Welthandelsorganisation – schwächt, sinkt der Zusammenhalt und das ökonomisch-politische Gewicht des Westens in der Weltwirtschaft. Die nun relativ erhöhte Zahl kleiner Länder dürfte EU-Konsensfindung in einigen Politikfeldern erschweren, der Druck auf die EU, ihre Umverteilungsaktivitäten daher zugunsten kleiner armer Länder zu erhöhen, könnte zunehmen. Es besteht bei einer künftigen Euro- bzw. EU-Krise durchaus die Gefahr, dass weitere EU-Länder austreten und sich auch UK anschließen könnten. Die Nettobeitragslasten von EU-Ländern sind in einigen Fällen schon kritisch hoch und das ist im Zweifelsfall ein Hebelpunkt für Austrittsdruck in Sachen EU-Mitgliedschaft.

In jedem Fall sollte der BREXIT dringend als Ausgangspunkt für sinnvolle EU-Reformen genutzt werden. Die oft populäre Vorstellung, die EU solle in ihren Aktivitäten schrumpfen, ist jenseits einer wünschenswerten Deregulierung in einigen Feldern – nicht in der Banken- bzw. Finanzaufsicht – unangemessen. Denn die Analyse der Forschungsgruppe Wahlen besagt, dass die EU aus Wählersicht in ihren Politikaktivitäten weitgehend unverständlich ist: Mit bislang 1 % Staatsverbrauchsquote ist die EU auch im Vergleich zu den USA (ca. 9 %) oder China (ca. 4 %) auf der obersten Politikebene unterdimensioniert; dabei ist zu beachten, dass China auf nationaler Politikebene indirekt auch besonderen Einfluss auf die führenden vier Mega-Städte des Landes hat, so dass die faktische zentralstaatliche Staatsverbrauchsquote über 4 % liegt. Insbesondere erhöhte EU-Ausgaben bei Verteidigung und Infrastruktur wären auf supranationaler Ebene sinnvoll. Bei einem dann auch intensivierten Politikwettbewerb in der EU wäre zudem eine Effizienzsteigerung der Entscheidungen in Brüssel zu erwarten. Statt der bisher oft wegen der EU-Unverständlichkeit entstehenden Neigung von Wählern, mit einer Stimmabgabe für radikale Parteien „etwas zu probieren" oder allgemein Wählerverärgerung über nationale Politik bei der EU als Sündenbock abzuladen, entstünde stärker eine Wählerorientierung hin zu den bürgerlichen Parteien der Mitte. Eine entsprechende Politikinitiative Frankreich-Deutschland wäre wichtig. Der sinkenden Macht des Westens entspricht eine steigende Macht autoritären Regime in der Weltwirtschaft und in der neuen Konkurrenz der Systeme Parlamentarische Demokratie versus autoritäre Regime dürfte demnach der internationale Einfluss solcher Regime ansteigen. Nationalismus, Paternalismus und Protektionismus, die sich als Bausteine autoritärer Regime oft zeigen, dürften ideologisch daher weltweit politisch einflussreicher werden.

Am Ende bleibt festzustellen, dass die BREXIT-Mehrheit von 51,9 % bei normaler Infopolitik der Cameron-Regierung sicher nicht entstanden wäre und UK und die EU also vermutlich mit den historischen Folgen eines historischen Fehlreferendums werden leben müssen. Jedes nicht grundlegend regelkonforme Referendum in westlichen OECD-Ländern ist geeignet, den global-politischen Führungsanspruch des Westens nach innen und außen zu schwächen. Das Ansehen westlicher Demokratien wird geschwächt, die Attraktivität alternativer Systeme – etwa autokratischer Prägung – wird durch solche systemrelevanten Politikfehler wie das Fehlreferendum vom 23. Juni 2016 in UK längerfristig erhöht. Es ist aus Ökonomen-Sicht nicht unproblematisch, dass die Schätzgrößen für die UK-Realeinkommenseffekte bei verschiedenen Instituten/Autoren sich erheblich unterscheiden.

Tab. 11. Schätzungen zum BREXIT-Effekt beim realen Bruttoinlandsprodukt in UK bis 2030 für den Fall eines No-Deal (UK Austritt aus der EU ohne EU-UK-Vertrag), in Prozent

Study	WTO Scenario
Minford et al.	+4
PwC	-3.5
HM Government	-7.5 (-5.4 to -9.5)
NIESR	-3.2 (-2.7 to -3.7)
IMF	-4.5
CPB	-4.1 (-2.7 to -8.7)
Rabobank	-18 to -18.5
Rand	-4.9
E3ME	-3
EIIW*	-15.8

Quelle/Source: Adapted based on Table 5.3 (pp. 43-44) from Cambridge Econometrics (2018) and data from Welfens (2017b)

Ausgewählte Aspekte der britischen BREXIT-Forschung

Wo stand die britische BREXIT-Forschung zum Ende 2017? Einen guten Überblick über die Kosten-Nutzen-Analysen zum BREXIT gibt die umfangreiche Studie von WHYMAN/PETRESCU (2017): The Economics of BREXIT, London: Palgrave; die Autoren stellen verschiedene Studien zusammen, die u.a. Fiskaleffekte (UK-Beitragszahlungen an die EU bzw. UK-Haushaltswirkung bei BREXIT), Handels- und Direktinvestitionsaspekte, Regulierungs-, Produktivitäts- und Migrationseffekte sowie Regulierungsfragen betreffen. Zu den besonders interessanten BREXIT-Analysen gehört die von OXFORD ECONOMICS (2017, Supplementary Issue Economic Consequences of Brexit), die bei ihrer Modellierung sieben verschiedene Stufen einer verbleibenden UK-Integration mit der EU untersuchen. Die schwächste Verbindung UK-EU wäre der Fall, wenn es keinen Handelsvertrag UK-EU gibt, was dann auf einen Rückgang des Realeinkommens von fast 3 % hinausläuft; ohne Handelsvertrag gelten die Regeln der Mitgliedschaft UKs in der Welthandelsorganisation. Der beste Fall wäre eine Zollunion EU-UK, was eine leichte Erhöhung um 0,1 % beim realen Bruttoinlandsprodukt brächte. Politisch gewollt ist allerdings von der May-Regierung ein harter BREXIT ohne Mitgliedschaft in einer EU-Zollunion. Die Schätzung der Treasury Studie liegt mit -7 % beim realen Bruttoinlandsprodukt deutlich höher für den Fall einer UK-Positionierung ohne Handelsabkommen mit der EU.

Man kann die britische BREXIT-Forschung mit Blick auf einige Sektor-Studien – etwa im Automobilsektor (BAILEY/DE PROPRIS, 2017) – und in anderen Wirtschafts- bzw. Politikbereichen auf Basis des BREXIT-Themenheftes des Oxford Review of Economic Policy, März 2017, zusammenfassen: In einem juristischen Beitrag (BARNARD, 2017) werden ausgewählte Aspekte des BREXIT aufgezeigt, der als sehr kompliziert erscheint, so dass zu manchen Punkten in einem UK-EU-Austrittsvertrag, ebenso wie zu den Punkten eines UK-EU-Handelsvertrages, vermutlich erst nach Gerichtsentscheidungen Klarheit bestehen wird. JOHNSON/MITCHELL (2017) betrachten die Ökonomen-Debatte zu den BREXIT-Kosten in den Monaten vor dem Referendum und merken an, dass statische Modell-Ergebnisse einen Rückgang des Bruttoinlandsproduktes von 1-2 % anzeigen. Erst wenn man eine dynamische Modellierung vornimmt – wie etwa in der Treasury Studie 2016 –, also die Verbindung von verminderter Handelsintensität und geringerem Produktivitätswachstum, ergeben sich bis zu 8 % realer Rückgang beim Bruttoinlandsprodukt auf längere Sicht. Interessant ist, dass zahlreiche Länder wie Singapur, Neuseeland und Australien vor allem von einseitigen Zollsatzsenkungen profitiert haben. Eine Weltbank-Studie zeigt (WORLD BANK, 2005), dass etwa 2/3 der globalen Zollsenkungen in Entwicklungsländern aus einseitigen Zollsatzminderungen herrührten, etwa ¼ kam über multilaterale Abkommen zustande und 1/10 rührt von regionalen oder bilateralen Freihandelsabkommen her.

Die Autoren JOHNSON/MITCHELL (2017) weisen darauf hin, dass die relativ gute ökonomische UK-Entwicklung nach Juni 2016 verschiedenen Politikimpulsen mit zu verdanken sei:

- Die Bank of England senkte den Notenbankzins von 0,5 % auf 0,25 %.
- Die Zentralbank kaufte zudem in großem Umfang staatliche und Unternehmens-Anleihen an, was den Marktzins weiter drückte und die britischen Investitionen stimulierte.
- Die Fiskalpolitik schwenkte auf eine expansive Politik ein: statt der Vorhersage für März 2019/20, man werde 10 Mrd. Pfund Überschuss verzeichnen, kam nach der Pro-BREXIT-Referendumsmehrheit im Herbst 2016 eine Prognose beim Defizit für März 2019/20 von –22 Mrd. Pfund. Das lief auf ein UK-Konjunkturprogramm von etwa 1,5 % des Bruttoinlandsproduktes hinaus, da ja ein Teil des Defizitproblems auf reduzierte Steuermehreinnahmen durch vermindertes Wirtschaftswachstum zurück zu führen war.

Man kann hier anmerken, dass die Bank of England die Zinssätze aus Furcht vor einer schon im Herbst 2017 bei 3 % liegenden Inflationsrate nicht weiter vermindern wird und Zinserhöhungen der Zentralbank werden auf mittlere Frist dann auch zu erhöhten nominalen Zinssätzen – später zu investitionsbremsenden erhöhten Realzinssätzen – führen. Nominale Zinssatzerhöhungen könnten die Pfundabwertung bremsen und auch neue Furcht in den USA vor zu hohen Haushaltsdefiziten unter Präsident Trump bringen, die eine Dollarabwertung im Zuge antizipierter erhöhter Auslandsschuldenquoten mit sich bringt. Da allerdings mittelfristig eine reale Zinserhöhung in UK entsteht, werden auch die Investitionen in UK – speziell die Nettoinvestitionen – wachstumsdämpfend zurück gehen. Geht man davon aus, dass die UK-Anpassungsdynamik im realwirtschaftlichen Bereich über eine längere Frist verteilt sein wird, so wäre ein BREXIT-bedingter Einkommensverlust von weniger als 12 % binnen einer Dekade eine Überraschung. Das hieße ja rund 0,8 % weniger Wirtschaftswachstum pro Jahr als sonst, könnte also auf Wachstumsraten über viele Jahre von nur etwa 1 % hinaus laufen. Wenn zudem EU-Zuwanderer in die EU27-Länder zurückkehren bzw. UK in größerer Zahl verlassen sollten, dann wird sich ja vom Produktionspotenzial her wie von der Gesamtnachfrage ein Dämpfungseffekt in UK ergeben, so dass das Wirtschaftswachstum unter 1 % fallen kann. Größere Anpassungs-effekte wird es auch in Deutschland geben, wo knapp 3 % der Bruttoexporte in 2016 und etwa 2 % der Wertschöpfungsexporte Richtung UK liefen.

DHINGRA/OTTAVIANO/SAMPSON (2017) untersuchen die UK-Ver-handlungsoptionen beim BREXIT und betonen vier Punkte: Man erhält in den Verhandlungen, was man selbst anbietet; Verhandlungen sollten sich auf Sach-punkte beziehen; man sollte aus einer Position der Stärke verhandeln; es lohnt sich, in sachkundige Experten für Verhandlungen zu investieren, so dass die Regierung für eine angemessen große Verhandlungsmannschaft Steuergelder bereit stellen sollte.

Immigrationsfragen stehen bei PORTES/FORTE (2017) im Fokus der Analyse. Wenn ab 2020 die Zuwanderung um 100 000 dauerhaft absinkt, so ergibt sich eine Verminderung des Realeinkommenszuwachses pro Kopf von 1 % bis 5 % bis 2030. Nur für die unteren Qualifizierungsschichten bzw. Einkom-mensgruppen ist die Situation kaum verändert. Demnach könnte durch Vermin-derung bei der Zuwanderung ein ähnlich hoher Dämpfungseffekt entstehen wie durch die BREXIT-bedingte Verschlechterung beim künftigen EU-Bin-nenmarktzugang seitens von UK. Dem könnte man UK-seitig entgegenwirken, indem man per Einwanderungsgesetz versucht, den Anteil qualifizierter Arbeit-nehmer zu erhöhen. SUMPTION (2017) befasst sich mit der Frage, auf welche Weise eine britische Regierung die Zuwanderung qualitativ steuern könnte. Dazu werden verschiedene Handlungsmöglichkeiten aufgezeigt.

Im Beitrag von ARMOUR (2017) geht es um die Rolle des BREXIT für den Sektor der Finanzdienstleistungen. Aus Sicht des Autors kann der bisherige Vorteil für Banken in Großbritannien, Finanzdienste in der ganzen EU anbie-ten zu können, nicht ersetzt werden durch EU-Äquivalenzregelungen für Dritt-staaten. Solche Regelungen bedeuten, dass für bestimmte UK-Finanzmarkt-dienste die Äquivalenz britischer bzw. ausländischer Regulierungen mit den entsprechenden EU-Regulierungen seitens der EU anerkannt wird. Das liefe auf Basis von EU-UK-Vereinbarungen darauf hinaus, dass nach dem BREXIT Banken von London aus weiterhin den Zugang zu entsprechenden Marktseg-menten in der EU27 hätten. Aus Sicht von ARMOUR (2017) gilt, dass die EU durch fehlende Äquivalenzregelungen selbst Nachteile haben wird, da die brei-ten in UK entwickelten Kapitalmarktdienste bislang in der EU27 nicht verfüg-bar sind; das bedeutet höhere Kapitalkosten der Investitionsfinanzierung in der EU und kann das EU27-Wachstum dämpfen. Da der BREXIT bei geringen EU27-UK-Äquivalenzvereinbarungen darauf hinaus läuft, dass viele US-Ban-ken EU-Finanzierungsdienste künftig eher von New York anbieten werden als von London, ist zu folgern, dass London künftig eine verschärfte Konkurrenz aus den USA im Finanzmarktbereich erwächst. Im Übrigen wird die UK-Weigerung die vier Freiheiten des EU-Binnenmarktes, inklusive Migrationsfreiheit, künftig anzuerkennen, erhebliche Probleme gerade für den Bankenstandort London bringen. Für EU-Banken mit Niederlassungen in London wird dieser Standort nach dem BREXIT bzw. bei absehbar schlechteren Chancen, eigene Mitarbeiter problemlos nach London zu entsenden, weniger attraktiv. Es gibt bisher eine Reihe von Ländern, mit denen die EU zu bestimmten Bereichen Äquivalenzregelungen vereinbart hat: etwa mit Hongkong, Singapur und der Schweiz im Bankenbereich, im Versicherungsbereich mit den Bermudas, Schweiz und Israel, bei Einstufungen zu Krediten bzw. beim Kreditrating mit Hongkong und Singapur und bei Derivatprodukten, die für das Risikomanagement wichtig sind, mit Hongkong, Singapur und der Schweiz. Wenn seitens der EU Äquivalenzregulierungen zwischen der EU und den USA – zudem auch mit Ländern in Asien – vereinbart werden sollten, dann wird man aus EU-Sicht auf den Finanzstandort London künftig weniger angewiesen sein.

Anzumerken ist hier: Die EU dürfte bei Äquivalenzregulierungen gegenüber UK im Bereich der Finanzdienste eher zurückhaltend sein, was Verlagerungsaktivitäten britischer, US-amerikanischer, japanischer und anderer Auslandsbanken von London Richtung EU27 motivieren wird. Die EZB wird zudem aus Regulierungspolitik-Gründen kaum zulassen wollen, dass wichtige Bank- und Finanzgeschäfte für die Eurozone außerhalb der Eurozone bzw. der EU angeboten werden und damit dem Regulierungszugriff der EZB entzogen sind. Schließlich gibt es eine industriepolitische Perspektive, denn Frankreich, Deutschland, Irland und andere Länder werden um abwanderungswillige Finanzdienstleister aus London werben, da hier hochbezahlte Arbeitsplätze in die jeweiligen Länder der EU gezogen werden können. Ob die EU mit den USA unter der Trump-Administration ohne weiteres Äquivalenzvereinbarungen im Banken- und Versicherungsbereich wird abschließen wollen und können, bleibt abzuwarten.

John Vickers (VICKERS, 2017) betont, dass im BREXIT-Kontext auch wichtige Fragen der Wettbewerbspolitik betroffen sind. So wäre es etwa sinnvoll, durch EU-UK-Kooperation weiterhin gemeinsam die Fragen internationaler Zusammenschlüsse und Beteiligungen von Seiten der Wettbewerbspolitik zu betrachten. Es ist durchaus denkbar, dass gerade in der Wettbewerbspolitik eine intensive Kooperation zwischen UK und den EU27 möglich sein wird. In diesem Bereich könnte man wohl vermutlich zügig Vereinbarungen zwischen den beiden Verhandlungspartnern erzielen. Für UK nach dem BREXIT vorteilhaft könnten Möglichkeiten sein, Unternehmenszusammenschlüsse künftig stärker auf Basis ökonomischer Kriterien zu betrachten. Hinzugefügt sei aber hier: Problematisch könnten die neuen UK-Politik-Freiheiten bei der Subventionskontrolle werden, die bislang in der EU recht strikt gehandhabt wird. Gerade wegen des Absinkens der UK-Wachstumsrate dürfte der Druck in Großbritannien zunehmen, dass der Staat mit Erhaltungssubventionen nicht-lebensfähige Unternehmen künstlich erhält. Das wird für die Steuerzahler erfahrungsgemäß langfristig relativ teuer.

Dem Thema Steuern und BREXIT ist die Analyse von FREEDMAN (2017) gewidmet. Sie erwartet, dass die britische Regierung die Körperschaftssteuersätze senken wird und UK international in der Standortkonkurrenz als Niedrigsteuerland positionieren könnte – allerdings verweist die Autorin darauf, dass UK die Möglichkeit ja auch ohne BREXIT gehabt hätte. Denn in Steuerfragen gilt in der EU unverändert nationale Souveränität. Der Handlungsspielraum für eine Niedrigsteuerpolitik sei angesichts der OECD-Initiative zu BEPS (base erosion and profit shifting) – also der gemeinsamen Politik der Industrieländer gegen zweifelhafte Steuerpraktiken von Ländern – nicht sehr groß. Anzumerken ist hier, dass die US-Steuerpolitik unter der Trump-Administration, die die Unternehmenssteuersätze Ende 2017 gesenkt hat, von der britischen Regierung als Ermutigung in Sachen Niedrigsteuerpolitik verstanden werden könnte; jedenfalls solange die Tory-Partei an der Regierung ist. Sollte die Tory-Partei Unterhaus-Wahlen verlieren, dann ist wohl kaum eine britische Niedrigsteuerpolitik zu erwarten. China hat im Übrigen auf die US-Steuerreform noch im Dezember 2017 reagiert, indem Gewinne, die in China reinvestiert werden, in Zukunft steuerfrei gestellt werden. Es ist nur eine Frage der Zeit, dass auch EU-Länder auf die US-Steuerreform und die britische Steuersenkungspolitik in UK reagieren werden.

Auf die weiteren interessanten Beiträge im Sonderheft seien die Leserinnen und Leser verwiesen, wobei vor allem innerbritische Fragen im Fokus stehen. Dies betrifft etwa die Regional- und Beihilfenaufsichtspolitik, die Infrastruktur- und Energiepolitik, die Bildungspolitik und die Agrar- und Umweltpolitik. Die Umweltpolitik in UK könnte im Kontext sinkenden britischen Wirtschaftswachstums unter Druck kommen, aufgeweicht zu werden. Die EU-Umweltpolitik könnte nach dem BREXIT weniger ehrgeizig ausfallen, soweit die USA und UK sich international gemeinsam für eine Aufweichung der Klimaschutzziele einsetzen. Damit hätte der BREXIT dann erhebliche negative externe Effekte mit Blick auf vom Treibhauseffekt betroffene Industrie-, Schwellen- und Entwicklungsländer. Die Chancen, China zu einer ambitionierten Klimaschutzpolitik zu veranlassen, werden mittelfristig deutlich sinken, wenn die USA und UK beide auf eine verminderte Klimaschutzpolitik setzen wollten. Chinas Wirtschaftswachstum könnte seinerseits allmählich sinken; auch weil Chinas Emissionshandelssystem, das 2018/2019 national umgesetzt werden soll, die Energiekosten sowie die Kosten energieintensiver Produktionsbereiche verteuert.

Eine Kurzstudie des National Institute of Economic and Social Research (NIESR) von Ende September 2017 zeigt, dass das britische Pro-Kopf-Einkommen 600 Pfund (etwa 660 €) geringer ausfiel als ohne BREXIT. Dabei ist der BREXIT noch gar nicht vollzogen. Die Zahlen des Treasury Reports (2016) mit der Schätzung eines Pro-Kopf-Einkommensverlustes von 1800 Pfund bei einem beschränkten EU-UK-Handelsabkommen erscheinen durchaus als realistisch. Die May-Regierung kommt mit den Zahlen der NIESR-Analyse verstärkt unter Druck, die BREXIT-Debatte wird sich in UK intensivieren und bei UK wird von May am Brüsseler Verhandlungstisch wohl eine nachgiebigere Verhandlungsposition zu erwarten sein. Allerdings dürften die Spannungen innerhalb des May-Kabinetts weiter zunehmen. Es ist nicht klar, dass die EU-UK-Verhandlungsergebnisse Anfang 2019 im britischen Unterhaus eine Mehrheit finden könnten: Die harten BREXIT-Befürworter werden bei einem „weichen EU-UK Kompromiss" sehr unzufrieden sein, und eine Reihe von Tory-Abgeordneten ist ohnehin nicht für den BREXIT.

Effekte beim Nationaleinkommen: Relevante Größe kaum je betrachtet zu BREXIT

Die angesprochenen Beiträge bzw. das Themenheft bieten wichtige ökonomische Einsichten zum BREXIT-Prozess und den BREXIT-Konsequenzen. An einem Punkt sind allerdings diese Beiträge eine Ausblendung wichtiger Fragen: nämlich wenn es um die Effekte das Wachstums des realen Bruttonationaleinkommens geht, was für die Wählerschaft in UK entscheidend ist. Die von den Autoren angesprochenen Effekte auf das reale Bruttoinlandsprodukt beziehen sich auf die UK-Wertschöpfung (Gesamtvolumen neuproduzierter Güter und Dienstleistungen in einer Periode). Der hier wichtige Unterschied zwischen Nationaleinkommen und Bruttoinlandsprodukt ist ja der Saldo der Erwerbs- und Vermögenseinkommen zwischen Inland und Ausland. Lässt man die Einkommen von Grenzgängern außer Acht, dann geht es bei diesem Saldo im Wesentlichen um die Frage, wie groß die ins Ausland abfließenden Gewinne ausländischer Unternehmen in UK sind – und wie groß die aus dem Ausland zufließenden Gewinne aus britischen Tochterfirmen im Ausland anzusetzen sind. Geht man von einer realen Pfund-Abwertung aus, dann wird man verstärkte Übernahmen britischer Firmen durch ausländische Investoren erleben. Denn Auslandsinvestoren profitieren stark von der realen Pfundabwertung (jedenfalls bei unvollkommenen Kapitalmärkten). Steigt der Anteil ausländischer Investoren am UK-Kapitalbestand durch den BREXIT um 1 %, dann erhöht sich der Anteil der britischen Gewinne, die ins Ausland zusätzlich abzuführen sind, um etwa 0,33 % des realen Bruttoinlandsproduktes. Erhöht sich der Anteil ausländischer Investoren am UK-Kapitalbestand (also am Maschinenpark der Unternehmen) um 10 % in einer Dekade, dann sind 3,3 % des Bruttoinlandsproduktes mehr ans Ausland zu transferieren als ohne BREXIT. Um die entsprechende Größenordnung sinkt das reale Nationaleinkommen. Demnach könnte unter ungünstigen Bedingungen das britische reale Nationaleinkommen real um 10-13 % im Zuwachs vermindert ausfallen gegenüber dem BREXIT.

Der Machtverlust am internationalen Verhandlungstisch, wo UK nach dem BREXIT als ökonomisches Gewicht kaum 1/5 des EU28-Gewichtes von 2016 auf die Waagschale bringt, ist ebenfalls ein Negativpunkt. Hinzu kommen global negative Auswirkungen auf die Stabilität der regionalen „Wirtschaftsintegrationsclubs" in anderen Regionen der Weltwirtschaft und möglicherweise höhere Verteidigungsausgabenquoten, da ja der BREXIT den Westen ökonomisch und politisch insgesamt schwächt. Russland etwa könnte den BREXIT zum Anlass nehmen, seinerseits verstärkt Druck in Osteuropa auszuüben, um Russlands Interessen an einer weiteren Schwächung der EU zu verfolgen. Höhere Militärausgabenquoten in Russland und den westlichen Ländern könnten die Folge sein, eine reduzierte Konsumquote zeigt dann eben auch hier weitere Wohlfahrtsverluste an.

Nicht auszuschließen ist auch, dass nachfolgende UK-Regierungen insgesamt eine protektionistischere Politik umsetzen werden. Die Perspektive, durch BREXIT langfristig einen Einkommensdämpfungseffekt von 10-20 % zu haben, bedeutet, dass für die BREXIT-Befürworter nicht-ökonomische Prestige-, Identitäts- oder Nationalismuseffekte sehr erheblich positiv ausfallen müssten, um starke Dämpfungseffekte beim Wachstum zu kompensieren; oder die BREXIT-Befürworter haben ohne Minimalkenntnis der Zusammenhänge über eine komplizierte Frage abgestimmt, zu deren Folgen ihnen führende Politiker wie Michael Gove oder Boris Johnson kaum Vernünftiges haben sagen können.

Was auch immer die BREXIT-Ergebnisse sind, der BREXIT ist eine historische Weichenstellung für ein Jahrhundert oder mehr. Es ist ein Machtverlust für UK und eine global relevante Schwächung des Westens. Man kann den BREXIT in kritischer Sicht als das Ergebnis eines klaren Fehlreferendums einordnen. Diese kritische Sicht zum UK-Referendum 2016 heißt nicht, dass damit EU-Fehlentwicklungen und Mangel an EU-Reformen gut geheißen werden könnten. Letztlich liegt es an der UK-Politik, durch ein zweites EU-Referendum in 2018 oder Anfang 2019 die erheblichen Zweifel an der Ordnungsmäßigkeit der UK-Volksbefragung von 2016 auszuräumen. Natürlich ist nicht ausgeschlossen, dass ein neues EU-Referendum wieder zu einer BREXIT-Mehrheit führt. Falls der BREXIT kommt, so wird es natürlich auch eine weitere Zusammenarbeit EU-UK geben; aber auf Seiten der EU-Länder und der EU nach einem BREXIT einfach zur Tagesordnung überzugehen, wäre sicherlich verfehlt. Allein die verstärkte USA-UK-Kooperation wird die EU27 zu politischen Kurskorrekturen zwingen. Im Übrigen kommt es 2018 aus EU-Sicht auch darauf an, absehbar drohende langfristige EU-Destabilisierungsimpulse aus einem BREXIT zu minimieren.

15

Auswirkungen auf Deutschland und die EU-Finanzmärkte

Neo-Nationalismus in Europa und Illusionspolitik

Es gibt in Westeuropa einen merkwürdigen Gegensatz zwischen einer still-schweigend akzeptierten Globalisierung der Wirtschaft – nach der Devise: wie gut, dass ich ein neues preiswerteres Mobiltelefon aus einer Produktion in Asien nutze - und einer digitalen Unzufriedenheit neuer Art, deren Expansion auch viele Randgruppen der Gesellschaft erstmals erfasst hat. Letzteres gibt natürlich auch auf neue Weise diesen Gruppen im Internet eine Stimme. Darauf hat sich die traditionelle Politik in kaum einem EU-Land bislang eingestellt, weder in der Politikvermittlung noch in den Politikprogrammen. Es gibt jedenfalls ein zu geringen digitalen Kosten mobilisierbares neues Potenzial an politischer Unzu-friedenheit: Bürgerinnen und Bürger, die Sorgen und neue Ängste im Internet bekunden; zudem gibt es auch unzufriedene Normalbürger, die ihr Wunsch-denken vernetzt und digital meinungsstark im Internet bekunden und sich in UK wie in den USA ganze Wunderwelten ausdenken, denen Ökonomen als Forschergruppe wenig entgegen setzen. Während jedes Standardlehrbuch zeigt, dass regionale Wirtschaftsintegration in der Regel zahlreiche Vorteile bringt, wollen weite Teile der BREXIT-Befürworter in UK an eine reale Welt glauben, in der man durch Desintegration auf neue Weise reich werden kann; wenn man sich das im Internet 100 000fach zuruft, entsteht eine digitale Wunschwelt, die man zumindest für einige Zeit mit der realen Welt verwechseln kann.

Digitales Wunschdenken wurde exemplarisch bei der US-Wahl von Donald Trump zum US-Präsidenten 2016 auf neue Weise sichtbar; vor allem wenn sich Trump-Anhänger über scheinbar neue ökonomische Wunderwaffen - wie die Trump-Steuersenkung von Ende 2017 - freuen, die angeblich zu hohem US-Wachstum und gar mittelfristig sinkenden staatlichen Schuldenquoten (Verhältnis Staatsschuld zu Nationaleinkommen) führen werden. Dabei ist

© Springer Fachmedien Wiesbaden GmbH, ein Teil von Springer Nature 2018
P. J. J. Welfens, *BREXIT aus Versehen*, https://doi.org/10.1007/978-3-658-21458-6_16

Trump einerseits nur üblichen Ansätzen republikanischer US-Präsidenten in den USA nach 1950 gefolgt, nämlich zu Beginn der Amtszeit hohe Haushaltsdefizite durch hohe Steuersenkungen zu verursachen, was für ein ökonomisches Strohfeuer gut ist; jedoch schon mittelfristig zu steigenden Risikozuschlägen bzw. erhöhten US-Zinssätzen und dann zu vermindertem realem Wachstum der Wirtschaft in den USA führt. Andererseits hat Trump den Anspruch, er könnte für die USA überall in Verhandlungen mehr als bisher herausholen und zudem über einen „intelligenten Protektionismus" den USA Gutes tun. Dass die USA durch Protektionismus bei Solaranlagen und Waschmaschinen ihren Wohlstand verbessern werden, kann wohl nur ein Bauunternehmer glauben, der sich nicht im Sektor der handelsfähigen Güter beruflich bewegt hat. Die Trumpsche Bauunternehmer-Sicht ist eine Fehlsicht; interessanter Weise hat er mit dem italienischen Bauunternehmer und Politiker Silvio Berlusconi einen geistig verwandten Weggenossen in der EU, der auch auf einen intelligenten Protektionismus schwört; übrigens hört man dieselbe Formel auch in Frankreich bei Marine Le Pens rechtspopulistischem Front National. Aus theoretischer ökonomischer Sicht ist in der Zeit globaler Produktionsnetzwerke für westliche Industriestaaten ein nutzbringender Protektionismus etwa in Form von erhöhten Zöllen ein Ding der Unmöglichkeit: ein absurder Widerspruch – etwa wie gewichtsmindernde Völlerei.

Der Ruf nach einem neuen Protektionismus ist vor allem als politisches Wohlfühlsignal bei Populisten beliebt. In gewissem Sinn ist aber auch in UK bei Labour-Anführer Corbyn Neo-Protektionismus zu hören, der bei Corbyn als Forderung nach Subventionen für die britische Stahlindustrie auftritt, die möglich wären, wenn UK aus der EU ausgetreten ist. Ökonomisch bringen solche Erhaltungssubventionen den britischen Stahlarbeitern kurzfristige Vorteile, aber nationale Subventionen müssen ja über erhöhte Steuersätze finanziert werden, was allerdings Kaufkraft aus der ganzen Wirtschaft abzieht bzw. die gesamtwirtschaftliche Nachfrage schwächt. Erhaltungssubventionen zögern am Ende nur den Strukturwandel hinaus und verlangsamen das Wirtschaftswachstum. Vermutlich ist im alten Westen der politische Ruf nach mehr Subventionen fast unvermeidlich angesichts der historisch enormen Exportzuwächse Richtung USA und EU seitens des neuen Wirtschaftsgiganten China.

Die Neigung zu mehr Nationalismus ist spätestens seit der Transatlantischen Bankenkrise in der EU unübersehbar, als die Bürgerinnen und Bürger sahen, dass in der großen Bankennot vor allem die nationalen Regierungen helfen konnten. Die EU-Kommission tauchte 2008/09 fast völlig ab. Da ist ein neuer Not-Nationalismus in Europa entstanden. Hinzu kommt ein von der Internetexpansion mit getriebener Populismus, der auch einen neuen Egoismus zum

Ausdruck bringt: Die digitalen Möglichkeiten sind enorm, sodass sich jeder im Internet darstellen kann und damit auch radikale extreme Positionen Ausdruck und Anhänger finden können. Es gibt erkennbar eine neue Lust an politischen Extremen und die in der Demokratie wichtige Fähigkeit zum Kompromiss wird damit erschwert. Die Bereitschaft, sich an allgemeine Regeln zu halten sinkt, die Bequemlichkeitsneigung wächst (siehe die neue Ablehnung der Winterzeit, die eigentlich ökonomische und ökologische Vorteile bringt) und die Bereitschaft wohlhabender Regionen, über einen Finanzausgleich ärmere Regionen zu unterstützen sinkt wohl in den meisten EU-Ländern. Indirekt folgt daraus vermutlich auch, dass Umverteilung via EU auch stärker zu begrenzen sein wird, woraus wiederum größerer Reformdruck auf regionaler bzw. nationaler Ebene entsteht, ökonomisch zu den führenden Ländern aufzuholen. Das wiederum stärkt zeitweise die Position der ökonomisch führenden Länder in der EU.

Dann gibt es noch besondere Entwicklungen, zu denen auch die Unabhängigkeitsbewegung in Katalonien gehört, die seit Jahren gärt, aber mit dem populistisch gefärbten BREXIT einen neuen Impuls erhalten hat; und es gibt die Bundestagswahlergebnisse vom 24. September 2017. Mit dem erstmaligen Einzug der populistischen rechtsnationalistischen AfD in den Deutschen Bundestag – mit 12,6 % der Stimmen insgesamt, gut 20 % in Ostdeutschland, Wahlsieger in Sachsen – steht auch Deutschland vor politischen Kräfteverschiebungen. Diese werden auch die EU-Partnerländer betreffen und sind zudem auch BREXIT-relevant. Letzteres ist insbesondere auch deshalb der Fall, weil die am 22. September in einer Rede in Florenz von Premier May geäußerten Wünsche nach einer Art BREXIT-Verlängerung, nämlich zwei Jahre nach Austritt noch in der EU-Zollunion und im EU-Binnenmarkt zu verbleiben, als für Deutschland und die EU27 riskante Option erscheint. Dass UK sich zur Minimierung von Anpassungskosten mehr Zeit wünscht, ist verständlich, aber ein faktischer BREXIT erst in 2021 hieße, gerade voraussichtlich ins nächste Wahljahr Deutschlands das britische Populismusprojekt BREXIT mit zahlreichen denkbaren massiven Marktverwerfungen zu platzieren – ein Treibsatz für Populisten. Eine weitere politische Destabilisierung Deutschlands in einer EU ohne Großbritannien wäre hoch riskant: Die ohnehin geschwächte Europäische Union käme im Fall fehlender Stabilität in großen EU-Ländern oder mangelnder Führungskooperation Deutschland-Frankreich weiter in Schwierigkeiten.

Die Anti-Euro-Partei AfD, die hohe Millionenbeträge aus der Wahlkampfkostenerstattung 2017 in künftige Landtags- und Kommunalwahlen sowie die Europa-Wahlen wird reinvestieren können, könnte weiter an Gewicht in Deutschland gewinnen. Mit den von den AfD-Anhängern immer wieder behaupteten Verdrängungseffekten bei Hilfsleistungen für Flüchtlinge, die auf Kosten der deutschen Bevölkerung ginge, legt die AfD Fehlthesen auf, die auch UKIP in Großbritannien immer wieder, und zwar mit Blick auf Zuwanderer, betonte. Dabei sind Zuwanderer doch in der Regel als Arbeitnehmer auch an einem Mehr an Produktion beteiligt und zudem sind Einwanderer ja auch Unternehmensgründer – modifiziert gilt dies nach einer Übergangszeit auch für Flüchtlinge. Jedenfalls werden die nationalistischen Vorurteile der UKIP auch in Deutschland intoniert und es sei daran erinnert, dass Nigel Farage als UKIP-Chef während der Kampagne zum EU-Referendum die Bilder der Flüchtlingsströme in Kontinentaleuropa groß als Anti-EU-Signal plakatieren ließ.

Ein gewisser Zusammenhang von Eurokrise und UK-Immigrationsdebatte besteht im Übrigen und könnte Basis für eine vernünftige EU-Reform sein – vielleicht sogar mit Einbeziehung von UK. Der EU-Binnenmarkt hat die Grundfreiheiten Freihandel, freier Kapitalverkehr und freier Personenverkehr für alle EU-Länder, sieht aber die Währungsunion nur für eine Teilgruppe vor; jedenfalls ohne UK und Dänemark. Es ist grundsätzlich unfair, dass UK wegen Konstruktionsfehlern der Eurozone bzw. wegen der Eurokrise unter sehr hohen Zuwanderungsdruck geraten kann, ohne dass die Länder der Eurozone hier UK eine finanzielle Kompensation zahlen müssen; oder aber UK kann wie jedes andere Nicht-Euro-Land – so eine denkbare sinnvolle neue Regelung - für eine maximale Zeit von fünf Jahren innerhalb von zwei Jahrzehnten die Freizügigkeit einseitig einschränken. Die Eurokrise führte ja dazu, dass viele emigrationswillige EU-Osteuropäer nach 2010 nicht mehr Richtung Griechenland, Italien, Frankreich, Spanien und Belgien emigrierten, sondern es kam zu einer Migrationsumlenkung vor allem Richtung Deutschland und UK. Diese Überlegung verweist nochmals klar auf die Notwendigkeit der Länder der Eurozone, über geeignete Reformen die Eurozone stabilitäts- und wachstumsfest zu machen. Eine in nationalen Verfassungen verankerte Schuldenbremse und die Unabhängigkeit des nationalen Statistikamtes von der Politik sowie flexible Arbeitsmärkte – und ein gesetzliches Verbot von sachfremden Lohnprämien im öffentlichen Dienst gegenüber der Privatwirtschaft (mit 20-30 % in Griechenland, Italien und Spanien als dortiges Teilproblem der Krise sichtbar) und solide Bankenregulierung sind hier unabdingbar.

Mehr Freihandel unter der Überschrift Global Britain hat Premier May versprochen, aber leicht umzusetzen ist das keinesfalls. Schon ein UK-Freihandelsabkommen mit China ist kaum vorstellbar, wenn denn der ohnehin relativ kleine britische Industriesektor nicht dramatisch weiter schrumpfen soll. Dass im Übrigen UK in einem Freihandelsvertrag mit China bessere Bedingungen erreichen kann, als wenn UK dies via EU28 versucht hätte, ist völlig unplausibel: UK hat nur 1/5 der EU28-Wirtschaftskraft, die bisher bei Freihandelsverträgen der EU auf die Waagschale bei internationalen Verhandlungen zu stellen war. Eine reale 12 %-Pfundabwertung binnen Jahresfrist gegenüber der EU27 und dem $ bedeutet, dass UK noch mit deutlich weniger als 1/5 der bisherigen Verhandlungsmacht in künftige Freihandelsverhandlungen geht. Jenseits jeder BREXIT-Kritik wird man aber durchaus annehmen können, dass die britische Wirtschaft relativ anpassungsfähig ist. Kommt der NoDeal-Fall, also ein ungeordneter Ausstieg von UK aus der EU – ohne Vertrag zum EU-Binnenmarktzugang –, dann wird UK dieselben Importzölle zahlen müssen wie andere Länder: Ein hoher Preis für UK, wobei die eintretenden Wohlfahrtsverluste wohl mindestens 12 % des Nationaleinkommens erreichen dürften. UK hat nach 2016 mehrere Jahre fast nur BREXIT Innen- und Außenpolitik gemacht: ernste Politikanstrengungen der May-Kabinette, die für den BREXIT-Vollzug erkennbar eine höchst schwache Legitimation hatten. Gibt es keine Verhandlungsfortschritte, droht schon vor dem geplanten Austrittsdatum im März 2019 der Austritt von UK aus der EU und das könnte eine Lawine von Instabilität und UK-Zerfallsdruck mit sich bringen.

Es bleibt unverändert die große Frage, weshalb Premier Cameron keine normale Wählerinformation in Sachen BREXIT in 2016 zustande brachte; und wieso sich Politiker in Sachen EU-Zuwanderer zu jahrelangen Fehlinfos an die Wählerschaft entschließen und damit im politischen Wettbewerb offenbar leicht durchkommen. Sicherlich gibt es auch kritische Punkte in Sachen EU-Reformbedarf, die man aus britischer EU-Kritik aufnehmen sollte. Aber es scheint politische Instabilitätselemente neuer Art in der modernen Globalisierung zu geben und dazu gehören erhebliche Politikverschiebungen gerade in UK und den USA. Die häufig zu hörende Behauptung, dass im BREXIT eine Anti-Globalisierungswelle zum Ausdruck kommt, die gegen die globalisierungsbedingt steigende Ungleichheitswelle protestiert, ist wenig überzeugend.

Mit der britischen BREXIT-Entscheidung sind erhebliche Kräfteverschiebungen innerhalb Europas und in der EU27 verbunden. Es ist nicht auszuschließen, dass der BREXIT zu einer längerfristigen Destabilisierung Europas führt. In jedem Fall werden sich viele kleinere EU-Länder neu orientieren wollen, da man eine besondere nationale Beziehung zu UK – wie früher seitens der Niederlande oder Dänemarks – künftig nicht mehr als Gegengewicht gegen eine denkbare Dominanz Deutschland-Frankreich wird einsetzen können. Ob Deutschland und Frankreich sinnvolle Reforminitiativen in der EU werden auf den Weg bringen können, bleibt abzuwarten. Die Rede von Präsident Macron an der Universität Sorbonne im September 2017 zeigt einige Optionen auf; ob diese auch von Deutschland und anderen EU-Ländern am Ende mitgetragen werden, ist schwer abzuschätzen. Die Conte-Regierung Italiens verkompliziert die Probleme.

Recht gut kann man das Risiko für eine neue Bankenkrise in Europa herleiten. Diese ergibt sich aus der Kombination von US-Bankenderegulierung unter Präsident Trump und den von der britischen Regierung schon im September 2017 signalisierten neuen UK-Deregulierungsvorhaben, die in ganz Europa den Druck hin zu neuer Bankenderegulierung schaffen. Es gibt einige Gründe dafür anzunehmen, dass die EU-Länder am Ende auch eine Bankenderegulierung in wichtigen Ländern einführen werden und dann kommt wohl nach einigen weiteren Jahren der Finanzmarkt-Überderegulierung die nächste Bankenkrise (zu den Mechanismen, siehe WELFENS, 2012, Die Zukunft des Euro). Sie könnte noch größer als die nur mit ganz außerordentlichen Rettungsmaßnahmen eingedämmte Transatlantische Bankenkrise 2008/09 sein. Es ist allerdings auch nicht auszuschließen, dass die EU27 mit UK eine gemeinsame Bankenaufsicht realisieren wird. Nicht auszuschließen ist auch, dass die EU27 mittels neuer bzw. verstärkter Integrationsfelder die EU-Integration langfristig befestigen kann.

EU27-Großhandelsbankenmarkt in London und ernste Risiken durch unzureichende ESRB

Einerseits kann man aus ökonomischer Sicht klar feststellen, dass der BREXIT für UK erhebliche ökonomische Nachteile mit sich bringt. Andererseits gibt es wegen der überragenden Rolle von London als EU27-Bankenzentrum in der Übergangsphase beim BREXIT, aber auch mittelfristig ernste Probleme und Risiken für die Bankenaufsicht in der EU28, bei der folgende Akteure mitwirken:

- Die Europäische Union, die mit Direktiven zur Bankenaufsicht in den EU-Ländern wichtige Vorgaben nach der Bankenkrise 2007-09 gemacht hat, wobei viele EU-Länder international auch bei den Reformen für die sogenannten Basel-III-Regeln der Bank für Internationalen Zahlungsausgleich in Basel mitgewirkt haben (hierbei geht es insbesondere darum, Vorgaben für höhere Eigenkapitalquoten der Banken bis 2019 umzusetzen, wobei die Kooperation der EU-Länder mit den USA in 2017 zeitweise sehr schwierig war; im Hintergrund läuft ein Politikdialog auf G20-Ebene zu Fragen der Bankenaufsicht, wobei auch der IWF eingebunden ist).
- Die European Banking Authority (EBA), die etwa für Stresstests bei den Großbanken der EU methodische Vorgaben macht und sicherlich auch einen BREXIT-Risikotest anordnen wird, um abschätzen zu können, inwieweit die Großbanken in UK und der EU27 auch ungünstige wirtschaftlichen Entwicklungen im Kontext des BREXIT überleben können.

- Die Europäische Zentralbank, die seit Herbst 2016 für die Großbanken in der Eurozone – mit 19 Mitgliedsländern in der kritischen BREXIT-Austrittsphase 2018/2019 – die „mikroprudenzielle" (auf einzelne Banken bezogene) Aufsicht über rund 140 Großbanken hat und zudem die sogenannte makroprudenzielle Aufsicht innerhalb des European Systemic Risk Boards (ESRB) wahrnehmen soll. Im ESRB wirken neben der Europäischen Zentralbank zahlreiche weitere Akteure aus dem Bereich der Bankenaufsicht der EU28-Länder mit, wobei makroprudenziell nicht die Stabilitätsanalyse einer Einzelbank meint: Vielmehr geht es um die Analyse von Systemrisiken, die entstehen aus dem Zusammenwirken der Risikolage in verschiedenen Banken, der Wirtschaftspolitik und auch Wechselkurs- oder Rohstoffpreisschocks, so dass man im Idealfall eine neue Bankenkrise wie 2007-09 verhindern könnte. Die Wirtschaftssituation in den USA und der EU28 ist im Zuge der umfangreichen Staatsanleihenankäufe durch die US-Zentralbank, die Bank of England und die Europäische Zentralbank in der Dekade nach der Transatlantischen Bankenkrise stabilisiert worden, aber auch in eine unnormale Situation geraten – mit Notenbankzinssätzen nahe der Null-Linie und langfristigen Staatsanleihenzinssätzen für Länder mit mindestens A-Rating auch bei der Null-Marke. Da die Deflationsrisiken in 2015/2016 in den USA, UK und der Eurozone weitgehend überwunden waren, könnten nach 2017 die Inflationsraten ansteigen und die Zinssätze – ausgehend von den USA – deutlich ansteigen. Trotz des Wirtschaftsaufschwungs in den USA und der EU27 gibt es also Zinserhöhungsrisiken und für Banken und Versicherungen der EU27-Länder mit großen Investitionen in britischen Staatsanleihen auch erhebliche Risiken aus einer möglichen BREXIT-bedingten Pfundabwertung.

Bank-Bilanz- und Handelskanal als Transmissionskanäle für Krisen in der EU28

Banken vergeben Kredite an private Haushalte einerseits und an Unternehmen andererseits (sowie den Staat). In der Transatlantischen Bankenkrise hat für Deutschland für die Rezession 2009 der Handelskanal eine wesentliche Rolle gespielt, da der durch die US- und UK-Bankenkrise bedingte dortige Rezessionsdruck die Exporte Deutschlands massiv einbrechen ließ. Demgegenüber spielte der Bank-Bilanzkanal in UK für die dort etwas mildere, aber auch längere Rezession in der Bankenkrise eine wichtige Rolle als in Deutschland – der Handelskanal wiederum war für UK im Vergleich zu Deutschland weniger

maßgebend (BORN/ENDERS, 2018; diese betrachten die „Great Recession",
also die Transatlantische Bankenkrise mit Blick auf Deutschland und UK, wobei
beide Länder als kleine offene Volkswirtschaften modellmäßig angesetzt sind).
Bilanzkanal meint hierbei folgenden, vereinfacht dargestellten Zusammenhang
zwischen Bankbilanz und Auslandsaktiva in der Bilanz sowie der Kreditvergabe
der Banken:

- Banken haben Aktiva, also etwa Vermögensobjekte wie Wertpapiere (Staatsanleihen, Aktien, forderungsbesicherte Papiere etwa mit Bezug zum Immobilienmarkt im Inland oder im Ausland – dahinter stecken letztlich Immobilien, bewertet zu Marktpreisen).
- Wenn der Wert der Vermögensobjekte einer Bank sinkt – etwa durch Wert-
berichtigungen bei Auslandsaktiva -, dann fällt die Möglichkeit der Banken
zur Kreditvergabe: Es kommt zu einem höheren Risikozuschlag beim Kredit-
angebot und die Kreditvergabe an de Unternehmen sinkt, die Investitionen
gehen zurück und dann auch Wachstum und Beschäftigung. UK-Banken
haben einen höheren Anteil an Auslandsaktiva als Banken in Deutschland,
was den Bank-Bilanzkanal in UK stärker ausfallen lässt als in Deutschland.
Nach BORN/ENDERS (2018) bedeutet eine höhere Eigenkapitalvorgabe
für UK-Banken, dass sich der ökonomische Einbruch kurzfristig verschlimmert hätte, zugleich wäre gemäß den Simulationen – in einem DSGE-Modell
– der Aufschwung rascher erfolgt.

Die Bedeutung dieser Kanäle im Kontext von BREXIT und ggf. Italien-Krise ist
eine dreifache:

- Wenn wegen eines (harten) BREXIT die Kapitalzuflüsse aus dem Ausland
nach UK zurück gehen, dann kommt es zu Wertverlusten bei UK-Bankaktiva,
so dass die Bankenkreditvergabe in UK sinkt; zudem wird bei erwartungsge-
mäß verschlechtertem Binnenmarktzugang für UK im BREXIT-Kontext ein
Dämpfungseffekt beim Produktionspotenzial über eine Verminderung der
aus der EU bezogenen Vorleistungen eintreten; dieser Dämpfungseffekt ist
nicht der übliche Handelskanaleffekt, sondern ein zusätzlicher. Der übliche
Effekt tritt zusätzlich auf der UK-Nachfrageseite dadurch ein, dass 6% Realeinkommensrückgang – hier exemplarisch betrachtet – zu 1% Einkommensrückgang in der EU27 führt, was die britischen Exporte mittelfristig dämpft.
- Wenn Italien-Staatsanleihen an Marktwert verlieren – weil es eine Vertrauenskrise gegenüber der Politik Italiens gibt -, dann werden betroffene Banken
in Frankreich, Deutschland und UK etc. vom Bank-Bilanzkanal betroffen

sein bzw. hiervon ausgehend werden die Risikoaufschläge zunehmen und die Kreditvergabe in den genannte Ländern und natürlich in Italien geht zurück. Damit sinken dann die Investitionen und in der Eurozone beziehungsweise im EU28-Raum kommt es zu einer Wachstumsdämpfung.

Da die Banken Frankreichs neben denen Italiens relativ am stärksten durch Italien-Anleihen in der Bilanz belastet wären, gäbe es im Fall einer Italienkrise einen deutlichen Abschwungsimpuls in den beiden Ländern, was wiederum negative Übertragungseffekte bei Deutschland, UK und anderen Ländern in Europa hätte. Es ist denkbar, dass ein ungeordneter BREXIT indirekt soviel Marktnervosität auf den Kapitalmärkten erzeugt, dass eine Italienkrise wegen allgemein steigender Risikoprämien für „Krisenländer" entsteht. Um so wichtiger wäre es, dass die Conte-Regierung durch kluge Reform- und Wirtschaftspolitik das Vertrauen der Kapitalmarktakteure in der kritischen BREXIT-Umsetzungsphase oder auch in einer BREXIT-Abbruchsphase sichert. Sofern es in UK auf dem Banken-Großhandelsmarkt zu Problemen beim BREXIT käme, wäre natürlich auch die Gefahr zu betrachten, dass große Unternehmen und Banken aus Italien – und Deutschland, Frankreich etc. - verstärkte Finanzierungsprobleme bekommen könnten, was die von Italien Regierung gewünschte Erhöhung der Wachstumsrate des Realeinkommens beeinträchtigen wird. Damit käme es zu einem Anstieg der erwartete Schuldenquote Italiens, was für steigende Italien-Risikoprämien und neue Unruhe in der Eurozone sorgen könnte sowie in Italien die latente Italexit-Debatte (Austritt Italiens aus der Eurozone) bei den Populisten-Parteien intensivieren dürfte.

Die EU28 geht im Übrigen womöglich schwierigen Zeiten in den Finanzmärkten entgegen, die im Fall eines No-deal-BREXIT – also eines britischen EU-Austritts ohne EU-UK-Vertrag – besonders von Instabilitäten geprägt sein dürften. Es ist die gesamte Situation der EU28-Finanzmärkte nach dem britischen EU-Austritt im März 2019 sehr kompliziert, da bislang der größte Teil der Finanzmärkte der EU27 (der wholesale banking markets: Großhandelsbankenmärkte: Derivaten-Märkte, Devisenmärkte für Euro-Transaktionen und Großkredite von Banken an Großunternehmen der EU27) ja in London liegt, was unangenehme Probleme aufwirft. Mit dem 29. März 2019 liegt der größte EU27-Bankenmarkt für Unternehmen und Großanleger außerhalb der EU, zugleich werden die EU-Bankenregulierungen für UK nicht mehr gelten. Es ist nicht ausgeschlossen, dass einige Großbanken aus London für die EU27-Kunden weiter Geschäfte werden anbieten können; sofern die EU nämlich sogenannte Regulierungsäquivalenz für UK-Anbieter in bestimmten Finanzdienstebereichen zuerkennt; aber eine solche EU-Bescheinigung kann natürlich auch zurück gezogen werden und wenn UK eine neue Bankenderegulierungswelle nach dem BREXIT aufbaut, dann werden EU-Äquivalenzbescheinigungen für UK-Anbieter (aus London aktiv) wohl kaum lange bestehen bleiben. Es wird ein gewisser Verlagerungsdruck für Finanzdienstleister aus UK entstehen: nämlich Tochtergesellschaften in der EU27 zu errichten, die allerdings eigenständig kapitalisiert werden müssen, was Europa insgesamt die Kredit- und Derivatekosten etwas erhöhen könnte. Ausreichend kapitalisierte britische Banken, die nun neue EU27-Auslandstöchter mit Eigenkapital versorgen müssten, könnten so reagieren, dass die nationale Eigenkapitalquote in UK herunter gesetzt wird, so dass man gerade noch über der regulatorischen Mindesteigenkapitalquote liegt; das könnte dann für UK ein Weniger an Bankensystem-Stabilität bedeuten, was wiederum für die EU27-Länder bedrohlich werden könnte. Denn London wird auch nach BREXIT-Vollzug wohl der dominante Finanzplatz für die EU bleiben und dann hieße Bankeninstabilität in UK, dass die Kredit- und Derivatenversorgung – Transaktionen zur Risikoabsicherung betreffend – für die EU27-Länder im Kern gefährdet wäre, ohne dass eine EU-Institution hier ohne weiteres eingreifen könnte. Die EU-Institutionen, inklusive Europäischer Zentralbank, und die nationalen Zentralbanken bzw. Bankenaufseher hätten dann ein ernstes Politikproblem: Verantwortlich für Bankenaufsicht und Finanzmarktstabilität, aber der wichtigste Akteur wäre mit der Bank of England und der UK-Regierung eine Institution außerhalb der EU. Nach BRUEGEL-Schätzungen steht London vor dem BREXIT für 90 % Marktversorgung der EU27-Banken-Großhandelsmärkte (Wholesale Banking), Deutschland und Irland stehen nur für geringe Marktanteile von 2 %, Frankreich, Luxemburg und Niederlande für je 1 % Marktanteil von der Angebotsseite her, wie Abbildung 18 zeigt.

Es drohen ernste Banken-Instabilitätsprobleme für die EU27 und UK im britischen EU-Austrittsjahr 2019 und darüber hinaus, und zwar trotz der für 2018-2020 erwarteten guten Konjunkturentwicklung in den EU27-Ländern. Schon im Herbst 2018 könnten erhebliche Instabilitäten in den Finanzmärkten der EU auftreten, wobei Aktienmarkt- oder Rohstoffpreisschocks parallel zu Zinserhöhungs- und Pfundabwertungsimpulsen auftreten könnten. Zumindest ist eine vorsorgliche Risikoanalyse durch den European Systemic Risk Board vorzunehmen, und zwar für das Gesamtbild der EU28-Länder (inklusive Italien-Probleme). Die EU27 und UK sind aber offenbar vor allem mit den EU-UK-Verhandlungen in 2018 beschäftigt; dass man in diesen Verhandlungen zu Jahresbeginn 2018 BREXIT-Risikoanalysen für die EU28 einbeziehen wird, ist kaum zu erwarten, was allerdings unklug ist. Dass man der Problematik allein mit einem von der EU-Bankenaufsichtsbehörde EBA angeordneten Banken-Stresstest gerecht werden kann, wird man nicht ernsthaft behaupten können.

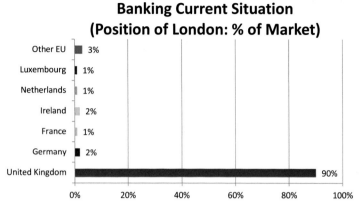

Abb. 18. Vor-BREXIT-Ausgangssituation der EU27-Wholesale-Bankenmärkte nach geographischer Verteilung der Anbieterseite

Quelle: Sapir, A.; Schoenmaker, D.; Véron, N. (2017), Making the best of Brexit for the EU27 financial system, POLICYBRIEF Issue 1, February 2017

Anmerkung: Marktanteile als Prozentanteile an den gesamten europäischen Wholesale-Märkten

Die EU27-Länder wären gut beraten, Anreize zu geben, dass Finanzdienstanbieter mit EU27-Marktfokus ihre Aktivitäten umfassend in die EU27 verlagern, damit es eine realistische Chance gibt, dass EU-Behörden oder Finanzmarktaufsichtsbehörden der EU27-Länder eine wirksame Banken- und Finanzmarktaufsicht in der EU27 durchführen können. Das hat auf den ersten Blick einen „industriepolitischen" Beigeschmack wirtschaftspolitischer Intervention seitens der EU27, aber das bewährte Prinzip der Kongruenz von Haftung und Kontrolle kann sonst ausgerechnet im stabilitätspolitisch wichtigen Bankenmarkt nicht angewendet werden. Wenn die Situation für UK so wäre, dass nach einem britischen EU-Austritt 90 % des UK-Banken-Großhandelsmarktes in der Eurozone lägen, so gäbe es sicher auch bei der britischen Regierung umfassende Überlegungen, damit die in der Eurozone bis dahin umgesetzten Großhandelsgeschäfte nach UK verlagert würden. Beim BREXIT entstehen für die EU27 und UK jedenfalls in Sachen Banken- und Finanzmarktaufsicht erhebliche und komplizierte Probleme, die bei einem schlechten „Scheidungsklima" beim BREXIT kaum gute Politikkooperationsperspektiven EU-UK erleben werden. Umso größer sind dann die Stabilitätsrisiken im BREXIT-Kontext. Immerhin wird die Europäische Zentralbank gegenüber UK einigen Druck aufbauen können, damit zumindest ein Teil der Euro-bezogenen Derivate-Transaktionen von London Richtung EU27 verlagert werden. Bei UK werden dann in erheblichem Umfang Arbeitsplätze verloren gehen.

Es gibt im BREXIT-Kontext erhebliche Markt- und politische Risiken, die rasch die Zinssätze in UK ansteigen lassen und das Rating von britischen Staatsanleihen weiter verschlechtern könnten. Bei einer solchen Konstellation erhöhter gesamtwirtschaftlicher Risiken ist eigentlich der European Systemic Risk Board – der ESRB mit Sitz in Frankfurt/M – aufgerufen, eine makroprudenzielle Risikoanalyse vorzunehmen und Maßnahmen zur Begrenzung von Risiken vorzuschlagen. Der ESRB ist eine EU28-Institution, die man nach der Bankenkrise in 2010 gegründet hat, damit eine Wiederholung der Banken- und Finanzkrise nicht vorkommen soll, wobei u.a. die Europäische Zentralbank (Vorsitz) und nationale Zentralbanken beziehungsweise Bankenaufseher beim ESRB zusammen wirken. Von einer umfassenden Risikoanalyse im ESRB aber kann eigentlich in 2017 keine Rede sein.

Ausgerechnet der britische Notenbankchef Mark Carney – sehr einflussreich als Vize im ESRB – hat offenbar keine Weichen für gemeinsame EU28-Risiko-Analysen stellen wollen. Vielmehr soll die Bank of England für UK eine Risikoanalyse zum BREXIT vornehmen, die Europäische Zentralbank für die 19 Euro-Länder; damit bleibt schon einmal eine sonderbare Analyselücke von 8 EU-Ländern. Die statutenmäßige Aufgabenstellung des ESRB wird nicht erfüllt und wie die Bank of England mit der EZB vernünftig zusammen wirken will, ist unklar. Man kann möglicherweise darauf hinweisen, dass UK und die USA seit vielen Jahren bei Bankenaufsichtsfragen zusammen wirken und hier könnte dann ein gutes Beispiel für künftige Kooperation EU27-UK vorliegen. Aber es waren eben UK und die USA, die für die Transatlantische Bankenkrise 2007-09 hauptsächlich verantwortlich waren – mit der Londoner Lehman-Brothers-Niederlassung als Teil des großen Rades, das die US-Investmentbank in den USA und der EU drehte und am 15. September 2008 zum Konkurs der US-Investmentbank in New York führte. Dass die regulierungspolitische Zusammenarbeit USA-UK in den Jahren vor der Transatlantischen Bankenkrise vernünftig und verantwortungsbewusst genannt werden kann, ist nicht zu erkennen, wobei die US-Bankenaufsicht zwischen Bundesebene und den Bundesstaaten zersplittert war; in UK gab es eine spezielle Bankenaufsichtsbehörde. Dass mit den institutionellen Reformen nach der Bankenkrise in UK und den USA, die die Bankenaufsicht bei der Bank of England beziehungsweise der US-Zentralbank verankerte, eine Garantie für optimale regulierungspolitische Zusammenarbeit von UK und USA gegeben wäre, wird man nicht behaupten können.

Dass die Bank of England und die britische Regierung in bestimmten Konfliktfällen ein systematisches Interesse hätten, bei einer neuen britischen oder transatlantischen Bankenkrise die EU27-Großhandelsbankenmärkte in London zu stabilisieren, ist kaum anzunehmen. Der BREXIT schafft hier ein schwieriges Problem für UK und die EU27, wobei der EU27 nicht vorzuwerfen ist, dass die EU-Binnenmarktdynamik (mit Antizipationseffekten seit etwa 1990) den Bankenplatz London mit Blick auf Finanzmarktdienste für die EU27 hat deutlich anwachsen lassen. Die starke Position Londons als EU-Finanzzentrum hat sich wesentlich durch den EU-Binnenmarkt ergeben; wenn UK den EU-Binnenmarkt verlässt, so ergeben sich natürlich Probleme.

Der ESRB kann schon auf fast eine Dekade Arbeitszeit zurückblicken, wenn das BREXIT-Austrittsdatum 29. März 2019 ansteht und man wird gerade im BREXIT-Kontext sehen, ob der ESRB – er kann nur Empfehlungen zur Risikobegrenzung und -vermeidung geben – funktionsfähig ist. Hier sind Befürchtungen angebracht, da der Europäische Systemrisiko-Ausschuss sich offenbar in 2018/2019 vor allem mit Schattenbanken-Problemen beschäftigen will; aber die Problem-Vernetzung bei den Großbanken der EU beziehungsweise das makroprudenzielle Bild gar nicht gesamtheitlich aufnehmen will. Im Jahr 2010, nach der Transatlantischen Bankenkrise, war mit viel Reformschwung der EU-Systemrisiko-Ausschuss gegründet worden, der die sogenannte makroprudenzielle Bankenüberwachung durchführen soll: Es gilt hierbei nicht eine Bankenaufsicht für eine einzelne Bank („mikroprudenziell") zu realisieren, sondern für das ganze Bankensystem letztlich Systemrisiken zu erkennen und einzugrenzen. Es geht etwa um Risiken im Kontext des Zusammenspiels von mehreren vernetzten existenzgefährdeten Banken, Marktschocks (man denke etwa an Ölpreis- oder Wechselkursschocks) und Problemen bei Geld-, Fiskal- und Staatsschuldenpolitik. Das Zusammenwirken dieser Felder kann mit Blick auf die Systemstabilität kritisch sein – hinzu kommen könnten auch internetbasierte Risiken, da etwa eine internationale kapitalmarktrelevante Manipulation von Erwartungen oder Politikentscheidungen durch Bots (Computer) in digitalen sozialen Netzwerken denkbar ist. Dieser Systemrisiko-Ausschuss ESRC hat den Chef der Europäischen Zentralbank standardmäßig an der Spitze, wobei zudem nationale Bankenaufsichtsinstitutionen der EU-Mitgliedsländer mitwirken. Es gibt einen wissenschaftlichen Beirat und entsprechend Forschungsstudien, die mit helfen können, nationale oder auch internationale Systemrisiken künftig zu vermeiden und einzugrenzen (EUROPEAN PARLIAMENT, 2017: The EU macro-prudential policy framework, IPOL/EGOV).

Erster Vizepräsident des ESRB ist seit Jahren der Chef der Bank of England, wobei diese wiederum in Großbritannien selbst die Bankenaufsicht betreibt und auch eine nationale Institution zur Analyse der nationalen Systemstabilität mitträgt. Im Kontext des britischen EU-Austritts, der als historischer BREXIT potenziell hohe Risiken für eine Reihe von Banken und die Finanzmärkte in Europa insgesamt bringt, wäre es natürlich sehr angebracht, umfassende Studien zu den BREXIT-Krisen vorzulegen und Politikoption im EU-Systemrisikorat zu beraten; gegebenenfalls Warnungen oder auch (unverbindliche) Politikempfehlungen zur Risikoeingrenzung bei der EU oder den EU-Ländern auszusprechen. All das aber – das Notwendige und Selbstverständliche im BREXIT-Prozess - wurde von Mark Carney, Chef der Bank von England, in 2017 offenbar blockiert, so dass 2018 zusammen mit 2019/2020 eine ernste und lange Risikoperiode für die ganze EU bzw. die OECD-Länder insgesamt darstellt. Carney beziehungsweise die Bank of England könnte die beteiligten 27 EU-Länder – plus Norwegen und Island als Beobachter beim ESRC - quasi zum risikopolitischen BREXIT-Blindflug zwingen. Das ist nicht verantwortungsvoll und gefährlich, sorgt womöglich für einen hochriskanten BREXIT, der zu Verwerfungen in den Finanzmärkten bzw. bei den Banken oder auch bei privaten oder staatlichen Fonds und letztlich zu einer neue Banken- und Eurokrise sowie einer Krise der Realwirtschaft führen kann.

Man kann einerseits verstehen, wenn UK bei seinem innenpolitisch höchst umstrittenen BREXIT-Projekt die Märkte nicht unnötig beunruhigen will. Dieses Ruhe-auf-dem-Inlandsfinanzmarkt-Anliegen eines EU-Mitgliedslandes, nämlich Großbritannien, kann aber nicht ernsthaft damit einhergehen, dass nun 27 EU-Länder plus Norwegen und Island ohne eine sicherlich notwendige wirtschaftspolitische EU28-Risikoanalyse durch einen zeitweise von erheblichen Risiken geprägten BREXIT-Anpassungsprozess gehen. Dabei spielen offenbar potenziell verschiedene Marktrisiken und politische Risiken eine wichtige Rolle; und gegen Risiken gilt es sich klug zu wappnen.

Politische Risiken bestehen insoweit, als die erkennbaren Spannungen innerhalb der May-Regierung zu umfassenden neuen Kabinettsumbildungen, vorzeitigen Neuwahlen oder erheblichen Politikakzent-Verschiebungen – etwa hin zu einem harten BREXIT, der ein Zurückfallen Großbritanniens auf einen künftigen EU-Marktzugang - führen könnten; harter BREXIT hieße, dass es nicht zu einem Freihandelsabkommen zwischen der EU und UK kommt. Marktrisiken entstehen unter anderem deshalb, weil eine historisch einmalige große Verlagerung von Banken-Geschäften für die EU27-Länder vom Bankenzentrum London weg hin zu den EU-Ländern ansteht: Von 90 % Wholesale-Bankengeschäft der EU27-Länder in London dürfte der Marktanteil der Londoner Banken auf 60 %-65 % um 2021 sinken, wobei dies immer noch bedeutet, dass die Sondersituation entsteht, dass der größte Teil des Finanzmarktes für viele Euro-denominierte Transaktionen bzw. der Großhandelsbankgeschäfte der EU27-Länder weiter in London, und damit eben nach 2019 außerhalb der EU liegt.

Das schafft ohnehin Risiken neuer Art, da die Europäische Zentralbank und die EU-Bankenaufsichtsbehörde EBA – zuständig für Stresstest-Methodik bei Banken – formal zusammen mit nationalen Aufsichtsinstitutionen der EU-Länder für EU-Banken- bzw. Finanzstabilität zuständig ist. Aber der Hauptregulierer im Großhandelsbankengeschäft heißt in Wahrheit Bank of England. Gerade die aber verhindert 2017/2018 im EU-Systemrisiko-Rat die Analyse der entstehenden Risiken, was im Sinn einer wünschenswerten Verantwortungskongruenz von Handlungsfreiheit und Haftung höchst problematisch ist. Solide, stabile Banken sind aus Sicht der Geldpolitik als Teil der geldpolitischen Transmissionskette für die Geldpolitik etwa der Europäischen Zentralbank in der Eurozone unerlässlich und daher sind Risikoanalysen und dann in der Schlussfolgerung Risikovorsorge und -kontrolle gerade im BREXIT-Kontext aus deutscher und französischer beziehungsweise EU-Sicht dringlich. Systemrisiken einfach ignorieren zu wollen, wäre ganz unverantwortlich. Für die EU-UK-Verhandlungen in 2018 sollte dies bedeuten, dass die EU zur Vorbedingung weiterer Verhandlungen von UK verlangt, dass die Blockade des EU-Systemrisiko-Rates durch die Bank von England umgehend aufgehoben wird, sonst kann ein EU-UK-Freihandelsabkommen nicht verhandelt werden.

Solange UK überzeugtes EU-Mitgliedsland war – also bis Frühjahr 2016 – hat man seitens der britischen Regierung dem Ausbau der EU-Kapitalmarktunion große Bedeutung beigemessen. Denn man erhoffte sich angesichts des führenden britischen Inlandskapitalmarktes und der UK-Banken auch große Chancen für Anbieter aus UK, in der ganzen EU entsprechende moderne Kapitalmarktdienstleistungen zu vermarkten. Dass die britische Mehrheitsentscheidung für den BREXIT nun ein Zerbrechen der entstandenen EU28-Bankenunion bringt, gehört zu den ökonomischen Kosten des britischen EU-Austritts. Entstehende Risiken ignorieren zu wollen, wäre irrational.

Die Vernetzungsgewinne im EU-Finanzbinnenmarkt, die sich auf Basis der beteiligten Netzwerkakteure in hohem Maße für UK ergeben haben, werden beim BREXIT eben auch zu hohen britischen EU-Austrittskosten führen. Ob man in UK diese Kosten etwa auf Seiten der Austrittsbefürworter wahrhaben will oder nicht, ist eine britische Frage; aber wenn man in UK bestimmte Kosten und Risiken nicht wahrnehmen will, kann das noch lange nicht bedeuten, dass es für die EU rational bzw. verantwortungsvoll wäre, Kosten und Risiken des BREXIT – gerade für das Bankensystem – zu ignorieren. Es ist bedauerlich, dass die Regierungen in Deutschland und Frankreich sowie anderen EU-Ländern die sonderbaren Zustände im EU-Systemrisiko-Rat bislang nicht kritisch thematisiert haben und auch mit Blick auf die EZB als Kopf der Institution kann man Fragen nach einer unzureichenden Tätigkeit stellen. Die faktische Blockade einer neuen wichtigen EU-Institution durch die Nationalbank des EU-Austrittslandes UK relativ passiv hinzunehmen, kann man nur als gefährlich für die Länder der Eurozone bzw. die EU27 und letztlich auch für Großbritannien selbst ansehen. Wenn UK im Risikosystem-Rat die Kooperation verweigert, so sind die Beteuerungen der May-Regierung, man wolle Kooperation mit der EU für die Zukunft, nicht als ernsthaft zu betrachten. Man wird sehen, was das Europäische Parlament, dem der ESRB im Frühjahr jedes Jahres einen Bericht zuleitet an Fragen an den ESRB hat. Der European Systemic Risk Board hat 67 Mitglieder (u.a. Präsident und Vizepräsident der EZB plus die Zentralbankchefs der EU28-Länder), von denen 38 stimmberechtigt sind, was die Organisation selbst zu einer unübersichtlichen und schwerfälligen macht – mit bedenklich unklaren Verantwortlichkeiten. Es liegt auch an den Regierungen der EU-Mitgliedsländer, kritische Fragen an den ESRB zu stellen und es ist Aufgabe der EU, in den Verhandlungen mit UK eine vernünftige Kooperation bei der Bankenregulierung und der Risikoanalyse auf lange Sicht zu sichern; wie die EU ihre Interessen allerdings langfristig durchsetzen will, ist kaum zu erkennen.

Auch in Deutschland spielt die makroprudenzielle Überwachung – letztlich der Blick auf Systemrisiken – eine wichtige Rolle, und zwar mit der neuen Institution Ausschuss für Systemstabilität (seit 2013). Dort wirken Deutsche Bundesbank, die Bankenaufsichtsbehörde Bafin und das Bundesministerium der Finanzen – mit je drei Vertretern aktiv – zusammen. Das Bundesministerium der Finanzen wirkt naturgemäß mit, da Fehler bei der makroprudenziellen Überwachung letztlich zu verschärften Banken- bzw. Finanzmarkt- sowie Wirtschaftskrisen führen: mit hohen Kosten für die Steuerzahler bzw. den Staat, wie ja auch die Transatlantische Bankenkrise 2007-09 verdeutlich hat. Empfehlungen können ausgesprochen werden und zudem sind Stellungnahmen zu den Empfehlungen des EU-Systemrisiko-Ausschusses ESRB abzugeben. Man darf gespannt sein, was der ESRB zu den BREXIT-Risiken für Analysen in 2018-2021 vorlegen wird. Es könnten sich jedenfalls erhebliche BREXIT-bedingte Finanzmarktrisiken ergeben, die man bei eigentlich vorgeschriebener gemeinschaftlicher Analyse in 2018 hätte erkennen können (bis 29. März 2019 ist UK und damit auch die Bank of England noch institutionell ja Teil der EU und zur Mitwirkung in EU-Institutionen verpflichtet). Wenn aber eine Kooperation von UK mit den EU27-Partnern im Systemrisikoausschuss ESRB nur noch teilweise stattfindet, wird man bei den EU28-Ländern unnötig große Risiken bzw. Kosten des BREXIT-Prozesses hinnehmen müssen. Es wäre Sache des Europäischen Parlamentes dafür zu sorgen, dass die makroprudenzielle Überwachung wirklich funktioniert.

(Zitat nach Deutsche Bundesbank, https://www.bundesbank.de/Redaktion/DE/ Glossareintraege/A/ausschuss_fuer_finanzstabilitaet_afs.html)

Der deutsche Ausschuss für Finanzstabilität (AFS) ist ein nationales Gremium, dem die makroprudenzielle Überwachung des deutschen Finanzsystems obliegt. Der AFS ist zu unterscheiden vom Ausschuss für Finanzstabilität (Financial Stability Committee, FSC) auf europäischer Ebene, der bei der Europäischen Zentralbank angesiedelt ist. Dem AFS, der seine Arbeit im Frühjahr 2013 aufgenommen hat, gehören je drei stimmberechtigte Vertreter des Bundesfinanzministeriums, der Deutschen Bundesbank und der Bundesanstalt für Finanzdienstleistungsaufsicht (BaFin) an. Für die BaFin nimmt darüber hinaus das für den Geschäftsbereich Abwicklung zuständige Mitglied des Direktoriums ohne Stimmrecht beratend teil. Der Ausschuss erörtert auf Basis von Analysen der Bundesbank Risiken für die Stabilität des Finanzsystems. Befürchtet er ungünstige Entwicklungen, kann der Ausschuss Warnungen oder Empfehlungen abgeben. Zu seinen weiteren Aufgaben zählt, über den Umgang mit Warnungen und Empfehlungen des Europäischen Ausschusses für Systemrisiken (ESRB) zu beraten. Die makroprudenzielle Überwachung des Finanzsystems durch den AFS ergänzt die mikroprudenzielle Aufsicht über die einzelnen Finanzintermediäre und anderer Akteure durch Bundesbank und BaFin.

Es ist sicher ein ernstes Problem, dass für die Übergangszeit des EU-Verbleibs im EU-Binnenmarkt bis voraussichtlich Ende 2020 keine Vereinbarungen EU-UK zur Kooperation bei der makroprudenziellen Bankenaufsicht bestehen. Für die EU27, deren größte Bankenmärkte ausgerechnet in London liegen, ist das hoch problematisch und offenbar müssten ja die EU-UK-Verhandlungen diese Problematik in 2018 dringend angehen. Von Seiten der Bundesregierung oder der EU-Kommission gab es bis Ende 2017 in dieser Sache nichts zu hören. Innerhalb von UK könnte sich im Übrigen durch eine neue Schottland-Unabhängigkeitsabstimmung nach März 2019 ein zusätzliches politisch-wirtschaftliches Destabilisierungselement ergeben.

Schottland – Alternative im Bankensektor?

Wenn es um die Verlagerungen von Londoner Banken-Aktivitäten Richtung EU geht, so haben die großen Banken längst ihre Hauptpläne gemacht und dabei vor allem in der EU27, Frankreich, Deutschland, Irland, Niederlande und Luxemburg im Visier. Sobald von Seiten des Schottischen Parlamentes in 2018 Signale kommen, dass man in Schottland ein neues Unabhängigkeitsreferendum organisieren will, wird jedoch ein zusätzlicher Standort in Frage kommen: Die Verlagerungskosten für einen Teil der Londoner Banker wären gering, wenn sie künftiges EU-Geschäft von Schottland aus anbieten könnten. Das wäre in der Tat eine interessante Option für Banken in London, sobald es nach einer Unabhängigkeits-Mehrheit in Schottland – denkbar noch in 2019 – zu einem EU-Beitritt Schottlands käme. Falls die UK-Übergangsfrist im Binnenmarkt bis 2020 ginge, könnte Schottland als Bankenstandort „UK2" ab 2021 aktiv sein, sofern eine EU-Mitgliedschaft Schottlands in 2021 realisiert wird. Hier ergibt sich jedenfalls im BREXIT-Kontext aus Sicht Schottlands ein neuer denkbarer Standortvorteil etwa für Edinburgh, wo schon zahlreiche UK-Banken aktiv sind. Für US-Banken und asiatische Banken wäre die Verlagerung Richtung Schottland von London aus logistisch und organisatorisch einfach. Schottland kann wegen seiner überschaubaren Größe nur in Maßen einen deutlich verstärkten Bankensektor absorbieren, da eine deutliche Bankenlastigkeit auch Stabilitätsrisiken mit sich bringt. Da jedoch der Bankensektor bislang in Schottland einen überschaubaren Anteilswert am regionalen Bruttoinlandsprodukt hat, besteht tatsächlich ein Expansionspotenzial im Banken- und Versicherungssektor. Das Warnargument des damaligen UK-Premiers Cameron Richtung Schottland in 2014 – beim Unabhängigkeitsreferendum -, dass jeder Schotte 1400 Pfund (etwa 1500 €) im Unabhängigkeitsfall und die Vorteile der britischen EU-Mitgliedschaft verlieren werde, gilt ab 30. März 2019 nicht mehr. Die wirtschaftlichen Sorgen Schottlands wären mit Blick auf eine Unabhängigkeit nach einem neuen Unabhängigkeitsreferendum recht überschaubar, zumal die Expansionschancen im Bankensektor mittelfristig erheblich sein könnten. Wenn 10 000 neue Jobs mit einer Pro-Kopf-Wertschöpfung von 400 000 € in neuen Jobs im schottischen Finanzsektor bei dieser Konstellation entstehen könnten (dies ist eine illustrative Berechnung), wird das zu einem Anstieg des Bruttoinlandsproduktes von Schottland um 4 Milliarden € führen, was im Zuge von Multiplikatoreffekten noch deutlich höher werden könnte; zumal wenn Schottland längerfristig der Eurozone beiträte. Schottlands Bruttoinlandsprodukt könnte durch diesen Effekt um 4-5 % ansteigen, wobei allerdings auch negative Wirtschaftseffekte für Schottland zu verkraften wären, wenn das Land politisch unabhängig und damit die wirtschaftliche Vernetzung Schottlands mit den anderen UK-Landesteilen beschnitten würde.

Auch andere britische Branchen könnten nach einem BREXIT mittelfristig Produktions- und Wertschöpfungsaktivitäten nach Schottland verlagern. Schottlands Wirtschaft ist mit einem Anteil des Öl- und Gassektors von 10 % viel mehr von diesem Sektor abhängig als der Rest von UK und hat hier eine gewisse ökonomische Verletzlichkeit. Allerdings kann Schottland im Bereich Windenergie hohe neue Expansionspotenziale mittelfristig erschließen und könnte als EU-Mitgliedsland auch mit Hilfe von EU-Strukturfonds-Mitteln versuchen, seinen Wachstumsrückstand gegenüber England und Wales abzubauen. Für die 5,3 Millionen Schotten, deren Durchschnittseinkommen 2016 in etwa dem von UK entsprach – bei etwas erhöhter Staatsausgabenquote -, stellt sich in 2019 zunächst die Frage nach einem zweiten EU-Referendum, was die britische Regierung wohl kaum verweigern könnte. Wenn eine Unabhängigkeitsmehrheit in einem neuen Schottland-Referendum sich ergäbe, so hätte dies in UK sicherlich eine politische Krise zur Folge und die konservative Tory-Party, die das Wort „Union" im Namen führt (Bezug nehmend auf die Verschmelzung der Königreiche von England und Schottland per Vertrag in 1707), könnte zerfallen. Solche Perspektiven wird man in der May-Regierung kaum diskutieren. Allerdings hat die Schottische Nationalpartei bzw. die Chefin der Regionalregierung, Nicola Sturgeon, in 2017 schon angekündigt, dass sie einen BREXIT-Vollzug als Grund für die Organisation eines neuen Unabhängigkeitsreferendums sähe. Im Übrigen könnte Schottland sich im Unabhängigkeitsfall verstärkt als Zuwanderungsregion für in England und Wales arbeitende EU-Zuwanderer bzw. außerhalb von UK profilieren: Eine Anti-Immigrationswelle wie in England und Wales gegen EU-Immigranten gibt es in Schottland nicht, und im Übrigen ist ausweislich der schottischen 62 % Remain-Mehrheit bei der britischen EU-Volksabstimmung 2016 die politische EU-Verankerung in Schottland relativ stark gewesen. 2018/2019 könnte jedenfalls an den Finanzmärkten auch mit Blick auf die Schottland-Unabhängigkeitsfrage zeitweise turbulent werden.

Nächste transatlantische Bankenkrise absehbar

Die Trump-Administration hat bereits 2016 die Weichen für ein Aufweichen der nach der Bankenkrise 2007-09 angezogenen Bankenregulierungen gestellt. Auch in Großbritannien stehen die ersten regierungsinternen Weichen hin zu einem Rückbau der Banken- und Finanzmarktregulierungen. Kaum dass UK 2019 die EU verlassen hat, wird man unter dem Eindruck geringen Wirtschaftswachstums von Seiten einer May-Regierung in UK deutlich auf ein Aufweichen der nach der transatlantischen Bankenkrise EU-weit verschärften Bankenregulierungen setzen. Mit solchen Maßnahmen wird man auch dem Abwandern von Banken von London in die EU27 entgegenwirken wollen. Es wird daher eine neue Welle übermäßiger Deregulierung von London und New York/Washington DC ausgehen, die erheblichen Druck auch auf eine Deregulierung in den EU-Ländern entfaltet. Dabei wirken bestimmte internationale Übertragungsmechanismen, wie sie z.T. von ARTUS/VIRARD (2006) geschildert worden sind. Eine neue Trilemma-Analyse für flexible Wechselkurse (WELFENS, 2017b) zeigt darüber hinaus, dass bei Systemen flexibler Wechselkurse eine systematische Tendenz zu überzogener Deregulierung besteht. Das Trilemma besagt, dass man als Land nicht zugleich flexible Wechselkurse, freien internationalen Kapitalverkehr und angemessene Bankenregulierung haben kann. Das läuft darauf hinaus, dass nach dem BREXIT eine Welle internationaler Finanzmarktderegulierungen in den USA und UK zusammenwirkt, die auch die EU-Länder zur Deregulierung veranlassen dürfte. Damit sind dann alle Weichen für eine mittelfristig neue, vermutlich noch größere Bankenkrise als 2007-09 gestellt. Wenn man die auf den Zeithorizont 2035 ausgerichtete Analyse des US NATIONAL SECURITY COUNCIL (2017) liest, dann werden dort verschiedene Risiken regional und global thematisiert. Sonderbarerweise gibt es keine Analyse zum Risiko neuer internationaler Bankenkrisen.

Auswirkungen des BREXIT auf die Wirtschaft Deutschlands und der EU27

Die Perspektiven für ein umfassendes EU-UK-Freihandelsabkommen sind mäßig, so dass ein No-Deal-Fall erwogen werden muss. Da der No-Deal-Fall für UK hohe Wohlfahrtsverluste bedeutet, gibt es einen gewissen Anreiz für die May-Regierung, diesen Fall zu vermeiden. Allerdings sind möglicherweise auch die internen Konflikte der May-Regierung relativ groß (man betrachte nur Reden/Handeln von Ministern wie Boris Johnson – Außenministerium -, David Davis – Exit-Ministerium – und Liam Fox, Handelsministerium; Fox etwa äußerte im November 2017, dass eine Regelung zur Grenze Nordirland-Irland erst getroffen werden könne, wenn der künftige UK-Zugang zum EU-Binnenmarkt geklärt ist. Hingegen hatte der EU-Verhandlungsführer Barnier schon im Frühjahr 2017 betont, dass die Frage des Grenzregimes Nordirland/Irland im Austrittsvertrag geklärt sein müsse, bevor man in einem zweiten EU-UK-Vertrag eine Verständigung über den künftigen britischen Zugang zum EU-Binnenmarkt erreichen könnte). Ein No-Deal-Fall wäre für UK sehr nachteilig und auch für die EU27-Länder mit erheblichen Anpassungskosten in kurzer Zeit verbunden. Für multinationale Unternehmen aus der Eurozone beziehungsweise aus der EU könnte ein No-Deal-Szenario allerdings Vorteile insofern haben, als dann eine relativ starke reale Pfund-Abwertung zu erwarten ist. Für Großunternehmen wie für kleine multinationale Firmen bieten sich hervorragende Möglichkeiten an, um britische Konkurrenten zu übernehmen.

Könnte man sich auf ein mehrjähriges Übergangsregime für UK einigen, so wären die Anpassungskosten auf beiden Seiten sicherlich geringer. Gegen eine längere Übergangsfrist bis 2021 spricht allerdings eindeutig die Problematik, dass mit dem populistischen BREXIT-Projekt dann voraussichtlich mitten zur nächsten Bundestagswahl in Deutschland ein Impuls zur Expansion rechtsnationalistischer bzw. populistischer Politik gegeben wird. Dieser letztere Aspekt erscheint gewichtiger als die Frage der Minimierung der Anpassungskosten für Deutschland bzw. die EU27 und UK. Nicht ganz auszuschließen ist, dass die Nichtrealisierbarkeit einer Jamaika-Koalition 2018 in Deutschland zu vorgezogenen Neuwahlen führt. Kommt eine neue große Koalition zustande, so wird dies kaum vor Frühjahr der Fall sein; aber immerhin hätte dies den Vorteil, dass die notwendigen Reformen in der EU-Politik auf relativ breiter Basis von Deutschland mit angeschoben werden können – wobei diese große Koalition schon wegen der Schrumpfung der Stimmanteile beider großer Parteien nur noch eine kleine Mehrheit im Bundestag bringt. Europapolitik sollte allerdings eine breite Mehrheitsbasis haben, wenn neue Weichenstellungen von Dauer sein sollen. Die Haltung der Bundesregierung zum BREXIT hat bis Jahresende 2017 nur wenig gegolten, da eine amtierende Bundesregierung natürlich ein geringeres politisches Gewicht hat als eine neu gewählte Regierung. Daher spielt Frankreich eine relativ starke Rolle als EU-Impulsgeber bei den BREXIT-Verhandlungen und der ehemalige französische EU-Binnenmarktkommissar Barnier kann vermutlich einige industriepolitische Interessen Frankreichs in den EU-UK-Verhandlungen mit aufnehmen. Aber die Macron-Regierung ist klug genug, auch deutsche Interessen bei diesen Verhandlungen mit zu unterstützen. Denn natürlich sind die in der Sorbonne-Rede von Macron vorgetragenen EU-Vertiefungs- und EU-Reformvorschläge zumindest im Ansatz realisierbar, wenn Deutschland Frankreich unterstützt und umgekehrt. Deutschlands Industrie wie auch wichtige Sektoren in Frankreich sind durchaus an einem EU-UK-Freihandelsvertrag interessiert, wobei der Automobilsektor und der Sektor Pharmazie/Chemie in beiden Ländern eine hohe Priorität hat. Während Deutschland und Frankreich sich auch bei den BREXIT-Verhandlungen in vielen Feldern einig sind, ist die britische Regierungsseite insofern schwach, als das immer wieder von kabinettsinternen Streitigkeiten in London berichtet wird. Das bedeutet auch ein gewisses Risiko, dass von Seiten Londons unrealistische Forderungen in Brüssel vorgetragen werden. Das wiederum könnte zur Konsequenz haben, dass bis Herbst 2018 kaum tragfähige Freihandelskompromisse für wichtige Sektoren erreicht werden könnten; eine politische Scheidung im Streit ist denkbar.

Ein No-Deal-Fall wird den Druck auf UK erhöhen, mit den USA sehr zügig ein UK-US-Freihandelsabkommen abzuschließen – möglicherweise schon ein Jahr nach BREXIT wird ein solches Abkommen in Kraft sein können. Die EU wird demnach gegenüber UK Importzölle verhängen, wie sie auch gegenüber den USA gelten. Wertzölle von mehr als 5 % wird es im Wesentlichen nur im Bereich Automobile, Textilien/Bekleidung & Schuhe sowie bei Agrarprodukten geben. Bei Agrarprodukten gibt es noch Einfuhr-Kontingente, also bestimmte Mengen-beschränkungen. Hinzu kommen zolltechnisch bedingte Belastungen durch Zollabfertigungszeiten und andere Nicht-Zollhürden; vor allem die Technolo-giestandards könnten sich längerfristig auseinander entwickeln. Spiegelbildlich wird UK Importzölle gegenüber Exportgütern der EU verhängen, wobei einsei-tiger Zollabbau bei Agrarprodukten denkbar ist. Deutschlands Export Richtung UK steht für knapp 3 % des Bruttoinlandsproduktes von Deutschland, nämlich 89 Mrd. € in 2016. Da diese Exporte Richtung UK auch ausländische Vorpro-dukte enthalten, ist die „Wertschöpfungsexportquote" etwas geringer. Auf der Importseite gelten ähnliche Überlegungen, wobei im Warenhandel Deutschland 2016 einen Exportüberschuss von 50 Mrd. € erreichte. Dem steht allerdings ein sektoral kleinerer britischer Überschuss beim Dienstleistungshandel entgegen. Wenn der Exportüberschuss Deutschlands bzw. der EU gegenüber UK zurück-ginge – etwa durch Pfundabwertung, UK-Importzölle und UK-Einkommens-dämpfung –, so wirkt dies dämpfend auf die gesamtwirtschaftliche Entwicklung in Deutschland bzw. der EU. Allerdings dürfte dann auch die Kritik der USA am Exportüberschuss Deutschlands bzw. der EU vermindert ausfallen.

In der Debatte um die Höhe der ökonomischen Effekte des BREXIT für Deutschland findet vielfach eine Unterschätzung statt, da nur die Effekte im Handel UK-Deutschland betrachtet werden. Es gilt in der Regel auch die Effekte bei anderen EU-Handelspartnern zu beachten, etwa Niederlande und Belgien, deren Exportgeschäft mit UK relativ stark ausfällt. Bei einem BREXIT – und erst recht bei einem No-deal-Fall – wird das Realeinkommen dieser anderen EU-Länder sinken, was dann zu entsprechenden Bremsspuren beim deutschen Export in diese Länder führen wird. Die Niederlande und Belgien stehen in der Summe für Exporte von fast 3 % des deutschen Bruttoinlandsproduktes, so dass bei einem BREXIT-bedingten Rückgang des langfristigen Realeinkommens von 4 % in diesen beiden Ländern sich dann für Deutschland ein hier zuzuordnender langfristiger Senkungseffekt von fast 0,1 % des Bruttoinlandsproduktes ergibt.

BREXIT wird für deutsche Exporteure bedeuten, dass die Netto-Export-preise (netto heißt vor Zollbelastung) in UK zulasten der Gewinne leicht abge-senkt werden dürften; für UK-Exporteure Richtung EU gilt das noch mehr, da deren Marktmacht in der EU verhältnismäßig gering ist (UK= knapp 1/5 von

EU28 in 2016). Die Handelsablenkungseffekte für Firmen aus der EU27 werden vermutlich schon 2020 vergrößert werden durch ein UK-USA-MiniTTIP, das aus US-Sicht immerhin ¼ der US-Exporte Richtung EU28 dann abdeckt. Das unter Präsident Obama verhandelte EU-USA-Abkommen Transatlantic Trade and Investment Partnership (TTIP) wurde vor allem wegen der Widerstände in Deutschland und Frankreich nicht zügig verhandelt, obwohl man ein Abkommen nach Art EU-Kanada wohl hätte zustande bringen können – wenn denn Deutschland und Frankreich die strategische Bedeutung des Abkommens regierungsseitig erkannt hätten.

Präsident Trump hätte im Übrigen ein fertig ausgehandeltes EU-USA-TTIP wohl nicht ohne weiteres – wie im Fall Trans-Pacific Partnership (TPP) – beiseitegeschoben, da UK, Deutschland und andere EU-Länder TTIP ebenso verteidigt hätten wie der US-Kongress. Vor allem betrifft TTP im Unterschied zu TTIP zu erheblichen Teilen Länder mit Niedriglöhnen (etwa Vietnam und einige lateinamerikanische Pazifik-Anrainer-Länder), während EU-USA ja Länder mit ähnlicher Faktorausstattung bzw. ähnlich hohen Löhnen betroffen hätte. Für die EU-UK-Beziehungen bedeutet ein von Handelsbarrieren freier Zugang zum UK-Markt – dabei geht es weniger um Zollbarrieren als um Nicht-Zollbarrieren und die Absenkung von Investitionshemmnissen für ausländische Investoren -, dass einerseits das UK-Realeinkommen um etwa 2 % ansteigen wird, wobei es deutliche Verdrängungseffekte zulasten von EU-Exporteuren Richtung UK in vielen Branchen geben dürfte. Der positive Realeinkommenseffekt für UK wird die britischen Importe aus der EU27 erhöhen. Der bei einem UK-US-MiniTTIP barrierefreie erhöhte UK-Export Richtung USA andererseits wird dabei zulasten der EU27-Exporteure mit US-Exporten gehen, so dass die EU27-Wirtschaft per Saldo von einem UK-USA Mini-TTIP leicht negativ betroffen sein dürfte, wenn man die Gesamtwirkung mit Blick auf den UK- und US-Handel betrachtet.

Die Export-Verluste bei einem Freihandelsabkommen EU-UK – hierauf dürfte die May-Regierung zusteuern – werden für einige Branchen in Deutschland erheblich sein, wie IFO (2017) zeigt. Diese Exporteinbußen werden im No-Deal-Fall noch stärker sein. Die hier dargestellten IFO-Zahlen dürften in der relativen Sektorgröße wohl zutreffend sein. Aber der Rückgang des UK-Realeinkommens – und damit auch der deutschen Exportdynamik – wird unterschätzt, da man die IFO-Schätzung eines 1,6 % Einkommensrückgangs bei UK im No-Deal-Fall als deutliche Unterdimensionierung einstufen muss. Weniger als 10 % Einkommensrückgang bei UK wäre wohl eine positive UK-Überraschung.

Anti-Globalisierung: WTO-Schwächung, BREXIT, EU-Instabilität

Auf der britischen 20-Pfund-Note ist der Vater der Volkswirtschaftslehre, Adam Smith, aufgeprägt und die Botschaft von den Vorteilen der Arbeitsteilung – international läuft dies auf möglichst viel Freihandel hinaus. Für die Globalisierung der Wirtschaft und den davon ausgehenden Wohlstand ist regionalen Integrationsclubs zu danken – wie etwa der EU, dem lateinamerikanischen Mercosur und der Asean – sowie umfassendem globalem Freihandel unter dem Schutzschirm des GATT bzw. der Nachfolgeinstitution Welthandelsorganisation (WTO). Hinzu kommen die ökonomischen Vorteile des seit den 1970er Jahren liberalisierten Kapitalverkehrs bzw. insbesondere der Direktinvestitionen der multinationalen Unternehmen, die als innovationsaktive Firmen im Ausland investieren und für Innovationen in Quellen- und Zufluss-Ländern stehen. Globalisierung sorgt, so zeigen IWF-Untersuchungen und EIIW-Analysen, für ein Mehr an Wachstumsdynamik und ein Weniger an ökonomischer Ungleichheit in den Entwicklungs- und Schwellenländern. Die Zunahme der Ungleichheit in Ländern im Norden und Süden der Weltwirtschaft ergibt sich vor allem aus der zunehmenden Digitalisierung der Wirtschaft, die die Politik weltweit fördert – gelegentlich ahnungslos in Sachen ökonomische Effekte. Der nützlichen Globalisierung und der zu ihr gehörenden regionalen Integration aber stellen sich mächtige alte und neue Akteure entgegen, die seit 2016 zum Absturzjahr 2019 die Weichen gestellt haben.

Im frühen Internetzeitalter ist Wissenschaft mit einem Einflussverlust konfrontiert. Fast jede gut geführte Nichtregierungsorganisation mit guter Vernetzung und professioneller Presse- und Digitalabteilung hat mehr Einfluss auf die Öffentlichkeit als die Wissenschaft. Thilo Bode als Chef von Foodwatch schrieb, erkennbar ohne Kompetenz und ziemlich ahnungslos in Sachen Integrationsanalyse, einen Anti-TTIP-Bestseller und steht exemplarisch für die mächtigen einflussreichen Nichtregierungsorganisationen. Zivilgesellschaft organisieren kann man als wichtig ansehen; dass sie dem Fortschritt oder der Demokratie einen Dienst erweisen, wenn sie vor allem populäre Vorurteile propagieren, kann man bezweifeln. Die legitimationsschwache Europäische Kommission hat sich auf der Suche nach politischer Unterstützung vielfältig mit solchen NGOs verbunden und finanziert etwa bei Friends of Europe seit Jahren mehr als die Hälfte des Jahresbudgets. Es gab eine dänische Anti-TTIP-Aktion, die sich ernsthaft bei der EU-Kommission für gewährte finanzielle Unterstützung bedankte, was die Widersprüchlichkeit der Kommission mit ihrer Pro-TTIP-Einstellung zeigt. Doch es blieb dem mächtigen neuen US-Präsidenten Donald Trump vorbehalten, offiziell das unter Obama ausgehandelte Transpazifische Freihandelsabkommen zu beerdigen, das u.a. Vietnam, Japan und Australien an Bord hatte. Die USA unter Trump haben die anstehende Neuwahl von Richtern für das WTO-Berufungsgericht blockiert und legen damit ab 2019 den Streitbeilegungsmechanismus der WTO auf Eis. Die Trump-Administration will eben Bilateralismus und möchte den Multilateralismus, der wesentlich auf internationalen Organisationen aufbaut, zerstören. Das führt ins späte 19. Jahrhundert zurück, als die Rivalität der europäischen Großmächte zum Ersten Weltkrieg führte. China und die USA sind dabei die Hauptrivalen im frühen 21. Jahrhundert.

Dass die vorgesehene neue Steuergesetzgebung der Trump-Administration globalisierungsfeindlich bzw. in Teilen protektionistisch ist, haben die G5-Finanzminister in der zweiten Dezember-Woche 2017 in einem gemeinsamen Brief beklagt: Deutschland, Frankreich, Italien, Großbritannien und Spanien – mit Initiative aus Berlin. Aber die USA werden die Einwände aus Europa und Japan ignorieren, und Trump hat erklärt, die Steuerreform zügig durchsetzen zu wollen. Immerhin konnte UK für eine Unterschrift unter den Protestbrief gewonnen werden. Aber ab 2019 sollte man eigenständige britische Außenpolitik kaum noch erwarten. Während fast alle die direkten ökonomischen Effekte des BREXIT betonen, wird der indirekte, wichtigere Effekt übersehen: Da UK sich aus der EU zurück zieht, wird es für viele Jahre nur die USA, Kanada, Neuseeland und andere ferne Länder als politischen Verbündeten haben – britische Außenwirtschaftspolitik wird künftig in Washington vorgeschrieben; ausgerechnet das angeblich freihändlerisch positionierte Global-Britain-Programm unter Premier May wird sich weithin der protektionistischen Trump-Administration unterwerfen müssen. Gegen die US-Blockade des WTO-Berufungsgerichtes hört man aus London keinen Protest der May-Regierung, obwohl doch ihr Ansatz Global Britain darauf abzielt, neue Freihandelsnetzwerke zu schaffen, die unbedingt auf eine funktionsfähige WTO angewiesen sind. Der Kampagne-Slogan der BREXIT-Gruppierungen „Kontrolle zurück gewinnen" klingt vor diesem Hintergrund merkwürdig: zumal die massiven Pfundabwertungen enorme Zunahmen an internationalen Unternehmenszusammenschlüssen bei UK erwarten lassen – Firmen aus den USA, China, Japan, Korea und den EU27-Ländern plus der Schweiz werden zu Discount-Preisen UK-Firmen übernehmen können und den Anteil ausländischer Investoren am UK-Kapitalbestand von 17 % in 2016 auf etwa 30 % in 2025 und wohl mehr als 40 % in 2035 ansteigen lassen.

Dass Adam Smith einen harten BREXIT befürwortet hätte, steht sicherlich nicht zu vermuten. Berechnungen der Rabobank und des EIIW für den Fall eines No-deal-BREXT gehen von 18 % Minderungseffekt beim realen Bruttoinlandsprodukt bzw. 16 % Absenkungseffekt beim realen Bruttonationaleinkommen aus. Die im November 2017 revidierten Prognosewerte des britischen Office for Budget Responsibility für den Zeitraum bis 2020 sehen einen BREXIT-bedingten Einkommensrückgang von etwa 4,5 %, mehr Verluste beim UK-Einkommenswachstum kommen nach dem EU-Austritt 2019 sicherlich.

In Brüssel hat man auf den historischen absehbaren UK-Austritt aus der Gemeinschaft bislang keineswegs mit selbstkritischen Reflexionen reagiert, obwohl die EU – bezogen auf die Zahlen für das UK-Referendumsjahr 2016 – fast 1/5 seines ökonomischen Gewichtes durch den BREXIT verliert. Mehr noch, die EU ist von einer dreifachen Zerfallsgefahr bedroht. Lässt man die EU so wie sie jetzt ist, dann heißt das nicht nur Überregulierung in der Realwirtschaft, sondern langfristig weiter ansteigende Stimmanteile der Anti-EU-Parteien – wie die Forschungsgruppe Wahlen zeigt. Deren Untersuchungen zeigen, dass die Wähler in Deutschland zwar sehr gut die relevanten Politikfelder bei Landtags- und Bundestagswahlen zuordnen können, aber bei der Frage nach den wichtigen EU-Politikfeldern im Kern ratlos sind und daher eine relativ starke Neigung haben, radikale kleine Parteien zu wählen. Die EU ist eben intransparent, mit einer Staatsquote on 1 % fiskalisch irrelevant und hat zudem noch eine teilweise fehlkonstruierte Währungsunion, die wichtige Kriterien der Theorie optimaler Währungsräume komplett ignoriert und Sachen Verankerung nationaler Schuldenbremsen in den Verfassungen der Euro-Länder kaum Fortschritte gemacht hat. Aus Deutschland wird unter der Überschrift Subsidiaritätsgebot, das statisch interpretiert wird, jede sinnvolle Reform blockiert, die komparative Kompetenz-Vorteile der EU – etwa bei Infrastruktur- und Verteidigungsausgaben – und eine langfristige Stabilität und Legitimität sichern könnte. Mini-Schritte zu einer Verteidigungsunion („Ständige Strukturierte Zusammenarbeit) von 25-EU-Ländern im Dezember 2019 helfen da nicht wirklich. Nationale Gewinner der Europa-Wahlen 2014 waren in Frankreich und UK die Anti-EU-Parteien Front National bzw. UKIP und in Deutschland hat die junge nationalistische Anti-Europartei AfD schon 7 % der Stimmen erreicht, das Bundestagswahlergebnis von 12,6 % könnte sie 2019 leicht übertreffen und es ist nur eine Frage der Zeit, bis es in einer schlecht organisierten EU eine Mehrheit der Anti-EU-Parteien im Europa-Parlament gibt. Dann wäre die EU am Ende und die kleineren EU-Länder dürften sich dann wohl einem UK-geführten neuen Freihandelsclub anschließen. Die EU28 dürfte so womöglich – nicht unbedingt friedlich – in drei Ländergruppen bzw. Einflusssphären zerfallen: nämlich mit Orientierung an den USA,

Russland und China. Die Selbstbestimmung der EU-Länder steht jedenfalls mit der kruden Politikmischung von Trump, BREXIT und Juncker-Phlegma auf dem Spiel, wozu noch die historisch neuartige Unfähigkeit zu zügiger Regierungsbildung in der Bundesrepublik Deutschland kommt. Nachdem mit Trump erstmals seit 1950 ein US-Präsident ohne Unterstützung für die EU-Integration an der Macht ist, sieht es in Berlin bzw. Brüssel nach einem „Kevin-Allein-Zuhaus-Problem" aus.

In Brüssel sonnen sich Teile der Kommission in den 2017 verbesserten EU-Umfragewerten, die allerdings wenig mehr sind als der übliche Echo-Effekt guten Wirtschaftswachstums in den EU-Ländern. Die Stimme der Ökonomen ist in Sachen BREXIT weitgehend stumm geblieben – auch wenn dieser Autor mit BREXIT aus Versehen einen digitalen Buch-Bestseller schon im Oktober 2016 vorgelegt hat. In den sozialen Netzwerken kommen die Ökonomen kaum vor, stattdessen sind populistische Politiker als die führenden Einflussakteure und radikale Parteien sind stark vertreten: Die AfD etwa hat bei Facebook mehr Follower als CDU und SPD zusammen. Man mag auf dem Brüsseler EU-UK-Gipfel Nettigkeit oder gar Harmonie auf Basis einer Grundsatzvereinbarung zum EXIT zeigen. In Wahrheit zerfällt der Westen seit 2016 planlos und mit großer Geschwindigkeit – wobei die von den mit expansiver Geldpolitik angefachte Konjunktursonne die politischen Abstiegsprozesse mit einer ökonomischen Scheinprosperität veredelt. Viel Zeit für eine breite Debatte und kluge neue Weichenstellungen bleibt nicht. Denn in 2019 gibt es vier Schreckpunkte: BREXIT, Europa-Wahlen, WTO-Handlungsunfähigkeit in Sachen Streitbeilegung und Ende der EZB-Präsidentschaftszeit von Mario Draghi.

Was wird bei BREXIT besser für die EU27?

Grundsätzlich ist ein UK-Austritt aus der EU zunächst ein historischer Schritt, der den Nimbus einer immer weiter wachsenden Europäischen Union zerstört und darüber hinaus auch die Austrittswahrscheinlichkeit von Staaten in anderen regionalen Integrationsräumen der Welt erhöhen könnte. So sehr die EU über Jahrzehnte wohl eine Art Vorbild für andere regionale Integrationsclubs war, so sehr kann der BREXIT ein europäischer und globaler Desintegrationsimpuls werden. Eine Chance zur Verbesserung gibt es in der EU27 allerdings auch:

- Die seit Ende 2017 verstärkte EU-Verteidigungskooperation – allerdings nur 25 EU-Staaten betreffend – kann ein Impuls für mehr gemeinsame Verteidigung in der EU sein; und auch für Effizienzgewinne. Ohne ein Mehr an politischer Integration wird man allerdings nicht weit kommen. Führungsland bei der Militärkooperation wie der Politikkooperation dürfte Frankreich in der EU sein, wobei die starke Militärposition Frankreichs seiner in der EU nach dem BREXIT einzigartigen Stellung als militärische Atommacht wesentlich zuzuschreiben ist. Eine starke Politikrolle Frankreichs ergibt sich in der EU und der Eurozone abgeleitet daraus.

- Die EU27 könnte bei einer zügigen Politikinitiative Deutschland-Frankreich die Rolle des Europäischen Parlamentes stärken. Allerdings sind hier die Wähler unbedingt durch gute Argumente mitzunehmen. Viele Wähler in vielen EU-Ländern sind über die Politik und die Eliten seit der Bankenkrise 2007-09 desillusioniert. Der BREXIT-Schock und das seit 2016 erhöhte Wirtschaftswachstum – von UK abgesehen - mögen eine Zeitlang die Wähler in den EU27-Ländern veranlassen, wenig kritische Fragen Richtung Brüssel zu stellen. Aber spätestens mit der nächsten Rezession wird sich das ändern.

Bei einem BREXIT werden die EU-Länder kurzfristig sicher sehr unter Anpassungsdruck im makroökonomischen Bereich kommen. Das Zusammenspiel von deutlicher Senkung der US-Unternehmenssteuern und mit einer geringen Minderung des schon niedrigen UK-Körperschaftssteuersatzes werden die EU27-Länder stark unter Druck setzen, auch die Unternehmenssteuersätze abzusenken. Denn Kapital ist international mobil. Hier werden die EU-Länder mittelfristig wohl die Körperschaftssteuersätze mindern müssen. Das schafft für die EU-Länder ein gewisses Ungleichgewicht, da die Unternehmensgewinne immer weniger, die Arbeitnehmereinkommen aber immer höher besteuert werden. In den EU27-Ländern könnte daher auch der Anreiz, sich selbstständig zu machen, deutlich zunehmen.

16

EU-UK-Verhandlungen 2017/2018: Langsame Fortschritte

Vom Exit-Vertrag-EU-UK zur Brexit-Klippe

Am 8. Dezember 2017 traten die britische Regierungschefin Theresa May und Kommissionspräsident Claude Juncker vor die Presse und verkündeten, dass sich UK und die EU zu den Grundzügen des britischen EU-Austrittsvertrages geeinigt hätten. Daher könnten nun in 2018 die Weichen für einen zweiten UK-EU-Vertrag gestellt werden, bei dem es um den künftigen britischen Zugang zum EU-Binnenmarkt und um Sicherheitsfragen gehen wird. Die Zugeständnisse beim EU-UK-Austrittsvertrag sind aus britischer Sicht beachtlich, da für die EU-Zuwanderer in Großbritannien noch für acht Jahre in Sachen Rechtsprechung weiter der in UK wenig populäre Europäische Gerichtshof zuständig sein wird. Für Nordirland sollen im Zweifelsfall quasi EU-Regeln weiter gelten, sofern man sich zwischen der EU und UK nicht auf andere Regeln verständigt. Ein BREXIT mit harter Grenze Nordirland/Irland soll so vermieden werden, wobei jedoch völlig unklar ist, wie dieser Formelkompromiss in der Realität funktionieren soll. Aus EU-Sicht wird mit Blick auf Nordirland ein Teil von UK quasi womöglich in der EU gehalten und Schottlands Regionalregierung sowie der Bürgermeister von London haben schon ähnliche Regeln für die eigene Region gefordert. Unklar ist auch, ob die nordirische DUP als Unterstützungspartei für Premier May Unterstützung für die May-Linie geben wird. Die britische Premierministerin hat grünes Licht für ein vages Austrittsabkommen mit einer Abschiedszahlung von 35 bis 39 Mrd. Pfund gegeben, was in Euro gerechnet nicht viel ist. Denn von einer langfristigen Pfundabwertung um 15 % bis 20 % wird man ausgehen können. Der BREXIT jedenfalls rückt nun näher und da es um die zweitgrößte Volkswirtschaft der EU – auf Zahlen des Referendumsjahres wird hier Bezug genommen – geht, sind die Effekte für ganz Europa bzw. den Westen erheblich.

© Springer Fachmedien Wiesbaden GmbH, ein Teil von Springer Nature 2018
P. J. J. Welfens, *BREXIT aus Versehen*, https://doi.org/10.1007/978-3-658-21458-6_17

Die May-Regierung, die BREXIT heißt BREXIT als ihr Motto bezeichnet, sieht offenbar gute Möglichkeiten, einige sektorale Freihandelsabkommen – etwa bei Automobilen, Maschinen, Flugzeugen und Finanzdienstleistungen – mit der EU zu vereinbaren. Selbst wenn nur ein sektoral stark eingeschränktes Abkommen plus Grundsätze einer Kooperation in der Sicherheitspolitik Ende 2018 zu unterzeichnen wären, so könnte dies für May den Zweck erfüllen zu zeigen, dass sich eine UK-Austrittszahlung von 35 Mrd. € am Ende lohnt.

Ein No-Deal-Austritt Großbritanniens, der ohne Freihandelsabkommen mit der EU wäre, hieße nach EIIW-Berechnungen, dass sich ein langfristiger Verlust an Einkommenswachstum ergibt, der – bezogen auf das EU-Referendumsjahr 2016 – 16 % oder rund 300 Mrd. Pfund (etwa 270 Mrd. €) Minus beim Nationaleinkommen entspricht. Eine Studie der Rabobank aus 2017 kommt gar auf -18 % beim realen Bruttoinlandsprodukt Großbritanniens. Gelingt Premier May, immerhin ein sektorales kleines Freihandelsabkommen zu erreichen, bringt das ein Weniger an Wachstumsverlust für UK. Wenn UK dann Ende März 2019 aus der EU austritt, kann man nach May über ihr Projekt Global Britain – also das eigenständige Entwickeln eines Netzwerkes neuer Freihandelsabkommen Großbritanniens – ein Mehr an Wirtschaftswachstum erzeugen; dabei etwa mit einem USA-UK-Freihandelsabkommen so viel Expansionsdynamik schaffen, dass der handels- und wachstumsdämpfende Impuls aus dem verminderten Außenhandel mit der EU neutralisiert werden kann. Im Übrigen werde die EU27 schon der Logik der nationalen Interessen folgen: sich daher auch um gute Beziehungen mit UK bemühen, das ab dem BREXIT-Tag der wichtigste Handelspartner der EU sein wird. Ob man viel oder wenig Freihandel im EU-UK-Vertrag 2018 verankern könne, sei da auch gar nicht so wichtig. Dieses Londoner Regierungsdenken zu Ende 2018 hat ein hohes Maß an politischer Spekulation und man kann sehr ernste Zweifel an der Angemessenheit dieser Sicht anmelden.

Erstens, UK wird schon um 2020 nur noch der drittwichtigste EU27-Handelspartner sein, hinter China und den USA. Im Übrigen war schon 2017 der kombinierte Handel etwa von Deutschland mit den Niederlanden und Belgien doppelt so stark wie mit UK. Das von UK – nach BREXIT – von May gewünschte Schaffen eines britischen Netzwerks von Freihandelsverträgen, des Global-Britain-Projektes, ist weitgehend eine Schimäre: Natürlich bringt ein zu realisierendes UK-US-Handels- und Investitionsabkommen einige Impulse, aber der britische Export Richtung USA war 2016 nur 1/5 so hoch wie der Richtung EU27. Zweitens: Von einem UK-Japan-Abkommen könnte UK stark profitieren, aber auch nur, wenn die EU27 naiv zulässt, dass das Ende 2018 erzielte EU-Japan-Abkommen mit EU-Zustimmung einfach nach dem britischen EU-Austritt auf UK übertragen werden kann. Die von UK zu erwartenden Handelsvorteile bei einem Freihandelsabkommen mit Japan bei einem fairen eigenständigen Handelsabkommen UK-Japan wären sicher nicht halb so hoch wie die aus dem EU-Japan-Abkommen. Die EU27 steht für gut das Vierfache des britischen Bruttoinlandsproduktes.

Ein Freihandelsabkommen mit China würde die britische Industrie in vielen Sektoren schrumpfen lassen, was Freihandel mit China kaum als attraktives Projekt erscheinen lässt. Ein UK-Abkommen mit Indien wird schwer zu erreichen sein. Denn jeder indische Regierungschef wird die Frage nach Visaerleichterungen für indische Arbeitnehmer aufwerfen – kein wählerbegeisterndes Thema in UK mit seiner von Cameron über Jahre geförderten Anti-Immigrationsstimmung.

Bei Boris Johnson sieht man eine Machiavelli-Position: Der britische Außenminister, der trotz vieler Kritik relativ populär ist, meint wohl, er könne kontrafaktisch alles behaupten, was den BREXIT irgendwie befördere. Wenn der BREXIT erst da sei, zwängen die Eigeninteressen der EU-Länder diese doch zu einer kooperativen EU-UK-Beziehung. Das jedoch ist vermutlich die Fehlspekulation des Mannes, der sich mit seiner 350 Millionen-Pfund-Lüge zu den wöchentlichen britischen EU-Beiträgen – einen öffentlichen Tadel am 17.7.2017 seitens des Chef des UK-Statistikamtes eingehandelt hat und dennoch immer wieder nach einem harten BREXIT ruft, damit UK dann alle angeblichen BREXIT-Vorteile realisieren könnte. Dabei weiß auch Johnson, dass die britische Regierung nach 2018 ausbleibende EU-Zahlungen an Städte, Unis und Firmen in UK durch nationale Zahlungen ausgleichen wird. Also sind nur die britischen EU-Nettobeiträge für das britische Gesundheitssystem verfügbar, kaum die Hälfte von Johnson immer wieder in der BREXIT-Debatte genannten UK-Bruttobeiträge. Dass Johnson die hohe UK-Brutto-Beitragszahlung an die EU plakatierte, ist eben politisches Kalkül des BREXIT-Tribunen, der vor allem machtorientiert handelt. UK verliert durch den EU-Austritt insgesamt an politischer Glaubwürdigkeit, da man ein Vier-Dekaden-Megaprojekt in Brüssel unerwartet und mit erkennbaren politischen Wirrungen beendete; noch dazu mit nicht ordnungsgemäßer Volksbefragung (beim Schottland-Referendum wurde den Schotten per Cameron-Info-Broschüre mitgeteilt, man werde Pro-Kopf 1400 Pfund Einkommensverlust in Schottland im Unabhängigkeitsfall haben und die Vorteile der EU-Mitgliedschaft verlieren; 1800 Pfund Pro-Kopf-Einkommensverlust in 2016 waren indes keine Info in der Cameron-Broschüre wert).

Die unehrliche Johnson-Rhetorik trägt zur UK-Unglaubwürdigkeit bei. Man wird in 2018 bei den Verhandlungen EU-UK in Stufe 2 zum britischen Binnenmarktzugang und zur Kooperation in der Sicherheitspolitik auch sehen, dass die EU27-Länder britischen Zusagen in der Sicherheitspolitik nur begrenzt

Vertrauen entgegen bringen. Wieso auch sollte man einem Land bei der Militär- und Geheimdienststrategie vertrauen, wenn man UK bei der Integrationsstrategie am Ende nicht trauen konnte? Die Militärstärke von UK und auch dessen Geheimdienstqualität lässt sich daher wenig in die Waagschale der Verhandlungen werfen, um für UK gute Bedingungen beim EU-Binnenmarktzugang zu erhalten. Im Übrigen sind 5 % EU-Importzoll als Durchschnittswert nicht kritisch hoch, aber die 2018 noch gleichen Industriestandards werden sich allmählich auseinander entwickeln. Im Fall eines sektoralen Freihandelsabkommens wird es das Problem der Ursprungszeugnisse geben – nur solche Güter kommen für Freihandel in Betracht, die (übliche) 60 % der Wertschöpfung in Land haben. Da werden zahlreiche britische Firmen ihre europäischen Produktionsnetzwerke entwertet sehen und müssen dann kostennachteilig verstärkt in UK produzieren, was Weltmarktanteile und Jobs kostet; oder britische Firmen gehen mit Direktinvestitionen verstärkt in die EU27, um dort zu produzieren, was in UK auch Jobs kosten dürfte und zu einer Pfundabwertung beiträgt.

Eine starke Pfundabwertung wird ausländischen Investoren die Möglichkeit geben, zu Discountpreisen Firmen und Banken in UK zu übernehmen und sich an britischen Unternehmen zu beteiligen. Die relevante ökonomische Theorie geht auf FROOT/STEIN (1991) zurück, die gezeigt haben, dass in einem unvollkommenen Kapitalmarkt die reale Aufwertung einer Währung außerhalb der USA eben Vorteile bringt, wenn man Firmen in den USA übernehmen will: Denn jede Aufwertung etwa des Euros gegenüber dem Dollar heißt, dass übernahmeinteressierte Firmen aus der Eurozone nun – in Dollar gerechnet – mehr Eigenkapital haben als bisher. Also kann das Unternehmen aus der Eurozone für eine Übernahme („leveraged take-over": kreditfinanzierte internationale Übernahme) nun auch höhere Kreditfinanzierungen der Banken erhalten, was die Chance erhöht, in den USA tatsächlich Firmen übernehmen zu können. Im BREXIT-Kontext geht es nun darum, dass das Britische Pfund real im BREXIT-Kontext gegenüber dem Euro, dem US-Dollar, dem Yen, dem Renmimbi und anderen Währungen abwertet. Das erleichtert Investoren aus der Eurozone, dem Dollar-Raum, Japan und China Firmen und Banken in Großbritannien zu übernehmen. Das bedeutet, dass binnen einer Dekade sich der bisherige Anteil ausländischer Investoren von 17 % am britischen Kapitalbestand – an der Gesamtheit der Unternehmen in UK – sich fast verdoppeln wird.

Dann werden um 2030 etwa 30 % der britischen Unternehmensgewinne ins Ausland fließen: Das allein bedeutet einen Einkommensrückgang für UK von 4,3 % gegenüber 2016. Schon 2016-2020 ist die BREXIT-bedingte UK-Einkommensdämpfung bei gut 4 % - laut Berechnungen des Office for Budget Responsibility – anzusetzen. Inflationsraten um 3 % in 2017-2019 werden einige

BREXIT-Befürworter an den versprochenen BREXIT-Vorteilen zweifeln lassen. Außer Patrick Minford mit seiner Botschaft von angeblich 4 % Einkommensplus durch BREXIT gibt es keinen bekannten UK-Volkswirt, der BREXIT-Vorteile sieht. UK verlässt mit dem BREXIT die EU und wird wohl über kurz oder lang ein hartes Grenzregime in Nordirland zur Republik Irland einführen. Im Nordirland-Konflikt hatte es 1960-1998, dem Jahr des von US-Präsident Clinton vermittelten Karfreitags-Friedensabkommens, 3600 Tote und 45000 Verletzte gegeben; und die Rückkehr blutiger Konflikte in Nordirland und Irland erscheint als wahrscheinlich, sobald UK eine militärisch gesicherte Grenze in Nordirland hochzieht. Das von den USA bzw. Präsident Clinton investierte politische Kapital wird durch den BREXIT entwertet, den sonderbarerweise US-Präsident Trump ja positiv findet. UK außerhalb der EU wird ab 2019 politisch völlig von den USA abhängig werden und hat bisher – transatlantisch konfliktunfähig – auch brav geschwiegen zu den Trumpschen Zerstörungsaktivitäten bei der Welthandelsorganisation. Die USA blockieren unter der Trump-Administration die Neuwahl von ausscheidenden Richtern der Berufsinstanz, was die WTO ab 2019 im Bereich Streitbeilegungsmechanismen handlungsunfähig macht. Dass Exit-Minister David Davis im TV-Interview im Dezember 2017 erklärte, in Sachen Freihandelsvertrag UK-EU strebe er eine Mischung aus Kanada-EU-Abkommen, Japan-EU-Abkommen (noch nicht unterzeichnet), Korea-EU-Abkommen plus zusätzlich einem Abkommens-Element zum Dienstleistungssektor an, zeigt ein hohes Erwartungsniveau. Ein Freihandelsabkommen bei Finanzdienstleistungen mit UK bietet sich allerdings aus Sicht der EU bzw. der Eurozone nicht an. Denn sonst wird der große Bankenplatz London am Ende die Finanzmärkte der EU bzw. der Eurozone mit einer UK-Bankenregulierung dominieren, während zugleich formal die EZB doch für die Finanzmarktstabilität in der Eurozone zuständig ist. Das wäre eine Verantwortungslücke, die man aus EU-Sicht keinesfalls zulassen sollte. Auch großzügige Äquivalenzregulierungen bei Banken bieten sich im Regulierungsbereich nicht an. UK hat bereits 2017 unter der May-Regierung zu erkennen gegeben, dass man auf Deregulierung nach einem BREXIT setzen will. Wenn die EU Interesse an einer Wiederholung der Europäischen Bankenkrise hat, dann sollte sie unbedingt nicht zulassen, dass eine neue exzessive Bankenderegulierungswelle sich in der EU ausbreitet. Diese Gefahr besteht doppelt dadurch, dass die USA unter Präsident Trump seit 2017 ebenfalls auf Bankenderegulierung setzen. Die USA sorgen im Übrigen zusammen mit UK für Druck bei Körperschaftssteuersenkungen auch in der EU, was man als problematisch aus europäischer Sicht ansehen kann. Die erhöhte Staatsschuldenquote in den USA wird wohl das Zinsniveau aller westlichen Länder mittelfristig hoch drücken. UK selbst dürfte bei einem BREXIT dann im Zuge der erwarteten starken Pfundabwertung eine Zinserhöhung verzeichnen – sie dürfte auch eine höhere Risikoprämie widerspiegeln. Man kann im Übrigen im Rahmen von Direktinvestitions-Gravitationsmodellen errechnen (BAIER/ WELFENS, 2017), wie hoch die Körperschaftssteuersatzsenkung in UK sein müsste, um den Nachteil des EU-Austritts für UK zu kompensieren: die EU-Mitgliedschaft bedeutet laut Modellanalyse grundsätzlich einen Vorteil für ein Land, das dann nämlich höhere Zuflüsse an Direktinvestitionen von multinationalen Unternehmen erwarten kann.

Mit dem Ende der US-Unterstützung für die EU-Integration, dem Anti-Multilateralismus von Trump – auf Bilateralismus und das Schleifen der Internationalen Organisationen ausgerichtet – und dem BREXIT gerät der Westen in eine Krise. UK wird ganz ins Schlepptau der US-Politik geraten und sich – schon 2017 erkennbar – in eine massive Expansionspolitik bei Wirtschaft und Universitätssystem Richtung Asien begeben. Die durch den BREXIT und Mangel an Selbstkritik geschwächte EU27 wird im Laufe der Jahre durch neue Eurokrisen und zeitweise Stagnationsphasen geprägt werden, sofern nicht umfassende Reformen von Eurozone und EU gelingen. Das 21. Jahrhundert könnte ganz von den USA und China dominiert werden, die regionale Integrationsdynamik in Europa, Lateinamerika und Asien – also die ASEAN betreffend – könnte in Desintegration übergehen und ökonomische bzw. nationalistische Großmachtpolitik, wie im späten 19. Jahrhundert, die Weltwirtschaft destabilisieren. Man wird sehen, ob sinnvolle EU-Reformen zu Stabilisierung der EU möglich sind.

Die britische Global-Britain-Strategie wird mangels Masse an wichtigen Handelsabkommen scheitern, soweit hier die Schaffung eines Gegengewichtes gegen verlangsamt wachsenden Handel mit der EU als Ziel im Fokus steht. Länder wie Kanada, Neuseeland und Australien sind zu klein beziehungsweise zu weit von UK entfernt, um gewichtige ökonomische Expansionsimpulse für Großbritannien zu liefern. Die Global-Britain-Politik ist auch gefährdet durch die überdeutlich erkennbare Neigung der USA unter Trump, den Multilateralismus bzw. die internationalen Organisationen, inklusive Welthandelsorganisation, zu schwächen. Ein weites UK-Handelsnetzwerk, das nicht klaren Regeln etwa gemäß Welthandelsorganisation folgt, wird in unendliche Konflikte münden und am Ende kaum funktionsfähig sein.

BREXIT ohne breites UK-Freihandelsabkommen mit der EU läuft auf einen britischen Einkommensverzicht – über viele Jahre verteilt – von mindestens 12 % hinaus, für die EU heißt das auch etwa 2 % Einkommensverlust; das ergibt sich vor allem aus der Handelsvernetzungsintensität. Die Tatsache, dass die UK-Einkommensverluste sich über viele Jahre verteilen werden, heißt aus Mays Sicht, dass aus dem BREXIT kommende Wählerverärgerung sich über viele Jahre verteilen kann. Gefährlich werden könnte May eine 2018/19 eintretende Abwertung des Pfundes um 10-15 %, die die Inflationsrate wie schon 2017 bei 3 % halten wird. Eine Zinserhöhung, nominal und real, wird die Investitionsdynamik in UK 2018/2019 weiter abbremsen. Kommt es zu einer mehrjährigen Einkommensstagnation in UK durch den BREXIT, so wird das die sozialen Spannungen mittelfristig verschärfen. Denn für die untersten Einkommensschichten wären mehrjährige denkbare reale Einkommensrückgänge untragbar. Kommt es 2018 zu einer chaotischen Politikentwicklung in UK, etwa einem Regierungssturz, so könnte sich auch ein zweites EU-Referendum ergeben.

Die EU27 mag nach der mit UK erzielten Exit-Grundsatzeinigung und dem erfolgreichen Abschluss eines EU-Japan-Freihandelsabkommens im Dezember 2017 als gestärkt erscheinen. Aber das ist ein Trugschluss. Es gibt nur begrenzt in EU-Ländern eine breite politische EU-Unterstützung, die EU27 ist ökonomisch gesehen 1/5 kleiner als die EU28 mit UK. Die Expansion populistischer Parteien ist in vielen EU-Ländern ein fortschreitendes Phänomen. All das schließt nicht ganz aus, dass man in der EU ein Integrationsvertiefungsprojekt ans Laufen bringen kann. Es wird aber eine große Herausforderung sein, dieses vernünftig anzugehen und erfolgreich umzusetzen, eben auch von aus den institutionellen Defiziten bei der Schaffung der Währungsunion zu lernen – irgendeine ernsthafte Neigung zur Selbstkritik ist in Brüssel bei der Kommission und den EU-Ländern kaum zu erkennen.

Das Duo Deutschland-Frankreich ist wegen der Probleme bei der Regierungsbildung in Deutschland kaum vor Mitte 2018 in Sachen EU-Reformen handlungsfähig. Werden notwendige Reformen der Eurozone nicht vernünftig angepackt, ergibt sich bald die nächste Eurokrise. Eine neue Bankenkrise in Europa ist zudem längerfristig absehbar: Die Verlangsamung des Wirtschaftswachstum im BREXIT-Kontext wird UK zu Steuersatzsenkungen bei den Unternehmensgewinnen treiben, vor allem aber zu einer neuen Bankenderegulierung – von der May-Regierung 2017 schon regierungsintern angekündigt -, die zusammen mit der von den USA unter Trump schon 2017 betriebenen Bankenderegulierung den Druck auf in den EU27-Ländern hin zu einer neuen überzogenen Bankenderegulierung treiben wird: Dann wäre ein Kollateralschaden des BREXIT eine neue Transatlantische Bankenkrise; sie wäre nur zu verhindern, wenn die EU und UK sich bei den Verhandlungen zum britischen EU-Binnenmarktzugang, auf eine gemeinsame Bankenregulierung EU-UK verständigten – das Thema ist aber bislang noch nicht auf der Agenda der Verhandlungen in Brüssel. Höchste Zeit, das zu ändern, denn wenn man hier seitens der EU27 nicht aufpasst, kann am Ende noch via BREXIT ganz Westeuropa über die BREXIT-Klippe in den ökonomischen Abgrund stürzen: schlimmer als dies 2008/09 der Fall war. Wenn

UK wegen seiner transatlantischen Konfliktunfähigkeit im Windschatten von BREXIT einfach nur zuschaut, wie die USA die Internationalen Organisationen – allen voran die Welthandelsorganisation – erledigen, wird die angestrebte Global-Handelsorientierung UKs dem Land noch schwer auf die Füße fallen.

Im Übrigen droht einem großen Teil der britischen EU-Zuwanderer in die EU27-Länder, dass mit dem BREXIT ihre Ansprüche an britische Lebensversicherungen wegen Fortfalls der Geschäftsgrundlage verfallen, trotz teilweise jahrzehntelanger Einzahlungen. Hier ist die britische Regierung aufgefordert, eine Problemlösung anzubieten – und die EU-Kommission sollte dies energisch einfordern.

Man kann der EU vorwerfen, sich um UK-Interessen nicht genug gekümmert und insbesondere auch die Problematik einer Euro-Krise unzureichend thematisiert und bedacht zu haben. Es ist jedenfalls unfair, wenn durch eine Euro-Krise 2010-2015 erhöhter Zuwanderungsdruck bei UK entsteht, da ja vor allem Emigrationswillige aus Osteuropa bzw. Bulgarien und Rumänien nach den Krisenphasen in Griechenland, Italien, Spanien und Portugal vermehrt Richtung UK strömten – auch wenn der Wanderungsablenkungseffekt 2014-16 für UK nicht wirklich gewaltig war. Immerhin hätte die EU erwägen können, UK und Dänemark (EU-Länder mit Opting-out-Klausel beim Euro) im Fall einer mehrjährigen Eurokrise für einige Jahre Zuwandererbeschränkungs-Optionen einzuräumen. Vernünftige Reformen der Eurozone bleiben unerlässlich und sie müssten wohl auch Aspekte der ökonomischen Theorie der optimalen Währungsräume beachten, die ja im Delors-Bericht nicht aufgenommen worden waren und daher auch nicht Teil der für den Beitritt zum Euroraum notwendigen Erfüllung von Konvergenzkriterien wurden. Eine weitere große Eurokrise dürfte die EU kaum ohne weitere EU-Austritte überleben. Die in Teilen der Politik gern als realitätsfern eingestufte ökonomische Analyse sollte man klugerweise wirklich sorgfältig bei der Ausgestaltung einer Währungsunion einbeziehen. Es baut auch kein erfolgreicher Flugzeughersteller komplizierte Passagiermaschinen, ohne die relevanten Teile der Physik-Theorie zu beachten – für sicheres Starten, Fliegen und Landen ist das unerlässlich. Wenn die Baumeister der EU-Integration leichtfertig sich vor allem von Wunschträumen leiten ließen, weiß man wie das Ergebnis sein wird: Ein EU-Haus, das weder wachstumsdynamisch verankert ist, noch sicher denkbaren internationalen Kapitalmarkt- und Devisenmarktstörungen wird trotzen können. Am Ende wäre man zurück im späten 19. Jahrhundert mit einer Rivalität der Großmächte, wobei China und USA als neue Führungsakteure das 21. Jahrhundert indes prägen dürften und die Europäer dürften wohl brav dann Gewehr bei Fuß stehen müssen – ein Albtraum. Ein Euroland wird ein ernsthafter politischer Akteur im 21. Jahrhundert nur sein können, wenn die

Politik ihre Hausaufgaben sehr ernsthaft macht und sich endlich ein Risikomanagement angewöhnt, dass die Politik etwa von Banken und Versicherungen selbstverständlich und zu Recht fordert; für die Politik in Berlin, Paris und Brüssel sowie anderen EU-Hauptstädten war die BREXIT-Mehrheit 2016 in UK ein weithin unerwarteter Schock, auf den man sich überhaupt nicht vorbereitet hatte. Nur gut, dass Camerons schwache Regierungstruppe genau so wenig auf den Fall vorbereitet war.

Wenn man Europa von Peking aus betrachtet, ist das in Sachen Desintegration eine einladende Region mit enorm vielen Schwächen und Defizitpunkten, längerfristig womöglich auch ohne Militärschutz der USA; Trump-Versprechen sind ja bisweilen auf dünnem Eis postiert. Ein Politiker in Peking las vor einiger Zeit mit Interesse, wie einst Spanien und Portugal die Welt für ein Jahrhundert per vertraglichem Federstrich 1494 unter sich aufgeteilt hatten. Chinas Firmen investieren im Übrigen massiv in osteuropäische EU-Länder und natürlich steigt auch der Handel Chinas mit der EU, was zur Stärkung der Position Chinas beiträgt. Dass Chinas Firmen auch ganz massiv UK-Firmen – nach den realen Pfund-Abwertungen – übernehmen werden, steht außer Frage. Die Vorstellung der BREXIT-Befürworter, „to take back control", dass also UK nach dem BREXIT wieder mehr politische Autonomie haben werde, ist weithin Wunschdenken. UK wird verstärkt abhängig von ausländischen Investoren und auf der internationalen Verhandlungsbühne kann UK nur 1/5 der wirtschaftlichen EU28-Verhandlungsmacht in die Waagschale werfen (gemessen am Bruttoinlandsprodukt und Handelsvolumen). Wirtschaftliche und politische Konflikte mit EU-Ländern werden sich ergeben und man wird erhebliches politisches Kapital und Ressourcen aufwenden, um mit den EU-Ländern und der EU insgesamt Konflikt- und Problemlösungen zu finden. Dass sich UK ausgerechnet auf die Seite des protektionistischen und rechtspopulistischen US-Präsidenten Trump stellt, ist ein Widerspruch in sich. Dass UK ein Desintegrationssignal an andere regionale Integrationsräume in der Weltwirtschaft gibt, ist auch offensichtlich. Dies kann durchaus das Öffnen der Büchse der Pandora sein – oder aber eine nur zeitweise Störung von regionalen Integrationsclubs und der Globalisierung. Die EU wird mit dem BREXIT umgehen müssen.

Das Wenige an Selbstkritik, das man in Brüssel hören kann, gibt wenig Zuversicht, dass die EU und ihre Mitgliedsländer zu klugen und energischen Reformen fähig sind. Eine historische Chance zu mehr nachhaltiger Integration gibt es durchaus; die Integrationsoptionen und -schritte analytisch sorgfältig zu bedenken, wäre hier wichtig. Am ehesten kann man sich wohl im Wissenschafts- und Wirtschaftsbereich eine EU-UK-Kooperationsbeziehung vorstellen. Dass es ökonomisch und politisch eine neue Rivalität in Europa (sowie mit Russland) gibt, ist indes auch nicht zu übersehen. Wünschenswert wäre auch eine Stärkung der europäischen Städtepartnerschaften, allerdings in anderer Art als bisher. Die Tatsache, dass sich im Vorfeld des BREXIT kein einziges internationales Bürgermeisterpaar oder -trio in UK und Deutschland/Frankreich (etc.) positiv für EU-Integration zu Wort gemeldet hat, sollte sehr zu denken geben. Es wäre daher wichtig, dass künftig die Aktivitäten der europäischen Städtepartnerschaften nach Möglichkeit simultan stattfinden, d.h. alle Partnerschaftsaktivitäten sichtbar in einer einzigen Integrationswoche zu machen und damit den echten Mehrwert der europäischen Vielfalt zu zeigen und zu dokumentieren. Das wäre ein kluger Schritt zu einem größeren Mehrwert der kommunalen EU-Integration, der Bürgernetzwerke. Einen umfassenden EU-Integrationsdialog zu führen wird unerlässlich sein, wenn es denn ein Mehr an nachhaltiger EU-Integration geben soll und die Europäische Union ihren Vorbildcharakter für viele Regionen erhalten will.

Lange UK-Übergangsperiode in der Europäischen Union?

Da der Austrittsbrief von Premier May am 28. März 2017 in Brüssel eintraf, ist angesichts des normalen maximalen Verhandlungszeitraumes von zwei Jahren vom 29. März 2019 als Datum für den EU-Austritt Großbritanniens auszugehen. Ob der Europäische Rat ein Mandat an EU-Chefunterhändler Barnier vergibt, eine maximal zweijährige Austrittsverlängerung – gemäß May-Wunsch in der Florenz-Rede – zu verhandeln, bleibt abzuwarten. Eine Übergangsfrist bis 2021 wäre allerdings aus EU27-Sicht ausgesprochen riskant. Denn in diesem Jahr ist gerade turnusmäßig Wahljahr in Deutschland. Nach dem politischen Rechtsruck in Deutschland bei den Bundestagswahlen vom 24. September 2017 kann man annehmen, dass für die politische Entwicklung in Deutschland und Europa die Bundestagswahl 2021 kritisch wird. Da die AfD durch den Erfolg bei der Bundestagswahl erhebliche Finanzmittel aus der Wahlkampfkostenerstattung erhält und gar mit Staatsgeld eine eigene Parteistiftung wird gründen können, kann eine weitere AfD-Positionsstärkung bis 2021 wohl angenommen werden; zumal die AfD bei den Europa-Wahlen 2019 ihr 7 %-Ergebnis wohl deutlich wird verbessern können und man zudem von weiteren Wahlerfolgen auf kommunaler und Bundesländer-Ebene bis Mitte 2021 ausgehen kann. Dass die AfD mit einer Doppelspitze Gauland-Weidel auftritt, bei der Herr Dr. Gauland für die Position steht, dass Deutschland stolz auf die deutschen Soldaten der beiden

Weltkriege sein solle, während Frau Dr. Weidel Mitglieder der Merkel-Regierung gemäß ihrer Mail von 2013 (da war sie Mitglied der AfD-Vorgängerorganisation Alternative 2013) massiv beschimpfte – laut WELT-Meldung 2017: *„Unter Verweis auf eine andere Passage der Mail berichtet die Welt am Sonntag, dass die Regierung von Angela Merkel als „Schweine" und „Marionetten der Siegermächte des Zweiten Weltkriegs" bezeichnet wird. Weiter heißt es, dass diese Regierung durch Überfremdung in Ballungszentren „molekulare Bürgerkriege" hervorrufen wolle, um „das deutsche Volk klein zu halten".*

Da der BREXIT für die Wirtschaft in UK und der EU27 durchaus als Schock wirken kann, besteht die Gefahr, dass in einem ökonomisch wenig stabilen Umfeld 2021 die AfD dann ihren Stimmenanteil nochmals deutlich wird erhöhen können. Weder Deutschland noch die EU27 werden ein Interesse an einer strategischen Expansion rechtsnationalistischer Politikkräfte wie der AfD in Europa haben. Daher ist das faktische BREXIT-Hinausschieben jenseits einer noch denkbaren Marke Ende 2019 aus westeuropäischer Sicht eigentlich nicht akzeptabel bzw. kann der EU definitiv nicht angeraten werden.

Insgesamt steht das Britische Unterhaus beim BREXIT unter Zeitdruck, da man wegen des EU-Austritts viele neue nationale Gesetze ersatzweise verabschieden muss. Möglicherweise kann sich der Zeitbedarf in der Gesetzgebung wegen Einwendungen bzw. Änderungsvorschlägen von Parlamentariern noch erhöhen. Dann ist allerdings unklar, wie UK aus der EU unter geordneten Bedingungen austreten soll. Hier kann also schon vor Frühjahr 2019 erhebliche Rechtsunsicherheit in UK entstehen, was zu einer Verminderung der Investitionsquote führen dürfte. Die Investitionsquote aber ist eine wesentliche Größe für das Wachstum von Produktion und Beschäftigung. Rechtsunsicherheit besteht offenbar auch für die EU-Immigranten, die in UK leben. Ob die britische Regierung den EU-Zuwanderern klare Zusagen für Verbleibmöglichkeiten in UK geben will, bleibt abzuwarten. Unklar ist insbesondere, welches Gericht in Streitfällen zu Zuwanderern als relevant zu gelten hat. Hier hat die Europäische Kommission betont, dass dies der Europäische Gerichtshof sein soll. Die May-Regierung hat 2016/2017 jedoch wiederholt betont, dass man sich Urteilen des EUGh nicht länger unterwerfen wolle.

Die britische Verhandlungsposition in Brüssel ist, so hörte man nach der dritten Runde im Sommer 2017 nicht nur vom EU-Verhandlungsführer Ex-Kommissar Barnier, einst zuständig für den Binnenmarkt –, von Mangel an Realismus geprägt. Dabei geht es zunächst um die Themen Rechte der EU-Zuwanderer in UK und der britischen Zuwanderer in der EU27, das künftige Grenzregime zwischen Nordirland und Irland sowie die Höhe der britischen Austrittsrechnung, die sich aus der Mitwirkung in laufenden Programmen, diversen Pensionslasten für britische EU-Beamte und anderen Punkten ergibt. Im Lissabon-Vertrag sind, so mag man argumentieren, die Austrittsmodalitäten nur unzureichend geregelt. Daher sollte man erwarten, dass die Verhandlungspartner pragmatisch miteinander einen Kompromiss suchen. Die britische Regierung hatte noch zu Jahresbeginn 2017 bekundet, dass man den Austrittsvertrag und den UK-EU-Vertrag über den künftigen britischen Binnenmarktzugang parallel verhandeln wolle. Nach den vorgezogenen Unterhauswahlen vom Juni 2017, die für die May-Regierung den Übergang von einer Mehrheitsregierung zu einer Minderheitsregierung brachte, war die Verhandlungsposition in der britischen Regierung in Sachen Binnenmarktzugang, also letztlich die Frage betreffend harter BREXIT versus weicher BREXIT, aber völlig unklar. Daher konnte die EU ohne Probleme durchsetzen, dass zunächst über den Austrittsvertrag für UK verhandelt wurde; in der Presse wurden als EU-Forderung Zahlen von über 60 Mrd. Euro genannt. Der Austrittsvertrag ist nicht nur wichtig wegen der „Austrittsrechnung", sondern vor allem auch wegen des Grenzregimes an der Grenze Nordirland zu Irland, die bislang eine weiche Grenze ohne große Formalitäten beim Grenzübertritt ist, was die Lösung des Nordirlands-Konfliktes unter US-Vermittlung sicherlich erleichtert hat. Da UK und Irland beide nicht Mitgliedsländer beim Schengen-Abkommen sind, ist die bisherige Personenfreizügigkeit zwischen UK und Irland unproblematisch.

Wenn eine harte Grenze eingerichtet wird, so wird dies vermutlich von irischen Nationalisten als Provokation empfunden werden, womit neue militärische Auseinandersetzungen im Nordirland-Konflikt denkbar erscheinen. Die britische Regierung wird einen neuen Nordirland-Konflikt sicher vermeiden wollen, aber es besteht das Problem, dass die Duldung der May-Regierung durch die nordirische DUP seitens der irischen Nationalisten als Schwächung der Glaubwürdigkeit und Neutralität der May-Regierung im Nordirland-Konflikt gesehen wird. Frau May hat in ihrer Florenz-Rede 2017 betont, dass es keine neue Grenze zwischen Nordirland/UK und Irland mit neuen Grenzhäuschen geben werde, was offenbar auf ein neuartiges digitales Grenzregime hinauslaufen soll.

Großbritannien möchte keine größeren Zahlungen an die EU leisten und sich aus dem beschlossenen EU-Finanztableau für die Zeit bis 2020 mit dem Austrittstag herausziehen; also möglicherweise ab 30. März 2019 als BREXIT-Tag. Das werden die 27 EU-Länder so nicht akzeptieren. Aus deren Sicht ist das stille britische Argument, man habe mit einer staatlichen UK-Defizitquote von mehr als 3 % eine kritische Belastungsgrenze erreicht, kein bedenkenswerter Impuls, um von UK nicht eine fair begründete Austrittszahlung nach vier Jahrzehnten Mitgliedschaft zu verlangen. Vermutlich wird man EU-seitig unter 45 Milliarden

Euro als Forderung an UK, was knapp 2 % der jährlichen UK-Wirtschaftsleistung entspricht, kaum eine Einigungsmöglichkeit sehen.

Wenn man die Austrittsrechnung für UK über 10 Jahre verteilen würde, so wäre das aus EU-Sicht wohl machbar, aber von Seiten Großbritanniens sind längerfristige Austrittszahlungen politisch unakzeptabel, da unvereinbar mit der Selbstwahrnehmung der britischen Regierung als globales Führungsland mit Sonderstatus in Nato und UN, wo UK zum Sicherheitsrat gehört.

Zudem hat die May-Regierung mit ihrer Mini-Mehrheit – bei Mitwirkung der nordirischen DUP – kaum Aussichten, einen breiten EU-UK-Verhandlungskompromiss in 2019 durchs Parlament zu bringen. Da muss man einstweilen mit Blick auf BREXIT-Befürworter zumindest hart in Brüssel auftreten. Dass es bei genauer Betrachtung am 23. Juni 2016 keine solide Pro-BREXIT-Mehrheit gab, macht das politische BREXIT-Spiel von May zu einer schwierigen BREXIT-Dynamik. Es ist nicht ausgeschlossen, dass am Ende auch Labour für einen BREXIT-Austrittsvertrag stimmt, da Labour-Chef Corbyn gegen den EU-Binnenmarkt ist und wohl gegenüber der Regierung nur auf Absicherungszusagen für britische Arbeitnehmer drängen wird. Tatsächlich haben die 16 Millionen Pro-EU-Stimmen vom Juni keine politische Stimme außer den Liberal Democrats, die gegen den BREXIT im Parlament stimmen werden.

Die fehlende Einigung beim EU-Austrittsvertrag für UK läuft darauf hinaus, dass sich der Start der EU-UK-Verhandlungen über einen künftigen britischen Zugang zum EU-Binnenmarkt auf der Zeitachse kritisch weit nach hinten verschiebt. Die von britischer Seite geäußerte Vorstellung, man wolle eine längere Übergangsphase ab 2019 in einer Art Zollunion mit der EU – allerdings Rechten für die Aushandlung eigenständiger Freihandelsabkommen mit Nicht-EU-Ländern –, um dann mehr Zeit für bessere EU-UK-Verhandlungen zum Thema Binnenmarktzugang zu bekommen, ist illusorisch. Man kann wohl schon im Herbst 2017 das Risiko absehen, dass die EU-UK-Verhandlungen auf einen einseitigen Ausstieg von UK aus der EU hinauslaufen könnten.

Dann kann sich UK die sonst wohl fälligen 40-50 Mrd. € Austrittszahlung sparen und die Mittel gut hälftig in ein Konjunkturprogramm stecken, um die für 2019 zu erwartende Rezession überwinden zu können. Etwa 10 Mrd. € des eingesparten Betrages wird man im Wesentlichen nutzen können, um die auf ein zweites Referendum zur schottischen Unabhängigkeit drängenden Schotten im Land via größere Finanztransfers auf mittlere Sicht zu halten. Dann könnte die May-Regierung argumentieren, dass man einen großen Betrag nicht der EU für ein ohnehin unzureichendes Kooperationsangebot beim EU-Binnenmarktzugang gegeben hätte, sondern sie ins eigene Land investiert.

Es ist angesichts der knappen Mehrheitsverhältnisse im Britischen Unterhaus kaum vorstellbar, dass im Frühjahr 2019 ein EU-UK-Vertrag erfolgreich durch das Britische Parlament geht. Zu stark sind die unterschiedlichen Strömungen innerhalb der Partei der Konservativen. Wenn Frau May als Regierungschefin ein parlamentarisches Scheitern für 2019 absehen sollte, so wird sie wohl mit großer Empörungsgeste in 2018 vom Brüsseler Verhandlungstisch aufstehen. Die Strategie dürfte sein, möglichst viel britischen Unmut auf eine angeblich inflexible EU als Verhandlungspartner zu lenken und sich dann in vorgezogene Neuwahlen zu flüchten, deren Ausgang wohl sehr offen wäre. Wenn die Labour-Partei an die Macht käme, wäre die BREXIT-Problematik damit noch nicht gelöst. Es gibt keinen einfachen Ausweg aus den von Cameron leichtfertig verursachten BREXIT-Problemen. Ob ein zweites EU-Referendum die Lösung der Probleme bringen könnte, bleibt abzuwarten; eine hohe Informationsqualität bei einem zweiten Referendum müsste in jedem Fall viel besser gesichert werden als 2016.

Die Märkte würden auf einen Abbruch der EU-UK-Verhandlungen in 2018 mit einer scharfen Pfund-Abwertung reagieren, denn ohne Einigung bei der EU-Austrittsrechnung gibt es laut EU-Position keinen Vertrag über den künftigen britischen EU-Binnenmarktzugang. UK wird dann in Sachen EU-Binnenmarkt nur zu den relativ unvorteilhaften Bedingungen eines Mitgliedslandes der Welthandelsorganisation Zugang finden, was erhebliche Export- bzw. Wachstumsverluste bedeutet und zudem für UK ein erhöhtes Leistungsbilanzdefizit auf lange Frist bringt, was zusammen mit der steigenden britischen Staatsschuldenquote und dem Abzug internationaler Banken aus London das Top-Rating von britischen Staatsanleihen gefährden kann. Die starke Pfundabwertung wird die britischen Exporte mittelfristig stärken, langfristig über eine Verteuerung der Importe aber auch die Industrieexporte schwächen, was eine weitere Deindustrialisierung Großbritanniens bedeutet. 20 % Pfund-Abwertung hießen zudem Anteilsrückgang von UK am weltweiten Bruttoinlandsprodukt um 20 %, was die britische Verhandlungsmacht schwächt.

Jeder Abbruch der EU-UK-Verhandlungen wird unweigerlich in Großbritannien den Ruf nach Neuwahlen zum Unterhaus auslösen. Es wäre dabei einerseits eine Bestätigung der May-Regierung denkbar – jedenfalls wenn es Premier May gelänge, die Schuld für ein Scheitern der Verhandlungen der EU anzuhängen. Wenn dies nicht gelingt, ist eine Labour-Regierung in 2018 zu erwarten, die für einen milden BREXIT eintritt – etwa eine Zollunion mit der EU. Damit hätte UK dann allerdings keine Möglichkeit mehr, eine eigene Freihandelspolitik zu betreiben. Eine Labour-Regierung könnte eine Zollunion mit der Europäischen Union gleichwohl als einen politischen Erfolg der Wählerschaft verkaufen. Denn immerhin wäre dann in 2018 das Ende einer zweijährigen relativ chaotischen BREXIT-Austrittsphase markiert, in der die britische Inflationsrate auf rund drei Prozent anzog und sich eine deutliche Abschwächung beim Wirtschaftswachstum ergab.

Die EU könnte einer neuen Labour-Regierung ein durchaus umfangreiches Kooperationsabkommen anbieten; allerdings dürften die Nebeneffekte eines Scheiterns der May-Regierung für UK und die EU27 beträchtlich sein. Die Tory-Partei könnte in eine Krise geraten und ein Aufstieg der britischen Anti-EU-Partei UKIP könnte dann verstärkte politische Instabilität bedeuten – eine Konstellation, bei der die EU auch nicht ohne Weiteres ein Verbleiben von UK in der EU als letzte Option für die Verhandlungen anbieten könnte. Grundsätzlich nicht auszuschließen wäre im Übrigen in 2019 ein zweites EU-Referendum, was jedoch vermutlich zu einer stark emotionalisierten innerbritischen politischen Auseinandersetzung führen dürfte.

Die politische Führung anderer Integrationsräume – wie ASEAN und Mercosur – beobachtet die EU-Desintegration mit erheblicher Sorge. Denn zugleich ist ja in Nordamerika die NAFTA auch von Desintegration bedroht, da US-Präsident Trump die Meinung vertritt, dass der NAFTA-Vertrag komplett neu verhandelt werden müsse. Natürlich bedeutet BREXIT auch eine Schwächung des regionalen Integrationsgedankens in anderen Weltregionen und zudem auch einen Anti-Globalisierungsimpuls. Denn bislang war regionale Integration ein Baustein der Globalisierung der Wirtschaft, und eine Schwächung der Internationalisierung der Wirtschaft bedeutet eben mehr Raum für ökonomischen Nationalismus – durchaus als Problem nicht unähnlich den politischen Auseinandersetzungen in den späten 1920er Jahren in Deutschland bzw. Westeuropa. BREXIT ist ein großer historischer Schritt: ins Abseits. Ob der BREXIT tatsächlich in UK eine Mehrheit im Unterhaus im Frühjahr 2019 findet, bleibt abzuwarten. Zumindest 2017/2018 kann die britische Wirtschaft noch im Windschatten des Wirtschaftsaufschwungs der EU27 und der EU segeln, aber der schon 2017 sichtbare Anstieg der Inflationsrate auf fast 3 % hat bereits im ersten Jahr nach dem BREXIT verdeutlicht, dass es ökonomische Kosten des BREXIT gibt. Wenn ausländische Investoren zunehmend – bei weiterer Pfundabwertung – Teile der britischen Unternehmen im Zug internationaler Übernahmen und Beteiligungen erwerben, dann wird ein zunehmender Anteil der britischen Gewinne ans Ausland abzuführen sein. Die Wachstumsrate des britischen Realeinkommens wird sich noch mehr verlangsamen als die Wachstumsrate des realen UK-Bruttoinlandsproduktes. Der Anteil ausländischer Investoren am britischen Kapitalbestand betrug 2016 etwa 27 %. Steigt dieser Anteil längerfristig um 13 %-Prozentpunkte auf 40 %, dann bedeutet dies auf Basis einer Gewinnquote von 1/3, dass dann nicht mehr 9 % (0,27 x 1/3) des britischen Bruttoinlandsproduktes als Gewinntransfers an ausländische Muttergesellschaften abzuführen sind, sondern

12,3 %, dann fehlen in UK rechnerisch 4,3 %-Punkte des Bruttoinlandsproduktes. Wenn der Prozess über eine Dekade stattfindet, so entspricht dies rechnerisch den bisherigen jährlichen Beitragszahlungen. Ein gewisser Ausgleich ergibt sich für UK dadurch, dass die Abwertung die in Pfund umgerechneten Auslandsgewinne von britischen Firmen im Ausland erhöht, die in realer Rechnung jedoch durch die erhöhte britische Inflation geschmälert werden. Netto dürfte der Effekt der Erhöhung des Anteils ausländischer Investoren am britischen Kapitalbestand eindeutig negativ sein, wobei zu bedenken ist, dass ausländische Investoren in nicht wenigen Fällen tatsächlich britische Multis übernehmen werden, was effektiv zugleich die britische Relation von Auslandskapitalbestand zum britischen Bruttoinlandsprodukt vermindern wird.

Problematik eines zweiten Referendums

Vermutlich wird ein zweites EU-Referendum nur realisiert werden, wenn die May-Regierung im März 2019 keine Mehrheit zu den EU-UK-Verträgen findet oder wenn die May-Regierung ohne solche Verträge aus Brüssel zurückkehrt – und eine Labour-Regierung nach gewonnenen Neuwahlen an die Macht käme. Geht man davon aus, dass Ende März 2019 die politischen Weichen Richtung Neuwahlen in UK gestellt werden, dürfte es zu einer massiven Pfund-Aufwertung kommen. Es bleiben nur wenige Monate, bis die Europa-Wahlen Mitte 2019 stattfinden; kommt es in UK nicht rechtzeitig zur Aufstellung von Kandidaten für die Europa-Wahlen, wird man in UK wohl eine EU-Nachwahl durchführen müssen. Ob ein unvollständiges EU-Parlament – zunächst noch ohne UK-Abgeordnete – rechtsverbindliche Entscheidungen für die ganze EU treffen kann, wird man wohl vor den Gerichten klären, so dass für die EU28 eine Übergangszeit mit erhöhter Unsicherheit entsteht.

Es gibt mit Blick auf ein denkbares zweites BREXIT-Referendum zahlreiche Fragen. Ein Fragezeichen geht dahin, ob man damit nicht UK in einen gefährlichen politischen Zwiespalt stürzen wird? Zu dieser Frage sei angemerkt, dass eine historische Politik, die auf einem Fehlreferendum basiert, normaler Weise nur zu weiteren Verwirrungen und Politikverzerrungen führen wird. Die May-Regierung und Teile der Tory-Fraktion vertraten schon 2017 den BREXIT-Kurs mit teilweise fragwürdigen Argumenten bzw. neuen Fehlinfos – und auf den sonderbaren Brief des Tory-Abgeordneten Heaton-Harris an die britischen Universitäten sei nochmals hingewiesen. Das Referendum 2016 war ohne normale regierungsseitige Informationsbasis für die Wählerschaft, was einen massiven

Cameron-Fehler darstellt; ihm und seiner Regierung ist der Fehler zuzurechnen. Natürlich ist auch die blanke Boris Johnson-Lüge zu den nach BREXIT verfügbaren Haushaltsmittel für das Nationale Gesundheitssystem ein wirklich wichtiger Punkt, der ja vom Leiter der UK Statistics Authority in der Tat 2017 klar und öffentlich kritisiert worden ist. Man wird bei einer Referendumskampagne nicht jedes Wort der Kontrahenten auf die Goldwaage legen wollen. Aber klar ist, dass eine damalige korrekte Johnson-Info, dass man etwa 170 Millionen Pfund pro Woche zusätzlich – nach BREXIT – ins Gesundheitssystem werde stecken können, kaum die Hälfte der 350 Millionen-Pfund-Zahl ist: Es hätten also deutlich weniger Wähler pro BREXIT gestimmt. Vermutlich wären rund 55 % pro EU in einer normalen Info-Lage vor dem Juni 2017 gewesen. Das heißt nicht, dass man von einem zweiten EU-Referendum eine klare Mehrheit für Remain – Verbleib in der EU - erwarten sollte. Schließlich gibt es das Phänomen der Kognitiven Dissonanz (FESTINGER, 1957), das besagt, dass Menschen eine Neigung haben, einmal gefällte Entscheidungen durch Suchen nach Bestätigungsinfos zu festigen. Nach dem 23. Juni 2016 wird also eine selektive Infoaufnahme durch die 51,9 % der BREXIT-Befürworter erfolgt sein. Erst bei Auftauchen einer kritischen Mindestzahl an negativen BREXIT-Infos aus glaubwürdigen Quellen wird man einen deutlichen Meinungsumschwung unter den Wählern zugunsten von Remain erwarten können.

Gäbe es tatsächlich ein zweites Referendum mit Pro-EU-Mehrheit, so wäre die Situation für die EU und UK nicht einfach. Denn dem Gewinner eines zweiten Referendums wird ja die energische Ablehnung der BREXIT-Befürworter entgegenstehen, die sich als betrogene Gewinner des BREXIT-Prozesses bzw. EU-Referendums 2016 in der Öffentlichkeit präsentieren könnten. Daher wäre es wichtig, dass man zum Fehlreferendum 2016 zunächst einen Parlaments-Untersuchungsbericht in London zügig anfertigt, der die Fakten zur Volksbefragung und vorher gehenden Infokampagne beider Seiten durchleuchtet. In UK könnte im politischen System die Anti-EU-Partei UKIP mit einer stärkeren Rolle zurückkommen, die Tory-Party wäre für einige Jahre geschwächt. Aus Sicht der EU kann UK in der Gemeinschaft bleiben, sofern nicht seitens des Britischen Parlamentes eine verbindliche Ausstiegsentscheidung getroffen worden ist. Damit UK sinnvoll weiter in der EU mitarbeiten kann, müsste man seitens der EU schon ernste Reformoptionen in Erwägung ziehen – und obendrein wären die gegenüber Cameron in den EU-UK-Verhandlungen Anfang 2016 gemachten Zugeständnisse ja umzusetzen (Liberalisierung des Dienstleistungsmarktes, bei dem die EU aber im Herbst 2017 eigentlich andere Weichen etwa bei der Verschärfung der Entsenderichtlinie gestellt hatte; in Erwartung eines UK-Austritts aus der EU). Zumindest sollte die EU Schritte hin zu einem Rückbau der Regulierung in vielen Bereichen der Realwirtschaft zügig angehen.

Die EU könnte auf UK zugehen und auch Fragen des Demokratie-Defizits aufgreifen, denn hier gibt es auch aus deutscher Sicht Probleme, die allerdings Deutschland auch selbst zu verantworten hat. So gibt es für die Europa-Wahlen ja keine Wahlkreise, die Abgeordnete aus Deutschland an regionale Interessen sichtbar binden könnten, sondern es werden nur nationale Kandidatenlisten aufgestellt, was aus Bürgersicht ein für Deutschland bei Europa-Wahlen wichtiges Demokratiedefizit ist. Auch ein Europäisches Parlaments-TV mit breiter Berichterstattung fehlt.

Nicht ganz ausgeschlossen ist, dass UK aus der EU austritt und dann als Mitglied des Europäischen Wirtschaftsraumes eine Art Schattenmitgliedschaft in der EU führt und auch Beiträge an die EU zahlt – vermutlich gut 1/3 des bisherigen Netto-Beitrages. UK müsste dann allerdings die vier Freiheiten des EU-Binnenmarktes weiter anerkennen, inklusive der Migrationsfreiheit; und UK unterläge dann natürlich auch der Rechtsprechung des Europäischen Gerichtshofes. Aus UK-Sicht wichtig wäre es, mit Blick auf eine gewünschte Handelsliberalisierung mit den USA, das bei Amtsantritt der Trump-Administration aufs Eis gelegte Projekt eines Transatlantischen Freihandelsabkommens (TTIP) wieder zu beleben. Ob Präsident Trump hierzu bereit wäre, ist unklar – zumal ihm ein Abbruch des BREXIT-Prozesses nicht gefallen wird. Den BREXIT hatte Trump ja schon während des Präsidentschaftswahlkampfes 2016 als politisches UK-Projekt wiederholt öffentlich begrüßt. UK hat in jedem Fall ein starkes Interesse an einem Freihandelsvertrag mit den USA, mit denen man über Außenhandel und Direktinvestitionen multinationaler Unternehmen stärker verbunden ist als die anderen EU-Länder. Zudem ergab sich aus NAFTA-internen Handelskonflikten in 2017 – hier vor allem die USA und Kanada im Bereich Flugzeugbau betreffend – ein ernster UK-USA-Handelskonflikt: Boeing hatte in den USA dem kanadischen Flugzeughersteller Bombardier illegale Staatssubventionen vorgeworfen, worauf hin die Trump-Administration hohe Strafzölle für Bombardier-Flugzeuge festlegte. Da in Nordirland von Bombardier Flugzeuge produziert werden, war von dieser Trump-Entscheidung auch UK negativ betroffen.

Verlängerte BREXIT-Ausstiegsphase für UK riskant für Europa

Die britische Premierministerin May hat am 22. September in Florenz in einer Rede eine Art stille zweijährige Fortsetzung der UK-Mitgliedschaft vorgeschlagen, wobei UK offenbar auch die üblichen bisherigen Jahresbeiträge an die Europäische Union zahlen will. Damit würde Druck von UK in Sachen Anpassungsprozess genommen und zugleich hätte man aus EU-Sicht so eine Art erste Rate bei den von der EU-Kommission geforderten britischen EU-Austrittszahlungen, die ja aus EU-Sicht zum Teil die Kosten für noch in 2019/2020 ausstehende EU-Projektzahlungen an Großbritannien widerspiegeln sollten. Daher klingt die May-Rede nicht unvernünftig, da es den BREXIT-Austrittsprozess zu entspannen meint und damit auch die Austrittskosten zu vermindern scheint. Aber in Wahrheit ist das Gegenteil der Fall, wobei die politischen Entwicklungen in Deutschland mit eine Schlüsselrolle spielen.

Mit einiger Wahrscheinlichkeit wird das BREXIT-Vollzugsjahr – bislang für 2019 vorgesehen – ökonomisch und dann auch politisch unruhig in Europa. Die ökonomische Unruhe in Sachen BREXIT wird schon Monate vorher mit großen Pfund-Abwertungsphasen, also mit der die Eurozone in Sachen Exportwachstum belastenden Euro-Aufwertungen, einhergehen. Das kann zu Verwerfungen auf den Devisenmärkten und bei britischen sowie EU27-Anleihemärkten führen. Sogar eine neue Eurokrise kann entstehen, wenn im Rahmen der in Unruhezeiten wichtigen Sichere-Hafen-Effekte internationale Kapitalzuflüsse verstärkt in als besonders sicher geltende Anlageländer wie Deutschland und Frankreich gehen, hingegen aus Portugal, Spanien, Italien und Griechenland – und natürlich aus Großbritannien – abgezogen werden. Im Gesamtkontext könnten verstärkte politische Anspannungen in der Eurozone und gerade auch in Deutschland entstehen.

Da der 29. März 2019 der bisherige britische EU-Austrittstag ist, wäre bei einer BREXIT-Übergangsphase von zusätzlich zwei Jahren der faktische Austrittstag der 29. März 2021. Das wäre etwa ein halbes Jahr vor den planmäßigen Bundestagswahlen in Deutschland – und da wird man aus Sicht Deutschlands bzw. der EU und der Eurozone verstärkte ökonomisch-politische Verspannungen sicherlich gar nicht gebrauchen können; zumal solche der populistischen AfD oder auch Der Linken besonders in die Hände spielen dürften. Eine politische Destabilisierung Deutschlands EU-seitig zu akzeptieren, nur weil UK mit den im EU-Vertrag vorgesehenen zwei Austrittsjahren nicht zurechtkommt, wäre absurd und riskant. Die BREXIT-Befürworter, und dann auch die Vertreter der

May-Regierung, haben 2016 argumentiert, welche großen Vorteile ein EU-Austritt für UK bringe – und nach den Worten von Boris Johnson, Außenminister in der May-Regierung, kann der BREXIT gar nicht schnell und hart genug sein. Davon will die May-Regierung Abstand gewinnen und bedenkt offenbar bisher ebenso wie viele EU-Kommissionsvertreter gar nicht, dass mit der Bundestagswahl 2017 auch in Deutschland beziehungsweise der EU eine klar veränderte Lage eingetreten ist.

Nach der Bundestagswahl 2017 mit 12,6 % AfD-Stimmenanteil ist ein historischer Rechtsruck im Politiksystem Deutschlands eingetreten. Dem wirkt nur teilweise die wiedererstarkte FDP entgegen. Denkbar ist nur eine komplizierte Jamaika-Koalition CDU/FDP/Grüne, die einen Stabilitätsverlust für Deutschland und auch die EU bedeuten könnte. Die AfD scheiterte bei der Bundestagswahl in 2013 mit 4,7 % an der 5 %-Hürde, ist nun aber offenbar in einer Expansionsphase, die weiter geht; auch wenn sie teilweise radikale Ansichten im Wahlprogramm vertritt und ihre Vorsitzenden für z.T. sonderbare Aussagen stehen. Da die AfD durch den Erfolg der Bundestagswahl erhebliche Finanzmittel aus der Wahlkampfkostenerstattung erhält, kann eine weitere AfD-Positionsstärkung bis 2021 erwartet werden. Dies gilt zumal auch, weil die AfD bei den Europa-Wahlen 2019 ihr 7 %-Ergebnis wohl deutlich wird verbessern können und man zudem von weiteren Wahlerfolgen auf kommunaler und Bundesländer-Ebene bis Mitte 2021 ausgehen kann: Dann droht eine massiv politisierte Bundestagswahl mit neuem Rechtsruck.

Dass die AfD mit einer Doppelspitze Gauland-Weidel auftritt, bei der Herr Dr. Gauland für die Position steht, dass man in Deutschland stolz auf die deutschen Soldaten des Ersten und Zweiten Weltkrieges sein solle, während Frau Dr. Weidel Mitglieder der Merkel-Regierung gemäß ihrer Mail von 2013 (da war sie Mitglied der AfD-Vorgängerorganisation Alternative 2013) als „Schweine" und „Marionetten der Siegermächte des Zweiten Weltkriegs" titulierte, ist europapolitisch relevant: Nicht nur die Anti-EU-Partei AfD wird hier sichtbar. Auch UK gehört hier zu den von Weidel verdammten Siegermächten. Es ist im Sinn einer Stabilitätswahrung in Europa, dass man EU-seitig den kontroversen BREXIT, wenn von der britischen Regierung eben als solcher gewünscht, in 2019 über die Bühne bringt, damit man nicht noch im Bundestagswahlkampf 2021, wegen der möglichen BREXIT-Verwerfungen einer weiteren rechtspopulistischen Radikalisierung Deutschlands in die Hände spielt, für die andere Rechtspopulisten in EU-Ländern schon Unterstützung aufbauen.

Im Übrigen zeigt der May-Vorschlag zur BREXIT-Prozessverlängerung von Florenz, dass es ja wohl nicht so einfach ist mit ihrem Leitsatz, wonach Brexit eben Brexit heißt und sie als Regierungschefin daraus ein Erfolgsprojekt machen werde. In Wahrheit ist der BREXIT voller Widersprüche, zumal er ja nicht wirklich eine breite Legitimation hat. Die politische Rationalität des Westens zerfällt zunehmend – mit UK, das nicht einmal ein ordnungsgemäßes Referendum organisieren kann und einer USA unter Trump, der an die 60jährige US-Unterstützung der EU-Integration nicht anschließen und zudem den Multilateralismus untergraben will: Auch hier Signale für eine Politik des Vorfahrtrechts des Stärkeren, wie er in autoritären Regimen seit jeher geübt wird; also gegen die Rolle der Konfliktregelung und des Interessenausgleiches via internationale Organisationen, die über Jahrzehnte für die Stabilität der Weltwirtschaft und die globale ökonomische Expansion wichtig waren. Es gilt in dieser schwierigen internationalen Situation, nicht auch noch durch eine für UK bequeme BREXIT-Verlängerung politisch-ökonomisch naiv die Expansion eines aggressiven Rechtspopulismus in der größten Volkswirtschaft der EU zu befördern.

BREXIT-Szenario mit neuen Volksbefragungen in UK und Schottland

Einerseits ist vorstellbar, dass der BREXIT planmäßig von der britischen Regierung umgesetzt wird – auf Basis verhandelter Abkommen mit der EU, die in den Parlamenten der EU und Großbritanniens eine Mehrheit finden. Andererseits ist denkbar, dass die May-Regierung vom Verhandlungstisch in Brüssel in 2018 wegläuft und – die Schuld für den Verhandlungsabbruch auf die EU schiebend – sich in vorzeitige Wahlen flüchtet. Gehen diese Wahlen verloren, so dass eine Labour-Regierung oder eine Koalition Labour-LibDem an die Regierung kommt, so könnte die neue Regierung den BREXIT-Prozess fortsetzen (mit Modifikationen); oder aber ein zweites EU-Referendum ansetzen, um einen politischen Ausweg zu finden. Da Labour-Chef Corbyn dem EU-Binnenmarkt skeptisch gegenüber steht, weil er in diesem ein Zuviel an Wettbewerb sieht, wäre ein zweites EU-Referendum nicht ohne weiteres zu erwarten. Eher schon dürfte es neue Verhandlungen zwischen der EU und UK geben, die auf die Mitwirkung von UK bei der EU-Integration über die Mitwirkung in einer UK-EU27-Zollunion hinauslaufen könnte. Das ließe allerdings das Grenzproblem Nordirland-Irland weiterhin als schwieriges Problem bestehen. Denn Zollunion heißt ja, dass es Freihandel zwischen der EU und UK gibt, während es nicht ohne weiteres freien Kapitalverkehr oder auch freie Arbeitskräftemobilität gibt – dies wäre in der Summe ja nur der Fall, wenn UK beim EU-Binnenmarkt mitwirkt und damit weiterhin Arbeitskräftemobilität in der EU27 ohne Beschränkung akzeptiert.

Gäbe es ein zweites EU-Referendum, das den BREXIT bestätigte, dann dürfte sich bei Schottland erneut die Frage stellen, ob man ein neues Unabhängigkeitsreferendum anzugehen wünscht. Diese Frage dürfte sich nicht ohne einen Blick auf einen möglichen Austritt Kataloniens aus dem Staat Spanien ergeben; und die eventuell schon bis dahin vorliegenden negativen Erfahrungen Kataloniens mit seinen Unabhängigkeitsbestrebungen.

Während bei einem EU-Beitrittsgesuch eines unabhängigen Schottlands wohl kein EU-Mitgliedsland grundsätzlich Einwände erheben wird – UK ist ja dann kein EU-Mitgliedsland mehr –, wäre die Situation für ein sich unabhängig erklärendes Katalonien viel schwieriger. Ein EU-Mitgliedsantrag kann zwar gestellt werden, aber Spanien dürfte dem nicht zustimmen. Damit bliebe Katalonien außerhalb der EU und der Eurozone; Katalonien könnte wohl nur auf einen Zollunionsvertrag mit der EU hoffen, was Ähnlichkeiten zum EU-Türkei-Zollunionsvertrag bedeuten dürfte.

BREXIT 2018/2019 – ein ökonomisches Problemprojekt in der Endphase

Die Verhandlungen zwischen der Europäischen Union und Großbritannien über den künftigen Zugang zum EU-Binnenmarkt für britische Firmen werden 2018 in Anspruch nehmen – bis etwa Mitte Oktober. Dann müssen die Staats- und Regierungschefs mit einer qualifizierten Mehrheit über die Vertragspapiere entscheiden – mindestens 55 % der EU27-Länder und 65 % der EU-Bevölkerung. In London müsste noch das Britische Parlament mehrheitlich für die Verträge entscheiden: Den Exit-Vertrag, bei dem es u.a. um die britische Austrittszahlung von etwa 39 Milliarden Pfund (35 Mrd. €) und die Rechte der EU-Zuwanderer in UK geht; und eben den Vertrag über den künftigen Zugang zum EU-Binnenmarkt. Es ist nicht sicher, dass die Parlamente mit Mehrheit für die BREXIT-Verträge stimmen werden, vor allem in Großbritannien ist eine Mehrheit fraglich:

- Auf britischer Seite gibt es wohl mindestens 11 Abgeordnete der Konservativen, die den BREXIT mit Skepsis sehen. Vermutlich wird auch eine gewisse Zahl von Tory-Abgeordneten zum Jahresende 2018 stärker als bisher sehen, dass die ökonomischen BREXIT-Nachteile erheblich sind. Allerdings wird durch die Vereinbarung einer Übergangszeit für UK etwa bis Ende 2020 das Sichtbarwerden der ökonomischen Kosten für die britischen Bürger vermindert. Eine hohe

Pfundabwertung wird widerspiegeln unter anderem das erhöhte erwartete Leistungsbilanzdefizit und zudem die Verteuerung der UK-Produktion durch den Austritt aus dem EU-Binnenmarkt: Vorprodukte aus der EU werden sich durch UK-Importzölle verteuern und außerdem werden sektorale Freihandelsabkommen Mindestwertschöpfungsquoten in UK verlangen: Britische Firmen, die bisher nur geringe Wertschöpfungsquoten in UK selbst haben, werden durch eine voraussichtliche Mindestwertschöpfungsquote von 60 % in UK unter Druck kommen bzw. Kostensteigerungen haben, da nun mehr in Großbritannien an Wertschöpfung erbracht werden muss, um zollfreien Export Richtung EU zu sichern. Ein Beispiel: Ein Autoproduzent, der 2016 40 % Wertschöpfungsanteil in UK hat, aber 50 % aus EU27-Ländern als Vorproduktion preiswert bezieht, wird ab 2020 dann die Wertschöpfung in UK zu erhöhten britischen Kosten hochgeschraubt haben (um die 60 %-Marke zu erreichen). Eine Pfundabwertung von etwa 10 % in 2018 wird man erwarten können, entsprechend wird die Inflationsrate bei fast 3 % in 2019/2020 liegen. Die Arbeitslosenquote könnte über Phillips-Kurven-Effekte zeitweise noch weiter sinken, denn erhöhte Inflationsrate heißt im Kern Verminderung der Reallohnsätze in UK. Im Übrigen entstehen einige Tausend Arbeitsplätze zusätzlich in der staatlichen Zollverwaltung Großbritanniens.

• Für ein breites EU-UK-Freihandelsabkommen gibt es kaum eine Basis. Die EU27 werden aus klaren Gründen nicht akzeptieren können, dass London eine Art Euro-Finanzzentrum ist, das nicht den EZB-Regeln unterliegt. Die Neigungen Großbritanniens sich als Steueroase mittelfristig aufzustellen, wird man in Brüssel kritisch sehen. Geht man davon aus, dass es kein breites EU-UK-Freihandelsabkommen im Bereich der Finanzdienstleistungen gibt, so heißt das: Dieser Produktionsbereich Großbritanniens, wo das Land bislang hohe sektorale Leistungsbilanzüberschüsse gegenüber der EU27 hat, wird geschwächt in UK; für die Zukunft ist eine erhöhe Leistungsbilanzdefizitquote zu erwarten. Es kommt (laut Branson-Modell) dann zu einer Pfundabwertung und einer Zinserhöhung in UK. Ca. 50 000 hochgezahlte Arbeitsplätze vom Finanzplatz London werden Richtung EU27 verlagert werden; wenn jeder Arbeitsplatz für 1 Million Pfund Jahreseinkommen in London steht, so werden etwa 50 Milliarden € mehr an Wertschöpfung in der Eurozone entstehen – mit Multiplikatoreffekten (Faktor 1,5 bis 2) kommt man auf ein Einkommensplus für die Eurozone von 0,1 %. In UK geht dadurch das Einkommen um etwa 0,4 % des Nationaleinkommens von 2016 zurück. Diese Dämpfung beim UK-Realeinkommen wird relativ schnell erfolgen und dürfte in 2019/2020 sichtbar werden. Die Haupteffekte beim Einkommensrückgang werden hier insgesamt bei 10-12 % angesetzt,

wobei die Referenzzahl für den No-deal-Fall -16 % ist. Das reale Wirtschaftswachstum wird für mehrere Jahre gut 0,5 % geringer ausfallen als im Fall der
EU-Mitgliedschaft, längerfristig wird dies für UK bedeuten, dass das Wirtschaftswachstum unterhalb der Wert in der Eurozone ist. Die britische Wirtschaft kann mit einer solchen Wachstumsdämpfung längerfristig umgehen
können. Allerdings, für ärmere Schichten wird ein erhebliches Anpassungs-
problem entstehen, sofern der BREXIT für sie steigende Inflationsraten
und Einkommensstagnation oder gar Einkommensrückgang in realer Rechnung bedeutet. Dabei wird hier davon ausgegangen, dass UK und die USA
ein Freihandelsabkommen schließen werden, UK dürfte im Übrigen stark
vom EU-Japan-Freihandelsabkommen profitieren – von der EU28 ausgehandelt, aber vermutlich als positives Erbkapital beim BREXIT in etwa mitgenommen. Die ökonomischen Kosten des BREXIT werden für UK sicherlich
hoch sein, aber der Mehrheit der Briten ist das in einer Zeit einer fragmentierten Öffentlichkeit und einer informationsmäßig schwachen UK-Regierung
offenbar nicht bewusst.

Da die etablierten Eliten und Expertengruppen sowie Forschungsinstitutionen
in der digitalen Welt an Einfluss verloren haben, wird es schwieriger, die Gesellschaft beziehungsweise Wirtschaft und Politik zu steuern. Ob die Ökonomen
und andere Wissenschaftlergruppen sich digital künftig besser aufstellen können,
wird man sehen (siehe etwa www.EIIW.eu; BestBritishAcademy.com; bbaTV.
co.uk; economyforum.org).

In Großbritannien wird es spätestens bei der nächsten Rezession zu erheblichen politischen Konflikten kommen. Die Vorstellung der BREXIT-Befürworter, dass man erheblich an Politikautonomie zurückgewinnen wird, ist Wunschdenken. Von der EU wird man wegen der Frage des Binnenmarktzugangs weiter
abhängig sein, im Übrigen wird UK vermutlich längerfristig stark unter Druck
von China über massiv steigende chinesische Direktinvestitionen von Staatskon-
zernen kommen. Großbritannien wird in der Wirtschafts- und Außenpolitik
wohl den Schulterschluss mit den USA – unter Trump – suchen. Die Global-Britain-Strategie wird dann jenseits eines UK-US-Freihandelsabkommens keine
große Rolle spielen können. Vom Ziel der Unterminierung der Welthandelsorganisation WTO wird sich Trump von London nicht abbringen lassen; die Betonung auf Bilateralismus wird bei Trump bleiben, denn er glaubt, über bilaterale
Abkommen für die USA bessere Bedingungen aushandeln zu können. Wenn
Trump nicht wiedergewählt wird als Präsident, so wird der Trump-Bilateralis-
mus wohl eine Art Delle in der Geschichte des Multilateralismus sein. Wird er
hingegen wiedergewählt, so könnte es Trump gelingen, die WTO weitgehend
zu zerstören. Ein Land wie Japan, das von US-Sicherheitsgarantien abhängig ist,

dürfte ebenso wie Australien bald an die Seite der USA gezwungen sein. Wie Großbritannien mit seiner liberalen Außenhandelstradition auf Dauer in einer solchen Konstellation politisch zufrieden sein könnte, ist unklar. Wenn Trumps Bilateralismus im Außenhandel siegt beziehungsweise regionale Integration in Europa und anderen Regionen ebenso geschwächt wird wie große internationale Organisationen, dann werden sich Dutzende Industrieländer in der Weltwirtschaft im 21. Jahrhundert vor die alte und zum Teil auch neue Frage gestellt sehen: Will man ein Vasallenstaat der USA, Russland oder Chinas werden? Ob die EU27 als Institution überleben kann, wird man sehen; sehr wahrscheinlich ist das nach dem BREXIT wohl nicht.

Es gibt eine periphere Konfliktlage in der Türkei, in arabischen Ländern und mit Blick auf den Iran, was für die EU von der Geographie her bedeutet, dass man immer neu mit Flüchtlingswellen konfrontiert sein könnte und mit Blick auf den Migrationsdruck aus Afrika steht ebenfalls eine große Herausforderung im 21. Jahrhundert bevor, für das die EU bislang keine Konzepte hat. Die EU27 oder zumindest die Eurozone müssten wohl eine deutliche Steigerung der Militärausgabenquote auf mittlere Sicht nehmen und auch über eine Art Vereinigte Staaten von Europa nachdenken beziehungsweise eine solche Debatte beginnen. In einer Zeit des Neo-Nationalismus und des Populismus wird es sehr schwierig werden, Legitimation für ein Mehr an EU-Integration zu gewinnen.

Es ist noch nicht klar, was der BREXIT insgesamt ist: Ein neuer Impuls für die EU27 zu mehr Integration oder einfach der Beginn eines Zerfallsprozesses in Europa. Wenn es letzteres wäre, dürften die Historiker die Zeit nach 1990 so zusammen fassen: Nach der Auflösung des Warschauer Paktes am 1. Juli 1991 entfaltet sich auf der Seite des Westens mit dem BREXIT am 29. März 2019 der Start des Zerfalls der Europäischen Union; ein Startsignal für mehr regionale Desintegrationsprozesse weltweit.

Mit dem BREXIT ist eine Art Modell für den nationalen EU-Austritt zu besichtigen, mit der Unabhängigkeitsbewegung in Katalonien gibt es einen Ansatz für den Zerfall eines EU-Landes. Es gibt zu denken, dass in beiden Ländern konservative Regierungen Austrittsdynamik befördern und dass Griechenlands Mega-Defizitquote 2010 unter einer Regierung der Konservativen umgesetzt wurde, ruft ebenfalls Fragen hervor – gibt es gerade bei konservativen Regierungen eine politisch bedingte EU-Integrations-Schwäche? Allerdings kann man auch mit Blick auf sozialdemokratische Regierungen in EU-Ländern kritische Fragen stellen. Im Übrigen wird man wohl EU-Integrationsvertiefung ohnehin nur in einer Großen Koalition in vielen Ländern erreichen können.

Wenn der BREXIT am 29. März 2019 umgesetzt wird, ist es sicher eine Trennung von der EU für ein halbes Jahrhundert oder mehr. Vielleicht ist es einfach auch nur der Beginn eines Zerfallsprozesses, an dessen Ende die EU nicht mehr besteht und tatsächlich Europa in einem neuen späten 19. Jahrhundert sich wiederfindet. Dass die EU nach dem BREXIT im Übrigen nicht einfach – ohne umfassende Reformen – neue EU-Beitrittsaspiranten aus dem Balkan aufnehmen sollte, dürfte sich von selbst verstehen.

Nicht auszuschließen ist am Ende, dass es doch zu angemessenen rechtzeitigen EU-Reformen kommt und die EU-Länder auch unter dem verschärften Druck von China und USA eine verstärkte Kooperation in der EU aufbauen können. Ganz sicher ist BREXIT nicht einfach die Rückkehr zu einer Situation wie 1972, dem Jahr vor dem britischen Beitritt zur EU. Wenn die EU nicht lernt, ihre Integrationsprojekte – wie etwa die Eurozone – besser zu organisieren und dabei auch ökonomische Konzepte (etwa die Theorie der optimalen Währungsräume) ernster zu nehmen, dann wird die Europäische Union um 2050 nicht mehr bestehen und andere Integrationsräume in der Weltwirtschaft dürften dann dem Negativbeispiel der EU folgen: mit dramatischen Konsequenzen für Prosperität und Stabilität der jeweiligen Regionen und mit einer indirekten Ermutigungsbotschaft an die Nationalisten in allen Ländern der Welt.

BREXIT auf dem Weg zur europäischen Krise

Die britische Regierung unter Führung von Theresa May will die Verhandlungen mit der Europäischen Union in 2018 im Bereich der Fragen eines EU-UK-Freihandelsvertrages voranbringen und am 29. März 2019 die EU verlassen – zugleich übergangsweise zumindest bis 2020 noch im EU-Binnenmarkt verbleiben. Die Perspektiven für einen raschen Abschluss der EU-UK-Verhandlungen sind wenig positiv. Der EU-Verhandlungsführer Barnier erklärte im Dezember 2017, dass die EU ein Freihandelsabkommen im Warenhandel anbieten werde, aber nicht bei Finanzdienstleistungen, während UK gerade diesen Bereich mit einzubeziehen wünscht. Großbritannien hat einen großen Handelsbilanzüberschuss gegenüber der Europäischen Union in diesem Sektor und David Davis, der Exit-Minister und auch Boris Johnson, Außenminister, verbreiten ebenso den Eindruck wie Premier May, dass UK gute Verhandlungsoptionen habe: die ökonomisch viermal so große EU zu einem neuartigen, breiten Freihandelsvertrag inklusive Finanzdienstleistungen werden überzeugen können. Das ist jedoch Wunschdenken und bei einem Vertrag ohne Finanzdienste werden die großen Londoner Banken, die für 90 % des Banken-Großhandelsgeschäftes der Kunden in den EU27-Ländern stehen, bald Terminprobleme für notwendige

Verlagerungsaktivitäten Richtung Irland und kontinentaleuropäische EU-Länder bekommen: Entsprechende Banklizenzen müssen faktisch bei der Europäischen Zentralbank im ersten Halbjahr 2018 eingeholt werden. Sonst wäre man nach dem 29. März 2019 aus Sicht der Londoner Banken nicht handlungsfähig für das große Europageschäft. Der May-Satz „Brexit heißt Brexit und wir werden daraus einen Erfolg machen" steht vor der Entlarvung als politisch-ökonomischer Schwindel, und damit ergibt sich wohl eine UK-Politikkrise; mit parallelen Instabilitäten der Finanzmärkte und neuen Risiken für die EU28-Realwirtschaft. Allerdings werden Deutschland und Frankreich von Verlagerungsaktivitäten der UK-Banken profitieren.

Regierungsinterne britische BREXIT-Studien wurden im Februar 2018 der Öffentlichkeit zugespielt, wobei nun gerade die nordenglischen Regionen und Wales, wo man für den BREXIT stimmte, aus den Tabellen zum Wirtschaftswachstum ablesen können, dass über die nächsten 15 Jahre rund 10 % Einkommensverlust in einem Fall ohne EU-UK-Vertragsabschluss drohen. Bei einem Freihandelsabkommen dürfte der Verlust knapp 2/3 so hoch ausfallen. Nicht überraschend ist daher, dass Meinungsumfragen nun zunehmend Mehrheiten gegen einen BREXIT bei einem zweiten britischen EU-Referendum erwarten lassen. Das bedeutet, dass die May-Regierung einerseits gegen ein solches Neu-Referendum ist; und andererseits eine Vision liefern muss, die im Gegenteil Wachstumsgewinne für alle Regionen nach dem BREXIT erwarten lässt. Den Namen der Vision hat May mit Global Britain beschrieben, wonach UK mit vielen Ländern neue Freihandelsabkommen abschließen will. Aber UK kann während seiner EU-Mitgliedschaft solche Verträge nicht abschließen, wobei als ökonomisch gewichtige Kandidatenländer nur die USA, Indien, Brasilien und China zu nennen sind. Nur von den USA gibt es ein grünes Vorabsignal von Präsident Trump. China will zunächst wissen, wie der EU-UK-Vertrag denn aussieht und Indien wird die für UK schwierige Frage nach Visaerleichterungen für arbeitssuchende indische Emigranten aufwerfen. Bis Anfang November 2019 muss der EU-UK-Freihandelsvertrag zusammen mit dem Austrittsvertrag stehen, über den man sich grundsätzlich Ende Dezember geeinigt hatte – mit Zusage von Premier May, dass zur Sicherung der Fortgeltung eines weichen Nordirland-Irland-Grenzregimes notfalls Nordirland Teil der EU-Zollunion bleiben werde. Schottlands Erste Ministerin Sturgeon hat am 9. Februar 2018 für Schottland dieselben Regeln wie für Nordirland gefordert. Das aber läuft auf eine harte Grenze Nordirlands zu UK und von Schottland zu Wales und England hinaus, so dass der Preis des BREXIT faktisch der Zerfall des Vereinigten Königreiches bzw. von Großbritannien wäre (England/Wales plus Schottland, während UK zusätzlich Nordirland einschließt).

Theresa May wird wohl 2019 den politisch-ökonomischen Scherbenhaufen ihrer BREXIT-Politik für jedermann sichtbar werden lassen, sofern nicht Boris Johnson – von einer Art Neu-Commonwealth offenbar träumend - oder ein anderer Tory-Politiker ihr bis dahin schon die Position des UK-Premierministers abgenommen hat. Johnson versteht von Rhetorik viel, von Wirtschaft sehr wenig – so wenig, dass er sich einen offenen Rügebrief des Chefs des britischen Statistikamtes am 17. September 2017 zuzog, wo zu lesen stand, dass Johnson einen „klaren Missbrauch offizieller Statistiken" betreibe. Bis Herbst 2018 wird in UK der Wunsch nach einem zweiten Referendum massiv in der Öffentlichkeit werden und dann kommt vermutlich zum Jahreswechsel auch eine zweite Abstimmung zur Frage der EU-Mitgliedschaft. Man kann annehmen, dass nun eine Pro-EU-Mehrheit zu erwarten ist, aber erstens ist das nicht sicher und zweitens wird die Tory-Partei in eine Krise geraten, wenn May abtreten müsste und ein neues Referendum verloren ginge. Die Finanzmärkte werden eine solche Situation ab Herbst 2018 dann mit hohen Risikozuschlägen für britische Anleihen bzw. Zinserhöhungen und massiven Pfundabwertungen begleiten, auf die Aufwertungen folgen werden, sobald die Marktakteure ein Ende des BREXIT-Projektes erwarten.

Eine Phase hoher Finanzmarktinstabilität in UK einerseits und in einigen EU27-Ländern andererseits kann sich daraus ergeben. Grundsätzlich mit dieser Thematik befasst hat sich bislang die EBA, die EU-Bankenaufsichtsbehörde, die für Oktober 2018 einen Stress-Test für die EU-Großbanken zum BREXIT vorschreibt – das ist zeitlich viel zu spät, wobei der angenommene Fall eines 8,3 %-Realeinkommensrückgang in der EU als extrem erscheint (nicht unüblich bei Banken-Stresstests). Aber zugleich wird dem Problem starker Wechselkurs- und Zinsänderungen, die auch für Versicherungen relevant sein können, viel zu wenig Beachtung geschenkt. Der Europäische Systemrisiko-Ausschuss – der ESRB, der für die EU28-Länder makroprudenzielle Banken- und Finanzmarktaufsicht machen soll -, hätte die BREXIT-Thematik schon Anfang 2018 umfassend analysieren und für seinen Bericht ans Europäische Parlament aufbereiten sollen. Doch jenseits der Analyse sogenannter Schattenbanken-Probleme ist der ESRB nicht umfassend tätig; außer dass die Europäische Zentralbank – die EZB steht für den Präsidenten des ESRB – für 19-Euro-Länder Risiko-Analysen entwickelt. Für UK erarbeitet die Bank of England, selbst im ESRB noch aktiv, Risikoanalysen zum BREXIT. Notwendige vernetzte EU28-Analysen gibt es erkennbar nicht und das heißt: Es wird einen Mangel an Risikovermeidung und -minderung in 2018 in ganz Europa geben. Der BREXIT-Prozess, der UK schon bis 2020 4 % Einkommensdämpfung laut OBR-Angaben einträgt, wird über erhöhte Finanzmarktinstabilitäten zum EU28-Wachstumsdämpfer.

Da kann womöglich auch die Eurozone neu in eine Krise geraten und insgesamt bestehen durch den BREXIT erhebliche Risiken für die Systemstabilität in der EU bzw. in ganz Europa und darüber hinaus: Die nächste Wirtschaftskrise könnte rascher einsetzen als bislang erwartet. Ob der prominente Tory-BREXIT-Führer Jacob Rees-Mogg mit seinem Somerset-Fonds – gut 10 Mrd. € schwer – aus dem BREXIT persönlich besondere Gewinne erzielen wird, bleibt abzuwarten. Hier wird eine Befangenheitsdiskussion in UK entstehen. Die EU27 wird durch den BREXIT ökonomisch 1/5 seines Gewichtes verlieren. Regionale Integrationsclubs stehen zudem weltweit vor einem Negativ-Signal. Ein BREXIT-Vollzug schwächt die EU und stimuliert Nationalismus und Populismus.

Wenn UK am 29. März 2019 austritt – mit einem Freihandelsvertrag für Waren und einige Dienstleistungen -, dann dürfte in Großbritannien binnen Jahresfrist eine Rezession eintreten und Schottland auf ein neues Unabhängigkeitsreferendum drängen. Das britische Pfund könnte um 20 % abwerten, die Inflationsrate auf 4 % ansteigen, und zwar bei sinkendem realem Wachstum von privaten Investitionen und privaten Konsumausgaben. Schon im Januar 2018 waren die britischen Konsumausgaben erstmals seit fünf Jahren gegenüber dem Vorjahr gesunken. UK wird versuchen, mit den USA und anderen Partnerländern mit Startdatum 2021 einen Freihandelsvertrag abzuschließen. Das Wirtschaftswachstum der Niederlande, Belgiens und Irlands dürfte durch den BREXIT deutlich gedämpft werden, was auch negativ auf Deutschland wirkt. Belgien und die Niederlande sind für Deutschlands Export gewichtiger als UK.

Die EU27 dürfte sich der unangenehmen Situation in 2018-2021 gegenüber sehen, dass es große Unruhen auf den Finanzmärkten gibt, wobei man die Risiken mangels voller Kooperation im European Systemic Risk Board – nämlich zwischen der Bank of England und den anderen über 60 Institutionen aus EU27-Ländern – nicht rechtzeitig analysiert hat und daher dann unnötig hohen Kosten für die EU28-Länder im BREXIT-Kontext verzeichnen wird. Neben einigen Banken könnten vor allem auch Versicherungen in Schwierigkeiten geraten. Besonders instabil an den Finanzmärkten könnte das Jahr 2019 werden, das ja auch ein EU-Wahljahr ist. Wenn populistische Parteien in Deutschland, Italien und anderen EU-Ländern erhöhte Stimmenanteile bekommen sollten, liefe das auf eine politische Destabilisierung der EU27 hinaus: jenseits des eigentlichen BREXIT-Effektes. Dabei wirft 2019 vermutlich schon Schatten auf die Bundestagswahlen 2021. Vernünftige EU-Reformprojekte sind dringlich, Deutschlands Große Koalition dürfte aber wenig handlungsfähig sein.

Da UK kaum noch osteuropäischen EU-Zuwanderer nach dem Ende der Übergangszeit im EU-Binnenmarkt mehr aufnehmen wird bzw. UK als Zuwandererland für Menschen aus osteuropäischen Ländern an Attraktivität verliert, könnten die Zuwandererzahlen aus osteuropäischen EU-Ländern u.a. in Frankreich, Deutschland, Niederlande, Österreich, Italien, Spanien und Portugal deutlich ansteigen. Die Zuwandererzahlen für Deutschland und Österreich könnten in der Summe auf über 400 000 pro Jahr ansteigen. Das EU-Wirtschaftswachstum könnte leicht von verstärkten Japan-Exporten profitieren, da 2019 das EU-Japan-Freihandelsabkommen in Kraft tritt. Chinas Investoren werden ebenso wie multinationale Unternehmen aus westlichen OECD-Ländern massiv in UK investieren, da die reale Pfundabwertung den Kauf von UK-Firmen relativ erleichtert. UK wird die Körperschaftssteuersätze senken und eine Bankenderegulierungswelle anschieben, die u.a. größeren Druck für EU27-Banken mit Auslandstöchtern in UK bedeutet, höhere Risiken auf der Jagd nach erhöhten Eigenkapitalrenditen einzugehen. Die Risiken auf den Finanzmärkten werden dann also mittelfristig in der EU27 und in UK ansteigen. China wird die unruhige Situation in Europa sicherlich nutzen wollen, um über verstärkte Auslandsdirektinvestitionen in UK den EU27-Ländern seine Position in West- und Osteuropa massiv zu stärken.

Die chaotische BREXIT-Politik lässt UK geschwächt aussehen. Aber das heißt nicht, dass etwa die EU27 nach 2019 gestärkt wäre. Die Option EU-Austritt ist nach dem BREXIT neuer Bestandteil nationaler und nationalistischer Politik. Ob es gelingen kann, dann in einer nationalistisch gefärbten Stimmung EU-Reformpolitik erfolgreich zu betreiben, bleibt abzuwarten. Man wird wohl 2020/2021 feststellen, wie unzureichend die Risikopolitik in den EU28-Ländern war. Die Beziehungen zwischen der EU und UK dürften sich wegen UK-Deregulierungspolitik und infolge von UK-Körperschaftssteuersenkungen sowie Banken-Deregulierungen klar verschlechtern. Hauptgewinner des BREXIT dürfte zunächst in der EU Frankreich sein, das ab April 2019 die einzige EU-Atommacht ist und eine handlungsfähige Regierung unter Präsident Macron hat. Die EU wird im Übrigen auch durch fehlende US-Unterstützung geschwächt.

Die Europäische Union steht vor einer schwierigen Phase nach dem BREXIT. Es wird eine erhebliche Zeit dauern, bis sich Deutschland und Frankreich als neues Führungsduo aufgestellt haben – die verzögerte Regierungsbildung in Berlin ist hier ein Nachteil. Italien steht vor Neuwahlen in 2018, bei denen hohe Stimmenanteile für die Anti-EU-Partei Stelle Cinque zu erwarten sind. Alle Parteiensysteme der großen EU-Länder sehen relativ instabil aus und der populistisch-nationalistische Druck ist hoch; wie man da eine solide EU-Weiterentwicklung zustande bringen könnte, ist nicht ohne Weiteres absehbar: Konzeptionelle durchdachte Arbeiten im Vorraum der Politik wäre hier dringlich; von selbst findet die Politik wohl immer nur wenig langfristig tragfähige Zwischenschritte. In UK könnte die Konservative Partei über die BREXIT-Frage zerbrechen und UK selbst auch, wenn Schottland sich abspalten sollte. 25 Jahre nach dem Ende des Kalten Krieges, den der Westen gegen die Sowjetunion hoch gewonnen hatte, ist mit dem britischen EU-Referendum eine historische Weichenstellung Richtung Desintegration erfolgt, die Europa sehr nachhaltig schwächen könnte. Die Tatsache, dass diese Änderung für die meisten Beobachter überraschend kam, gibt zu denken:

- Die EU-Kommission und die Regierungen Deutschlands und Frankreichs sowie in UK waren deutlich überrascht von der BREXIT-Mehrheit. Die politische Analysefähigkeit ist offenbar gering. Ein Projekt EU-Integration sollte doch eigentlich immer so aufgebaut sein, dass man sichere große Mehrheiten bei einer Volksbefragung erwarten kann – das ist aber offenbar nur in wenigen EU-Ländern der Fall. Die Neigung zu kritischer Selbstreflexion bei der EU-Kommission ist gering und ihr unbändiger Drang, weitere Balkan-Länder aufzunehmen deutet an, dass man in Brüssel aus den ersten beiden EU-Osterweiterungen wenig gelernt hat.
- Der Ruf von Kommissionschef Juncker in 2017, man möge bei der Eurozonen-Erweiterung vorangehen, ist bedenklich. Denn die EU-Konvergenzkriterien als Aufnahmekriterien für die Eurozone sind zu unspezifisch (Inflationsrate höchstens 1,5 % über der Inflationsrate in den drei Länder mit der niedrigsten Inflationsrate sind lückenhaft beziehungsweise ignorieren und 2 % maximale langfristige Zinsdifferenz, höchstens 3 % Defizitquote und höchstens 60 % Relation Staatsschuld zu Bruttoinlandsprodukt). Die Theorie optimaler Währungsräume, die auf hohe Arbeitskräftemobilität, einen hohen Offenheitsgrad der Wirtschaft (vereinfacht: Exporte relativ zum Bruttoinlandsprodukt) und einen hohen Diversifizierungsgrad von Produktion bzw. Exportwirtschaft abstellt, hätte eine Aufnahme Griechenlands lange Jahre ausgeschlossen. Denn das Land hatte einen Offenheitsgrad deutlich unterhalb vergleichbar großer Länder – mit ähnlich hohem Pro-Kopf-Einkommen – und sollte daher klugerweise nicht einer Währungsunion mit absolut festem Wechselkurs und anschließender Einführung des Euros eintreten; Griechenland kann durch eine Wechselkursänderung durchaus ökonomische Anpassungen erreichen. Wenn die Kommission die Theorie optimaler Währungsräume weiterhin ignoriert, wird man auch künftig Länder verfrüht aufnehmen, was erhebliche politisch-ökonomische Spannungen in der Eurozone entstehen lassen kann. Stabilisierungskrisen wiederum führen zu zeitweise vermindertem Wirtschaftswachstum und politischer Radikalisierung –

dies wurde in der Eurokrise sehr deutlich. Die Regierungen in der EU bzw. der Finanzministerrat hat keine Fähigkeit, die Regeln des Stabilitäts- und Wachstumspaktes (Defizitquote maximal 3 %; außer in einer schweren Rezession; Schuldenquote maximal 60 %) wirklich durchzusetzen. Kluge Budget-Regeln sollten in der nationalen Verfassung bzw. der supranationalen EU-Verfassung als seitens der Bürger einklagbares Recht verankert sein: am besten als Schuldenbremse, wonach im Boom Rücklagen im Staatshaushalt zu bilden sind, die dann in der Rezession zugunsten von Stabilisierungsausgaben des Staates aufgelöst werden. Länder, die verfassungsbasierte Schuldenbremsen haben, brauchen eigentlich die Kriterien des Stabilitäts- und Wachstumspaktes der EU nicht.

- Die EU-Kommission hat eine unzureichende wissenschaftliche Fundierung im Bereich der Wirtschaftspolitik. Es gibt Hunderte Jean-Monnet-Professoren, deren Kompetenz kaum je sinnvoll gefordert wird. Die jährlichen Treffen sind wissenschaftlich von oft geringer Ergiebigkeit. In den über 1000 Forschungsprojekten, die die EU jährlich finanziert, werden kaum je relevante Erkenntnisse für die EU-Integration beziehungsweise die Kommission selbst herausgefiltert. In den EU-Projekten gibt es im Berichtsbereich nicht einmal einen entsprechenden Berichtspunkt.
- Die Kommunikationsfähigkeit der Europäischen Kommission ist unzureichend. Was die EU-Kommission etwa bei Twitter oder Facebook präsentiert, ist oft interessant; aber eine echte Kommunikationsstrategie ist da nicht erkennbar. So erfolgt auch die jährliche Darstellung der EU-Nettobeiträge – relativ zum Nationaleinkommen – keineswegs in einer Standard-Pressekonferenz mit Erläuterungen für die Öffentlichkeit, wie man dies eigentlich als guten Kommunikationsstandard doch erwarten darf. Die EU-Kommission hat vielfältigen Verbesserungsbedarf.

Der alte Satz, dass die EU aus jeder Krise gestärkt hervorgeht, ist seit dem BREXIT widerlegt. Es wäre im Übrigen auch ein pathologisches Lernen, wenn man nur durch Krisen zu klugen Reformen finden könnte. Die Europäische Union ist eine große historische Errungenschaft, die Stabilität, Prosperität und Frieden in Europa für rund 60 Jahren gebracht hat. Ein Integrationsfortschritt durch eine größere öffentliche Debatte – gerade jetzt nach dem BREXIT – ist durchaus denkbar. Das Zeitfenster für eine bessere EU-Integration könnte relativ schmal sein, denn die Expansion der USA und Chinas gehen mit großer Geschwindigkeit im 21. Jahrhundert voran. Ein eigenständiges Europa in Form der EU (einer Neo-EU) rechtzeitig zu entwickeln, ist und bleibt eine große Aufgabe.

17

Populismus-Regierung in Italien und ITALEXIT-Perspektiven in Verbindung zum BREXIT

BREXIT-Problemperspektiven Deutschlands und das Italien-Populismus-Problem

Zu Fragen nach BREXIT-Effekten auf die EU27 kann man den Gesamtraum der EU27-Länder, die Eurozone oder aber einzelne EU-Länder betrachten. Deutschland ist dabei in der EU27 und in der Eurozone (Gewicht dort 30%) das größte Land und ist direkt vom BREXIT nur relativ wenig ökonomisch negativ betroffen. Allerdings bedeutet der Sachverhalt, dass die Volkswirtschaften der Niederlande und Belgiens in Kombination für leicht höhere Deutschland-Exporte stehen als UK selbst – und beide Länder sind ihrerseits stark mit UK über Außenhandel verbunden –, dass Deutschland auch indirekten Negativeffekten des BREXIT gegenüber stehen wird; eben bei der Wirtschaftsentwicklung in den Niederlanden und Belgien sowie natürlich auch bei BREXIT-Effekten auf andere EU27-Länder. Hinzu kommen vermutlich zudem Probleme, die sich für Deutschland im Rahmen des ersten Regierungsantritts einer Populisten-Koalition am 1. Juni 2018 ergeben. Diese Populisten-Koalition steht für ein politisches Programm – unter Einschluss des Entwurfes des Koalitionsprogrammes vom Mai 2018 -, das auf Streichung von Staatsschulden Italiens und eine Aufweichung des Stabilitäts- und Wachstumspaktes in der EU sowie Impulse für eine Neuverhandlung des EU-Vertrages hinaus läuft, was aus Sicht Deutschland und Frankreichs sowie vieler anderer EU-Ländern politische Tabu-Verletzungen sind. Dass der BREXIT auch die EU- und Euro-Diskussion beeinflusst hat, ist unübersehbar und in jedem Fall wird von den Populisten in Italien betont, dass man eine Anti-Establishment-Bewegung sei und die Wahlergebnisse bzw. die Mehrheit für

© Springer Fachmedien Wiesbaden GmbH, ein Teil von Springer Nature 2018
P. J. J. Welfens, *BREXIT aus Versehen*, https://doi.org/10.1007/978-3-658-21458-6_18

die beiden Populisten-Parteien unbedingt zu respektieren seien: vom Staatspräsidenten Italiens wie von der EU-Kommission; und natürlich wolle man mehr
nationale Politikautonomie und sich von den Gängelungen der EU-Vorgaben
freimachen – was wiederum sehr ähnlich wie die Wortwahl auf den Webseiten
der Leave-Gruppe in UK klingt. LeaveEUofficial als Twitterkanal unterstützt seit
Mai 2018 auch ganz massiv die Perspektive einer Populisten-Regierung in Italien.

Es ist interessant, die Umfrageergebnisse von DELOITTE/BDI (2016)
bei UK-erfahrenen Firmen aus Deutschland in Betracht zu ziehen, um einige
Aspekte des BREXIT in erweiterter Betrachtung auszuleuchten. Dabei wird
deutlich, dass zahlreiche deutsche Unternehmen schon im Mai 2016 die Risiken einer EU-Degenerierung sahen und jedenfalls die BREXIT-Möglichkeit
auch in einen breiteren Kontext der EU-Schwächung stellten (die Wahrnehmung vieler EU-Kommissionsmitarbeiter in Sachen BREXIT-Prozess war hingegen bis März 2018 eher positiv, da die widersprüchliche May-Regierung bei den
Verhandlungen mit der EU schwach aussah; erst mit dem Amtsantritt der Populisten-Parteien in Italien am 1. Juni 2018 änderte sich in Teilen der Kommission
die EU-Wahrnehmung. Denn sowohl die Eurozone wie die EU werden durch
die neue Regierung in Rom vor neue Probleme gestellt – und wieder ergibt sich
der Eindruck, dass das politische Risikomanagement in Brüssel, Berlin und Paris
gelegentlich sehr schwach ist, was natürlich in Washington, Moskau und Peking
durchaus klar wahrgenommen wird).

Geht man von den UK-Exportanteilen und UK-Importanteilen der
EU27-Länder aus, jeweils gemessen am Bruttoinlandsprodukt, so stehen nach
CEPS (2017) in der Rangfolge weit vorn: Irland (Importe relativ zum Bruttoinlandsprodukt: 9%, Exportanteilswert fast 7%), gefolgt von Belgien und
Niederlande, Malta, Tschechien, Slowakei, Deutschland und Zypern. Hinzu-
zufügen wegen starker Finanzmarktverflechtungen ist zudem Luxemburg als
von UK relativ abhängiges Land, denn dessen ausgebauter Bankensektor ist mit
dem Finanzzentrum UK eng verbunden. In einer BDI-Deloitte-Umfrage zu den
BREXIT-Problemperspektiven deutscher Unternehmen (DELOITTE/BDI,
2016) ergaben sich als UK-Austritt-Hauptfolgeaspekte der im Mai 2015 befragten 215 deutschen UK-erfahrenen Unternehmen (diese sind in UK unternehme-
risch via Exporte, Importe oder Auslandsproduktion tätig):

- höhere Gefahr eines weiteren Austritts aus der EU: 66%,
- stärkere politische Fragmentierung der EU 42%
- Schwächung marktorientierter Wirtschaftspolitik: 40%
- Rückentwicklung der EU zu einer Freihandelszone: 39%

Man sieht hier, dass UK-erfahrene Firmen durchaus im breiteren BREXIT-Kontext sehen, dass es eine Gefahr weiterer EU-Austritte gibt und zudem eine politische Fragmentierung eintreten könnte. Die erwartete Schwächung marktorientierter Wirtschaftspolitik dürfte die Überlegung widerspiegeln, dass das Fehlen von UK in der EU nach dem britischen EU-Austritt die ordnungspolitische Orientierung in der EU weniger marktorientiert ausfallen lassen könnte.

Dass immerhin 39% eine EU-Rückentwicklung zu einer Freihandelszone als BREXIT-Folge erwarten, heißt, dass UK-erfahrene Unternehmen aus Deutschland davon ausgehen, dass durch den BREXIT sowohl der freie Personenverkehr wie der freie Kapitalverkehr in der EU langfristig gefährdet sind – in dieser Sichtweise wären die Kosten des BREXIT für die EU27 enorm:

- (1) Eine Beendigung des freien Personenverkehrs dürfte die 440 Millionen Bürgerinnen und Bürger der EU27 vermutlich längerfristig 1% des Bruttoinlandsproduktes kosten: Dieser Wert ergibt sich, da etwa 11 Millionen EU-Bürger in anderen EU-Ländern arbeiten und dabei sicher eine höhere Arbeitsproduktivität als im Heimatland haben; es geht um knapp 4% der EU28-Erwerbsbevölkerung. Geht man davon aus, dass ohne EU-Binnenmarkt beziehungsweise bei einer Degeneration der EU zu einer Freihandelszone eine gewisse Rückwanderung erzwungen würde und künftige normale Wanderungen nicht stattfinden könnten, so erscheint ein Realeinkommensverlust von 1% als plausible Größenordnung; unterlassene Wanderung heißt für die (hypothetisch) Betroffenen, dass man in einem weniger produktiven Job arbeiten wird oder aber arbeitslos ist.
- (2) Sofern das betrachtete Land aus der Eurozone ausscheidet, entfällt auch die Kapitalverkehrsfreiheit (denkbarer Fall Italien; und andere EU-Länder). Beschränkungen im EU-Kapitalverkehr im Bereich der Direktinvestitionen könnten die Beschäftigung in EU-Tochterunternehmen in der EU27 um 11% zurückgehen lassen; diese Zahl beruht auf der Annahme, dass der Intra-EU-Kapitalverkehr bei Direktinvestitionen dann so hoch wäre wie die Hürden für US-Direktinvestoren. Aus der Analyse von FRANCOIS ET AL. (2013) zum TTIP-Projekt ist bekannt – siehe die Darlegung dort im Kapital 6 – dass ein Rückgang der transatlantischen Direktinvestitionshemmnisse auf das Intra-EU-Niveau zu 11% Beschäftigungsanstieg in der EU führt; nimmt man weitergehend die aus US-Statistiken bekannten Zahlen (BEA Statistics), dass US-Firmen im EU-Binnenmarkt für 3% des EU-Bruttoinlandsproduktes steht, so hätte sich bei TTIP unter vereinfachender Annahme unveränderter Arbeitsproduktivität eine Erhöhung des Bruttoinlandsproduktes um 0,33% ergeben. Setzt man das Niveau der von EU27-Auslandsstochter-Fir-

men erbrachten Wertschöpfung in den EU27-Ländern mit 10% an, dann ergibt sich bei den gemachten Annahmen, dass das EU27-Bruttoinlandsprodukt um gut 1% sinkt. Hinzu kämen noch Nutzen- bzw. Einkommenseinbußen aus reduziertem Portfoliokapitalverkehr, die eine ähnliche Größenordnung erreichen könnten. Nimmt man die Positionen (1) und (2) zusammen, so kommt man dann für die EU27 auf einen realen Einkommensrückgang von etwa 3-4%. Im internationalen Kontext wird dabei im Zuge einer wahrscheinlichen realen Abwertung der EU27-Währungen um etwa 10% das ökonomische Gewicht der EU27 um 13-14% zurück gehen, was bei internationalen Freihandelsverhandlungen eine verschlechterte Verhandlungsposition für die EU27 bedeutet. Geht man von 12% Realeinkommensrückgang beim BREXIT in UK langfristig aus, was für die EU27 etwa -2% bedeutet, so lägen für die EU27 die BREXIT-Kosten bei insgesamt etwa 5% im Fall einer Degeneration zu einer Freihandelszone. Die Kosten einer Rückentwicklung der EU27 zu einer Freihandelszone – wegen des BREXIT - wären also ganz erheblich. Für Deutschland sind -5% exemplarisch für das Bruttoinlandsprodukt von 2017 gerechnet 165 Milliarden €, was rund 2000 € pro Kopf als BREXIT-bedingter Einkommensverzicht im EU-Degenerationsfall ergäbe. Es ist denkbar, dass auch der Anteil ausländischer Investoren am EU27-Kapitalbestand durch internationale Unternehmenszusammenschlüsse – und nur wenig durch Greenfield-Investitionen (mit neuen Produktionsstätten) – wegen der realen Währungsabwertungen in den EU27-Ländern zunimmt, was bedeutet, dass verstärkt Gewinne aus ausländischen Tochterfirmen (in der EU27) ins Ausland abfließen werden und mithin das Wachstum des Bruttonationaleinkommens zeitweise unter dem Bruttoinlandsproduktes liegen wird; diese Problematik wurde schon für UK selbst thematisiert als ein denkbarer BREXIT-Effekt (WELFENS, 2017).

• Ein Zerfall der Eurozone brächte zusätzliche Verluste, die man – als Gegenwartswert gerechnet (Kapitalisierungszins 3%) – bei etwa 16,7% ansetzen kann, und zwar auf Basis des Verlustes des Status einer Reservewährung; es wird hier angenommen, dass das Produkt aus Euro-Reservehaltung in Zentralbanken multipliziert mit der Differenz zwischen weltweiter Kapitalrendite und Realzins auf Staatsanleihen (in Euro) als Reserven bei Notenbanken (2,5% als Differenz) 0,5% des Nationaleinkommens der Eurozone ausmacht; für Deutschland könnte im Fall der Rückkehr zu D-Mark oder einer Neu-Mark der Verlust geringer sein, da auch die D-Mark einen gewissen Status als internationale Reservewährung hatte. Doch wäre die internationale (neue) Mark-Position nun im Kontext des ökonomischen Aufstieg Chinas bzw. der steigenden Rolle seiner Währung.

Im BREXIT-Fall als wahrscheinliche Entwicklungen wurden in der DELOITTE-Umfrage weiterhin von UK-erfahrenen Unternehmen aus Deutschland genannt:

- Steigende Unsicherheit an den Finanzmärkten: 71%
- Steigende Unsicherheit bis zur Neuregelung der wirtschaftspolitischen Beziehungen mit Großbritannien: 61%
- Steigenden Kapitalmarkt-/Wechselkursvolatilität: 60%
- Schwächung des europäischen Wirtschaftraums als Ganzes: 57%
- Umlenkung von Direktinvestitionen von UK nach Kontinentaleuropa: 46%
- Steigende Zölle für deutsche Exporteure: 43%
- Stärkung Deutschlands als Finanzstandort: 38%
- Schwierigere Finanzierung, falls London als Finanzplatz nicht mehr innerhalb der EU verankert ist: 14%.

Demnach sind Instabilitäten an den Finanzmärkten in den Erwartungen UK-erfahrener Firmen aus Deutschland ein wichtiges potenzielles Problem. Umso eher wird man erwarten dürfen, dass sich etwa der Europäische Ausschuss für Systemrisiken (ESRB: European Systemic Risk Board) als EU28-Gremium mit Fragen der makroprudentiellen Risiken – also den Gesamtrisiken für Banken und Finanzmärkte – ernsthaft in 2017-2020 und den Folgejahren befassen wird; 2020 wird hier besonders genannt, da dann die von UK gewünschte Übergangsfrist vorbei ist. Im Übrigen erwarteten 14% der befragten Unternehmen, dass Finanzierungen künftig schwieriger werden – wenn denn der Finanzplatz London vom direkten Zugang zum EU-27-Markt ausgeschlossen werde. Man wird sehen, ob der ESRB 2018-2020 seine Aufgaben vernünftig erfüllt.

Steigende Preise und Finanzierungskosten sind in der Wahrnehmung der Unternehmen also mögliche relevante Probleme, wobei jedoch die erwartete Stärkung des Finanzstandortes Deutschland die erwarteten Kostennachteile bei Finanzierungen offenbar dämpfen müsste. Höhere Regulierungskosten, höherer steuerrechtlicher und zollseitiger Aufwand werden von den befragten Unternehmen erwartet; auch erhöhte Nicht-Zoll-Barrieren wurden von 20% der befragten Firmen als Problem erwartet und 19% der Firmen erwarteten künftig eine eingeschränkte Mobilität der Mitarbeiter. In Deutschland sind als Sektoren im Export bzw. Import mit UK besonders von einem BREXIT betroffen:

- Automobilteile/KfZ-Teile (29 Mrd. € Export in 2016), Maschinenbau, Pharma und Elektro/Optik sowie Chemie auf der Exportseite.

- Kraftwagen/-teile (6 Mrd. €), sonstige Fahrzeuge, Chemie, Erdöl/Erdgas, Elektro/Optik auf der Importseite.

Deutschlands hoher Exportüberschuss gegenüber UK bedeutet eine erhebliche makroökonomische Anfälligkeit für den Fall, dass der BREXIT ohne Vertragsabschluss endet. Obendrein besteht wegen der aggressiven US-Handelspolitik unter Präsident Trump das Risiko, dass auch Störungen im US-Handel gerade im BREXIT-Austrittsjahr 2019 (oder im Fall der Nutzung der Übergangsfrist: 2020) einträten. Von den USA ausgehende Zinssteigerungen, durch transatlantische Handelskonflikte bedingte Aktienkursrückgänge und erhöhte Finanzmarktvolatilität durch den BREXIT könnten sich als Effekte mittelfristig überlagern und die Expansionsdynamik der EU27 und der Eurozone schwächen. Für die Eurozone könnte das wiederum erhöhte Probleme in Italien mit seiner populistischen Regierung bedeuten, denn jede Wachstumsabschwächung in der EU27 wird die Stabilisierung Italiens erschweren. Alle bestehenden Probleme in der EU sind lösbar, aber ein naives weiter so geht sicher nicht.

Von der politischen Psychologie her wird die Kooperation Deutschland-Italien wohl belastet durch zahlreiche Publizisten und Politiker, die die Eurozone als eine Art Dominanzinstrument Deutschlands sehen. Politische Einmischungen aus Deutschland oder aus Brüssel – von Seiten der EU-Kommission – wird man sich in Italien verbitten.

Ein Teil der deutschen Diskussion mit Italien wird vermutlich durch eine überpointierte nationale Interessensicht in Teilen der Politik und der Presse belastet werden, wonach Deutschland wirtschaftspolitisch bestens aufgestellt sei, in Italien jedoch zu viele Reformen seit Jahren fehlten; mit einer besserwisserischen Haltung kann man aber keinen erfolgreichen Politikdialog führen (immerhin hat Italien keinen Hauptstadtflughafen, der über eine Dekade verspätet in Betrieb gehen dürfte – falls überhaupt). Eine EU-Reformkonferenz ist durchaus erwägenswert, wobei Vorschläge internationaler Expertengruppen zu wichtigen Feldern vorgelegt werden könnten. Wenn der EU-Haushalt einen größeren Posten Infrastrukturausgaben für Transnationale EU-Projekte hätte, so könnte das die EU-Fähigkeit zu einer antizyklischen Fiskalpolitik stärken und zugleich Italien helfen, den entstandenen jahrelangen Rückstand bei öffentlichen Investitionen zu vermindern. Der von den Populisten in Rom aus Budgetgründen verkündete Stopp des Ausbaus der Bahnstrecke Turin-Lyon ist eine Verlangsamung des EU-Binnenmarktes insgesamt. Erwägenswert ist allerdings hier auch die verstärkte Nutzung von Private-Public Partnership-Ansätzen, bei denen private Infrastrukturerbauer für eine bestimmte Zeit – und gegen eine Gebühr – die Nutzung der neuen Infrastrukturen ermöglichen.

Der Aufstieg der Populisten in Italien wird im Übrigen wohl Aufstiegsimpulse populistischer Parteien in anderen EU-Ländern fördern; so auch in Deutschland. Ein EU-Desintegrations- und Zerfallsprozess ist durchaus denkbar und wenn die EU27-Länder nicht eine zügige Reformdebatte und –politik beginnen, dann wird der politische Konsensraum eben langfristig immer enger. Das liegt insbesondere auch daran, dass ab etwa 2025 Deutschland, Italien, Portugal, Spanien und Griechenland zu den rasch alternden EU-Ländern gehören, während Frankreich und UK erst später höhere Alterslastquotienten und auch erhöhte Rentneranteile an den Wahlen haben werden. Mit wachsenden Rentneranteilen bei der Wählerschaft dürfte sich ein erhöhter Druck ergeben, dass der Staat mehr für Rentner ausgibt; höhere Rentenzahlungen könnten dann leicht im politischen Konflikt mit höheren Bildungs- und Weiterbildungs- sowie Umweltausgaben stehen. Die von deutschen Unternehmen mit UK-Aktivitäten 2016 in Umfragen angesprochenen Risiken, dass der BREXIT der Anfang von EU-Destabilisierung sein könnte, ist mit dem Wahlsieg der Populisten in Italien schon Realität.

Es besteht aber kein Grund, für die EU grundsätzlich nur X-EXIT-Fälle oder eine EU-Degeneration hin zu einer Freihandelszone zu betrachten. AVENIR SUISSE (2018) hat sechs verschiedene Fälle der weiteren ökonomisch-institutionellen Entwicklung der Schweiz in einem Weissbuch Schweiz entwickelt, wobei ein Fall die Mitgliedschaft der Schweiz in der EU ist. Es ist jedenfalls bemerkenswert, dass dieser Fall in der Tat thematisiert wird und die entsprechende von Peter Grünenfelder und Patrik Schellenbauer herausgegebene Studie ist sehr lesenswert in allen präsentierten Varianten.

Eine pessimistische Sichtweise wäre ein ITALEXIT, an den sich Länder im Süden der EU anschließen könnten. Frankreich stünde vor der schwierigen Frage, ob man politisch eher mit dem „EU-Süden" verbunden sein wollte oder eher mit Deutschland und anderen mittel- und nordeuropäischen Ländern. Für Deutschland als Nicht-Atommacht entstünde eine sicherheitspolitisch schwierige Situation, wenn Frankreich sich einer Europäischen Südintegrationszone anschlösse. Da möglicherweise eine NATO-Mitgliedschaft Deutschlands nicht länger attraktiv oder möglich wäre – etwa weil unter Trump oder seinen Nachfolgern die NATO zerfällt -, entstünde eine politisch und sicherheitspolitisch und auch ökonomisch instabile Lage in Europa; mit möglicherweise tragischen Folgen.

Keinesfalls kann man in einer solchen Konstellation dann ohne weiteres erwarten, dass Deutschland sich dem Westen zurechnen wollte; die rechtspopulistische AfD ist zum Teil US-feindlich eingestellt und betont (wie Die Linke) das große deutsche Interesse an guten Beziehungen zu Russland. Die Verankerung Deutschlands im Westen wären bei einem EU-Zerfall gefährdet, die Stabilität Europas dann obendrein.

Sollte unter US-Druck die multilaterale alte Weltwirtschaftsordnung zerfallen, so könnte eine gewisse Stabilität der Weltwirtschaft gesichert werden, indem bestehende Integrationsräume miteinander breit ökonomisch und politisch vernetzt wären. Das aber ginge nur bei Fortbestand einer stabilen Europäischen Union, die sich als eine eigenständige Großmacht etablieren müsste – mit diffuser Perspektive, wie man dann stabile, friedliche Beziehungen mit den anderen Großmächten, USA, Russland, China, Japan und Indien realisieren könnte.

Populismus-Regierung in Italien, Kapitalmarktunions- sowie Euro-Fragen

In einem vorläufigen Koalitionspapierentwurf der neuen populistischen Regierungsparteien Italiens - Cinque Stelle und Lega - wurde im Mai 2018 gefordert, dass Italien einen Schuldenerlass für über 250 Mrd. € Staatsschulden im Bestand der Europäischen Zentralbank erhalten soll (diese Italien-Anleihen laufen längerfristig aus und sind regelmäßig am Kapitalmarkt zu refinanzieren). Das wäre eine gegen EU-Verträge verstoßende Italien-Entschuldung zulasten der Partner-Länder der Eurozone und ist eben in den Euro-Verträgen als solche ausgeschlossen. Dieses schockierende Ansinnen der populistischen Parteien Italiens zeigt, dass auch in Europa – wie schon in den USA unter der Trump-Regierung und bei einigen osteuropäischen EU-Ländern – die Neigung zum politischen Tabubruch neuerdings hoch ist. Das entspräche etwa 10% des Bestandes an Italien-Staatsanleihen und signalisiert werden soll offenbar, dass man aus Sicht der Populisten bei einer Staatsschuldenquote von 130% eine Überlastung des italienischen Staates sieht; und im Übrigen macht man vor allem die EU verantwortlich für Italiens Wirtschaftsmisere. Tatsächlich ist Italiens ökonomische Entwicklung schwach über zwei Jahrzehnte gewesen. Das verfügbare reale Einkommen der Haushalte war auch 2017 noch 2% niedriger als 1995 (Deutschland 30% höher). Ohne Aufweichung der EU-Regeln werde man, so ist zwischen den Zeilen zu lesen, die Eurozone verlassen und im Übrigen wolle man die Vorgaben des Stabilitätspaktes in Italien nicht einhalten: also etwa die Vorgabe einer Defizitquote von maximal 3% und das Erfordernis eines mittelfristig ausgeglichenen Staatshaushaltes. Zudem wünscht die neue Italien-Regierung, dass die EU die Sanktionen gegen Russland aufheben soll. Wie man sieht, gibt es nicht nur einen britischen BREXIT-Populismus, der von UKIP in die Tory-Partei via EU-Referendum getragen worden ist. Vielmehr ist auch im EU-Gründungsland Italien ein Aufstieg der Populisten zu besichtigen, die behaupten, dass sie allein den

Volkswillen umsetzen wollten und bestehende Probleme auf neue einfache Weise lösen könnten. Dabei fühlen sich die Populisten in der EU durch Trumps populistisch-nationalistische Tabubrüche offenbar ermutigt. Es versteht sich, dass der Aufstieg der Populisten ohne die Expansion der digitalen Netzwerke mit ihrer häufigen Gegenöffentlichkeit zu den traditionellen Medien und ohne schwache Politik der etablierten Parteien nicht denkbar ist.

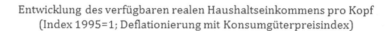

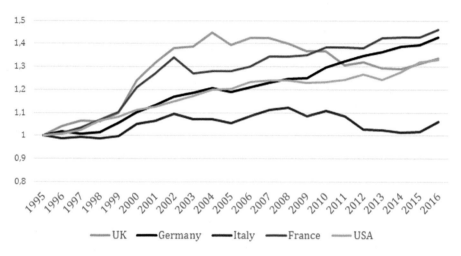

EIIW Berechnungen auf Grundlage von OECD (2018), Household disposable income (indicator). doi: 10.1787/dd50eddd-en (Accessed on 06 June 2018)

Abb. 19. Entwicklung des verfügbaren realen Haushaltseinkommens in UK, Deutschland, Italien, Frankreich, USA (Index: 1995= 100), 1995-2017

Insgesamt sah man im Mai 2018, welch widersprüchlicher Geist in Italien die neue Regierung aus linken und rechten Populisten antreibt. Die May-Rede in Florenz in 2017 wird man vermutlich neu einzuordnen haben – sie wollte ein Signal für die Verbundenheit von UK mit Europa senden, aber sie hat wohl auch ein propopulistisches Signal in Italien gegeben: als Premierministerin, die sich über ein Zuviel an EU-Zuwanderung wiederholt beklagt hat und einen neuen britischen Nationalismus anführt, ihr Land gegen die EU positioniert. Gerade die Lega Nord hat in Italien Anti-Immigrationsthemen und eine Gegnerschaft zu Italiens Euro-Mitgliedschaft über Jahre öffentlich formuliert. Allerdings, einen Euro- oder EU-Austritt seitens Italiens zu erwägen, erscheint gerade vor dem BREXIT-Hintergrund als ökonomisch ungeheuer teure Option; eine Populisten-Regierung in Rom wird zunächst außer der törichten Selbststilisierung Italiens als Opfer angeblicher EU-Austeritätsvorgaben wenig als eigene Verbesserungsimpulse vorweisen können – außer Steuersenkung und Rentenerhöhung als vorgezogene Wahlgeschenke, die langfristig kaum finanzierbar sind, wie die Conte-Regierung zeigen dürfte. Den eigentlichen Herausforderungen Italiens wie anderer EU-Länder, dem Aufstieg Chinas, der Expansion der digitalen Wirtschaft und der wachsenden Rolle multinationaler Unternehmen in der Weltwirtschaft scheint man sich seitens der Populisten-Parteien nicht stellen zu wollen: Das ist stillschweigend das wirtschaftspolitische Wunschdenken-Kapitel, das man aus den leeren entsprechenden Stellen der Koalitionsvereinbarung ablesen kann. Lega-Nord Chef Salvini betonte hingegen am 1. Juni 2018, dass Italien das schönste Land der Welt sei. Hier klingt ein neuer Nationalismus in der EU an, der die EU-Integration tendenziell schwächen wird (in Deutschland kommt von Rechtspopulisten eine andere Wendung, die auch pro-nationalistisch wirken soll: So versucht zugleich AfD-Co-Chef Gauland die Nazi-Schrecken und die Millionen Toten des 2. Weltkrieges – siehe seine Rede bei der AfD-Jugendorganisation Anfang Juni 2016; wenn ihm dies gelänge, wäre eine künftige Regierung Deutschlands wohl leicht fähig, den politischen AfD-Satz global laut vorzutragen „Die Deutschen sind im Vergleich zu anderen Völkern höherwertig", wobei bei der AfD noch der Satz dazu gehört: „Frauen und Männer sind nicht gleichartig" – zu den beiden AfD-Sätzen siehe KOPPETSCH, 2018).

Dass Italien von der EU mehr Unterstützung beim Strukturwandel fordern wird, ist anzunehmen und Weichen zugunsten der südlichen EU-Länder sind zumindest in der vorläufigen Kommissions-Finanzplanung 2021-2027 ohnehin gestellt; zulasten osteuropäischer EU-Länder, in denen allerdings zT ebenfalls Populisten bzw. nationalistische Parteien regieren. Eine Einigung über das EU-Budget wird von daher schwerfallen. Immerhin hat die EU-Kommission auch Vorschläge im ersten Halbjahr 2018 entwickelt, wie seitens der EU künftig Länder, die von asymmetrischen Schocks getroffen wurden, einen Stabilisierungskredit (ggf. ergänzt um ein Transfer-Element beim zu zahlenden Zins) aus dem EU-Haushalt erhalten könnten; der verfügbare Topf könnte 30 Mrd. € erreichen, was natürlich mit 0,2% des EU-Bruttoinlandsproduktes unterdimensioniert als nennenswerte antizyklische EU-Finanzpolitik wäre. Voraussetzung ist aber, dass in den Vorjahren die EU-Regeln des Stabilitäts- und Wachstumspaktes eingehalten wurden. Dies könnte ein Instrument in die richtige Richtung in der Eurozone sein. Allerdings sind strukturelle Probleme eines Landes damit kaum zu überwinden, wobei in Italien Probleme im Bankensystem in der Dekade nach 2008 eine wichtige Rolle spielten – sie tragen auch zu verminderter Kreditvergabe und technischem Fortschritt bei Unternehmen bei (MANARESI/PIERRI,

2018). Italien hat neben relativ Direktinvestitionsdynamik in der modernen Globalisierung auch eine relativ geringe Internationalisierung im Außenhandel, wenn man die Außenhandelsquote (bei „Bruttoexporten plus Bruttoimporten"/BIP) um Ländergrößen-Effekte bereinigt; das gilt etwa für 1995, 2000 und 2005 – noch vor der verzerrenden Transatlantischen Bankenkrise - auch für die auf Basis der OECD-Weltbank-Datenbank TiVA berechneten „Netto-Außenhandelsquoten" (WELFENS/IRAWAN, 2018), bei denen ausländische Vorleistungen herausgerechnet wurden. Deutschland war 2005 durch eine „Überinternationalisierung" bei der Wertschöpfungsaußenhandelsquote gekennzeichnet, während Frankreich neutral einzustufen war.

Die politische Italien-Krise trifft die EU zur Unzeit. Denn die eigentlich denkbaren Schritte zur EU-Integrationsvertiefung, die Frankreichs Präsident Macron in seiner Sorbonne-Rede im Herbst 2017 genannt hatte, werden kaum politische Unterstützung in Deutschland finden, wenn man in Rom bei den herrschenden Populisten-Parteien über die Streichung italienischer Staatsschulden laut spricht. Immerhin könnte die Kapitalmarktunion gleichwohl vermutlich angeschoben werden, sofern Länder mit höheren Bank-Altlasten besondere Anstrengungen zur Reduzierung der Altlasten rasch umsetzen oder einen Sonderfonds hierfür bereitstellen. Die Populisten-Regierung in Italien dürfte wenig Rückenwind aus Spanien erhalten, da man dort kein Interesse hat, Übertragungseffekten bei erhöhten Risikoprämien für Italien ausgesetzt zu sein. Sofern man allerdings davon ausgehen muss, dass Populisten-Regierungen grundsätzlich EU-skeptisch eingestellt sein werden, wird die Verbindung osteuropäischer Populisten-Regierungen mit der Populisten-Regierung Italiens ein Problem aufwerfen: Wie man die EU und die Eurozone reformieren kann in einer Zeit, in der solche Reformen dringlich sind. Nicht auszuschließen ist, dass die EU-Reformmöglichkeiten erst besser werden, wenn mit einer Abwahl Trumps in den USA der transatlantische Populisten-Rückenwind stark abflaut. Dann aber müssten Deutschland, Frankreich und andere EU-Länder ihren strategischen Hauptfokus zunächst gegen die aggressive international destabilisierende Trump-Handelspolitik stellen.

Die bisher bestehende Haftungskaskade bei Bankenkonkursen (zuerst sind die Eigentümer in der Pflicht, werden Vermögensverluste, erleiden; dann Bankanleihen-Halter und Großeinleger) in der EU kann jedoch vor dem Hintergrund des Verhaltens des designierten Premiers Conte als nicht mehr sinnvoll eingeschätzt werden. Private Bank-Anleihehalter müssen im Zeitalter der Populisten als neues Problem aus Sicht der Neuen Politischen Ökonomie gelten: Populisten suchen – wie so oft – bei Bankkonkursen in Bankanleihen-Haltern eine Stimulierungspunkt für Empörungsrethorik gegen bestehend Haftungsregeln, was ein gewichtiges neues Problem in der Eurozone und der EU ist.

Kapitalmarktunion vor neuen Problemen

Eine Populisten-Koalition in Italien, die bei einer Leistungsbilanzüberschuss-quote von über 2% und gutem Wirtschaftswachstum von 1,5% in 2017 als Erbe startet, hat im Mai 2018 den politisch ganz unerfahrenen Regierungschef auf den Schild gehoben: Ob der Jura-Professor Conte mit seiner neuen Regierung Italiens langjährige Wirtschaftsprobleme lösen kann, bleibt abzuwarten; immerhin könnte der im zweiten Anlauf zur Regierungsbildung nominierte Giovanni Tria als Finanzminister, mit Erfahrungen bei internationalen Organisationen, Impulse für sinnvolle Reformen geben.

Conte, der die linkspopulistische Partei Cinque Stelle als Berater über Jahre unterstützt hat, ist bemerkenswerter Weise selbst ein sonderbarer Opportunist und Populist insofern, als er – so der Bericht der Financial Times am 26. Mai 2018 (Market turmoil hits road to Rome for Italy's PM in waiting, p.3) – einen geplanten Gesprächstermin als Premier-Kandidat bei der Zentralbank Italiens um einen Tag verschob, um erst einmal Bankkunden zu treffen, die bei Bankabwicklungen in Italien Vermögensverluste erlitten hatten. Das ist genau jene populistische Masche, bei der sich Politikakteure scheinbar – und mit guten Bildern für die digitalen Medien - auf die Seite von Menschen mit angeblich erlittenem Unrecht stellen; während in Wahrheit die Vorgänge gesetzeskonform waren und die Anleger vor allem auf eine höhere Rendite als bei „sicheren" Staatsanleihen aus gewesen waren (ob die zugrunde liegenden Gesetze und Regeln vernünftig waren, ist eine Frage auf einem zweiten Blatt).

Es gibt also in Rom eine neue Populisten-Koalition, die mit dem Ruf nach einer Schuldenstreichung bei Italiens Staatsschuld auch noch das letzte sichere Vermögensobjekt in der Hand von Bürgerinnen und Bürger – und Banken sowie Versicherungen – zum Zitterpapier machen wollte. Das schlagen die Populisten-Parteien in einem Land vor, wo das Netto-Vermögen der privaten Haushalte (nach EZB-Angaben) deutlich höher als in Deutschland ist und wo der Staat über hohes Staatsvermögen verfügt. Massive Kapitalabflüsse aus Italien in andere Länder der Eurozone – mithin auch steigende TARGET-Salden bei der EZB – sind die Folge.

Dabei weiß der Rechtsprofessor Conte sehr genau, dass auch in Italien 100 000 Euro Einlagen durch die nationale staatliche Einlagensicherung abgesichert sind; und dass allerdings Einlagen oberhalb dieses Betrages bei einem Bankkonkurs teilweise verloren gehen und im Übrigen auch von Privaten erworbene Bankanleihen im Extremfall als Vermögensverlust teilweise oder ganz als Verlust zu buchen sind. Immerhin bieten aber Bankenanleihen einen höheren Zins als

Staatsanleihen, was sicherlich ein wesentlicher Grund ist, dass Bankkunden und andere Investoren solche Anleihen kauften.

Natürlich sind große Bankenkonkurse erst seit der Transatlantischen Bankenkrise 2008-10 in größerem Maß als ernstes Problem in EU- bzw. OECD-Ländern von Seiten der Bevölkerung wahrgenommen worden. Im Übrigen hat man seitens der Politik in Italien Steuergelder in Bankenrestrukturierungen eingeschossen, um die Vermögensverluste etwa privater Haushalte mit Investitionen in Bankenanleihen zu minimieren – das kann kaum als regelkonform angesehen werden und wurde von der Europäischen Kommission 2017 gerade noch durchgewunken (WELFENS/KADIRIC, 2018). Man kann allerdings auch formulieren, dass die Politik im Fall von Bankenkonkursen die bestehenden Regeln in Italien und in der EU eben offenbar nicht wird durchsetzen können: Es gibt ein politisches Moral Hazard-Problem, da im Zweifelsfall Populisten bzw. Politiker die eigentlich anstehenden Vermögensverluste von privaten Investoren, die Bankanleihen erworben haben – stets etwas höher verzinslich als Staatsanleihen – durch künstliche Intervention wohl zu vermeiden suchen werden. Durch das Internet gibt es neue digitale soziale Empörungsplattformen, die aus Sicht der Neuen Politischen Ökonomie neu nach der Durchsetzbarkeit von Regeln fragen lassen sollten. Wenn private Bank-Anleihekäufer faktisch nicht an Bankverlusten bei Bankkonkursen beteiligt werden können, ist der Zinsaufschlag (gegenüber hier vereinfachend als risikolos betrachteten Staatsanleihen) bei solchen Bankanleihen – der soll eigentlich das erhöhte Ausfallrisiko von Bankanleihen abbilden - ein verdeckter Transfer der Steuerzahler an Bankanleihe-Halter.

Für das Thema EU-Bankenunion bzw. Kapitalmarktunion bedeutet das, dass man keine Regeln vereinbaren sollte, die privaten Haushalten den Kauf von Bankanleihen ohne Begrenzung erlauben; eine Obergrenze von 5% bis 10% des Nettovermögens wäre für private Haushalte als Investoren anzuraten, entsprechende Gesetze sind auf EU-Ebene dringend zu verankern. EU-Länder können an der Kapitalmarktunion in der Eurozone nur teilnehmen, wenn eine solche Grenze national gesetzlich verankert ist; wird diese Grenze aufgehoben und kommt es zu einer faktischen Haftungsfreistellung für Bankanleihehalter durch den Staat, so ist dies aus ordnungspolitischer Sicht als eine verdeckt Bank-Subvention zu betrachten – hier werden Kapitalkosten künstlich vermindert.

Wenn „Normalbürger" als private Investoren hohe Vermögensverluste durch Bankkonkurse erleiden sollten, kann eine große digitale Empörungswelle von populistischen Parteien mobilisiert werden, wobei fehlende Regeldurchsetzung auf eine neue Form verdeckter politischer Umverteilung hinausläuft: Indem nämlich private Investoren vom Staat künstlich von Vermögensverlusten bei Bankkonkursen durch Einschuss von Steuergeldern auf Kosten aller Wähler freigehalten werden, erhält die kompakte Gruppe privater Investoren in Bankanleihen ein Vermögensgeschenk, während die Staatssubventionierung bei Bankenkrisen natürlich auf eine versteckte Besteuerung bei den steuerzahlenden Schichten hinausläuft. Eigentlich wäre zu erwarten, dass wohlhabende Privatinvestoren, die auf der Suche nach auskömmlichen Renditen in Bankanleihen investiert haben, letztlich an den Bank-Sanierungskosten im Fall eines drohenden Banken-Konkurses nach bestehenden EU-Regeln beteiligt werden. Die Haftungskaskade, die die neuen EU-Bankenregeln nach der Transatlantischen Bankenkrise aufgestellt hat, können offenbar gar nicht voll zur Anwendung geraten (an der Bankenstabilisierung zu beteiligen wären demnach die jeweiligen Bankeneigentümer, Bankenrettungsfonds des privaten Sektors, nachrangige und andere Bankanleihen sowie Großeinleger mit mehr als 100 000 €).

Da die Transatlantische Bankenkrise auf breiter Front gezeigt hat, dass Großbanken tatsächlich in Konkurs gehen können, ist auf einmal die Investitionsposition vieler privater Investoren als Halter von Bank-Anleihen eine potenzielle Gefahr für die Bankenstabilität. Denn hier ist – aus Sicht der Populisten – gar kein indirektes De-Fakto-Haftungskapital zu „holen". Die Bankenaufsichtssysteme der OECD-Länder beziehungsweise der EU-Länder sind von daher eilig renovierungsbedürftig mit Blick auf die EU-Kapitalmarktunion und den Single Supervisory Mechanism (Einheitlicher Aufsichtsmechanismus). Man wird sehen ob Deutschland und Frankreich sowie andere EU-Länder oder die EU-Kommission oder das Europäische Parlament entsprechende Gesetzesinitiativen auf den Weg bringen. Mit privaten Investoren, die Bankanleihen in großem Umfang kaufen, gibt es ein politisches Moral Hazard: Die Politik und sicherlich populistische Politik wird privaten Investoren Vermögensverluste bei Bankkonkursen zu ersparen suchen; das Moral Hazard-Problem besteht auch bei den privaten Investoren, die Zinssätze oberhalb der niedrigen Zinssätze für Staatsanleihe zu realisieren versuchen – im Fall eines Bankenkonkurses sollen aber die vorab bekannten Verlustrisiken bei Bankanleihen nicht mehr gelten.

Italienische Euro-Austrittsperspektiven und strukturelle Wachstumsprobleme

Italien hat in der Dekade nach der Transatlantischen Bankenkrise einige erfolgreiche Strukturreformen durchgeführt und konnte 2017 auch einen Leitungsbilanzüberschuss und ein relativ geringe Defizitquote vorweisen. Dass Italien im Eurosystem hohe Negative-Targetsalden aufweist, ist das Spiegelbild hoher Kapitalabflüsse aus Italien: Viele Anleger sehen in Italien keine hinreichend rentierlichen Anlagemöglichkeiten – relativ zu ökonomischen und politischen Risiken. Im Fall eines italienischen Euro-Austritts drohen hier Vermögensverluste der verbleibenden Eurozonen-Mitglieder; allerdings ist undenkbar, dass Italien austräte, ohne dass man eine politische Verhandlungslösung zu den Targetsalden findet. Italiens Außenwirtschaft ist so stark von den Partnern in der Eurozone abhängig, dass Italien hier an einer Problemlösung mit großer Sicherheit im eigenen Interesse mitwirken wird.

Wenn die Lega Nord in parteiinternen Diskussionen für einen Euro-Austritt eintritt, so steht auf Seiten der ökonomischen Berater vor allem Professor Alexandro Bagnai im Fokus, der 2013 einen Beitrag zu zyklischen Makro-Fragen veröffentlichte – Unhappy Famlies Are All Alike: Minskyan Cycle, Kaldorian Growth, and the Eurozone Peripheral Crises. Dieser Beitrag zeigt einige sonderbare Sichtweisen: Insbesondere könnte Italien durch Rückkehr zu einer eigenen Währung und Abwertungen ausländisches Kapital verstärkt anziehen. Dieser zyklusbezogene Bagnai-Beitrag übersieht völlig die wachstumspolitisch wichtigen Aspekte, dass nämlich Italien nicht mehr in einem globalem Wirtschaftsumfeld der 1970er oder 1980er Jahre auftritt. Seither hat sich durch den ökonomischen Aufstieg Chinas und die Expansion des Sektors der Informations- und Kommunikationstechnologie sowie eine von den Multis wesentlich geprägte Globalisierung (mit steigende Direktinvestitionsquoten) ergeben, was wachstumspolitische langfristige Herausforderungen mit sich bringt, auf die Italiens Regierungen nur wenig reagiert haben. Die Bagnai-Analyse ist in einigen Aspekten als zyklische Analyse interessant, aber sie ignoriert die eigentlich in Italien vorhandenen langjährigen Wachstumsprobleme und entsprechende Defizite der Wirtschaftspolitik. Auch die Italien-Problematik überzentralisierter Lohnverhandlungen thematisiert Bagnai nicht – eine Überzentralisierung, die die Wachstumsrate der Löhne seit vielen Jahren oberhalb des Produktivitätsfortschritts hält, also die Lohnstückkosten gegenüber Deutschland und anderen EU-Ländern systematisch nach oben drückt.

Zum Problem des Wachstumsdefizits sind die Kernpunkte rasch benannt: Nach OECD-Angaben liegt Italien bei Digitalen Arbeitnehmerfähigkeiten im internationalen Vergleich weit hinten, was auch für die Intensität der Job-Suche via Internet gilt – eigentlich erstaunlich angesichts der führenden Position Italiens bei der Mobilfunkdichte und bei internetfähigen Handys. Die Tatsache, dass Italien kaum multinationale Unternehmen hat, sonderbarerweise als Tourismusland Nr. 2 in der EU nicht einmal einen multinational aktiven italienischen Hotelkonzern vorweisen kann (so einst die laute Reflexion des Ferrari-Chefs di Montezemolo), bedeutet strukturelle Nachteile, wenn es um die Nutzung von

Globalisierungsvorteilen geht. Hierbei sind in anderen Ländern Großunternehmen und erfolgreiche Techno-Globalisierung oft eine Basis für hohe Innovations- und Wachstumsdynamik; die einst hohen Italien-Exporte im Sektor der Informations- und Kommunikationstechnologie sind seit den späten 1990er Jahren deutlich gefallen. Der Rückgang der technischen Fortschrittsrate Italiens ist im Vergleich zu führenden EU-Ländern und der Schweiz seit den 1990er Jahren auffallend hoch, wobei China seit etwa 2010 eine höhere Ausgabenquote bei Forschung & Entwicklung verzeichnet als Italien. Diese Punkte und geringe kumulierte Zuflüsse an ausländischen Direktinvestitionen – relativ zum Bruttoinlandsprodukt – erklären die schwache langfristige reale Wachstumsrate Italiens und damit auch die hohe Staats-Schuldenquote beziehungsweise deren Anstieg seit etwa 2000. Die langfristige Schuldenquote eines Landes ergibt sich nach der bekannten Domar-Formel als Relation von struktureller Defizitquote des Staates und Trendwachstumsrate (bei 1% Defizitquote hieße 1,5% Trendwachstumsrate, dass Italiens Schuldenquote langfristig bei 67% läge; wenn aber die Trendwachstumsrate nur 1% beträgt, so ergibt sich 100% als langfristige Schuldenquote). Die geringe reale Trend-Wachstumsrate Italiens hat weder mit der Mitgliedschaft des Landes in der EU noch in der Eurozone zu tun.

Umgekehrt, ein Ausstieg Italiens aus dem Euro und der EU brächte Italien keinerlei ökonomische Vorteile jenseits einer starken Abwertung und vermutlich erhöhter Nettoexporte von Gütern; da die moderne Globalisierung vor allem durch den hohen Anteil importierter Vorprodukte geprägt ist, werden sich allerdings bei einer realen Abwertung die importierten Vorprodukte massiv verteuern, was die Export-Wettbewerbsfähigkeit Italiens untergraben wird. Zugleich werden aber ausländische Investoren bei einer realen Abwertung dann zu einem Discountpreis einen erhöhten Anteil an Italiens Firmen erwerben können, so dass ein erhöhter Saldo der Erwerbs- und Vermögenseinkommen – hier erhöhte Dividendenzahlungen an ausländische Konzernzentralen – zulasten Italiens zu verzeichnen sein wird: Die Wachstumsrate des realen Nationaleinkommens Italiens wird dadurch gedämpft. All diese Punkte spricht Bagnai in seiner Analyse, die offenbar in der Lega-Partei einflussreich ist, nicht an.

Wie beim ökonomisch widersprüchlichen Wunschdenken-Programm der BREXIT-Befürworter in UK, so wäre auch bei den Populisten-Parteien in Italien im Fall der Regierungsübernahme eine Illusionspolitik zu erwarten; wenn die Wahlergebnisse das bringen sollten, wird man abwarten müssen, wie die Lernkurve einer neuen Regierung aussieht – ob sie bis hin zu einem Griechenland-Desaster geht, bei dem am Ende Abhebungen von Geldautomaten beschränkt sind und Kapitalverkehrskontrollen eingeführt werden, ist nicht klar. Dass Italien bei einem Euro-Austritt ökonomisch gewinnen könnte, ist eine absurde Vorstellung; allerdings könnte ein Ausstieg Italiens durchaus dann die Resteurozone stärken. Dass jede Euro-Austrittsdebatte von Seiten möglicher italienischer Regierungsparteien auch zeitweilig zu erhöhten Zinssätzen in Spanien, Portugal und Griechenland führen, konnte man Ende Mai 2018 sehen und diese Perspektive würde im Übrigen auch einen Anti-Euro-Kurs Italiens zu einem politischen Spannungskurs in jeder Hinsicht machen. Solange Deutschland, Frankreich, Spanien und andere Länder der Eurozone eindeutig am Euro festhalten, können populistische Regierungsparteien in Italien ökonomische Schäden verursachen, die Währungsunion zerfiele deswegen jedoch nicht; Eurozonen-Reformen wiederum bleiben mit und ohne Italien dringlich, so etwa die verfassungsmäßige Verankerung einer nationalen Schuldenbremse. Dass die Eurozonen-Ländern einen ITALEXIT im Fall eines italienischen Euro-Austritts verlangen könnten, also auch den EU-Austritt Italiens, ist ziemlich offenkundig. Dass es im Übrigen wohl klüger gewesen wären, die Währungsunion ohne Italien 1999 zu starten, steht auf einem anderen Blatt – keine Einsicht, die ökonomisch weiter bringt. Die wichtigere Frage ist, ob es in der EU gelingen wird, Populisten-Parteien zurückzudrängen: mitsamt ihrer digitalen Büchsenspanner (in Deutschland steht TichysEinblick zum Teil exemplarisch für die mit oft wenig Differenzierung und Faktenkenntnis verbundene digitale Verbreitung von AfD- und Pegida-nahen Inhalten, wobei Roland Tichy sonderbarerweise auch noch Chef der Ludwig Erhard-Stiftung ist).

Laut IWF-Analysen – etwa in Gestalt des Artikel IV-Berichtes von 2017 – und OECD-Untersuchungen aus 2017 (Länderbericht Italien) ist klar, dass Italien in der Dekade nach 1995 unter einem zeitweilig starken Rückgang der verfügbaren realen Haushaltseinkommen, aber auch unter einem sonderbar geringem Wachstum des technischen Fortschritts leidet. Treiber des technischen Fortschritts sind in der Regel die Ausgaben für Forschung & Entwicklung in den Unternehmen sowie auch die Präsenz multinationaler Unternehmen und die IKT-Intensität der Produktion; eine hohe Intensität bei der Nutzung von Informations- und Kommunikationstechnologie geht in der Regel auch mit hohem Einsatz qualifizierter Arbeitskräfte einher. Italien, das noch in den 90er Jahren ein international wichtiger Produzent und Exporteur von IKT-Produkten war, ist hier seit etwa 2000 im Vergleich führender westlicher EU-Länder zurück gefallen. Der Leistungsbilanzüberschuss Italiens in 2017 ist kaum nachhaltig, da bei Vollbeschäftigung – statt 11% Arbeitslosenquote etwa 4% - die Importe deutlich höher wären. Grundsätzlich muss man sich auch mit Blick auf Deutschland fragen, seit vielen Jahren mit einer Leistungsbilanzüberschussquote von mehr als 6% (EU-Obergrenze), ob nicht auch die deutsche Wirtschaftspolitik einen Beitrag zur Vermeidung von internationalen Ungleichgewichten leisten könnte und sollte; auch um den zunehmend schärferen Angriffen aus den USA unter der Trump-Administration etwas entgegen zu setzen. Deutschland könnte den Mehrwertsteuersatz um 2% senken, während Italien und Frankreich ihre Mehrwertsteuersätze erhöhen müssen und die Sozialversicherungsbeitragssätze budgetneutral – und beschäftigungsförderlich – senken sollten. Das brächte eine Senkung der Arbeitslosenquote in Frankreich und Italien via „fiskalische Abwertung", während die Leistungsbilanzüberschussquote Deutschlands vermindert wird (zu diesem Vorschlag siehe WELFENS, 2018).

Zu den wichtigen ökonomischen Problemen Italiens gehört, dass das Land im Zeitraum 2011-17 laut OECD-Angaben weniger Direktinvestitionszuflüsse von multinationalen Unternehmen angezogen hat als das Hochlohnland Schweiz, dessen Einwohnerzahl nur etwa 1/7 der Größe von Italien ist. Zwar hat Italien viele innovative Mittelständler, aber als Land zu wenig eigene Multis zu haben und zu wenig attraktiv für Multis zu sein, ist ein Nachteil, wenn es darum geht, die Globalisierung der Wirtschaft zu nutzen. Geringe Kompetenzvermittlung in der Schule in Informations- und Kommunikationstechnologie ist als Teil von Italiens Angebotsproblemen festzustellen, die viel zu geringe Innovationsförderung seitens vieler Regierungen kommt noch hinzu.

Die neue populistische Regierung von der rechts-nationalen Lega Nord und der links-nationalen Partei 5 Sterne will in allem das Gegenteil der Vorgängerregierungen machen: Also statt Haushaltskonsolidierung sollen die Staatsausgaben erhöht, die Steuern gesenkt werden. Italiens Staatsanleihen lagen Mitte Mai noch im Rating zwei Punkte über Investorgrad-Rating: Eine neue Defizitpolitik mit einer Defizitquote deutlich über 3% (2017: 2%) wird zur Folge haben, dass Italien vor einem erhöhten Risiko steht, im Rating unter Investorgrad-Notenstufe zu fallen: Institutionelle Anleger wie Banken und Versicherungen müssten aus regulatorischen Gründen dann alle Italien-Anleihen verkaufen, der Nominal- und Realzins Italiens ginge deutlich nach oben, die Investitionsquote und das reale Wachstum wie die Beschäftigung Italiens werden dann fallen. Die erhöhte Risiko-Situation für Italien dürfte für Jahre auch noch in einem international ohnehin kritischen europäischen Umfeld bestehen: Eine Anspannung durch den BREXIT-Prozess wird wohl mehrere Jahren festzustellen sein. Wenn all dies in einem transatlantischen Umfeld mit erhöhten US-Zinssätzen und aggressiver US-Handelspolitik geschieht, könnte sich eine komplexe Überlagerung von Instabilitätsimpulsen für die westlichen EU-Länder ergeben. Im Übrigen könnten sich neue Sichere-Hafen-Effekte ergeben: Wenn nämlich Anleger aus Italien-Anleihen in großem Stil aussteigen bzw. Richtung US-, UK- und Deutschland- sowie Frankreich- und Schweiz-Anleihen umsteigen. Da 2/3 der Italien-Anleihen in Italien gehalten werden, würde ein Schuldenschnitt bei privaten Gläubigern im Übrigen große Vermögensverluste bei italienischen Banken, Versicherungen und Privatanlegern zur Folge haben; das Bankensystem könnte destabilisiert und teilweise verstaatlicht werden. Italiens Finanzminister Tria dürfte hiergegen Weichen zu stellen versuchen, aber eine Populisten-Regierung könnte gleichwohl Tabubrüche in Sachen Schuldenschnitt versuchen.

Strategische EU-Perspektiven

Die EU soll im Übrigen künftig unterlassen, vollmundig „Jugendversprechen" abzugeben, wonach niemand in der Altersgruppe 16-25 Jahre ohne Job, Bildung oder Weiterbildung sei. Das schwächste Land war hier in 2016 wieder einmal Italien, wo 20% der Jugendlichen weder Job, noch Bildung oder Weiterbildung vorweisen konnten. Wenn die Europäische Union große Versprechungen macht, muss sie wenigstens über eine massive bedingte Ko-Finanzierung wesentlich zur Herbeiführung von Reformerfolgen beitragen. Die länderspezifischen Politikempfehlungen der EU zu Italien beim „EU-Semester" 2018 weisen zwar auf einige wichtige Reformpunkte hin. Aber weder Digitalisierung noch Globalisierung werden richtig thematisiert und das Problem der Wachstumsschwäche wurde nur punktuell genannt und mit Reformoptionen versehen. Es ist ein Konstruktionsfehler der EU-Analysen zum EU-Semester für einzelne Länder, wenn jenseits zyklischer Fragestellungen Wachstumsfragen nicht routinemäßig zentral bei Ländern mit struktureller Wachstumsschwäche angesprochen werden. Der Aufstieg der Populisten in der EU28 kann auf Dauer die EU ökonomisch und politisch massiv unterminieren, bis zum Extrempunkt, dass die EU durch Mehrheitsbeschluss im EU-Parlament in Brüssel und Hauptstädten selbst großer EU-Mitgliedsländer von innen geschleift wird.

Dass eine Conte-Regierung Deutschland und Frankreich als politische Allianz näher zusammenschweißt als bisher, erscheint plausibel und dürfte dann auch die Kooperation der beiden Länder auf anderen Politikfeldern stärken, etwa beim BREXIT und bei der Anti-Trump-Politik. Nachdem Präsident Trump angeblich aus Gründen der Nationalen US-Sicherheit (Artikel 232) gegen Mexiko, Kanada und die EU Importzölle zum 1. Juni 2018 verhängte, hat Kanada sofort mit Gegenmaßnahmen – Gegenzöllen – und der Anrufung von Streitschlichtungsverfahren in der NAFTA und bei der Welthandelsorganisation WTO noch am 31. Mai reagiert, wie Kanadas Premier Trudeau in öffentlicher Rede sagte. Dass Premier May in UK Probleme mit der US-Handelspolitik hat, liegt im Übrigen auf der Hand; mit Trump hatte sie Anfang 2017 die privilegierte Partnerschaft weiterzuentwickeln versucht, aber Trumps widersprüchliche Handelspolitik und seine klaren Weichenstellungen zur Unterminierung der Welthandelsorganisation WTO sind für Mays Global Britain-Projekt gefährlich.

Für einen Teil der BREXIT-Vertreter könnte der Machtantritt der Populisten-Parteien ein Signal sein, eher für den EU-Verbleib einzutreten, da man eine London-Rom-Achse gegen die EU-Integration aufbauen könnten; in UK könnte aber auch ein Teil der Politiker und der Wählerschaft eine andere Schlussfolgerung ziehen, dass man nämlich die Loslösung von der EU mit noch besseren Gründen als bisher umsetzen will – sich nämlich aus einer innerlich zunehmend destabilisierten EU klar abzusetzen. Wie angesichts einer Populisten-Regierung eine von Frankreich und Deutschland angedachte Eurozonen-Reform und – Vertiefung gelingen soll, ist kaum zu erkennen. Ohne Euro-Reformen aber wird die Eurozone instabil bleiben und die Euro-Instabilität wiederum kann dann zum Treibsatz eines EU-Zerfalls werden. Dass Italiens Populisten-Parteien mit ihrem Gerede von einem verdeckten Schuldenschnitt bei Italien-Anleihen nicht nur den Zinssatz für Italien-Anleihen hoch treibt, sondern auch für die Krisenländer Griechenland und Portugal sowie Spanien, ist nicht zu übersehen. Ob Spanien nach dem Abtritt von Premier Rajoy am 1. Juni bald eine neue stabile Regierung haben wird, ist unklar. Als sicher erscheint einstweilen, dass die Kombination von BREXIT, US-Zinsanstieg, US-Handelskrieg und Populisten-Regierung in Italien die Finanzmärkte spätestens in 2018/2019 massiv destabilisieren und zu einer deutlichen Wachstumsverlangsamung führen könnte.

Vertreter der Populisten-Parteien in Italien wollen mit den USA kooperieren – das heißt wohl auch mit dem Populismus von Trump, der auch für Wunschdenken-Politik in vielen Bereichen steht (Lega-Nord Anführer haben im Übrigen schon bisher in Deutschland Kontakte mit AfD und Pegida). Das sieht nach sonderbarer Politik aus, die mittel- und langfristig schief gehen muss; denn wenn jemand mit ernsten Zahnschmerzen aus Trotz statt zum Zahnarzt zum Friseur geht, dann mag man ja aus dem Friseur-Salon gut aussehend an den Schreibtisch zurück kommen – aber Zahnweh wird man immer noch haben. Im Übrigen wird man in der EU nicht ohne Schrecken vermerken, dass das einst so klar pro-europäische Italien jetzt wohl vor der Mehrheit einer Gruppe populistischer Parteien steht.

Populismus-Wirtschaftspolitik hat den Anspruch auf Wunderheilung und betont mit Blick auf die angeblich einzigartig schlechte eigene Wirtschaftslage, dass man neuartige radikale Maßnahmen treffen müsse (in den USA schon als Argumentationsfigur im US-Präsidentschaftswahlkampf 2016 und zu Beginn seiner Amtszeit 2017 immer wieder von Trump betont). Das bedeutet faktisch eine Absage an normale, kluge und geduldige Wirtschaft- und Reformpolitik und eine Priorität der Politik Richtung ökonomischen Nationalismus. Das ist als Politik-Einstellung gerade das Gegenteil von EU-Kooperation, ist aber als Phänomen in der EU eben auch schon durch die EU-Austrittsmehrheit beim britischen EU-Referendum 2016 in Großbritannien sichtbar geworden; und zuvor schon in der Eurokrise bei der Zypras-Regierung in Griechenland – ebenfalls zeitweise mit einer Parlamentsmehrheit auf Basis einer Kombination rechts- und linkspopulistischer Parteien. Hier ist die Conte-Regierung in einem Punkt ähnlich wie die Zypras-Regierung. Italien aber hat keine Schuldenkrise wie Griechenland, dessen Regierung im Wahljahr 2009 einen ökonomischen Selbstmord des Landes beginn, als man in einem Umfeld mit massiv erhöhten Risikoprämien eine absurd hohe Defizitquote von 15% realisierte (nach Brüssel an die EU aber nur 4% gemeldet hatte). Der absurde Versuch einer konservativen Griechenland-Regierung, sich so einen Wahlsieg quasi auf Kredit zu kaufen, scheiterte an der Wahlurne und die sozialistische Nachfolgeregierung musste erst einmal die bitteren statistischen Budgetzahlen ermitteln und publizieren. Während Griechenlands Staatsanleihen überwiegend von Ausländern gehalten wurden – als deren Vertrauen in Griechenland erschüttert war, stand der Staatskonkurs unmittelbar bevor (verhindert durch die Rettung seitens der EU-Partnerländer). Italien hat eine mit gut sieben Jahren Laufzeit passable Schuldenstruktur und zudem ist nur ein relativ geringer Teil in der Hand von ausländischen Investoren – etwa bei Banken in Frankreich.

Die zeitweise wenig kluge EU-Politik in der Euro- bzw. Griechenlandkrise schlägt als Echo nun beim Italien-Fall zurück: Bei der Griechenland-Rettungspolitik hielt man Griechenland mit durchaus guten Argumenten im Euro, versäumte aber im Zuge der EU-Rettungspolitik, frühzeitig Privatisierungen und exportförderliche Reformpolitik durchzusetzen und Griechenlands Parteien zu einer Verfassungsreform zu motivieren. Bessere Institutionen und weniger Politikeinmischung – etwa auch in Fragen der Analysen des nationalen Statistikamtes – sind eine Tugend, die in Athen z.T. fehlt. Im Übrigen wurde wohl seitens vieler Politikakteure auch wenig erkannt, wie stark die Immigrationsprobleme und die Flüchtlingswelle Potenzial haben, populistische Parteien zu stärken (von Österreich und Deutschland über Italien und Frankreich sowie Ungarn und Polen bis hin zu Großbritannien).

Populismus in der neuen Regierung Italiens soll offenbar – wie schon in den USA – bedeuten, dass man eine Art neue Wirtschaftstheorie erfindet, wonach die Heilung bei ökonomischen strukturellen Problemen durch Voodoo-Wirtschaftspolitik zu geringen Anpassungskosten oder gegebenenfalls auf Kosten der EU-Partnerländer erfolgen soll. Das ist eine illusorische Politik, wobei eine Brüsseler Antwort auf ein denkbares Begehren Italiens, aus der Eurozone auszutreten, durchaus ein grünes Licht sein könnte, da dann die Resteurozone deutlich stabiler sein könnte als die Euro19-Gruppe von 2018. Leichthin sollte man einen solchen Schritt allerdings gewiss nicht erwägen, für die EU steht insgesamt viel auf dem Spiel. Da Italien 16% des EU28-Bruttoinlandsproduktes darstellt, wären denkbare ökonomische Verwerfungen mit erheblichen negativen Übertragungseffekten etwa für Deutschland, Frankreich und einige Länder auf dem Balkan und in Osteuropa verbunden. Zudem lässt die Forderung der Populisten, man wolle die Beziehungen zu Russland verbessern und die Sanktionen streichen, befürchten, dass eine Italien-Russland-Kooperation neuer Art entstünde, die den Sicherheitsinteresse der meisten EU-Ländern schadete. Das wiederum dürfte osteuropäische Länder verstärkt gute Beziehungen zu Deutschland und Frankreich suchen lassen, wobei nach einem BREXIT-Vollzug aus EU-Sicht Frankreichs politische Position sich massiv verstärken wird – als einzige Nuklear-Macht in der EU. Das gilt noch dazu bei wohl mittelfristig weiter verschlechterten EU-US-Beziehungen, die unter einer aggressiven US-Trump-Handelspolitik deutlich leiden könnten.

Bei der Trump-Administration ist die Politik zur Minderung der hohen Außenbeitragsdefizitquote der USA insofern ein exemplarischer Vodoo-Ansatz, als die Trump-Steuerreform von Ende 2017 nur wenig Exportförderung – indirekter Art – bedeutet, sondern vor allem die Inlandsnachfrage und damit die Güterimporte hoch treibt; das US-Leistungsbilanzdefizit weiter erhöht. Das vorgesehene Trump-Programm zur Infrastrukturmodernisierung der USA wird zumindest in der Bauphase Ressourcen aus dem Sektor der handelsfähigen Güter in den Sektor der nichthandelsfähigen Güter abziehen und damit das Leistungsbilanzdefizit nochmals steigern, was wiederum die Empörung des Präsidenten gegen Länder mit Handelsbilanzüberschüssen gegenüber den USA weiter steigern wird (diese erhöhten Handelsbilanzüberschüsse ruft aber Trump mit seiner die US-Exporte dämpfenden Wirtschaftspolitik selbst hervor): Die Eurozone und im Übrigen damit auch indirekt Italien und Deutschland als Exportüberschussländer stehen da auf der Zielliste für US-Protektionismus. Das politische Protektionismusgepolter der Trump-Administration, das unter sicherheitspolitischer Überschrift bzw. mit Bezug auf mögliche US-Strafzölle bei US-Stahl- und US-Aluminiumimporten im Frühjahr 2018 vernehmbar war, veranlasste China im Mai 2018 zum Signal, die Importzollsätze für Autoimporte zu vermindern. Das allerdings könnte den EU-Autoexporten auf dem China-Markt ggf. stärker helfen als US-Autofirmen.

Im Übrigen haben die US-Bürger gegenüber den Bürgern der Eurozone ein Problem, das auch die verbreitete Unzufriedenheit der unteren Hälfte der US-Einkommenspyramide über viele Jahre erklären könnte: Es ist nicht nur so, dass die Realeinkommenszuwächse in den drei Dekaden nach 1975 unter dem US-Produktivitätsfortschritt blieben. Vielmehr ist als zusätzliche Dimension für den transatlantischen Wohlstands- und Wohlfahrtsvergleich zu bedenken, dass in den USA in 2015 der Anteil der Gesundheitsausgaben am Bruttoinlandsprodukt 18% betrug, in der Eurozone aber nur etwa 10%. Der auf den ersten Blick zugunsten der USA bestehende Vorteil beim Pro-Kopf-Einkommen bzw. beim Pro-Kopf-Konsum ist – ohne Gesundheitsausgaben gerechnet – nicht 25%, sondern nur noch gut halb so hoch wie in traditioneller Rechnung. Wenn man zusätzlich bedenkt, dass die Einkommensanteile der Top 1% in den USA seit den 1990er Jahren um etwa 8 Prozentpunkte, in der Eurozone, aber nur um etwa 2% angestiegen sind, dann ist die Einkommensposition der unteren US-Hälfte der Einkommenspyramide um 2015 nahe der Einkommensposition der Bürgerinnen und Bürger der Eurozone. Wenn man die höhere Freizeit der EU-Bürger bzw. der Arbeitnehmer in der Eurozone in die Wohlfahrtsüberlegungen einbezieht, dann ist die Wohlstandsposition der Bürgerinnen und Bürger in der unteren Hälfte der Einkommenspyramide der Eurozone wohl höher als die der US-Bürger in der unteren Hälfte der US-Einkommenspyramide. Bedenkt man schließlich, dass die Lebenserwartung der Menschen in der Eurozone etwa drei Jahre höher als in den USA ist, so kann man einen relativen Wohlstands- und Wohlfahrtsvorteil der Menschen in der Eurozone annehmen.

Dass Italiens Wirtschaftsentwicklung seit 1995 gut zwei Jahrzehnte ziemlich unbefriedigend blieb, ist allerdings festzustellen. Die EU hat diese Entwicklung im Wesentlichen nur beobachtet und hat erst mit dem sogenannten Europäischen Semester Möglichkeiten, über länderspezifische Politikempfehlungen immerhin einige wichtige Reformpunkte vorzuschlagen; ob dies jedoch kluge Reformen wirklich befördert, ist unklar. Die länderspezifischen Italien-Empfehlungen (EUROPEAN COMMISSION, 2018) weisen darauf hin, dass für 2018 mit einem Anstieg der Defizitquote in Italien zu rechnen ist und von daher Konsolidierungsmaßnahmen weiter notwendig bleiben.

Natürlich ist zu bedenken, dass Italiens Populisten-Regierung auch auf Schwachpunkten früherer Regierungen und auch der EU basiert – Probleme und Politikdefiziten mit Flüchtlingswellen und der Eurokrise sind wichtige Aspekte. Italiens Populisten-Regierung versucht offenbar, über eine opportunistische EU-Politik, ihre Position gegenüber der EU zu verbessern. Aber wirtschaftspolitische Hasen aus dem Hut der italienischen Regierung zu zaubern, wird wenig nützen – wer (dies gilt auf für den US-Fall unter Trump) die eigentlichen Probleme des Landes nicht adäquat angeht, der wird sich nur neue Probleme einhandeln. Bedauerlich ist allerdings, dass Italien regierungsseitig den Reformvorschlägen von OECD, Internationalem Währungsfonds und EU sowie verschiedener Expertengruppen über Jahre nicht gefolgt ist. Dass nun die EU zum Sündenbock für eigene Reformdefizite erkoren wird, ist bedauerlich und dass die Populisten nun der sonderbaren Weisheit der BREXIT-Befürworter teilweise folgen möchten, erscheint als krasser Selbstbetrug. Wenn der BREXIT UK mindestens 10% Einkommensdämpfung auf lange Sicht bringt, dürfte ein ITALEXIT noch viel höhere Kosten für Italien mit sich bringen (relativ zum Nationaleinkommen Italiens).

Italiens Populisten jedenfalls haben von der ganzen BREXIT-Widersprüchlichkeit offenbar wenig verstanden, obwohl diese UK von einem EU-Spitzenplatz beim Wirtschaftswachstum in den Jahren vor dem EU-Referendum in 2016 bis Frühjahr 2018 schon an das Ende der EU-Wachstumsliste in der Frühjahrsprognose für 2018 der EU-Kommission gebracht haben: mit einer Stagnation im ersten Quartal 2018. Für 2016-2020 beträgt der BREXIT-verursachte Einkommensrückgang in UK - berechnet auf Basis der Analyse der Prognoserevisionen des Office for Budget Responsibility (Herbst 2017 im Vergleich Herbst 2015, als das OBR von einer Pro-EU-Mehrheit in der britischen Volksbefragung zur EU-Mitgliedschaft in 2016 ausging) - gut 4%; etwas weniger als 0,9% realer Einkommensrückgang pro Jahr. Der Zufluss an UK-Direktinvestitionen, der noch 2016 wegen der Pfund-Abwertung relativ hoch war und vor allem internationale Übernahmen von UK-Firmen abbildete, war nach OECD-Angaben dann in 2017 um 92% gegenüber dem Vorjahr gefallen – immerhin fast 7% des UK-Bruttoinlandsproduktes (bei einem globalen Rückgang der Direktinvestitionszuflüsse um 18% gegen Vorjahr); der Abfluss an britischen Direktinvestitionen ins Ausland stieg von 0 in 2016 auf rund 100 Mrd. $ in 2017. Italien ist als Direktinvestitionsstandort in der EU weniger wichtig als UK, aber dass ein politisches Spiel einer populistischen Regierung in Rom mit einem EU-Austritt Italiens gravierende negative Folgen bei den Direktinvestitionszuflüssen Italiens haben wird, ist anzunehmen.

Problematisch ist die ökonomische Unlogik von Italiens Populismus-Regierung, ein Konfliktsignal Richtung EU Kommission, Frankreich, Deutschland und andere Euro-Partnerländer zu senden, sowie das Begehren, die EU-Verträge neu aushandeln zu wollen. Das klingt nach einem halben BREXIT für Italien und natürlich wird das Thema ITALEXIT die Kapitalmärkte eine Zeitlang beschäftigen. Nicht zu übersehen sind allerdings Defizite der Wirtschaftspolitik Italiens, die etwa bei der (digitalen) Innovationspolitik, der Standortpolitik und bei Arbeitsmarktreformen – die Lohnverhandlungen sind zu wenig firmenbasiert bzw. produktivitätsorientiert gewesen – zu wenig erreicht hat und Italien zu wenig vom globalen Wachstum hat profitieren lassen.

Die Konsequenz der Verlautbarungen der führenden Populisten-Partei-akteure Italiens um den 16. Mai 2014 war auf dem Kapitalmarkt der sofortige Anstieg des Zinssatzes für Italien-Anleihen, was natürlich die Refinanzierung der Staatsverschuldung Italiens erschweren wird. Die Widersprüchlichkeit der neuen Regierung Italiens ist hier zu sehen. Allerdings haben die Vorgänger-Regierungen – eine technokratische unter Mario Monti ebenso umfassend wie nachfolgend eine Regierung der Sozialdemokraten unter Renzi und danach Gentiloni – zu viel Ankündigungspolitik gemacht: zu wenig an ursachenad-äquater Reformprogramme auf den Weg gebracht. Renten-Absenkungen dieser Regierungen will die populistische Regierung Italiens zudem wieder rückgän-gig machen, obwohl Italiens Alterslastkoeffizient (Relation der über 65-Jähri-gen zur Zahl der Menschen in der Altersgruppe 15-64) einer der höchsten in der EU ist und zudem weiter ansteigt. Die Vorgänger-Regierung zur populisti-schen Conte-Regierung hat es zugelassen, dass die Jugendarbeitslosenquote bis März 2017 auf 31% angestiegen ist: 10 mal so hoch wie in der Schweiz, fünf-mal so hoch wie in Deutschland. Eine OECD-Untersuchung aus 2013 (Inter-net Economy Outlook) zeigte im Übrigen schon für 2010 auf, dass bei einem Vergleich zur Internetnutzung für die Job-Suche Italien zusammen mit Grie-chenland und Portugal ziemlich auf den hintersten Rängen der OECD-Län-der lag; obwohl ja Italien mit die höchste Mobilfunkdichte aller OECD-Län-der und auch eine hohe mobile Internetdichte aufweist. Hier sollte es mit Blick auf die EU-Länder eigentlich um aktives Benchmarking, also einen Leistungs-vergleich der EU- bzw. der Euro-Länder gehen, und zwar mit anschließenden energischen Reformmaßnahmen gerade jener Länder, die relativ schlecht posi-tioniert sind. Hier aber haben Italiens Regierungen fast keine Reformschritte – die nicht sehr kostenträchtig gewesen wären – unternommen. Empfehlens-wert wäre es mit Blick auf ein mehr aktives EU-Benchmarking voranzugehen, also etwa einen EU-Finanztopf bereit zu stellen, der Länder mit besonders star-ker Verbesserung im Ranking binnen drei Jahren eine einmalige Bonus-Zahlung gewährt wie dies in einem EU-Plan bei einer Tagung des Bundesministeriums der Finanzen im April 2018 unter der Überschrift Relativer Olympia-Anreizme-chanismus vorgeschlagen wurde (WELFENS, 2018).

Wenn Italien aus der Eurozone und damit der EU austreten wollte, so wäre dies in Italien wohl nur durchsetzbar auf Basis einer Volksabstimmung mit entsprechender Mehrheit. Im Austrittsfall dürften die ökonomischen Kosten dann noch viel höher sein als etwa beim britischen EU-Austritt; und beim BREXIT geht es um einen Einkommensverlust von 10-15%. Selbst wenn man für einen ITALEXIT nur 15% als langfristigen Rückgang des Realeinkommens ansetzte, so wird allein dieser Effekt die Schuldenquote Italiens von 130% in

2017 auf 150% ansteigen lassen. Damit wäre Italien wohl sofort von den internationalen Kapitalmärkten abgeschnitten und noch bevor Italien ausgetreten wäre, hätte sich das Land durch wirtschaftspolitischen Unfug zum Krisenland gemacht. Die EZB wäre – wie in der Endphase der Griechenlandkrise – gezwungen, von Italien die Einführung von Kapitalverkehrskontrollen zu verlangen, was Italiens Banken zu scharfen Beschränkungen beim Höchstabhebebetrag an Geldautomaten zwänge und die italienische Gesellschaft in erbitterte innenpolitische Auseinandersetzungen triebe.

Sollte Italien für seine auf Bruch der EU- bzw. Euroverträge gerichteten Ansätze tatsächlich Unterstützung anderer Euro-Länder finden, stellte sich für Deutschland zügig die Frage, seinerseits die Eurozone verlassen zu müssen – sie wird im Fall eines von Italien politisch erzwungenen Bailouts nicht mehr als Stabilitätsgemeinschaft gelten können. Das Bundesverfassungsgericht hat in einem seiner Euro-Urteile festgelegt, dass Deutschland nur einer Euro-Stabilitätsgemeinschaft angehören darf. Sollte Deutschland die Eurozone verlassen, ergäbe sich eine Abwertung des Euros der Restländer in der Eurozone einerseits, andererseits natürlich eine massive Zinserhöhung nominal und real. Italiens Staatskonkurs wäre dann kaum noch vermeidbar. Von daher sind die Drohungen der Populismus-Regierung Italiens auf eine Selbstbeschädigung des Landes angelegt und bei einem Austritt aus Euro und EU hätte Italien dann einen ITALEXIT-Fall zu verkraften, der wohl auf die doppelte ökonomische Rechnung des BREXIT hinaus liefe: Ein längerfristiger Rückgang um 15% bis 25% des Realeinkommens wäre die relevante Größenordnung für Italien – eine ökonomische Katastrophe. Es besteht kaum ein Zweifel, dass ein Euro-Ausstieg Italiens und ein EU-Austritt ein historischer Schritt ins ökonomische und politische Abseits für Italien wäre. Wenn allerding in Frankreich Präsident Macron keine erfolgreichen Reformen durchführen könnte und Frankreich vom Front National regiert werden sollte, wird nicht Italien die EU verlassen, sondern vermutlich Deutschland zusammen mit anderen Ländern die EU. Von daher käme einer vernünftigen Kooperation in Sachen Reformpolitik bei Deutschland/Frankreich große Bedeutung zu; und eine weiche UK-Austrittspolitik der EU27 – mit günstigen Austrittskonditionen – verbietet sich mit Blick auf die Kernprobleme eines nichtordnungsgemäßen EU-Referendums in UK in 2016; ebenso wie mit Blick auf die EU27 bzw. das EU-interne-Politiksignal seitens der EU-BREXIT-Politik. Angesichts der populistischen Regierung Italiens wird die notwendige Reform der Eurozone schwierig werden, selbst wenn Frankreich und Deutschland gut kooperieren.

Mit Blick auf mittelfristig ansteigende US-Zinssätze (und ggf. auch UK-Zinssätze), mit Übertragungswirkungen auf die EU27-Länder, wird sich die Eurozone mit den Fragen einer begrenzten, sinnvollen Einführung von Eurobonds auseinander setzen müssen: Sie sollten keine naive Haftungsunion oder gar eine Transferunion errichten, sondern Haftungsnetzwerke von Euro-Ländern mit klarer Stabilitäts-, Wachstums- und Sozialorientierung erschaffen helfen; denkbar sind durchaus auch Deutschland-Frankreich-Benelux-Österreich-Irland-Spanien-Portugal-Gemeinschaftsanleihen(Euro9-Bond), ggf. erweitert um andere stabilitätsorientierte Länder der Eurozone, die an der Schaffung hochliquider und zugleich sicherer synthetischer Euro-Staatsanleihen interessiert sind. Eurobonds als Gemeinschaftsanleihen könnten zunächst nur als objekt- bzw. projektbezogene Staatsanleihen erwogen werden, die in jedem Fall AAA im Rating haben sollten. Die Qualität der Bankenbilanzen wird durch Austausch bisheriger Anleihen aus Euro-Ländern gegen synthetische AAA-Anleihe (Eurobonds) verbessert, die Fähigkeit zur Kreditvergabe steigt und es gibt dann mehr Chancen für Innovations-, Investitions- und Wachstumsfinanzierung in der Eurozone. Es wäre mit Blick auf den erwarteten BREXIT sinnvoll, dass die Eurozone eigene Initiativen zur Entfaltung von Risikokapitalmärkten in der Eurozone startet. Längerfristig könnte sich ein hochwertiger Risikokapitalmarkt in der EU ergeben. Die Konkurrenz zum Standardort London kann für die EU27 wie für UK durchaus vorteilhaft sein.

In Sachen Kapitalmarktunion wären EU-Fortschritte wünschenswert. Altrisiken im Bankenbereich einiger Länder müssten allerdings im Vorfeld durch besondere marktgängige Sicherheiten unterlegt werden. Mehr Transparenz in der Finanzpolitik durch die Verwendung gemeinsamer Software in den Finanzministerien der EU-Länder erscheint wünschenswert. Die Qualität der Wirtschaftspolitik der Euro-Länder sollte deutlich verbessert werden, Reformanstrengungen aus einem „Olympia-Finanztopf" mit unterstützt werden, der auf Basis von EU-Rankings dann im Zwei-Jahresabstand jene Länder besonders durch einen Finanzzuschuss würdigt, die im Ranking über mindestens zwei Jahres besonders große Verbesserungen in der Rangliste erreicht haben.

Die EU ist jedenfalls nicht nur durch den BREXIT destabilisiert. Es bleibt für die Eurozone die Herausforderung, die Währungsunion durch Reformen nachhaltig zu stabilisieren. Auch ist die EU nur teilweise zukunftsfähig und zudem droht unverändert in Frankreich das Problem des rechtsradikalen Front National und obendrein in Deutschland das neue Problem der AfD. Die rechtspopulistischen Parteien in vielen EU-Ländern haben begonnen, sich organisatorisch verstärkt zu vernetzen. Der BREXIT gilt vielen Rechtspopulisten als Fanal, dass man durch ausländerfeindliche nationalistische Parolen Stimmenmehrheiten bei Wahlen gewinnen kann. Die Tatsache, dass die als wenig aufgeregt geltenden Briten 2016 populistisch gewählt haben, legt die Erwartung nahe, dass die populistischen Potenziale in der EU27 langfristig hoch sein könnten. Die EU gilt es zügig zu erneuern, klug zu reformieren und als vermutlich verkleinerter Politikclub zu befestigen. Die volle Verankerung einer Kapitalmarktunion wird durch den Amtsantritt einer Populisten-Regierung in Italien schwierig.

Es ist nicht ausgeschlossen, dass die Populisten-Regierung in Italien bewusst oder einfach nur aus ökonomischer Unfähigkeit einen Staatskonkurs Italiens herbeiführen könnte. Für Deutschland wäre nach einem solchen Fall – sicherlich mit hohen Kosten für die Steuerzahler verbunden – eine weitere Mitwirkung in der Eurozone wohl ausgeschlossen. Das vom Verfassungsgericht vorgegebene Stabilitätserfordernis wäre ja offensichtlich nicht mehr gegeben. Deutschland könnte sich gezwungen sehen, aus der Eurozone auszutreten und eine Reihe von anderen Euro-Ländern, inklusive Frankreich, dürften Deutschland folgen. Ob ein Euro-Zerfall bzw. eine Euro-Neugründung die EU am Ende überleben ließe, ist unklar. Aus deutscher und französischer Sicht gibt es gute Gründe, Italien bei einer vernünftigen Reformpolitik zu helfen. Allerdings wird man aus Sicht von Präsident Macron auch bestimmte Grenzen beachten wollen. Denn einen Politikerfolg der Populisten in Italien kann Macron nicht wollen, da hier doch ein Aufbruchsignal für die Nationalisten-Partei von Le Pen gegeben würde (Rassemblement National). Umso mehr bräuchte Macron die Unterstützung Deutschlands für Eurozonen-Reformen, aber bis zum Start der Populisten-Wahl in Italien gab es aus Berlin keine Vorschläge für Macron. Ob der transatlantische Handelskonflikt mit der Trump-Administration zu einem Katalysator für EU-Reformen werden könnte, ist unklar.

Ohne neue Weichenstellungen für mehr Club-Vorteile könnte die EU längerfristig durchaus von innen zerfallen, da in vielen Regierungen so sehr betont wird, dass die nationalen Interessen vorgehen müssten – das läuft auf einen Ruf nach größerer nationaler Politikautonomie hinaus. Welche Hauptpunkte für eine Neo-EU unerlässlich sind, ist in Kapital 9 im Buch BREXIT aus Versehen (1. Auflage) bereits klar formuliert worden.

Dass ein EU-Zerfall ökonomisch ein massives Verlustgeschäft für alle EU-Länder wäre, steht außer Frage; ob ein neues Europa der Nationalisten, das in die Strukturen des 19. Jahrhunderts zurück fiele, ein Raum mit Frieden und Prosperität sein könnte, darf man bezweifeln. Dass ein zerstückeltes Europa unter Großmächten wie USA, Russland und China dann faktisch aufgeteilt werden könnte, ist vorläufig nur ein denkbares Negativ-Szenario. Die bislang erkennbar geringe Neigung Deutschlands, zügig durchdachte EU- und Euro-Reformen auf

die Agenda zu setzen, ist eine gefährliche Schwäche des EU-Integrationsprozes-
ses. In Teilen der Berliner Ministerialbürokratie gibt es eine bekundete Sicht, in
Zeiten großer Herausforderungen möglichst wenig zu ändern. Für die meisten
Unternehmer wäre in global turbulenten Zeiten eine solche Haltung der sichere
Weg in den Konkurs.

Teil V

Szenarien

18

Szenario I: Zweites Referendum zu BREXIT

Es wurde in den ersten Kapiteln verdeutlicht, dass die Informationspolitik der Cameron-Regierung in einem wichtigen Punkt völlig unzureichend war: Die Information über den offenbar zu erwartenden langfristigen erheblichen Einkommensrückgang von 3-10 % – laut Bericht des Finanzministeriums – erreichte einen großen Teil der britischen Haushalte nicht (vermutlich mehr als zwei Drittel). Denn diese ökonomisch zentrale Information fand keinen Eingang in die 16 Seiten-Broschüre der Regierung, die diese an alle Haushalte verschickte. Dass eine so wichtige Zahl, wie der zu erwartende langfristige Einkommensrückgang bei einem EU-Austritt Großbritanniens bei einem Referendum dann nur über die Presse an die Wählerschaft kommuniziert wurde, ist grob fehlerhaft. Aus allen ökonomischen und politikwissenschaftlichen Untersuchungen ist bekannt, dass bei nationalen Wahlen wirtschaftliche Aspekte immer eine wichtige und oft eine entscheidende Rolle spielen und es ist anzunehmen, dass bei einer Einbeziehung der Hauptbefunde aus der Studie des Finanzministeriums – veröffentlicht erst am 18. April – in die Regierungsbroschüre für die Haushalte das Referendumsergebnis anders ausgefallen wäre.

Es wäre am Ende erstaunlich, wenn die britische Bevölkerung nicht auf ein zweites Referendum schon bald drängte. Wenn erst allgemein bekannt ist, dass ein normaler wirtschaftlicher Informationsstand der Haushalte zu einem (erwarteten) Wahlergebnis von 52 % pro für EU-Verbleib geführt hätte, wird die fehlende Legitimität des Referendums 2016 die britische Öffentlichkeit mobilisieren. Auch die Politiker selbst dürften bei fehlender Reparatur der Referendums-Politikfehler unter Cameron bald vor lauter innenpolitischem Streit international nicht mehr richtig handlungsfähig sein; wie die May-Regierung da Austrittsverhandlungen mit der EU erfolgreich führen soll, ist ein Rätsel. Wie Ernst wird man eine Regierung nehmen – und Premier May stellt die personifizierte Kontinuität der Cameron-Regierung dar –, die sich als unfähig oder unwillig erwies, ein einfaches nationales Referendum korrekt durchzuführen. Kann ein Boris Johnson Außenminister bleiben?

© Springer Fachmedien Wiesbaden GmbH, ein Teil von Springer Nature 2018
P. J. J. Welfens, *BREXIT aus Versehen*, https://doi.org/10.1007/978-3-658-21458-6_19

Zweites BREXIT-Referendum: Ein Szenario für einen EU-Verbleib

Es ist nicht ausgeschlossen, dass nach Abschluss der Verhandlungen EU-Großbritannien die britische Regierung zu einer Volksbefragung aufruft, die wiederum als unverbindliche Beratung die Alternative abfragt: EU-Austritt auf Basis des Verhandlungsergebnisses oder EU-Verbleib (auch auf Basis des Verhandlungsergebnisses mit der EU unter Cameron). Die EU könnte bis zu einem denkbaren zweiten EU-Referendumstermin immerhin einige Reformen vorangebracht haben, die auf das Abstimmungsklima in Großbritannien positiv wirken. Insbesondere könnte man durch engagiertes Arbeiten der EU-Vertretung in London den Wissensstand über das Vereinigte Königreich auf das Niveau von Deutschland, Italien und Frankreich gebracht haben.

Wenn die Briten mehrheitlich für einen EU-Verbleib stimmen sollten, dann hätte das als ökonomische Ergebnisse:

- Aufwertung des britischen Pfundes um 10-15 %, was importierte Waren verteuert und Exportwaren im Absatz beeinträchtigt, zugleich aber das Preisniveau um etwa 3 % senken dürfte bzw. die Inflationsrate von 2 % auf -1 % absenkt. Das Realeinkommen steigt, aber es kommt auch zu einem unerwarteten Anstieg des Reallohnsatzes; dies kann vorübergehend Arbeitsplätze kosten. Wichtiger aber dürfte der Effekt sein, dass erwartete langfristige BREXIT-bedingte Einkommensschrumpfungseffekte entfallen.
- Die Aktienkurse werden ansteigen, weil bessere langfristige Exportgeschäfte im Kontext mit dem besser als erwarteten EU-Zugang erwartet werden.
- Die Aktienkurse in den Länder der EU27 werden ansteigen, weil die BREXIT-bedingten Handelsablenkungseffekte nicht wie ursprünglich erwartet eintreten – also auch nicht die erwarteten Einkommensschrumpfungseffekte.
- Das Vereinigte Königreich wird deutlich erhöhte Direktinvestitionszuflüsse aus den USA, Asien und Europa anziehen.
- Die Immobilienpreise werden ansteigen und die Neubautätigkeit auf dem Bau wird deutlich zunehmen, was vermehrte Arbeitsplätze bedeutet.
- Der Zinssatz könnte in Erwartung einer sinkenden Inflationsrate mittelfristig sinken, kurzfristig könnte er ansteigen.
- Die Arbeitslosenquote sinkt in UK und der EU27.

Ein Verbleib Großbritanniens in der EU wird sicherlich keinen politischen Heilungsprozess in UK erfolgen lassen, denn die EU-Gegner werden nach einem zweiten Referendum – so es gegen BREXIT ausfiele – alles unternehmen, um doch noch ihren BREXIT zu bekommen. Es spricht im Übrigen wenig dafür, Großbritannien ohne weiteres besondere weitere Zugeständnisse zu machen jenseits der Verhandlungen, die Cameron mit der EU-Kommission Anfang 2016 geführt hatte. Das Vereinigten Königreich wird sich entscheiden müssen, ob es als sich in die Rolle eines die EU-Integration unterminierenden und Europa destabilisierenden Einzellandes begeben will, wobei man zugleich illusorischen Commonwealth-Perspektiven nachjagt; oder aber ein engagierter Teil der Europäischen Union. Natürlich würden die EU und die britische Regierung gut daran tun, das offenbar bislang niedrige Wissen in Großbritannien über die EU zu verbreitern. Die Verlagerung mindestens einer wichtigen EU-Institution nach Großbritannien wäre sicherlich erwägenswert, um auch auf der Symbolebene eine stärkere Bindung des Landes an die EU zu erreichen. Ein mehrjähriger EU-Integrationsdialog, der natürlich auch viele Reformfragen angehen müsste, ist insgesamt wünschenswert und ein digitales Europa der Bürger wäre energisch umzusetzen. Die Europäische Kommission ist in manchen Bereich auch digital eben zu wenig sichtbar und die Kreativität und Vielfalt der Menschen in Europa wird noch viel zu wenig für gemeinsame kreative länderübergreifende Vernetzungsprojekte mobilisiert; dies gilt auch für die Bereiche Lebenslanges Lernen, Hochschulstudium und Weiterbildung.

Zu den wirtschaftlichen Problemen Europas gehört es seit der Bankenkrise 2007-2009, dass die Trendwachstumsrate der Produktion bzw. des realen Bruttoinlandsproduktes gefallen ist, wie dies u.a. von PICHELMANN (2015) deutlich gezeigt wurde; für die Eurozone, die USA und UK. Es ist erstaunlich, dass die Wachstumsrate der Arbeitsproduktivität seit etwa 2009 in vielen OECD-Ländern merklich verlangsamt ist (OECD, 2015). Ohne Strukturreformen, mehr öffentliche Investitionen und bessere Innovationsförderung sowie auch Anreize, dass Frauen und ältere Arbeitnehmer in vielen EU-Ländern verstärkt am Erwerbsleben teilnehmen, wird man – so McKinsey Global Institute in einer Studie (McKINSEY GLOBAL INSTITUTE, 2015) – kaum zu deutlich höherem Wirtschaftswachstum kommen; positiv zu vermerken ist dabei, dass die EU-Länder auf der nationalen Ebene die meisten der notwendigen Reformimpulse für mehr Wachstum selbst realisieren können. Es ist durchaus vorstellbar, dass die EU27-Länder zusammen mit Großbritannien eine erfolgversprechende Wachstumspolitik konzipieren – mit vielen nationalen Elementen, aber möglicherweise auch mit einer gemeinsamen Innovationsförderung für bestimmte Innovationsfelder, die von gemeinsamem Interesse sind. Falls ein zweites Refe-

rendum positiv im Sinn eines britischen Verbleibs in der EU ausfiele, so könnte
hier eine Kooperation relativ leicht fallen, sofern es einen entsprechenden politischen Willen gibt. Mindestens ist vorstellbar, im Bereich der Grundlagenfor-
schung – sie ist ihrer Natur nach langfristig ausgerichtet – weiterhin zu kooperieren. Falls es ein zweites britisches EU-Referendum gäbe, so wäre es jedenfalls
vernünftig, wenn die EU27 frühzeitig Alternativpläne entwickeln könnten und
auch die EU-Kommission neue Überlegungen zum gegebenen Zeitpunkt vorlegen kann.

Wirtschaftswachstum bedarf einer hohen Innovationsdynamik, wobei staatliche Forschungsförderung ein unterstützendes Element sein kann; noch wichtiger
aber dürfte längerfristig eine gezielte Bereitstellung von Risikokapital dank sinnvoll gestalteter Rahmenbedingungen sein. Unklar ist, wie die kontinentaleuropäischen Länder ihre im Vergleich mit den USA und Großbritannien bestehenden
Defizite im Bereich der Risikokapitalfinanzierung für junge Unternehmen zügig
überwinden können. Steuerliche Anreize könnten hier wirksamer als bisher
sein, allerdings sind auch funktionsfähige Börsen unerlässlich. Denn die Risi-
kokapitalgeber, die kleine innovationsstarke Unternehmen in den ersten Jahren
finanzieren, brauchen nach einigen Jahren einen Ausstieg über die Börse: Die
erfolgreichen Gründungen werden an die Börse gebracht und über einen guten
Aktienkurs bei der Erstnotierung hat man dann einen lukrativen Ansatzpunkt,
um die Firma ganz oder teilweise zu verkaufen und eine hohe Rendite – angemessen auch dem hohen Risiko der Finanzierung von Gründungen – zu realisieren.

Die ultraniedrigen Zinssätze in Europa erleichtern eigentlich die Möglichkeit für Gründungsfinanzierer, am Aktienmarkt auch hohe Börsenkurse beim
Unternehmensverkauf zu erzielen. Denn sehr niedrige Zinssätze treiben eben
den relativen Aktienkursindex. In einem insgesamt wohl zu hohen Aktienkurs-
niveau-Umfeld – dies spiegelt die mehrjährige Sondersituation extreme niedriger Zinssätze wider – besteht allerdings für Risiko-Kapitalgeber natürlich auch
das Risiko, dass man zum geplanten Zeitpunkt des Gangs an die Börse mit neu
gegründeten Unternehmen dann ein eher niedriges Aktienkursniveau hat. Die
EU27 könnte von Großbritannien gerade bei der Gründungsfinanzierung einiges
lernen; falls Großbritannien nach einem zweiten Referendum doch EU-Mitglied
bliebe, so wäre wohl institutionelles Lernen für die EU-Partnerländer einfacher.
Der Finanzplatz London könnte für mehr junge Firmen aus der EU insgesamt
dann eine wichtige Finanzierungsquelle für Gründung und Expansion bleiben.

Es ist zu vermuten, dass nach Durchführung eines zweiten britischen EU-Referendums – wie immer es auch ausgeht – die Kooperation zwischen den
EU27-Ländern und Großbritannien weniger spannungsreich aussehen wird,
als die Beziehungen, die nach dem sonderbaren Referendum 2016 zu erwarten

sind. Ein zweites Referendum, bei dem eine gute und rechtzeitige Wählerinformation vorab zu sichern wäre, könnte ein klares und glaubwürdiges Signal zum britischen Wählerwillen erbringen. Natürlich kompliziert eines zweites Referendum dann auch manche politische Auseinandersetzungen in Großbritannien; aber das ist eben der Preis dafür, dass die regierungsseitige Informationspolitik beim Referendum 2016 ganz erhebliche kritische Fehler zeigte, die vermutlich entscheidend für das Referendumsergebnis waren. Neben dem geschilderten ersten Szenario (mit denkbarem Ausgang BREXIT oder eben Pro-EU-Mehrheit) wird man wohl zunächst ein zweites zu betrachten haben, bei der BREXIT zum Treiber einer fortgesetzten oder jedenfalls langjährigen EU-Desintegrationsspirale wird. Erst in einem dritten Szenario steht dann die Frage an, wie man – Vollzug des BREXIT – vorausgesetzt, von Seiten der EU27-Länder sinnvoll vorgehen sollte. Es ist offensichtlich, dass man dabei für die Länder der Eurozone eine besondere Perspektive hat und im Übrigen dann immer mit dem Damoklesschwert weiterer Austrittsdrohungen und tatsächlicher Austritte wird leben müssen. Vermutlich wird man vor 2020, also nach der nächsten Europawahl (2019), nicht sehen können, welches Szenario denn nur wirklich Realität wird.

Im Übrigen kommt das britische Politiksystem in Schwierigkeiten, das ja eigentlich auf der Dominanz des Parlamentes in der Politik beruht, aber mit dem eigentlich ja nicht notwendigen Referendum einer zeitweisen Selbstabsetzung zugestimmt hat: Mit dem Ergebnis einer sonderbar entstandenen BREXIT-Mehrheit konfrontiert ist, während die Mehrheit der Abgeordneten im Westminister-Parlament klar für den Verbleib in der EU ist. Wenn aber die Verfassungskommission des House of Lord der May-Regierung Mitte September mitteilt – sie wollte ohne Parlamentsentscheidung den EU-Austrittsartikel 50 im EU-Vertrag aufrufen – dass erst ein Parlamentsbeschluss notwendig ist, dann wirft das neuerlich ein schlechtes Licht auf die Regierung.

Es kommt hinzu, dass ein erstes von Exit-Ministerin May mit Industrievertretern vorgesehenes Treffen Mitte September abgesagt werden musste, weil die Industrievertreter nicht kommen wollten und argumentierten, die Ministerin habe gar keine vernünftig ausgearbeitete Arbeitsgrundlage für ein solches Treffen erkennen lassen. Für eine konservative Regierung ist das ein Affront und die öffentlich kolportierte Aussage von Handelsminister und BREXIT-Vertreter Liam Fox, die britischen Manager seien faul und gingen Freitags nachmittags zum Golf spielen, ist für die Handlungsfähigkeit der Regierung und die Kooperation mit der britischen Wirtschaft sicherlich ungünstig. Liam Fox und andere in der Regierung geben sich populistisch und als eine Art britische T-Party im Kabinett. Nur die Schwäche der zerstrittenen Labour Partei unter ihrem Chef Corbyn rettet einstweilen die May-Regierung. Dass die Labour Partei die Mega-Fehler in der Kommunikationspolitik der Cameron-Regierung im Vorfeld des Referendums nicht erkannte und scharf kritisierte (vor oder nach dem Referendum), deutet an, wie schlecht die britische Opposition unter Corbyn in 2016 funktionierte.

19

Szenario II: BREXIT als Ausgangspunkt einer Desintegrationsspirale

EU-Desintegrations-Fragen

In jedem ökonomischen Textbuch zur internationalen Wirtschaft oder zur EU kann man nachlesen, wie der Prozess der Integration sich vollzieht und welche Wohlfahrtsgewinne innerhalb des Integrationsclubs anfallen und welche Negativeffekte für die Drittländer. Regionale Integration heißt im einfachsten Fall, dass die Länder eines Liberalisierungsclubs – wie etwa der Europäischen Union – untereinander Handelshemmnisse abbauen (wie Zölle und unterschiedliche Produktstandards), was zu einer Handelsausweitung unter den betreffenden Ländern führt: Mit Spezialisierungs- und Realeinkommensgewinnen. Im Fall des EU-Binnenmarktes mit freiem Kapitalverkehr ist auch ein intensivierter Zufluss an Direktinvestitionen in der EU und später innerhalb der Eurozone – zustande gekommen, was ebenfalls positive Einkommenseffekte in den betreffenden Ländern hat. Ein höheres Pro-Kopf-Einkommen führt wiederum zu einer verstärkten Produktion von neuem Wissen (also mehr Patentanmeldungen) in EU-Ländern – gemäß Analyse von JUNGMITTAG/WELFENS (2016) – und dies hat wiederum eine positive Wirkung (z.B. Russland, China, USA) auch auf Produktion und Beschäftigung. Für die Drittländer gibt es allerdings Handelsablenkungseffekte, die wohlfahrtsökonomisch negativ wirken; im Fall der EU dürfte unterm Strich bei der regionalen Integration deutlich ein positives Vorzeichen in der Wohlfahrtsbetrachtung stehen. Im Fall der EU sind mit Blick auf die EU-Länder auch weitere Aspekte zu beachten, da die Entwicklung gemeinsamer Institutionen (z.B. EU Kommission) für ein wertvolles institutionelles Gemeinschaftskapital steht.

Im Fall von Desintegration wird dieses Gemeinschaftskapital teilweise zerstört und ist im Fall der Kommission auch sichtbar dadurch, dass Großbritan-

© Springer Fachmedien Wiesbaden GmbH, ein Teil von Springer Nature 2018
P. J. J. Welfens, *BREXIT aus Versehen*, https://doi.org/10.1007/978-3-658-21458-6_20

nien Tausende Mitarbeiter aus Brüssel beim BREXIT-Vollzug abziehen wird. Es kommt beim BREXIT zu einem ersten EU-Desintegrationsschritt, der ein anhaltender Prozess werden könnte, wenn immer mehr Länder allmählich die EU verlassen. Eine solche Entwicklung aber wäre nicht ohne weiteres einfach nur ein Zurückspulen der Integration im ökonomischen Sinn und damit einhergehende Einkommens- und Wohlfahrtsverluste. Es dürfte beim Verlassen der Union bei einigen austretenden Ländern rasch zu einem Anstieg des nominalen und realen Zinssatzes kommen, wie dies etwa die britische Regierung vor dem schottischen Unabhängigkeitsreferendum 2014 der Wählern Schottlands in einer Broschüre mit Blick auf die „Britische Union" vorgerechnet hatte (der Zinssatz für Immobilienkäufer werde um 1,7 % ansteigen). Dies wiederum könnte aus der EU austretende Länder dazu veranlassen, sich dem Vereinigten Königreich integrationsmäßig in einer Art neuem EFTA-Club anzuschließen. Ein Desintegrationsprozess in der EU dürfte dann zu mehr ökonomischer und politischer Unsicherheit, einer massiven Abwertung der Währungen – vor allem des Euro – gegenüber dem Dollar, dem Yen, dem Pfund Sterling und dem chinesischen Renminbi führen. Entsprechend werden ausländische Investoren leichter Firmen und Immobilien in der EU übernehmen können und die faktische ökonomische Selbstbestimmung der Menschen in einer solchen ausgehöhlten EU wäre massiv geschwächt.

Schon mit dem BREXIT-Votum nimmt im Übrigen die Furcht in Osteuropa vor einer Dominanz von Deutschland bzw. dem Duo Deutschland/ Frankreich zu. Dies zeigte schon der Besuch von Kanzlerin Merkel zu einem Treffen im August 2016 in Warschau mit den Regierungschefs der Visegrad-Länder: Ungarn, Polen, Tschechien, Slowakische Republik. Hier ist nicht nur als Problem sichtbar, die Unwilligkeit, sich von Deutschland bestimmte Flüchtlingszahlen im Nachhinein aufdrücken zu lassen. Kanzlerin Merkel hat mit ihrer dominanten Flüchtlingspolitik Ende August 2015 – ohne EU-Gipfel der Staats- und Regierungschefs – damals die deutsche Grenze faktisch für Flüchtlinge geöffnet, die ja von Ungarn und Griechenland aus dann über verschiedene Länder Richtung Österreich, Deutschland und Schweden aufbrachen; und anschließend verlangte Merkel, dass die Flüchtlinge insgesamt auf die EU-Länder kontingentmäßig umverteilt werden sollten, was vor allem osteuropäische Länder ablehnten. Natürlich auch Großbritannien, das einige wenige Hundert Flüchtlinge aus Syrien und der Türkei direkt nach UK fliegen ließ.

Es ist auch nicht auszuschließen, dass der BREXIT vor allem in der Eurozone zu verstärkten neuen Konflikten führt, wobei Länder wie Griechenland, Portugal und Italien für neue Probleme stehen könnten, wenn die dortigen Regierungen nicht in Zukunft besser Wachstums- und Konsolidierungspolitik miteinander kombinieren. Schon ein Anziehen der US-Zinssätze auf mittlere Sicht

– was die Zinssätze weltweit nach oben zieht –, könnte in der Eurozone für neue Unruhe sorgen. Griechenland fehlen Verfassungsreform und vernünftige Wirtschaftspolitik, in Portugal gilt Ähnliches und Italien ist ein Land, dessen Innovations- und Standortpolitik starke Verbesserungsmöglichkeiten hat. Es gibt viel zu wenig italienische multinationale Unternehmen – im internationalen Vergleich – und obwohl Italien Abertausende exzellente Hotels hat, ist etwa kein einziger italienischer Hotelkonzern von Rang entstanden (ganz anders in Spanien). Beim Thema Bankenunion wird es ebenfalls in der Eurozone Konflikte geben, zumal eine gemeinsame Einlagensicherung ohne bessere Verbindung von Kontrolle und Haftung von deutscher Seite her nicht akzeptabel sein wird. Solange es keine Fiskalunion in der Eurozone oder eine politische Union – mit eigenständigem Besteuerungsrecht plus Schuldenbremse für Brüssel – gibt, solange kann man eine gemeinsame Einlagensicherung der Länder der Eurozone unter Anreizeffekten nicht zulassen. Natürlich ist ein größeres neues Integrationspaket denkbar, um bisherige Konstruktionsdefizite der Eurozone zu heilen und Dämme gegen Desintegrationsdynamik aufzubauen. Viel Zeit aber wird wohl nicht bleiben, wobei auch unklar ist, ob die Nationalstaaten in der EU so viele eigene Reformen umsetzen werden, dass die Stabilität und die Wachstumsdynamik der EU-Länder künftig mit Großbritannien deutlich mithalten können. Es wird wichtig sein, den EU-Binnenmarkt mit seinen vier Freiheiten klar zu verteidigen, also inklusive Arbeitnehmerfreizügigkeit. Dass man gleichwohl sinnvolle Begrenzungen bei Ansprüchen an die nationalen Sozialversicherungssysteme für Zuwanderer wird diskutieren müssen, ist offenkundig.

Mit einem Vollzug des britischen EU-Austritts beginnt ein verstärkter Systemwettbewerb zwischen Großbritannien und der EU27. Dabei kann Großbritannien für die Dekade 1998-2008 auf ein etwas höheres Wachstum als die Eurozone hinweisen. Aber das Land ist mit den USA in dieser Zeit vor allem verantwortlich gewesen für schlechte, weil überzogene Finanzmarktderegulierung und dann 2007-2009 folgende massive Instabilitäten in ganz Europa (ein Teil des britischen Wachstums war künstlich, negative externe Effekte auf andere EU-Länder sind ein negativer Übertragungseffekt); inklusive explodierender Defizitquoten – auch und gerade in UK, was am Ende indirekt in Immigrationsfeindlichkeit und den BREXIT führte, wie aufgezeigt wurde. Auch wenn man an der Rationalität des britischen Politiksystems Zweifel haben kann, so kann dies für die EU27-Länder und die Europäische Union keine Ausrede sein, eigene vernünftige Reformen aufzuschieben.

Es ist einerseits zu hoffen, dass die Europäische Union und die EU-Länder nach dem BREXIT-Volksentscheid im Vereinigten Königreich supranational und national wichtige Reformen entwickeln werden; und sich die wirtschaftliche und politische Integration in Europa stabilisiert. Keineswegs ausgeschlossen ist andererseits aber eine Desintegrationsspirale, die man szenariomäßig etwa wie folgt sich vorstellen könnte.

Denkbar sind Desintegrationsschritte nach einigen Jahren: Einige der kleineren Länder, etwa Dänemark und Irland sowie Schweden folgen Großbritannien und bilden zusammen mit der Schweiz eine Neue EFTA. Derweil ist die Eurozone von immer neuen Krisen geprägt – zum Dauer-Krisenfall Griechenland und auch Portugal tritt Italien als großes Krisenland. Frankreich mit seinen starken Mittelmeer-Interessen versucht immer wieder, die Regeln des Stabilitäts- und Wachstumspaktes zugunsten der genannten Länder aufzuweichen. Der BREXIT führt in London zu einer schweren Immobilien- und Bankenkrise, die auch auf einige Länder der Eurozone übergreift, vor allem auch in Griechenland, Portugal und Italien zu erhöhten Zinssätzen und einer Rezession sowie politischer Unruhe führt. Die eurokritische Beppo-Grilli-Partei gewinnt die nationalen Wahlen in Italien und erklärt den Austritt Italiens aus der Währungsunion, die daraufhin auch Griechenland sowie Portugal verliert. Ökonomisch helfen diese Schritte wenig, aber die jeweiligen Regierungen fühlen sich im Umfeld des Chaos nationalistisch gesehen wohl. Besonders dramatisch ist für Italien und einige andere Länder festzustellen, dass nach dem Austritt aus der Eurozone die Zinssätze stark ansteigen, denn man antizipiert politische Unruhen und ökonomisch Stagnation: Die italienische Zinslastquote verdoppelt sich binnen fünf Jahren und massive Steuersatzerhöhungen werden notwendig. Einige Banken in Italien sind nahe am Konkurs und ökonomisches und politisches Chaos entsteht in diesem Land; viele Italiener emigrieren und Österreich, Frankreich, Deutschland und die Niederlande stehen vor einer großen Immigrationswelle aus Italien.

Wahlsiege des rechtspopulistischen Front National führen zu einem Austritt Frankreichs aus der EU und der Eurozone, weshalb Deutschland zur D-Mark zurückkehrt und eine Art Europäisches Währungssystem III mit der D-Mark als Bezugswährung einführt. Polen tritt aus der EU aus und ein Front National-Regierungschef in Frankreich schließt mit einer Regierung Russlands – nach Austritt Frankreichs und Griechenlands aus der Nato – einen militärischen Beistandspakt. Polen, das der EFTA II beigetreten ist, und das Vereinigte Königreich schließen ihrerseits einen Beistandspakt. Deutschland schließt einen Verteidigungspakt mit Spanien plus der Türkei und vielen osteuropäischen Länder, die alle auch, zusammen mit dem Vereinigten Königreich, Mitglied der Nato sind.

Auf dem Balkan ist die Hoffnung auf einen EU-Beitritt seit dem BREXIT-Referendum erledigt. Eine geschwächte und zerfallende EU kann keine neuen EU-Mitgliedsländer aufnehmen. Daher ergibt sich auf dem Balkan eine kritisch zunehmende Instabilität, die dort einerseits Russland, andererseits auch Saudi-Arabien zeitweise auf den Plan ruft. Auf dem Balkan entstehen nach bekanntem historischem Muster massive Konflikte, geprägt auch von islamistischen Terroranschlägen – und schon bald gibt es einen großen Zuzug von Menschen aus dem Balkan Richtung Österreich, Deutschland, Schweden. Belgien droht als Staat zu zerbrechen, wo zum Schluss nur noch Deutschland, Finnland, Österreich und Luxemburg mit Belgien eine Rest-EU bilden. Das Realeinkommen ist nach 20 Jahren politischen Unruhen und Protektionismus um 25 % in den Peripherie-Ländern der (alten) EU gesunken, im EU-Zentrum immerhin nur um 15 %. Dann wird es mehr Zuwanderung noch als bisher Richtung EU-Zentrum geben, also etwa auch nach Deutschland.

Längst haben sich in den südlichen Ex-EU-Ländern hohe Inflationsraten und instabile Regierungen etabliert. Flüchtlinge aus vielen relativ armen EU-Ländern versuchen illegal auf dem Seeweg Richtung Vereinigtes Königreich aufzubrechen. Die Arbeitnehmerfreizügigkeit ist in Europa fast komplett aufgehoben, die Quote der ausländischen Studierenden aus europäischen Ländern liegt in fast allen Ländern unter 5 %. Immer mehr Studierende aus Westeuropa studieren gegen Gebühren an guten Universitäten in Peking und Shanghai.

Von der EU-Integration ist fast nichts übrig in der EU geblieben und in Lateinamerika zerfiel der regionale Integrationsclub Mercosur. Fast alle europäischen Städtepartnerschaften sind zerbrochen. Jahr für Jahr wandern etwa eine Million Europäer in die USA, Kanada und nach China sowie die ASEAN-Länder aus, wo der Lebensstandard in den Städten längst jeweils viel höher ist als in vielen ländlichen Regionen der EU ist. Die rund 3 000 britischen Städte, die noch 2015 eine Städtepartnerschaft mit einer Stadt in der EU hatten, sind auf 30 solche Kommunen zusammengeschmolzen. Hingegen gibt es 2025 schon 8 000 englische Städte, die mit chinesischen Kommunen Partnerschaftsabkommen haben. Großbritannien hatte nach der massiven Rezession 2017-2019 energisch begonnen, die Universitäten für asiatische Interessenten zu öffnen und etwa 80 englische Universitäten haben auf der verzweifelten Suche nach Einnahmen in China einen Auslandscampus errichtet. Schottland startet ab einem Zeitpunkt X eine neue Volksabstimmung über das Thema Unabhängigkeit von England – das seit 1707 bestehende Großbritannien zerfällt in England einerseits und Schottland andererseits. Immerhin sind beide Mitglied der Nato. Tatsächlich wird Schottland nach den EU-UK-Verhandlungen wohl ein neues Unabhängigkeitsreferendum diskutieren; bei einem schlechten Verhandlungsergebnis für UK in den Verhandlungen wird der Druck in Schottland sehr groß sein, ein Unabhängigkeitsreferendum durchzuführen. Im Fall eines EU-Austritts würde sicher die britische Konservative Partei zerbrechen und neue zusätzliche Unsicherheit würde UK und die EU prägen.

Man kann sicher verschiedene Negativszenarien für den Fall des Verharrens gerade von Deutschland in einer krisengeschüttelten EU bzw. Eurozone formulieren. Keines dieser Negativ-Szenarien wird man sich wünschen. Einen einfachen Ausweg aus dem BREXIT-Referendum gibt es jedenfalls vermutlich nicht.

Der BREXIT, der Austritt des Vereinigten Königreiches aus der EU nach 45 Jahren Mitgliedschaft wird in 2019 ein Jahrhundertereignis sein. Im Jahrhundert eine Rückkehr des Vereinigten Königreiches in die EU zu erwarten, wäre wohl naiv. Vielmehr könnte es eine ganze Reihe weiterer EU-Länder geben, die der Europäischen Union in den nächsten zwei Jahrzehnten den Rücken kehren; dann auch womöglich mit dem Vereinigten Königreich eine neue EFTA bilden. Es wird sicherlich Länder geben, die solche EU-Austritte von außen auch unterstützen werden. Insgesamt bleibt die Frage, ob man die EU wird stabilisieren können – oder ob die EU in eine fortgesetzte Desintegrationsspirale fällt, die faktisch Europa weitgehend ins späte 19. Jahrhundert zurückführt. Der große Unterschied wird sein, dass China als neue Weltmacht als Rivale neben den USA steht. Eine zerstrittene und zerfallende EU wird wenig eigenen Gestaltungsspielraum haben und sich in ihren Elementen dann eben mehr zu den USA oder mehr Richtung China oder Russland hin orientieren müssen. Das dürfte dann auch bedeuten, dass die Soziale Marktwirtschaft europäischer Prägung in der Weltwirtschaft im Zeitablauf immer mehr an Bedeutung verliert. Das Jahr 2016 wird den folgenden Generationen in Europa als historischer Bruch in Erinnerung bleiben. Nur wenn die EU und die EU-Länder zügig durchdachte Reformen realisieren – wenn die Europäischen Kommission aus ihrer sonderbaren Selbstzufriedenheit aufwacht –, hat eine Neo-EU eine Chance, als erfolgreicher Integrationsraum zu überleben.

Es wird auch eine Aufgabe der wirtschaftswissenschaftlichen Analyse und der Neuen Politischen Integrationsökonomie sein, Wege zu einer nachhaltigen EU-Integration aufzuzeigen. Wenn die europäische Integration durch EU-Desintegration abgelöst werden sollte, dann werden sicherlich auch andere Integrationsräume in der Weltwirtschaft sich längerfristig teilweise als instabil erweisen. Umso wichtiger wäre es, bei einer Neo-EU sorgfältig auf bessere institutionelle Konstruktionsmerkmale zu achten und auch zumindest über die digitalen sozialen Netzwerke eine EU-Öffentlichkeit herzustellen, damit man gemeinsam interessierende Großthemen auch wirklich breit diskutieren kann. Beim BREXIT ist ein Teil der Rationalität des Westens verloren gegangen. Aus dem BREXIT zu lernen, ist eine große Herausforderung für Wissenschaft, Wirtschaft und Gesellschaft. Dass der BREXIT-Prozess allerdings so sonderbar war, weiß man teilweise natürlich nicht wirklich, was man hier schlussfolgern soll (außer dass man einer britischen konservativen Regierung nicht den Auftrag geben soll, eine Volksbefragung zu organisieren).

EU-Desintegrationsmechanik im Kontext von BREXIT und TTIP

Man kann aus ökonomischer Sicht einige britische Problemaspekte im Kontext des EU-Austritts betrachten. Allerdings sollte man mindestens ebenso die zum Teil damit verbundenen EU-Desintegrations-Perspektiven sehen. Betrachten wir zunächst die britische Sicht zum BREXIT und dann weitere EU-Desintegrationsaspekte:

- BREXIT bedeutet eine Abschwächung der kurzfristigen Wirtschaftsentwicklung – sichtbar schon 2016/2017 – und zudem einen strukturellen Rückgang des Realeinkommens um mindestens 5 %. Das wird die britische Regierung massiv motivieren, wachstumsförderliche Maßnahmen zu ergreifen. Hier kommt nur teilweise eine keynesianische Ausgabenpolitik als Maßnahme in Frage; strukturelle Wachstumsmaßnahmen könnten eine weitere Deregulierung der britischen Wirtschaft, mehr staatliche Forschungsförderung, bessere Standortwerbung und vor allem neue Freihandelsabkommen – etwa mit Kanada, den USA und Australien sowie Indien – darstellen. Hier kann man bis 2 025 Vertragsabschlüsse und erste positive Effekte erwarten. Nimmt man die neuere EIIW-Studie zur Wissensproduktionsfunktion bzw. zu den denkbaren TTIP-Wachstumseffekten eines EU-US-Freihandelsabkommen – siehe JUNGMITTAG/WELFENS (2016) –, dann kann man 2 % reales Einkommenswachstum aus einem transatlantischen Freihandelsabkommen erwarten; für das Vereinigte Königreich und Deutschland könnten die Effekte eher noch etwas größer sein, wie sich aus ökonometrischen Länder-Fix-Effekten bei der Wissensproduktionsfunktion ergibt. Durch ein transatlantisches Freihandelsabkommen kann das Vereinigte Königreich also gut 2 % Realeinkommenserhöhung erreichen, so dass es hier einen klaren Anreiz gibt jenseits der ohnehin aus politischen Gründen in der May-Regierung erkennbaren Neigung, künftig noch stärker als bisher mit den USA zusammen zu arbeiten.
- In Deutschland und Frankreich ist 2016 aus Regierungskreisen unmittelbar nach dem BREXIT verlautet, dass man TTIP politisch eigentlich nicht mehr wolle. Das bedeutete für den Fall Nicht-TTIP paradoxerweise, dass ausgerechnet Deutschland als einer der größten ökonomischen EU-Nutznießer von

TTIP diese transatlantische Kooperationsmöglichkeit politisch mitbegräbt. Damit aber entsteht nun ein Anreiz zur EU-Desintegration bei EU27-Ländern bzw. einige dieser Länder könnten nun Großbritannien folgen. Je mehr UK folgen, desto geringer der ökonomische Schaden für die Austrittsländer – in der Annahme, dass sie sich mit UK zu einer Art neuen EFTA zusammen schließen werden, also einem europäischen Freihandelsblock II, der ohne gemeinschaftlichen Außenzoll arbeitet; oder aber man schafft eine Zollunion II in Europa. Großbritannien wird sicherlich nicht zögern, mit den USA, Kanada, Australien etc. rasch Freihandelsverträge zu vereinbaren und da allein eine UK-USA-Freihandelsabkommen rund 2 % realen Einkommenszuwachs bringen kann, ergibt sich die Perspektive für UK und andere EU-Austrittsländer, positive Realeinkommenseffekte zu erzielen bzw. die EU-Austrittskosten nahe Null zu drücken; und dabei hätte man gleichzeitig mehr nationale Politikautonomie, da man die Eingriffe der EU-Kommission ja beim Verlassen der EU los wäre. Natürlich gäbe es gewisse Nachteile aus dem EU-Austritt, denn auch ein Vereinigtes Königreich, dem einige EU-Länder folgten, wird nicht das ökonomische Gewicht der EU28 bei internationalen Verhandlungen in die Waagschale werfen können. Irland, Dänemark, Schweden, die Niederlande und einige osteuropäische Länder könnten eine solche Politikoption erwägen. Eine verkleinerte EU wäre notwendigerweise wohl rasch ein Club, in dem es politische Konflikte zwischen Deutschland und Frankreich gäbe, wobei letzteres wohl mit Spanien und Italien als seinen Nachbarländern besonders eng zusammenarbeiten will. Deutschland könnte versuchen, sich Richtung Osteuropa, Österreich und Balkan zu orientierten, womit es dann fast unweigerlich zu mehr Konflikten als bisher mit Russland käme. Deutschland käme unter starken Druck Russlands auf lange Sicht und sicherlich wäre insgesamt eine EU-Desintegration eine hochgradige Destabilisierung Europas. Dass Deutschland aus der Währungsunion aussteigen könnte, ist unter bestimmten Bedingungen durchaus vorstellbar. Es ist allerdings auch offenkundig, dass bei erfolgter Zerstörung von EU und Eurozone als Institutionen der politische Flurschaden auf Jahrzehnte enorm wäre. Die Glaubwürdigkeit von Integrationsinstitutionen, institutionelles Kapital wäre zerstört; viele Länder werden dann auf höhere Militärausgabenquoten setzen, um den Zerfall institutionellen Gemeinschaftskapitals abzufangen.

20

Szenario III: BREXIT: Hohe Instabilität, Neo-EU nötig

Bevor die Fragen einer zeitweisen Destabilisierung durch den BREXIT nochmals angesprochen werden und die Optionen zur Entwicklung einer Neo-EU, seien die Hauptvorteile der EU in Anlehnung auch an die Regierungsanalysen zu den britischen EU-Mitgliedschaftsvorteilen betont: Wenn man einfach nur den britischen Bericht des Finanzministeriums aus 2016 zu den langfristigen Effekten der EU-Mitgliedschaft nimmt, ergeben sich gut 10 % des Bruttoinlandsproduktes als relevante Größe. Hinzu kommt beim BREXIT ein großer Vertrauensverlust, Verminderung von Mobilität in Europa und damit auch ein Verlust an Freiheit; weniger Sicherheit in Europa und damit verbunden der Preis höherer Militärausgabenquoten in der Zukunft. Es entsteht ein Ansehensverlust für die EU-Integration und das europäische Modell der Kooperation; Europa droht künftig in verstärkte Abhängigkeit von den USA, China und Russland zu kommen. Im Übrigen könnten aus einer funktionsfähigen Eurozone erhebliche positive Wohlfahrtseffekte entstehen, nämlich jährlich gut 0,5 % des Bruttoinlandsproduktes aus der Rolle des Euros als internationale Reservewährung (im Fall der USA sind das etwa 1 %); bei einem Kapitalisierungszinssatz von 2,5 % – als Normalzins bei Preisniveaustabilität – ergibt sich ein Gegenwartswert aller künftigen Euro-Vorteile in Höhe von 1/5 des Bruttoinlandsproduktes. Es gibt zudem auch Vorteile bei der Stabilisierung der Konsumquote im Zeitablauf und der Beschäftigung, aber nur bei einer funktionsfähigen Eurozone, bei der die Koordination von Geld- und Fiskalpolitik und eine supranationale Fiskalpolitik selbst optimal realisiert werden. Die Vielfalt im Kulturleben Europas ist sicherlich auch ein Vorteil, der kreative soziale Vernetzung erlaubt; und auch Teil einer bewussten Friedenssicherung im EU-Raum und darüber hinaus ist – auch auf der Basis von Toleranz und gegenseitiger Wertschätzung heraus als Basis für friedliche Zusammenarbeit.

© Springer Fachmedien Wiesbaden GmbH, ein Teil von Springer Nature 2018
P. J. J. Welfens, *BREXIT aus Versehen*, https://doi.org/10.1007/978-3-658-21458-6_21

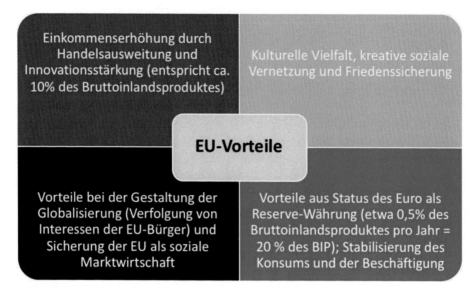

Abb. 20. Die Hauptvorteile der EU-Integration für die EU-Mitgliedsländer und ihre Bürger

Im Integrationsprozess wird es Fehler, Missverständnisse und Unvollkommenheiten geben. Aber es bedarf einer stabilen und nachvollziehbaren Grundüberzeugung, dass Integration und das Bemühen um gemeinsame faire Lösungen vorteilhaft für alle sind. Glaubwürdige Institutionen – wie die Deutsche Bundesbank oder die EZB – sind wichtig, aber nachvollziehbare Vorteile sind auch gebunden an verständliche Strukturen, Institutionen, Aufgaben und Verantwortlichkeiten in der Europäischen Union. An Websites mangelt es, die jedem Bürger auch zeigen, wie Standardaufgaben von wem wie mit welchen Ressourcen gelöst werden; die entsprechenden EU-Apps für Jedermanns Mobiltelefonie gibt es bislang nicht.

Ein gewisser Verzicht auf nationale Politik ist allerdings unabdingbar. Über die ökonomischen Vorteile aber gewinnt man dann auf einer höheren Ebene mehr wirtschaftliche und politische Freiheit. Damit die politischen nationalen Akteure – die mächtigste Politikergruppe bisher – ein Interesse haben, Macht in sinnvollen Politikbereichen an Brüssel abzugeben, sollte eine typische „Ehrgeiz-Perspektive" der Politik so sein, dass es quasi dem höchsten Karriere- und Verantwortungsgrad entspricht, wenn man in Brüssel Politik gestalten kann. So sind vernünftige föderale Staaten wie Kanada, Australien, die USA, Österreich, Deutschland und andere im Prinzip auch aufgebaut.

Hier ist nun eine durchdachte Institutionen- bzw. Ordnungspolitik mit klaren Verantwortungen wichtig. Es ist keine gute Lösung, wenn nationale Parlamente von EU-Ländern sich mit Griechenlands Problemen beschäftigen müssen – von Griechenland wissen die Parlamente der Partnerländer wenig, bei einer Serie von Krisensitzungen wie 2010-2014 investierte man dort viel Zeit und politisch knappes Konsenskapital, das dann bei der Bewältigung der eigentlichen nationalen Aufgaben fehlt. Wenn Griechenland sonderbare große Probleme hat, so gibt es offenbar Probleme beim politischen Fundament, der Verfassung. Über eine Verfassungsreform hat man in sieben Krisenjahren kaum gesprochen. Es ist nicht einzusehen, dass Verfassungsexperten des Europarates, die Venedig-Kommission, mit ihrer Expertise das EU-Land Polen bedienen, während es zu Griechenlands Kernproblem keine Ausarbeitung gibt. Milliarden an Hilfsgeldern könnten gut investiert sein, wenn durchdachte institutionelle Reformen sorgfältig auf den Weg gebracht werden. Diese Grundüberlegung, dass bei ernsten Krisen in einem ersten Schritt auch die Regeln der Verfassung sorgfältig kritisch im Auge zu halten sind, gilt allgemein. Mit Blick auf das BREXIT-Referendum stellt sich nun allerdings für die EU27-Länder die Aufgabe, dass zu vielen ungelösten Problemen jetzt auch noch die BREXIT-Herausforderungen kommen. Dass UK sich endlich eine schriftliche Verfassung zulegen sollte, sei angemerkt.

Europäische Instabilität und Schritte hin zu einer neuen Debatte

Die Europäische Union befindet sich offenbar nach dem BREXIT in einer schwierigen Situation. Folgt man der hier vorgelegten Analyse, so hat das britische Referendum wegen der grob fehlerhaften Regierungs-Informationspolitik einen geringen Wert und man muss sich fragen, weshalb die Regierung des sechstgrößten Industrielandes offenbar nicht in der Lage war, eine hohe Informations- bzw. Referendumsqualität sicher zu stellen: Wenn bei einem Referendum auf 16 Info-Seiten für die privaten Haushalte nur die Zahl 3 Millionen Jobs abhängig vom britischen Export in die EU genannt wird, die von Finanzminister am 18. April in der Pressemitteilung genannte Zahl von -6,2 % als langfristiger Einkommensrückgang (laut Treasury-Bericht) beim BREXIT nicht, dann liegt ein schwerer Regierungsfehler vor. Die Briten mögen entscheiden, was immer sie wollen. Aber es muss in EU-Ländern bei EU-bezogenen Referenden einen hohen Informationsstandard für alle Bürger geben. Das weithin unprofessionell organisierte britische Referendum wird Großbritannien nun selbst destabilisieren, der Weg hin zu einem zweiten Referendum könnte das Land politisch spalten – vor allem die Konservative Partei. Es wäre im Übrigen letztlich undemokratisch und irrational, ein fehlorganisiertes Referendum einfach als solches stehen zu lassen. Kann man ein Referendum überprüfen lassen? Sicherlich, das Volk kann dies gewissermaßen ja via Parlament beschließen.

Wenn man es einfach nur beim Referendumsergebnis von 2016 belässt, läuft die britische und europäische Politik einem völlig verzerrten Referendumsergebnis hinterher: Wozu sollte das gut sein? Dem eigenen guten Beispiel in Sachen Informationspolitik von 2014 beim schottischen Referendum ist die Cameron-Regierung 2016 nicht gefolgt und dieses große historische Versagen belastet Großbritannien und die EU; die Europäische Kommission hat allerdings den Referendums-Vorbereitungsprozess offenbar nicht aktiv und auch kaum konstruktiv-kritisch verfolgt.

Es ist an der Europäischen Kommission und Wissenschaftlern sowie den Journalisten, die Details und die detaillierten Folgen der fehlerhaften Informationspolitik der Cameron-Regierung aufzudecken; vor allem auch die Verantwortlichen zu benennen. Man kann sicher erwarten, dass eine Untersuchungskommission von Oberhaus oder Unterhaus, einen Bericht vorlegt.

Die Rolle der Europäischen Kommission auf globaler Ebene

Im Zuge der globalen Internetexpansion und der wichtigen Rolle der Informations- und Kommunikationstechnologie – ein Hauptarbeitsbereich auch der EU-Kommission – ist auf Seiten der EU-Kommission eine stärkere internationale Präsenz bei Fragen der digitalen Wirtschaft künftig wünschenswert. Dies setzt allerdings auch voraus, dass die EU-Behörde zur Rahmenregulierung der Telekommunikation, BEREC, mehr Rechte erhält und auch personell über jene kaum 30 Personen hinaus aufgestockt werden, die 2015 die Behörde darstellten. Internationale Kooperation in der Regulierung wäre jedenfalls viel leichter und wohl auch mit erheblichen Effizienzgewinnen möglich, wenn die BEREC mit der FCC in den USA und Behörden in China, Indien und Japan regelmäßig zusammen arbeiten könnte. In der schwerfälligen ITU-Behörde in Genf wird man diese Rolle wohl kaum wahrnehmen können. Auch das Interesse an Kooperation der genannten Länder im Bereich des Internets der Dinge (Industrie 4.0) macht eine stärkere internationale Kooperation über eine EU-Behörde in bestimmten Bereichen erwägenswert. Deutschland, Frankreich, Großbritannien, Italien, Spanien, Niederlande und andere haben als Einzelakteure in der globalen Internetwirtschaft Nachteile im Vergleich zu einer kooperativen Situation mit

Aktivierung von EU-Kommission und der EU-Behörde BEREC. Ohnehin muss die Europäische Kommission beim Thema Daten-Sicherheit und Cloud-Computing im Sinn von Wirtschaft und Verbrauchern verstärkt europäische und auch global wichtige Standards setzen, sonst kann die digitale Arbeitsteilung im EU-Binnenmarkt nicht vernünftig erfolgen. Im Fall des Vollzuges des BREXIT ginge der EU ein wichtiger digitaler Akteur verloren, denn britische Firmen sind auf der Angebotsseite des Marktes für Informations- und Kommunikationstechnologie stark und bei digitalen Diensten zum Teil mit international führend.

Die Europäische Kommission müsste auch bei Freihandelsverträgen verstärkt Themen wie Cloud-Computing und Daten-Sicherheit einbringen, denn immer mehr Handel ist digitaler Handel. Einfach ist das nicht, denn die Kommission hat gerade bei den EU-US-Freihandelsverhandlungen das Thema Datenschutz herausgenommen bzw. für ein eigenes Abkommen reserviert, damit man nicht Gefahr läuft, einer übermächtigen digitalen Aktivistenschar ausgeliefert zu sein – sie hat jedenfalls das geplante ACTA-Abkommen abgeschossen (ob mit guten Gründen oder nicht, sei hier dahin gestellt). Man wird sich um die Integration des Datenschutzes in Freihandelsabkommen nicht drücken können, denn mit Industrie 4.0 ist eben jede verkaufte und gekaufte Maschine praktisch auch ein Mobiltelefon, das zu Big Data-Sammlungen beiträgt und die Frage, wie etwa Daten von Firmen, Krankenhäusern und Behörden sowie Bürgern sicher gespeichert und legal ausgetauscht und weiterverarbeitet, ist offenbar letztlich auch international bzw. global wichtig. Das Europäische Parlament ist in solchen Fragen allerdings für internationale Regeln und eine Institutionenbildung mindestens so wichtig wie die Kommission.

Die EU-Kommission hat eine ganz wichtige Funktion, wenn es darum geht, symmetrische Bedingungen bei Direktinvestitionen zu erzielen, etwa gegenüber China, Russland, Indien und anderen Ländern. Es ist keine Welt der Chancengleichheit, wenn Chinas Staatsbetriebe und Privatfirmen in der EU fast volle Direktinvestitionsfreiheit (auch für Mehrheitsbeteiligungen an EU-Firmen) haben, während die Firmen aus der EU froh sein dürfen, wenn sie auch nur 49 % an einem Unternehmen in China erwerben dürfen; dann wird man als ausländischer Investor in China immer noch gegängelt bzw. genießt keine vernünftigen Rechte. Erst als Mehrheitsinvestor oder alleiniger Eigentümer hat man umfassende Rechte und China kann nicht erwarten, als Marktwirtschaft ohne weiteres von der EU anerkannt zu werden, wenn es via staatliche chinesische Direktinvestitionen in Europa oder den USA im Grunde seine umfassende Staatswirtschaft auf der Welt ausbreitet: Marktwirtschaft heißt Wettbewerb und vorwiegend Privateigentum an den Produktionsmitteln. Verhandlungen einzelner EU-Länder in China können wenig erreichen. Auch hier gilt, dass die EU-Länder gemeinsame Interessenfelder haben und gemeinsam via EU ihre Interessen bzw. Anspruch auf symmetrische Direktinvestitionsfreiheit vortragen sollten. In Zukunft müsste von daher jeder neue Kommissionspräsident erst einmal einen Antrittsbesuch in den USA, China, Russland, Japan, Indien etc. machen und die Wirtschaft in den EU-Ländern müsste diese Thematik auch verstärkt unterstützen. Letztlich geht aus dabei im Übrigen auch um Beschäftigungsinteressen in der EU. Denn wenn es im Ausland Direktinvestitionen gibt, so bedeutet dies meist auch gute Chancen, hochwertige Zwischenprodukte im Konzern an die Auslandstöchter zu liefern. Die Situation in der zweiten Dekade des 21. Jahrhunderts ist für die Firmen der EU mit Blick vor allem auf China und Russland, aber auch auf Investitionsbeschränkungen in Indien, unbefriedigend.

Es wäre viel gewonnen für die EU-Integration, wenn die Europäische Kommission bestehende Handlungsmöglichkeiten besser nutzte und die eigenen Kompetenzen in Abstimmung mit dem Europäischen Parlament auch sinnvoll mit Leben erfüllte. Verbraucher- und Arbeitnehmer- sowie Investoreninteressen gilt es international angemessen zu vertreten. Schließlich wäre die Kommission wohl gut beraten, wenn sie die Thematik, wie man auch die Modernisierungsverlierer in EU-Ländern im Globalisierungsprozess mitnimmt, stärker auf einer Beobachtungsagenda hätte. Es ist der Kommission ja durchaus erlaubt, wissenschaftliche Forschungen hier zu finanzieren und auf dieser Basis die EU-Länder stärker für ein Best Practice – lernen von den besten Fallbeispielen – zu motivieren. Die Vielfalt der Erfahrungen in den EU-Ländern gilt es, durch kritische Analyse gezielter zu nutzen. Das heißt nicht, dass die EU sich in die nationale Wirtschaftspolitik der EU-Mitgliedsstaaten aktiv einmischte; aber ein EU28(oder EU27-)Vergleich lässt sich eben in vielen Fällen am ehesten über Brüssel organisieren. Letztlich ist diese Verbindung von Benchmarking und Wettbewerb der Systeme bzw. der Unternehmen auch wachstums- und wohlfahrtsförderlich; mit Bezug auf umweltfreundliche Innovationsprojekte auch förderlich für die Lebens- bzw. Umweltqualität.

Man wird langfristig bei der Eurozone um die Frage einer Politischen Union nicht umhin kommen. Es spricht nichts gegen die Austrittsoption im Lissabon-Vertrag. Wenn in Ländern mit einer Austrittsdiskussion ein Referendum veranstaltet wird, so möge es immerhin hohen Referendumsstandards genügen, da man sonst über unklare Entscheidungen halb Europa ins Chaos stürzt und weitere Instabilität erzeugt.

Der erwartete BREXIT destabilisiert die britische Wirtschaft und auch die Eurozone in kurzer Frist, langfristig schwächt es die ökonomische Ex-pansion in Europa und setzt Desintegrationskräfte frei, während ja gleichzeitig ein erheblicher Problemstau die EU konfrontiert:

- Anhaltender Zuwanderungsdruck und potenzielle weitere Flüchtlingswellen. Dabei ist ehrlicherweise festzustellen, dass die EU28 mit 510 Millionen Einwohnern bisher nicht in der Lage war, aktiv in Syrien zum Frieden beizutragen; und ohne Großbritannien wird dies noch weniger der Fall sein. Solange die EU keine gemeinsame Verteidigungspolitik hat oder zumindest z.B. in einem „Nutzerpool" verfügbare Schiffe im Mittelmeer, auf denen monatsweise dann nur die Besatzungen ausgetauscht werden – z.b. erst kommt eine französische Mannschaft, danach eine holländische, dann eine deutsche (statt Schiff aus Frankreich, das nach einer gewissen Zeit nach Hause fährt, abgelöst von einem niederländischen Schiff etc.) –, ist die Verteidigung ineffizient in der EU organisiert und alle EU-Länder können im Zweifelsfall letztlich nur der US-Militärpolitik folgen oder abseits stehen. Die EU – mit Afrika geographisch vor der Haustür – hat keine Afrikapolitik, sondern einzelne EU-Länder suchen etwa über G20-Gespräche Initiativen zur Stabilisierung und Entwicklung Afrikas aufzusetzen. Die Fischereiund Agrarpolitik der EU, die manchen afrikanischen Ländern eine gute Entwicklung in den Bereichen Fischerei und Landwirtschaft erschwert, ist aber faktisch Teil einer Brüsseler Destabilisierung in Afrika und dann nützt dann das Verschieben des Themas auf die G20-Bühne wenig.
- Fortgesetzter Deflationsdruck in der EU und OECD-weit, wobei die Geldpolitik nur begrenzt erfolgreich ist, die Inflationsrate im Westen und in Japan wenigstens nahe 2 % zu bringen. Unnormal niedrige reale Zinssätze können mittelfristig ihrerseits zu enormen wirtschaftlichen Verzerrungen und auch zu neuen Instabilitäten führen.
- Die Globalisierung und vor allem auch der ökonomisch-technologische Aufstieg Asiens setzen sich fort. Kein einzelnes EU-Land wird in der Lage sein, auf die Globalisierung nachhaltig Einfluss zu nehmen. Es bedarf schon einer starken EU, über die ihre Mitgliedsländer ihre Interessen auf internationaler und globaler Ebene verfolgen. Daher ist die Stabilisierung der EU ein hochrangiges Ziel und institutionelle Reformen hin zu einer Neo-EU – einer neuen Europäischen Union – sind wichtig.
- Kaum ein Zweifel besteht, dass das 21. Jahrhundert von der Digitalisierung geprägt sein wird. Hier gilt es für die EU, sich viel stärker als früher als transparenter Akteur zu erweisen. TTIP war 2013-2015 ein schlechtes Beispiel, wie man es nicht machen sollte, als es viel zu wenig Transparenz gab. Zwischenergebnisse zu TTIP hätte die Kommission früh ins Netz stellen sollen und natürlich hätte man ganz am Anfang hierzu mit den USA einen Dialog führen sollen. Dass die EU das Verhandlungsmandat anfangs nicht ins Inter-

net stellen wollte, war ein großer Fehler, weil so wilde Vermutungen und Verschwörungstheorien ins Kraut schießen konnten. Die EU braucht also bessere Standards in der Außenwirtschaftspolitik, vor allem eben auch bessere Kommunikationsstandards. Die Politik in vielen Bereichen – national und supranational – ist nicht hinreichend aufs digitale Zeitalter eingestellt.

- Es gibt durchaus einige Jahre als Anpassungszeit bzw. für Reformen. Man wird gut daran tun, zunächst eine kritische Bestandsaufnahme vorzunehmen und eine breite Diskussion voranzubringen. Abzulehnen sind grundlegende Abstriche von den vier Freiheiten des EU-Binnenmarktes, die seit Jahren Teil der Beitrittskriterien sind. Abstriche bei der Arbeitnehmerfreizügigkeit sind nicht angebracht, die ganze Cameron-Behauptung über ein Zuviel an EU-Zuwanderung hat sich im Kontext der vorgelegten Analyse als üble politische Chimäre erwiesen. Die Cameron-Regierung hat fünf Jahre lang mit unglaublich scharfen Kürzungen bei den Kommunalzuweisungen eine Gespensterdebatte angezettelt – das könnte man als Kritiker durchaus für verwerflich und unakzeptabel halten. Die Wahrheit war einfach, dass Großbritanniens Regierung natürlich nicht diese Zuweisungen um extreme 35 % kürzen sollte, zumal die nationalen Finanzmittel der größte Teil der kommunalen Mitteleinnahmen in UK sind. Statt einer Kürzung um 3,5 %-Punkte des Bruttoinlandsproduktes hätte man sich mit einer Kürzung um etwa die Hälfte begnügen müssen und entsprechend wäre die britische Defizitquote dann etwa 1,7 Prozentpunkte höher gewesen – UK liefe dann allerdings Gefahr, sein AAA als Schuldner zu verlieren. Etwas überspitzt kann man formulieren: Vor die Alternative gestellt, weitere EU-Mitgliedschaft oder AAA-Rating hat die Cameron-Regierung sich für AAA entschieden. Man sieht hier jedenfalls wieder den ungeheuer großen langfristigen Schaden der Bankenkrise. Während man in den EU-bezogenen Reden von Cameron eine Art moralischen Überlegenheitsanspruch gegenüber der Eurozone mit ihren – zweifelsohne vorhandenen Fehlern – herauslesen kann, da UK ja die nationale Pfund-Währung habe, sieht eine Gesamtbilanz und -analyse der Zusammenhänge doch so aus: Das Vereinigte Königreich hat in den Cameron-Jahren ein politisch-ökonomisches System mit EU-Mitgliedschaft gebaut, das voll von großen Widersprüchen war; und auch in der neuen May-Regierung lebt man mit diesen Widersprüchen. Hier ist vor allem in Großbritannien selbst eine breitere Diskussion zu wünschen. Von Menschen erdachte gewachsene Systeme sind oft fehleranfällig, aber es ist sicherlich nicht anzuraten, dass man die Probleme und Widersprüche ignoriert oder verschweigt. Umfassende Reformen auf Basis von Analysen und Diskussionen sind nötig und wohl auch möglich.

Für die EU27 gilt es in jedem Fall, eine größere Reformdebatte zu beginnen. Wenn UK nicht austritt, dann wird sich eine Reformdiskussion für die EU28 ergeben. Wird der BREXIT vollzogen, wovon bis auf weiteres vermutlich auszugehen ist, dann ergibt sich eine grundlegend veränderte Situation: Viele EU-Länder werden befürchten, künftig von dem Duo Deutschland-Frankreich dominiert zu werden, wobei wohl insbesondere einige osteuropäische Länder, denen UK als Verbündeter in der EU fehlen wird, hier immer wieder Vorwürfe äußern werden – offen oder hinter vorgehaltener Hand. Dennoch gibt es einen großen politischen strukturellen Unterschied zwischen Deutschland und Frankreich, der beide Länder auf der Ebene der Politik unterschiedlich aussehen lässt. In Frankreich ist die Partei der Grünen viel schwächer als in Deutschland, was auch für politisch unterschiedliche Ausrichtungen der Länder sorgt. Deutschland ist ein Land mit Leistungsbilanzüberschüssen, was die Stimmung in der Öffentlichkeit positiv in Sachen Globalisierung färbte, während Frankreich wertmäßig seit Jahrzehnten mehr importiert als es exportiert. Die Überzeugung in Frankreich, dass Globalisierung auch negative Aspekte hat, ist schon von daher ausgeprägt.

Ein Schlüsselland in Westeuropa sind außerdem die Niederlande, zu denen Großbritannien seine historisch gewachsenen besonderen Beziehungen intensivieren wird, damit die Niederlande britische Interessen in Brüssel mit unterstützen. Nicht auszuschließen ist, dass London auch eine verstärkte Kooperation mit Deutschland oder Frankreich auf den Weg bringt. Mit Frankreich drohen allerdings bei einem EU-Austritt neue Konflikte über das „Calais-Problem", wo Frankreich bislang faktisch die britische Grenze mit Blick auf den Euro-Tunnel bzw. die Bahnverbindung zwischen Frankreich und Großbritannien sichert. Das sich im wilden Flüchtlingscamp von Calais seit Jahren bilderwirksam eine Art französisches Dauerchaos mit Flüchtlingen zeigt, die vergebens nach UK weiterreisen wollen, droht in der Bilder-Vermischung mit teilweise negativen Erfahrungen mit einigen Flüchtlingen in Deutschland eine Art Europäisierung von Flüchtlingsproblemen. Populistische Parteien in Deutschland und Frankreich werden diese Entwicklung voran zu treiben suchen; man kann wohl nationale Regierungen in EU-Ländern nur warnen, nicht rechtzeitig die eigenen Hausaufgaben in der Zuwanderungs- und Flüchtlingspolitik zu erledigen.

Frankreich dürfte eine stärkere Kooperation auch mit Italien anstreben, um Deutschland von Italien fern zu halten. Denn eine verstärkte Kooperation Deutschland-Italien wäre eine Schwächung Frankreichs. Von außen dürfte Russland versuchen, verstärkt auf dem Balkan vorzudringen, was wiederum Österreich stärker noch als bisher an die Seite Deutschlands und Italiens drängt. Schon diese Überlegungen klingen nach Mächtekalkülen vor dem Ersten Weltkrieg oder im späten 19. Jahrhundert.

In einer Video-Botschaft zum 65. Geburtstag des Gustav-Stresemann-Institutes in Bonn am 2. September 2016 betonte Außenminister Steinmeier, dass Europa nur dann friedlich, frei und erfolgreich sein könne, wenn es intern durch eine starke deutsch-französische Freundschaft getragen werde; und wenn es in eine regelbasierte, friedliche und gerechte Weltordnung integriert ist. Er würden, so hätten die vergangenen Monate gezeigt – ein stiller Hinweis auf BREXIT –, wieder mehr Pioniere für Europa gebraucht und eine neue Balance für die EU-Integration bei Kooperation und Flexibilität sei erforderlich. Das ist sicherlich eine kluge Feststellung. Aber wer an der Bonner Veranstaltung teilgenommen hat, der wird auch den Eindruck mitgenommen haben, dass die historische Pioniergeneration der deutsch-französischen Versöhnung allmählich abtritt und die junge Generation möglicherweise andere Prioritäten wahrnimmt bzw. eine zuverlässige Fortführung der europäischen Integrationsfortschritte nicht gesichert ist.

Schon die negativen nationalen Referendumsergebnisse zum Verfassungsentwurf des EU-Konvents in Frankreich und den Niederlanden in 2005 zeigten erste politische Haarrisse bei EU-Gründungsländern. Zudem hat der fehlende Aufschrei von britischen Städten mit Städte-Partnerschaften in Deutschland, Frankreich und anderen EU-Ländern im Vorfeld des BREXIT-Referendums gezeigt, dass das Europa der Bürger auf der kommunalen Ebene schockierend schwach ist. Schließlich fehlt auch ein für die EU-Integration über Jahrzehnte wichtiger Angst-Kit, nämlich die gemeinsame Furcht vor der Sowjetunion. Die EU selbst hat im Übrigen in ihrer Nachbarschaftspolitik keine kluge Strategie im Umgang mit Russland gezeigt. Die geopolitischen Gegebenheiten – wer geographisch wessen Nachbar ist – gelten auch im 21. Jahrhundert als wichtiges Element für politisches Handeln. Dass dann ein von populistischen Anti-EU-Kräften angestoßenes nichtbindendes holländisches Referendum gegen den EU-Ukraine-Vertrag die EU-Diplomatie bei der Nachbarschaftspolitik blamierte, zeigt auch, dass Bevölkerung und EU-Politik sich zumindest in einzelnen EU-Ländern in Einzelfeldern weit voneinander entfernt haben. Zugleich ist natürlich der institutionelle EU-Aufbau nicht sinnvoll, der einer relativen Bevölkerungsmehrheit in jedem EU-Land eine Torpedierung von EU-Außenpolitik erlaubt. Bei einer solchen Konstruktion wären die USA eine Art halbes nordamerikanisches Brasilien, nicht aber die führende Weltmacht. Mit Blick auf Kanada gelten ganz ähnliche Überlegungen.

Die EU muss nicht gleich einen Weltmachtstatus anstreben, aber um als international überhaupt als handlungsfähige Institution arbeiten zu können, bedarf es in Brüssel eines Zwei-Kammer-Kongresses wie in den USA. Ob schließlich ein vom Europäischen Parlament gewählter Regierungschef – so es eines Tages eine Politische Union gibt – tatsächlich große Legitimität wird beanspruchen und damit eine nach innen und außen durchsetzungskräftige EU-Regierung wird anführen können, ist unklar. Vermutlich wird nur die direkte Wahl eines Präsidenten der Eurozone (oder der EU) ein pragmatisch gangbarer Weg sein, um Macht in Brüssel auf supranationaler Ebene wirklich zu etablieren. Die Versuchung der nationalen Staatsund Regierungschefs, die EU opportunistisch in Konflikten klein zu drücken, wäre wohl sonst immer ein Damoklesschwert, dass die EU politisch international impotent erscheinen lässt und eine nachhaltige stabile und erfolgreiche EU-Integration verhindert.

Die Europäische Union wird nach dem BREXIT eine Reihe von Destabilisierungsimpulsen erleben und es wäre nur klug, wenn die EU nachdrücklich darauf achtet, dass sie über handlungsfähige Institutionen verfügt. Deutschland und Frankreich sowie andere Mitgliedsländer sollten es unterlassen, die EU durch unfaire oder egozentrische Politik weiter zu schwächen. Das gilt, wie man im Sommer 2016 sehen konnte unmittelbar beim Thema TTIP, wo man in Paris und Berlin in Teilen der Sozialdemokratie offenbar schlussfolgerte, dass ein transatlantisches Freihandelsabkommen TTIP doch zu viel an Globalisierung sei. Das TTIP-Projekt wurde durch parallele Erklärungen der Wirtschaftsministerien in Berlin und Paris Richtung Beerdigung erklärt, ohne dass die zu Verhandlungen ermächtigte Europäische Kommission auch nur die Chance gehabt hätte, bis Ende 2016 ein Verhandlungsergebnis – oder einen ersten Teilentwurf – vorzulegen. Für Deutschland ist eine funktionsfähige EU Teil der Staatsräson und daher kann eine Anti-TTIP-Politik aus nationalen Gründen, die die EU-Kommission und die EU-Integration schwächt, nur als problematisch angesehen werden. Gerade Deutschland hat bei CETA, dem Freihandelsabkommen mit Kanada, wichtige Verbesserungsimpulse gegeben, etwa die Verankerung einer Art Handelsgerichtshof für Streitigkeiten zwischen Auslandsinvestoren und Staat im Gastland. Verbesserungen sind auch bei TTIP sicherlich möglich, aber die EU-Kommission kommt in eine historisch einmalige neue Lage, wenn die beiden größten EU27-Länder ihre gute Arbeit bei den TTIP-Verhandlungen öffentlich untergraben. Wenn die Frage der Schiedsgerichte verhandlungsmäßig aus EU-Sicht nicht vernünftig lösbar sein sollte, weil die USA unnachgiebig sind, wäre ein TTIP-light ohne ein entsprechendes Kapitel anzustreben. Ein grundlegender Fehler der EU-Kommission ist allerdings die anfängliche Intransparenz der TTIP-Verhandlungen und zudem die offizielle TTIP-Studie der EU-Kommission von FRANCOIS ET AL. (2013), die praktisch nur die Vorteile aus der Handelsschaffung ermittelte und dabei auf 0,5 % Einkommensgewinn kam. Hingegen ergibt die Einbeziehung der relevanten Direktinvestitions- und Innovationseffekte für Deutschland bzw. die EU (JUNGMITTAG/WELFENS, 2013) als Größenordnung eben 2 %, was deutlich höher ist und im Übrigen weit von der unrealistischen Ifo-Studie für die Bundesregierung weg ist: 13,4 % Einkommenszuwachs für die USA und 4,9 % für Deutschland, die da ausgewiesen wurden, sind völlig unrealistisch.

Viele Beobachter der britischen Politikszene haben argumentiert, die BREXIT-Mehrheit signalisiere, dass vor allem Arbeitnehmer mit Furcht vor Globalisierung für einen EU-Austritt gestimmt hätten. Offenbar befürchtet ein Teil der Sozialdemokratie in Deutschland und Frankreich, eine in Großbritannien beim Referendum sichtbare Globalisierungs-Furcht habe auch die Wählerschaft in diesen beiden Ländern erfasst und daher sei gemäß BREXIT-Mehrheitsvotum eben auch TTIP nun ein Problem. Das ist aber für Großbritannien einerseits eine Fehldeutung, für Deutschland obendrein. Denn in der Bundesrepublik Deutschland hat man riesige Leistungsbilanzüberschüsse und daher ist man sicher in Deutschland schon an dieser Stelle Gewinner der Globalisierung. In Großbritannien und Frankreich hingegen bestehen seit Jahrzehnten strukturelle Leistungsbilanzdefizite. Frankreichs zeitweise schlechte Wirtschaftspolitik und ernste Defizite von Gewerkschaften und Arbeitgeberverbänden, eigenständig wichtige Problemfelder zu bearbeiten und zu lösen (Politik also zu entlasten) , kann aber für Deutschland nicht Grund sein, eine rationale Wirtschaftspolitik für Europa verhindern zu wollen; oder gar in einer Phase mit breiter Anti-EU-Stimmung auch noch die EU-Kommission in Brüssel torpedieren zu wollen. Diese allein hat für die EU-US-Verhandlungen die Kompetenz und es ist einfach grob europafeindlich – und beschämend nach dem BREXIT –, wenn EU-Gründerländer die professionelle Verhandlung bzw. die supranationale Außenhandelspolitik der Europäischen Kommission öffentlich angreifen.

Wenn Deutschland und Frankreich TTIP mit Blick auf den BREXIT beerdigen wollten, so wäre das eine völlig falsche Interpretation der britischen Volksbefragung vom Juni 2016. Denn viele kontinentaleuropäische Länder sind eben anders als die EU und die USA, wie der Bericht des US Councils of Economic Advisors im Kapitel 1 seines Gutachtens 2016 gezeigt hat: Es gibt in den kontinentaleuropäischen westlichen Ländern nicht nur einen geringeren Einkommensanstieg der Top 1 % der Einkommenspyramide seit den späten 1990er Jahren zu verzeichnen, sondern die Aufstiegswahrscheinlichkeiten „von unten nach oben in der Einkommenspyramide" sind auf dem EU-Kontinent größer als in UK oder den USA. Abgesehen vom strukturellen negativen Außenbeitragsproblem Frankreichs, das wesentlich an zu hohen relativen Preisen nichthandelsfähiger Güter liegt – diese Preiskonstellation hält Ressourcen in einem relativ großen Sektor nichthandelsfähiger Güter/Dienste, sonst wäre Teile dieser Ressourcen in der Produktion von handelsfähigen Gütern eingesetzt (= höherer Angebotsüberschuss im inländischen Markt der handelsfähigen Güter= verbesserte Außenbeitragsposition) – können viele EU-Länder eine gute Positionierung bei der Globalisierung aufweisen; im Übrigen allerdings UK gerade in der Industrie nicht, und zwar wegen zu hoher Lohnstückkosten und zu geringer Innovationsdynamik. Es gibt keinerlei Zweifel, dass man in Washington ein US-UK-TTIP-Abkommen politisch massiv unterstützen wird. Da UK für 25 % der US-Exporte Richtung EU28 steht, hat sich die Verhandlungsposition der EU27 nun verschlechtert, sofern man den BREXIT annimmt. Richtig ist, dass die USA sich aber im Interesse eines US-EU-Vertrages bewegen sollten. Vermutlich wird man aber der US-Administration, die Präsident Obama folgt, eine gewisse Zeit einräumen müssen, um sich selbst mehr Beweglichkeit zu verschaffen.

Dass Berlin und Paris durch unvernünftige, emotionalisierte Anti-TTIP-Politik die EU tatsächlich destabilisieren, wäre unverantwortlich. TTIP, hart durchverhandelt, kann ein für den Westen und die ganze Weltwirtschaft gutes Paket darstellen und die Demokratie weltweit stärken – auch durch den Beweis kluger Handlungsfähigkeit der EU und der USA. Für die Europäische Union hat ein Freihandelsabkommen mit den Vereinigten Staaten nach dem BREXIT-Votum doppelte strategische Bedeutung. Die Tatsache, dass in Deutschland die Grünen – nach dem Atomstrom-Ausstieg ohne harten Markenkern – gegen TTIP in populistischer Weise zu Felde ziehen, mag koalitionspolitische Überlegungen in Berlin beeinflussen. Aber es bleibt bei den großen Parteien eine historische Verantwortung gerade bei dem historischen Projekt mit den USA. In Berlin und Paris hat man erkennbar die Anfang 2016 aufgesetzte allmähliche Anti-TTIP-Positionierung in den Wirtschaftsministerien nach dem BREXIT nicht geändert, eher verschärft. Das aber heißt, dass man die EU27-Destabilisierungsimpulse von Nicht-TTIP ebenso wenig erkennt wie das Risiko, den Nichtergreifens der Chance, die EU27/EU28 dabei durch mehr Handel, Direktinvestitionen und Innovationsdynamik transatlantisch und global im 21. Jahrhundert gut zu positionieren.

Nicht nur in UK ist der Populismus im Vorfeld des BREXIT-Referendums expandiert. Deutschland ist da – auch jenseits der Flüchtlingsdebatte – keine Ausnahme. Selbstverständlich gibt es sehr berechtigte und bedenkenswerte Kritikpunkte zu TTIP. Aber es gibt auch eine populistische, emotionalisierte Anti-TTIP-Welle, die bestimmte Akteure aus einem Teil der Umweltszene forcieren. Bemerkenswert einflussreich ist das in vielen Kapiteln völlig unsolide Buch „Die Freihandelslüge" von Thilo Bode, der zu Handels- und TTIP-Fragen weithin inkompetent aus ökonomischer Sicht ist und mit logischem Denken Probleme hat. Während das Thilo-Bode-TTIP-Buch Fehldarstellungen – etwa beim

BDI – zum TTIP-Vorteil zu Recht kritisiert, ist das Buch erkennbar ohne Kenntnis der TTIP-Fachliteratur geschrieben, obwohl sich der Autor im Vorwort als halber Ökonom präsentiert. Das Buch ist über weite Strecken eine oberflächliche, irreführende und teilweise gar absurde Darstellung (das ist nicht einmal pointiert gemeint): Auf S. 186 heißt es, man müsse die 1 500 € Trinkwasserreinigungs-Zusatzkosten, die die Intensivlandwirtschaft in Deutschland pro Familie verursache, mit den gemäß EU-Studie sich ergebenden 545 € TTIP-Einkommensgewinn pro Familie verrechnen. Diese Wasserreinigungskosten haben aber mit TTIP logisch gesehen nichts zu tun (WELFENS, 2016b). Das Bode-Buch ist emotionalisiert geschrieben, wobei die Politik offenbar Furcht vor Foodwatch hat, wo Bode Geschäftsführer ist. Wenn Bode schreibt, dass TTIP dazu führen werde, dass bei Autos und Kraftwerken die Emissionsgrenzwerte massiv verschlechtert würden, so braucht man als Leser nur die US-Dieselaffäre von VW zu verfolgen, um zu sehen, dass hier realitätsferne Phantasmen und Ängste gegen TTIP beschworen werden.

Die Bürgerinnen und Bürger der EU könnten sich nur wünschen, die harten US-Vorschriften bei Dieselemissionen zu haben. Bode steht für einen unverantwortlichen Anti-TTIP-Populismus, der Lesern vielleicht wohlige Gruselgefühle vermittelt, aber die Leserschaft auf der ökonomischen Fachebene für dumm verkauft und die tatsächlich wichtigen Probleme verkennt; etwa dass man nämlich bei TTIP mehr an transatlantischer Kooperation in der Wettbewerbspolitik bräuchte, um nachhaltig Kaufkraftgewinne für die Verbraucherinnen und Verbraucher in Europa und den USA zu sichern. Einfach nur gegen multinationale Unternehmen seine Vorurteile zu formulieren, verkennt völlig, dass es – bei problematischen Verhaltensweisen einiger Firmen – bei solchen Firmen um die innovationsstärksten Firmen der Welt geht. Da bedarf es schon einer differenzierten Untersuchung. Auch gegen das CETA-Abkommen, das die EU mit Kanada ausgehandelt hat – sogar mit einem brauchbaren Modell zum Thema Konflikte Auslandsinvestor gegen Gastland-Regierung – hat Foodwatch mit Campact und Mehr Demokratie eV beim Bundesverfassungsgericht Klage im Sommer 2016 eingereicht. Die Europäische Union sollte sich aber bei CETA und TTIP nicht auf eine emotionalisierende Debatte einlassen, sondern sorgfältig die Argumente sichten. Umweltorganisationen sind für eine moderne Industriegesellschaft sehr wichtig – im Bereich des Umweltschutzes bzw. im Vorfeld der Umweltpolitik, wo ihre Akteure Kompetenz haben. Dass Umweltschutzorganisationen eine besondere Kompetenz zu internationalen Handels- und Integrationsfragen haben, kann man ausschließen. Thilo Bodes Buch Die Freihandelslüge ist unterhaltsam und berührend geschrieben, aber von wenigen Punkten abgesehen, einfach unsolide. Thilo Sarrazins Buch Deutschland schafft sich ab, ist – in einem anderen

Feld – ähnlich schwach und sicherlich kein ernsthafter wissenschaftlicher Beitrag in Sachen Fakten und Analyse; nicht einmal zwei Jahre nach dem Erscheinen des Buches sind Sarrazins Annahmen, Deutschland werde nicht mehr als 50 000 Zuwanderer pro Jahre haben und kaum welche aus Osteuropa, durch die Realität grotesk widerlegt: Jahr für Jahr (auch schon vor 2015, dem Jahr der Flüchtlingswelle). Zuwanderungszahlen von netto über 350 000 sind fast die Regel, 60 % der Bruttozuwanderung ist aus Osteuropa.

Es gibt bei einigen Anti-TTIP-Beiträgen und Anti-Zuwanderungsbüchern eine große Marktgängigkeit auf Basis populistischer Thesen, da die Autoren verbreiteten Vorurteilen glänzend mit ihren Texten entgegen kommen. Wie sagte doch ein Verleger in 2015 auf der Frankfurter Buchmesse: Wenn jemand ein Buchmanuskript anbieten könnte „TTIP als der Untergang des Abendlandes", dann wäre es ein Bestseller in Deutschland – das könnten wir sofort drucken. Die TTIP-Debatte ist vielfältig und kluge Kritik kann zu einem wirklich guten Abkommen beitragen. Aber es gibt immer die Frage nach Fakten, wissenschaftlicher Analyse und Verantwortung in einer offenen Gesellschaft, die man aus kritisch-rationaler Sicht mit Reformen schrittweise und differenziert gestalten möge. In der digitalen Gesellschaft gibt es die neue Kraft sozialer Netzwerke, gegen die auch die Stellungnahme von zehn Ökonomie-Nobelpreisträgern gelegentlich nichts wird ausrichten können. Dass Populisten diese digitalen Netzwerke sehr aktiv entwickelt haben – oft viel besser als Wirtschaftswissenschaftler – gibt diesen populistischen Akteuren große Macht.

Beim Thema TTIP sieht der Rest der EU27 im Sommer 2016 schon, wie bedenklich die drohende Dominanz Deutschland-Frankreich nach einem britischen EU-Austritt werden könnte. Dass Paris und Berlin einer egozentrischen Politik in Sachen TTIP zu folgen scheinen, ist ökonomisch falsch und integrationsfeindlich. Denn wenn TTIP als historische Chance zur Bekräftigung der transatlantischen Handels- und Investitionsvernetzung und zur Förderung der westlichen Politik-Kooperation scheitern sollte, dann ist die letzte wichtige Chance des Westens auf gemeinsame globale Gestaltung fürs 21. Jahrhundert verspielt. Jede kommende spätere Freihandelsrunde wird sichtbar oder unsichtbar den neuen Giganten China am Tisch sitzen haben, das bis 2029 sein Einkommen nochmals verdoppelt haben wird; und die von Peking aus favorisierten Qualitäts- und Sozialstandards entsprechen sicherlich oft nicht den Wünschen der EU-Arbeitnehmerschaft. EU-Desintegrationsimpulse drohen, so sieht man, nicht nur aus London. Man wird sehen, ob man in Deutschland und Frankreich den Weg zum TTIP-Projekt mittelfristig wieder findet.

Ein EU27-Reformprogramm müsste unbedingt gerade die Bereiche Regulierungsbegrenzung, nachhaltige Eurozonen-Reformen und bessere EU-Politik im Sinn erhöhter Effizienz angehen, für die aber auch ein größeres EU-Budget plus verbesserte Regeln für das Politiksystem in Brüssel nötig sind. Ein unabhängiges Budget-Komitee beim Europäischen Parlament wäre eine denkbare institutionelle Verbesserung, die Einführung der gleichen Budget-Software in allen Ländern der Eurozone – mit jederzeitiger digitaler Einsicht der Kommission in diese Budgets (ähnlich die Regel auch für die EU selbst) – wäre ein großer Fortschritt, um nationale politische Defizit-Betrugsfälle künftig zu vermeiden. Es bietet sich an, viele notwendige Einzelpunkte aufzulisten, die insgesamt mehr Demokratie, Europa-Bildung, Transparenz, Effizienz, EU-Handlungsfähigkeit und darauf basierend mehr EU-Anerkennung durch die Wählerschaft in der EU bringen sollen. Hier liegen die Ansatzpunkte für eine Neo-EU. Die Grundidee der Europäischen Union, Wettbewerb auf integrierten Märkten mit politischer Kooperation über Ländergrenzen in Europa zu verbinden, bleibt auch für das 21. Jahrhundert für eine Neo-EU mit durchdachten Reformen vernünftig. Es ist auch die Vernetzung der Bürger in Europa stärker zu unterstützen, wobei dies von Europa-Schulen über Städte-Partnerschaften bis zu Hochschulkooperation und bestimmten innovativen Projekten gehen kann.

Die zu bearbeitenden Reformbaustellen in der EU sind bis 2019 schwierig, da zunächst die EU mit den Austrittsverhandlungen mit Großbritannien sehr beschäftigt sein wir (in der Annahme, dass die May-Regierung den EU-Artikel 50 mit Parlamentsmehrheit zügig aufruft. Kann May allerdings keine Parlamentsmehrheit finden, wird die May-Regierung schon bald in eine Krise geraten. EU-Wahlen in 2019 in einem Noch-EU-Land Großbritannien wären jedenfalls kurios, wobei der Abgang von Nigel Farage in der U-KIP-Partei die Aussichten für bessere Wahlergebnisse von Konservativer Partei und Labour Party verbessert hat. Da Theresa May keine BREXIT-Befürworterin war, könnte sie sich durchaus eine gewisse Zeit lavierend an der Macht halten, aber ohne vorzeitige Parlamentswahlen wird sie vermutlich eine schwierige Zeit haben und wenig handlungsfähig sein.

EU-Gegner in Großbritannien und anderen EU-Ländern werden mit Blick auf die ökonomischen BREXIT-Effekte behaupten, dass man kaum negative Wirkungen sehe. Dabei haben Gegenmaßnahmen der Politik – Geldpolitik der Bank of England und Ankündigung langsamerer staatlicher Haushaltskonsolidierung bei der Regierung – den wirtschaftlichen Minus-Effekt abgemildert. Dennoch hat die britische Notenbank auch ihre Wachstumserwartung schon deutlich nach unten revidiert. Es ist im Übrigen ein Kennzeichen populistischer Parteien, dass sie Experten-Wissen und Wissenschaft insofern gering schätzen, also sie eine erkennbare Neigung zu unfundierten Zahlen und Effekten haben (auch Donald Trump in den USA fällt hier auf).

Die negativen Haupteffekte kommen ja für Großbritannien und die EU27 erst mit dem tatsächlichen britischen Austritt – beginnend mit der Phase der Antizipation der Austrittsbedingungen beziehungsweise des EU-UK-Vertrages. Mit der Einführung von Importzöllen für britische Produkte auf dem EU-Binnenmarkt werden dann die britischen Exporte Richtung EU27 zumindest zeitweise sinken. Britische Investoren werden mit Direktinvestitionen im EU27-Raum versuchen, die Zollhürden der EU zu überspringen, so dass die britische Investitionsquote sinken wird. Das wird man in der Politik der EU27 zunächst einmal als erwarteter Prozess auch bedenken. Ob Großbritannien die politische Kraft und Weisheit hat, ein zweites Referendum durchzuführen, erscheint zunächst zweifelhaft.

Wo die Impulse für eine EU-Modernisierung herkommen sollen, ist unklar. Die Neigung etwa im französischen Parlament, Kompetenzen nach Brüssel abzugeben, darf man als gering ansehen, denn schon im nationalen Politiksystem ist die Macht des Parlaments in Frankreich gering. Auch in Deutschland und anderen EU-Ländern ist naturgemäß die Neigung in den Parlamenten gering, Macht an das Europäische Parlament zu übertragen. Man wird also gute Argumente finden müssen, wenn es um die Frage geht, mehr Kompetenzen an die EU zu geben. Es kann ein Kreis der großen EU-Länder oder die Gruppe der Gründungsländer oder eine spezielle Initiativgruppe sein, die aktiv wird für ein Reformprojekt; ohne die Mitwirkung von Deutschland, Frankreich, Italien und Spanien sind die Aussichten auf erfolgreiche Reformansätze aber gering. In jedem Fall wäre es bei Weichenstellungen für EU-Reformen empfehlenswert zu bedenken, dass Wirtschaft, Kultur und Recht das Politiksystem beeinflussen – während umgekehrt natürlich die Politik auf die drei genannten Bereiche auch einwirkt.

Natürlich wirken auf die EU-Politik auch viele Lobbyisten multinationaler Unternehmen ein und von daher ist zunächst eine strikte Wettbewerbspolitik wichtig; zudem große Transparenz bei Lobbyprozessen und auch eine ausgewogene Interessenvertretung. Nicht überzeugend sind hier kostenlose Expertenbeiräte, denn „kostenlos" Top-Fachkräfte nach Brüssel entsenden, dass können eben nur Großunternehmen; für Verbraucherorganisationen etwa entsteht hier ein Problem. Es wäre daher zumindest sinnvoll. einen Chancengleichheitsfonds seitens der EU zu finanzieren, aus dem auf Basis von Entscheidungen des Europäischen Parlamentes zumindest immer auch ein Vertreter einer Verbraucherschutzorganisation bei Expertenbeiräten – etwa zu TTIP – in Sachen Mitwirkung finanziell wesentlich unterstützt werden kann. Kultur und Medien ist ein Bereich, der stark auf die Politik einwirkt und ein Mindestmaß an Unabhängigkeit bei den Medien ist gerade im Info- und Newsbereich sehr wichtig.

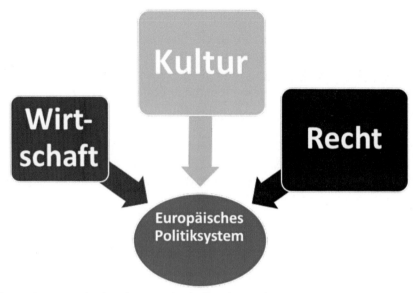

Abb. 21. EU-Integrationsimpulse aus Wirtschaft, Kultur, Recht

Dass journalistische Qualitäts-Pressestandards durch die globale Internetexpansion unter Druck kommen, ist nicht zu übersehen. Der Europäische Gerichtshof (EuGH) sowie die nationalen Verfassungsgerichte sind für die EU-Entwicklung auch von besonderer Bedeutung. Ein möglicher Kritikpunkt am EuGH richtet sich darauf, dass dieser Gerichtshof eine Neigung hat, die EU-Kompetenzen auszuweiten. Eine sinnvolle Balance von supranationaler und nationaler Politik ist für die EU-Integration wichtig. Innerhalb der Eurozone müsste eine verstärkte EU-Politikintegration entwickelt werden, da die Währungsunion bislang nicht wirklich funktionsfähig ist. Jenseits der Euro-Länder kann man bei der politischen Integration wohl eine gewisse Flexibilität und Abstufung einbauen, ohne ein überdehntes „Menü" für die EU-Mitgliedsländer anzubieten.

- EU-Integration selbst betrifft nicht nur die Wirtschaft, sondern auch Kultur, Politik und Rechtsvernetzung. Die Bereitschaft, europäisch zu sprechen bzw. denken (wie der französische Politiker Aristide de Briand in den 1920er Jahren einst forderte), findet sich in vielen Bereichen der Wirtschaft und gerade auch der Kultur, denn Unterschiede gilt es verständlich und sinnvoll zusammenzuführen; europäische Vielfalt wird in beiden Bereichen in der Regel positiv wahrgenommen. Auch die Fähigkeit, sich selbst mit den Augen des Nachbarlandes zu sehen, ist eine immer noch in vielen Ländern vorfindbare europäische Denkqualität, die kreative Akteure der Wirtschaft, der Politik und im Kulturbereich oft mitbringen oder jedenfalls hoch schätzen. Der europäische Dialog mit England ist hier im Übrigen wohl über Jahrzehnte zu wenig geführt worden; Europa erklären in den britischen Schulen war im Übrigen selten ein Anliegen der Politik in London – am ehesten unter dem Premier Tony Blair. Toleranz ist im EU-Kontext eine Art natürliches Element von Integration, denn bunte Vielfalt kann es ohne eine Wertschätzung von Toleranz nicht geben. Diese Ansätze im Denken und sozialen Handeln gilt es in die Politik einzubringen und zugleich eben auch föderale Differenzierung zuzulassen und hierzu gilt es einen sinnvollen Rechtsrahmen zu setzen. EU-Zentralisierung braucht man am ehesten bei der Sicherung der Außengrenzen bzw. bei der Verteidigung und bei der Außenwirtschaftspolitik, wo die EU nur als Zollunion insgesamt sinnvoll auftreten kann; auch in der Internetwirtschaft, die man im Kern als globalen Marktplatz sehen kann, ist teilweise eine einheitliche EU-Politik erforderlich – natürlich bei nachhaltiger Förderung digitalen Wettbewerbs, wobei man auch im Bereich Wettbewerbspolitik teilweise EU-Politik braucht (bisher auch schon vorhanden bei grenzüberschreitenden gewichtigen „Elefantenhochzeiten" bzw. Zusammenschlüssen von Firmen).

- Die Europäische Union braucht genügend Differenzierung im Sinn eines föderalen Politikmodells, denn die EU-Länder sind unterschiedlich und vielfältig – aus der Vielfalt kann ja eine große Kreativität erwachsen, wie dies seit 1957 so oft auch der Fall war. Bürgernahe Politik und der Respekt vor gewachsener Vielfalt verlangen nach Subsidiarität (KLEIST, 2016), womit eine Machtüberdehnung der Brüsseler Ebene verhindert werden soll. Im Kontext der Eurozone ist gleichwohl zu überprüfen, was das Mindestaktionsniveau der supranationalen Politik im Interesse von Effizienz und Stabilität der Währungsunion ist (WELFENS, 2012; 2013a). Eine insgesamt zentralistische Politik in Brüssel kann allerdings nicht Leitidee supranationaler Politik sein und Bevormundung von Firmen bzw. Konsumenten durch EU-Überregulierung wird man für die supranationale Politik nicht empfehlen können. Die Europäische Union ist eine Wirtschafts-, Kultur-, Rechts- und Innovationsgemeinschaft, in der der Staat vernünftige Rahmenbedingungen setzen und den Wettbewerb auf Märkten wirken lassen soll.
- Der alte politische Lehrsatz, dass die EU durch Krisen sich voran bewege, ist nicht länger haltbar; mit der BREXIT-Krise bricht ökonomisch gesehen 1/5 der Wirtschaftsleistung und gut 1/10 der Bevölkerung weg – eine EU-Krise durch den BREXIT kann als Krisenprozess sich im Zeitablauf zu einer anhaltenden Desintegrationsdynamik entwickeln.

- Der Nutzen der EU-Integration ist sehr erheblich: Es lohnt sich also, die Konstruktionsdefizite in der Eurozone bzw. in der EU anzugehen, um eine funktionsfähige Eurozone zu realisieren. Den Sonderfall Griechenland müsste die EU insgesamt als besonderen Sanierungsfall energisch angehen, die Länder der Eurozone voran.

- Die europäische Integration braucht zumindest für die Eurozone eine Politische Union, was insbesondere volle Parlamentsrechte bedeutet und auch einen deutlich größeren EU-Haushalt. Legitimität für bessere EU-Fiskalpolitik oder eine eigenständige EU-Steuerpolitik – in einem definierten Rahmen – kann es nur über die Wahl eines echten Parlamentes geben. Das Bundesverfassungsgericht hat festgestellt, dass das jetzige Europäische Parlament ernste Defizite in seiner Funktionsweise hat und diesen Vorbehalt muss man ernstnehmen bzw. entsprechende institutionelle Reformen vornehmen, da sonst keine Politische Union unter Mitwirkung Deutschlands möglich sein wird. Der Europäische Rat in der Form der Staats- und Regierungschefs müsste in seiner Bedeutung zurückgebaut werden, stattdessen sollten die Mitgliedsstaaten in einem Europäischen Senat als zweite Kammer eines Brüsseler Kongresses (wie in den USA) aktiv sein. In einer Politischen Union kann es nur unter ganz besonderen Bedingungen ein Austrittsrecht geben, von daher muss es auch klare Bedingungen für bzw. Rechte und Pflichte bei einem Beitritt geben. Wenn die Eurozone keine Politische Union zustande bringt, wird sie über die Auflösung der Eurozone nachdenken müssen. Die Neigung einzelner Mitgliedsländer, sich im jetzigen Währungsunionsclub opportunistisch zu verhalten, ist erkennbar in Krisenzeiten hoch; eine sinnvolle effiziente Koordination von Geld- und Fiskalpolitik findet bislang nicht statt; 18 Finanzminister von Euro-Ländern, die sich mit dem Chef der Europäischen Zentralbank zu koordinieren hätten, sieht auch sonderbar aus – ineffizient im Vergleich zu den USA, wo der US-Präsident oder der nationale Finanzminister mit dem Zentralbankchef einige Male im Jahr an einem Tisch zu Besprechungen sitzt.

- Es ist nicht ausgeschlossen, dass nur einige Länder eine Politische Union in der Eurozone bilden. Die Hindernisse für einen Eintritt sollten relativ hoch sein, damit nicht einfach unreife Akteure sich in eine Politische Union stürzen können.

- Das Subsidiaritätsprinzip sollte eine angemessene und wichtige Rolle spielen, aber dieses Prinzip sollte nicht genutzt werden, um sinnvolle EU-Vertiefungsschritte künstlich zu verbauen.

- Ohne eine institutionelle politische Integration der Parteien in den EU-Ländern ist eine politische Union nicht möglich. Eine Griechenland-Krise kann in den USA nicht auftreten, weil ein Bundesstaat, der eine griechische Mega-Defizitpolitik betreiben wollte, dies laut Verfassung des Bundesstaates kaum könnte und wenn der Gouverneur eines US-Bundesstaates dies heimlich versucht hätte, so wäre die empörte Reaktion seiner Parteiführung, ihn politisch zügig kalt zu stellen; und daher gab es im 20. Jahrhundert kaum nennenswerte Budget-Krisenfälle auf der Ebene der Bundesstaaten. Die Parteien haben in der Demokratie eine wichtige Funktion, es gibt aber eine bestehende EU-Demokratie ohne EU-Parteien (oder Eurozone-Demokratie ohne Eurozonen-Parteien).

- Es bedarf einer intensivierten europabezogenen Förderung der Zusammenarbeit bei Jugendlichen und jungen Erwachsenen in Europa. Das deutsch-französische Jugendwerk etwa leistet im Verhältnis Deutschland-Frankreich Besonderes. Diese Art der Vernetzung – real und künftig verstärkt auch digital – gilt es weiter zu unterstützen und auszubauen. Europa-Bildung ist enorm wichtig; im Vereinigten Königreich hatte immerhin die Blair-Regierung einige Impulse im Schulbereich gesetzt, die Cameron-Regierungen waren an dieser Stelle kaum aktiv. Beim EU-Referendum rächte sich das nun.

Grundsätzlich gibt es für alle aufgetretenen Probleme auch Lösungsmöglichkeiten. Zugleich ist offensichtlich, dass die EU kaum Stabilität haben wird bzw. kaum fortbestehen kann, wenn es supranational und national nicht vernünftige Reformen gibt. Dies könnte durchaus so aussehen, dass jedes Land bzw. seine Bürger auch dabei gewinnen. Aber es wird natürlich „Machtverlierer" geben, weil Kompetenzen und Budgets Richtung Brüssel gehen, wie es etwa im Bereich der Infrastrukturpolitik dringend nötig ist. Europa kann nicht nur mehr ökonomische Effizienz und mehr Wettbewerb bedeuten, EU-Integration sollte auch einen sozialen Fortschritt bringen – keinen neuen Protektionismus am Arbeitsmarkt. Aber Schritte zumindest zu einer Teil-EU-Arbeitslosenversicherung sind denkbar und sinnvoll. Ein strukturkonservativer Ansatz in Brüssel und den EU-Ländern, der auf Reformen verzichten wollte, wäre wohl politisch bequem, aber sicherlich gefährlich für die EU-Integration. Die weltwirtschaftlichen Entwicklungen gehen weiter in Richtung Globalisierung, Digitalisierung und mehr Gewicht Asiens. Es sollte die Einsicht vorhanden sein, dass selbst Deutschland mit einem Anteil an der Weltbevölkerung von unter 1 % in der Zeit der Globalisierung besser mit anderen EU-Ländern zusammen seine Interessen durchsetzen kann als allein. Eine EU-Integrationsidee schon bei Jugendlichen – im frühen Schulalter – zu verankern kann ein wichtiger Teil des Bildungsauftrages der staatlichen Schulen sein.

Die EU steht für Vielfalt und Kooperationsgewinne im ökonomischen und politischen Sinn sowie für eigenständige Institutionen. Eine Bestandsaufnahme ist nötig und eine breite Reformdiskussion mit strategischen Politikschritten. Letzteres heißt, dass man eine typische deutsche Politik der vergangenen Jahre, wo man die Dinge vor allem treiben lässt oder den Negativ-Entwicklungen mangels früher Analyse hinter her läuft – wie bei der Griechenlandkrise –, nicht fortsetzen sollte. Es bedarf eines gewissen Gestaltungswillens und einer Sicht, ein durchdachtes EU-Reformprojekt als eine politisch-ökonomische Investition zu sehen. Sicherlich spielen nationale Interessen weiterhin eine wichtige Rolle, aber es bedarf vor allem einer Politiksicht, die auch die Sichtweisen und Interessen von Nachbarn und Partnern einbezieht und zu einem vernünftigen Interessenausgleich bei Kooperation und Ideenwettbewerb führt. Hoher Brüsseler Respekt vor der eigenständigen Rolle nationaler Politik in wichtigen Bereichen ist ebenfalls notwendig. Die Regierungschefs aber werden sich überlegen müssen, ob sie letztlich die Weichen zurück zum Nationalismus durch Verweigerung von mehr EU-Integration setzen wollen und damit zum Abstieg Europas; oder aber ob man tatsächlich bereit ist, Kompetenzen und Macht in einigen Bereichen an Brüssel abzugeben, damit alle EU-Mitgliedsländer für ihre Bürgerinnen und Bürger am Ende mehr Stabilität und Wohlstand – in Frieden – im 21. Jahrhundert sichern können.

Die Aufgabe der Wissenschaft ist es, im Dialog mit der Politik und den Bürgern sowie Interessengruppen Ideen und Konzepte zu entwickeln, alternative Ansätze in Kosten und Nutzen durchzurechnen und Neben- bzw. Rückwirkungen bestimmter Maßnahmen auszuleuchten. Die BREXIT-Krise ist ein unerwarteter Weckruf an sich und er erscheint zum Teil aber auch als Fehlkritik an der EU, da die Umstände des Zustandekommens des Referendums so bedenklich waren. Hier wird das britische Politiksystem zunächst selbst weitere Analysen vornehmen müssen, aber diese sonderbaren Umstände werden sicherlich auch die Aufmerksamkeit von EU-Kommission und Europäischem Parlament finden. Was immer die Wähler in einem geordneten Referendum in Großbritannien entscheiden mögen, wird man als klaren Willen einer Wählermehrheit zu akzeptieren haben; die Ergebnisse eines ungeordneten, grob fehlerhaften Referendums sind aber ein Fall für sich, der auch weitere Analyse und Kritik verdient. Das Verhalten der EU27 gegenüber Großbritannien wird von dieser Analyse mit abhängen. Es ist im Übrigen bemerkenswert, dass beim schottischen Referendum 2014 die Regierung in London in einer speziellen Infobroschüre auch als Grund für einen Verbleib Schottlands betonte, dass Schottland dank der britischen EU-Mitgliedschaft wichtige Vorteile habe. Nun, da der BREXIT kommen dürfte, ist dieses Argument gegenüber Schottland natürlich nicht mehr gültig.

Man wird sehen, wie sich die Diskussion in Großbritannien in den nächsten Jahren entwickelt.

Die Europäische Union braucht Reformen und mehr regelbasierte Politik in Kernbereichen. Allerdings sind Regeln notwendig, die auch durchsetzbar sind. Dass auf Seiten der EU-Gründerländer zudem auch eine gewisse Bereitschaft vorhanden sein müsste, in EU-Stabilisierung und europäische Integration zu investieren, versteht sich ohnehin. Es ist etwa mit Blick auf Griechenland absurd, ein Land in der längsten Rezessions- und Stagnationsphase eines westlichen Industrielandes versinken zu lassen, statt einen an sinnvolle Bedingungen geknüpften Marshall-Plan (WELFENS, 2012; 2013a) für Griechenland – und Rumänien plus Bulgarien – aufzusetzen. Während die USA längst die Schuldenprobleme Puerto Ricos, das mit den USA eng verbunden ist, in 2016 gelöst haben, wird von Berlin aus eine zügige Überwindung der Griechenland-Krise faktisch verhindert. Dass die Tsipras-Regierung ihrerseits einen wirtschaftsunfreundlichen Kurs verfolgt, der den Aufschwung des Landes behindert, ist zwar auch nicht zu übersehen, aber die Eurozone läuft natürlich in eine gefährliche politisch-ökonomische Falle, wenn sie die Lösung des Griechenland-Problems vor sich herschiebt.

Das Land steht nicht einmal für 2 % des EU-Bruttoinlandsproduktes und wenn die Eurozone das Griechenland-Problem nicht lösen kann oder will, dann wird die ganze Währungsunion ins Zwielicht gerückt und Griechenland weiter politisch destabilisiert. Dieses Land sowie Portugal brauchen Hilfen, wobei die Forderung nach Verfassungsreformen zu stellen ist, die Krisen-Wiederholungen sehr unwahrscheinlich machen. Im Übrigen wird die EU einen ganzen Katalog an Reformen erwägen müssen, wenn das europäische Integrationsprojekt nicht bald untergehen soll.

Reformkatalog unerlässlich

Unterm Strich sind nach dem BREXIT-Votum insgesamt 15 EU-Reformpunkte vordringlich. Zu den wichtigen Reformpunkten für die EU kann man auf Basis der Analyse zählen:

1. Ein erheblicher Abbau von Regulierungen der EU ist erwägenswert. Die Kommission leidet an einer Überproduktion von Regulierungen, die sie mit Regieren verwechselt. Die EU setzt sich durch ihren faktischen Kauf von Legitimität durch Finanzierung von vielen Nicht-Regierungsorgani-

sationen jedoch einem großen selbst-geschaffenen Regulierungsdruck aus. Denn diese Organisationen legitimieren sich gegenüber ihren Mitgliedern und Spendern gerade dadurch, dass sie das Europäische Parlament und die Europäische Kommission zur Verabschiedung von Regulierungen veranlassen, die ganz speziellen Interessen dienen. Abertausende Mittelständler geraten dadurch unter Druck, in Brüssel eigene Lobby-Büros zu errichten, mit denen man zumindest die größten Regulierungsauswüchse zu verhindern versucht (es ist einfach nur absurd, wenn die Kommission die Saugkraft von Staubsaugern regulieren will, dergleichen wäre im US-Kongress bzw. der Administration in Washington DC einfach undenkbar). Diese Feststellung heißt nicht, dass es nicht etwa auch Bereiche mit wichtigem Regulierungsbedarf gibt, wie dies etwa bei den Großbanken und den Finanzmärkten der Fall ist (hier gibt es allerdings bislang eine Fehlregulierung bei den sogenannten Coco-Bankanleihen, die im Krisenfall einer Bank in Eigenkapital umgewandelt werden können – es fehlt eine Regulierung, dass solche Bankanleihen nicht von Banken selbst gehalten werden können; in einer Bankensystemkrise kann von daher die Gesamtstabilität des Bankensystems durch die Coco-Anleihen nicht mit Sicherheit gestärkt werden. Denn wenn vor allem Banken Coco-Anleihen halten, wird bei einer Bankenkrise gerade nicht erreicht, dass das Bankensystem durch Erhöhung der Eigenkapitalquoten bzw. Verbesserung der Finanzierungsstruktur stabilisiert werden kann – mehr Banken hätten via Coco-Anleihen über mehr Beteiligungen an Banken nur größere Risiken zu tragen. Damit in einer Systemkrise die Eigenkapitalbasis der Banken insgesamt gestärkt wird und die Krise also überwunden werden kann, müssten Coco-Anleihen von institutionellen Anlegern außerhalb des Bankensektors, speziell von Versicherungen, gehalten werden).

2. Eine bessere Wachstums- und Sozialpolitik der EU ist notwendig. Das Europäische Parlament und die EU-Kommission müssten bei wachstumspolitisch wichtigen digitalen Politikfragen viel schneller in der Reformpolitik bzw. den Entscheidungen werden. Die kurzen Innovationszyklen im Sektor der Informationstechnologie lassen die bisherigen Schritte Grünbuch – mit drei Jahren Diskussion –, Weißbuch – mit drei Jahren Diskussion –, Gesetz/Direktive der EU (die in nationales Recht umgesetzt wird: nochmals 2-3 Jahre) als viel zu langsam für die Herausforderungen im Digitalen Jahrhundert erscheinen. Die USA und China sind die führenden digitalen Wirtschaftsmächte im 21. Jahrhundert, da die EU ihren Vorsprung aus der frühen Mobilfunkmarktstandardisierung verloren hat und abgesehen von wenigen Ausnahmen – etwa SAP – keine großen Digitalfirmen an den Börsen hat. Der Börsenwert des führenden US-Digital-Unternehmens Microsoft im Jahr 2007 war

etwa doppelt so hoch wie des Referenzunternehmens aus der Old Economy, Toyota; die digitale Nr. 1 an der Börse in 2015 war Apple, dreifach so viel wert wie Toyota. Die digitale Gründer- und Innovationsdynamik der USA ist viel größer als die der EU, so dass hier Reformen dringlich sind. Die Beschädigung der EU-Wachstumsdynamik durch die Bankenkrise wird nach Kommissionsstudien bis etwa 2025 reichen. Umso wichtiger ist eine durchdachte Wachstumspolitik der EU27-Mitgliedsländer, die zudem auch noch dem wachstumsdämpfenden BREXIT-Impuls entgegen wirken muss. Im Bereich der Sozialpolitik kann die EU nicht ohne vernünftiges Projekt sein: Zumindest ist an eine EU-Arbeitslosenversicherung für die ersten sechs Monate zu denken, wobei diese Begrenzung in der EU-Verfassung zu verankern wäre, damit nicht im Zeitablauf ein Druck entsteht, die zeitliche Abdeckung von Arbeitslosigkeitsrisiken mehr als sechs Monate abzudecken. Unter Anreizaspekten wäre es problematisch, längerfristige Arbeitslosigkeit in einem supranationalen Budget der EU zu finanzieren.

3. Die EU sollte künftig ein Mehr an Aufgaben und Ausgaben langfristig erhalten, vor allem bei Infrastruktur und Verteidigung. Große Infrastrukturprojekte mit deutlich länderübergreifender Wirkung wären sinnvoll im Brüsseler Budget zu verankern. Das schafft zugleich Spielraum, dass das supranationale Budget im Rahmen einer objektorientierten Verschuldung – so wie in Deutschland als Regelfall auch, wonach staatliche Defizite zur Finanzierung von Infrastruktur eingesetzt werden bzw. Vermögenswerte entstehen lassen sollen – auch ein Defizit in Rezessionsphasen enthalten kann; Konjunkturprogramme werden so auch in Brüssel finanzierbar. Auf der supranationalen Ebene bräuchte man gut 5 % Staatsverbrauchsquote, um eine effektive antizyklische Fiskalpolitik betreiben zu können. Längerfristig könnte man bei faktischer Halbierung der bisherigen nationalen Staatsverbrauchsquoten die supranationale Staatsverbrauchsquote auch auf etwa 10 % anheben. Dabei müssten die EU-Mitgliedsstaaten der EU einen Teil der nationalen Staatsschuld wie der Infrastrukturen vermögensmäßig übertragen. Die nationalen Defizitmöglichkeiten gilt es per nationaler Verfassung stark einzuschränken, wobei die EU bei erhöhter Ausgabenquote und Möglichkeit zu begrenzter Defizitfinanzierung dann auch entsprechende Steuererhebungsmöglichkeiten braucht. In der Summe müsste die Gesamtstaatsquote in der EU wegen der Effizienzgewinne sinken und daher langfristig auch die Schuldenquote der Eurozone bzw. der EU. Dabei wird bei vernünftigen institutionellen Reformen die Brüsseler Begebung von Eurobonds, was supranationale Staatsanleihen bedeutet, zu noch geringeren realen Zinssätzen möglich sein als etwa die Staatsverschuldung Deutschlands.

4. Inflexibilität bei den Regeln zur Defizit- und Schuldenquote ist zu vermeiden – wie man am Beispiel der USA sehen kann. Dabei wäre eine langfristige Verständigung darüber sinnvoll, dass man Haushaltsüberschüsse auf EU-Ebene zur Absicherung der staatlichen Rentensysteme nutzen wird (hier sind die USA in der Zeit der Clinton-Administration ein gutes Beispiel). Eine optimale Verbindung von Fiskal- und Geldpolitik – so wie in den USA – kann es nur im Rahmen einer Kooperation von EU-Finanzminister oder EU-Präsident und EZB-Präsident geben. Ob Entwicklungen in eine solche Richtung langfristig möglich sein werden, bleibt abzuwarten.

5. Es wäre der ökonomischen und politischen Vernunft förderlich, wenn das Europäische Parlament verstärkt und automatisiert bei der Sitzverteilung der Logik folgt: eine Million mehr Wahlberechtigte = +1 Sitz für das betreffende Land bei den nächsten Europawahlen, eine Million weniger Wahlberechtigte = -1 Sitze für das jeweilige Land bei der nächsten Wahl.

6. Die Eurozone sollte endlich funktionsfähig werden: Eine gemeinsame Software, die die nationalen Haushalte der EU-Kommission in Planung und Vollzug transparent macht – und auch den Bürgerinnen und Bürgern – ist dringlich, um massive Defizitbetrugsfälle wie in Griechenland 2009 zu verhindern bzw. frühzeitig aufdecken zu können. Griechenland braucht eine Teilentschuldung und damit bedingte Hilfen von EU-Ländern, wobei eine Verfassungsreform in Griechenland offenbar als Teil eines Lösungspaketes unerlässlich ist. Der ökonomische Wert des Euros ist mit 20 % eines Jahres-Bruttoinlandsproduktes allein aus der internationalen Reservefunktion des Euros hoch. Es wäre eine natürliche Aufgabe der Währungsunion eine vernünftige Geld- und Wirtschaftspolitik zu organisieren und dabei den Marktanteil des Euros zu erhöhen.

7. Für eine Übergangszeit könnte man eine virtuelle EU-Fiskalpolitikkoordinierung versuchen, bei der alle großen Infrastrukturprojekte und mindestens die Hälfte der Verteidigungsausgaben in einen digitalen Gemeinschaftshaushalt eingestellt werden. Das dürfte zudem die Koordinierung der Verteidigungspolitik und ggf. auch von militärischen Beschaffungsprojekten intensivieren helfen. Bei negativen Zinssätzen für die staatliche Kreditaufnahme bietet es sich an, kreditfinanzierte öffentliche Infrastrukturprojekte im EU-Kontext zeitlich vorzuziehen: Es ginge hierbei um grenzübergreifende Straßen-, Bahn- und Kanalbauprojekte.

8. Es bietet sich an, gemeinsame Mindest-Info-Regeln für nationale und supranationale Referenden zu entwickeln, um verzerrend schlecht organisierte Volksbefragungen und -abstimmungen zu verhindern; die Rationalität der Politik in Europa ist zu erhöhen. Gegenüber Großbritannien sollte darauf

gedrungen werden, ebenfalls eine solche Mindest-Info-Klausel zu verabschieden, die alle wichtigen Regierungsdokumente und -berichte mindestens ein halbes Jahr vor einem Referendum zur Verfügung zu stellen sichert.

9. Die EU sollte dem Vereinigten Königreich beim Zugang zum EU-Binnenmarkt wenig entgegen kommen, schon um den Anreiz für weitere Austritt nicht zu erhöhen. Die EU könnte im Bereich Städtepartnerschaften und wissenschaftliche Partnerschaften sowie Studierenden-Austausch mit Großbritannien eine gewisse Großzügigkeit zeigen. Die intellektuellen Brücken EU27-UK zu erhalten, ist in beiderseitigem Interesse. Die referendumsentscheidende Mega-Informationspanne der Cameron-Regierung schließt aber wohl aus, dass die EU mit großzügigen Konditionen der konservativen Nachfolgeregierung gegenüber auftreten wird.

10. Es ist stärker eine EU-Öffentlichkeit herzustellen – auf Basis von in allen Ländern kostenlos verfügbarer ausländischer nationaler TV-Sender; die hier bisher erfolgte Kommerzialisierung bei Abstrahlung in EU-Nachbarländern ist abzulehnen. Wesentlich ist, dass zügig eine europäische Öffentlichkeit entsteht und zudem bedarf es eines EU-TV-Parlamentskanals.

11. Die Politikberatung des Europäischen Parlamentes wie der Europäischen Kommission kann deutlich verbessert werden. Die Kommission könnte gut einen jährlichen Economic Report of the President of the European Commission brauchen (also einen wissenschaftlichen Wirtschaftsbericht der EU-Kommission) – so wie der US-Präsident in den USA. Man kann sich alternativ das Modell Kanada ansehen; das jetzige EU-Modell hingegen ist problematisch.

12. Ein Mehr an EU-Sozialstaat ist möglich und nötig – in begrenztem Maß: insbesondere in der Form einer EU-Arbeitslosenversicherung für die ersten sechs Monate (ohne Jugendarbeitslosigkeit). Dabei geht es darum, die gewachsene konjunkturelle Verflechtung der nationalen Konjunkturen in der EU bzw. der Eurozone über eine sinnvolle Versicherungslösung abzubilden, die hauptsächlich auf nationaler Ebene zu verankern wäre, aber auch ein supranationales Element enthalten könnte.

13. Die EU ist aufgerufen, viel stärker bzw. schneller als bisher Freihandelsabkommen mit Ländern in Asien abzuschließen: u.a. mit Indien, den ASEAN-Ländern, China und weiteren Ländern.

14. Die Kommunikation der EU-Kommission und des Europäischen Parlamentes gilt es zu verbessern. Es braucht mehr Transparenz in Brüssel, am besten auch mit einfacher aufgebauten Institutionen der EU. Regeln sollten bürgerverständlich sein und von daher etwa sind die Abstimmungsregeln für qualifizierte Mehrheiten zu verändern (diese Regeln sind so absurd kompliziert, dass

sie einfach bürgerfeindlich sind). Unverständliche Regeln unterminieren das Ansehen der Europäischen Union. Die Fähigkeit der Europäischen Kommission, die EU-Einstellung in EU-Ländern zu messen, ist drastisch zu verbessern und methodisch auf eine bessere Grundlage zu stellen. Die bisherigen Eurobarometer-Analysen sind völlig unzureichend.

15. Eine effizientere Nachhaltigkeitspolitik ist wünschenswert und könnte sich etwa am innovativen Konzept des EIIW-vita Global Sustainability Indicators orientieren (WELFENS ET AL., 2015). Der Indikator betont neben dem Anteil der erneuerbaren Energie die echte Sparquote (nach Weltbank) und die internationale Wettbewerbsfähigkeit bei umweltfreundlichen Produkten.

Mit den vorgeschlagenen Schritten könnte es möglich werden, eine moderne Neo-EU zu entwickeln, die stärker bürgernah, effizienter und international einflussreicher als bisher auftritt und aus einem stabilen Kreis von Mitgliedsländern besteht. Eine Neo-EU wird nicht funktionieren, wenn das Verhältnis Mitgliedsländern zu Neo-EU so ist, dass die EU als Sündenbock und verdeckte Finanzquelle missbraucht werden kann. Die EU und die Mitgliedsländer brauchen ganz klare Verantwortlichkeiten.

Europa droht der historische Pluspunkt der Rationalität in der Politik – und zum Teil auch in bestimmten Bereichen der Wirtschaft (siehe einige Großbanken in der EU und der Fall VW) – verloren zu gehen. In vielen Ländern gibt es populistische Parteien und es droht aus verschiedenen Gründen auch eine Emotionalisierung der Politik, bis hinein in eine religionsgetriebene Emotionalisierung und einen Staatspaternalismus, die man zum Teil etwa in Polen unter Präsident Duda sehen kann und die hinter in langfristiger Fortsetzung die Werte der Aufklärung sichtbar schwächt. Die EU-Länder sollten dem Gedanken der nüchternen Rationalität in der Politik verbunden bleiben; emotionalisierende populistische Ansätze bringen der Bevölkerung keinen Nutzen (wenn im Übrigen der Präsident der Türkei, Erdogan, von USA im August 2016 die Auslieferung von Gülen in Türkei verlangt mit der Begründung, dieses entspreche den Gefühlen von 79 Millionen Türken, so ist dies gerade jene emotionalisierende Sichtweise, die in einem Europa der Aufklärung abzulehnen ist; eine Auslieferung aus den USA kann nur auf Basis von entsprechenden Beweisen und rechtsstaatlichen Verfahren erfolgen).

Die Menschen in den Ländern der Europäischen Union werden sich entscheiden müssen, ob sie einer wenig rationalen britischen Anti-EU-Entscheidung folgen wollen und sich einem neuen Nationalismus ohne supranationale Institutionen hingeben wollen. Eine EU-Desintegration mit einer sicherlich chaotischen und massiv wachstumsschädlichen EU-Zerstörung führt halbwegs ins späte

19. Jahrhundert in Europa zurück und lässt dann eine Dominanz der west- und osteuropäischen Länder durch die USA und China sowie zum Teil auch durch Russland erwarten. Allein die Aussicht, dass die Verteidigungsausgabenquote von etwa 1,5 % auf etwa 4 % dann in den großen westeuropäischen Ländern und Russland ansteigen werden, lässt das politische Klagen über hohe Nettobeitragszahlungen von etwa 0,5 % des Bruttoinlandsproduktes bei den Haupt-Nettobeitragszahlerländern als sonderbar erscheinen. Die entscheidende Frage bei der Kosten-Nutzen-Analyse ist aus liberaler westlicher Sicht die Höhe der Konsumquote und wenn diese um gut 2 %-Punkte sinken würde und die Wahrscheinlichkeit militärischer Auseinandersetzungen in Europa wegen EU-Zerfalls anstiege, so ist die Fortführung des EU-Projektes für das 21. Jahrhundert sicherlich ein vernünftiger Gedanke.

BREXIT: Ergänzende Reflexion zu einer Neo-EU

In Brüssel sieht die überwiegende Zahl der Mitarbeiterinnen und Mitarbeiter der Europäischen Kommission den BREXIT mit tiefem Bedauern, aber auch mit großer Verärgerung. Es herrscht eine verbreitete Sichtweise, dass nun – nach Austritt des EU-Integrationsbremserlandes UK – eine verstärkte EU-Integration eintreten soll und wird. Diese Sichtweise ist allerdings zumindest für einige Jahre nicht wirklich überzeugend, und hier ist nun ein Mangel an Politikrealismus und Strategiedenken zu beklagen. Für ein Mehr an EU-Integration gibt es in wichtigen EU-Ländern keine politische Mehrheit, die Stimmung in Sachen EU-Integration ist nach der Ankündigung des UK-Austritts in den meisten EU-Ländern gedrückt und die EU-Institutionen haben weder großen Handlungsspielraum noch erkennbare Reformkonzepte für eine bessere EU-Zukunft.

Der BREXIT ist auch eine Niederlage der EU-Kommission und damit vor allem des Kommissionspräsidenten. Die EU hat offenbar kaum Pläne für den BREXIT-Fall gemacht und weite Teile der EU-Kommission wollen offenbar ohne große Reformen bei der Integration weiter gehen. Das aber kann nicht funktionieren, denn eine vernünftige Reformweichenstellung nach der BREXIT-Niederlage wäre doch zumindest in drei Richtungen zu suchen:

- Deutliches Zurückfahren der Regulierung bzw. Überregulierung, über die sich Unternehmen und Bürgerschaft in der EU in vielen Fällen deutlich beschweren.

- Überprüfung der Arbeitsbereiche der EU und Entwicklung eines durchdachten Reformkonzeptes, das im Sinn einer klugen vertikalen Arbeitsteilung eine durchdachte Aufgabenverteilung zwischen supranationaler Politikebene in Brüssel und nationaler Politikebene der EU-Mitgliedsländer
erarbeitet: Hauptmerkmal eines solchen EU-Zukunftskonzeptes sollte die
ökonomisch-politische Vorteilhaftigkeit für die Menschen in den EU-Ländern, der Gedanke der Selbstbehauptung Europas im 21. Jahrhundert und der
Weiterentwicklung eines funktionsfähigen prosperitäts- und friedensförder-
lichen Integrationsmodells sein. Das sollte auch Basis für europäische Solidarität und einen nachhaltig orientierten, soliden EU-Sozialstaat mit sinnvoller Politikvergemeinschaftung sein. Die EU hat als Zollunion in Sachen
Politikvergemeinschaftung mit dem kleinen Feld der Zollpolitik angefangen,
die Europäische Union realisiert etwa die Liberalisierungsverhandlungen bei
der Welthandelsorganisation für alle EU-Länder gemeinsam. Dass Nationalstaaten überhaupt irgendein Feld eigener Souveränität aus Einsicht und Eigeninteresse aufgeben bzw. durch eine Gemeinschaftsinstitution wahrnehmen
lassen, ist schon selten genug. Dass etwa eine gemeinschaftliche Außenwirtschaftspolitik, die supranational in Brüssel für alle EU-Länder betrieben wird,
etwas politisch Gewichtiges ist, erkennt man schon daran, dass unter den
weltweit etwa ein Dutzend Integrationsclubs – mit regionalem Freihandel –
nur zwei Zollunionen sind: Nämlich die EU und der wesentlich nach ihrem
Vorbild aufgebaute lateinamerikanische Integrationsclub MERCOSUR.
Dass die EU auch Teile der Wettbewerbs- und Beihilfenaufsicht vergemein-
schaftet, hat für die Verbraucher viele positive Effekte gebracht. Das gilt es zu
betonen und zu erhalten, für das digitale Zeitalter weiterzuentwickeln. Die
Sozialpolitik der EU stärkt auch die Arbeitnehmerrechte. Auch eine gemeinsame Klimapolitik ist weiter sinnvoll, denn es gibt ja kein nationales Klima,
sondern nur eine gemeinschaftliche bzw. sogar globale Klimaqualität. Unverändert ist dabei vernünftig, dass die EU-Ebene bestimmte Ziele – etwa aus
der Pariser UN-Umweltkonferenzvereinbarung heraus – festlegen kann, die
natürlich national auf unterschiedliche Weise dann erfüllt werden können;
mit der Begrenzung durch das Erfordernis der Binnenmarktkompatibilität.
- Reformmaßnahmen, um den Unruheherd Eurozone zuverlässig ruhig zu stellen bzw. zu reformieren. Sollte die EU mit einer fortdauernd unsicheren und
instabilen Eurozone leben, so wird der Unruheherd Währungsunion eines
Tages womöglich gar zu einem Auseinanderbrechen von Währungsunion
bzw. EU führen. Das gilt es durch Reformen in der Eurozone zu verhindern.

Ein Teil der britischen BREXIT-Wähler hat der EU-Kommission ein Zuviel an Zentralismus und Macht, Überregulierung und Demokratie-Mangel vorgeworfen: Die Kommission sei enorm stark in der Regulierung aller Lebensbereiche engagiert, und zwar ohne dass sie dabei einer laufenden parlamentarischen Kontrolle ausgesetzt sei. Das Parlament kontrolliert die Kommission wenig. Ein funktionsfähiges Parlament ist eines mit Regierung und Opposition, aber eine Opposition im EU-Parlament ist kaum vorhanden; die großen Parteien haben sich seit vielen Jahren in einer Dauer-Große-Koalition zusammen gefunden: Ökonomisch-politisch ungesund, nicht förderlich für politischen Wettbewerb, aus dem doch neue Ideen und Institutionen hervorgehen sollten. Zudem ist für die Bürger Europas durch das Fehlen eines klaren Gegensatzes von großer Regierungspartei und großer Opposition auch schlechter wahrzunehmen, die Herausbildung einer europäischen Öffentlichkeit wird dadurch erschwert. Europäische Öffentlichkeit verlangt nach einem gemeinsamen Informationsraum, in dem politische EU-Prozesse, EU-Aktionen und Wettbewerb alternativer Positionen von Parteien erkennbar sind. Das ist durch eine Dauer-Große-Koalition aber kaum möglich.

Der Respekt des Wählers vor dem Parlament ist weitgehend an eine klare Wahrnehmung von Regierung und Opposition bzw. an entsprechende Politikaktionen gebunden. Die in Brüssel seit Jahrzehnten praktizierte Dauer-Große-Koalition schafft von daher große Probleme. Die Unterdimensionierung der EU-Finanzmittel, die bei nur 1 % des Bruttoinlandsproduktes liegt, ist ein zusätzliches Problem. Gegen eine fade Dauer-Große-Koalition in Brüssel mit geringer Legitimitätswirkung erscheint jede Art von Volksabstimmung – ob im Vereinigten Königreich oder anderswo – als eine Art demokratische Königsdisziplin, die selbst bei knappen Mehrheiten eine starke Legitimität geben kann. Nur gut eine Million Stimmen Vorsprung für die BREXIT-Seite bei etwa 34 Millionen Wählerinnen und Wählern im Vereinigten Königreich haben zunächst den Eindruck geprägt, dass eine relativ klare Entscheidung zustande gekommen ist für einen britischen EU-Austritt; in Wahrheit fehlen dem Referendum – wie gezeigt – Legitimität und Verstand. Im Übrigen ist auch die Tatsache, dass es für EU-Abgeordnete gar keine Wahlkreise in Deutschland gibt, sondern von einer Art Landes-Kandidatenliste heraus gewählt wird, eine Schwächung der politischen Effizienz und der Legitimität des Europa-Parlamentes. Wenn deutsche Abgeordnete in Brüssel nicht nachvollziehbar Interessen von zugeordneten Regionen bzw. Wahlkreisen in Deutschland repräsentieren, dann kann man gar keinen vernünftigen politischen Interessenausgleich in Deutschland bzw. der Europäischen Union erwarten.

Dass der BREXIT ökonomisch und politisch wenig klug ist, wird sich wohl im Zeitablauf klar erweisen; jedenfalls sofern die EU nicht zu einer Desintegrations- und Krisenmaschine degeneriert.

Was die BREXIT-Kampagne angeht, so mag man nochmals kritisch anmerken:

- Der Wahlkampf war für eine historische Entscheidungslage mit vier Monaten relativ kurz; relevante Regierungsinfos lagen erst viel zu spät oder gar nicht vor, ökonomische BREXIT-Hauptbefunde der Cameron-Regierung wurden den Haushalten gar nicht zugeleitet.
- Die Abstimmungssituation wurde nicht mit zahlreichen positiven Pro-EU-Argumenten geführt, für die der britische regierungsseitige EU-Expertenbericht von Ende 2014 eigentlich eine breite Aufstellung geliefert hat; es gab seitens der Regierung vor allem eine verspätete Darstellung, der bei einem EU-Austritt drohenden Einkommensverluste; im Übrigen hat der Londoner Ex-Bürgermeister Boris Johnson von der Konservativen Partei mit einer von wenig Wahrheit geprägten Anti-BREXIT-Kampagne das Land überzogen – und wurde dann von der neuen Regierungschefin quasi zur Belohnung zum neuen britischen Außenminister ernannt. Das ist sonderbar.
- Bei der britischen Regierungskampagne fehlte – vom Argument der EU als Handelsliberalisierungsclub im Kern abgesehen – jede positive Argumentation für die EU-Integration (die jedem Haushalt nach Hause geschickten Info-Seiten wiesen, allerdings blumig auf Einkommens- und Sicherheitsvorteile hin); oder gar der Hinweis darauf, dass die EU mit ihrem Integrationsmodell ein Vorbild für viele andere Integrationsräume in der Welt ist.

Der britische Premier Cameron hat seinem Land via BREXIT-Abstimmung, die er ohne wirklichen nationalen Grund ansetzte, erheblichen ökonomischen Schaden zugefügt und auch den anderen EU27-Ländern. Die große Hoffnung der britischen Jugend – beim Referendum zu rund 70 % gegen BREXIT – auf eine anhaltende Mitwirkung bei der EU-Integration ist mit Camerons politischem Manöver gescheitert. Nach über 40 Jahren erfolgreicher britischer Mitwirkung in der EU-Integration das Europa-Projekt im Rahmen eines innenpolitischen Manövers zu verlassen, kann man als tragische Fehlweichenstellung für Großbritannien und als eine ökonomisch-politische Beschädigung Europas sowie des Integrationsgedankens weltweit ansehen.

Großbritannien als das Land, das am stärksten von allen EU15-Ländern auf eine EU-Osterweiterung drängte und immerhin 12 osteuropäische Länder (inklusive Malta und Zypern) mit an Bord holte, erklärte kaum eine Dekade nach der ersten EU-Osterweiterung per BREXIT-Beschluss, dass man mit diesen Ländern keine gemeinsame institutionelle Entwicklung und Politikkooperation wünscht und die alten 14 EU-Partnerländer des Westens lässt man ebenfalls konsterniert zurück. Man mag hier anfügen, dass der BREXIT natürlich auch teilweise ein EU-Kommissionsversagen und ein Politikversagen des Europäischen Rates widerspiegelt, da offenbar das langjährige Brüsseler Politikprogramm in Großbritannien bei der Wählermehrheit keine große Sympathie gefunden hat. Der geringe Wissensstand der britischen Bevölkerung in Sachen EU ist unglaublich.

Man kann als Schlussfolgerung an dieser Stelle ziehen, dass die EU keine Zusammenhaltsinstitutionen hat. Der Europäische Rat hat kaum ein positives Image und ist als Club der Regierungschefs auch wohl ohne Chance, eine EU-Identität zu entwickeln. Die Europäische Kommission hat eine EU-Identität über Jahrzehnte aufgebaut und besteht von den Beschäftigten aus allen EU-Ländern her auch im personellen Aufbau aus europäischer Substanz. Aber schwache Führungsfiguren wie EU-Kommissionschef Barroso, von dem ja aus der dramatischen Zeit der Eurokrise keine einzige historische Rede überliefert ist, haben das Ansehen der EU-Kommission geschwächt. Der Vergleich Europäische Union-USA oder EU-Kanada stimmt nachdenklich. Der Ratspräsident Tusk, ehemaliger polnischer Ministerpräsident – aus jener Zeit mit einigen Eckpunkten der britischen Debatte über Einwanderung aus Osteuropa vertraut – hat im Vorfeld des BREXIT auch wenig unternommen, um eine Mindestinformationsqualität des EU-bezogenen britischen Referendums zu sichern. Dabei sitzen doch im Europäischen Rat, dem Tusk vorsitzt, die Staats- und Regierungschefs der EU-Länder, so dass man Fragen stellen und Anregungen rechtzeitig vor dem Referendum hätte geben können.

Ein Kommissionspräsident Juncker, der dem schnöden Rat des britischen Premiers einfach folgt, er möge erst gar nicht nach London im Vorfeld des Referendums kommen, kann als umstrittene Führungs- und EU-Identifikationsfigur gesehen werden. Es hätte nicht einmal persönlichen Mutes bedurft, nach London zu fliegen und eine kluge und auch emotionale Pro-EU-Rede zu halten (und dass Jean Claude Juncker dies kann, steht eigentlich auch außer Zweifel). Aber eine starke Überzeugung vom einzigartigen Sinn der EU-Integration und für die Brüsseler Europa-Verantwortung im Vorfeld des Referendums hat beim Präsidenten der EU-Kommission gefehlt. Wenn man den Abgang des gescheiterten Premiers Cameron am 13. Juni, kaum drei Wochen nach dem BREXIT-Referendum, bedenkt, dann kann aus Brüsseler Sicht sein Ratschlag an Juncker, er möge in Sachen BREXIT vor dem 23. Juni nicht nach London kommen, nur als Fehl-Rat eingestuft werden.

Umgekehrt gilt natürlich auch: Wer in Brüssel kein eigenständiges Urteilsvermögen hat, der kann die EU-Integration in Europa nicht nachhaltig voranbringen. Es ist nicht ausgeschlossen, dass angesichts der nicht wasserfesten EU-Institutionen und der mangelnden Führungskraft vieler Akteure in Brüssel die EU scheitert. Sie kann zu einer Krisen- und Desintegrationsgemeinschaft werden, zerfallen: Die EU kann bei der historischen Aufgabe implodieren, die da hieß, ein gemeinsames erfolgreiches Europa zu bauen. Es ist Zeit für eine selbstkritische EU-Reflexion und dann entschiedenes Handeln für eine Befestigung der EU-Integration und mittelfristig, nach energischen und durchdachten Reformen, auch für eine EU-Vertiefung. Eine dauerhaft noch weiter geschrumpfte EU wird ohne lebensfähige Politiken im Zeitablauf stagnieren und zerbröseln. Die Wählerschaft in der Europäischen Union muss schon gewichtige und klug aufgebaute Integrationsbausteine sehen, damit die EU langfristig eine wieder viel breitere Unterstützung erhalten kann.

BREXIT steht für Neo-Nationalismus, unprofessionelle UK-Regierungsarbeit, für britische Egozentrik; die EU von ihrer Idee her steht für supranationale Kooperation und den Gedanken gemeinsamer Politikentwicklung in vielen Feldern – auf diesen Kernpunkt gilt es sich zurück zu besinnen. Die alte Europäische Union sollte man durch eine Neo-EU ersetzen, die den Kern der bisherigen EU aufnimmt, aber auch ganz entschieden neue Bereiche wie Infrastruktur- und Verteidigungspolitik sowie Klimapolitik und digitale Modernisierung energisch und innovativ angeht. Man bräuchte für eine breitere Unterstützung eine Reihe sinnvoller sichtbarer Integrationspakete einerseits und andererseits erfolgversprechende Risikobegrenzungsmaßnahmen gegen unvernünftige Politikmaßnahmen in der Eurozone. Europäische Integration ist eine strategische Herausforderung, und gut organisiert und sinnvoll fokussiert, wird sie Wirtschaft und Gesellschaft in Europa nützen; als auch die globale Position der EU stärken können. Die Möglichkeit eines EU-Austritts ist wichtig, die Option nicht leichtfertig zu mobilisieren, ist eine Frage der politischen Verantwortung.

Exit-Option und Politische Union

Im Lissaboner Vertrag ist die Möglichkeit eines EU-Austritts in Artikel 50 geschaffen worden und das Vereinigte Königreich hat mit der Volksbefragung vom 23. Juni 2016 den Austritt – Exit – tatsächlich gewählt. Es ist für die May-Regierung offenbar zwingend erforderlich, für die Aktivierung von Artikel 50 des EU-Vertrages einen positiven Parlamentsbeschluss herbei zu führen

– dies ist die Sicht in der Stellungnahme vom 13. September 2016 des entsprechenden Verfassungskommitees im HOUSE OF LORDS (2016); bei einem mehrheitlich Pro-EU-eingestellten Parlament steht die May-Regierung damit in Sachen BREXIT vor unerwarteten Hürden. Ob die Briten tatsächlich einen klaren Austrittswillen haben, scheint nicht ganz klar zu sein; immerhin hat die Leave-Kampagne behauptet, dass negative ökonomische Effekte, die von Experten für den BREXIT-Fall prognostiziert worden, waren, gar nicht eintreten würden. Das aber ist eine klare Fehlsicht, wie schon wenige Wochen nach der Volksbefragung deutlich wurde. Im Übrigen ist zu bedenken, dass Premier Cameron die Volksbefragung mit doppeltem Ziel ansetzte: nämlich einerseits um seine innerparteilichen Kritiker durch einen Referendumssieg ruhig zu stellen, andererseits konnte Cameron mit der Ankündigung eines Volksentscheides seine Brüsseler Verhandlungsposition verbessern. Indem er als Regierungschef gegenüber der Kommission signalisiert, dass es zu einem EU-Austrittsreferendum kommt, das tatsächlich BREXIT bedeuten könnte, setzt der britische Regierungschef – spieltheoretisch gesehen – die 27 EU-Länder stark unter Druck, ihm in den Verhandlungen entgegenzukommen. Allerdings, die ganze Cameron-Strategie hat nicht funktioniert und sein Rücktritt vom Amt ist nur folgerichtig.

Grundsätzlich ist aus institutionenökonomischer Sicht eine Austrittsmöglichkeit freiheitssichernd und ein Instrument, um die Übermacht oder Fehlorientierung von Politik, hier in Brüssel, zu verhindern oder sich ihr zu entziehen. Wenn man ALBERT O. HIRSCHMAN mit seinem Buch Exit, Voice and Loyalty (1970) folgt, dann bieten Exit (Abwanderung, Austritt), Voice (Protest) oder Loyalty (Loyalität) drei Verhaltensmöglichkeiten für Individuen oder auch für Länder, mit einer realen Situation umzugehen. Abwanderung bzw. Austritt kann durch internationale Wanderung von Kapital oder Arbeit erfolgen und zeigt dabei Unzufriedenheit an. Politische Proteste sind ebenfalls Negativsignale, während Loyalität eine gewisse Zufriedenheit mit dem jeweiligen institutionellen und wirtschaftlich-politischen Zustand anzeigt.

Wenn diese drei genannten Mechanismen rational und gut informiert ausgeübt werden, so ergeben sich Signale, auf die wiederum vernünftige Politik mit sinnvollen Reformmaßnahmen antworten kann. Denn eine EU mit kluger politischer Führung, die einen Exit erlebt, der ja die Europäische Union von der Wirtschafts- und Politikkraft bzw. vom EU-Budget her schwächt, wird mit bestimmten Reformen versuchen, die Attraktivität für die EU27 zu erhöhen: Also Anreize für die EU27-Länder zu geben, im Integrationsclub zu bleiben. Möglicherweise kann auch eine EU-Vertiefung – bis hin zur Politischen Union – versucht werden, die dann die Austrittsoption für die Mitglieder stärker formalisieren oder erschweren wird.

Wolf Schäfer schrieb in einem Beitrag am 8. August 2016 in der Frankfurter Allgemeinen Zeitung, dass nach dem BREXIT-Entscheid nun EU-Abschreckungsstrategien gegen weitere potenzielle Mitgliederaustritte entworfen werden und die EU eher durch verstärkte zentralisierte Institutionen als durch dezentrale Institutionen der Subsidiarität (Vorrangregelung für nationale Politikakteure gegenüber der Option supranationale Politik) weiterentwickelt werden solle. „Durch die Vertiefungsstrategie sollen Exit-Optionen ferngehalten werden, durch die Subsidiaritätsstrategie würde anerkannt, dass kein Land und kein Integrationsraum sich dauerhaft dem globalen Wettbewerb entziehen kann, ohne selbst Schaden zu nehmen. Denn politische Strategien gegen Exit-Optionen sind freiheitsraubende Wege zum protektionistischen Stillstand."

Diese Sichtweise klingt auf den ersten Blick plausibel, führt aber bei realistischer Betrachtung der Weltwirtschaft eher in die Irre – mal davon abgesehen, dass bei der BREXIT-Volksbefragung der Informationsstand in Teilen der Bevölkerung offensichtlich schlecht war und Teile der Wählerschaft offenbar realitätsferne Vorstellungen über die BREXIT-Folgen prägen (eine demokratische Entscheidung ist natürlich auch gültig, wenn alle Wähler schlecht informiert sind bzw. Fehleinschätzungen unterliegen; aber der Legitimitätsgrad ist gering).

Die drei genannten verfügbaren Optionen werden in Wahrheit in einem Spannungsfeld der Welt vorgenommen, in denen andere Akteure, von USA über Russland und China, Druck auf die EU von außen ausüben können – durchaus in freiheitsförderlicher oder auch freiheitsbeschränkender Weise. Diese Konstellation wird in der Hirschmann-Analyse so nicht betrachtet. Aus einer risikoscheuen Perspektive der Individuen oder Länder reicht es aus, wenn für einen mächtigen Gegenspieler eine freiheitseingrenzende Handlungsoption anzunehmen ist, um sich die Frage zu stellen: Wie viel Exit verträgt eine Gemeinschaft, die Freiheit sichern will? Oder auch, warum ist es nicht einfach für Bundesstaaten in Deutschland oder in den USA, das jeweilige Land zu verlassen bzw. was wäre gewonnen, wenn das per Volksabstimmung einfach möglich wäre. Benachbarte, auf Territorial- und „Untertanen-Gewinn" ambitionierte Nachbarn hätten in einem solchen Fall einen Anreiz, immer wieder zu versuchen, einige Bundesstaaten zum Austritt zu veranlassen – mit Anreizen oder Druck. Das führt dann zu einer permanenten weltweiten Bedrohungs- und Konfliktlage und wäre sicher nicht vernünftig. Die USA etwa sind gerade deshalb so mächtig, weil sie ein großer Staat mit 50 Bundesstaaten sind, wobei Verfassung und Gerichte sowie die öffentliche Meinung die Macht der Politiker eingrenzen; individuell spielt auch die Abwanderungsmöglichkeit eine Rolle, die man als Binnenwanderung innerhalb der USA wie als Auswanderungsoption thematisieren kann.

Bei der Binnenwanderung gibt es insofern eine wichtige Signalfunktion, als Bundesstaaten, die deutliche Zuwanderungsgewinne haben, längerfristig eine höhere Zahl von Abgeordneten im US-Parlament haben werden; Wanderungsverlierer bei den Bundesstaaten verlieren an politischer Macht. Das ist ein vernünftiger Mechanismus, der in der EU fast völlig fehlt und hier sollte man bei künftigen EU-Reformen den USA im Interesse von Freiheit und politischer Vernunft folgen.

Im Übrigen gilt, dass Schritte hin zu einer Euro-Politik-Union durchaus vernünftig sein können, sofern es einen starken Grundkonsens der Bevölkerungen der beteiligten Länder – ggf. auch nur einer Untergruppe von Euro-Ländern – gibt, der einen Exit weitgehend als eher wenig wahrscheinliche Wunschoption des Handelns erscheinen lässt. Indem sich eine größere Ländergruppe dauerhaft zusammen findet – z.B. mit einer Exit-Option nur, wenn eine hohe qualifizierte Mehrheit für einen Austritt stimmt –, erhöht sich international gesehen die Macht für alle Länder im Integrationsclub, so dass die Wahrscheinlichkeit zu freiheitsbeschränkendem Druck von außen sinkt. Von daher wäre es vernünftig, eine Politikunion zwischen Ländern mit großem politischem Konsens bzw. mit gemeinsamer Verfassung zu vereinbaren. In der Verfassung kommt nach allgemeinem Verständnis der Grundkonsens über Werte und wichtige Institutionen zum Ausdruck. Die Tatsache allerdings, dass die Niederlande und Frankreich bei Volksbefragungen 2005 den EU-Konventsentwurf zu einer EU-Verfassung abgelehnt haben, zeigte, dass schon zwei von sechs Gründungsländern der EU sich einem ausgehandelten Verfassungsentwurf nicht anschließen konnten.

Kommt man auf die Verhaltensmöglichkeiten bei Hirschmann zurück, so bietet sich in einer Politischen Union nicht mehr die Möglichkeit des Exit im Sinn eines Austritts ohne weiteres an. Möglicherweise ist sie in der Verfassung jenseits der Möglichkeit, die Bundesländergrenzen zu ändern, nicht mehr vorgesehen. Es bleibt dann intern – jenseits der Binnenwanderung mit ihren Signalen – nur die Protest-Möglichkeit, was ein demokratisches politisches System mit Rechtsstaat (und einem gewissen Minderheitenschutz) voraussetzt.

Eine sonderbare Interpretation des BREXIT liefert im Übrigen HANS-WERNER SINN (2016), der den BREXIT ganz im Kontext der Immigrationsdebatte im Vereinigten Königreich und wichtigen EU-Ländern sieht. Offenbar ist Sinn der Meinung, dass die Immigration zu einer Überforderung der britischen Sozialsysteme geführt habe und insgesamt in der EU das Problem bestünde, dass Immigration zu einer Art Ausbeutung der nationalen Sozialsysteme führe, was EU-Reformen notwendig mache. Diese These ist wenig überzeugend, wenn man von wenigen EU-Ländern absieht, in denen die Zuwanderung offenbar einen fiskalischen Netto-Belastungseffekt mit sich bringt. Gemäß Analyse der OECD ist das aber nur für Deutschland und Polen der Fall, wobei der ehemalige deutsche Innenminister OTTO SCHILY (2016) zudem kritische Anmerkungen zur Asyldebatte in Deutschland machte: Es gebe insgesamt leichte Möglichkeiten, in Deutschland unter der Überschrift Asyl als faktischer Zuwanderer aufzutreten. Es liegt an Deutschland und Polen sowie ggf. anderen EU-Ländern, den Zugang zum Sozialstaat für Zuwanderer angemessen zu beschränken. Da EU-Binnenwanderung im Wesentlichen durch reale Pro-Kopf-Einkommensunterschiede und relative Arbeitslosenquoten geprägt ist, erscheint vor allem ökonomische Konvergenz innerhalb der EU als wichtiges Arbeitsfeld für EU-Mitgliedsländer und die Europäische Kommission. Es ist Aufgabe nationaler Wirtschaftspolitik, für Vollbeschäftigung zu sorgen und auch für Konvergenz bzw. Aufholprozesse wichtige Wachstumspolitik ist vor allem vom Nationalstaat her zu entwickeln. Das schließt nicht aus, dass die supranationale Politikebene einige vernünftige Impulse und Projekte für mehr Wachstum mit auf den Weg bringt.

Die politischen Führungen in vielen EU-Ländern sind weitgehend ohne Selbstkritik; das gilt auch für Deutschland. Das ist keine gute Basis für vernünftige EU-Reformen, die die Europäische Union bzw. die Eurozone stabilisieren sollen. Der miserable Eindruck der Eurozone bzw. des Krisenmanagements der EU während der Griechenland- bzw. Eurokrise hat in Großbritannien das Ansehen der Europäischen Union erheblich geschmälert. Von daher ist der BREXIT auch ein Echo unzureichender Politik in der Eurozone, aber niemand in der EU will für das schlechte Krisenmanagement die Verantwortung übernehmen. Der BREXIT kann die EU in mehrfacher Hinsicht in ernste Probleme bringen: Wenn nun das Vereinigte Königreich als zweitgrößter Nettozahler ausfällt, dann werden sich die Nettoempfänger Sorgen machen – das führt zu politischen Spannungen und Konflikten, vor allem in Osteuropa. So bringt Großbritannien die EU gleich in doppelte Schwierigkeiten. Denn die britische Regierung war vor einigen Jahren dafür verantwortlich, dass das EU-Budget von 1,2 % des EU-Bruttoinlandsprodukt auf 1 % herab gedrückt wurde; das war ohnehin nicht sachgerecht, denn die EU ist mit 1/9 des Staatsverbrauches des Bundes in Washington DC ohnehin unzureichend aufgestellt. Der Austritt Großbritanniens aus der EU verschlimmert das Budgetproblem noch weiter. Die Europäische Union hat sich von London mangels kluger Prinzipien seit Jahren in eine fiskalische und politische Fehlentwicklung treiben lassen – und dann verlässt das Vereinigte Königreich die EU. Das ist eine absurde Situation und diese teilweise Selbstverleugnung der Europäischen Union kann nicht ohne Absturzgefahr weiter gehen. Die Logik der Theorie des fiskalischen Föderalismus zu ignorieren, ist ökonomisch verfehlt und wird es immer sein. Immerhin kann man hoffen, dass das Euro-Finanzzentrum tatsächlich in der Eurozone bleibt; London als Finanzzentrum wird wohl vor allem eine Reihe von US-Investoren verlieren. Frankfurt und Paris haben hier Chancen zu profitieren.

Im Übrigen wird die vor dem BREXIT geplante Börsenfusion zwischen London und Frankfurt nicht stattfinden (wurde auf Druck der Aufsichtsbehörden in Hessen tatsächlich abgesagt). Die Kapitalmarktunion in der EU ist in Gefahr, natürlich sind es auch die liberalen Grundsätze der Wirtschaftspolitik und damit Wohlstand und Stabilität. Das Vereinigte Königreich, Deutschland, die Niederlande und Dänemark als vier traditionell liberale Länder stehen demnächst nicht mehr für eine Blockademehrheit gegen ökonomischen Dirigismus in der EU. Dänemark könnte ohnehin bald Großbritannien als Austrittsland folgen, womöglich auch die Niederlande. Ein EU-Beitritt der Türkei ist nunmehr auch vom Tisch, denn die Angst der regierenden Politiker vor den Populisten wird nun über Jahre das Handeln nationaler Regierungen bestimmen, in Deutschland droht weitere AfD-Expansion. In der Türkei kann der BREXIT, als Sieg des Populismus betrachtet, Autokratie und Islamisierung der Politik begünstigen.

Im Übrigen rächt sich das ganze schwache Bild, das die EU in der Eurokrise und bei der Flüchtlingswelle geboten hat – da ist Kanzlerin Merkel durchaus mitverantwortlich für die britische und weltweite Wahrnehmung, dass die EU ein Integrationsclub ohne nachhaltige Ordnung und durchdachtes Krisenmanagement ist. Das Vereinigte Königreich selbst könnte zerfallen: Das nächste Unabhängigkeitsreferendum in Schottland könnte bald starten und wohl dann eine Mehrheit bekommen, wobei die Pro-EU-Wahlergebnisse in Schottland auf einen EU-Beitritt der gut fünf Millionen Schotten hinauslaufen könnten. Allerdings wird Schottland ernsthaft die Option betrachten, in UK zu verbleiben und von London langfristig verbesserte Finanztransaktionen zu erhalten.

Die Europäische Union wird politisch destabilisiert, das kostet Wachstum, bringt langfristig höhere Zinssätze. Das Thema sicherer Finanzhafen steht wieder neu auf der Agenda, die Schweiz wird eine hohe Aufwertung verzeichnen, der Goldpreis steigt. Zu den möglichen BREXIT-Opfern zählt auch das Projekt TTIP, das geplante transatlantische Freihandelsabkommen EU-USA, das ohne britische Unterstützung in der EU wohl angesichts der schwachen Pro-Position Deutschlands kaum eine Mehrheit finden wird. In Frankreich besteht für 2017 (oder später) eine große Gefahr, dass die populistische Front-National-Chefin bei der Präsidentenwahl gewinnt, dann wäre die EU klinisch tot. Dass Marine Le Pen als Front National-Chefin Realität und Einbildung nicht auseinander hält, gibt Anlass zur Sorge (siehe Anhang 1).

Es droht in Europa der Rückfall ins späte 19. Jahrhundert. Wenn die EU zerfällt, dann steht Deutschland mit zwar guten Institutionen, aber ziemlich ankerlos da – unter dem Druck des AfD-Populismus. Das aus ökonomischer

Sicht größte EU-Land wäre bei einem EU-Zerfall bald instabil, die Stabilität in Europa könnte geschwächt werden, ökonomisch, politisch, militärisch. Die führenden Mächte in Europa Ende des 19. Jahrhunderts gaben 4 % des Bruttoinlandsproduktes für Verteidigung aus, dahin könnten die europäischen Länder zurückgehen: statt 1,5 %-2 %. Mit dem BREXIT ist die EU geschwächt, damit auch die NATO – und ein großer stiller Sieger am Rande ist Putins Russland. All das ist nicht im Interesse der Menschen in der EU, aber Großbritannien hat einen historischen Schritt getan. Die Fähigkeit, rationale Entscheidungen zu treffen, erscheint im Kontext des BREXIT als geschmälert – im Vereinigten Königreich zu einem erheblichen Teil. Dass sich der sonderbare BREXIT unter den Augen Brüssels und 27 Mitgliedsländern unbemerkt mit einem groben Verfahrensfehler vollziehen konnte, zeigt den breiten Mangel an ordentlicher Politik – im Sinn sorgfältigen politischen Handwerks. Die westliche Rationalität wird zudem beschädigt durch emotionalisierte soziale Netzwerke, bei denen es um Macht, Status, Einkommenszuwachs, aber oft nicht um sachgerechte Politikansätze für Problemlösungen geht.

Beim BREXIT kam breites Verdruss-Potenzial gegen Fehlentwicklungen zusammen, für die die Mehrheit der Wählerschaft eben die britische Regierung in der Verantwortung sieht. Das gilt auch mit Blick auf den enormen Anstieg beim Einkommensanteil des Top 1 % der Einkommensbezieher im Vereinigten Königreich im Zeitraum 1990-2010, etwa plus 8 %-Punkte; fast so viel wie in den USA mit plus 10 % bei den Top 1 %. Die Realeinkommen der Median-Einkommensbezieher – sie markieren ein Einkommen auf der Trennlinie zwischen der oberen Hälfte der Einkommensbezieher und den unteren 50 % – sind 1999-2012 in den USA um 10 % zurückgegangen, zeitweise in Großbritannien auch. Die EU-Kommission ist gefordert, jetzt ein Reformpaket aufzusetzen; Richtung politische Union wären die Weichen zu stellen. Weniger EU-Bürokratie, aber mehr Kooperation mit größerem EU-Haushalt: Bei Infrastruktur, Verteidigung, Innovationsförderung. Da Großbritannien als Bremser entfällt, so werden erste Schritte zur Politikunion denkbar.

Eine EU, die einfach nur als verkleinerte Gemeinschaft weitermachen wollte, wie bisher, wird schrittweise zerfallen. Es bedarf einer großen europäischen Debatte zur EU-Zukunft. Kommt diese Diskussion nicht bzw. brächte sie keine überzeugenden Integrationsresultate, wird die EU binnen einiger Jahrzehnte zerfallen – führungslos und konfliktbeladen wäre sie wohl schon ab etwa 2030 auf globaler Ebene unbedeutend. Wenn die EU implodierte, dann wäre das ein Desaster für Europa; andere Integrationsräume in der Welt werden ebenfalls in Konflikte geraten, es drohen mehr militärische Konflikte und geringeres Wachstum. Die EU-Länder wären nach einer Desintegration zunehmend abhängig von den USA und China sowie auch von Russland, das 21. Jahrhundert wäre eine nicht-europäisch geprägte Epoche.

Den britischen Austrittsprozess sollte man aus EU-Sicht zügig organisieren. Allerdings glaubt kaum jemand daran, dass eine schwache Kommission sich stark gegen die professionelle britische Diplomatie in Szene zu setzen vermag. Der Zerfallsprozess, der da droht, hätte absehbare Gefährdungsregionen: Teile Osteuropas, die neu hart unter Russlands Einfluss fallen könnten. Deutschland könnte sich eine eigene Einflusszone – eine Art neues Mitteleuropa – zu schaffen versuchen; und von da aus wäre es nicht weit, dass Europa zurück ins 19. Jahrhundert fällt. Um eine Destabilisierungsdynamik in der EU zu verhindern, wäre es notwendig, national und supranational eine Reihe kluger Reformen in Gang zu setzen. Ob dies gelingen wird, ist unklar. Notwendig wäre hierfür auch eine viel stärker als bisher ausgeprägte europäische Öffentlichkeit, um eine länderübergreifende Politikdebatte zu entwickeln – und auch ein verändertes EU-Bewusstsein.

In der Rede zur Lage der Union Mitte September 2015 sprach Kommissionspräsident Juncker in einer Rede vor dem Europäischen Parlament von einer teilweisen Existenzkrise der EU. Aber es wird mehr als guter Reden bedürfen, um eine Neo-EU voranzubringen. Am ehesten wird sich vermutlich eine stärkere Verteidigungsintegration realisieren lassen, gegen die UK immer stark Einwände hatte. Von echtem Problembewusstsein und innovativen Reformideen in Brüssel, Berlin oder Paris oder Rom oder Madrid kann man allerdings bislang wenig spüren. Es wäre immerhin angebracht, in einer Studie einmal zwei alternative Modelle einer schrittweisen Politikunion zu simulieren und eine kritische Bestandsaufnahme der EU-Integration vorzunehmen. Die erste Aufgabe, die die Kommission angehen sollte, wäre eine auf die EU28-Länder gerichtete Info-Kampagne zum EU-Nutzen durchzuführen und hierfür umfassende Budgetmittel und eine durchdachte Kommunikationsstrategie festzulegen.

Europäische Öffentlichkeit und EU-Bewusstsein

Die Europäische Kommission hat bislang kaum Impulse für die Herausbildung einer EU-Öffentlichkeit geleistet, wenn man den TV-Kurznachrichten in einigen Gemeinschaftssprachen unter der Überschrift Euronews absieht. Es wäre empfehlenswert, wenn man zunächst einen kostenlosen Zugang zu allen staatlichen TV-Programmen in allen EU-Ländern schaffte: Dass staatliche TV-Programme im Ausland bzw. innerhalb der EU für hohe Gebühren grenzübergreifend quasi privatisiert werden, ist problematisch. Man kann sich nicht einmal leicht einen Überblick über die öffentliche TV-Meinung in EU-Nachbarländern verschaffen, solange es keine kostenlosen nationalen TV-Programme bei Ausstrahlung im Ausland gibt. Eine EU-weite Öffentlichkeit kann so erst gar nicht entstehen. Im Übrigen gilt auch hier, dass die bisherige Trägheit der nationalen Parteien, EU-weite Parteien zu schaffen, ein Hindernis nicht nur für politische Kooperation in der EU ist, sondern auch für das Entstehen einer grenzüberschreitenden öffentlichen Meinung. Politische Faulheit und mangelndes Bewusstsein für die Herausforderungen aus Asien sind klare Defizite in der EU.

Wenn es um die Frage nach dem Nutzen einer fiskalischen Politikzentralisierung in Brüssel zwecks besserer Konjunkturpolitik in der Eurozone geht, so ist ein Vergleich Eurozone-USA nützlich. Ein IWF-Papier von ALLARD ET AL. (2013) schätzt, dass ein negativer Schock von 1 % des Bruttoinlandsproduktes den Konsum in den USA um 0,2 % vermindert, in der Eurozone hingegen um 0,6 %. Das liegt wesentlich daran, dass die institutionelle Struktur der Eurozone keine effektive Fiskalpolitik zulässt und auch keinen effizienten Politikmix von Geld- und Fiskalpolitik. Der US-Sachverständigenrat (COUNCIL OF ECONOMIC ADVISORS, 2013, Kap. 3 im Economic Report of the President) stellt fest, dass der größte Teil der Staatsausgaben der US-Bundesstaaten prozyklisch und damit auch rezessionsverschärfend wirkt. Von daher ist eine vernünftige zentralisierte US-Fiskalpolitik in Washington, die ergänzend zu automatischen Stabilisatoren – wie der Arbeitslosenversicherung und dem Steuersystem – antizyklisch wirken kann, wichtig für Stabilisierung der Wirtschaft. Für die Eurozone ist entsprechend eine supranationale Fiskalpolitik längerfristig wünschenswert als Teil eines größeren Reformpakets. Die Neigung in vielen EU-Ländern, sich auf mehr EU-Integration einzulassen und dabei auch den US-Fall sorgsam zu studieren, ist relativ gering. Denn es gibt in vielen Ländern einen Anti-Amerikanismus und obendrein eine gewisse Neigung zu wenig realistischer Politik gerade auch in Berlin und Paris.

Während in der Weltwirtschaft, angetrieben von den USA und China, die Globalisierung voranschreitet, sind Deutschland und Frankreich in manchen Bereichen wenig technologiefreundlich, was in den USA und China nur Kopfschütteln hervorruft; in Großbritannien auch. Airbnb-Dienste – also touristische Übernachtung in Privatwohnungen via Internet-Plattform wurde in Berlin 2015 direkt verboten, was Wohnungsinhabern bzw. Mietern Zuverdienste nimmt und wenig wohlhabenden Berlin-Besuchern wesentlich neue preiswerte Unterkunftsmöglichkeiten nimmt. Was Millionen Studierende in Deutschland und der EU schon erprobt haben, will der Berliner Senat aus ideologischen Gründen flächendeckend verbieten. Eine deutsch-französische Abwehrfront gibt es gegen

Mitfahrtdienste auf Basis der Plattform Uber – in China im Übrigen als Minderheitsaktionär eines großen chinesischen Anbieters aktiv. Natürlich kann man durchaus Bedenken gegen private Transportdienste vorbringen, wenn ein unfairer Wettbewerbsvorteil durch fehlenden Versicherungsschutz für die Fahrgäste besteht (hier zahlt jedes normale Taxi hohe Kosten), aber der Staat kann entsprechende Vorschriften für Uber-Transporte machen. Uber-Dienste jedoch grundsätzlich zu verbieten wie in Frankreich und Deutschland ist protektionistisch und neuerungsfeindlich und ist wiederum gerade zum Nachteil von Menschen mit geringem Einkommen. Natürlich müsste fairerweise der Staat in Frankreich den Taxi-Inhabern bei Öffnung des Personendienstmarktes eine Entschädigung zahlen, da der Wert einer Taxi-Lizenz deutlich fällt. Aber London, Washington DC und Peking zeigen, dass Uber-Personendienste gut funktionieren. Wenn Berlin und Paris protektionistische Ideen in die EU transportieren sollten, dann wird auch der ökonomische Nutzen der Europäischen Union aus Bürgersicht eher gering bleiben.

Die Frage, welches Europa ökonomisch, politisch und sozial nützlich sowie stabil ist, bleibt vorläufig offen. Sicherlich kann man feststellen, dass in vielen EU-Ländern Fragen zur Immigrationspolitik besonders sensibel geworden sind. Aber gerade Intra-EU-Immigration kann man aus ökonomischer Sicht kaum problematisieren, da die Immigrationsländer in der Regel ökonomisch profitieren – nur das Problem verschärfter Niedriglohnkonkurrenz kann man zeitweise als relevant ansehen. Viele Zuwanderer aus EU-Ländern innerhalb der EU integrieren sich relativ schnell in die Arbeitsmärkte der Gastländer und zudem gibt es auch zahlreiche Zuwanderer, die als Unternehmensgründer selbst im jeweiligen Gastland zusätzliche Jobs schaffen. Es wäre Aufgabe der EU und der EU-Mitgliedsländer, hier die Fakten mit einer Info-Kampagne zu verdeutlichen; gerade auch in der Zeit, wo UK noch ein Mitglied der EU ist.

Gegen die großen Führungsländer der Welt, die USA und China oder auch gegenüber Russland wird sich ein einzelnes europäisches Land bei der Interessendurchsetzung schwer tun. Natürlich kann Großbritannien nach dem BREXIT dies allein versuchen, als Strategie ist dies jedoch wenig überzeugend. Dass das Land sich von 27 EU-Ländern nach über vier Jahrzehnten gemeinsamer EU-Integrationsgeschichte verabschiedet, um dann auf eigene Faust seine Interessen in der Weltwirtschaft zu vertreten, scheint wenig rational. Dem US-Bundesstaat New York ist es in über 200 Jahren US-Geschichte nicht eingefallen, die USA verlassen zu wollen, um auf eigene Faust dann die Interessen der Menschen dieses Bundesstaates zu vertreten. Die EU bleibt natürlich aufgefordert, wichtige Reformen anzugehen. In einer ersten Phase wird hier eine Art Konsolidierung und sicher auch weniger Regulierung angebracht sein. In einer zweiten Phase – nach einer offenen Debatte – wären zumindest in der Eurozone Schritte hin zu einer Politischen Union zu erwägen. Es bleibt am Ende in Sachen BREXIT die Feststellung, dass der britische Premier Cameron wegen Konflikten mit EU-Skeptikern in seiner Partei quasi ein ganzes Land als Wahlgeisel genommen hat: Wo eine Mitgliederbefragung in der Konservativen Partei in Sachen Kurs der britischen Europapolitik ausgereicht hätte, wurde von Cameron eine nationale Volksbefragung gemacht. Diese hat er unterhalb eines normalen Mindestinformationsstandards für die Haushalte miserabel organisiert, mit einem BREXIT-Bericht des Finanzministeriums, der erst am 18. April dem Parlament zugeleitet wurde (es sei angemerkt, dass der Premierminister seinen Amtssitz in Downing Street 10 hat; das Finanzministerium sitzt in Downing Street 11 – offenbar war die Distanz zu groß für eine vernünftige Koordinierung in Sachen Wählerinfo). Das historische Referendum vom 23. Juni 2016, für das die Cameron-Empfehlung hieß, in der EU zu bleiben, hat Cameron verloren und dann Mitte August auch sein Amt als Premierminister.

Fremdenfeindlichkeit nimmt nach BREXIT zu

Es sei hier angemerkt, dass die nach der BREXIT-Entscheidung sichtbarere und stärker werdende Fremdenfeindlichkeit – und neuer Rassismus – in Teilen der britischen Gesellschaft in UK eine sehr bedenkliche und insgesamt anti-europäische Entwicklung darstellt, die nicht nur die ökonomischen Entwicklungsperspektiven beschädigt. Die politische Signalwirkung in Europa ist deutlich und in normativer Sicht negativ: gegen Integration, Toleranz und internationale Kreativität gerichtet. Besonders stark betroffen von fremdenfeindlichen Reaktionen nach dem BREXIT-Votum waren osteuropäische Zuwanderer in Großbritannien, darunter auch solche aus Polen. Auch in Polen wiederum, wo die nationalistische Regierung mit ihrer Rhetorik Fremdenfeindlichkeit aktiv befördert – auch noch im Schatten von Teilen der polnischen Katholischen Kirche, die mit der Regierungspartei PiS sichtbar verbündet ist –, scheint sich eine ähnliche Fehlentwicklung zu vollziehen. Die Nationalisten fühlen sich durch den BREXIT ermutigt. Dies gilt auch in einigen anderen Ländern Europas, teilweise auch in Regionen Deutschlands. Dem gilt es entgegen zu treten. Ein EU-Land mit fremdenfeindlicher Politik ist intellektuell kein EU-Land und eine Regierung, die gegen Fremden- und Europafeindlichkeit nicht öffentlich Stellung bezieht, stellt sich eigentlich außerhalb der Europäischen Union. Die BREXIT-Entscheidung hat hier internationale Wirkungen, die auch wirtschaftliche Kooperation und Expansion sowie damit auch Arbeitsplatzschaffung beschädigt.

Es ist einerseits sicherlich nachvollziehbar, dass Menschen in allen EU-Ländern an ihrer regionalen und nationalen Kultur hängen und gelegentlich dann auch Vorbehalte gegen Zuwanderer entstehen. Zumal dann, wenn es keine vernünftige Wohnungsbau-, Bildungs- und Integrationspolitik vor Ort, in der Region und national gibt. Die EU selbst hat aber immer den Wert der Vielfalt betont und wird sicherlich gut daran tun, daran festzuhalten, allerdings ist zugleich ein nachhaltiger Fokus auf Integration und Toleranz zu legen. Mehr Städtepartnerschaften in der Europäischen Union sind einer der möglichen Ansatzpunkte zur besseren Vernetzung eines Europas der Bürgerinnen und Bürger.

Das Politikversagen bei der Kommunikation mit den Wählern durch die Cameron-Regierung zeigt nicht nur miserables politisches Handwerk in London, sondern ist vermutlich auch Ausdruck eines generellen Problems westlicher Gesellschaften. Sie sind in Wirtschaft und Politik zu kompliziert geworden, nicht vernünftig gestaltbar. Die Politik hat insofern dann auch ein Globalisierungsproblem, als etwa auf den G20-Gipfeltreffen laut Pressekommuniqué Dutzende von Punkten versprochen werden, deren Einhaltung aber bisweilen nur in minimaler Dosierung erkennbar ist. Wenn britische Politik schon kein Referendum mehr regelkonform im 21. Jahrhundert durchführen kann, dann ist der Politikbetrieb in der zweitgrößten Volkswirtschaft der EU offenbar desorganisiert und überfordert. Das lässt dann vermuten, dass die Politik auch in anderen Bereichen nicht sorgfältig arbeitet und das kann dann Demokratie und internationale Kooperation massiv beschädigen. Wenn UK aus der EU austritt, so werden sicherlich viele Briten gerade in Belgien und Luxemburg – mit vielen EU-Institutionen – versuchen, einen belgischen beziehungsweise luxemburgischen Pass zu bekommen. Das wird dann auch ein gewisser Brain Drain zulasten von Großbritannien sein: Einige der besten Köpfe wird Großbritannien dann an andere EU-Länder verlieren.

Die Abkehr von den EU27-Ländern kann man als eine historische Unterbrechung einer vierhundertjährigen britischen Internationalisierung sehen. Ob ein Land, das sich Europa entziehen will, erfolgreich bei einer Art dann folgenden asiatischen Internationalisierung von UK sein kann, ist zu bezweifeln. Die kulturelle Distanz zwischen UK und Ländern in Asien dürfte ja größer sein als die zwischen UK und den EU27-Ländern. Die Einkommensunterschiede zwischen den Ländern Asiens und UK sind größer als die zwischen den EU27-Ländern und UK, so dass der langfristige Migrationsdruck aus Asien Richtung UK noch größer sein könnte als der Druck aus den EU27-Ländern, die geographisch allerdings natürlich näher an Großbritannien liegen als die Länder Asiens.

Mit dem BREXIT stellt sich das Risiko einer EU-Desintegration und die Europäische Union und die Mitgliedsländer sind gefordert, zügig vernünftige Reformen auf den Weg zu bringen. In den Verhandlungen mit Großbritannien werden sicherlich Interessen prägend sein, für die EU27 gilt es dabei darauf zu achten, dass die Bedingungen für UK beim Binnenmarktzugang nicht allzu günstig sind – nämlich so, dass andere EU-Länder keine Ermutigung für einen BREXIT II verspüren. Es gibt eine europäische und globale Verantwortung der EU und es ist im Interesse der Weltwirtschaft, dass die bestehenden Integrationsräume gut und nachhaltig funktionieren. Den Gefahren einer EU-Desintegration können am ehesten kluge Reformen entgegenwirken. Eine Neo-EU könnte längerfristig als Politische Union entwickelt werden und dabei auch eine funktionsfähige Eurozone realisieren. Das britische Referendum hat viele Fragen aufgeworfen, die vorliegende Analyse hat erste Antworten hoffentlich klar vorgelegt und auch einige Zukunftsoptionen aufgezeigt. BREXIT schafft definitiv neue Gefahren, zugleich entstehen neue Entwicklungschancen für Europas Zukunft. Diese sollten von einer unwissenden Politik oder einer politisch schlecht informierten Wählerschaft gewiss nicht – aus Versehen – verspielt werden.

21

Zusammenfassung

Die BREXIT-Volksbefragung in Großbritannien vom 23. Juni 2016 erscheint kurz nach der Entscheidung fast wie ein Referendumsunfall: massiver Einbruch beim Pfundkurs und den Immobilienpreisen – wichtig für Erträge aus privaten Kapitalversicherungen – und eine zeitweise offenbar handlungsunfähige Konservative Partei: nach dem angekündigten Rücktritt von Premier Cameron. Zudem gibt es eine Rebellion bei der Labour-Partei gegen Parteichef Corbyn. Die Briten haben mit ihrer BREXIT-Entscheidung im Land für eine Überraschung gesorgt. Die neue Regierung von Theresa May, mit dem für die Austrittsverhandlungen zuständigen einflussreichen Minister David Davis, wird das EU-Austrittsverfahren bald vorantreiben und wohl bis 2019 den BREXIT vollziehen. Dabei gibt es aber schon das Problem, dass für das Anrufen von Artikel 50 des Lissaboner Vertrages (EU-Austrittswunsch) eine Parlamentsmehrheit notwendig ist, wie Mitte September 2016 der Verfassungsausschuss des Oberhauses festgestellt hat. Im Unterhaus aber sitzt (bisher) eine Mehrheit von Abgeordneten, die für eine britische EU-Mitgliedschaft ist. Das Buch „BREXIT aus Versehen" zeigt als einen Kernbefund, dass bei ordnungsgemäßer Informationspolitik der Regierung Cameron in Sachen ökonomische Effekte des BREXIT beziehungsweise der britischen EU-Mitgliedschaft eine klare Pro-EU-Mehrheit am 23. Juni Ergebnis des Referendums gewesen wäre (52,1 %); auf Basis bekannter ökonometrischer Zusammenhänge von Popularität der Regierung und Wirtschaftswachstum kann man dies mit sehr hoher Wahrscheinlichkeit feststellen. Ein massiver historischer Informationsfehler bei der Versandaktion der Regierungsinfos an die privaten Haushalte, ein groteskes Koordinierungsversagen der Cameron-Regierung, werden hier aufgedeckt: Der BREXIT ist ohne klare Legitimationsbasis und ohne ökonomischen Verstand. Die britischen Haushalte blieben im Gegensatz zum Schottland-Referendum in 2014 in 2016 beim EU-Referendum ohne ökonomisch wichtige Informationen, und zwar allein aufgrund des Regierungsversagens in Großbritannien. Die britische Regierung hat Großbritannien und Europa leichtfertig und unverantwortlicher Weise in ein grob fehlerhaftes Referendumsergebnis gestürzt und das Land so nach 400 Jahren internationalem

© Springer Fachmedien Wiesbaden GmbH, ein Teil von Springer Nature 2018
P. J. J. Welfens, *BREXIT aus Versehen*, https://doi.org/10.1007/978-3-658-21458-6_22

britischen Engagement in der Weltwirtschaft in eine europafeindliche und europaferne Position gebracht, die eine Schwächung des Westens insgesamt ist. Die fehlende Wahrnehmung grundlegender Informationspflichten der Regierung beschädigt das Ansehen Großbritanniens und ist ein Affront der Cameron-Regierung gegen die britischen Wähler und die EU-Partnerländer. Nach diesem grob fahrlässig durchgeführten Referendum kann die britische Regierung keinesfalls erwarten, dass die EU bei Fragen nach einem EU-Binnenmarktzutritt Großbritannien großzügig entgegen kommt. Es bedarf in London und in Brüssel in den Parlamenten einer Untersuchungskommission zu den Irregularitäten der regierungsseitigen Informationspolitik im Vorfeld des 23. Juni.

Auch bei einem knappen Sieg der EU-Befürworter in UK gäbe es sicherlich Grund für Reformen in der EU. Ohne ein zweites Referendum mit klaren ökonomischen Befunden der von der Cameron-Regierung erstellten Analyseergebnisse beim Finanzministerium – rund 10 % Einkommensverlust bei EU-Austritt plus Steuersatzanstieg zwischen 4 und 10 Prozentpunkten – kann man nicht wissen, wie der Wählerwillen bei Normalinformation der Haushalte/Wählerschaft gewesen wäre. Die aus dem völlig verzerrten Referendumsergebnis vom 23. Juni gezogenen weitreichenden Schlussfolgerungen in großen Bereichen der Politik sind unhaltbar.

Der alte Premier Cameron hat nach dem Referendum angekündigt, den offiziellen Schritt zum EU-Austritt nach Wahl eines neuen Parteichefs bei den Konservativen seinem Nachfolger zu überlassen: Anzeichen dafür, dass es für den EU-Austritt keine Vorweg-Planungen gab. Der EU-Austritt Großbritanniens markiert aber nicht nur eine historische Selbstschwächung des Landes und eine Destabilisierung der Europäischen Union, sondern es ergeben sich überhaupt neue Fragen zum Verhältnis von Nationaler Politik, Integration, Globalisierung, Demokratie, Neo-Nationalismus.

Man kann mit Blick auf eine Mehrheitsentscheidung beim britischen EU-Referendum gegen die EU-Mitgliedschaft in 2016 verschiedene Interpretationen für angemessen halten. Im Kern wird hier eine klare Analysesicht vertreten: Relativ schlecht informierte, verunsicherte und eher wenig gebildete Bevölkerungsschichten haben mit ihrem Nein den Ausschlag für den historischen Austritt aus der EU gegeben – das kann kein Vorwurf an BREXIT-Wähler sein, sondern zeigt, dass unzureichendes Erklären von ökonomischen Zusammenhängen und fehlende Investitionen von EU-Mitgliedsländern in Bildung nachhaltige EU-Integration unmöglich machen können. Das britische Finanzministerium veröffentlichte erst im April 2016 den Bericht zu den ökonomischen Kosten eines britischen EU-Austritts; acht Wochen vor dem Referendum. Bei EU-Testfragen konnten nach Angaben einer Bertelsmann-Studie aus 2016 nur 49 % der befragten Briten mindestens eine von zwei EU-Fragen korrekt beantworten. Dass Teile der Wählerschaft kaum noch Vertrauen in die regierenden Eliten in Wirtschaft und Politik haben, ist auch deutlich geworden – eine Vertrauenslücke, die sich seit der Transatlantischen Bankenkrise aufgetan hat und eigentlich für eine wirtschaftspolitische Kompetenzlücke von ökonomischen Regierungsberatern und der britischen Regierung in Sachen Banken- und Finanzmarktregulierung steht (die US-Regierung spielt hierbei auch eine Rolle, da ja die Bankenkrise von den USA ausging). Die Bankenkrise wiederum ist mittelbar auch für den BREXIT verantwortlich, weil die im Kontext dieser Krise entstehenden Riesendefizite im Vereinigten Königreich die Regierung zu massiven Konsolidierungsversuchen – also Ausgabenkürzungen und Steuererhöhungen – veranlassten. Die konservative Cameron-Regierung hat ihrerseits ganz bewusst zwecks Defizitminderung die nationalen Mittelzuweisungen an die Städte gekürzt, was dort vielfach das Bild eines unzureichenden öffentlichen Diensteangebots entstehen ließ: Mit der Konsequenz, dass viele Wählerinnen und Wähler nun bei relativ überschaubaren Zuwandererzahlen plötzlich ein akutes Immigrationsproblem vermuteten, hinter dem angeblich massiv Zuwanderung aus EU-Ländern stand: bei 0,2 % jährlichem Bevölkerungszuwachs durch aus EU-Ländern stammende Zuwanderer ist das eine sicherlich fragwürdige Sichtweise, von der eigentlichen Fehlinterpretation ganz abgesehen.

Da auch viele britische Industriearbeiter offenbar gegen die EU-Mitgliedschaft gestimmt haben, wird im Übrigen vermutet, dass beim BREXIT-Votum auch Verdruss über ein Übermaß an Globalisierungsdruck eine Rolle gespielt habe. Tatsächlich sind die Arbeitsbedingungen britischer Arbeitnehmer im EU-Vergleich teilweise schlecht: 3,9 % der Beschäftigten als Zeitarbeiter stehen für gut das Doppelte des EU-Durchschnittswertes und etwa 750 000 Beschäftigte sind in einem Null-Stunden-Vertrag – nur die tatsächliche monatlich geleistete unregelmäßige Stundenzahl wird entlohnt: sehr schlechte Jobs für Ungelernte. Mag auch eine gewisse Anti-Globalisierungseinstellung als BREXIT-Impuls mitgewirkt haben, so muss man doch sehen, dass die Europäische Union wohl gegen die Risiken der Globalisierung einen besseren Schutz bieten kann als das 1/5 so große Vereinigte Königreich nach dem BREXIT. Schlimmer noch mit Blick auf die Globalisierungsskeptiker: Die neue Regierung May wird sehr viel unternehmen, um die Globalisierung des Vereinigten Königreiches noch weiter zu beschleunigten, und zwar auch zu schlechteren Bedingungen, als die Briten sie bei einer EU-Mitgliedschaft in Verträgen mit den USA, Kanada, Indien, Mercosur oder China hätten bekommen können. Geht es nach den vor dem BREXIT bekundeten Vorstellungen des mächtigen Exit-Ministers David Davis wird das Vereinigte Königreich zügig zahlreiche Freihandelsverträge mit anderen Ländern schließen wollen. Handelsminister Fox äußerte ähnliche Ziele. Die Globalisierung wird sich intensivieren, verstärkte Einkommensungleichheit im Vereinigten Königreich ist dann ein Nebeneffekt – und dennoch wird dies eine konservative Regierung mit Blick auf ihre Wählerschaft eher wenig interessieren; bis dann das Pendel der Unzufriedenheit zu einem Regierungswechsel führt und dann auch zu einer gewissen politischen Radikalisierung führen könnte. Ob der BREXIT also von daher für UK als nachhaltig angesehen werden kann, wird man bezweifeln können. Das Referendum wirft aber in allererster Linie auch Fragen nach der Rolle von ganz massiven Informationsdefiziten auf, für die die Cameron-Regierung verantwortlich zeichnet; niemand aus der Regierung hat nach dem Referendum ein kritisches Wort dazu geäußert, obwohl etwa die Unterschiede in der Londoner Informationspolitik der Cameron-Regierung beim Schottland-Referendum 2014 – da ging es um eine mögliche schottische Unabhängigkeit – gegenüber dem EU-Referendum sehr groß und sichtbar waren.

Das EU-Referendum vom 23. Juni 2016 war unfair und nicht konform mit elementaren Mindesterfordernissen für Wählerinfos von britischer Regierungsseite, wie eine neue EIIW-Studie erstmals verdeutlicht: Es gab keine direkten Haushalts-Infos zu den großen negativen Einkommenseffekten (-6,2 % in der Hauptvariante) im Fall eines britischen EU-Austritts, obwohl die Cameron-Regierung selbst die Zahlen dafür Anfang April beim britischen Finanzministerium in einer Studie zur britischen EU-Mitgliedschaft vorliegen hatte. Das Gutachten wurde sonderbar spät am 18. April veröffentlicht, die Versandaktion von 16 Seiten Regierungsinfos begann aber schon zuvor in England. Demgegenüber hatte die Regierung zum schottischen Unabhängigkeitsreferendum am 18. September 2014 umfassend und rechtzeitig in Broschüren über die ökonomischen Effekte eines Austritts Schottlands aus der Union mit England, Wales und Nordirland die Haushalte informiert: Beim Erhalt der britischen Union hat sich die Cameron-Regierung mit einer professionellen Informationskampagne engagiert, beim EU-Referendum 2016 hingegen nicht.

Man kann es nur als ein groteskes Koordinationsversagen bezeichnen, dass der Finanzministeriums-Bericht zu den langfristigen BREXIT-Effekten HM GOVERNMENT (2016), HM Treasury Analysis: the long-term economic impact of EU membership and the alternatives – erst am 18. April 2016 veröffentlicht wurde, der Versand der Infobroschüre an die Haushalte in England hingegen schon eine Woche vorher begann und mysteriöserweise dabei aus der Finanzministeriumsstudie einzig die Zahl von 3 Millionen britischen Jobs nannte, die von Exporten in die EU abhingen. Von den drohenden Einkommensverlusten von 3-10 % im BREXIT-Fall, je nach Analysevariante im Bericht des Finanzministeriums, gab es kein Wort auf 16 Seiten Info, die Basis für das Referendum am 23. Juni 2016 waren.

Während die britische Regierung beim Schottland-Referendum vom 18. September 2014 die britische Union (UK) mit rechtzeitigen ökonomischen Infobroschüren (26. März und 2. Juni 2014) sichern half, war ihr die Fortsetzung der britischen EU-Mitgliedschaft in der EU keine professionelle Info-Arbeit wert. Mit einer Veröffentlichung am 18. April 2016 für das EU-Referendum am 23. Juni war die Publikation des Finanzministeriums grotesk verspätet. Die Cameron-Regierung hat dem EU-Referendum offenbar einen viel geringeren Wert beigemessen als dem schottischen Unabhängigkeitsreferendum und den britischen Bürgerinnen und Bürgern wichtige ökonomische Befunde der Regierung vorenthalten. Das ist unakzeptabel.

Für viele Beobachter war der BREXIT bei der britischen Volksbefragung am 23. Juni eine Überraschung, die zeigte, dass Premier Camerons Strategie nicht aufging: Der hatte 2013 angekündigt, im Falle seiner Wiederwahl ein Referendum zur britischen EU-Mitgliedschaft durchzuführen. Nach einer klaren Wiederwahl war Cameron 2015 unter Zugzwang und setzte dann am 20. Februar 2016 für Juni 2016 das Referendum an. Das war aus Camerons Sicht unmittelbar nach erfolgreichen Verhandlungen mit der Europäischen Kommission zur Verbesserung britischer Mitgliedsbedingungen. Empfehlung der Regierung: Zustimmung zum Verbleib in der EU. Das Ergebnis – 51,9 % gegen die britische EU-Mitgliedschaft und damit kam auch der Rücktritt von Cameron. Was das BREXIT-Referendum angeht, so gab es – bislang unbeachtet – aber so große Informationsdefizite auf Seiten der Regierung, dass wegen Verfahrensfehlern im zweiten je durchgeführten britischen Referendum massive Zweifel an der Volksbefragung bestehen, wie die Analyse der Fakten zeigt.

Ein industrialisiertes Land, das eine Volksbefragung zu einem möglichen EU-Austritt ansetzt, wird rationalerweise regierungsseitig im Vorfeld des Referendums eine Analyse zu den wirtschaftlichen Vorteilen der EU-Mitgliedschaft (oder spiegelbildlich zu den Kosten des EU-Austritts) vorlegen und den Wählern die wichtigsten Ergebnisse auf direktem Weg mitteilen: Per Versand von Infos an die Haushalte, denn bei einer Volksbefragung kommt es ja auf eine wirklich flächendeckende Information der Wählerschaft an. Genau das aber machte, so unglaublich es klingt, Camerons Regierung nicht. Finanzminister Osborne legte ohne Grund den entsprechenden Bericht zu den langfristigen EU-Vorteilen nicht rechtzeitig zum Versand einer 16seitigen Regierungsinfo-Broschüre vor und obwohl regierungsintern alle Zahlen des Osborne-Berichts bekannt waren, kam keine Einkommens-Zahl aus der wichtigsten offiziellen Wirtschaftsstudie zur

BREXIT-Frage in die versandte 16-Seiten-Broschüre „**Why the Government believes that voting to remain in the European Union is the best decision for the UK**": Der regierungsseitige Versand der 16-seitigen Infobroschüre erfolgte an alle Haushalte in England vom 11. bis 13. April 2016, hätte aber auch ohne Probleme erst eine Woche später erfolgen können: nach der Veröffentlichung des Regierungsberichtes zu den langfristigen ökonomischen Vorteilen der britischen EU-Mitgliedschaft beziehungsweise der Übersendung ans Parlament. Kein Wort zum Kern dieser wichtigen Studie, welche die langfristigen britischen Vorteile einer EU-Mitgliedschaft mit 3-10 % – plus nochmals 4 % für absehbare weitere Vorteile bei einer britischen Mitgliedschaft – beziffert, findet sich in den Infos für die britischen Haushalte; mit dieser Info in der regierungsseitigen Haushaltsbroschüre und der Zahl von mehr als 3 Prozentpunkten zu erwartender Steuererhöhung bei EU-Austritt hätte sich auf Basis bekannter Popularitätsfunktionen (ein klassischer Beitrag ist FREY/SCHNEIDER, 1978, gefolgt von ähnlichen neueren Publikationen) eine deutliche Verminderung des BREXIT-Stimmenanteils erwartet – die Pro-EU-Seite hätte mit 52 % gewonnen. Das ist gerade das Gegenteil des Referendumsergebnisses vom 23. Juni. Der Anteil der Haushalte, der über Zeitungsberichte das Gutachten des Finanzministeriums mit seinen Zahlen wahrnahm, war sicherlich relativ gering und eher bei gut gebildeten Haushalten (mit Lektüre der Wirtschaftspresse oder der Times oder des Guardian) zu verorten, die ohnehin zur Pro-EU-Seite neigten. Die Modellierung des Finanzministeriums zu den BREXIT-Effekten erscheint als insgesamt solide – wie auch einige unabhängige Fachökonomen bescheinigten – und ignoriert dabei noch negative Realeinkommenseffekte bei der EU27 und von dort ausgehende negative Rückwirkungen auf UK. Dass sich die britischen Wähler bei Normalinformationsstand (inklusive ökonomischer Kerninfos) mit klarer Mehrheit von über einer Million Stimmen gegen einen BREXIT ausgesprochen hätten, ist anzunehmen: 2016 brachte in Großbritannien von daher einen BREXIT aus Versehen.

Wenn man aber die wichtigste ökonomische Information in der Info-Regierungsbroschüre vergisst oder unterdrückt – am 18. April vom Finanzminister laut Website als Pressetext so dargestellt, dass den britischen Haushalten 4 300 Pfund Einkommenseinbuße bei einem BREXIT bzw. ein Einkommensrückgang pro Haushalt von 6,2 % über 15 Jahre drohten – dann ist man als Regierung offenbar in der Info-Politik unprofessionell und verantwortungslos. Dass die Regierung diesen Einkommensrückgang mit keiner Zeile erwähnt, hingegen in den 16-Seiten-Info-Broschüre die Zahl aus dem Bericht des Finanzministeriums, wonach 3 Millionen britische Jobs von den Exporten nach Europa abhingen (von Minister Osborne in der Pressemitteilung vom 18. April werden die 3 Millionen erwähnt), zeigt: Man hätte die Hauptinfos aus dem Bericht des Finanzministeriums in die Info-Broschüre der Regierung einbauen können und müssen. Wenn der drohende Einkommensrückgang von 6,2 % – fast ein Monatsgehalt – aus Regierungssicht tatsächlich offenbar nicht wichtig genug war, den Haushalten kommuniziert zu werden, dann hat die Cameron-Regierung keine Fähigkeit, die Wichtigkeit von Informationen zu einem EU-Referendum angemessen und verantwortungsvoll zu beurteilen: Diese Zahl ist ökonomisch gesehen wohl die wichtigste Info zur Frage der britischen EU-Mitgliedschaft für die Haushalte überhaupt.

Den Haushalten in Wales, Schottland und Nord-Irland wurden die 16 Seiten Regierungs-Infos, die laut Überschrift der ersten Seite erklären, weshalb die Regierung eine EU-Mitgliedschaft für die beste Option mit Blick auf das anstehenden Referendum vom 23. Juni ist, erst in der Woche am 9. Mai zugesandt (wegen lokaler Wahlen); und wieder keine Zeile zu den Einkommenseffekten in der Studie des Finanzministeriums, die im Kern für jeden Haushalt insgesamt besagt, dass BREXIT darauf hinausläuft, ein bis zwei Monatsgehälter zu verlieren. Kein Wort zum geschätzten Rückgang der Einkommen pro Haushalt von fast 4 000 € als eine mittlere Schätzung von drei untersuchten Situationen. Das ist faktisch eine Art Informationsmanipulation und ergibt dann ein infomäßig verzerrtes EU-Referendum, das kaum als regulär und fair gelten kann. Die britische Regierung hatte nicht nur eine Verantwortung gegenüber den britischen Bürgern, sondern auch gegenüber den EU-Partnerländern – faktisch ergab sich ein grobes historisches Politikversagen unter Premier Cameron.

Dabei waren die schockierenden Zahlen aus dem Bericht regierungsintern schon in der ersten April-Woche bekannt, so dass man ausgewählte Befunde bzw. Zahlen bei einer ab 13. April laufenden Versandaktion für die englischen Haushalte hätte einführen können. Entweder war die britische Cameron-Regierung unglaublich desorganisiert beim EU-Referendum oder es gab womöglich eine bewusste Verzögerung von EU-Gegnern im Finanzministerium, die dazu beitrug, dass der Versand der Regierungsbroschüre an die privaten Haushalte ohne Info zu den Einkommens-Befunden des Finanzministeriums erfolgte.

Das Ganze ist faktisch ein grober Verfahrensfehler, wobei man davon ausgehen kann, dass eine diffuse Information der Haushalte über Presseberichte nicht einmal 1/5 so stark wirken konnte wie die Darlegung der ökonomischen Nachteilszahlen des BREXIT in einer allen Haushalten zugeschickten Broschüre (vermutlich haben vor allem EU-Befürworter einige der über die Wirtschaftspresse vermittelten Zahlen aus dem Gutachten des Finanzministeriums aufgenommen, weniger aber unentschiedene Wähler und BREXIT-Befürworter aus ärmeren Schichten – für die 10 % Einkommensverlust zudem viel gewichtiger sind als für die Schichten mit guter Bildung und höherem Einkommen). Mögen

die Briten im Referendum abstimmen, wie auch immer sie es für richtig halten.
Aber ohne eine rechtzeitige ökonomische Hauptinfo in den regierungsseitigen
Unterlagen für die Haushalte ist das Referendum völlig verzerrt; unfair gegenüber der eigenen Bevölkerung und auch der EU. Man kann davon ausgehen, dass
vor dem Hintergrund üblicher Wahlanalysen für UK oder andere OECD-Länder ökonomische Aspekte immer als gewichtige Stimmabgabe-Faktoren gelten.

Wenn es aus Regierungssicht für Haushalte in Schottland, Wales und Nordirland offenbar ausreichte, die Regierungsinfos Anfang Mai zu bekommen,
dann hätte man landesweit den Versand Anfang Mai mit den wichtigen relevanten Zahlen aus dem Bericht vornehmen sollen. Es entsteht für Briten und
EU27-Bürger der Eindruck, dass diese Zahlen, die gegen BREXIT sprachen,
unterdrückt worden sind. Das ist grob fehlerhaft, irreführend, unfair und lässt
Zweifel daran entstehen, dass man das britische Referendumsergebnis vom 23.
Juni ernst nehmen kann. Hier gibt es von daher auch klare Gründe, ein zweites
Referendum zu fordern, zu dem die Regierung die Hauptinfos rechtzeitig – also
etwa vier Monate vor dem Abstimmungstag – vorlegen müsste. Dass Finanzmi-
nister Osborne und Regierungschef Cameron unfähig waren, den wichtigsten
Regierungsbericht zu den britischen EU-Austrittskosten mit dem Versand der
offiziellen Regierungsinfos an alle Haushalte im Vereinigten Königreich terminlich vernünftig zu koordinieren, ist unglaublich: Ein Skandal in London, mit
Auswirkungen auf Europa und die Welt. Hätte die Info-Broschüre der Regierung
den Satz enthalten: Laut Treasury-Studie verliert im Fall eines EU-Austritts jeder
Haushalt umgerechnet sein Dezember-Einkommen in 2020, so wären etwa 52 %
als Referendumsergebnis für den Verbleib von UK zu erwarten gewesen – soweit
man die Befunde der ökonometrischen Wahlforschung für UK betrachtet. Ohne
ein zweites Referendum kann man nicht wissen, was die britischen Bürger – auf
Basis vernünftiger Informationen – zur EU-Austrittsfrage wirklich wollen. Man
kann aus dem Referendum 2016 kaum vernünftige Schlüsse ziehen.

Wenn die Cameron-Regierung nur ein derartig desorganisiertes Referendum zustande gebracht hat, stellt sich wohl auch die Frage, warum die EU
überhaupt Großbritannien freundliche Verhandlungen über den Zugang zum
EU-Binnenmarkt anbieten soll. Ein Mindestmaß an Ernsthaftigkeit und Pflichtbewusstsein müssen EU-Kommission und die Bürger Europas (und der USA)
von der Regierung in London erwarten können. Man kann sich auch kaum
vorstellen, dass die Queen of England eine solche Desorganisation bei der Informationspolitik der Regierung gut heißen könnte.

Am 11. April 2016 hatte Europa-Minister Lidington erklärt, dass die 16seitige
Info-Regierungsbroschüre mit Bezug auf das kommende Referendum ins Internet gestellt worden sei und nun per Post an die Haushalte zuerst in England,

dann in die anderen Landesteile – wegen dort noch anstehender lokaler Wahlen zeitlich später – zusätzlich versendet werde: „... Jeder Haushalt in diesem Land wird eine Regierungsbroschüre erhalten. Diese Broschüre erläutert **die Fakten**, erklärt, **weshalb die Regierung der Ansicht ist, dass für einen Verbleib in der Europäischen Union zu stimmen im besten Interesse des britischen Volkes ist** und zeigt einige der zu treffenden Auswahlentscheidungen auf, welchen sich das Land gegenüber sehen würde, falls die britische Bevölkerung für einen Austritt stimmt (... every household in the country will receive a leaflet from the Government. The leaflet sets out the facts, explains why the Government believes that a vote to remain in the European Union is in the best interests of the British people and shows some of the choices that the country would face if the British people were to vote to leave).

Mit Blick auf die hier vom Autor fett markierten Worte der Aussage von Lidington kann man nur feststellen, dass ohne den Finanzministeriumsbericht über die langfristigen ökonomischen Vorteile einer britischen EU-Mitgliedschaft offenbar für die Wählerschaft unklar ist, was die relevanten Fakten zu einem britischen EU-Austritt sind; beziehungsweise welches offenbar besonders wichtige Argumente der Regierung für ein Verbleiben des Landes in der Europäischen Union sind. Die Regierung hat sich auch nicht die Mühe gemacht, die digitale Info-Broschüre im Internet mit Schätzungen zu den Einkommenseffekten für den BREXIT-Fall aus dem Finanzministeriumsbericht zu aktualisieren.

Im Übrigen: Der Wissensstand der Wählerschaft in Großbritannien war unglaublich schlecht in Sachen EU; und das galt vor einem seit Jahren auf der politischen Agenda der Cameron-Regierung schwebenden historischen EU-Referendum. Am Tag nach dem Referendum, so CNN, hieß das zweithäufigste europabezogene Google-Suchwort in Großbritannien: What is the EU? Die Bertelsmann-Stiftung zeigte im Frühjahr 2016, dass nur 49 % der befragten Briten mindestens eine von zwei einfachen EU-bezogenen Fragen richtig beantworten konnten. 53 % war der Anteil bei den befragten Polen, wobei Polen erst 2004 Mitglied der EU wurde, 31 Jahre später als das Vereinigte Königreich. Der entsprechende Anteilswert für Deutschland: 81 %. Nach einem vernünftigen Umfeld für eine rationale Entscheidung bei einem historischen britischen Referendum sieht all das nicht aus; es ist eine Volksbefragung, die unprofessionell organisiert war und unfair. Eine zweite Volksbefragung zu einem sinnvollen Zeitpunkt mit rechtzeitigen und vollständigen Infos zu wichtigen Fakten von Regierungsseite ist zu fordern.

Gemäß Opinion Research-Umfrage vom März 2016 war die Immigrationsfrage aus Wählersicht mit Blick auf Großbritannien die wichtigste Frage mit einer Nennungsquote von über 50 %. Die Immigrationsproblematik aber hatte

Cameron indirekt selbst zum BREXIT-Thema gemacht, indem er die kommunalen Finanzzuweisungen seiner Regierung von 10 % des Bruttoinlandsproduktes im Fiskaljahr 2009/10 auf 6.5 % im Fiskaljahr 2014/15 massiv herunterdrückte. Es ergab sich bei den städtischen Wählern wegen dieser riesigen 35 %-Kürzung der Finanzzuweisungen Camerons ein Gefühl der kommunalen Unterversorgung in hunderten Kommunen, die zu 4/5 ihr Budget aus London bekommen. Die Wähler aber sahen nun in den Zuwanderern den Sündenbock für die kommunale Unterversorgung, wobei die Budgetkürzungen Camerons direkte Folge der Bankenkrise 2008/09 waren, die zu unhaltbaren Defizitquoten von zeitweise über 10 % führte und dann eben große Haushaltskürzungen verlangte. Von daher: Die Transatlantische Bankenkrise hat in intransparenter Weise wegen Camerons Politik und wegen Camerons Mega-Kommunikationspanne in den BREXIT geführt. Es gab kein ordentlich organisiertes Referendum. Weder Premier Cameron noch seine damalige Innenministerin Theresa May, verantwortlich für Immigrationsfragen, hatten vor dem Referendum Mut und Verantwortungssinn, auch nur einen aufklärenden Satz zur Immigrationsfrage und den relevanten Fakten zu sagen.

Premier Cameron hat erlebt, dass im Vorfeld des BREXIT sechs Minister auf die Anti-EU-Position gingen und er hat diese Minister einfach weiter im Kabinett belassen. Wie kann man bei einem nach Meinungsumfragen knappen Referendumsausgang mit einer völlig zersplitterten Regierung in ein historisches Referendum gehen wollen? Da fehlt doch dann die Glaubwürdigkeit und offenbar Führungsstärke, diese Minister zu entlassen.

Warum Cameron im Übrigen im Vorfeld des Referendums versprochen hatte, er werde die Immigrantenzahl auf unter 100 000 zurück führen, ist unerfindlich, da es im EU-Binnenmarkt keine nationale Politikoption gibt, die Zahl der Zuwanderer einfach zu vermindern. Mit 150 000 EU-Zuwanderern in 2015 hat Großbritannien ohnehin nur 0,2 % Bevölkerungszuwachs aus der EU, wobei nach OECD-Angaben diese Immigranten eine höhere Erwerbsquote als der Durchschnitt in UK haben und auch fiskalisch für den Staat quasi ein Geschäft sind – die Zuwanderer sind überdurchschnittlich jung. Premier Cameron wollte mit einem gewonnenen Referendum die Anti-EU-Kritiker in seiner Partei ruhig stellen und hat aus einem innenpolitischen Grund ein für die britische Außenpolitik und Europa zentrales Referendum in Gang gesetzt: Ein Manöver, das angesichts des BREXIT-Ergebnisses grandios misslang und auch sonderbar insofern ist, als mit dem Referendum 34 Millionen Briten an die Urnen gerufen wurden, wo ja eine Abstimmung zu EU-Fragen unter 149 000 Mitgliedern der Konservativen genügt hätte.

Was ist das Resümee der Analyse? Wichtig ist, dass die Wählerschaft im Vereinigten Königreich unglaublich schwaches Wissen über die EU hat – sicher auch ein Fehler der Kommission mit ihrer bescheidenen Website der EU Delegation in London; und die fairerweise gebotenen mindestens vier Monate für die Verarbeitung der wichtigen Regierungs-BREXIT-Analysen nicht gewahrt wurden. Die von Boris Johnson im Vorfeld des Referendums als falsch dargestellte Analyse der britischen Zentralbank zu den BREXIT-Folgen vom Mai 2016 – Warnung vor Abwertung und Rezessionsdruck –, erweisen sich beide schon wenige Wochen nach der Volksbefragung als naive Johnson-Fehlbehauptung. Johnson gehört zu jenen Politikern, wie sein BREXIT-Kampagnen-Mitstreiter Gove, die den Rat von Experten gerne in den Wind schlagen und offenbar eine Art postfaktische Scheinwelt mit eingebauten Ängsten, Vorurteilen und Wissenschaftsfeindlichkeit fördern (dies ist in Deutschland ähnlich bei Teilen der AfD zu sehen; zudem auch bei anderen populistischen Parteien in Europa).

Diese schweren Mängel sprechen durchaus dafür, **ein zweites Referendum zur Frage der britischen EU-Mitgliedschaft durchzuführen** – noch vor 2019, dem Jahr der Wahl zum Europäischen Parlament. Es wäre zudem eine sinnvolle Aufgabe der EU, Mindestinformationsstandards bei EU-Referenden festzulegen: Insbesondere auch, dass RegierungsinfoDokumente mindestens vier Monate vor dem Abstimmungstag der Öffentlichkeit vorzulegen sind. Dass es bei Informationen zu Fragen beim Referendum auch besser geht, zeigt im Übrigen die Republik Irland, deren Unabhängige Referendumskommission – jeweils für ein Referendum gebildet – für Nachfragen von Journalisten und Öffentlichkeit zur Verfügung steht. Gravierende Fehlbehauptungen wie bei der BREXIT-Kampagne in UK wären bei Verfügbarkeit einer solchen Kommission unhaltbar. Die Rationalität britischer Politik steht mit dem Referendum deutlich in Zweifel und erst recht die Fähigkeit der britischen Regierung, ein EU-Referendum informationsgerecht und fair zu organisieren. Die EU-Kommission und die Regierungen sollten ernste und dringliche Fragen nach dem EXIT vom BREXIT stellen.

Mit dem BREXIT wird der Wachstums- und Stabilitätsnimbus der Europäischen Union zerstört. Die Desintegrationskräfte und der Populismus in verschiedenen EU-Ländern werden auf neue Weise ermutigt. Das wird Integration in Europa und in anderen Regionen der Welt erschweren, damit auch den Aufbau von Handelsnetzen, die regional konfliktmindernd wirken. Zugleich wird durch den EU-Austritt institutionelles Gemeinschaftskapital der Europäischen Union entwertet bzw. zerstört – man denke etwa an den Auszug von UK aus dem Europäischen Gerichtshof –, was zu künftigen Instabilitäten beiträgt. Mit dem BREXIT wird das EU-Verhandlungsgewicht global geschwächt, was für die EU-Länder Positions- und Nutzenverluste einerseits bedeutet, aber auch Druck zu erhöhten Militärausgaben: Wenn der ökonomische Markt- und Machtdruck bestimmte Zielpunkte kaum zu erreichen ermöglicht, werden militärische Optionen gewichtiger.

Die EU27 wird stärker als bisher von Deutschlands Gewicht geprägt werden, das sich durch den BREXIT erhöht und für Frankreich gilt das ähnlich, da nur dieses Land militärisch noch als besonders gewichtig in der EU gelten kann. Ob die EU27 zu integrationssichernden und wohlfahrtssteigernden Reformen fähig sein werden, bleibt abzuwarten. Die EU darf dem Vereinigten Königreich keinesfalls leichthin günstige Bedingungen beim EU-Binnenmarktzugang gewähren, da sonst der Anreiz für einige EU27-Länder, aus der EU auszutreten bzw. dem britischen Beispiel zu folgen, groß wäre: Es entstünde eine Desintegrationsspirale, die binnen von etwa zwei Jahrzehnten zur EU-Auflösung führte und natürlich auch zur Eurozonen-Zerstörung – Prozesse, die für Europa und die Weltwirtschaft zeitweise chaotisch und massiv destabilisierend wirken würden. Dem Aufstieg des Rechtspopulismus und des Nationalismus stünde dann nichts mehr im Weg, letztlich auch nicht einem Rückfall Europas ins späte 19. Jahrhundert, als die führenden Mächte noch 4 % des Bruttoinlandsproduktes für das Militärbudget verwendeten – also gut das Doppelte der Militärausgabenquote von 2015 in den führenden EU-Ländern. Eine Desintegrationsspirale dürfte Deutschland ökonomisch und politisch wohl zu einem Mitteleuropa-Politikansatz führen, der wohl dann unweigerlich wieder einen Gegensatz zu Russland, UK und Frankreich begründen wird. Allerdings gibt es im 21. Jahrhundert einen wichtigen Unterschied, da die globalen Führungsmächte USA und China heißen, wobei kaum ein Zweifel besteht, dass China ökonomisch und politisch zunehmend Einfluss auf Europa erhält. Chinas massive Direktinvestitionen in der EU nach 2008 sind da nur ein Vorbote, die erwartete Verdoppelung von Chinas Bruttoinlandsprodukt bis 2030 wird die materielle Basis hierfür verstärken, zumal es dann wichtigstes Waren-Exportland für etwa ein Drittel der jetzigen EU28-Länder sein dürfte.

Dass die Europäische Kommission unter ihrem Chef Barroso den Stabilitäts- und Wachstumspakt nicht richtig durchsetzte und mit einer Überregulierung in vielen Bereichen auch sehr fragwürdige Politikakzente setzte, ist ebenso unübersehbar, wie die beträchtliche Verunsicherung in Teilen der Juncker-Kommission, wo man sich nach erfolgversprechenden Reformen fragt. Allerdings hat Kommissionschef Juncker im September immerhin betont, dass die EU teilweise in einer Existenzkrise stecke. Wenn die Informations- und folgende Legitimitätslücke des Referendums am 23. Juni allgemein bekannt geworden sind – und dies ist völlig unvermeidlich nur eine Frage der Zeit –, so wird die EU-Kommission selbst klug bedenken wollen, welche Reform- und Heilungsmaßnahme in der

EU27 und gegebenenfalls auch in der EU28 angebracht sind. Für das Europäische Parlament stellen sich auch neuartige Fragen angesichts der Fakten.

Die EU27 braucht nochmals eine Art Cecchini-Bericht – damals zum Binnenmarktprojekt, jetzt zu den EU-Vorteilen insgesamt; es fehlt aber ein Projekt für das 21. Jahrhundert. Eine sozial-digitale nachhaltige Marktwirtschaft könnte ein solcher Impuls sein, den man auf Basis der IKT-Expansion definieren und als im Kern digitale Vernetzungsgesellschaft mit eigenständiger, begrenzter EU-Sozial- und Steuerpolitik der supranationalen Ebene umsetzen könnte. Eine digitale TV-basierte EU-Kommunikationsplattform in allen EU-Sprachen, die eine EU-Öffentlichkeit herstellt, wäre eine notwendige Bedingung für den hierfür notwendigen politischen Kommunikations- und Konsensprozess. Die Kommunikationspolitik der EU – schon als antiquiert bei TTIP sichtbar – bedarf dringend einer Modernisierung. Politiker stehen bei einer wegen des Internets zunehmend fragmentierten Öffentlichkeit national und international immer stärker vor Kommunikations- und damit auch Regierungsproblemen, da weder erwartungs- noch verhaltensrelevante Impulse durch Regierungskommunikation noch gut gelingt. Zahlenmäßig stark wachsende Nicht-Regierungsorganisationen sind ein zusätzliches Problem, wobei die EU-Kommission sich durch Projekt-Finanzierungen offenbar vor allem bei Umwelt-Nicht-Regierungsorganisationen Loyalität (die ihr insgesamt sonst schwach nur zukommt) quasi einkaufen zu wollen scheint. Dabei setzen diese Organisationen – mit oft geringem ökonomischem Fachwissen, aber einem gelegentlichen Anspruchsimperialismus (etwa zum Thema TTIP) – die EU-Kommission und Regierungen von EU-Ländern unter Druck, in Brüssel für ein Übermaß an Regulierung zugunsten der Klientel von einflussreichen Nichtregierungsorganisationen zu sorgen. Das ist besonders bedenklich, wenn Regierungsgelder/EU-Finanzierungsbeiträge mehr als 1/3 (manchmal mehr als 50 %) des Organisationsbudgets abdecken. Im Internet können radikale politische Kleingruppen – so auch beim BREXIT – ihre zum Teil kontrafaktischen sonderbaren Behauptungen viel leichter als früher politikrelevant formulieren und durch digitale Vernetzung auch postfaktische Scheinwelten erzeugen, die dabei auch Vorurteile vieler Nutzer leicht bedienen; noch dazu bei Nutzern mit geringem Bildungsgrad, die bei emotionalisierten Themen dann auch politisch relativ leicht zu mobilisieren sind. Zudem ist die EU durch das BREXIT-Votum stark geschwächt. Denn ihr gehen mit dem EU-Austritt von UK 18 % des Bruttoinlandsproduktes, 13 % der Bevölkerung und 19 % der Exporte (ohne Intra-EU-Handel) verloren. Aus US-Sicht ist die EU wegen des BREXIT handelsmäßig nun viel weniger attraktiv, da 25 % der US-Exporte in die EU28 ins Vereinigte Königreich gehen. Zudem ist der britische öffentliche Beschaffungsmarkt ein großer Markt, zu dem sich mit dem geplanten TTIP-Handelsliberalisierungsabkommen zwischen der Europäischen Union und den USA nun zunächst kein Zugang für Firmen aus den Vereinigten Staaten ergeben wird. Entsprechend werden die USA einen Teil der Liberalisierungsangebote, die man der EU vor dem BREXIT-Referendum bei den transatlantischen Handelsliberalisierungsverhandlungen gemacht hatte, vermutlich zurückziehen. Die EU ohne das Vereinigte Königreich ist bei TTIP und bei allen anderen internationalen Verhandlungen im Vergleich zur EU28 verhandlungspolitisch weniger gewichtig und kann daher in Zukunft für die EU27-Länder auch weniger an Vergünstigungen für EU-Firmen und letztlich indirekt auch an Einkommensgewinnen für die dort Beschäftigten erzielen. Die EU kann die Globalisierung entsprechend weniger nach den Interessen der Bürgerinnen und Bürger in der EU beeinflussen. Der Wert der Europäischen Union für die Bürgerinnen und Bürger der EU27 ist geringer als zuvor: Wenn man den britischen Anteil am Bruttoinlandsprodukt der EU nimmt, geht es um eine Schwächung um etwa 1/5; das ist schlimmer als hätten die USA Kalifornien verloren. In Brüssel ist man sich dieser Tatsache kaum bewusst, aber mit jeder TTIP-Verhandlung und mit jeder Handelsverhandlung mit Japan und anderen Ländern wird dies offensichtlicher werden. Die Tatsache, dass man in Berlin, Paris, Rom, Brüssel und anderen EU-Hauptstädten so tat, als ginge das BREXIT-Referendum nur die politischen Parteien im Vereinigten Königreich etwas an, zeigt eine einerseits verständliche Politikzurückhaltung, aber auch andererseits Mangel an Entschlossenheit, mit einem allgemeinen EU-Aufklärungsprogramm für die EU28 sich parallel zum BREXIT-Wahlkampf zu engagieren. Der Austritt des Vereinigten Königreiches schwächt die EU und das Vereinigte Königreich auf viele Jahre – in einer Zeit anhaltender globaler US-Dominanz und eines weiter wachsenden Gewichtes Chinas.

Eine Mehrheit der Wähler scheint die Globalisierung und die Integration zu fürchten, die BREXIT-Anhänger haben einen politischen Graben zwischen Bevölkerungsmehrheit und Parlamentsmehrheit verdeutlicht. Offenbar wünschen sich viele Wähler mehr nationale Souveränität, gerade als Schutz vor Globalisierungsdruck – eine realistische Perspektive ist das jedoch kaum. Den populistischen Fehlbehauptungen zur EU sind viele Wähler wohl gefolgt, dass kaum zwei Wochen nach der Volksbefragung der Finanzminister Osborne eine Senkung der Körperschaftssteuersätze auf 15 % ankündigte, zeigt jedoch, dass EU-Desintegration eine verstärkte Ungleichbesteuerung von Einkommensquellen und eine Begünstigung des Faktors Kapital zur Folge haben könnte; sicherlich von nur wenigen Wählern vorab so erwartet, zumal Finanzminister Osborne vor dem Referendum für den BREXIT-Fall Steuererhöhungen angekündigt hatte. Die aber kommen nun für die Arbeitnehmer, sofern die neue Regierung

May den Kurs des Finanzministers der Vorgänger-Regierung Cameron beibehalten will. Der Bericht der Cameron-Regierung zu den langfristigen Vorteilen der EU-Mitgliedschaft und den Alternativen hat ausdrücklich hingewiesen auf kommende notwendige Steuererhöhungen für den Fall eines britischen Austritts. Höhere britische Defizitquoten sind unter der May-Regierung ohnehin zu erwarten, da man dem Rezessionsdruck wegen des BREXIT-Votums entgegen wirken will. Zudem dürfte die Bank of England mit neuer Ultra-Niedrigzinspolitik Stabilisierungsimpulse für UK geben und zugleich die problematische Niedrigzinspolitik der Eurozone verstärken, wo Verzerrungen im Produktionsprozess und neue Bankeninstabilitäten drohen; zudem auch neue Probleme bei Griechenland und Portugal, deren Staatsfinanzen weiterhin problematisch sind und wo das Wirtschaftswachstum sich nur langsam erhöht oder gar wieder absinkt: meist aufgrund schlechter nationaler Wirtschaftspolitik.

Ökonomische BREXIT-Verluste, die Experten für UK prognostiziert hatten sind unmittelbar in den Monaten nach dem Referendum sichtbar; oft als Schwarzmalerei auf Seiten der BREXIT-Befürworter bestritten – aber das sind die Fakten; dabei stehen die negativen Haupteffekte noch an, nämlich für die Zeit nach dem britischen EU-Austritt – mit erheblichen negativen Erwartungseffekten schon im Vorfeld des Abschlusses einer EU-UK-Vereinbarung. Weniger Direktinvestitionszuflüsse in UK, verminderte Spezialisierungsgewinne und reduzierte Innovationsdynamik werden Teilimpulse für vermindertes Wirtschaftswachstum in Großbritannien sein.

Auch die EU27-Länder werden negative Effekte von BREXIT haben: allen voran die Niederlande, Belgien, Irland, Deutschland und Frankreich. Zugleich expandiert der Populismus in immer mehr EU-Ländern, der die repräsentativen Demokratien untergräbt und sich gegen Integration und Globalisierung wendet sowie Fremdenfeindlichkeit fördert. Das westliche Modell von Demokratie und Globalisierung ist in der Krise. Die Politiksysteme sind teilweise zu kompliziert geworden und werden von Wissenschaft und Politik kaum verstanden, was eine schlechte Basis für rationale Steuerung ist. Die sehr komplexe EU-Struktur und -Politik ist wegen der oft unnötigen Kompliziertheit zum Teil schlecht verständlich bei den Bürgern; das untergräbt die Chancen der EU, sich breite Legitimität zu verschaffen. Mehr einfache, verständliche Politikansätze sind in Brüssel gefragt.

Bei der EU sind Reformen nötig. So ist etwa die Neigung der Europäischen Kommission zur Überregulierung in vielen Feldern wirtschafts- und auch wettbewerbsfeindlich, damit auch nicht nützlich für die Kunden bzw. Verbraucher. Die Effizienz der EU-Strukturfonds, die armen EU-Regionen helfen sollen, lässt zu wünschen übrig. Die Regeldurchsetzung in der Eurozone ist unzureichend und bestimmte Konstruktionsmerkmale der EU – auch ein Demokratiedefizit – sind zu beklagen.

Einige osteuropäische EU-Länder haben bald Probleme, da die Auswanderungsoption Großbritannien demnächst entfällt, die 2-5 % der Jobs Zuhause entsprach. Deutschland wird zusammen mit Frankreich und einigen anderen Ländern voraussichtlich künftig höhere Zuwanderungszahlen aus Osteuropa haben. Aus US-Sicht ist der BREXIT ein Problem, da die Nato geschwächt wird – und auch die EU27. Die verkleinerte EU hat ohne Großbritannien in der internationalen Diplomatie weniger Gewicht. Das dürfte auch die Fähigkeit zur Stabilisierung des Nahen Ostens betreffen, indirekt wiederum die Position der Türkei bzw. das Flüchtlingsproblem verstärken.

Was das Vereinigte Königreich angeht, so wird man sehen, welche Weichenstellungen die Politik in Sachen EU-Mitgliedschaft bzw. Kooperation mit der EU vornimmt. Eine Mitgliedschaft von UK im Europäischen Wirtschaftsraum – mit Island, Liechtenstein und Norwegen sowie der EU – ist denkbar. Oder aber ein bilateraler Vertrag für den Zugang zum Binnenmarkt ähnlich dem Fall der Schweiz, also auch mit Beitragszahlungen und Freizügigkeit der Arbeitnehmer sowie teilweisem Zugang zum EU-Finanzbinnenmarkt; alternativ ist ein spezieller Freihandelsvertrag denkbar, den zu verhandeln aber Jahre dauern dürfte oder UK verlässt sich auf die Mitgliedschaft in der Welthandelsorganisation. Letzteres bedeutet, dass man keinen zoll- und barrierefreien Zugang zum EU-Binnenmarkt mit 440 Millionen Einwohnern hat, sondern Zölle und Nicht-Handelsbarrieren überwinden muss. Die große Mehrheit der Abgeordneten im britischen Parlament in London ist klar gegen einen BREXIT. Was das Ergebnis eines zweiten Referendums wäre, falls es ein solches gäbe, ist nicht sicher, aber als Szenario wird es am Ende der Studie mit betrachtet. Die ersten BREXIT-Änderungen sind absehbar: Londons Finanzzentrum ist beschädigt, Frankfurt, Paris, Luxemburg hoffen auf die Verlagerung von Londoner Geschäften auf den Kontinent, Großbritannien hat einen realen Wachstumsrückgang zu verzeichnen und eine starke Pfundabwertung.

Die ökonomische Selbstbeschädigung des Vereinigten Königreiches durch das BREXIT-Referendum ist historisch ohne Beispiel, ebenso wie der Sachverhalt, dass die jüngeren Wähler massiv pro EU votierten, während die Rentner mit hoher Mehrheit für den EU-Austritt stimmten. Dazu gehören auch jene Rentner an schönen britischen Küstenorten, die jeden Tag erfreulich gute Wasserqualität beim Baden im Meer erleben – und oft gar nicht wissen, dass dahinter eine Brüsseler EU-Wasserqualitätsrichtlinie steht.

Der BREXIT ist ein europäisches Jahrhundertereignis. Wenn das Vereinigte Königreich nach 45 Jahren EU-Mitgliedschaft in 2019 die Europäische Union tatsächlich verlassen haben sollte, ist eine Rückkehr zur Europäischen Union im 21. Jahrhundert erst einmal sehr unwahrscheinlich. Plausibler erscheint es, so zeigt die nachfolgende Studie, dass eine Reihe von EU-Ländern dem Beispiel des Vereinigten Königreiches folgen könnte und die EU verlässt. Dies könnten Länder der Eurozone sein, aber auch Nicht-Euro-Länder. Die Europäische Union täte gut daran, selbstkritisch bei der EU-Kommission und beim machtvollen Europäischen Rat zur Kenntnis zu nehmen, dass sie in einem großen EU-Land faktisch eine Volksabstimmung zur EU-Mitgliedschaft nicht gewinnen konnte (oder bei normalem Informationsstand der Wählerschaft nur knapp hätte gewinnen können). Man könnte kritisch hinzufügen, dass die EU selbst praktisch auch nichts unternommen hat, um etwa 700 000 Stimmen mehr für das Pro-EU-Lager zu gewinnen und den BREXIT so vermeiden zu helfen. Angesichts eines ökonomischen Schadens des BREXIT von etwa 400 Milliarden € für die EU hätte man wohl ein viel höheres Engagement seitens der Kommission erwarten können als die quasi-neutrale Haltung zur britischen BREXIT-Debatte. Die stille Betroffenheit und die Verärgerung, die man in Brüssel nach dem BREXIT bei der Europäischen Kommission wahrnehmen kann, hilft nicht weiter.

In der EU bringt eine vollzogener BREXIT ab 2020 eine Finanzierungslücke von etwa 9 Mrd. €, wobei vermutlich ein EU-UK-Vertrag über den britischen Binnenmarktzugang 4-5 Milliarden € Quasi-Beitragszahlung von UK bringen wird. Erhöhte EU-Zolleinnahmen von 2-3 Milliarden € aus dem Handel mit UK sind denkbar, so dass vermutlich eine effektive Deckungslücke von 3-4 Milliarden € bleibt. Wenn man die Ausgabenprogramme für Osteuropa um 2 Milliarden kürzte, so bleiben als Nettobelastung für die Hauptzahler-Länder 1 bis 2 Milliarden € übrig. Dass ein BREXIT ein gewisses EU-Finanzierungsproblem ab 2020 bedeuten könnte, ist nicht zu übersehen. Wenn UK etwa die Hälfte des EU-Nettobeitrages von 2014 künftig dann in das EU27-Budget einzahlt – dabei zugleich Sitz und Stimme in Brüssel aufgibt –, so bleibt in UK ein fiskalischer Entlastungseffekt von etwa vier bis fünf Milliarden €. Davon dürfte die Regierung in London mindestens zwei Milliarden an die 5,6 Millionen Menschen in Schottland abgeben, um dieses auch künftig in UK zu halten, womit der fiskalische Entlastungseffekt für die etwa 60 Millionen anderen Bewohner Großbritanniens 2 Mrd. € beträgt: also etwa 33 € pro Kopf und Jahr: Deswegen aus der EU28 auszutreten, erscheint nur als sonderbar. Das Zusammenspiel sinkender Agrarimportpreise aus Drittländern und steigender Industriegüterpreise in UK nach dem BREXIT könnte mit Blick auf den Realeinkommens- bzw. Lebensstandardeffekt ein Netto-Verschlechterungseffekt sein. Mit dem Abfließen von Direktinvestitionen ausländischer Multis aus Japan, Korea, den USA und China droht UK eine verlangsamte Kapitalakkumulation und eine verminderte Innovationsdynamik sowie der Verluste von früheren Spezialisierungsgewinnen in der EU28. Die von der May-Regierung der Bevölkerung gegenüber in Aussicht gestellten Realeinkommensgewinne aus mehr Freihandelsverträgen, insbesondere USA, China, Indien, Kanada, Australien, wird abgesehen von einem USA-UK-TTIP-Vertrag kaum wesentliche positive Effekte bringen, da es politische Konflikte zu bedenken gilt und die Aussichten von UK etwa gegenüber China einen guten Handelsvertrag auszuhandeln, sind schon wegen des geringen britischen ökonomischen Gewichtes gering. Für Deutschland ergibt sich eine größere ökonomische und politische Rolle in einer EU27, ohne UK, dürfte aber mit einer solchen Rolle überfordert sein; zumal noch, wenn Deutschland auf der Ebene der Bundesländer und des Bundes wegen der AfD-Expansion bald zunehmend schlechter regierbar wird. Der BREXIT bedeutet für einige Industriesektoren in Deutschland erheblichen Anpassungsdruck, vor allem für die Autoindustrie. Deutschland und die Niederlande als Länder mit hohen bilateralen Handelsbilanzüberschüssen haben ein Interesse, gegenüber UK bei der Frage Zugang zum EU-Binnenmarkt entgegenkommend zu sein. Wenn die EU gegenüber UK die Personenfreizügigkeit aufgibt, so gäbe sie einem sonderbaren Politikvorwand aus der britischen Referendumsdebatte nach und erklärte stillschweigend, dass freier Handel und Kapitalverkehr ihr wichtiger seien als mehr Chancengleichheit in der Europäischen Union für Arbeitnehmer. Wenn UK die EU-Zuwanderung beschränken wollte, so könnte dies – wie von der EU-Kommission nach dem BREXIT schon angedeutet – bedeuten, dass der Kapitalverkehr mit UK beschränkt wird.

Dass beim Referendum von BREXIT-Befürwortern unhaltbare Versprechungen an die britische Wählerschaft gemacht wurden, wird rasch sichtbar werden. Die von Boris Johnson auf seinem BREXIT-Kampagne-Bus genannten 350 Millionen Pfund an wöchentlichen EU-Beiträgen sind in Wahrheit als britischer Netto-Beitrag kaum halb so hoch wie genannt (die Europäische Kommission hat allerdings auch kein Geld ausgegeben oder eine Stiftung gewonnen, die Busse mit den korrekten Zahlenangaben durch England hätte fahren lassen; nicht einmal eine EU-Internetkampagne, die sich an britische Wähler – in der EU lebend – richtet, hat man seitens der EU-Kommission auf den Weg gebracht).

Die Briten werden binnen weniger Monate abwertungsbedingt Inflationsdruck erleben, ab 2017 deutlich steigende Arbeitslosenquoten mitsamt Rezessionsdruck sowie höhere Defizitquoten des Staates und sinkende UK-Bonitätsbeurteilungen durch die Rating-Agenturen. Dass ein britischer EU-Austritt möglich sei, bei dem man trotzdem später einfach wieder den Zugang zum für viele UK-Firmen lebenswichtigen EU-Binnenmarkt hat, behauptete zwar Boris Johnson, aber das ist mit Blick auf bestehende EU-Norwegen- und

EU-Schweiz-Verträge sicher nicht möglich. UK kann einen weitgehenden Binnenmarktzugang auf den ersten Blick nur erhalten, wenn es die vier Freiheiten des Binnenmarktes, also auch Zuwanderung aus der EU akzeptiert, zugleich Quasi-Beiträge zahlt: Für UK wäre wenig gewonnen; allerdings hat das Vereinigte Königreich durchaus Optionen, auch ohne umfassenden EU-Binnenmarktzugang anhaltendes Wachstum zu erzeugen – allerdings nur um den Preis einer verstärkten Globalisierung und einer deutlichen Hinwendung zu Asien und Nordamerika. Die May-Regierung will offenbar eine Art Kanada-EU-Abkommen (CETA) für das Vereinigte Königreich aushandeln, was durchaus realisierbar sein könnte. Aber das Vereinigte Königreich ist selbst beim BREXIT gespalten, wie der hohe Pro-EU-Wähleranteil in Schottland zeigt. Dort begann nach dem BREXIT-Votum die Debatte über eine neue Volksabstimmung zu Unabhängigkeit Schottlands.

Camerons Kampagne war nicht aufrichtig. Denn schon auf der Website der Regierung eureferendum.gov.uk gibt es zwar einen Info-Film zum Binnenmarkt, der über Handelsfreiheit berichtet, aber kein Wort zur Freizügigkeit der Arbeitnehmer; ja, nicht einmal der freie Kapitalverkehr wird erwähnt. Der sorgt insbesondere dafür, dass das Vereinigte Königreich seine Netto-Güterimporte international sehr günstig finanzieren kann und dass die Zinssätze für britische Häuslebauer sehr niedrig sind. Dass Großbritannien bei der Vergabe von EU-Forschungsgeldern an Nr. 1 steht und dass 1,6 Millionen Briten im Rahmen der Freizügigkeit in anderen EU-Ländern leben und arbeiten, erfährt man bei der Regierungsinfo-Seite nicht.

In der BREXIT-Kampagne wurde vieles an Falschinfos verbreitet, doch die Wähler konnten bei keiner Institution die Qualität der Behauptungen prüfen. Das war ein Schwachpunkt etwa im Vergleich zu Irland, wo Wähler bzw. Journalisten bei der zu jeder Volksbefragung eingerichteten unabhängigen Referendumskommission auch Fragen vorlegen können. Premier Cameron hat im Übrigen das entscheidende Thema Immigrationsdruck durch eine eigene Politikaktion in die Debatte gedrückt: Die konservative Regierung hat nämlich zwecks Senkung viel zu hoher Defizitquoten die Transfers des Zentralstaates an die Kommunen gesenkt, was dort bei der Bevölkerung den Eindruck von staatlicher Unterversorgung schürte – schon waren die EU-Zuwanderer aus Wählersicht ein Problem. Dass Cameron im Übrigen versprach, er werde die EU-Zuwanderung auf unter 100 000 drücken, war im breiten Sinn des Wortes gelogen: Denn bei Personenfreizügigkeit, die im EU-Binnenmarkt ja immerhin seit mehr als einem Jahrzehnt gilt und den bekannten langjährigen Zuwanderungszahlen nach 2004, ist es unlogisch bzw. absurd, eine solch niedrige Zuwanderung zu versprechen. Der ehemalige Bundeskanzler Helmut Schmidt sagte mir einmal in einem Gespräch in Paris, er vertrete die Ansicht, dass ein Regierungschef nicht alles in der Öffentlichkeit sagen müsse, was er wisse; aber wenn er spricht, so soll er schon die Wahrheit sagen – aus Respekt vor den Wählern und als moralisches Gebot. Die britische Politik unter Cameron litt wohl so gesehen unter einem Mangel an Wahrhaftigkeit.

Wenn man bedenkt, dass UK 18 % der EU-Wirtschaftskraft ausmacht und dass das globale Verhandlungsgewicht des Vereinigten Königreiches künftig 1/5 auf die Waagschale wirft wie es als Teil der EU bei Außenwirtschaftsverhandlungen gehabt hätte, der versteht, dass das neue Vereinigte Königreich ab BREXIT weniger einflussreich und mächtig sein wird. Mehr noch, es verlässt eine EU27-Gruppe, an deren Stabilität und Entwicklung UK als EU-Mitgliedsland zuverlässig und einflussreich hätte mitwirken können, während London nun einer von ihm selbst zumindest zeitweise destabilisierten EU27 von außen zusehen muss und versuchen muss womöglich über Washington oder Peking in wichtigen Fragen Einfluss auf die Gemeinschaft zu nehmen. Das ist schon hohe Staatskunst, die an König Georg III. (1760-1820) heranreicht, der – wie Cameron – darauf verweisen konnte, dass er eine Parlamentsmehrheit auf seiner Seite hatte: Aber die historische selbst gestellte Aufgabe wurde jeweils verfehlt. Cameron schaffte es nicht, sein Land in der EU zu halten. Georg III. war unnachgiebig und eingebildet genug, die nordamerikanischen Kolonisten so zu verärgern, dass diese zur eigentlich zunächst gar nicht gewollten Abspaltung vom Vereinigten Königreich schritten. Unter Georg III. begannen schon früh die Konflikte zwischen Mutterland und Kolonien in Nordamerika. Es gab ein Verbot von Industrieproduktion in den Kolonien, was faktisch einen Zwang schuf, britische Exportprodukte bzw. Endprodukte zu kaufen. Ein Siedlungsverbot westlich der Appalachen für britische Siedler kam hinzu, obendrein neue Steuern im Gesetz von 1767, wobei drei Jahre zuvor auch noch die eigene Währung untersagt wurde (1751 wurde bereits die eigene Währung „Colonial Scrip" eingeschränkt).

Die Steuererhebung erfolgte vor allem, um die Kriegskosten des Siebenjährigen Krieges, der 1763 zu Ende gegangen war, aufzubringen. Die Kolonisten hatten ein klares Interesse an mehr Selbstständigkeit und Mitspracherechten sowie geringeren Steuern und Abgaben – ohne dass man gleich vom Mutterland eine Abspaltung anstrebte. Der erste Kontinentalkongress kam 1774 zusammen, ein Jahr nach der „Boston Tea Party", als gegen hohe Steuer- und Abgaben revoltierende Siedler – als Indianer verkleidet – importierten Tee in den Hafen von Boston warfen. Auf dem Kontinentalkongress beschlossen die 13 Neuengland-Staaten, den Handel mit Großbritannien zu verweigern. 1776 kam es zu Unabhängigkeitserklärung der USA und nach dem Unabhängigkeitskrieg wurden die Vereinigten Staaten zu einem eigenständigen Staat, der schon bald

Botschafter nach Paris und Den Haag entsandte – von Den Haag aus wurde anfänglich auch London mit bedient. Kaum ein Jahrhundert später waren die USA zur größten Volkswirtschaft der Welt geworden und im frühen 20. Jahrhundert wurden die USA dann von den europäischen Großmächten als Seemacht anerkannt. Die Weltmacht USA dominierte dann dieses Jahrhundert und stand zeitweilig für 30 % der Weltwirtschaft. Schon nach dem Ersten Weltkrieg zeigte sich, dass die europäischen Länder ohne Präsenz der USA untereinander ihre Konflikte nicht friedlich nachhaltig regeln konnten. Frankreich war besonders enttäuscht, dass die USA in eine isolationistische Politik einschwenkten. Nach dem Zweiten Weltkrieg unterstützten die USA dann die EU-Integration und Jean Monnet, ein hoher Beamter der französischen Regierung mit neuen Ideen für eine europäische Integration, konnte auf gute Kontakte zu ranghohen US-Politikern bauen, als es um die Gründung der Europäischen Gemeinschaft für Kohle und Stahl 1952 ging. 65 Jahre später ist die EU vom BREXIT überrascht worden und nach der Ankündigung des britischen Austritts aus der Europäischen Union steht die EU vor einem historischen Einschnitt.

Die EU kann nach dem BREXIT-Votum nicht einfach weitermachen wie bisher. Da Großbritannien zunächst einmal abgesprungen ist, wäre es sinnvoll, folgendes zu erwägen: a) eine klare Begrenzung an Brüsseler Regulierungseingriffen für die Zukunft; b) gleichzeitig deutliche Erhöhung der Staatsverbrauchsquote in Brüssel – durch Ausgabenverlagerung von der nationalen auf die supranationale Ebene. Wenn die Brüsseler Staatsquote, die 2015 – wegen früherer britischer Kürzungsforderungen – bei 1 % lag, nicht auf wenigsten die Hälfte der US-Staatsverbrauchsquote in Washington DC, also 4.5 %, angehoben wird, so wird die Eurozone nicht funktionieren können: Europäische Infrastrukturprojekte und Landesverteidigung gehören mit jeweils etwa 2 % des Bruttoinlandsproduktes nach Brüssel, wo es auch Effizienzgewinne bei einer solchen neuen vertikalen Struktur gäbe. Gegen Subsidiarität spräche diese Neuerung gemäß fiskalischer Föderalismustheorie nicht. Natürlich wäre so die EU besser wählersichtbar.

Der politische Wettbewerb könnte sich bei Einführung eines richtigen EU-Parlamentes und einer echten Regierung – statt des institutionellen Zwitters EU-Kommission – deutlich intensivieren; auch sichtbar in dann erhöhten Wahlbeteiligungszahlen bei EU-Wahlen. Die Abgeordnetenzahl eines EU-Landes sollte künftig automatisch beim EU-Parlament an die Bevölkerungszahl angepasst werden: Mehr Macht für Länder mit Zuwanderung bzw. guter Politik, weniger Abgeordnete etwa für Griechenland; ein sinnvoller Politikanreiz. UK hätte dann 2016 drei Abgeordnete mehr gehabt, Griechenland einen weniger – nach diesem Prinzip funktionieren auch die USA. Die laut Forschungsgruppe

Wahlen bestehende Problematik, dass Wähler wegen der bisherigen fiskalischen EU-Unsichtbarkeit nicht angeben können, wofür die EU aufgabenmäßig steht und daher eine besondere Neigung zum Wahlexperiment durch Stimmabgabe für kleine, radikale Parteien entstanden ist, kann nur so vernünftig gelöst werden.

UK dürfte beim Realeinkommen 6-10 % verlieren, die EU27 etwa 2-3 %, sofern wegen BREXIT das EU-USA-TTIP-Abkommen scheitert. In den USA ca. 2 % ohne TTIP, das ohne Vereinigtes Königreich wohl kaum in der EU zu realisieren ist. Hier drohen hohe Kosten, die für die Weltwirtschaft langfristig insgesamt bei 1-2 % liegen dürften. Da ist die Schwächung anderer regionaler Integrationsclubs nicht eingerechnet, die auf die EU sehen. Dann drohen mehr internationale Konflikte, höhere Militärausgaben und geringere Konsumquoten.

Europa braucht mehr Wachstum: Eine Europäische Union als Wachstumsmotor ist unter bestimmten Bedingungen begrenzt vorstellbar, wobei eben im Rahmen einer politischen Union 4-5 Prozentpunkte Staatsverbrauchsquote von der nationalen auf die supranationale Ebene in Brüssel zu heben wäre. Zudem kann auch gemäß Theorie des fiskalischen Föderalismus ein Teil der Einkommensumverteilung sinnvoll auf der EU-Ebene stattfinden, aber nur wenn es auch eine supranationale Einkommensbesteuerung und eine Arbeitslosenversicherung für die ersten sechs Monate – ohne Jugendarbeitslosigkeit – gibt. Die politische Legitimation hierfür wird es ohne EU-Parteien und ein echtes EU-Parlament – oder eine Euro-Politikunion – nicht geben, womit schon eine große politische Baustelle genannt ist. Garantiert nicht funktionieren wird allerdings ein Ansatz, der höhere Haushaltsdefizite und auch allgemein größere staatliche Schuldenquoten der EU-Länder vorsieht und meint, expansive Fiskalpolitik sei Wachstumspolitik. Jenseits von Infrastrukturprojekten und Forschungsförderung ist Fiskalkeine Wachstumspolitik. Für Innovation relevant sind vor allem Forschungsförderung und Risikokapitalfinanzierung – bei vernünftigen staatlichen Rahmenbedingungen und mehr IKT plus erhöhte Direktinvestitionszuflüsse.

Einige Punkte könnten in der EU auf der supranationalen Politikebene realisiert werden, aber die Hauptverantwortung für nachhaltig gute Standortpolitik liegt bei den EU-Mitgliedsländern: So wie in den USA bei den Bundesstaaten. In den USA gibt es bei der Bundesregierung nicht einmal ein eigenes Forschungsministerium (allerdings wird Innovationsförderung dort im Militär- und Energiebereich über Verteidigungs- und Energieministerium betrieben). Die Verantwortung für hohe Jugendarbeitslosenquoten und hohe Langzeitarbeitslosenquoten liegt – von Mega-Makroschocks wie der Transatlantischen Bankenkrise abgesehen – bei den EU-Mitgliedsländern. Wer wie Frankreich seit vielen Jahren einen unvernünftig hohen und national einheitlichen bzw. regional undifferenzierten Mindestlohnsatz hat, möge sich nicht wundern, wenn dort die Jugend-arbeitslosenquote dreifach so hoch wie in der Schweiz und doppelt so hoch wie in Deutschland ist; und zwar seit rund 30 Jahren. Der zu hohe bzw. zu undiffe-renzierte Mindestlohnsatz kostet Frankreich obendrein eine zusätzliche Defizit-quote von fast 1 % des Bruttoinlandsproduktes, die sich aus staatlichen Subven-tionszahlungen an Unternehmen mit Mindestlohnbeschäftigten ergibt. Diese Defizitquote allein führt bei 1,5 % Trendwachstumsrate zu einer Staatsschulden-quote von langfristig 67 %. Mehr EU-Integration ist wünschenswert, wenn dies faktisch indes eine Ausrede bei der nationalen wirtschaftspolitischen Verantwort-lichkeit wäre, so wird die EU-Wachstumsdynamik abnehmen. Schon 2008-2015 hatte die EU gegenüber den USA etwa 10 % Wachstumsrückstand zu verzeich-nen. Was wiederum die Festlegung im Grundgesetz einer Obergrenze der struk-turellen (konjunkturneutralen) Defizitquote des Staates bei 0,35 % vor einigen Jahren angeht, so ist diese Grenze zu niedrig: Bei 1,5 % realer Trendwachstums-rate, läuft das auf 23,3 % Schuldenquote langfristig hinaus. Die durchschnittli-che Qualität der Staatsschuldenpapiere in der Eurozone sinkt dann längerfris-tig, der Realzins stiege an – und daran hat weder die Wirtschaft noch als Land Deutschland noch ein anderes Land der Eurozone ein Interesse. Augenmaß ist hier wichtig; eine übertriebene Begrenzung der staatlichen Defizitquote schadet Wirtschaft und Gesellschaft, verhindert zudem, dass der Staat ausreichend Infra-strukturpolitik durchführt.

Es ist zu erwägen, in der EU Mindestkörperschaftssteuersätze festzulegen. Einen 0-Steuersatz für Gewinne wie in einigen baltischen Ländern – zeitweise – kann man kaum gut heißen, da so grobe Verzerrungen im EU-Standortwettbe-werb erfolgen. Das sieht man spätestens dann, wenn die baltischen Staaten von anderen EU-Nato-Ländern die Stationierung von Militärflugzeugen anfordern – da jene selbst gar keine nennenswerten haben. Eine Internalisierung externer Effekte durch Umweltsteuern bzw. Innovationsförderung wäre wichtig.

Der BREXIT verlangt nach grundlegenden EU-Reformen, die ohnehin im Kontext der Eurozone anzugehen wären. Die EU sollte sehr deutlich ein engagiertes Freihandelskonzept mit den Ländern Asiens entwickeln, darun-ter ein Freihandelsabkommen EU-Mercosur und EU-Japan sowie EU-Indien und EU-China. Im Bereich der digitalen Wirtschaft braucht die EU-Kommis-sion ein viel rascheres Politikprogramm als bisher – die digitale Weltwirtschaft ist sehr schnell, die EU mit ihren Abläufen zu langsam und zu wenig weltmark-torientiert. Die EU braucht eine klare Aufgabenpositionierung mit den Berei-chen Handelspolitik und Wettbewerbspolitik – wie bisher – sowie zusätzlich einen Teil der Sozialpolitik, nämlich bei der Arbeitslosenversicherung, und bei der Infrastruktur- und der konventionellen Verteidigungspolitik. Dies kann auch zu erheblichen Einspareffekten bzw. Effizienzgewinnen führen. Im Rahmen einer Euro-Politikunion gäbe es eine eigenständige Euro-Fiskalpolitik mit einer Staatsverbrauchsquote von etwa 5-6 % des Bruttoinlandsproduktes, die erhebliche Wohlfahrtsgewinne über eine verminderte Schwankung der Konsumquote dank antizyklischer supranationaler Fiskalpolitik erwarten ließe. Die EU-Einnahmen sollten auf Basis eines einfachen Einkommenssteuersystems erfolgen, was auf eine durchschnittliche EU-Einkommenssteuerquote von 6 % hinausliefe. Die nationalen Ausgabenquoten wären via verminderte Infrastruktur- und Militärausgaben um 4-5 Prozentpunkte zu vermindern, zudem könnte 0,5 % des Bruttoinlandsproduktes bei der Arbeitslosenversicherung entfallen, wenn die EU die ersten sechs Monate der Arbeitslosenversicherung übernimmt. Durch Effizienzgewinne könnte längerfristig der Gesamt-Einkommensteuersatz supranational plus national um knapp 1 Prozentpunkt sinken.

Vorschläge für eine Politikunion sind ohne Realisierungschance auf lange Sicht, wenn die EU-Institutionen nicht wieder verstärkt den Respekt von Wirtschaft und Bürgerschaft erwerben. In Sachen Eurozone wird der Druck wachsen, eine andere Strategie bei Griechenland und Portugal anzuwenden; einerseits ist an den Einsatz multilateraler Hilfspakete zur Wachstumsstärkung dieser Länder zu denken, andererseits sollte die klare Warnung gelten, dass bei fortgesetzt fehlender wirtschaftspolitischer Vernunft und Regeltreue diese Länder in einen Staatskonkurs gehen – innerhalb der Eurozone. Wenn kleine Länder mit 2 % Anteil am EU-Bruttoinlandsprodukt in der Lage wären, das historische EU-Integrationsprojekt in einem wichtigen Feld zu torpedieren und die ganze Eurozone zu destabilisieren, dann hat die EU keine Zukunftsperspektive. Die EU wird im Schatten einer populistischen Politikwelle, die schließlich die großen Länder auf der rechten Seite des Politikspektrums erreicht, untergehen, wobei eine Anti-EU-Mehrheit im EU-Parlament auf längere Sicht nicht ausgeschlossen ist.

Von der Europäischen Kommission muss ein anderes Auftreten bei einigen wichtigen Feldern der Globalisierung künftig erwartet werden – auf EU27- oder aber EU28-Basis. Ein fundamentales Problemfeld ist die Asymmetrie der Direktinvestitionen China-EU in dem Sinn, dass chinesische Firmen fast ohne Beschränkungen Firmen in der EU übernehmen oder aber hohe Beteiligungsgrade erwerben können, während EU-Firmen in China kaum über 49 % Beteiligungsanteil hinauskommen, was eine enorme Benachteiligung und Asymmetrie ist. Dass Chinas Staatsfirmen faktisch durch Beteiligungen und Übernahmen in der EU eine verdeckte Verstaatlichung wichtiger Teile der Wirtschaft in der EU vornehmen, ist ordnungspolitisch abzulehnen und auch effizienzpolitisch falsch und gibt Chinas Firmen ungerechtfertigte relative Vorteile. Dieses gemeinsame Anliegen der EU-Länder in Peking deutlich zu machen, ist Aufgabe des Kommissionspräsidenten, der aber bislang weder US- noch China-Besuche durchgeführt hat. Das geht so nicht und sorgt auch für ein Problem mangelnder EU-Sichtbarkeit.

Die kritischen EU-Baustellen wie Eurozonen-Stabilität, Flüchtlingspolitik und Bankenunion bleiben neben der neuen BREXIT-Baustelle erhalten. Die EU sollte im Übrigen bei föderalen Mitgliedsstaaten darauf bestehen, auch einen Bericht der nationalen Regierungen zur Entwicklung der regionalen Wirtschaftspolitik (in Deutschland also bei den Bundesländern) zu erhalten. Falls UK an Bord der EU bliebe, müsste man verstärkt über ein Eurozone-Peripherie-Modell nachdenken, wobei die Eurozone mit Schritten zur Politischen Union rasch voranschreiten müsste. Es muss im Übrigen betont werden, dass ohne größeres EU-Budget schon auf mittlere Sicht – etwa in den Bereichen Infrastruktur- und Verteidigungspolitik – der Selbstzerstörungsmechanismus der EU bleibt: Eine zu geringe politische Sichtbarkeit der Rolle der EU treibt Wähler dazu, kleine radikale Parteien verstärkt zu wählen, was die politische Radikalisierung in Europa verstärkt; damit aber einen dumpfen Anti-EU-Populismus, der die EU langfristig zerstört. Wenn die nationalen Regierungen nicht verstärkt Aufgaben und Ausgaben an eine reformierte EU abgeben, dann wird die EU implodieren. Eine Schuldenbremse für die Brüsseler Ebene wäre sinnvoll. Bei einer maximalen konjunkturneutralen Defizitquote von 0,5 % auf der Brüsseler Ebene könnte man 0,35 % auf der nationalen Ebene zulassen, was in den nationalen Verfassungen und der EU-Verfassung zu verankern wäre. Bei 1,7 % Trendwachstumsrate ergäbe sich langfristig eine Schuldenquote von 50 %; bei einer Trendwachstumsrate von 1,5 % käme man auf eine Relation von Staatsschuld zu Bruttoinlandsprodukt von 57 %. Dank der langjährig zu erwartenden Zinssätze von nahe 0 für Staatsanleihen für die meisten Euro-Länder kann hier ein entsprechendes Übergangsszenario entwickelt werden. Es ist durchaus denkbar, dass angesichts der BREXIT-Verfahrensfehler der Cameron-Regierung ein zweites Referendum mittelfristig angesetzt wird. Falls Großbritannien dann in der EU an Bord bliebe, so wäre auch ein gemeinsamer Reformplan für die EU28 zu entwerfen. Die Wahrscheinlichkeit für den EXIT vom BREXIT ist allerdings wohl nicht sehr hoch. Die Mega-Infofehler der Cameron-Regierung beim Referendum können im Übrigen ein Grund sein, dass die EU einen sehr beschränkten Binnenmarkt in einem EU-UK-Vertrag vorschlagen wird. Der Vollzug des BREXIT wird dann Desintegrationsimpulse setzen.

Ein bedenkliches Szenario wäre eine fortschreitende EU-Desintegration, die nicht ausgeschlossen werden kann, zumal nach vollzogenem BREXIT andere Länder in der EU eine Art Blaupause für den EXIT hätten und mit Großbritannien dann auch einen möglichen Bündnispartner; z.B. für eine neue EFTA+.

Die Europäische Kommission kann sich einer solchen Entwicklung nur entgegen stellen, indem sie einerseits UK nur begrenzt einen EU-Binnenmarktzugang gibt – es spricht nach der miserablen informationsseitigen Referendumsvorbereitung durch die Cameron-Regierung ohnehin nichts dafür, derartiges britisches Regierungsfehlverhalten, das sich gegen die EU28 insgesamt richtet, auch noch durch großzügige Bedingungen für den EU-Binnenmarktzutritt zu honorieren. Die EU-Kommission wäre im Übrigen gut beraten, eine umfassende Begrenzung und Verminderung von EU-Regulierungen vorzunehmen. Zudem sollten vor allem auch mit Ländern in Asien bzw. der ASEAN-Gruppe Freihandelsabkommen geschlossen werden und mit den USA das geplante TTIP-Abkommen – vermutlich in einer Light-Version ohne Investorschutzabkommen – abgeschlossen werden. Es besteht kein Zweifel, dass UK mit den USA rasch ein transatlantisches USA-UKTTIP-Abkommen nach dem EU-Austritt Großbritanniens abzuschließen bereit ist. Wenn die EU-Mitgliedsländer die Bereitschaft entwickeln, eine modernisierte Neo-EU zu entwickeln, die den Herausforderungen des 21. Jahrhunderts aus europäischer Sicht umfassend gerecht wird, kann die Europäische Integration überleben; ein Rückfall ins späte 19. Jahrhundert kann dann vermieden werden.

Eine neue Europäische Soziale Marktwirtschaft für das 21. Jahrhundert wäre sicher Teil einer Neo-EU, die in Brüssel als Zwei-Kammer-System aufgestellt sein müsste; also Parlament plus EU-Länder-Senat, wobei die Mitgliedsländer unterschiedliche Stimmengewichte im Senat haben sollten – durchaus ähnlich dem Modell des deutschen Bundesrates. Es ist eine Reihe von Politikinnovationen notwendig und sinnvoll, darunter die automatisierte Anpassung der Sitzzahl nach EU-Mitgliedsländern im Europäischen Parlament: Demnach verliert ein Land einen Sitz, wenn die Zahl der Stimmberechtigten um eine Million sinkt und umgekehrt gewinnt ein Land einen Sitz, wenn die Wählerzahl um eine Million steigt. Politisch-ökonomische Vernunft wird durch ein solches System belohnt und solche vernünftigen demokratischen Ansätze sind für eine nachhaltige EU dringlich. Es kann grundsätzlich nicht Deutschlands Rolle sein, gegenüber Großbritannien unkooperativ aufzutreten – allerdings ist die Forderung nach einem fairen Referendum mit frühzeitigen Regierungsinformationen für die Wählerschaft ein allgemeines Gebot der Vernunft. Wenn führende EU27-Länder-Regierungen den Referendumsskandal in UK ignorieren wollten, beschädigten sie die Demokratie und die eigene Glaubwürdigkeit. Die Cameron-Politik zum Referendum war egozentrisch, unprofessionell und missraten. Wenn sich Downing Street Nr. 10 (Office des Premier-Ministers) und Downing Street Nr. 11 (Finanzministerium) miteinander vernünftig bei der Informationspolitik für das 16-Seiten-Info-Papier für die Haushalte koordiniert hätten

– wie das jeder verantwortungsbewusste Politiker beim Referendum erwartet hätte –, so wäre die Mehrheit zum EU-Verbleib bei etwa 52 % gewesen: Gerade das Gegenteil des Ergebnisses vom 23. Juni. Eine solche Referendumsblamage wie 2016 in Großbritannien, mit schwer wiegenden nationalen, europäischen und globalen ökonomischen und politischen Folgen, hat es in einem westlichen Industrieland bislang noch nicht gegeben: BREXIT aus Versehen. Die Anti-EU-Kräfte in anderen EU-Ländern, die das britische Referendum vom 23. Juni als eine Art Vorbild sehen, werden diese Sicht kaum aufrechterhalten können. Die deutsche und europäische Diskussion um den Einsatz von Volksbefragungen und -abstimmungen bedarf künftig einer stärker differenzierten Analyse und vernünftiger Vorschläge für hohe Qualitätsstandards im Informationsbereich.

Mit dem BREXIT-Referendum wird in UK ein neuer Nationalismus mit ausländerfeindlichen Elementen sichtbar. Jeder Ausländerfeindlichkeit in der EU28 gilt es sich entgegenzustellen. Die Qualität und Signalstärke Europäischer Integration ist von Ausländerintegration und Toleranz wesentlich abhängig, dabei ist eine europäische Ko-Identität im Übrigen denkbar – neben der wichtigen jeweiligen nationalen Identität.

Die Prognoserevisionen – etwa des OBR – zeigen schon jetzt für 2016-2020 einen von BREXIT bedingten Realeinkommensverlust von gut 4% und insgesamt kommen neuere Untersuchungen auf eine Größenordnung von Einkommensverlust-Effekten von 10-18% in UK. Der Rückgang der Direktinvestitionszuflüsse in UK um 92% in 2017 (gegen Vorjahr) zeigt, dass erhöhte UK-Unsicherheit über den künftigen Zugang zum EU-Binnenmarkt die Direktinvestitionen multinationaler Unternehmen in UK sehr deutlich sinken lassen.

Auch Effekte des BREXIT auf Deutschland und die Wahrnehmung von BREXIT-Risiken durch UK-erfahrene deutsche Unternehmen werden betrachtet; sowie die Kosten einer EU-Rückbildung zu einer „Neu-Freihandelszone" thematisiert. Die ökonomischen Kosten sind jeweils hoch für die Menschen in der EU; das muss nicht heißen, dass die Wählerschaft den Sirenengesängen der Populisten misstrauen, die mit der Betonung von ökonomischem Nationalismus, Anti-Immigrationspolitik und Enttabusisierung der Politik neue politische Gewinne und Wohlstandssicherung versprechen – die absurden Vorteilsbehauptungen der BREXIT-Befürworter in UK werden immerhin schon in 2017/2018 sichtbar widerlegt und könnten ein Warnsignal auch für Wählerinnen und Wähler in der EU27 sein. Wie Will Hutton und Andrew Adonis in Saving Britain (2018) betont haben, hängt UK eben tatsächlich sehr stark von der EU und dem mit ihr verbundenen Netzwerk an Entwicklungsländer-Partnern im Handel ab.

Nicht zu übersehen ist aber in Europa, dass nach dem Ende der sozialistischen Systeme in Osteuropa sozialdemokratische Parteien unter Modernisierungsdruck stehen, während zugleich die Flüchtlingswelle und der Immigrationsdruck rechtspopulistischen Parteien eine neue Basis zur politischen Beschwörung jeweils eigener kultureller Identität geben und zugleich alle Probleme des jeweiligen Landes der EU angehängt werden; die Suche nach neue Politikvisionen hat begonnen, noch dazu im Kontext digitaler Netzwerke. Dies geschieht in einer Zeit, in der durch die Globalisierung beziehungsweise des Aufstieg Chinas plus die Digitalisierung hoher ökonomischer Anpassungsdruck entsteht. In diesem veränderten Umfeld müsste die EU-Mitgliedschaft im Rahmen einer neuen Konzeption verstärkt „Club-Vorteile" bieten. Diese könnte die EU etwa durch mehr Freihandelsabkommen mit anderen regionalen Integrationsräumen und auch durch Investitionsschutzabkommen etwa mit China (hier hat die EU seit dem Vertrag von Lissabon Kompetenzen) sowie Ansätze für gemeinsame Verteidigungspolitik und Infrastrukturpolitik entwickeln und – gemäß Fiskalischem Föderalismus – könnte auch Umverteilungspolitik etwa in der Eurozone zT effizient supranational betrieben werden; am Ende mit einer Einkommenssteuersatzsenkung für alle dank Effizienzgewinnen in der EU. Eine durchdachte Eurozonen-Reform steht noch aus, aber sie müsste eingebettet sein in eine EU-Reform, bei der etwa die offene Koordinierung durch bessere Politikansätze ersetzt wird. Das unverbindliche Daraufsetzen, dass ein Vergleich der EU-Länder die Länder am Ende der Vergleichsliste zu besonderen Reformanstrengungen motiviert, ist oft reines Wunschdenken. Wenn man etwa die Internetnutzungsintensität von Italiens Jobsuchern betrachtet, ist von Aufholen im Zeitablauf (gegenüber dem OECD-Führungsland Kanada und den EU-Führungsländern Dänemark, Finnland, UK, Schweden) kaum die Rede. Die EU-Länder täten gut daran, von offener Koordinierung auf eine Anreizkoordinierung überzugehen: Länder, die besonders stark binnen drei Jahren bei Kernindikatoren aufholen, erhalten – nach diesem modifizierten Olympia-Prinzip – einmalig einen EU-Finanzbonus. Dieser im April 2018 auf einer Tagung des Bundesministeriums der Finanzen vorgestellte EIIW-Plan verdient bei vielen Indikatoren hohe Aufmerksamkeit.

Die EU soll im Übrigen künftig unterlassen, vollmundig „Jugendversprechen" abzugeben, wonach niemand in der Altersgruppe 16-25 Jahre ohne Job, Bildung oder Weiterbildung sei. Das schwächste Land war hier in 2016 wieder einmal Italien, wo 20% der Jugendlichen weder Job, noch Bildung oder Weiterbildung vorweisen konnten. Wenn die Europäische Union große Versprechungen macht, muss sie wenigstens über eine massive bedingte Ko-Finanzierung wesentlich zur Herbeiführung von Reformerfolgen beitragen. Die länderspezifischen Politikempfehlungen der EU zu Italien beim „EU-Semester" 2018 weisen zwar auf einige wichtige Reformpunkte hin. Aber weder Digitalisierung noch Globalisierung werden richtig thematisiert und das Problem der Wachstumsschwäche wurde nur punktuell genannt und mit Reformoptionen versehen. Es ist ein Konstruktionsfehler der EU-Analysen zum EU-Semester für einzelne Länder, wenn jenseits zyklischer Fragestellungen Wachstumsfragen nicht routinemäßig zentral bei Ländern mit struktureller Wachstumsschwäche angesprochen werden. Der Aufstieg der Populisten in der EU28 kann auf Dauer die EU ökonomisch und politisch massiv unterminieren, bis zum Extrempunkt, dass die EU durch Mehrheitsbeschluss im EU-Parlament in Brüssel und Hauptstädten selbst großer EU-Mitgliedsländer von innen geschleift wird.

Erhebliche Sorgen macht die zum Teil schwache Arbeit des European Systemic Risk Council, wo die makroprudentielle Analyse nicht vernünftig in 2017 funktionierte – gerade zum BREXIT-Thema. Dabei droht den Finanzmärkten eine destabilisierende Überlagerung verschiedener Effekte. Die Ansätze für ein ITALEXIT in Italien zeigen schon, dass weitere Desintegrationsschritte in der EU denkbar sind, wobei wichtige Aspekt der Verbindungsdynamik von BREXIT und dem Antritt der Populisten-Regierung in Italien thematisiert werden. Auch Aspekte der aggressiven US-Handelspolitik werden mit Blick auf die EU28 aufgegriffen.

Das Zeitfenster für EU-Reformen und Eurozonen-Reformen wird als recht kurz eingeschätzt. Ab 2025 gibt es in der EU eine demographische Divergenz, also Unterschiedlichkeit im Alterungsprozess der Erwerbsbevölkerungen von EU-Ländern, die Kooperation und Kompromisse deutlich erschweren wird. Die jetzige budgetmäßig unterdimensionierte und institutionell zu wenig modernisierte EU wird längerfristig kaum überleben können. Im Übrigen droht das Problem, dass Desintegration in der EU regionale Integrationspolitik in vielen Regionen der Welt – damit aber ökonomisch-politische Stabilität und mehr Wirtschaftswachstum – erschwert, womit der Einwanderungsdruck gerade in der EU zunähme. Das wiederum könnte Populisten-Koalitionen den Weg an die Macht erleichtern. Eine EU-Integration ohne US-Unterstützung müsste grundsätzlich vertieft werden, und zwar unter Nutzung der Ansätze des Fiskalföderalismus als rationale Basis für eine kluge vertikale Politikaufteilung.

Die zahlreichen – sichtbar korrekten – Einschätzungen des Autors zum BREXIT-Prozess sind in der 2. Auflage um wesentliche neue Befunde, Perspektiven und Politikvorschläge ergänzt worden. Der BREXIT wird insgesamt als Teilelement eines neuen westlichen Populismus eingeschätzt, der hohe ökonomische Kosten und internationale politische Instabilitätsimpulse bringt. Die zu geringe Präsenz von Wissenschaftlern und Forschungsinstituten in den digitalen sozialen Medien ist ein erhebliches Problem beim Versuch, politische Rationalität in Europa und weltweit zu erhalten.

Anhang

Anhang 1: Informationen zum Referendum für britische Haushalte

HM Government

Why the Government believes that voting to remain in the European Union is the best decision for the UK.

The EU referendum, Thursday, 23rd June 2016.

Quelle für die vollständige Borschüre: https://www.gov.uk/government/uploads/system/uploads/attachment_data/file/515068/why-the-government-believes-that-voting-to-remain-in-the-european-union-is-the-best-decision-for-the-uk.pdf

Anhang 2: Wie die Chefin des Front National eine Welt sieht, die es gar nicht gibt, oder: zu Marine Le Pen (DER SPIEGEL, H. 23/2014)

Frau Marine Le Pen, Chefin des rechtsnationalistischen Front National in Frankreich, tritt gerne charmant in Fernsehinterviews auf, wird aber bei unangenehmen Nachfragen von Journalisten – sich wiederholend – laut und lauter, wie man

© Springer Fachmedien Wiesbaden GmbH, ein Teil von Springer Nature 2018
P. J. J. Welfens, *BREXIT aus Versehen*, https://doi.org/10.1007/978-3-658-21458-6

auf YouTube-Interviews sehen kann. Nun hat sie sich nach den Europa-Wahlen 2014, bei denen der Front National sich mit 25 % der Stimmen an die Spitze der Parteien in Frankreich setzen konnte, zum SPIEGEL-Gespräch eingefunden; ihr Erfolg bei den Europa-Wahlen wird ihre mediale Präsenz stärken, umso wichtiger ist es, die Aussagen von Frau Le Pen etwas genauer unter die Lupe zu nehmen: Da kann man nur staunen und pointiert formulieren:

Im SPIEGEL-Interview zeigt sie eine bemerkenswerte Unfähigkeit zu Differenzierung plus ein beachtliches ökonomisches Nirwana-Denken; und obendrein meint sie, dass sie sich Frankreich wieder an der Spitze der Blockfreien-Bewegung wünscht – in der Blockfreien-Bewegung allerdings war Frankreich noch nie. Wieso soll man es mit Fakten auch genau nehmen, man kann sich für die eigene Bequemlichkeit und die Wähler die Welt immer so ausdenken, dass es einem passt. In der Physik fällt eine Unlogik beim Versuchsaufbau leicht schmerzlich auf die Füße. Meint Frau Le Pen, die Öffentlichkeit lese ihre wirren Worte nicht kritisch, der Unfug bleibe unentdeckt? Zum Interview:

Man kann für oder gegen die Europäische Union sein, aber was sagt Le Pen: „Ich will die EU zerstören, nicht Europa! Ich glaube an das Europa der Nationen. Ich glaube an Airbus und an »Ariane«, an ein Europa der Kooperationen. Aber ich will nicht diese europäische Sowjetunion." Die EU mit der kommunistischen Sowjetunion, einer zentralverwaltungswirtschaftliche Diktatur ohne Rechtsstaat zu vergleichen, ist eine dumpfe Empörungssicht einer Politikerin, die tatsächlich gelernte Juristin ist; Scharfspruch ohne Rationalität. Das ist ungefähr so gut wie das AfD-Plakat aus dem Europa-Wahlkampf, auf dem die EU mit Nordkorea verglichen wurde. Führungsköpfe von Anti-EU-Parteien eint womöglich eine besondere Freude an plakativen, absurden Vergleichen; oder eine Unfähigkeit zu differenziertem Denken?

Auf die Frage „Ist Frankreich eigentlich in einem Zustand der Depression?" kommt die Antwort:

Da ist etwas dran. Wir waren eines der reichsten Länder der Welt, nun befinden wir uns auf dem Weg in die Unterentwicklung. Die Austerität, die den Menschen auferlegt wird, funktioniert nicht. Die Leute werden sich nicht erdrosseln lassen, ohne aufzubegehren.

Aha, Frankreich auf dem Weg in die Unterentwicklung – ein Wort, das an Entwicklungsländer denken lässt. Also wieder so ein falsches Scharfwort, das keine Fähigkeit erkennen lässt, zwischen einem Land mit Jahres-Pro-Kopf-Einkommen von 36 785 € in Frankreich und einem Pro-Kopf-Einkommen, nach

Kaufkraftparität, von 8 049 € bei Entwicklungsländern (2012: China + Indien), zu unterscheiden.

Auf die Frage „Glauben Sie, dass sich Frankreich vor der Welt verstecken kann?" kommt die Antwort von Le Pen:

> *Ich spreche nicht von Autarkie, ich bin nicht verrückt. Wir brauchen einen intelligenten Protektionismus. Wir brauchen Zölle – nicht im Handel mit Ländern, die das gleiche soziale Niveau haben wie wir. Das ist faire Konkurrenz. Das Problem ist die totale Öffnung der Grenzen, das Gesetz des Dschungels: Je weiter ein Unternehmen heute geht, um Sklaven zu finden, die es wie Tiere behandelt, für einen Hungerlohn, ohne die Umweltgesetze zu beachten, desto mehr verdient es.*

Frau Le Pen scheint zu verkennen, dass ca. 75 % der Importe Frankreichs aus OECD-Ländern kommen, zudem etwa 10 % aus China. Einen intelligenten Protektionismus gibt es für Frankreich nicht – außer als Wolkenkuckucksheim-Zoll. Der die nationale Wohlfahrt maximierende Optimalzoll für ein Land wie Frankreich ist lehrbuchmäßig einfach Null. Denn Frankreich ist, bezogen auf die Weltwirtschaft, ein kleines Land, das durch Importzölle nur Konsumgüter verteuern und damit den Lebensstandard der Arbeitnehmer mindern könnte; oder importierte Vorprodukte verteuert, was die Exportmenge mindert und damit Jobs in der Exportwirtschaft gefährdet. Das wird Frau Le Pen ja nicht wollen. Meint sie ernsthaft, sie könnte mit Importzöllen für die 15 %-Importe, die nicht aus den OECD-Ländern oder China kommen, die französische Wirtschaft retten? Frau Le Pen ignoriert den wirtschaftlichen Aufstieg Chinas und erzählt sich und ihrer Zuhörerschaft, Frankreich könnte mit größerer nationaler Politikautonomie seine Position verbessern. Aber das ist Wunschdenken und führt Frankreich nur ins Abseits.

Auf die SPIEGEL-Frage „Bewundern Sie Putin?" antwortet Le Pen: „Ich habe eine gewisse Bewunderung für Wladimir Putin, denn er lässt sich nicht von diesem oder jenem Land Entscheidungen aufzwingen ...". Dann kommt auf die SPIEGEL-Anmerkung zu Russland „Es gibt zum Beispiel keine Pressefreiheit." Die Antwort: „Aber Sie glauben, in Frankreich gebe es eine echte Pressefreiheit? 99 Prozent der Journalisten sind links!" Hier erhält man wieder den Eindruck einer Unfähigkeit zu differenzieren, denn sicherlich sind große Teile der Journalisten, etwa beim konservativen Figaro und vielen Regionalzeitungen eher rechts – wenn auch nicht gerade auf Linie mit dem Front National. Die Bewunderung für Russlands Präsident Putin dürfte Le Pens Begeisterung für Nationalismus und Autoritarismus zum Ausdruck bringen. Frau Le Pen sagt weiter:

Ehrlich gesagt, es werden viele Dinge über Russland gesagt, weil es seit Jahren auf Anordnung der USA verteufelt werden soll. Es gehört zur Größe eines europäischen Landes, sich selbst eine Meinung zu bilden und nicht alles durch die US-Brille zu sehen. Wir haben Russland keine Lektionen zu erteilen, wenn wir Katarern, Saudi-Arabern und Chinesen den Teppich ausrollen ... Ich bin für eine multipolare Welt, in der Frankreich erneut [Hervorhebung PJJW] an der Spitze der blockfreien Staaten steht.

Wie viel Realitätsverlust ist denn das nun wieder? Die Blockfreien gab es in der Zeit des Kalten Krieges als Kooperationsgruppe von Ländern, aber Frankreich gehörte formal den Blockfreien nie an; wie könnte Frankreich da „*erneut*" an der Spitze der blockfreien Staaten stehen? Man sieht hier förmlich, dass Frau Le Pen in zwei Welten lebt – einer realen und einer persönlich ausgedachten, in der Dinge geschahen, die sich in Wahrheit nie ereigneten. Ob im Übrigen damals führende blockfreie Länder wie Indien, Ägypten oder Jugoslawien/Serbien sich in einer erweiterten Blockfreien-Bewegung denn von Frankreich führen lassen wollten, kann man ja obendrein bezweifeln. In Wunschdenken, Scharfwörtern und unlogischem Denken ist Frau Le Pen erkennbar groß; mit solchen Untugenden ein großes Land zu regieren, brächte sicherlich kleine Ergebnisse. Sie verführt Wähler mit Empörungsworten, aber Denken ist ihr Problem.

Zugegeben, die Empörung Le Pens über Arbeitslosigkeit und den politischen Autonomieverlust Frankreichs in der EU mag sich für manchen gut anhören, aber aus Empörung und Wunschdenken kann man nun mal weder Autos bauen noch Arbeitsplätze schaffen, noch mehr Innovationsdynamik in Frankreich beziehungsweise Frieden und Wohlstand bei Demokratie, Rechtsstaat in Europa sicher stellen. Le-Pen-Populismus ist ein Stück historische Geisterfahrt.

Dass man in der EU und in der Eurozone eine ganze Reihe von wachstumsförderlichen Reformen braucht – in einzelnen Ländern und in Brüssel bei der EU –, ist unbestritten. Mehr Gründer- und Innovationsdynamik, bessere Schul- und Bildungssystem und mehr Investitionen in die Informations- und Kommunikationstechnologie (IKT) könnten Teil einer Wachstumsstrategie sein; auch ein mehr an intelligenten Stromnetzen in der EU wäre wichtig.

Dass der Ausstieg aus dem Euro und der EU für Mitgliedsländer irgendwie vorteilhaft sein könnte, ist ökonomisch sehr zweifelhaft. Das gilt gerade auch dann, wenn man weiß, dass sich etwa der Verbündete des Front National, die rechte niederländische Freiheitspartei unter Geert Wilders bei Consulting-Firmen in London teure Gutachten bestellt hat, die für die Niederlande Vorteile sowohl aus einem EU-Austritt wie einem Euro-Austritt versprechen. Das Interessante – nicht Überraschende – dabei ist, dass etwa das Anti-Euro-Gutachten in

Sachen Niederlande schon zwei Jahre nach der Veröffentlichung in der Mehrzahl der Prognosetabellen als völlig daneben liegend erscheint. Dass man in London für eine hohe Rechnung immer jemanden finden wird, der ein Wunsch-Analyseergebnis liefert, wird niemand überraschen. Im Bereich der Wissenschaft wird man solche Studien wohl nicht finden können; vielleicht im AfD-Europa-Wahlprogramm? Da steht nur etwas von einem Einheitseuro, gegen den man ist – als ob es einen differenzierten Euro geben könnte: Auch das ist aus der Abteilung Wolkenkuckucksheim-Politik. Die AfD und Le Pen teilen Empörungsrhetorik und die Neigung zur Vermischung von Realität und Einbildung. Populisten-Politik bzw. die Zerstörung der EU führt zurück ins 19. Jahrhundert.

Anhang 3: Guardian-Quelle für Camerons Referendumsankündigung

Guardian: http://www.theguardian.com/politics/2016/may/09/pm-draws-on-history-to-bolster-eu-remain-campaign

David Cameron has called for his referendum on Britain's membership of the EU to take place on 23 June, after the cabinet formally agreed to campaign to stay in despite several ministers openly supporting Brexit.

The full text is available on the above website or www.eiiw.eu.

Anhang 4: Debatte im Europäischen Parlament im Februar 2016 zu EU-UK

Das Europäische Parlament (EP) führte nach dem Abschluss der Verhandlungen zwischen der EU und Premier Cameron bzw. der britischen Regierung im Vorfeld der britischen Volksbefragung am 24. Februar 2016 eine Debatte, die sicher bemerkenswerte Argumente erbrachte, wie die nachfolgende Dokumentation zeigt. Merkwürdigerweise hatte aber das EP keine Studie zu den denkbaren Folgen eines BREXIT bestellt – es gab zwar Studien für die möglichen Folgen eines BREXIT im Vereinigten Königreich, aber eine Studie über die Folgen für die EU27 lag dem Parlament offenbar nicht vor. Das erklärt vermutlich auch die merkwürdige Unzufriedenheit osteuropäischer Abgeordneter, die sich unter Hinweis auf Ungleichbehandlung in der Debatte darüber aufregten, dass etwa die Kinder von osteuropäischen Zuwanderern im Vereinigten Königreich für ihre noch in den Heimatländern lebenden Kinder künftig ein geringeres Kindergeld erhalten sollen als Kinder, die in UK leben (dabei ist in den osteuropäischen Beitrittsländern das Preisniveau viel niedriger als im Vereinigten Königreich); dass es jedoch bei einem BREXIT dann nicht um solche relativ geringe Zahlen und Unterschiede gehen würde, sondern der EU27 bzw. den osteuropäischen Ländern plus Griechenland – als Haupt-Nettoempfänger von EU-Budgetmitteln – rund 9 Milliarden € auf der Haushaltseinnahmeseite fehlen würden, erwähnte niemand. Den Abgeordneten lag keinerlei Kosten-Analyse zu einem BREXIT im ökonomischen oder politischen Sinn vor. Das spricht für eine geringe Rationalität in einer historischen EU-integrationsmäßig dramatischen Debatte. Die nachfolgende Darlegung ist von der Website des Europäischen Parlamentes übernommen (http://www.europarl.europa.eu/news/de/news-room/20160224STO15605/eu-abgeordnete-debattieren- %C3 %BCber-gro %C3 %9Fbritanniens-zukunft-in-der-eu).

EU-Abgeordnete debattieren über Großbritanniens Zukunft in der EU

PLENARTAGUNG Artikel – Institutionen – 24-02-2016 – 18:53

Am 23. Juni stimmen die Briten darüber ab, ob Großbritannien in der EU verbleiben soll. Der Ausgang des Referendums wird Konsequenzen für ganz Europa haben. Am Mittwoch (24.2.) debattierte das Plenum über Großbritanniens Zukunft in der EU. Die meisten EU-Abgeordneten sprachen sich für einen Verbleib des Landes in der EU aus, während andere argumentierten, Großbritannien würde von einem EU-Austritt profitieren.

Gegenstand der Plenardebatte vom Mittwoch waren die Schlussfolgerungen des vergangenen EU-Gipfels. Am 18. und 19. Februar waren die EU Staats- und Regierungschefs zusammengekommen, um über die Flüchtlingskrise und das britische EU-Referendum zu diskutieren.

Über die Einigung mit Großbritannien

Nachdem die britische Regierung Reformforderungen der EU gestellt hatte, haben sich die EU-Mitgliedstaaten am 19. Februar auf einen Kompromiss geeinigt. Die Einigung enthält Zugeständnisse an Großbritannien: So erhält das Land die Garantie, nicht Teil einer immer engeren Union sein zu müssen und kann EU-Ausländern zeitweise weniger Sozialleistungen gewähren. Nicht-Euro-Länder sollen zudem nicht für die gemeinsame Währung aufkommen müssen.

Nachdem die Einigung erzielt worden war, betonte der britische Premierminister David Cameron, dass er auf dieser Grundlage für den Verbleib seines Landes in der EU werben könne. Der Kompromiss tritt nur dann in Kraft, wenn sich die Briten für einen Verbleib in der Europäischen Union aussprechen.

In der Plenardebatte am Mittwoch wurden bezüglich der Vorteile der Einigung unterschiedliche Sichtweisen vorgebracht. EU-Kommissionspräsident Jean-Claude Juncker sagte: „Der britische Premierminister hat das Maximum dessen erreicht, was er erreichen konnte und die Mitgliedstaaten haben ihm das Maximum dessen angeboten, das sie anbieten konnten. Das führt mich dazu, zu sagen, dass die Einigung fair und ausgewogen ist und mit den Grundprinzipien der EU in Einklang steht. Die Einigung berücksichtigt die Bedenken, Wünsche und Vorschläge des Vereinigten Königreichs."

Der EVP-Vorsitzende Manfred Weber aus Deutschland äußerte sich so: „Wir unterstützen das Ergebnis im Kern. Wenn sich die Bürger Großbritanniens für den Verbleib in der Europäischen Union aussprechen, dann wird die EVP-Fraktion auch ein fairer Partner bei der Umsetzung der Zusagen sein." Gleichzeitig hob er jedoch hervor, dass nur diese Einigung zur Verfügung stehe und keine weiteren Verhandlungen stattfinden würden.

Manche britischen Politiker wie Justizminister Michael Gove und Menschenrechtsminister Dominic Raab hatten behauptet, der Europäische Gerichtshof könne die Einigung aufheben. Während der Debatte versicherte EU-Ratschef Donald Tusk, die vergangene Woche erzielte Einigung sei „rechtlich bindend und irreversibel" und „könne vom Europäischen Gerichtshof nicht aufgehoben werden".

Gabriele Zimmer, Vorsitzende der GUE/NGL aus Deutschland, kritisierte die Einigung, da sie die soziale Säule der EU abbauen werde. Die EU nähere sich dem marktradikalen, angelsächsischen Wirtschaftsmodell, so Zimmer.

Großbritanniens Rolle in der EU

EU-Abgeordnete hoben auch die positive Rolle, die Großbritannien in der EU spiele, hervor. Der Vorsitzende der S&D, Gianni Pittella aus Italien, verwies auf den Beitrag Großbri-

tanniens für die Wahrung europäischer Prinzipien: „Großbritannien hat so viel getan und ist ein wichtiger Faktor für Frieden und Demokratie. Der beste Platz, um für diese Prinzipien einzutreten, ist innerhalb der Europäischen Union." Zudem führte er an, die EU-Mitgliedschaft Großbritanniens sei mehr als ein Zweckbündnis. „Großbritannien ist ein wesentlicher Bestandteil Europas. Ohne Großbritannien wäre Europa nicht mehr dasselbe."

Die Ko-Vorsitzende der Grünen/EFA, Rebecca Harms aus Deutschland, verwies auf die Herausforderungen, denen Europa gegenüberstehe: „Mit dem Vereinigten Königreich wird die Europäische Union diese Krisen besser bestehen. Aber auch das Vereinigte Königreich wird diese Krisen nur besser bestehen können, wenn es diese Einigkeit in der EU gibt."

Die EU-Abgeordneten debattierten am Mittwoch (24.2.) über das britische EU-Referendum Quelle: photo reference: 20160224PHT15776.

Konsequenzen des Brexit

Viele Abgeordnete verwiesen auf die möglichen Konsequenzen eines EU-Austritts Großbritanniens. EU-Ratschef Donald Tusk sagte in diesem Zusammenhang: „Ein Austritt wird Europa für immer verändern, auf negative Weise. Natürlich ist das meine persönliche Meinung. Premierminister Cameron sprach am Montag vor den Abgeordneten im britischen Unterhaus und betonte, der Westen solle nicht gespalten werden. Dem kann ich nur zustimmen."

„Ich werde die Kampagne für einen Verbleib in der Europäischen Union unterstützen", sagte Ashley Fox (EKR), EU-Abgeordneter aus Großbritannien. „Meine Argumentation ist simpel. Großbritanniens Konjunkturerholung ist immer noch sehr fragil und ich werde sie durch eine Abkehr vom Binnenmarkt nicht aufs Spiel setzen. Ich bin auch der Meinung, dass die Sicherheit in meinem Wahlkreis und meinem Land höher sein wird, wenn wir die Zusammenarbeit mit unseren europäischen Partnern fortführen."

Drei EU-Abgeordnete wurden damit beauftragt, für das EU-Parlament über das Reformpaket zu verhandeln: Guy Verhofstadt (ALDE) aus Belgien, Elmar Brok (EVP) aus Deutschland und Roberto Gualtieri (S&D) aus Italien.

Der ALDE-Vorsitzende Guy Verhofstadt argumentierte: „Die einzigen, die von einem gespaltenen Europa profitieren werden, sind Wladimir Putin oder Bashar Al-Assad oder der IS. Anstatt darüber zu diskutieren, wie wir uns gegenüber ihnen behaupten können, zeigen wir, dass wir gespalten und schwach sind."

Elmar Brok (EVP) betonte: „Auch Großbritannien hat in dieser sich verändernden Welt keine Chance auf irgendeinen Einfluss, wenn es nicht gemeinsam mit Europa ist." Alleine könnten die Nationalstaaten nicht unseren Interessen nachkommen, so Brok. „Das schaffen wir gemeinsam oder wir werden es alle nicht mehr schaffen."

Roberto Gualtieri (S&D) versicherte, das Parlament werde die Umsetzung des Abkommens weder zu verhindern noch zu verzögern versuchen. „Politisch gesehen zeigt die Debatte, dass das Abkommen die Unterstützung einer breiten Mehrheit hat. Wir werden fair sein und unser Wort halten. Nun ist es an den britischen Bürgern, ihre Zukunft abzusichern."

Andere EU-Abgeordnete wiederum sprachen sich für einen EU-Austritt Großbritanniens aus. Das Referendum „sei eine Gelegenheit, zurückzublicken und die Vorteile der EU-Mitgliedschaft abzuwägen", sagte die Ko-Vorsitzende der ENF, Marine Le Pen, aus Frankreich. „Wenn die Briten wollen, können sie Freiheit und Souveränität wählen und wenn sie dies tun, so werden sie die Probleme der modernen Welt lösen können."

Der Ko-Vorsitzende der EFDD, Nigel Farage aus Großbritannien, führte an, die Sicher- heitslage des Landes würde sich durch einen Austritt aus der EU verbessern: „Die Briten werden entscheiden, was die sicherste Option für uns ist: Ist es sicher, in einer Organisation zu verbleiben, deren eigener Polizeichef uns sagt, dass 3 000 bis 5 000 Terroristen nun durch die Migrationskrise auf unseren Kontinent kommen werden oder ist es sicherer, die Kontrolle über unsere eigenen Grenzen und unsere eigene Demokratie wiederzuerlangen?"

Die fraktionslose EU-Abgeordnete Diane Dodds führte an: „Unsere Souveränität wird weiter untergraben und unsere Sicherheit aufs Spiel gesetzt werden. Wir werden weiter- hin Milliarden mehr an die EU überweisen, als wir erhalten. Die fundamentalen Schwach- punkte der Mitgliedschaft werden bestehen bleiben."

Anhang 5: Handelspartner von NRW (2015)

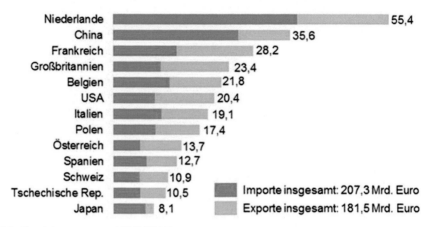

Abb. 22. Handelspartner von NRW (2015)

Quelle: https://www.nrwinvest.com/de/nrw-ueberblick/standortfaktoren-nrw/nrw-wirtschafts-standort/.

Anhang 6: Ruth Lea (Leave Campaign) zu den Argumenten, dass UK die EU verlassen möge

Die Darstellungen von Ruth Lea sind unter folgender URL zu finden: http://www.eiiw.eu/Brexit. Besonders bemerkenswert sind einige Grafiken, die zeigen, in welche Richtung die BREXIT-Befürworter argumentieren.

Anhang 7:
Camerons Chatham-House-Rede zu Europa
(Auszug, 10. November 2015: zu Immigration)

Die folgenden Zitate zeigen, dass Premier Cameron selbst eine Verbindung der Bankenkrise und der davon ausgehenden Staatsfinanzierungsprobleme und seinem Ruf nach Beschränkung der EU-Migrationsfreiheit erklärt. Für die Bankenkrise sind aber vor allem die USA und Großbritannien mit ihren lücken-haften und falschen Banken- und Finanzmarktregulierungen verantwortlich, während Cameron diese Verantwortung offenbar auf EU-Zuwanderer abwälzen will. Es ist aber den britischen Regierungen ja seit 1973 über Jahrzehnte bekannt gewesen, wie die Regeln des EU-Binnenmarktes sind und für die EU-Osterweiterung haben sich britische Regierungen – zusammen mit der deutschen Bundesregierung und Österreich – am meisten politisch in der EU eingesetzt. Cameron spielt auf Probleme bei den EU-Immigrationszahlen für UK an, die es in dieser Form nicht gibt; die angebliche Überforderung bei Schulen, Gesundheitssystem und lokalen öffentlichen Diensten hat Camerons Finanzpolitik selbst zu verantworten. EU-Zuwanderer in UK sorgen für mehr preiswerte Güter und Dienstleistungen, was Realeinkommensgewinne für britische Käufer bedeutet. Die große Mehrzahl der osteuropäischen EU-Zuwanderer haben einen Arbeitsplatz und sind gute Steuerzahler. Wenn Cameron von 300 000 jährlicher Netto-Zuwanderung spricht, so beinhaltet diese 150 000 Zuwanderer aus Nicht-EU-Ländern. Offenbar kann UK diese Zuwanderung aus Nicht-EU-Ländern auch nicht effektiv kontrollieren. Was die EU-Zuwanderer angeht, so sieht Cameron sie nicht als Beitrag zur Lösung der britischen Probleme, obwohl sie hohe Erwerbsquoten zeigen, mit ihren oft geringen Lohnsätzen und teilweise guten Qualifizierungen zur Export-Wettbewerbsfähigkeit von UK deutlich beitragen sowie auch zahlreiche Unternehmen gegründet haben. Dieser Redeteil ist voller Widersprüche, im Grunde nicht ehrlich und genau betrachtet teilweise auch ökonomischer Unfug. Man stellt sich hier die Frage, nach den ökonomischen Beratern von Premier Cameron und nach der Qualität seiner Redenschreiber.

Immigration

Fourth, we believe in an open economy. But we've got to be able to cope with all the pressures that free movement can bring – on our schools, our hospitals and our public services.

Right now the pressures are too great.

I appreciate that at a time when other European countries are facing huge pressure from migration from outside the EU, this may be hard for some other EU countries to understand.

But in a way these pressures are an example of exactly the point the UK has been making in recent years.

For us, it is not a question of race or background or ethnicity – Britain is one of the most open and cosmopolitan countries on the face of the earth.

People from all over the world can find a community of their own right here in Britain.

The issue is one of scale and speed, and the pressures on communities that brings, at a time when public finances are already under severe strain as a consequence of the financial crisis.

This was a matter of enormous concern in our recent General Election campaign and it remains so today.

Unlike some other member states, Britain's population is already expanding.

Our population is set to reach over 70 million in the next decades and we are forecast to become the most populous country in the EU by 2050.

At the same time, our net migration is running at over 300,000 a year. That is not sustainable.

We have taken lots of steps to control immigration from outside the EU.

But we need to be able to exert greater control on arrivals from inside the EU too.

The principle of the free movement of labour is a basic treaty right and it is a key part of the single market.

Over a million Brits benefit from their right to live and work anywhere in the EU.

We do not want to destroy that principle, which indeed many Brits take for granted.

But freedom of movement has never been an unqualified right, and we now need to allow it to operate on a more sustainable basis in the light of the experience of recent years.

Britain has always been an open, trading nation, and we do not want to change that.

But we do want to find arrangements to allow a member state like the UK to restore a sense of fairness to our immigration system ...

... and to reduce the current very high level of migration from within the EU into the UK.

That means first of all correcting the mistakes of the past by ensuring that when new countries are admitted to the EU in the future ...

... free movement will not apply to those new members until their economies have converged much more closely with existing member states.

Next, we need to create the toughest possible system for dealing with abuse of free movement ... "

(https://www.gov.uk/government/speeches/prime-ministers-speech-on-europe)

Anhang 8: Ausgewählte Daten zu EU-Ländern

Tab. 12. Ausgewählte Daten zu EU-Ländern und EU27/EU28

2014	GDP (nominal) in Bil. $	GDP (nominal) share	GDP (nominal) share	GDP (real, PPP) in Bil. $	GDP (real) share of Total EU	GDP (real) share of EU without UK	Population	Unemployment Rate
Austria	5,0	2,36	2,81	374,73	2,12	2,46	8545908	5,0
Belgium	531,55	8,5	3,42	458,25	2,59	3,01	11231213	8,5
Bulgaria	56,72	0,31	11,6	118,21	0,67	0,78	7223938	11,6
Croatia	57,11	0,31	0,37	16,7	0,48	0,56	4238389	16,7
Cyprus	23,23	0,13	0,15	25,34	15,6	0,17	1153658	15,6
Czech Republic	205,27	1,11	1,32	301,81	1,71	6,2	10525347	6,2
Denmark	342,36	1,85	2,21	241,13	1,36	1,59	6,6	6,6
Estonia	26,49	0,14	0,17	34,96	0,20	0,23	1314545	7,7
Finland	272,22	1,47	1,75	210,54	1,19	1,38	5461512	8,6
France	2829,19	15,28	18,22	2463,85	13,94	16,20	66217509	9,9
Germany	3868,29	20,89	24,92	3526,97	19,95	23,19	80970732	5,0
Greece	235,57	1,27	1,52	267,07	1,51	1,76	10869637	26,3
Hungary	138,35	0,75	0,89	234,06	1,32	1,54	9863183	7,8
Ireland	250,81	1,35	1,62	223,40	1,26	1,47	4615693	11,6
Italy	2141,16	11,57	13,79	2026,49	11,47	13,32	60789140	12,5
Latvia	31,29	0,17	0,20	43,94	0,25	0,29	1993782	10,0
Lithuania	48,35	0,26	0,31	75,61	0,43	0,50	2932367	11,3
Luxembourg	64,87	0,35	0,42	50,83	0,29	0,33	556319	6,1
Malta	9,64	0,05	0,06	12,20	0,07	0,08	427364	5,9
Netherlands	879,32	4,75	5,66	770,09	4,36	5,06	16865008	6,9
Poland	544,97	2,94	3,51	910,97	5,15	5,99	38011735	9,2
Portugal	230,12	1,24	1,48	272,25	1,54	1,79	10401062	14,2
Romania	199,04	1,08	1,28	380,26	2,15	2,50	19904360	7,0
Slovak Republic	100,25	0,54	0,65	143,43	0,81	0,94	5418649	13,3
Slovenia	49,49	0,27	0,32	58,06	0,33	0,38	2061980	9,5
Spain	1381,34	7,46	8,90	1475,76	8,35	9,70	46476032	24,7
Sweden	571,09	3,08	3,68	426,67	2,41	2,80	9696110	8,0
United Kingdom	2988,89	16,14		2462,88	13,93		64559135	6,3
Average	661,21	3,57	3,70	631,24	3,57	3,70	18141530	10,4
Average without UK	575,00	3,11	3,70	563,40	3,19	3,70	16422359	10,6

Quelle: World Development Indicators.

Arbeitsmarktdaten EU-Länder

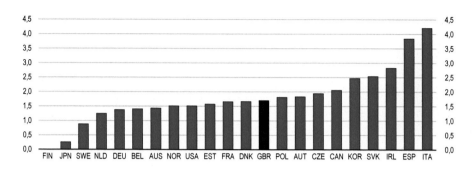

Abb. 23. Estimated gains to the level of labour productivity from reforms related to managerial quality, Percentage points

Quelle: Adalet McGowan, M. and D. Andrews (2015), „Labour Market Mismatch and Labour Productivity: Evidence from PIAAC Data", OECD Economics Department Working Papers, No. 1209, OECD Publishing.

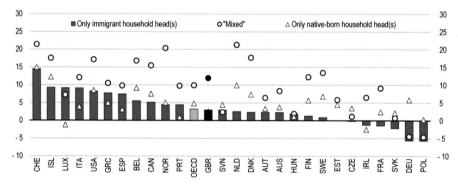

Abb. 24. Average net direct fiscal contribution of households by migration status of the household head, 2007-2009 average, EUR (PPP adjusted) thousand

Quelle: OECD (2016a), The Economic Consequences of Brexit: A Taxing Decision, OECD Economic Policy Paper, No. 16, Paris, p. 26.

Tab. 13. Ausgewählte Indikatoren für Großbrittanien, Deutschland und EU28, 2015 (EIIW-Zusammenstellung)

Indikatoren	Einheit in:	Großbritannien	Deutschland	EU28
Bevölkerung	Millionen	64,1	81,8	508,2
Bruttoinlandsprodukt (BIP)	Millionen Euro	2 575 719,2	3 032 820,0	14 635 153,9
Reale Veränderung des BIP	% zum Vorjahr	2,2	1,5	2
BIP pro Kopf*	internationaler Dollar	40 163,30	46 160,19	37 852,24
Inflationsrate	% zum Vorjahr	0	0,1	0
Arbeitslosenquote	% der Erwerbsbevölkerung	5,3	4,6	9,4
Jugendarbeits-losenquote	% der Bevölkerung derselben Altersgruppe	11,1	6,2	16,1
Finanzierungssaldo	% des BIP	−4,4	0,7	−2,4
Struktureller Finanzierungs-saldo	% des BIP	−4,1	0,7	
Bruttoschuldenstand	% des BIP	89,3	71	87,4
Leistungsbilanzsaldo	% des BIP	−4,3	8,5	
Exportmarktanteile	% von Welt insgesamt	3,7	7,5	
Anteil des Verarbeitenden Gewerbes am BIP	% des BIP	9,4	22,3	15,3
Anteil der Diens-tleistungen am BIP	% des BIP	79,6	68,6	74,7

*BIP pro Kopf: PPP; Kaufkraftparietäten

Quelle: Destatis, Eurostat, IMF, World Bank.

Anhang 9: Die entscheidenden 10 BREXIT-Punkte in der Übersicht

1a) **2016 Referendumsergebnis: Mehrheit 51.9 % für BREXIT;** wichtige Themen aus Wählersicht, die gegen EU-Mitgliedschaft stimmten, waren ohne EU-Bezug; indirekt spielte Immigrationsthema eine Rolle; sonderbare Probleme der Cameron-Regierung normale Info bereitzustellen – hätte diese die 10 % Einkommensverlust als zu erwartendes Problem im BREXIT-Fall in der Infobroschüre dargestellt, so wäre eine klare Pro-EU-Mehrheit zu erwarten gewesen (lässt sich errechnen auf Basis von UK-Popularitätsfunktionen)	1b) *Kommentar: Normales Ergebnis wäre 52,1 % für BREXIT;* Cameron-Regierung unfähig, ein ordnungsgemäßes Referendum zu organisieren – sie gab im Schottland-Referendum Info, dass Unabhängigkeit 1400 Pfund pro Schotten an realem Einkommensverlust bringe und den Verlust aller britischen EU-Mitgliedschaftsvorteile (!). Beim BREXIT-Referendum, bei dem es um 1800 Pfund pro Brite als Verlust ging (6 % Einkommensverlust aus reduziertem EU-Binnenmarkt-Zugang) und nochmals 4 % (1200 Pfund pro Brite), Null Info in der 16 seitigen Broschüre der Cameron-Regierung, die 9.-11. April an Wähler in England verschickt wurde (2016)	1c) *Ergebnis: Es droht eine politische Destabilisierung von UK in 2018/2019 und darüber hinaus;* zu klar ist BREXIT gegen UK-Interessen gerichtet. Ca. 5000 € pro Kopf als Einkommensverlust längerfristig denkbar: hier als Gegenwarts-Wert der sich über ca. 15 Jahre hinziehenden realen UK-Wachstumsdämpfung errechnet (NoDeal-Fall);in jedem Fall massive Pfundabwertung zu erwarten, was Aufkauf der UK-Industrie durch ausländische Investoren erleichtert. UK selbst könnte alsbald 2. Schottland-Referendum erleben 2. EU-Referendum ist denkbar: möglicherweise Mehrheit pro EU;
2a) **Cameron-Behauptung: Immigration aus der EU als Belastung für UK**	2b) *OECD-Analyse zeigt: Zuwanderung für UK bringt Netto-Einnahmen für UK-Staatshaushalt*	2c) Unverständlich, dass nicht auch die EU (Kommission, Parlament) auf die Fakten in geeigneter Weise aufmerksam gemacht hat
3a) Global Britain als neue UK-Strategie für mehr Wachstum – UK will nach BREXIT zahlreiche neue Freihandelsabkommen schließen	3b) Kann aus ökonomisch-politischen Gründen nicht funktionieren mit Ausnahme UK-US-Freihandelsabkommen und ggf. UK-Japan (von EU28 übernehmbar, falls EU grünes Licht gibt)	3c) Neben USA und Japan kaum große Länder für Freihandelsabkommen mit UK verfügbar; Abkommen mit China dürfte deutlich die UK-Industrie unterminieren; Abkommen mit Indien wirft Frage nach Visa für Inder, die UK arbeiten wollen, auf. USA unter Trump untergraben Welthandelsorganisation, was bedeutet, dass global notwendiger Rahmen durch Internationale Organisation WTO für Global Britain fehlt

| 4a) Take back control (Kontrolle zurück gewinnen: von EU) | 4b) EU-Austritt heißt zunächst, dass die Politikautonomie von UK steigt; aber da UK sich an USA anlehnen muss, sinkt dann faktisch die Politikautonomie auf lange Sicht. Wegen hoher realer Pfundabwertung steigt zudem Anteil, den Ausländer am britischen Kapitalbestand haben: von etwa 17 % in 2016 auf gut 30 % in 2030 = mehr Macht für ausländische Investoren = Leistungsbilanz stärker negativ; für UK *reduzierte Einnahmen* aus dem UK-Körperschaftssteuer-Aufkommen | 4c) Vorstellung ist irrig, dass UK durch BREXIT wirklich mehr Politikkontrolle auf lange Sicht haben wird. Es droht UK, dass das Land eine Art Vasall der USA und von Trump wird: Umgekehrtes Kolonialverhältnis mit Blick auf historische Sicht; UK hat in Brüssel bei der EU eine Stimme, in den USA aber nicht. |
| 5a) **EU steht vor längerfristigem Zerfall, wenn keine klugen umfassenden EU-Reformen kommen,** die insbesondere nötig sind bei der Eurozone und in Sachen höhere Staatsverbrauchsquote; ggf. eigenständiges Parlament der Eurozone. Deutlich erhöhte Netto-Beitragsquote keine Basis für nachhaltige EU | 5b) Forschungsgruppe Wahlen hat gezeigt, dass Wähler/innen in Deutschland nicht verstehen, um welche Politikfelder es bei Europa-Wahlen geht – zudem deren Stellenwert gering wie Kommunalwahl eingeordnet. Daher hohe Neigung von Wählern, zu experimentierten bei der EU-Stimmabgabe bzw. radikale kleine Parteien (oft Anti-EU-Parteien) zu wählen | 5c) Konsequenz müsste sein, die EU zu vereinfachen, transparenter zu machen – dabei Überregulierung im realen Sektor abbauen. Zudem, gegen statische Sicht des Subsidiaritätsprinzips (verlangt Vorrang nationale Politikebene vor EU- bzw. der Euroebene), angehen: Nötig, dass in Brüssel bei EU Staatsverbrauchsquote steigt – via zusätzliches Budget EU-Infrastrukturprojekte, Teil d. Verteidigungsausgaben in EU, Arbeitslosenversicherung für die ersten 6 Monate ansteigt (ohne Jugendarbeitslosigkeit; hier ist nationale Politik verantwortlich) |

6a) **Argumentations-wettbewerb zu BREXIT auf der Infoseite mehrfach verfälscht:** Cameron gab Wählern keine Info zum Hauptbefund der Treasury Analysis 2016 zu Vorteilen der Mitgliedschaft in UK; und BBC gibt falsche Infos: z.B. es sei NoDeal=Freihandel mit der EU: BBC1-Sendung Question Time, 7.12.17: BBC-Moderator David Dimbleby	6b) Royal Economic Society hat klare Mehrheitsmeinung gegen BREXIT, was jedoch in BBC-TV-Sendung so nicht präsentiert wird; übliches Format ist 1:1 Debatte (Pro-BREXIT-Vertreter contra Remain-Vertreter); dazu vom Moderator keine Info, dass die klare Mehrheitsmeinung der UK-Ökonomen von den Kosten des BREXIT warnt.	6c) In UK hat Royal Economic Society formell bei BBC Trust Protestnote zu BBC-Darstellung in TV und Radio eingereicht – wurde weithin abgewiesen. In Deutschland ähnliche Problem; bei Anne Will am 20.11.2016 hat Frau Will UK als EU-Gründungsmitglied benannt – ihre Produktionsfirma weigert sich, irgendeine Fehlerkorrektur vorzunehmen (UK trat nicht 1957 bei, sondern erst 1973): TV-Absolutismus der ARD
Boris Johnson in Kampagne zum Referendum 2016 und wieder in 2017 (Daily Telegraph-Beitrag) neue Fehlinfo: 350 Millionen Pfund pro Woche als EU-Beitrag, die man künftig – nach BREXIT – ins NHS (UKs Nationales Gesundheitssystem) stecken könnte; Behauptung falsch, da UK-Regierung Regionen, Firmen, Universitäten in UK nach BREXIT bisherige EU-Zahlungen ersetzen will, so dass nur Netto-Beitrag für NHS verfügbar wäre. Chef von UK Statistics Authority, Sir David Norgrove, schrieb am 17.9.2017 offenen Brief an Johnson, der vermische Brutto- und Nettobeitrag von UK; er betreibe einen „klaren Missbrauch von offiziellen Statistiken"	Fachanalysen von britischen Experten bzw. Instituten zeigen hohe BREXIT-Kosten; indirekt weist z.B. Office for Budget Responsibility 4,2 % Rückgang d. realen Bruttoinlandsprodukts 2016-2020 aus (errechenbar aus Prognoserevision der OBR-Zahlen im November 2015 im Vergleich zu Prognose Nov. 2017). EIIW geht von 16 % Einkommensverlust für NoDeal-Fall aus, bei dem es keinen Freihandelsvertrag gibt – der Netto-Wohlfahrtsverlust wird geringer ausfallen, falls ein EU-UK-Sektor-Freihandelsvertrag zustande kommt (ca. 11 % als wahrscheinlich angesehen). In EIIW-Rechnung – siehe EIIW *Diskussionsbeitrag 234* – wird 1 % Eink.gewinn für UK aus Abschaffung von Importzöllen ür Agrarprodukte und 2 % Gewinn durch UK-USA-Freihandelsvertrag lang-fristig angenommen; 2017 Rabobank-Studie kommt für NoDeal auf 18 % Rückgang beim realen Bruttoinlandsprodukt in UK	Gegen TV-Absolutismus in Teilen des öffentlich-recht-lichen TVs – es informiert über wichtige BREXIT-Punkte gar nicht (etwa den offe-nen Brief von Norgrove an Außenminister Johnson) – kann man TV-Science setzen; Beispiel im Start-up-Format ist EIIW.TV; bbaTV und BestBritishAcademy könnten folgen.
Wissen über EU in UK ungewöhnlich niedrig (laut Bertelsmann-Studie): verant-wortlich EU-Kommission und britische Regierung		Sonderbarer Brief von Tory Whip Heaton-Harris an UK-Universitäten, wo er von Dekanen Auskunft begehrt, welche Professoren Vorlesungen und Seminar zu BREXIT durchführten (deutet auf UK-McCarthyismus); dro-hender Verlust von Autonomie der Universitäten, die bei BREXIT massive Einmischung der Politik erleben dürften – Tenor: Kritische Stimmen zu BREXIT unerwünscht.

7a) **Keim der nächsten Bankenkrise durch BREXIT** (und Bankenkrise 2007-09 war ein indirekter Auslöser des BREXIT, da rasante Erhöhung der Defizitquote Cameron zu scharfen Kürzungen der UK-Staatsausgaben bei Kommunaltransfers motivierte) Wachstumsdämpfung durch BREXIT in EU wird May-Regierung zügig zu neuer Finanzmarktderegulierung in UK veranlassen, was zusammen mit von Trump 2017 gestarteter bzw. angestrebter US-Bankenderegulierung in ganz Europa einen massiven Deregulierungsdruck bringt	7b) Nur gemeinsame Banken- bzw. Finanzmarktregulierung von EU27 und UK könnte das Problem einer riskanten neuen exzessiven Deregulierung verhindern	7c) Bislang ist die Thematik gemeinsamer Regulierung EU27-UK nicht auf dem Verhandlungstisch in Brüssel.
8a) **BREXIT wird Westen schwächen; den Aufstieg Chinas befördern.** Europa möglicherweise ins späte 19. Jahrhundert zurück führen, sofern die EU zerfällt	8b) BREXIT passt nicht zu 400 Jahren Rationalitätstradition in UK; dass Premier May in Florenz eine Rede hält steht für ein britisches Fenster aus Aussicht auf Konsistenz	8c) Deutschland müsste ohne UK Freihandelsfahne in der EU zusammen mit Dänemark und Niederlande plus X hochhalten; UK fehlt als Politikpartner gerade für Deutschland
9a) **Negativsignal an andere regionale Integrationsräume:** z.B. Mercosur und Asean sowie Ecowas (15 Länder) in Afrika	9b) Destabilisierungsimpulse und langfristige ökonomische Bremsmpulse für Lateinamerika, Asien *und Afrika*	9c) Unterminierung des Multilateralismus, der ein Zwilling des Regionalismus ist; Schritt zu US-China Dualismus?

10a) **BREXIT-Debatte wie die Trump-Wahl wie das TTIP-Ende in der EU stehen für Politikschocks im Internet-Zeitalter:** Jeder ist sein eigener Info-Sucher im Internet, Rolle von Forschunginstituten/ Think Tanks gemindert als Argumentationshilfe für Politik (Think Tank bzw. Wissenschaft wenig präsent in digitalen sozialen Medien); die im Internet zu geringen Kosten sich ausbreitenden radikalen Neugruppierungen können Wählerschaft zT beeinflussen; notwendige Konsensbildung in westlichen Demokratien erschweren. In der EU Problem zudem, dass die Politik bzw. Wirtschaftspolitik (ohne Risikomanagement)	10b) Rationalität des Westens bzw. Pfeiler des Aufstiegs von UK, Westeuropa und USA in Gefahr; Politiksysteme können auf Basis von manipulierten Infos und Unfug-Analysen sowie Emotionswellen gesteuert werden; enormer Machtzuwachs von Nicht-Regierungsorganisationen, die m System der herkömmliches pluralistischen repräsentativen Demokratie nicht vorgesehen sind; für sie sind vernünftige Regeln nötig, z.B. Grenze, das NGOs nicht mehr als 25 % der Einnahmen vom Staat direkt oder indirekt bekommen dürfen.	10c) Neues System Digitaler Marktwirtschaft und digitaler Demokratie notwendig; Politik sollte mehr Infos und Prozesse ins Internet stellen – sonst setzt sich die Politik, wie bei TTIP und langer Geheimhaltung der Europäischen Union absurden Verschwörungsverdächtigungen aus.

Anhang 10: Wichtige Pro-EU-Argumente für ein zweites EU-Referendum in UK

1. EU-Mitgliedschaft heißt starke politische Initiativ- und Mitwirkungsmöglichkeit für UK in Brüssel bei Kernfragen der Außen-, Handels- und Wettbewerbspolitik; plus bei der EU-Subventionskontrolle, die einen Subventionswettlauf der EU-Länder bei schrumpfenden Industrien verhindern soll und kann. Das bringt ökonomische Vorteile für UK; und durch Subventionsvermeidung auf nationaler Ebene kann eine Verschwendung von Milliarden an Steuergeldern verhindert werden.
2. EU-Mitgliedschaft heißt UK im größten Binnenmarkt der Welt zu verankern, was Einkommens- und Jobzuwächse sichert: zollfreie Importe bedeuten niedrige Preise, was zum hohen UK-Lebensstandard beiträgt; zollfreie Exporte tragen zur Job- und Innovationsdynamik von UK bei.
3. EU-Mitgliedschaft bedeutet, dass wichtige Arbeitnehmerrechte in Großbritannien abgesichert sind. UK außerhalb der EU dürfte eine Tendenz zu einer Schwächung von Arbeitnehmerrechten mit sich bringen.

4. EU-Mitgliedschaft erlaubt gegenseitig anerkannte Medikamenten-Tests der EU-Länder, was Tausenden von Briten eine schnellere Heilung durch raschen Zugriff auf modernste Medikamente bringt. Die EU-Arzneimittelzulassungs-behörde hat ihren Sitz in UK.

5. EU-Mitgliedschaft bringt bis 2030 ca. 300 000 Studierenden aus UK die Möglichkeit, in EU-Partnerländern zu studieren (hier sind alle bisherigen Erasmus-Programm-Studierenden eingerechnet; bis 2017 etwa 200 000). Im Übrigen sind Aussagen, dass EU-Immigration für UK eine Belastung sei, nicht richtig: Die OECD hat gezeigt, dass die Immigranten positiv zum britischen Staatshaushalt beitragen.

6. EU-Mitgliedschaft schafft ökonomische und politische „Clubvorteile" für die Bürgerinnen und Bürger in UK und setzt ein global nachahmenswertes Beispiel für regionale Integration: Die EU ist ein Vorbild etwa für Integrationsverbünde wie Mercosur (Lateinamerika), Ecowas (Afrika) und ASEAN. Die regionalen Stabilitäts- und Einkommensgewinne durch diese „Integrationsclubs" tragen zu hohem globalem Wachstum bei, befördern damit auch die EU-Exporte – also auch die britischen Exporte. Zudem bedeutet die Stabilität und Prosperität in den genannten Integrationsräumen auch, dass man aus den entsprechenden Ländern sicher Vor- und Endprodukte importieren kann. Auch das ist ein UK-Nutzengewinn. Mehr Stabilität und friedliche Kooperation von Ländern bedeutet auch ein Weniger an Notwendigkeit für hohe Verteidigungsausgabenquoten. Der Einkommensverlust bei einem EU-Austritt von UK dürfte mindesten 10 % des Nationaleinkommens bzw. ein Monatseinkommen erreichen.

7. EU-Mitgliedschaft bietet Tausenden britischen Städte Möglichkeiten, sich mit anderen Städten in der Europäischen Union durch Städtepartnerschaft zu verbinden und nützlich für die Bürger in den engagierten Städten zu vernetzen.

8. EU-Mitgliedschaft UKs ist ein Stabilisierungsimpuls für ganz Europa und kann helfen, Konflikte zu vermeiden und effiziente EU-Produktionsnetz-werke von britischen und anderen Firmen aufzubauen, was Wohlstandserhö-hung für UK bringt.

9. EU-Mitgliedschaft hilft ein freihandelsorientiertes Westeuropa zu sichern, was positiv für britische und europäische sowie globale Prosperität ist.

10. EU-Mitgliedschaft, die auch dank britischer Reformimpulse längerfris-tig zu einer stärker effizienten Europäischen Union führt, bedeutet nicht nur UK-Wohlfahrtsgewinne, sondern auch Einkommensgewinne in allen EU-Ländern. Mit dem größeren ökonomischen Gewicht gehen bessere EU-Möglichkeiten einher, bei den Regeln für die Globalisierung der Wirtschaft im Interesse der EU-Mitgliedsländer mitzugestalten.

Anhang 11: Top 10 Facts von „Britain Stronger in Europe" (offizielle Pro-EU-Kampagne-Organisation in UK in 2016)

1. As part of Europe, British businesses have free access to sell to 500 million consumers. If we left the EU, our trade would face tariffs and barriers.

2. Independent experts have found that over 3 million jobs in Britain are linked to our trade with Europe. Source: HM Treasury.

3. A strong economy means households are better off in Europe. If Britain were to leave Europe, the hit to the economy would be equivalent to £ 4,300 for each UK household. Source: HM Treasury.

4. Being in the EU means a stronger economy, which means more investment in public services. Leaving would mean spending cuts of £ 36 bn. Source: HM Treasury.

5. 44 % of the UK's international exports are to EU countries, worth £ 229 billion in 2014 Source: Office for National Statistics.

6. Between 2004 and 2014, the average investment from European countries every year was £ 24.1 billion – that's over £ 66 million a day in investment from Europe. Source: Office for National Statistics.

7. The costs of holidays are cheaper in the EU, for example because the price of flights has come down 40 % because the EU changed the rules to allow low-cost airlines like EasyJet to set up in Europe. Source: European Commission

8. Over 200,000 UK students have spent time abroad on the Erasmus exchange programme. Students who have undertaken placements on the Erasmus programme are 50 % less likely to experience long-term unemployment than their counterparts. Source: Universities UK.

9. Workers' rights are protected by EU legislation, including entitlements to paid holiday of at least four weeks a year, maximum working hours, anti-discrimination laws and statutory paid maternity and paternity leave.

10. Our access to the European Arrest Warrant (EAW) has meant over 1,100 suspected criminals have been arrested in the EU and returned to Britain to face justice. Also, under the European Arrest Warrant, Britain has sent 7,400 suspected criminals who had fled here back to the EU. Source: National Crime Agency

Anhang 12: Jährliches reales Wirtschaftswachstum in der Eurozone, EU27 und UK

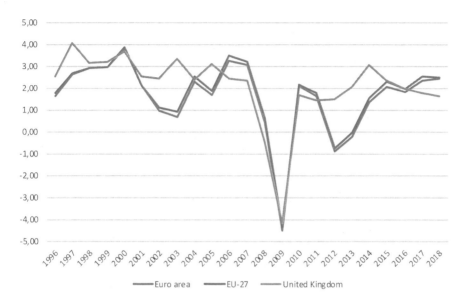

Abb. 25. Jährliches reales Wirtschaftswachstum in der Eurozone, EU27 und UK

Literatur

AICHELE, R.; FELBERMAYR, G. (2015), Costs and Benefits of a United Kingdom Exit from the European Union, Gütersloh: Ifo-Bericht für die Bertelsmann Stiftung.

ALLARD, C. ET AL. (2013), „Toward a Fiscal Union for the Euro Area", IMF Staff Discussion Note, SDN/13/09.

ALEMANN, U. VON; DREYER, D.; HUMMEL, H. (2013), Demokratische Mitgestaltung und soziale Sicherheit. FINE-Gutachten zur „Politischen Union", Wissenschaftliches Gutachten im Auftrag der Ministerin für Bundesangelegenheiten, Europa und Medien des Landes Nordrhein-Westfalen, Düsseldorf.

ARMOUR, J. (2017), Brexit and financial services, Oxford Review of Economic Policy, Vol. 33, Suppl. (Economic Consequences of Brexit), 54-69.

ARTHUS, P.; VIRAD, M-P. (2016), La folies des banques centrales. Fayard Edition.

ASIA TIMES (2016), „Asia won't be immune to Brexit vote", Online Edition, 20. June.

ATOYAN, R. et al. (2016), „Emigration and its Impact on Eastern Europe", IMF SDN 16/07, Washington DC.

AVENIR SUISSE (2018), Weissbuch Schweiz – Sechs Skizzen der Zukunft (herausgegeben von Peter Grünenfelder und Patrik Schellenbauer), Avenir Suisse, Zürich.

BAIER, F.; WELFENS, P.J.J. (2017): BREXIT and FDI: Key Issues and New empirical Findings. http://www.mdpi.com/2227-7072/6/2/46.

BAILEY, D.; DE PROPRIS, L. (2017), Brexit and the UK Automotive Industry, National Institute Economic Review, Vol. 242, Issue 1, pp. 51-59

BANK OF ENGLAND (2016), Financial Stability Report, London, July 2016.

BARNARD, C. (2017), Law and Brexit, Oxford Review of Economic Policy, Vol. 33, Suppl. (Economic Consequences of Brexit), 4-11.

BARRELL, R.; PAIN, N. (1997), Foreign Direct Investment, Technological Change, and Economic Growth within Europe, *The Economic Journal*, Vol. 107, 1770-1786.

BECKER, J.; ELSAYYAD, M.; FUEST, C. (2012), Auswirkungen der Globalisierung auf die Struktur der Besteuerung, *Perspektiven der Wirtschaftspolitik*, Bd. 13, 4-18.

BECKER, S.; EGGER, P.; EHRLICH M. (2010), Going NUTS: The Effects of EU Structural Funds on Regional Performance, *Journal of Public Economics*, Vol. 94, 578-590.

BERNANKE, B. (2016), Economic Effects of Brexit, Brookings Institution: Post, https://www.brookings.edu/blog/ben-bernanke/2016/06/28/economic-impli-ca-tions-of-brexit/.

BERTELSMANN STIFTUNG (2016), „Bleibt Doch. Die Kontinentaleuropäer, das Britische Referendum und ein möglicher Brexit", de Vries, C. und Hoffmann, I, eupinions #2016/2.

© Springer Fachmedien Wiesbaden GmbH, ein Teil von Springer Nature 2018
P. J. J. Welfens, *BREXIT aus Versehen*, https://doi.org/10.1007/978-3-658-21458-6

BIZ (2016), Jahresbericht, Basel.

BORN, A.; ENDERS, Z. (2018), Global Banking, Trade, and the International Transmission of the Great Recession, Beitrag für den Workshop des Ausschusses für Außenwirtschaft und Außenwirtschaftspolitik/VfS, Trier, 3.-4. Mai 2018, mimeo.

BRÜCKER, H. (2013), Auswirkungen der Einwanderung auf Arbeitsmarkt und Sozialstaat: Neue Erkenntnisse und Schlussfolgerungen für die Einwanderungspolitik, Gütersloh: Bertelsmann Stiftung.

BPB (2016), „Zahlen und Fakten: Europa", Bundeszentrale für politische Bildung, http://www.bpb.de/nachschlagen/zahlen-und-fakten/europa/.

BUCHANAN, J.; TULLOCK, G. (1962), The Calculus of Consent: Logical Foundations of Constitutional Democracy, Ann Arbor.

BUSCH, B.; MATTHES, J. (2016), BREXIT – the Economic Impact. A Meta-Analysis, Köln: Institut der deutschen Wirtschaft.

CAPITAL ECONOMICS (2014), „NExit: Assessing the economic impact of the Netherlands leaving the European Union", Februar 2014, London.

CENTRE FOR EUROPEAN REFORM (2016), The economic consequences of leaving the EU. The final report of the CER commission on Brexit 2016, April 2016, London.

CEPS (2017), An Assessment of the Economic Impact of Brexit on the EU27, study for the European Parliament's Committee on Internal Market and Consumer Protection, Brussels.

CLEARY, E.; SIMPSON, I. (2016), British Social Attitudes: BREXIT: What Will it Mean for Britain? Finding from British Social Attitudes 2015, NatCen/The UK in a Changing Europe/ESRC, London.

CURTICE, J. (2015), British Social Attitudes: BREXIT: What Will it Mean for Britain? Finding from British Social Attitudes 2015, NatCen/The UK in a Changing Europe/ESRC, London.

CURTICE, J. (2016), How Deeply Does Britain's Euroscepticism Run?, NatCen/ The UK in a Changing Europe, London. Available at http://www.bsa.natcen.ac. uk/media/39024/euroscepticism.pdf.

DELOITTE/BDI (2016), EU Referendum – Brexit und die Folgen für deutsche Unternehmen, Deloitte und der Bundesverband der Deutschen Industrie e.V., Juni 2016, Berlin.

DHINGRA, S. ET AL. (2015), The impact of Brexit on foreign investment in the UK, Centre for Economic Performance, CEP Brexit Analysis No. 3, London.

DHINGRA, S.; OTTAVIANO, G.; SAMPSON, T. (2017), A hitch-hiker's guide to post-Brexit trade negotiations: options and principles, Oxford Review of Economic Policy, Vol. 33, Suppl. (Economic Consequences of Brexit), 22-30.

DOLLS, M. ET AL. (2014), An Unemployment Insurance Scheme for the Euro Area? A Comparison of Different Alternatives Using Micro Data, ZEW Discussion Paper No. 14-095, Mannheim.

DOLMAS, J. (1998), Risk Preferences and the Welfare Cost of Business Cycles, *Review of Economic Dynamics*, 646-676.

DOMAR, E.D. (1944), The Burden of Debt and National Income, *American Economic Review*, Vol 34, 798-827.

DUSTMANN, C.; GÖRLACH, J-S. (2015), The Economics of Temporary Migrations, Centre for Research & Analysis of Migration, Discussion Paper Series, CPD 03/15.

EUROPÄISCHE KOMMISSION (2012), Sozialbericht der EU, Brüssel. EUROPÄISCHE KOMMISSION (2016), Standard-Eurobarometer 85 – Frühjahr 2016 (Mai) „Die öffentliche Meinung in der Europäischen Union, erste Ergebnisse", Brüssel.

EUROPEAN COMMISSION (2017), New Budgetary Instruments for a Stable Euro Area Within the Union Framework, Communication from the Commission to the European Parliament, the European Council, the Council and the European Central Bank, COM(2017)822, Brussels.

EUROPEAN COMMISSION (2018), Country Report Italy 2018 Including an In-Depth Review on the prevention and correction of macroeconomic imbalances, Commission Staff Working Document, SWD(2018) 210, March, Brussels.

FESTINGER, L. (1957), A Theory of Cognitive Dissonance. Stanford, CA: Stanford University Press.

FRANCOIS, J. ET AL. (2013), Reducing Transatlantic Barriers to Trade and Investment, London: CEPR (for the European Commission).

FREEDMAN, J. (2017), Tax and Brexit, Oxford Review of Economic Policy, Vol. 33, Suppl. (Economic Consequences of Brexit), 79-90.

FREY, B.; SCHNEIDER, F. (1978), A Politico-Economic Model of the United Kingdom, Economic Journal, Vol. 88, 243-253.

FROOT, K.; STEIN J. (1991), Exchange Rates and Foreign Direct Investments; *Quarterly Journal of Economics*, 1191-1217.

HÄBERLI, C.; JANSEN, M.; MONTEIRO, J.-A. (2012), Regional Trade Agreements and domestic labour market regulation, Employment Working Paper No. 120, ILO, 11. May 2012.

HEISE, M. (2013), Emerging from the Euro Debt Crisis, Heidelberg: Springer.

HIBBS, D.A. Jr. (2005), Voting and the Macroeconomy, University of Göteborg (for the Oxford Handbook of Political Economy).

HIRSCHMAN, A.O. (1970), Exit, Voice, and Loyalty, Harvard University Press.

HM GOVERNMENT (2014), Review of the Balance of Competences, Foreign & Commonwealth „The government published the last 7 reports in UK's review of EU Balance of Competences today." https://www.gov.uk/government/news/ final-reports-in-review-of-eu-balance-of-competences-published.

HM GOVERNMENT (2016), HM Treasury Analysis: the long-term economic impact of EU membership and the alternatives, London, April 2016. https://www.gov.uk/government/publications/hm-treasury-analysis-the-long-term-economic-impact-of-eu-membership-and-the-alternatives

HOUSE OF LORDS (2016), The invoking of Article 50, Select Committee on the Constitution, 4th Report of Session 2016-17, September 3rd 2016, London.

IFO (2017), Ökonomische Effekte eines Brexit auf die deutsche und europäische Wirtschaft. IFO Forschungsberichte 85.

IMF (2016a), „Uncertainty in the Aftermath of the U.K. Referendum". World Economic Outlook Update, July 19, 2016, Washington DC.

IMF (2016b), IMFgraphEasternEurope.pdf, IMF, Washington DC.

JAMES, H. (2012), Making the European Monetary Union, Harvard University Press.

JAMES, H. (2016), Churchill hätte sich zur EU bekannt. Warum der Brexit eine tiefe Zäsur für das moderne Großbritannien bedeutet: Gespräch mit dem britisches Historiker Harold James, Neue Zürcher Zeitung, Internationale Ausgabe, Zürich, Juli 2016, S. 21-22.

JAUMOTTE, F.; LALL, S.; PAPAGEORGIOU, C. (2008), Rising Income Inequality: Technology, or Trade and Financial Globalization, IMF Working Paper WP/08/185, Washington DC.

JOHNSON, H. G. (1967), Economic Nationalism in Old and New States, Chicago: University of Chicago Press.

JOHNSON, P.; MITCHELL, I. (2017), The Brexit vote, economics, and economic policy, Oxford Review of Economic Policy, Vol. 33, Suppl. (Economic Consequences of Brexit), 12-21.

JUNGMITTAG, A.; WELFENS, P.J.J. (2016), „Beyond EU-US Trade Dynamics:

TTIP Effects Related to Foreign Direct Investment and Innovation", EIIW paper No. 212 – presented at the IMF, Washington DC, June 28, 2016; forthcoming in Journal www.eiiw.eu.

KAFSACK, H.; STABENOW, M. (2016), „Junckers Gelübde und Farages Schmähkritik", FAZ Frankfurter Allgemeine Zeitung, 29. Juni.

KIELINGER, T. (2009), Großbritannien, München: Beck.

KLEIST (2016), Stresemanns Versöhnung mit Frankreich – von der Strahlkraft der europäischen Idee, Beitrag zur Jubiläumsveranstaltung des Gustaf Stresemann Instituts, Bonn.

KNIPPING, F. (2004), 27. März 1957. Die Einigung Europas, München: Beck. KUTLINA-DIMITROVA, Z. (2013), Assessing the economic impacts of the EU-Singapore FTA with a dynamic general equilibrium model, *International Economics and Economic Policy,* Vol. 11, Issue 3, 277-291, Heidlberg: Springer.

KOPPETSCH, C. (2018), Sind Eliten ein Teil des Problems? Über den Erfolg von Populismus in Deutschland, Interview in Forschung und Lehre, 6/2018, 500-501.

LAWLESS, M.; MORGENROTH, E. (2016), The Product and Sector Level Impact of a Hard Brexit across the EU. ESRI Working Paper No. 550.

LEICK, R. (2016), Die Idioten der Familie, DER SPIEGEL 27/2016, Hamburg. LOMBARD STREET RESEARCH (2012), The Netherlands & the Euro, Special Report, März, 2012: London.

LUCAS, R. (1987), Models of Business Cycles, Oxford: Blackwell.

MANARESI, F.; PIERRI, N. (2018), Credit supply and productivity growth, Working Paper 1168, March, Rom: Banca d'Italia.

MANCE, H. (2016), Britain has had enough of experts, says Gove, Financial Times, Online Edition, 3. Juni.

MASON, R. (2016), Boris Johnson dismisses Bank of England's Brexit warning, The Guardian, Online Edition, 16. Juni.

MASON, R. ET AL. (2016), EU referendum to take place on 23 June, David Cameron confirms, The Guardian, Online Edition, 20. Februar.

MCKINSEY GLOBAL INSTITUTE (2015), A Window of Opportunity for Europe, Washington DC.

MIX, D. (2016), The United Kingdom and the European Union: Stay or Go, Congressional Research Service, Washington DC.

NATIONAL INTELLIGENCE COUNCIL (2017), Global Trends: Paradox of Progress, Washington DC.

NIEHUES, J. (2013), Staatliche Umverteilung in der Europäischen Union, in: IW-Trends 1/2013.

OATES, W. E. (1999), An Essay on Fiscal Federalism, *Journal of Economic Literature*, Vol. 37, 1120-1149.

OATES, W. E. (2001), Fiscal Competition and European Union: Contrasting Perspectives, *Regional Science and Urban Economics*, Vol. 31, 133 – 145.

OECD (2008), Growing Unequal? Income Distribution and Poverty in OECD Countries, OECD Publishing: Paris.

OECD (2010), „Interim Report of the Green Growth Strategy: Implementing our commitment for a sustainable future", Meeting of the OECD Council at Ministerial Level, OECD Publishing: Paris.

OECD (2013a), Measuring the Internet Economy: A Contribution to the Research Agenda, OECD Digital Economy Papers No. 226, OECD Publishing: Paris.

OECD (2013b), International Migration Outloook 2013, Paris: OECD Publishing.

OECD (2014), Focus on Inequality and Growth – December 2014: Does Income Inequality Hurt Economic Growth?, Paris: OECD Publishing.

OECD (2015), The Future of Productivity, Paris: OECD Publishing.

OECD (2016a), The Economic Consequences of Brexit: A Taxing Decision, OECD Economic Policy Paper, No. 16, Paris: OECD Publishing.

OECD (2016b), ICT Investment (Indicator). Doi: 10.1787/b23ec1da-en. OLIVER, T. (2016), A European Union without the United Kingdom: The Geopolitics of a British Exit from the EU, LSE Ideas, Strategic Update 16.1, February 2016, London.

OTTAVIANO, G. ET AL. (2014), The Costs and Benefits of Leaving the EU, Centre for Economic Performance, London.

PAIN, N.; YOUNG, G. (2004), The macroeconomic impact of UK withdrawal from the EU, *Economic Modelling*, Vol. 21, 387-408.

PEEL, Q. (2016), Der Brexit fiel nicht vom Himmel, Rheinische Post, RP Online, 9. Juni.

PERSSON, M. ET AL. (2015), What if ...? The Consequences, challenges & opportunities facing Britain outside EU, Open Europe Report 3/2015. London, Brüssel, Berlin.

PEW (2014), Attitudes about Aging: A Global Perspective, Washington DC.

PICHELMANN, K. (2015), When „Secular Stagnation" Meets Piketty's Capitalism in the 21st Century. Growth and Inequality Trends in Europe Reconsidered, 12th Euroframe Conference, 12th June 2015, Vienna; DG ECFIN working paper, 2015.

PIKETTY, T. (2014), Capital in the Twenty-First Century, Cambridge, MA: Harvard University Press.

POPPER, K. (1934), Logik der Forschung: Zur Erkenntnistheorie der modernen Naturwissenschaft, Wien: Springer.

PORTES, J.; FORTE, G. (2017), The economic impact of Brexit-induced reduction in migration, Oxford Review of Economic Policy, Vol. 33, Suppl. (Economic Consequences of Brexit), 31-44.

PWC (2015), The World in 2050: Will the shift in global economic power continue? Februar 2015, London.

PWC (2016), Leaving the EU: Implications for the UK Economy, London.

RABOBANK (2017), The Permanent Damage of BREXIT.

RAWLS, J. (1971), A Theory of Justice, Cambridge: Harvard University Press/Belknap

SCHILY, O. (2016), Merkels paradoxe Migrationspolitik, Gastkommentar, 5.-7. August 2016, in Handelsblatt, Nr. 150.

SCHRÖDER, H.-C. (2010), Geschichte Englands, 6. Aufl., München: Beck.

SCHULZ, M. (2013), Der Gefesselte Riese. Europas letzte Chance, Berlin: Rowohlt.

SINN, H.W. (2016), Das Flüchtlings-Problem ist schuld am Brexit, Euro am Sonntag, 2. Juli, 8-10.

SUMPTION, M. (2017), Labour immigration after Brexit: questions and trade-offs in designing a work permit system for EU citizens, Oxford Review of Economic Policy, Vol. 33, Suppl. (Economic Consequences of Brexit), 45-53.

TILLY, R. (2007), The European Union 50 Years On: Some Comments on Its Early History, in 50 Years of EU – Economic Dynamics Integration, Financial Markets and Innovations, hrsg. von Tilly, R., Welfens, P.J.J., Heise, M., Heidelberg: Springer.

US COUNCIL OF ECONOMIC ADVISORS (2013), Economic Report of the President, Washington DC.

US COUNCIL OF ECONOMIC ADVISORS (2016), Economic Report of the President, Washington DC.

VICKERS, J. (2017), Consequences of Brexit for competition law and policy, Oxford Review of Economic Policy, Vol. 33, Suppl. (Economic Consequences of Brexit), 70-78.

VON ALEMANN, U. ET AL., Hg. (2015), Ein Soziales Europa ist möglich, Springer VS.

WEIDMANN, J. (2016), Rede zum Dank für die Auszeichnung mit der Hans-Möller-Medaille bei der Jahresfestveranstaltung des Münchner Volkswirte Alumni-Clubs, Deutsche Bundesbank Eurosystem, 1.7.2016.

WELFENS, P.J.J. (2011), Innovations in Macroeconomics, 3rd revised/enlarged printing, Heidelberg: Springer.

WELFENS, P.J.J. (2012a), Die Zukunft des Euro, Berlin: Nicolai.

WELFENS, P.J.J. (2012b), Volkswirtschaftliche Auswirkungen der Euro-Staatsschuldenkrise und neue Instrument der Staatsfinanzierung in der EU; Stellungnahme für den Finanzausschuss des Deutschen Bundestages, Sitzung vom 9. Mai 2012, Berlin.

WELFENS, P.J.J. (2013a), Überwindung der Eurokrise und Stabilisierungsoptionen der Wirtschaftspolitik: Perspektiven für Nordrhein-Westfalen, Deutschland und Europa; Gutachten im Auftrag der Ministerin für Bundesangelegenheiten, Europa und Medien des Landes Nordrhein-Westfalen.

WELFENS, P.J.J. (2013b), Social Security and Economic Globalization, Heidelberg: Springer.

WELFENS, P.J.J. (2014a), Overcoming the EU Crisis and Prospects for a Political Union, Paper presented at the bdvb reseach institute/EIIW conference 'Overcoming the Euro Crisis', März, 2014, in Journal *International Economics and Economic Policy*, Vol. 13, Issue 1, 2016.

WELFENS, P.J.J. (2014b), Nationale und grenzübergreifende Kindergeldzahlungen Deutschlands: ein Reformvorschlag auf Kaufkraftparitätenbasis, EIIW-Pressemitteilung, 14. Mai 2014. www.eiiw.eu.

WELFENS, P.J.J. (2016), British Referendum Pains and the EU Implications of BREXIT, contribution to AICGS/Johns Hopkins University (AICGS advisor), http://www.aicgs.org/issue/british-referendum-pains-and-the-eu-implications-of-brexit/.

WELFENS, P.J.J. (2016), BREXIT aus Versehen, 1. Auflage, Heidelberg: Springer.

WELFENS, P.J.J. (2017), An Accidental BREXIT, London: Palgrave Macmillan.

WELFENS, P.J.J (2017a), The True Cost of BREXIT for the UK: A Research Note. EIIW Paper 234, www.eiiw.eu.

WELFENS, P.J.J. (2017d): The True Cost of Brexit for the UK: A Research Note. EIIW Discussion Paper No. 234, www.eiiw.eu.

WELFENS, P.J.J. (2017b), Foreign Financial Deregulation under Flexible and Fixed Exchange Rates: A New Trilemma, EIIW Discussion Paper No. 238, www.eiiw.eu.

WELFENS, P.J.J. (2018), Perspektiven einer künftigen EU-Sozialpolitik: Schwerpunkte, Instrumente, Zuständigkeiten, Konfliktlinien, Vortrag beim Bundesministerium der Finanzen, Berlin, 23. April 2018, Workshop: Finanz- und Sozialpolitik – Ein Spannungsfeld im Europäischen Binnenmarkt, http://www.eiiw.eu/fileadmin/eiiw/Daten/Publikationen/Sonstiges/SozialpolitikFiskalEUDE2018EIIWwelfens.pdf.

WELFENS, P.J.J. ET AL. (2015), Towards Global Sustainability: Issues, New Indicators and Economic Policy, Heidelberg: Springer.

WELFENS, P.J.J./HANRAHAN, D. (2017), The Brexit Dynamics: British and EU27 Challenges After the EU Referendum, Intereconomics, Vol. 52, Issue 5, pp. 302-307.

WELFENS, P.J.J./IRAWAN, T. (2018), True Openness in Exports, Imports and Trade: Concept and Implications, EIIW Discussion Paper 247, European Institute for International Economic Relations (EIIW), University of Wuppertal.

WELFENS, P.J.J./KADIRIC, S. (2018), Bankenaufsicht, Unkonventionelle Geldpolitik und Bankenregulierung, Oldenbourg: De Gruyter.

WHYMANN, P.B.; PETRESCU, A.I. (2017), The Economics of Brexit. A Cost-Benefit Analysis of the UK's Economic Relationship with the EU. Palgrave Macmillan.

WORLD BANK (2005), Global Economic Prospects 2005: Trade, Regionalism and Development.

Printed in the United States
By Bookmasters